KB231630

현대 중국어 허사사전

편 자 약 력

┃이 경 규

강원대학교 중어중문학과 교수
대만대학교 중국문학 박사
EBS 초급 중국어 중급중국어 방송 (2001년~2004년)
고문허사사전(J&C), 중국인의 감정표현법(강원대학 출판부)

현대 중국어 허사사전

초 판 인 쇄   2016년 02월 12일
초 판 발 행   2016년 02월 20일

편   자   이 경 규
발 행 인   윤 석 현
발 행 처   제이앤씨
책 임 편 집   최인노 · 김선은
등 록 번 호   제7-220호

우 편 주 소   서울시 도봉구 우이천로 353 성주빌딩 3층
대 표 전 화   02) 992 / 3253
전   송   02) 991 / 1285
홈 페 이 지   http://www.jncbms.co.kr
전 자 우 편   jncbook@hanmail.net

ⓒ 이경규, 2016. Printed in KOREA

ISBN 979-11-5917-007-2   11720   정가 26,000원

현대 중국어 허사사전

이 경 규 편

제이앤씨
Publishing Company

현대중국어에서 虚词의 정의에 관한 문제는 아직 정확한 결론이 없다. 대개 介词, 连词, 助词, 感叹词는 虚词에 속한다고 보는 견해에 무리가 없다. 문제는 虚词에 副词를 포함시킬 수 있는가 것이다. 副词의 기능적인 면에서 볼 때 虚词는 문장의 성분에 해당하며 实词에 속한다. 그러나 의미상으로 볼 때 副词는 의미가 불완전하므로 虚词에 속할 수밖에 없다. 나는 물론 어법을 전공한 학자가 아니어서 이 문제에 대하여 나름대로의 주장을 할 입장도 되지 못한다. 그러나 30년간 중국어교육에 종사한 경험상 虚词의 작용이 매우 중요하고 학습에서 필요함을 느꼈으므로 본 사전에서는 잠시 이 문제에 대한 판단을 접어두고 학습의 실용적인 면을 중시하여 副词를 虚词의 범위에 포함시키기로 한다.

虚词는 위와 같이 아직 정의도 확실하지 않을 정도로 어렵고 복잡하다. 특히 외국인인 우리가 중국어를 배우면 배울수록 느끼는 많은 어려운 문제들이 있다. 그런데 이런 문제 중의 하나인 虚词를 이해할 수 있다면 중국어 공부에 많은 도움이 될 것이라고 생각한다. 그래서 본 사전의 편찬은 기존에 출판된 허사 관련 사전과 문법서들을 기초로 하여 대외한어 교육이란 각도에서 출발했다. 본 사전의 편찬에 참고한 주요 자료는 다음과 같다. 吕叔湘 선생의 《한어어법분석문제》와 《현대한어800사》, 북경대 중문과에서 편찬한 《현대한어허사예석》, 侯学超 선생의 《현대한어허사사전》, 王自强 선생의 《현대한어허사용법사전》, 张斌主 선생의 《현대한어허사사전》, 张谊生 선생의 《현대한어허사》, 唐启运 周日健 선생의 《한어허사사전》, 대외한어 교재인 李晓琪 선생의 《현대한어허사강의》 등의 사전적 자료들과 국내 자료로는 고려대학교에서 출판한 중국어사전을 기본 자료로 활용했다. 필자는 이상의 사전들과 허사관련 연구 등을 참고하여 학생들이 중국어를 학습하는데 필요한 허사용법 자료를 취사선택하고 예문을 정리하여 편찬하였다.

이 사전이 중국어 학습자들에게 도움을 줄 수 있다고 생각하는 부분은 허사에 대한 다양한 예문과 비교, 설명 그리고 모든 예문에 한어병음을 표기한 점이다. 따라서 초급 중국어 학습자뿐만 아니라 HSK를 준비하는 학습자들도 본 사전을 사용하는데 전혀 불편함이 없도록 최선을 다하고자 노력했다.

끝으로 어려운 여건 속에서도 본 사전의 출판을 흔쾌히 허락하신 제이앤씨 윤석현 사장님과 두서없는 자료를 사전의 모습으로 만들어 주신 편집자님께 진심으로 감사를 드립니다.

2016년 2월 춘천에서 이경규

1. 사전에 수록된 구어허사와 현대어 중에 비교적 자주 출현하는 서면어 허사는 모두 약 780여개이다.

2. 모든 허사는 한어병음을 표기하고 한어병음의 순서에 따라서 배열한다.

3. 모든 허사의 품사를 표시하고 그 단어의 의미를 해석한 후 용법을 설명한다.

4. 각 구문의 예는 ① ② ③으로 표시하고 동일한 허사가 두 가지 이상의 품사로 사용할 때 (一) (二) 등으로 표시한다. 또 그 용법이 다른 것은 (1) (2) (3)으로 표기한다.

5. 동일한 허사 용법에 대하여 두 가지 표현방식이 있다.

   첫째 "并/并且", "如/如果/如其/如若" 등은 그중 한 개의 단어만을 설명하고 나머지는 "… …를 참고하라"를 사용하여 찾도록 한다.

   둘째 동의어의 경우 예를 들어 又/再 向/朝 등은 일반적으로 각각 기술하고 비교를 통하여 살펴보도록 한다.

6. 독자들이 주의를 해야 할 필요가 있는 항목은 "주의"라는 표시를 한다. 보충 설명이 필요한 경우 "설명"이라는 표시를 한다.

7. 실사용법의 허사가 있으면 일반적으로 "실사"라는 항목을 표시하고 설명하고 허사를 잘못 사용하기 쉬운 예는 "正误用例"라는 항목을 두어 설명한다.

8. 사전 사용자들의 독음의 편리성을 위해 一, 不 자의 경우 성조변화
   에 따른 변화된 성조를 표기한다. 또 중국과 대만의 발음이 다른 경
   우 중국발음을 따르는 것을 원칙으로 한다.

   예 突然 : tūrán(중국발음) / túrán(대만발음),
      事情 : shìqing(중국발음) / shìqíng(대만발음)

9. 중국어 뒤에 오는 우리말 조사의 사용은 한자를 중국어 발음으로 읽
   는 것을 원칙으로 한다.

   예 "一(yī)"란 양사를/ "必(bì)"는 등으로 우리말 조사를 적는다.

10. 책 뒤에 한어병음 색인과 총획색인을 둔다.

차 례
현대 중국어 허사사전

[啊(呵)] ā 감탄사

"아", "야" 등의 의미로 문장의 처음에 사용하여 놀램이나 탄식을 표시한다. ① 啊, 彩虹了。(Ā! Cǎihóngle.) 아! 무지개네! ② 啊, 爸爸回来了! (Ā, bàba huíláile.) 야, 아버지가 돌아오셨다! ③ 啊, 失火了! (Ā, shīhuǒle.) 아, 불이 났다!

[啊(呵)] á 감탄사

⑴ 명령이나 의문의 경우 문장의 앞 또는 뒤에 쓰여 캐묻거나 다짐하는 어감을 나타낸다. ① 啊 , 你明白了吧 ? (Á, nǐ míngbáile ba?) 응, 알겠지? ② 啊? 你明天到底去不去? (Á? Nǐ míngtiān dàodǐ qù bu qù?) 아? 너 내일 도대체 갈 거야 안 갈거야? ③ 你小心拿去吧. 啊! (Nǐ xiǎoxīn ná qù ba, Á!) 주의해서 가지고 가라! 응!

⑵ 놀래거나 의외라고 여기는 경우 그것을 확실히 하는 의문의 어감을 나타낸다. ① 啊? 什么? (Á? Shénme?) 네! 뭐라고? ② 啊, 怎么回事啊? (Á? zěnme huí shì a?) 아, 웬일이냐?

[啊(呵)] ǎ 감탄사

"어허", "저런", "어머나"의 의미로 놀라움을 표시한다. ① 啊, 这是怎么回事啊? (Ǎ, zhè shì zěnme huí shì a?) 아니, 이게 어쩐 일입니까? ② 啊, 他怎么又回来了? (Ǎ, tā zěnme yòu huíláile?) 저런, 그는 어째서 또 돌아온 거야? ③ 啊, 这是怎么回事啊? (Ǎ, zhè shì zěnme huí shì a?) 아니, 이게 어쩐 일입니까?

【啊(呵)】 à 감탄사

문장의 처음에 사용하여 응낙(비교적 짧게 발음함) 혹은 깨달음(비교적 길게 발음함)을 표시한다. ① 啊, 我就来。(À, wǒ jiù lái.) 그래, 가겠다. ② 啊, 原来是你! (À, yuánlái shì nǐ!) 아, 원래 너였구나.

【啊(阿，呵)】 à 조사

(1) 문장 끝에 사용하여 찬성, 긍정, 의문 등의 어감을 돕는다. ① 这塔多高啊! (Zhè tǎ duō gāo a!) 이 탑은 상당히 높구나! ② 多可怜啊! (Duō kělián a!) 얼마나 불쌍한가! ③ 多好的天啊? (Duō hǎo de tiān a?) 얼마나 좋은 날씨인가!

(2) 문장의 중간에서 잠시 머무는 곳에 쓰여 다음의 내용에 대하여 주의를 끌게 한다. ① 她啊, 大概不来了! (Tā a, dàgài bù láile!) 그녀는 말이야, 아마 오지 않을 거야. ② 来啊, 咱们一起干吧! (Lái a, zánmen yìqǐ gàn ba!) 그래, 우리 함께 한번 해보자.

(3) 열거한 사항을 나열하는 데 사용함. ① 马路上人啊, 车啊, 非常热闹。(Mǎlù shàng rén a, chē a, fēicháng rènào.) 거리에는 사람, 자동차등으로 매우 시끄럽다. ② 鱼啊, 肉啊, 青菜啊, 萝卜啊, 菜市场里样样都有。(Yú a, ròu a, qīngcài a, luóbo a, càishìchǎng lǐ yàngyàng dōu yǒu.) 생선, 고기, 야채, 무 등 시장에는 모든 것이 다 있다.

(4) 평서문·의문문·명령문이나 금지를 나타내는 문장의 끝에 쓰여 어기를 더 해주는 일을 한다. ① 我不是故意的啊。(Wǒ búshì gùyì de a.) 나는 고의가 아니었어요! ② 这话说的是啊。(Zhè huà shuō de shì a.) 이 말은 맞는 말이다. ③ 我已经告诉你了, 情况就是这样啊! (Wǒ yǐjīng gàosù nǐle, qíngkuàng jiùshì zhèyàng a!) 내가 이미 말했잖아요, 상황이 이렇다고요!

(5) 동작이 계속 반복하는 어기를 나타냄. ① 说啊, 说啊, 说上就没完。(Shuō a, shuō a, shuō shàng jiù méi wán.) 지껄이고, 또 지껄이고, 지껄였다 하면 끝이 없다. ② 笑啊, 笑啊, 笑得大家肚子疼。(Xiào a, xiào a, xiào de dàjiā dùzi téng.) 웃고 또 웃어, 모든 사람이 다 배가 아플 지경이다.

주의 의문문에서는 吗(mā)와는 달리 啊(a)는 자체로는 의문을 나타내는 작용이 없다. 따라서 啊를 사용하는 문장은 의문대명사나 긍정부정의 의문의 형식을 갖던가, 아니면 문미의 억양을 올려야한다.

[呵(ā, á, ǎ, à)] 감탄사 "啊(ā, á, ǎ, à)"를 보라.

[呵(à)] 조사 "啊(à)"를 보라.

[唉] āi 감탄사

문장의 처음에 사용하며 대답이나 탄식하는 소리를 표시한다. ① 唉, 我就来。(Āi, wǒ jiù lái.) 예, 갑니다. ② 唉, 这真太难了。(Āi, zhè zhēn tài nánle.) 아이고, 이거 정말 너무 어렵구나!

[哎呀] āiyā 감탄사

(1) 문장의 처음에 사용하여 놀라움을 표시한다. ① 哎呀, 才十来岁, 字写得多好呀! (Āiyā, cái shí lái suì, zì xiě de duō hǎo ya!) 아! 이제 겨우 열 살인네 글사를 이렇게 잘 쓰다니! ② 哎呀! 原来是你, 几时来的? (Āiyā! Yuánlái shì nǐ, jǐshí lái de?) 아! 원래 자네구먼, 언제 왔나?
(2) 원망이나 불만을 표시한다. ① 哎呀, 可了不得。(Āiyā, kě liǎo bu dé.) 아뿔싸, 큰일이다. ② 哎呀, 你怎么来这么晚呢! (Āiyā, nǐ zěnme lái zhème wǎn ne!) 야! 너 어째 이렇게 늦게 왔어!

[哎哟] āiyō 감탄사

(1) "아야", "어머나"의 뜻으로 문장의 처음에 사용하여 고통과 놀라움을 표시한다. ① 哎哟! 他掉在河里了! (Āiyō! Tā diào zài hé lǐle!) 아이고! 그가 강에 빠졌다. ② 哎哟! 都十二点了。(Āiyō! Dōu shí'èr diǎnle.) 아니! 벌써 12시가 되었네! ③ 哎哟, 真烫。(Āiyō,

zhēn tàng.) 어머나! 정말 뜨겁다. ④ 哎哟! 我肚子好痛呀! (Āiyō! Wǒ dùzi hǎo tòng ya!) 아이고! 배가 몹시 아프다.

[嗳(哎)] ǎi 감탄사

"에이"의 의미로, 부정 혹은 반대를 표시한다. ① 嗳, 不是这样的。(Ǎi, búshì zhèyàng de.) 에이, 이런 게 아냐. ② 嗳, 别这样说。(Ǎi, bié zhèyàng shuō.) 에이! 그렇게 말하지 말라.

[唉] ài 감탄사

"아이, 아이 참, 에이"의 의미로, 감상이나 애석함을 표시한다. ① 唉! 病了几天, 把工作都耽误了。(Ài! Bìngle jǐ tiān, bǎ gōngzuò dōu dānwùle.) 에이! 며칠 앓는 바람에 일을 몽땅 그르쳤네. ② 唉, 怎么把新买来的书弄丢了。(Ài, zěnme bǎ xīn mǎi lái de shū nòng diūle.) 에이! 어떻게 새로 산 책을 잃어버릴 수가 있담.

[按] àn 개사　"按照(ànzhào)"를 참조하라.

실사로 사용될 때는 "집다·누르다"의 뜻. 예 按摩(ànmó)(안마) 按脉(àn mài)(맥을 짚다)

[按照] ànzhào 개사

⑴ "…에 근거하다, …에 따라"의 의미로 어떤 표준을 제시하여 행위의 근거를 표시한다. ① 方案按照建议修改了。(Fāng'àn ànzhào jiànyì xiūgǎi le.) 방안은 건의에 따라 수정되었다. ② 历史是按照客观规律发展的。(Lìshǐ shì ànzhào kèguān guīlù fāzhǎn de.) 역사는 객관적 규율에 따라서 발전한다. ③ 按照预定的计划完成任务。(Ànzhào yùdìng de jìhuà wánchéng rènwù.) 예정된 계획대로 임무를 완성하다.

　설명1 "按(àn)"은 고정적인 단어에서 사용된다. 예를 들어 "按月还本(Àn yuè huán běn)(월부로 원금을 갚다)에서는 "按照"(ànzhào)와 교환하여 사용할 수 없다.

설명2 "按"(àn)은 "按照"(ànzhào)의 의미가 있고 교체사용이 가능하다. "按" 뒤에 단음절의 명사가 올 수 있다. 예 工厂已经如期按质按量交货。(Gōngchǎng yǐjīng rúqí àn zhì àn liàng jiāo huò.) 공장은 이미 예정대로 품질과 수량에 따라서 물건을 납품했다. "按质按量"(Àn zhì àn liàng)(품질에 따라), "按时"(시간에 따라), "按劳"(노동에 따라) 등의 "按"(àn) 자는 "按照"로 교체할 수 있지만 그렇게 되면 다음과 같이 말해야한다. "按照时间"(Ànzhào shíjiān)(시간에 따라) "按照劳动的数量和质量"(Ànzhào láodòng de shùliàng hé zhìliàng)(노동의 수량과 질량에 따라).

동의어1 "按照"(ànzhào)와 "依照"(yīzhào)
양자는 모두 행위의 근거를 표시하지만 "按照"는 모종의 사건에 근거하여 모종의 일을 설명하려는 뜻이 있고 "依照"는 완전히 따라서 행동함을 강조한다. 그러므로 "依照"는 일반적으로 법률 조문에서 사용한다.

동의어2 "遵照"(zūnzhào)와 "按照"(ànzhào)
"遵照"는 "按照"의 의미위에 존경의 감정을 추가하여 완벽히 따라서 일을 처리한다는 의미이다. 하지만 "遵照"의 사용범위가 "按照"보다 좁다. "遵照"는 엄숙한 경우 많이 사용하여 행동이 근거로 하는 중요한 원칙과 정신을 소개한다. 예를 들어 지도자의 가르침을 인용할 때는 항상 "教导", "指示", "命令" 등과 함께 사용한다.

[按着] ànzhe 개사

"… 에 따라"라는 의미로 행위의 근거를 소개하며 "按照"(ànzhào)의 용법과 유사하다. ① 按着条目查点一下。(Ànzhe tiáomù chádiǎn yíxià) 항목 순으로 검사해보다. ② 这事按着上回那样办。(Zhè shì ànzhe shànghuí nàyàng bàn.) 전번과 같은 방법으로 일을 처리하다. ③ 我按着地址找过去, 才发现他家已经搬走了。(Wǒ àn zhe dìzhǐ zhǎo guòqù, cái fāxiàn tā jiā yǐjīng bānzǒu le.) 나는 주소를 따라 찾아 갔지만 그 집이 이미 이사 간 것을 발견했다.

설명 "按着"(ànzhe)는 "按照"(ànzhào)의 행위의 근거만을 표시하는 용법에서 사용가능하다. 다른 용법이 없다.

B

[巴] ba 접미사

주로 경성으로 읽고 방언과 구어에서 많이 보인다.
⑴ 명사 뒤에 붙어서 사용한다. ① 张开嘴巴给医生看。(Zhāng kāi zuǐba gěi yīshēng kàn.) 입을 벌려 의사에게 보이다. ② 狼就掩盖不了尾巴。(Láng jiù yǎngài bu liǎo wěiba.) 이리는 꼬리를 숨길 수 없다.
⑵ 형용사 뒤에 붙어서 사용한다. ① 时间久了，这些瓜儿都干巴了。(Shíjiān jiǔle, zhèxiē guār dōu gānbale.) 시간이 오래되어 이 과일들이 이미 다 말라서 딱딱해졌다.

[巴巴] bā·bā 접미사

형용사 뒤에 붙어 정도가 심한 것을 표현한다. ① 这小狗干巴巴(的)，好可怜。(Zhè xiǎogǒu gānbābā(de), hǎo kělián.) 이 개는 바싹 마른 게 정말 가련하다. ② 日子过得紧巴巴的。(Rìzi guò de jǐn bābā de.) 세월을 빠듯하게 지내다. ③ 我不要这些皱巴巴的废纸。(Wǒ búyào zhèxiē zhòubābā de fèizhǐ.) 나는 이런 심하게 꾸겨진 폐지는 싫다.

[巴不得] bā bu de 부사

"간절히 … 하고 싶다"라는 의미로 구어로 동사 앞에 사용하여 모종의 행위나 동작이 발생하기를 절실하게 바란다는 의미이다. "恨不得"(hèn bu de.)에 해당하고 구어에서 주로 사용한다. ① 他巴不得发财。(Tā bābude fācái.) 그는 어떻게 해서든지 돈을 벌려고 한다. ② 我

巴不得马上见到你。(Wǒ bābude mǎshàng jiàn dào nǐ.) 난 당장 너를 만나고 싶어.

설명 "恨不得"(hèn bu de)와 "巴不得"(bā bu de)
"恨不得"는 항상 과장된 내용을 표현하여 현실에서 불가능하거나 실현 불가능한 것을 나타내고, "巴不得"는 일반적으로 실현 가능한 희망을 표현한다. 예 他恨不得把心里的话都倒出来。(Tā hèn bu de bǎ xīnlǐ de huà dōu dàochū lái.) 그는 마음속의 말을 다 하지 못한 것을 한스러워 했다.

[把] bǎ 개사와 접미사 두 가지 용법이 있다.

(一) 개사

⑴ 일반적으로 "把(bǎ)"자를 사용하여 목적어를 동사 앞에 놓아 그것을 어떻게 처리할 것을 표시하며 해당 명사를 강조하는 작용을 한다. ① 他把这个习题算了两遍。(Tā bǎ zhège xítí suànle liǎng biàn.) 그는 이 연습문제를 두 번이나 계산했다. ② 管理员把图书室收拾得整整齐齐。(Guǎnlǐ yuán bǎ túshū shì shōushí de zhěng zhěng qí qí.) 관리자가 도서실을 질서정연하게 잘 정리했다.

⑵ 동사가 결과보어나 정태보어를 갖고 있으면 주로 "…으로 하여금 (使shǐ)"의 뜻으로 사용되고 사역의 의미가 있다. 문장의 끝에 어기조사 "了"를 항상 사용한다. ① 差点儿把他急疯了。(Chàdiǎnr bǎ tā jí fēngle.) 하마터면 그를 초조하게 해 미치게 할 뻔 했다. ② 这一趟可把他累坏了。(Zhè yí tàng kě bǎ tā lèi huàile.) 이번이야말로 정말 그를 지치게 만들었다.

⑶ "… 에게"의 뜻으로, 동작 행위의 대상을 가리킨다. 他能把你怎么样? (Tā néng bǎ nǐ zěnme yàng?)그가 너에게 어떻게 할 수 있겠니?

설명 부정부사, 능원동사, 시간사 등은 "把"자 앞에 온다. 要把功课做完(yào bǎ gōngkè zuò wán)(숙제를 다 해야 한다)로 해야지 把功课要做完.(bǎ gōngkè yào zuò wán)이라고 할 수 없다.

(二) 접미사

"쯤"의 의미로 백, 천, 만 등의 수사나 양사 뒤에 사용되어 개략적인 숫자임을 표시한다. ① 这条船可以装万把斤粮食。(Zhè tiáo chuán kěyǐ zhuāng wàn bǎ jīn liángshi.) 이 배는 약 만근의 양식을 실을 수 있다. ② 丈把高的树。(Zhàng bǎ gāo de shù.) 한 길 정도 높이의 나무. ③ 千把年前。(Qiān bǎ nián qián.) 천여 년 전 쯤.

설명 "有三把手"(yǒu sān bǎshǒu) (일꾼이 셋 있다)에서 "把"는 양사이고 "把着大门收票"(bǎzhe dàmén shōu piào) (문을 지키고 표를 받다)에서 "把"는 동사다.

【罢了】 bàle 조사와 감탄사 두 가지 용법이 있다.

(一) 조사

"단지 … 일 뿐이다"의 의미로 진술문의 마지막 부분에 주로 사용하고 문장의 의미를 가볍게 하는 작용을 한다. 보통 앞에 "不过, 无非, 只是" 등의 단어와 같이 사용한다. ① 无非是先走一步罢了。(Wúfēi shì xiān zǒu yíbù bàle.) 단지 먼저 한 걸음 앞섰을 뿐이다. ② 他不过说说罢了, 别伤心。(Tā búguò shuō shuō bàle, bié shāngxīn.) 그는 그저 말 뿐이니 걱정하지 말아라. ③ 他的病央馋一天是一天罢了。(Tā de bìng yāngqiàng yì tiān shì yì tiān bàle.) 그의 병은 하루하루 겨우 지탱해 나갈 뿐이다 .

(二) 감탄사

문두에 사용하여 "에이, 할 수 없다"의 의미로 불만의 어기를 표현한다. ① 罢了, 我上了这小畜生的当了。(Bàle, wǒ shàng le zhè xiǎochùsheng de dàng le.) 망했다. 내가 이놈한테 속았구나. ② 罢了, 我只好认输吧! (Bàle, wǒ zhǐhǎo rèn shū ba!)에라, 할 수 없지, 내가 항복할 수밖에!

설명 동사 "罢"에 "了"를 더한 것은 "bàliǎo"로 읽고 "됐다, 그만해라" 등의 의미를 갖는다. 他不能去也罢了, 不要勉强。(Tā bùnéng qù yě bàliǎo, búyào miǎn qiǎng.) (그가 갈수 없다면 됐다. 억지로 하지 말라)

【吧】 ba 조사

문미(文尾)나 분구(分句)에 사용하여 의문, 감탄, 의논, 청구, 추측 등의 어감을 표시한다. "吧"가 분구(分句)에서 사용되면 정지의 효능이 있고 쉼표를 사용한다. ① 派三个人不够吧? (Pài sān ge rén búgòu ba?) 세 명만 보내면 부족하지 않나? ② 时候不早了, 赶快走吧! (Shíhou bù zǎole, gǎnkuài zǒu ba!) 시간이 늦었다 빨리 가자! ③ 今天大约不会下雨吧。(Jīntiān dàyuē bú huì xià yǔ ba.) 오늘은 아마 비가 오지 않을 거야 ④ 说吧, 不好; 不说吧, 也不好。(Shuō ba, bù hǎo; bù shuō ba, yě bù hǎo.) 말해도 나쁘고, 말하지 않아도 나쁘다. ⑤ 好吧, 我答应你了。(Hǎo ba, wǒ dāyìng nǐle.) 좋다. 승낙한다.

설명 의문문 문미의 "吧"(bà)와 "吗"(má)는 차이가 있다. "吧"는 의문만을 표현하는 것이 아니라 추측 짐작 등의 어기를 포함하지만 "吗"는 의문만을 표시한다.

[白] bái 부사

(1) 동사 앞에 사용하여 어떤 행위가 기대한 대가나 이익을 얻지 못한 것을 표현한다. "헛수고"의 의미가 있다. ① 一天的时光白白浪费了。(Yìtiān de shíguāng báibái làngfèile.) 하루 동안의 시간을 헛되이 낭비했다. ② 你搬不动, 不要白费力气。(Nǐ bān bu dòng, búyào báifèi lìqi.) 너는 옮길 수 없으니 쓸데없이 힘을 낭비하지 말라. ③ 他白跑了一趟。(Tā bái pǎole yí tàng.) 그는 헛걸음을 했다.

(2) 이익을 얻었음에도 불구하고 어떠한 대가도 지불하지 않은 것을 표시한다. "공짜"라는 의미다. ① 我不愿在家里白吃饭。(Wǒ bú yuàn zài jiāli bái chīfàn.) 나는 집에서 놀고먹는 것을 원하지 않는다. ② 大家都买票, 从来不白看戏。(Dàjiā dōu mǎi piào, cónglái bù bái kàn xì.) 모두 다 표를 산다. 이제껏 공짜로 연극을 본적이 없다.

[白白] báibái 부사

"헛되게, 공연히"의 의미로 부사, 동사, 형용사 앞에 사용하여 결과가 예상한 기대를 못 미치는 것을 표현한다. ① 白白地浪费许多时间, 真不可容忍。(Báibái di làngfèi xǔduō shíjiān, zhēn bùkě róngrěn.) 헛되이 많은 시간을 낭비하는 일을 참을 수 없다. ② 白白地忙了一天。(Báibái di mángle yìtiān.) 쓸데없이 하루 종일 바빴다. ③ 白白地葬送了

一条性命。(Báibái di zàngsòng le yì tiáo xìngmìng.) 헛되이 한 생명을 잃게 했다

설명 부사 "白"(bái)와 "白白"(báibái)는 모두 "헛되이 힘만 쓰다"라는 의미를 나타내지만 "白" 뒤에는 "地"자를 사용할 수 없고 "白白"는 가능하다. 예를 들어 "白白地耗费力气"(báibái di hàofèi lìqi)(헛되이 힘을 낭비하다)에서 "白白"는 "白" 보다 어감이 강하다.

[半] bàn 부사

"충분치 않게, 거의" 등의 의미로 동사 혹은 형용사 앞에 사용하여 정도가 불완전한 것을 표시한다. ① 房门半开着。(Fáng mén bàn kāizhe.) 방문이 반쯤 열려 있다. ② 半开玩笑地说。(Bàn kāiwánxiào di shuō.) 거의 농담조로 말하다.

설명 "半"자를 두 번 연속하여 사용하거나 혹은 "半"과 "不"를 같이 사용하여 의미가 상반되는 단음절의 단어와 함께 관용적인 용법으로 쓰인다. 예 "半信半疑"(bànxìn bànyí)(반신반의), "半生不熟"(bànshēng bùshú)(반숙 : 미숙하다)

[被] bèi 개사

"… 에게 당하다"의 의미로 피동형 문장에서 동작·작용을 행하는 주동자를 표시함. 또는 동사 앞에 쓰여서 피동을 나타낸다. ① 我被他的花言巧语说动了。(Wǒ bèi tā de huāyán qiǎoyǔ shuō dòngle.) 나는 그의 교묘한 말솜씨에 마음이 움직였다. ② 外面又被老师训斥了一番。(Wàimiàn yòu bèi lǎoshī xùnchì le yìfān.) 밖에서 또 선생님에게 일장 설교를 들었다. ③ 花草被太阳晒得枯萎了。(Huācǎo bèi tàiyáng shài de kūwěi le.) 화초가 햇볕에 쪼여 시들었다.

설명1 일부 피동식의 문장에서는 일반적인 행위자나 명백한 행위자는 생략한다. ① 他被[我们] 打垮了。(Tā bèi [wǒmen] dǎkuǎle.) 그는 (우리에게) 무너졌다. ② 哥哥被抓走了, 至今不知道死活。(Gēge bèi zhuāzǒu le, zhìjīn bù zhīdào sǐ huó.) 형이 잡혀 갔는데 지금까지 생사를 모른다.

설명2 일부 피동식의 문장에서 의미상으로 오해의 여지가 없으면 "被"자를 생략할 수 있다. ① 文章写好了。(Wénzhāng xiě hǎole.) 문

장을 다 썼다. ② 秧苗早已插完。(Yāngmiáo zǎo yǐ chā wán.) 모종을 이미 마쳤다.

설명3 "叫(jiào)", "让(ràng)"도 피동으로 사용할 수 있다. 그러나 일반적으로 이들은 행위자를 표시한다. ⑲ 他叫雨淋了。(Tā jiào yǔ línle.) 그는 비에 젖었다

[呗] bei 조사

(1) "…할 따름이다. …뿐이다. 그만이다"라는 의미로 사실이나 이치가 분명하고 알기 쉬워 많은 말이 필요 없음을 나타낸다. 특정한 감정적 색채를 갖는다. ① 你不会骑车就学呗。(Nǐ bú huì qí chē jiù xué bei.) 자전거를 탈 줄 모르면 배우면 되지. ② 也不过就是花点儿钱呗。(Yě búguò jiùshì huā diǎnr qián bei.) 그까짓 돈쯤 조금 썼을 뿐이다.

(2) 억지로 동의하거나 어쩔 수 없이 양보함을 나타낸다. ① 你一定要去, 就去呗。(Nǐ yídìng yào qù, jiù qù bei.) 네가 꼭 가야겠다면 가거라. ② 你要打, 你就打呗! (Nǐ yào dǎ, nǐ jiù dǎ bei!) 때리고 싶으면 때려라!

[本] běn 부사 "本来(běnlái)"를 참고하라.

[本来] běnlái 부사

(1) "원래, 이전"의 뜻으로 나중의 상황이 처음과 다름을 표시한다. ① 他不过白打听, 本来不想买呢。(Tā búguò dǎting, běnlái bùxiǎng mǎi ne.) 그는 가격을 물었던 것뿐이지, 애당초 사려고 생각은 하지 않았어. ② 这些工作单位本来就人浮于事。(Zhèxiē gōngzuò dānwèi běnlái jiù rén fú yú shì.) 이러한 업무 기관들은 원래 일에 비해 사람이 너무 많다.

(2) "지금까지 계속"의 뜻으로 상황이 처음부터 끝까지 변하지 않은 것을 표시한다. 부사 "就"와 함께 사용하여 확인하는 어감을 더욱 강조한다. ① 她本来就唱得好。(Tā běnlái jiù chàng de hǎo.) 그녀는 원래부터 노래를 잘 불렀다. ② 我本来就被当作问题人物。(Wǒ

běnlái jiù bèi dāng zuò wèntí rénwù.) 나는 원래 문제시된 인물이다.

⑶ "응당, 당연히"의 의미로 "원칙상 이와 같다"는 것을 표시한다. "就"와 함께 사용한다. ① 本来就该这样办。(Běnlái jiù gāi zhèyàng bàn.) 응당 이렇게 해야 한다. ② 这个会本来就应该你去参加, 还推什么?(Zhège huì běnlái jiù yīnggāi nǐ qù cānjiā, hái tuī shénme?) 이 회의는 당연히 당신이 참가해야 한다. 무엇 때문에 사양하는가?

[동의어] "本"(běn)은 "本来"(běnlái)의 의미이다. 일반적으로 뒤에 단음절어가 온다. [예] "本来姓张"(běnlái xìng Zhāng)(원래 성이 장이다)은 "本姓张"(běn xìng Zhāng)으로 말할 수 있다. 또 "本来就应该你去(běnlái jiù yīnggāi nǐ qù)(원래 당신이 응당 가야한다)"는 일반적으로 "本该你去"(běn gāi nǐ qù)로 줄여서 쓸 수 있다.

[本着] běnzhe 개사

"… 에 근거하다", "… 에 따라"의 뜻으로 주로 원칙 태도 등의 단어와 함께 사용한다. 정중한 색채를 띠고 있으며 서면어에서 사용한다. ① 本着入乡随俗之义, 要和您请教。(Běnzhe rù xiāng suísú zhī yì, yāo hé nín qǐngjiào.) 그 고장에 가면 그 고장 풍속을 따라야 한다는 원칙에 의거해서 당신에게 가르침을 청하려 합니다. ② 本着互谅互让的精神。(Běnzhe hùliáng hùràng de jīngshén.) 서로 양해하고 양보하는 정신에 기초하다.

[甭] béng 부사

"…할 필요가 없다", "…하지 마라"의 의미를 나타낸다. ① 甭提了。(Béng tíle.) 말하지 말라. ② 你既然都知道, 我就甭说了。(Nǐ jìrán dōu zhīdào, wǒ jiù béng shuōle.) 네가 이미 다 알고 있으니 내가 더 이상 말할 필요가 없지.

[비교] 의미와 용법이 유사한 "不用(búyòng)"을 참고하라.

【比】 bǐ 개사

⑴ "…보다", "…에 비하여"의 의미로, 정도상의 차이를 비교할 때 사용한다. ① 今年冬天比去年冷。(Jīnnián dōngtiān bǐ qùnián lěng.) 올 겨울이 작년 겨울 보다 춥다. ② 今年收的庄稼比去年增加两成。(Jīnnián shōu de zhuāngjià bǐ qùnián zēngjiā liǎng chéng.) 금년에 수확한 농작물은 작년에 비해 20% 증가했다. ③ 海水比淡水重, 因此压力也来得大。(Hǎishuǐ bǐ dànshuǐ zhòng, yīncǐ yālì yě láide dà.) 바닷물이 민물보다 무겁기 때문에 압력도 훨씬 크다.

실시 "我们来比一比, 看谁成绩好。"(Wǒmen lái bǐ yi bǐ, kàn shéi chéngjì hǎo.)(우리 누가 성적이 좋은지 비교해 보자), "中国人喜欢把大地比作母亲。"(Zhōngguórén xǐhuan bǎ dàdì bǐzuò mǔqīn.) (중국인은 대지를 모친에 비유하기를 좋아한다.)에서 "比"는 동사다.

正误用例 今年年终比过去几年一样, 大家对自己的工作进行了总结。(Jīnnián niánzhōng bǐ guòqù jǐ nián yíyàng, dàjiā duì zìjǐ de gōngzuò jìnxíngle zǒngjié.) 올해 연말도 과거 몇 년과 마찬가지로 모두 자신의 작업에 대하여 총 마무리를 한다.

이 문장에서 "比"는 개사로 사용되었고 정도상의 차별을 표시한다. 그린데 여기시 말하려는 것은 "동일하다"는 것이다. 그러므로 "比"(bǐ)를 "同"(tóng)으로 고치는 것이 좋다.

【比方】 bǐfāng 접속사

"예컨대", "가령", "비유한다면"이란 의미를 나타낸다. ① 比方说我求他写一张, 他不会拒绝吧!(Bǐfāng shuō wǒ qiú tā xiě yì zhāng, tā bú huì jùjué ba!) 가령 내가 한 장 써 달라고 한다면 그는 거절하진 않겠지? ② 比方我做个部长吧, 我就把握新方案。(Bǐfāng wǒ zuò gè bùzhǎng ba, wǒ jiù bǎwò xīn fāng'àn.) 예컨대 내가 장관이 된다고 한다면, 나는 즉시 새 방안을 파악할 것이다.

[比较] bǐjiào 부사와 개사 두 가지 용법이 있다.

(一) 부사

"비교적, 상당히"의 의미로, 이미 어떤 정도에 도달하였음을 표시한다. ① 事情还是这么办比较方便。(Shìqing háishi zhème bàn bǐjiào fāngbiàn.) 일은 역시 이렇게 하는 것이 비교적 편리하다. ② 他有历练, 办事比较稳重。(Tā yǒu lìliàn, bànshì bǐjiào wěnzhòng.) 그는 경험과 수련을 쌓아서 일처리가 비교적 듬직하다. ③ 这种机器操作比较简单。(Zhèzhǒng jīqì cāozuò bǐjiào jiǎndān.) 이런 종류의 기기는 조작이 비교적 간단하다

[동의어] "较(jiào)"는 "比较"(bǐjiào)의 뜻으로 단음절 형용사를 주로 수식한다. 예를 들어 "比较好"(bǐjiào hǎo)(비교적 좋다)를 "较好"(jiào hǎo)로, "比较方便"(bǐjiào fāngbiàn)(비교적 편리하다)을 "较便"(jiào biàn)으로 쓴다.

"比较喜欢听故事"(Bǐjiào xǐhuān tīng gùshì)(이야기 듣는 것을 비교적 좋아한다), "比较接近群众"(Bǐjiào jiējìn qúnzhòng)(비교적 군중에 접근하다)에서 "喜欢(xǐhuan)", "接近(jiējìn)"은 동사이고 목적어를 동반한다. 그러므로 "较喜欢听故事"(jiào xǐhuān tīng gùshì), "较接近群众"(jiào jiējìn qúnzhòng)이라고 말할 수 없다. "较"는 서면어에서 주로 사용한다.

[주의] "比较"(bǐjiào)와 "较"(jiào)는 부정식으로는 사용할 수 없다. 예를 들어 "比较好"(bǐjiào hǎo), "较好"(jiào hǎo)의 부정식은 단지 "比较差"(bǐjiào chà), "较差"(bǐjiào chà)로 말할 수 있을 뿐이다. 이것을 "比较不好"(bǐjiào bù hǎo), "较不好"(jiào bù hǎo)로 말할 수 없다. 그러므로 "比较喜欢"(bǐjiào xǐhuan) 의 부정은 "不大喜欢"(bú dà xǐhuan)이고 "比较不喜欢"(bǐjiào bù xǐhuan)이 아니다.

(二) 개사

"… 에 비해"의 의미로 사물 혹은 상황의 차이를 표시한다. "比"의 용법과 같다. ① 公司的发展形势, 比较前一时期, 有了好转。(Gōngsī de fāzhǎn xíngshì, bǐjiào qián yì shíqī, yǒule hǎo zhuǎn.) 회사의 발전 상황은 전 분기보다 호전되었다. ② 学习普通话总比较学习其他外国语容易得多。(Xuéxí pǔtōnghuà zǒng bǐjiào xuéxí qítā wàiguóyǔ róngyì de duō.) 보통화(중국어)를 배우는 것이 기타 외국어를 배우는 것보다 훨씬 쉽다.

〈동의어〉 "较"도 서면어에서 개사로 사용할 수 있다. ① 牡丹较芍药好看。(Mǔdān jiào sháo yào hǎo kàn.) 모란은 작약에 비해 보기 좋다. ② 春季植树较别的季节更合适。(Chūnjì zhí shù jiào bié de jìjié gèng héshì.) 봄철에 나무를 심는 것이 다른 계절보다 더욱 적합하다.

〈실사〉 "请你比较一下，看谁的字写得好。"(Qǐng nǐ bǐjiào yíxià, kàn shéi de zì xiě de hǎo.)(당신 한번 누구의 글자가 더 잘 썼는지 비교해 보시오), "好坏差距太大，简直无法比较。"(Hǎo huài chà jù tài dà, jiǎnzhí wúfǎ bǐjiào.)(좋고 나쁨이 차이가 너무 크다. 거의 비교할 수 없을 정도이다)에서 "比较"는 동사다.

[比如] bǐrú 접속사

"예컨대"의 의미로 종합적인 설명 뒷부분에 사용하여 다음은 어떠한 예라는 것을 표시한다. "例如(lìrú)"와 바꾸어 사용할 수 있다. ① 很多动物都是穴居的，比如螃蟹。(Hěnduō dòngwù dōushì xuéjū de, bǐrú pángxiè.) 많은 동물들 예를 들어 게 같은 동물들은 다 굴에서 산다. ② 有些人不适合做老师，比如小王。(Yǒuxiē rén bú shìhé zuò lǎoshī, bǐrú Xiǎo Wáng.) 어떤 사람들은 예컨대 샤오왕은 선생이 되기 적합하지 않다. ③ 小事情可以成为大新闻，比如人咬了狗。(Xiǎo shìqing kěyǐ chéngwéi dàxīnwén, bǐrú rén yǎole gǒu.) 예를 들어 사람이 개를 물다 같은 작은 사건이 큰 뉴스가 될 수 있다.

〈동의어〉 "比方(bǐfāng)"과 "比如"(bǐrú)는 의미가 같고 바꾸어 사용할 수도 있다. 둘 다 뒤에 "说"자를 붙이기도 한다. 比方은 주로 구어에서 사용한다. ① 他有多方面的爱好，比如说打球，摄影，集邮，都搞得不错。(Tā yǒu duō fāngmiàn de àihào, bǐrú shuō dǎqiú, shèyǐng, jíyóu, dōu gǎo de búcuò.) 그는 다양한 기호가 있다. 예를 들어, 공놀이·촬영·우표수집을 모두 잘 한다. ② 你会有机会买房的，比方(说)你中了彩。(Nǐ huì yǒu jīhuì mǎifángde, bǐfāng(shuō) nǐ zhòngle cǎi.) 예를 들어 네가 복권에 당첨되면 집을 살 기회가 있을 수 있다.

【必】 bì 부사

(1) "반드시", "꼭"의 의미로 사실 혹은 상황을 긍정하며 굳은 결단을 표시한다. ① 不战则已, 战则必胜。(Bú zhàn zé yǐ, zhàn zé bì shèng.) 싸우지 않으면 그만이지만, 싸우면 반드시 이긴다. ② 骄兵必败。(Jiāo bīng bì bài.) 교만한 군대는 반드시 패한다. ③ 想必是有什么要紧的事。(Xiǎng bì shì yǒu shén me yàojǐn de shì.) 틀림없이 어떤 중요한 일이 있는 것 같다.

<u>주의</u> "必(bì)"는 서면어로 뒤에 반드시 단음절의 단어만 온다.

【必定】 bìdìng 부사

"반드시, 필연적"이란 의미로 자신이 내린 판단이 확실하며 틀림이 없음을 표시한다. 어감이 "一定"이나 "必然"보다 강하다. ① 他得到信儿, 必定会来。(Tā dédào xìnr, bìdìng huì lái.) 그는 편지를 받으면 반드시 올 것이다. ② 用这种人必定坏事。(Yòng zhèzhǒng rén bìdìng huài shì.) 이런 사람을 쓰면 반드시 일을 망친다. ③ 后天我必定来接你。(Hòutiān wǒ bìdìng lái jiē nǐ.) 모레 꼭 너를 데리러 오마.

【必然】 bìrán 부사

"반드시"란 의미로, 객관적인 사실로 보아 그렇다는 것을 표시한다. 어감이 "必定"보다 가볍고 주로 서면어에서 사용된다. ① 不努力学习, 必然落后。(Bù nǔlì xuéxí, bìrán luòhòu.) 열심히 공부하지 않으면 반드시 낙오한다. ② 他今天不来, 必然是有原因的。(Tā jīntiān bù lái, bìrán shì yǒu yuányīn de.) 그가 오늘 오지 않는 것은, 반드시 원인이 있을 것이다.

<u>실사</u> "必然"은 실사로 사용할 경우 형용사와 명사의 용법이 있다. <u>예</u> ① 敌人的进攻是必然的。(Dírénde jìngōng shì bìrán de.) 적이 공격하는 것은 필연적이다. 여기서 "必然"은 형용사다. ② 这是历史的必然。(Zhè shì lìshǐ de bìrán.) 이것은 역사의 필연이다. 여기서 "必然"은 명사다.

[必须] bìxū 부사

사실이나 상황에 대한 긍정을 표시하며 논리상의 필요성을 지적한다. 주어 앞에서 사용할 수 있다. ① 这种情况必须改变。(Zhèzhǒng qíngkuàng bìxū gǎibiàn.) 이러한 상황은 바뀌어야 한다. ② 必须事先征得同意。(Bìxū shìxiān zhēngdé tóngyì.) 반드시 사전에 동의를 구해야 한다. ③ 任务十分紧要, 必须火速完成。(Rènwu shífēn jǐnyào, bìxū huǒsù wánchéng.) 임무가 매우 중요하니 서둘러 완수해야 한다.

[주의] "必须"(bìxū)의 반대말은 "不必(búbì)·无须(wúxū)"다.

[毕竟] bìjìng 부사

⑴ "마침내", "결국"의 뜻으로, 마지막으로 얻은 결론을 표시한다. ① 这本书虽然有缺页, 毕竟不失为珍本。(Zhè běn shū suīrán yǒu quē yè, bìjìng bùshī wéi zhēnběn.) 비록 이 책은 낙장이 있으나 필경 진귀한 책이다. ② 毕竟她得明白这一点。(Bìjìng tā děi míngbái zhè yìdiǎn.) 결국 그녀는 이점을 이해해야만 한다. ③ 现在弄清楚了, 这毕竟是个骗局。(Xiànzài nòng qīngchule, zhè bìjìng shì gè piànjú.) 이제야 분명해졌다. 이것은 결국 사기다.

⑵ "毕竟"(bìjìng)을 앞 구문에서 사용하여 원인을 강조한다. ① 毕竟是年轻人, 干起活来象小老虎。(Bìjìng shì niánqīng rén, gàn qǐ huó lái xiàng xiǎo lǎohǔ.) 젊은이라서 확실히 일을 시작하니 마치 어린 호랑이 같다. ② 法老毕竟被当作神, 因而长生不死。(Fǎlǎo bìjìng bèi dàngzuò shén, yīn'ér chángshēng bùsǐ.) 결국 파라오들은 신이라고 여겨졌고 그래서 죽지 않는다고 여겨졌다.

[설명] "毕竟"(bìjìng)의 앞에 있는 단어나 어구를 중복 사용하여 강조를 표시한다. ① 游戏毕竟是游戏, 不可能托付人生。(Yóuxì bìjìng shì yóuxì, bùkěnéng tuōfù rénshēng.) 결국 게임은 게임일 뿐 인생을 의탁할 수는 없다.

[正误用例] 你这样做毕竟有什么好处呢?(Nǐ zhèyàng zuò bìjìng yǒu shén me hǎochù ne?) 당신이 이렇게 하는 것은 필경 무슨 좋은 점이 있겠지요?

"毕竟"(bìjìng)은 최후의 결과가 어떠하다는 것을 강조한다. 진술문에서 긍정과 확인을 표시하며 추궁의 의미가 없다. 그러므로 의문문에서는 사용할 수 없다. 따라서 "毕竟"(bìjìng)을 "究竟"(jiūjìng)이나 "到底"(dàodǐ)로 바꾸는 것이 좋다.

[便] biàn 부사와 접속사의 용법이 있다.

(一) 부사

"곧", "바로"의 의미를 표시한다. ① 天一亮, 他便下地去了。(Tiān yí liàng, tā biàn xià dì qùle.) 날이 밝자 그는 곧 밭으로 나갔다. ② 天气稍冷, 便觉难受。(Tiānqì shāo lěng, biàn jué nánshòu.) 날씨가 좀 싸늘해지자, 곧 괴롭게 느껴진다. ③ 车开不久, 天便亮了。(Chē kāi bùjiǔ, tiān biàn liàngle.) 차가 출발한지 오래지 않아 곧 하늘이 밝아왔다.

(二) 접속사

"비록…일지라도", "설령 …하더라도"의 의미를 표시한다. ① 便吃些亏, 我也甘心情愿。(Biàn chī xiē kuī, wǒ yě xīngān qíngyuàn.) 비록 손해를 볼지라도, 나는 기꺼이 원한다. ② 便是他不去, 我也要去。(Biàn shì tā bú qù, wǒ yě yào qù.) 그가 가지 않을지라도 나는 가겠다. **실사** "便"이 실사로 사용될 경우 명사와 형용사의 용법이 있다. 请便。(Qǐng biàn.) 편리할 대로 하세요. 여기서 "便"은 "편리", "편의"의 의미로 명사다. "词典本子小, 便于携带。"(Cídiǎn běnzi xiǎo, biànyú xié dài.)(사전이 작아서 휴대하기 편리하다)에서 "便"은 "편리하다"는 의미로 형용사다.

[便是] biànshì 접속사

"설사 … 라 하더라도"의 뜻으로 구문의 앞부분에 사용하여 양보관계를 표현한다. "即使"(jíshǐ)와 용법이 유사하고 주로 뒤에 "也"와 함께 사용한다. ① 便是山塌了, 他也不会心惊。(Biàn shì shān tāle, tā yě bú huì xīn jīng.) 설사 산이 무너진다 해도 그는 놀라지 않을 거다. ② 便是每天吃青菜豆腐, 我也感到高兴。(Biànshì měitiān chī qīngcài dòufu, wǒ yě gǎndào gāoxìng.) 설사 매일 풀만먹는다고 해도 나는

기쁘다. ③ 这个人不懂规矩, 便是在公共场合, 照样抽烟。(Zhège rén bù dǒng guīju, biànshì zài gōnggòng chǎnghé, zhàoyàng chōuyān.) 이 사람은 규칙을 모른다. 공공장소에서도 마찬가지로 담배를 핀다. 주의 "便是"(biànshì)는 부사 "便"과 동사 "是"로 사용할 수 있다. 예 他便是校长。(Tā biàn shì xiàozhǎng.)그가 바로 교장이다.

[别] bié 부사

(1) "…하지 말라"의 의미로 금지를 표시한다. ① 雨下得那么大, 你别回去了。(Yǔ xiàde nàme dà, nǐ bié huíqù le.) 비가 저렇게 많이 오는데 돌아가지 마라. ② 在公共场所别大声说话。(Zài gōnggòng chǎngsuǒ bié dàshēng shuōhuà.) 공공장소에서는 큰 소리로 말하지 말라. ③ 别着急, 听我慢慢给你絮叨絮叨。(Bié zháojí, tīng wǒ mànmàn gěi nǐ xùdao xùdao.) 서두르지 말고 내가 천천히 말해 주는 것을 들어라.

(2) "필요가 없음"의 뜻으로, 실제로 필요가 없음을 표시한다. ① 他来了, 你就别去了。(Tā láile, nǐ jiù bié qule.) 그가 왔으니 너는 갈 필요가 없다. ② 这事跟他无关, 别告诉他。(Zhè shì gēn tā wúguān, bié gàosù tā.) 이 일은 그와 상관이 없다. 그에게 말할 필요가 없다. ③ 这本书的内容他已经知道, 你就别介绍了。(Zhè běn shū de nèiróng tā yǐjīng zhīdào, nǐ jiù bié jièshàole.) 이 책의 내용을 그는 이미 알고 있다. 너는 소개할 필요가 없다.

(3) "아마도"의 의미로 주로 그러한 상황이 발생하지 않기를 바라는 마음에서 많이 사용한다. 주로 "是"와 같이 사용한다. ① 他肯定在家的, 你别是敲错门了吧？(Tā kěndìng zàijiāde, nǐ biéshì qiāocuòménle ba?) 그는 확실히 집에 있다. 당신은 아마도 다른 문을 녹크했나요? ② 别又生病了, 否则他是不会迟到的。(Bié yòu shēngbìngle, fǒuzé tā shì bú huì chídào de.) 혹시 또 아픈가? 그렇지 않으면 그가 늦을 리 없다. ③ 约定的时间都过了, 别是他不来了吧! (Yuēdìng de shíjiān dōuguòle, bié shì tā bù láile ba!) 약속한 시간이 지났는데, 아마도 그는 안 올 것인가!

【别说】 biéshuō 접속사

(1) "…일 뿐만 아니라"의 뜻으로 주로 "也"(yě), "即使…也…"(jíshǐ…yě), "就是…也…"(jiùshì…yě), " 连…也"(lián…yě)등과 함께 사용하여 서로 정도가 다른 두 가지 일을 표시한다. ① 别说白酒, 他连黄酒也不喝。(Bié shuō báijiǔ, tā lián huángjiǔ yě bù hē.) 그는 독주는 말할 것도 없고 순한 술도 마시지 않는다. ② 这几个字, 别说小孩子不认识, 即使大人也不一定念得准。(Zhè jǐ ge zì, bié shuō xiǎo háizi bú rènshi, jíshǐ dàrén yě bù yídìng niàn de zhǔn.) 이 글자들은 아이들이 모르는 것은 물론이고 성인들도 잘못 읽을 수 있다. ③ 这种木偶戏, 别说是小孩子们喜欢看, 就是大人也想去看。(Zhèzhǒng mù'ǒuxì, biéshuōshì xiǎo háizǐmen xǐhuan kān, jiùshì dàrén yě xiǎng qù kān.) 이런 인형극은 아이들이 좋아하는 것은 물론, 어른도 보러 가고 싶어한다.

(2) "하물며"의 뜻으로 분구 뒤에 사용하여 양보를 표시한다. 다소 반문의 어감을 갖고 있으며 주로 부사 "也"(yě), "还"(hái)나 접속사 "尚且"(shàngqiě) 등과 같이 사용한다. 이 때 문장 끝에 주로 어기조사 "了"를 사용한다. ① 你力气这么大尚且搬不动, 别说我了。(Nǐ lìqi zhème dà shàngqiě bān bú dòng, bié shuō wǒle.) 당신은 힘이 이렇게 큰데도 움직이지 못하니 하물며 나는 말할 것도 없다. ② 经常复习还不容易巩固, 别说不复习了。(Jīngcháng fù xí hái bù róngyì gǒnggù, bié shuō bú fù xíle.) 항상 복습을 해도 확실하기가 어려운데 하물며 복습을 하지 않다니.

> 주의 "别说这种泄气话了, 継续干吧"(Bié shuō zhè zhǒng xièqì huàle, jìxù gàn ba.) (이런 분풀이 말을 하지 말고 계속 해라)에서 "别" 와 "说"는 두 개의 단어이다. 즉 부사 "别"(bié)가 동사 "说"(shuō)를 수식한다.

【遍】 biàn 부사

"두루", "온통"의 의미로 전체를 표시한다. ① 我把柜子翻了个遍也没找着。(Wǒ bǎ guìzi fānlegebiàn yěméi zhǎozháo.) 나는 궤짝을 다 뒤졌는데도 찾지 못했다. ② 我略读了遍这本书。(Wǒ lüèdúle biàn zhèběn shū.)나는 이 책을 대충 전부 읽어보았다.

[并] bìng 접속사와 부사 두 가지 용법이 있다.

(一) 접속사

(1) "그리고"의 뜻이다. 단어나 구와 절에 연결하여 사용한다. ① 他会说法语, 并在学习西班牙语。(Tā huìshuō Fǎyǔ, bìng zài xuéxí Xībānyáyǔ.) 그는 불어를 말할 수 있고 그리고 서반아어를 배우는 중이다. ② 他天资过人, 并世无双。(Tā tiānzī guòrén, bìngshì wúshuāng.) 그는 천부적 자질이 뛰어나고 천하에 둘도 없다. ③ 老工人下乡修理机器, 并帮助青年学会使用的方法。(Lǎo gōngrén xià xiāng xiūlǐ jīqì, bìng bāngzhù qīngnián xuéhuì shǐyòng de fāngfǎ.) 늙은 기술자가 고향에 내려가 기계를 수리하고 그리고 청년들이 사용방법을 배워 할 수 있도록 돕는다.

(2) "… 와 함께"의 의미로 동시에 진행됨을 설명하며 단어나 구를 연결한다. ① 他叫喊着并咒骂她。(Tā jiàohǎnzhe bìng zhòumà tā.) 그는 소리치며 동시에 그녀를 저주하고 욕한다. ② 全厂已经认真学习并积极推广了这个先进经验。(Quán chǎng yǐjīng rènzhēn xuéxí bìng jījí tuīguǎngle zhège xiānjìn jīngyàn.) 공장 전체에서 이미 선진 경험을 열심히 학습하고 함께 적극적으로 전파한다. ③ 他们制造并出口塑料玩具。(Tāmen zhìzào bìng chūkǒu sùliào wánjù.) 그늘은 플라스틱 완구를 제소하고 수출노 한나.

> [동의어] "并且(bìngqiě)"는 "并(bìng)"과 의미가 같고 바꾸어 사용할 수 있다. "并且"는 또 "而且"(érqiě: 게다가)의 뜻이 있고 주로 접속사 "不但"(búdàn)과 함께 사용된다. ① 她聪明并且用功。(Tā cōngmíng bìngqiě yònggōng.) 그녀는 총명할 뿐만 아니라 열심히 공부도 한다. ② 这方面的书他家里不但有, 并且数量不少。(Zhè fāngmiàn de shū tā jiāli búdàn yǒu, bìngqiě shùliàng bù shǎo.) 그의 집에 이 방면의 책이 있을 뿐만 아니라 수량도 많다. ③ 她的小说内容好并且销路广。(Tā de xiǎoshuō nèiróng hǎo bìngqiě xiāolù guǎng.) 그녀의 소설은 내용도 좋을 뿐 아니라 판로도 넓다.

(二) 부사

"정말로", "결코"의 의미로 강조의 의미가 있다. "不"(bù), "无"(wú),

"非"(fēi), "未"(wèi), "没有"(méi·yǒu) 등의 부정사 앞에 사용하여 확실히 그렇지 않음을 표시한다. ① 他并未试着帮忙。(Tā bìng wèi shìzhe bāngmáng) 그는 도움을 결코 시도하지 않았다. ② 他今晚并不想出去。(Tā jīnwǎn bìng bùxiǎng chūqù.) 그는 오늘 밤 정말로 나가려고 하지 않는다. ③ 此种产品的性能并无新特之处。(Cǐ zhǒng chǎnpǐn de xìngnéng bìng wú xīn tè zhī chù.) 이 제품의 성능은 별로 신기한 것이 없다. ④ 裸泳并不优雅。(Luǒyǒng bìng bù yōuyǎ.) 나체 수영은 정말로 우아하지 않다.

설명 단음절 동사 앞에 사용하여 말하고자 하는 사건이나 사물이 동시에 진행되거나 혹은 동시에 존재하며 그 안에 전부 포괄됨을 표시한다. ① 这两件事性质不同, 不能相提并论。(Zhè liǎng jiàn shì xìngzhì bùtóng, bùnéng xiāngtí bìnglùn.) 두 사건은 성질이 달라 함께 이야기 할 수 없다. ② 开辟财源和节约开支两个方面正在齐头并进。(Kāipì cáiyuán hé jiéyuē kāizhī liǎng ge fāngmiàn zhèngzài qítóu bìngjìn.) 재원을 개발하고 지출을 절약하는 두 방면으로 함께 추진하는 중이다. ③ 双方都言之成理, 可以两说并存。(Shuāngfāng dōu yán zhī chéng lǐ, kěyǐ liǎng shuō bìngcún.) 쌍방의 주장은 모두 이치가 있어 두 주장이 모두 성립할 수 있다.

주의 "并"(bìng)을 부사로 사용할 경우 "并且"(bìngqiě)와 바꾸어 사용할 수 없다.

실사 "我们今天并在你们组一起学习"(Wǒmen jīntiān bìng zài nǐmen zǔ yìqǐ xuéxí.)(우리는 오늘 너희 조와 합쳐서 같이 공부한다)에서 "并"은 동사다.

正误用例 (1) 本品是用银花连翘等中药配制而成, 并且具有祛寒退热的功能。(Běn pǐn shì yòng yínhuā liánqiáo děng zhōngyào pèizhì ér chéng, bìngqiě jùyǒu qū hán tuì rè de gōngnéng.) 본 제품은 은화 연교등 한약을 배합하여 만들었다. 아울러 추위를 막고 더위를 물리치는 기능이 있다.

(2) 这小家伙倒是个多面手, 喜欢画画、刻印、摄影并种花、做木工等等。(Zhè xiǎo jiāhuo dǎoshì gè duōmiànshǒu, xǐhuan huàhuà, kèyìn, shèyǐng bìng zhònghuā, zuò mùgōng děng děng.) 이 어린애가 의외로 다재다능하다.

그림 그리기·도장파기·촬영 그리고 꽃 재배·목공 등을 좋아한다.

이상에서 "并"(bìng)과 "并且"(bìngqiě)는 접속사로 사용되어 더욱 강한 의미를 표시한다. 예문 ⑴에서 전반 절은 약품의 조합에 관하여 후반 절은 약품의 기능에 대하여 설명하고 있다. 그러므로 "并且"를 사용하여 연결할 수 없다. "并且"를 생략하여야 한다.

예문 ⑵에서 "喜欢"(xǐhuan)의 목적어를 병렬로 나열했다. 이때는 "并"을 "·"로 고치거나, 만약 전후의 순서를 구별하려면 "以及(yǐjí)" 등을 사용하는 것이 좋다.

【并且】 bìngqiě 접속사 "并(bìng)"을 참고하라.

【不】 bù 부사

⑴ 동사 형용사와 다른 부사 앞에서 부정을 표시한다. ① 我不知道他是怎么想的。(Wǒ bù zhīdào tā shì zěnme xiǎng de.) 저는 그가 어떻게 생각하시는지 모르겠습니다. ② 左一题, 右一题,出了不少题。(Zuǒ yì tí, yòu yì tí, chūle bù shǎo tí.) 이 문제 저 문제 많은 문제를 냈다. ③ 个子不大, 声音十分大。(Gèzi bú dà, shēngyīn shífēn dà.) 키는 크지 않지만 목소리는 퍽 크다.

설명 "不"의 전후에 있는 단어를 반복 사용하여 의문문을 만든다. **예** "去不去"(qù bu qù)(갈 것인가?), "知道不知道"(zhīdào bu zhīdào)(아는가?), "好不好"(hǎo bu hǎo)(좋은가?) 등이 있다. 만약 중복 사용하는 쌍음절의 단어에서 앞의 음절이 단어의 의미를 충분하게 표시할 경우, 쌍음절을 단축하여 사용할 수 있다. **예** "知不知道"(zhī bù zhīdào)(아는가?), "应不应该"(yìng bù yīng gāi)(당연한가?), "可不可以"(kě bù kěyǐ)(가능한가?), "准不准确"(zhǔn bù zhǔnquè)(정확한가?)

⑵ "不…不…"를 연속하여 사용하여 나열된 두 가지 상황을 표시한다. 이것과 "…도 …도 아니다(既不…又不…)"와 용법이 같다. ① 饭前不洗手不卫生。(Fànqián bù xǐshǒu bú wèishēng.) 식사전에 손을 씻지 않으면 위생적이지 않다. ② 不学习不劳动的人最没出息。

(Bù xuéxí bù láodòng de rén zuì méi chūxi.) 배우지도 일하지도 않는 사람이 가장 못났다. ③ 他不抽烟不喝酒。(Tā bù chōuyān bù hējiǔ.) 그는 담배를 피지도 술을 마시지도 않는다. ④ 秋季天气最好, 不冷不热。(Qiūjì tiānqì zuì hǎo, bù lěng bú rè.) 가을철 날씨가 제일 좋다. 춥지도 덥지도 않다.

⑶ "不…不"를 연속하여 사용하면 앞의 "不…"는 가정을 표시하고, 뒤의 "不…"는 결과를 표시한다. 이것과 "만약 …이 아니라면, …아니다(如果不…就不…)"의 용법과 대동소이하다. ① 我们不见不散。(Wǒmen bújiàn búsàn.) 우리는 만날 때까지 기다린다. ② 六月不热, 五谷不结。(Liù yuè bú rè, wǔgǔ bù jié.) 유월이 덥지 않으면 오곡이 열매를 맺지 않는다. ③ 新思潮创造世界, 不思考不会有收获。(Xīn sīcháo chuàngzào shìjiè, bù sīkǎo bú huì yǒu shōuhuò.) 신사조가 세계를 창조한다. 생각을 하지 않으면 수확도 없다.

[不必] búbì 부사

"… 할 필요가 없다", "… 하지 마라"라는 의미로, "必须"(bìxū)의 반대어이다. ① 我自己能搬, 你不必帮忙了。(Wǒ zìjǐ néng bān, nǐ búbì bāngmángle.) 나 혼자 옮길 수 있으니 네가 도울 것까지는 없다. ② 你身体不好, 不必参加了。(Nǐ shēntǐ bù hǎo, búbì cānjiāle.) 너는 몸이 좋지 않으니 참가할 필요가 없다. ③ 文章不必这么长, 请你再压缩一下。(Wénzhāng búbì zhème cháng, qǐng nǐ zài yāsuō yíxià.) 문장이 이렇게 길 필요가 없다. 다시 줄여 주세요. ④ 明天早上你们不必再来了。(Míngtiān zǎoshàng nǐmen búbì zàiláile.) 내일 오전에 너희들은 또 올 필요가 없다.

[不曾] bùcéng 부사

⑴ "…한 적이 없다"의 뜻으로 모종의 행위 혹은 상황이 과거에 존재하지 않았거나 출현한 적이 없음을 표시한다. ① 我不曾去过光州。(Wǒ bùcéng qùguo Guǎngzhōu.) 나는 광주에 가 본 적이 없다. ② 阅览室还不曾开放。(Yuè lǎn shì hái bùcéng kāifàng.) 열람실을 아직 개방한 적이 없다. ③ 我不曾见过你。(Wǒ bùcéng jiànguo nǐ.) 나는 당신을 만난 적이 없다.

(2) "… 이 없었다"의 의미로 "还"(hái), "一直"(yìzhí), "始终"(shǐzhōng) 등의 부사와 함께 사용하고 강조의 의미가 있다. ① 该俱乐部还不曾发起或并未在策划任何行动。(Gāi jùlèbù hái bùcéng fāqǐ huò bìng wèi zài cèhuà rènhé xíngdòng.) 이 클럽은 어떤 행동을 계획하거나 시작하지 않았다. ② 假期里阅览室一直不曾开放。(Jiàqī li yuè lǎn shì yìzhí bùcéng kāifàng.) 휴가기간 동안 열람실은 계속 개방하지 않았다. ③ 今年夏天始终不曾炎热过。(Jīnnián xiàtiān shǐzhōng bùcéng yán règuo.) 금년 여름은 시종 크게 덥지 않았다.

[不成] bùchéng 조사

문장 끝에 사용하여 부사 "莫非"(mòfēi), "难道"(nándào)와 함께, 추측이나 반문의 어기를 표시한다. ① 莫非说起重机不到, 大家就坐等不成?(Mòfēi shuō qǐzhòngjī bú dào, dàjiā jiù zuò děng bùchéng?) 기중기가 도착하지 않았다고 모두들 앉아서 기다리는 것만은 아니겠지? ② 今天她没来, 莫非又生了病不成? (Jīntiān tā méi lái, mòfēi yòu shēng le bìng bùchéng?) 그녀가 오늘 오지 않았는데, 설마 또 병이 난 것은 아니겠지? ③ 难道你要考考我不成?(Nándào nǐ yào kǎo kǎo wǒ bùchéng?) 설마 당신이 나를 시험하는 것은 아니겠지요? ④ 你自己不去, 难道要我去不成?(Nǐ zìjǐ bú qù, nándào yào wǒ qù bùchéng?) 당신 자신이 가지 않는데 설마 내가 가야한단 말인가?

설명 위의 예문에서 "不成"은 생략할 수도 있고, 또 "吗"와 교환하여 사용해도 의미는 같다.

실사 "原来想请张老师来讲课, 现在可不成了, 他正忙着开会(Yuánlái xiǎng qǐng Zhāng lǎoshī lái jiǎngkè, xiànzài kě bùchéngle, tā zhèng mángzhe kāihuì.)(원래 장 선생님을 청해 강의를 부탁하려 하였으나 지금은 할 수가 없다. 그는 마침 개회로 바쁘다.)"에서 "不成"은 "不行"의 의미로 동사다.

[不单] bùdān 접속사 "不但(bùdàn)"을 참고하라.

[不但] búdàn 접속사

(1) "而且", "还", "也" 등의 허사와 함께 사용하며 더욱 깊은 의미를 표시한다. 문장의 중심이 후반 절에 있다. ① 他不但嘴尖, 脸皮也厚。(Tā búdàn zuǐ jiān, liǎnpí yě hòu.) 그는 말하는 것이 신랄할 뿐만 아니라 얼굴도 두껍다. ② 我不但喜欢踢足球, 也喜欢打篮球。(Wǒ búdàn xǐhuan tī zúqiú, yě xǐhuan dǎ lánqiú.) 나는 축구하는 것을 좋아할 뿐만 아니라 농구 하는 것도 좋아한다. ③ 不但价钱便宜, 而且东西也很好。(Búdàn jiàqián piányi, érqiě dōngxi yě hěn hǎo.) 값이 쌀 뿐만 아니라, 물건도 매우 좋다. ④ 不但够用, 而且有余。(Búdàn gòuyòng, érqiě yǒuyú.) 충분히 쓸 수 있을 뿐만 아니라 여분이 있다.

(2) "反而", "反倒"와 함께 사용하여, 전후반 절의 의미가 상반됨을 표시한다. ① 我觉得她不但不丑, 反倒挺美。(Wǒ juéde tā búdàn bùchǒu, fǎndào tǐngměi.) 나는 그녀가 추하지 않을 뿐만 아니라 오히려 매우 아름답다고 생각한다. ② 坦克不但没有加速, 反而停了下来。(Tǎnkè búdàn méiyǒu jiāsù, fǎn'ér tíngle xiàlái.) 탱크가 가속을 하지 않을 뿐만 아니라 오히려 정지했다. ③ 慢跑不但对心脏病无害, 反倒有一定的治疗作用。(Mànpǎo búdàn duì xīnzàng bìng wú hài, fǎndào yǒu yídìng de zhìliáo zuòyòng.) 조깅은 심장병에 무해할 뿐만 아니라 오히려 일정한 치료 작용도 있다.

설명 "连…也…", "使…也…", "甚至…也…"등과 함께 사용하여 정도를 강조한다. ① 不但你办不了, 连我也办不了。(Búdàn nǐ bàn bu liǎo, lián wǒ yě bàn bu liǎo.) 당신이 할 수 없을 뿐만 아니라 나도 할 수 없다. ② 这种设备不但在国内, 即使在国际上也是第一流的。(Zhè zhǒng shèbèi búdàn zài guónèi, jíshǐ zài guójì shàng yě shì dì yīliú de.) 이런 종류의 설비는 국내뿐만 아니라 국제적으로도 일류이다. ③ 对于我们的成就, 不但我们的朋友高兴, 甚至我们的敌人也无法否认。(Duìyú wǒmen de chéngjiù, búdàn wǒmen de péngyǒu gāoxìng, shènzhì wǒmen de dírén yě wúfǎ fǒurèn.) 우리들의 성취에 대하여 우리 친구들이 기뻐할 뿐만 아니라 심지어 우리의 적들도 부인할 수 없다.

동의어 "不仅", "不单", "不光", "不惟", "不只", "不独", "非但" 등은

“不但”과 의미가 같아 일반적으로 교환하여 사용할 수 있다. 그러나 “不但”만큼 상용하지는 않는다.

正误用例 (1) 达尔文注意到任何品种的生物不仅跟亲体相似, 而且有些差异。(Dá'ěrwén zhùyì dào rènhé pǐnzhǒng de shēngwù bùjǐn gēn qīntǐ xiāngsì, érqiě yǒuxiē chāyì.) 다윈은 모든 품종의 생물이 개체가 서로 유사할 뿐만 아니라 약간 차이가 있다는 것에 주의했다.

(2) 我生病的时候, 同班同学不但关心我, 而且老师也来看望我。(Wǒ shēngbìng de shíhou, tóngbān tóngxué búdàn guānxīn wǒ, érqiě lǎoshī yě lái kànwàng wǒ.) 내가 병이 났을 때 같은 반 학생이 나에게 관심을 가졌을 뿐만 아니라 선생님도 나를 병 문안 오셨다.

(3) 这首诗不但很短, 而且内容很深刻。(Zhè shǒu shī búdàn hěn duǎn, érqiě nèiróng hěn shēnkè.) 이 시는 매우 짧을 뿐만 아니라 내용도 매우 깊다.

(4) 练习石锁不仅能发展体力, 而且也训练动作的准确性和灵敏性。(Liànxí shísuǒ bùjǐn néng fāzhǎn tǐlì, érqiě yě xùnliàn dòngzuò de zhǔnquè xìng hé língmǐn xìng.) 석쇠(역주 : 돌로 만든 운동기구, 서로 던지고 받으면 연습힌다)를 연습히면 체력이 발전할 뿐만 아니라 동작의 정확성과 민첩성을 훈련한다.

설명 “不但”, “不仅”은 “而且”와 함께 사용하여 더욱 깊은 의미를 표시한다. 예문 (1)에서 “相似”와 “差异”는 의미가 반대이다. 그러므로 관련 단어로는 사용할 수 없다. 따라서 “虽然…但是…”로 고쳐야 하지만 어감이 너무 강하므로 “既…又…” 혹은 “一方面…一方面又…”로 고칠 수 있다.

예문 (2)에서 “不但”의 위치가 잘못되었다. “同班同学” 앞에 와서 同学에서 老师까지를 표시한다.

예문 (3)에서 변화관계는 당연히 “这首诗虽然很短, 内容却很深刻”(Zhè shǒu shī suīrán hěn duǎn, nèiróng què hěn shēnkè.) 라고 고치는 것이 좋다.

예문 (4)에서는 필연적인 전개관계가 없으므로 “不仅”, “而且”, “也”를 사용할 필요가 없이 생략하는 것이 좋다.

[不定] búdìng 부사

"확정적이지 않음"의 의미로 긍정하지 않음을 표시한다. 뒤에 일반적으로 의문대명사나 긍정과 부정을 반복하여 사용하는 구문이 온다. ① 孩子们不定又到哪儿去玩了。(Háizimen búdìng yòu dào nǎ'er qù wánle.)아이들이 어디에 가서 노는지 알 수 없다. ② 这道题不定该怎么答才好。(Zhè dào tí búdìng gāi zěnme dā cái hǎo.) 이 문제에 어떻게 답해야 좋은지 모르겠다. ③ 他明天还不定来不来呢!(Tā míngtiān hái búdìng lái bu lái ne!) 그가 내일 올지 오지 않을지 미정이다. ④ 他的行期还游移不定。(Tā de xíng qī hái yóuyí búdìng.) 그의 출발 날짜가 아직 정해지지 않았다.

설명 "不定"을 "budìng"으로 읽으면 동사의 보어로 쓰여져 그 동사가 나타내는 효과가 불확실한 것을 나타낸다. 예 说不定明天能去不能去。(Shuō bu dìng míngtiān néng qù bùnéng qu.) 내일 갈 수 있겠는지 없겠는지 분명하게 단언할 수 없다.

[不独] bùdú 접속사 "不但(búdàn)"을 참고하라.

[不妨] bùfáng 부사

"괜찮다"의 의미로, 이렇게 하면 방해가 없을 뿐만 아니라 오히려 더 좋다는 것을 표시한다. ① 你不妨先说说你的想法。(Nǐ bùfáng xiān shuōshuō nǐde xiǎngfǎ.) 네 생각을 먼저 말해도 괜찮다. ② 他既然要你去, 你又没事, 不妨去一次。(Tā jìrán yào nǐ qù, nǐ yòu méishì, bùfáng qù yícì.) 그가 당신이 갈 것을 원하고, 당신도 일이 없으니 한번 가보는 것도 무방하다. ③ 我认为你不妨给我们一个暗示吧。(Wǒ rènwéi nǐ bùfáng gěi wǒmen yíge ànshì ba.) 나는 당신이 우리에게 암시를 해주어도 괜찮다고 생각한다.

설명 중첩되는 동사나 동사가 중심이 되는 구문의 뒤에 사용하여, 이렇게 하여도 상관이 없음을 표시한다. 이럴 때에는 "不妨"앞에 반드시 부사 "也"를 사용해야 한다. ① 没有做过的事试试也不妨。(Méiyǒu zuòguò de shìshí yě bùfáng.) 해본 적이 없는 일을 시도해보아도 무방합니다. ② 病已好多了, 下床走动走动也不

妨。(Bìng yǐ hǎoduōle, xià chuáng zǒudòng zǒudòng yě bùfáng.) 병도 이미 많이 좋아졌으니 침대에서 내려와 움직여 보는 것도 괜찮습니다. ③ 你有什么不同意见，当面堤出来也不妨。(Nǐ yǒu shén me bùtóng yìjiàn, dāngmiàn tí chūlái yě bùfáng.) 당신이 무슨 다른 의견이 있으면 직접 마주보고 제시해 보는 것도 좋겠습니다.

설명 "不妨"의 전후 상황은 아직 실현되지 않은 것으로 왕왕 격려나 제시의 어감을 갖는다.

동의어 "无妨(wúfáng)"과 "不妨"의 의미는 같다. "无妨"은 대부분 서면어에서 사용하고 "不妨"은 구어에서 사용한다

[不管] bùguǎn 접속사"无论(wúlùn)"을 참고하라.

[不光] bùguāng 접속사 "不但(búdàn)"을 참고하라.

[不过] búguò 접속사와 부사 두 가지 용법이 있다.

(一) 접속사

"그러나"의 의미로, 후반 절의 첫머리에서 사용하며 전후 의미상의 변화를 표시한다. 어기는 "但是"에 비하여 다소 가볍다. ① 他很喜欢新学校, 不过离家太远了。(Tā hěn xǐhuan xīn xuéxiào, búguò líjiā tàiyuǎn le.) 그는 새학교를 매우 좋아하지만 그러나 집에서 너무 멀다. ② 他还是个十五岁的孩子, 不过演讲起来倒是把好手。(Tā háishi ge shíwǔ suì de háizi, búguò yǎnjiǎngqǐlai dǎoshì bǎ hǎoshǒu.) 그는 아직 15세의 아이지만 강연을 시작하면 오히려 전문가 같다. ③ 这篇作文内容很好, 不过还有几个错别字。(Zhè piān zuòwén nèiróng hěn hǎo, búguò hái yǒu jǐ ge cuòbiézì.) 이 작문은 내용이 아주 좋지만 오자가 몇 글자 있다. ④ 我们完成了那个项目, 不过就是费了很大劲。(Wǒmen wánchéngle nàge xiàngmù, búguò jiùshì fèile hěn dà jìn.) 우리는 그 프로젝트를 완성했지만 너무 많이 힘들었다.

(二) 부사

⑴ "… 에 불과하다"의 의미로, 일정한 범위를 한정함을 표시한다. "罢了", "而已" 등의 조사와 함께 사용하여, 어감을 약화시키는 작용을 한다. ① 不过是点小伤, 过几天就好了。(Búguò shì diǎn xiǎoshāng, guò jǐtiān jiù hǎo le.) 작은 상처에 불과하다, 며칠 지나면 다 낫는다. ② 别害怕, 他不过是吓唬你而已。(Bié hàipà, tā búguò shì xiàhu nǐ éryǐ.) 겁내지 마라, 그는 단지 너를 놀래주려고 한 것뿐이다. ③ 别提了, 我不过做了自己分内的事罢了。(Biétíle, wǒ búguò zuòle zìjǐ fèn nèi de shì bàle.) 이야기하지 말라. 그것은 내 자신의 일을 한 것에 불과하다. ④ 这件事他不过说说而已, 不是真的。(Zhè jiàn shì tā búguò shuō shuō éryǐ, búshì zhēn de.) 그가 이일에 대하여 몇 마디 한 것에 불과할 뿐 사실이 아니다.

⑵ 형용사 뒤에 사용하여 정도가 심함을 표시한다. ① 他的指示表述得再清晰不过了。(Tā de zhǐshì biǎoshù de zài qīngxī búguò le.) 그의 지시를 표현 전달하는 것이 더 이상 명확할 수 없다. ② 你这样安排再好不过了。(Nǐ zhèyàng ānpái zài hǎo búguòle.) 당신의 이런 안배는 최상이다(더 이상 좋을 수 없다). ③ 娟娟真是再聪明不过了。(Juān juān zhēnshi zài cōngmíng búguò le.) 연연은 정말로 매우 총명한 아이이다.

【不禁】 bùjīn 부사

"… 함을 금할 수 없다"의 의미로, 모종의 감정 혹은 행동을 제어할 수 없는 것을 표시한다. ① 这样热的天气, 人们都不禁挥汗。(Zhèyàng rè de tiānqì, rénmen dōu bùjīn huīhàn.) 이렇게 더운 날씨에 사람들은 모두 땀을 닦지 않을 수 없다. ② 一辆汽车突然在他身边停下, 他不禁大吃一惊。(Yí liàng qìchē tūrán zài tā shēnbiān tíng xià, tā bùjīn dàchī yìjīng.) 자동차 한대가 갑자기 그의 곁에 서자 그는 깜짝 놀라지 않을 수 없었다. ③ 他不禁发出一阵哄笑。(Tā bùjīn fāchū yízhèn hōngxiào.) 그는 참지 못하고 큰 웃음을 터드렸다.

【不仅】 bùjǐn 접속사 "不但(búdàn)"을 참고하라.

[不堪] bùkān 부사

⑴ "견딜 수 없다"는 의미로 모종의 좋지 않거나 상황이 엄중함을 가리킨다. 보어로 사용되어 정도가 심함을 표시한다. 서면어에서 많이 사용한다. ① 发了几天高烧, 精神疲倦不堪。(Fāle jǐ tiān gāoshāo, jīngshén píjuàn bùkān.) 몇 일간 고열이 나더니 정신이 피곤하여 견딜 수 없다. ② 病人脸上现出一副痛苦不堪的样子。(Bìngrén liǎn shàng xiàn chū yí fù tòngkǔ bùkān de yàngzi.) 병자의 얼굴에 참을 수 없는 고통의 모습이 나타났다.

⑵ "할 수 없다"의 의미로, 좋지 않거나 불쾌한 경우에 많이 사용한다. 부사어로 사용하면 정도가 심함을 표시한다. 주로 서면어에서 사용한다. ① 经商失败的后果, 不堪设想。(Jīngshāng shībài de hòuguǒ, bùkān shè xiǎng.) 장사 실패의 결과는 상상조차 할 수 없다. ② 劳动人民的苦难生活简直不堪忍受。(Láodòng rénmín de kǔnàn shēnghuó jiǎnzhí bùkān rěnshòu.) 노동자들의 고통스런 생활은 거의 인내할 수 없을 정도다. ③ 你这样坚持下去, 前途不堪设想。(Nǐ zhèyàng jiānchí xiàqù, qiántú bùkān shèxiǎng.) 당신이 이렇게 끝까지 버티기만 하면 앞날을 생각할 수 없다.

　　실사 "你别让他太不堪。(Nǐ bié ràng tā tài bùkān.)(그를 너무 못 건디게 굴지 마시오)"에서 "不堪"은 동사다.

[不愧] búkuì 부사

"…답다", "…에 부끄럽지 않다"의미로, "为", "是"와 함께 사용하여, 사람·사물이 어떤 영예 혹은 칭호에 부끄럽지 않음을 표시한다. ① 他不愧是一国的代表。(Tā búkuì shì yì guó de dàibiǎo.) 그는 한 나라의 대표임에 부끄럽지 않다. ② 这部著作不愧为中国新文化运动的丰碑。(Zhè bù zhùzuò búkuì wéi Zhōngguó xīnwénhuà yùndòng de fēngbēi.) 이 저작물은 중국 신문화 운동의 금자탑으로서 손색이 없다. ③ 故宫博物院收藏的历代文物, 不愧是中国的国宝。(Gùgōng bówùyuàn shōucáng de lìdài wénwù, búkuì shì Zhōngguó de guóbǎo.) 고궁박물관에 소장한 역대의 문물은 중국의 보물답다.

[不料] búliào 접속사

"뜻밖에(没想到)"의 의미로, 전후 의미의 변화나 의외라는 의미를 표시한다. "竟", "却", "倒"등의 부사와 함께 사용하여, 변화의 어감이 강함을 표시한다. ① 我们本想和她开个玩笑, 不料她却当真了。(Wǒmen běn xiǎng hé tā kāige wánxiào, búliào tā què dàng zhēn le.) 우리는 그녀에게 농담을 한다고 생각했는데 뜻밖에 그녀는 진짜라고 생각한다. ② 今天本想出门, 不料竟下起雨来。(Jīntiān běn xiǎng chūmén, búliào jìng xià qǐ yǔ lai.) 오늘 원래 외출하려고 하였는데 뜻밖에 비가 왔다. ③ 我们还没动身, 不料他们倒先来了。(Wǒmen hái méi dòngshēn, búliào tāmen dào xiān láile.) 우리가 아직도 출발하지 않았는데 의외로 그가 먼저 왔다.

[不论] búlùn 접속사 "无论(wúlùn)"을 참고하라.

[不免] bùmiǎn 부사

"어쩔 수 없다"의 의미로, 앞에서 말한 원인 때문에 모종의 결과를 피할 수 없음을 표시한다. 대부분 발생하는 것을 원하지 않는 상황을 가리킨다. ① 从农村来到城市的孩子不免有些自卑感。(Cóng nóngcūn láidào chéngshì de háizi bùmiǎn yǒuxiē zìbēigǎn.) 농촌에서 도시로 온 아이들이 자궤감이 드는 것은 어쩔 수 없다. ② 他是南方人, 说普通话不免夹杂一些方言。(Tā shì nánfāng rén, shuō pǔtōnghuà bùmiǎn jiázá yìxiē fāngyán.) 그는 남방인이라 보통화를 말할 때 다소 방언이 끼는 것은 어쩔 수 없다. ③ 竞争不免要有淘汰。(Jìngzhēng bùmiǎn yào yǒu táotài.) 경쟁에 도태가 생기는 것은 어쩔 수 없다. ④ 初次见面, 不免陌生。(Chūcì jiànmiàn, bùmiǎn mòshēng.) 처음 만나면 낮이 선 것을 어쩔 수 없다.

비교 "难免"과 "不免"은 의미는 유사하지만 차이점이 있다. "不免"은 긍정문에서만 사용한다. 위의 세 가지 예문과 같다. "难免"은 부정문에도 사용할 수 있다. 예를 들어 "初次见面, 难免不熟悉(Chūcì jiànmiàn, nánmiǎn bù shúxī.)(처음 만나면 서먹함을 피할 수 없다.)", "他是南方人, 说普通话难免不纯正(Tā shì nánfāng rén, shuō pǔtōnghuà nánmiǎn bù chúnzhèng.)(그는 남방인이라 보통 화를 말하는 것이 순수하지 않음을 피할 수 없다.)" 등이 있다.

[不然] bùrán 접속사

"그렇지 않으면"의 의미로 만약 이런 상황이 아니라면 아마도 다른 상황이 발생할 수도 있음을 표시한다. 용법은 "否则"와 같다. 주로 부사 "就"와 함께 사용하여, 결과를 표시하는 말을 유도한다. 뒤에 조사 "的话"를 사용할 수 있다. ① 多亏你告诉我们, 不然我们就迷路了。(Duōkuī nǐ gàosù wǒmen, bùrán wǒmen jiù mílùle.) 다행히 네가 우리에게 말해주어서 안 그러면 우리는 길을 잃었다. ② 要去就别迟到, 不然就不用去了。(Yào qù jiù bié chídào, bùrán jiù búyòng qùle.) 갈 바에는 늦지 말라 그렇지 않으면 가지 말라. ③ 我得早点去, 不然就赶不上火车了。(Wǒ děi zǎodiǎn qù, bùrán jiù gǎnbushàng huǒchēle.) 나는 좀 일찍 가야한다. 그렇지 않으면 기차 시간에 댈 수 없다. ④ 他家有老人, 不然咱们倒可以去他家聚会。(Tājiā yǒu lǎorén, bùrán zánmen dào kěyǐ qù tājiā jùhuì.) 그 집에는 노인이 계시다. 그렇지 않으면 우리는 그 집에서 모일 수 있을 텐데.

설명 앞에 "再", "要" 등의 허사를 사용하여, 상황이 교체 출현하거나 가정의 어감을 표시한다. "否则"와 바꾸어 사용할 수 없다. ① 他每天晚上不是读书, 就是写什么, 再不然就是跟朋友们交谈。(Tā měitiān wǎnshàng búshì dúshū, jiùshì xiě shénme, zài bù rán jiùshì gēn péngyǒumen jiāotán.) 그는 매일 저녁에 책을 읽지 않으면 무엇인가를 쓴다. 또 그렇지 않으면 친구들과 이야기한다. ② 马上动身还来得及, 要不然就赶不上这班车了。(Mǎshàng dòngshēn hái láidejí, yào burán jiù gǎnbushàng zhè bān chēle.) 즉시 출발한다면 시간에 맞출 수 있고 그렇지 않으면 이번 차에 대지 못할 것이다.

실사 "抄抄写写看来很容易, 其实不然。"(Chāo chāoxiě xiě kàn lái hěn róngyì, qíshí bùrán.)(베껴 쓰기는 보기에 매우 쉬운 것 같지만 사실은 그렇지 않다.)에서 "不然"은 형용사다.

[不如] bùrú 부사

"…만 못하다, …하는 편이 낮다"의 의미로, 비교한 결과 비교적 만족할만한 결론을 얻은 것을 표시한다. 앞에 부사 "还"를 함께 사용할 수 있다. ① 城里太吵, 不如住在郊区。(Chénglǐ tàichǎo, bùrú zhùzài jiāoqū.) 도시는 너무 시끄러워 근교에 사는 것만 못하다. ② 写信去要两天才能收到, 事情急, 不如发个电报。(Xiě xìn qù yào liǎng tiān cáinéng shōu dào, shìqing jí, bùrú fà ge diànbào.) 편지를 쓰면 이틀이 걸려야 겨우 도착하고, 사정이 급하니 전보를 치는 편이 낮다. ③ 现在天气太冷, 不如等春天再去。(Xiànzài tiānqì tài lěng, bùrú děng chūntiān zài qù.) 지금은 날씨가 너무 추우니 봄에 가는 편이 좋다. **실사** "我的成绩不如你"(Wǒ de chéngjì bùrú nǐ.)(나의 성적은 당신만 못하다.), "他身体不如以前了"(Tā shēntǐ bùrú yǐqiánle.)(그의 건강이 이전만 못하다.)에서 "不如"는 동사다.

[不时] bùshí 부사

"때때로", "항상"의 의미로, 상황이 계속하여 간헐적으로 발생함을 표시한다. ① 炼钢工人不时察看炉火的颜色。(Liàn gāng gōngrén bùshí chákàn lú huǒ de yánsè.) 제련공은 항상 용광로 안의 불빛을 살폈다. ② 比赛场里不时发出热烈的掌声。(Bǐsài chǎng lǐ bùshí fāchū rèliè de zhǎngshēng.) 시합장에서는 불시에 열렬한 박수소리가 난다. ③ 小镇是个水运码头, 小火轮不时从这里经过。(Xiǎo zhèn shì ge shuǐyùn mǎtóu, xiǎo huǒ lún bùshí cóng zhèlǐ jīngguò.) 작은 마을은 수상 운송 부두이며 작은 수송선이 때때로 이곳을 지나간다. ④ 他需要不时地被提醒。(Tā xūyào bùshí di bèi tíxǐng.) 그는 항상 주의를 환기할 필요가 있다.

[不特] bútè 접속사 "不但(búdàn)"을 참고하라.

[不屑] búxiè 부사

"… 할 가치가 없다"는 의미로, 무시, 홀대 등을 표시한다. ① 他自以

为高人一等，不屑参加平凡的劳动。(Tā zì yǐwéi gāorén yìděng, búxiè cānjiā píngfán de láodòng.) 그는 자신이 타인보다 수준이 높다고 생각하여 평범한 노동에 참가할 필요가 없다고 생각한다. ② 大事做不了，小事不屑做，那怎么行?(Dàshì zuò buliǎo, xiǎoshì búxiè zuò, nà zěnme xíng?) 큰 일은 해내지 못하고 작은 일은 할 가치가 없다고 생각하면 어떻게 되겠는가? ③ 大家都在注意节约用电，他竟然不屑一顾。(Dàjiā dōu zài zhùyì jiéyuē yòng diàn, tā jìngrán búxiè yí gù.) 모두들 절전에 주의를 하고 있는데 그는 오히려 일고의 가치가 없다고 생각한다. 주의 "不屑"는 "不屑于"로 쓸 수도 있다.

【不屑于】 búxièyú 부사 "不屑(búxiè)"를 보라.

【不用】 búyòng 부사

(1) "… 할 필요가 없음"이란 의미로 주어의 의지를 표시한다. ① 这件事不打紧，你不用急。(Zhèjiànshì bù dǎjǐn, nǐ búyòng jí.) 이 일은 급하지 않으니 당신은 서두를 필요가 없다. ② 这事同他无关，不用告诉他。(Zhè shì tóng tā wúguān, búyòng gàosù tā.) 이 일은 그와 무관하므로 그에게 말할 필요가 없다. ③ 这本书的内容他已经知道，你就不用介绍了。(Zhè běn shū de nèiróng tā yǐjīng zhīdào, nǐ jiù búyòng jièshàole.) 그는 이 책의 내용을 이미 아니 당신이 소개할 필요가 없다.

(2) "别", "不要"의 의미로, 하지 말도록 권유하거나 제지함을 표시한다. ① 你不用急，先听听他的意见再说。(Nǐ búyòng jí, xiān tīng ting tā de yìjiàn zàishuō.) 당신은 서둘지 말고 먼저 그의 의견을 들은 후에 다시 말하시오. ② 这事你不用管，快走开。(Zhè shì nǐ búyòng guǎn, kuàizǒu kāi.) 이일은 당신이 관여할 필요가 없으니 빨리 비키시오. ③ 不用担心，他们很快就到了。(Búyòng dānxīn, tāmen hěnkuài jiù dào le.) 걱정하지 마세요. 그들은 곧 도착합니다. 비교 "不用"은 북방의 구어에서는 "甭(béng)"으로 사용한다.

【不只】 bùzhǐ 접속사 "不但(búdàn)"을 참고하라.

C

【才】 cái 부사

(1) "비로소"의 의미로 특정한 조건하에서 모종의 원인 때문에 발생하는 결과를 표시한다. ① 夜深了才上床睡去了。(Yè shēnle cái shàng chuáng shuì qùle.)밤이 깊어서야 잠자리에 들었다. ② 除非你去请他, 他才能来。(Chúfēi nǐ qù qǐng tā, tā cái néng lái.) 네가 그를 부르러 가야만 그가 올 것이다. ③ 老师给我讲了半天, 我明白了。(Lǎoshī gěi wǒ jiǎngle bàntiān, wǒ míngbáile.) 선생님이 나에게 한참동안 설명을 해 주셔서 나는 비로소 알게 되었다. ④ 路上堵车, 我10点才到单位上班。(Lùshàng dǔchē, wǒ shídiǎn cái dào dānwèi shàngbān.) 길이 차에 막혀 나는 10시가 되어서야 비로소 직장에 출근했다.

설명 "才" 뒤의 말은 결과를 표시하고 전면의 말은 결과를 발생시키는 조건이나 원인을 표시한다. "才"는 주로 "只有"(zhǐyǒu), "除非"(chúfēi), "为了"(wèi·le), "幸亏"(xìngkuī) 등의 허사와 함께, 이러한 특정한 조건과 원인을 강조한다. ① 学生只有用功, 才能取得好成绩。(Xuésheng zhǐyǒu yònggōng, cái néng qǔdé hǎo chéngjì.) 학생은 열심히 공부해야 좋은 성적을 얻을 수 있다. ② 除非下大雨, 我们才不出操。(Chúfēi xià dàyǔ, wǒmen cái bù chū cāo.) 큰비가 온다면 우리는 훈련하러 나가지 않을 것이다. ③ 幸亏有人指点, 才没有迷路。(Xìngkuī yǒurén zhǐdiǎn, cái méiyǒu mílù.) 다행히도 누군가 가르쳐주어서 겨우 길을 잃지 않았다.

⑵ "방금", "이제 막"의 의미로, 주로 부사 "就"와 함께, 시간이 짧은 것을 표시한다. ① 比赛才开始了。(Bǐsài cái kāishǐle.) 경기가 방금 시작됐다. ② 你才来就走，忙什么呢?(Nǐ cái lái jiù zǒu, máng shénme ne?) 당신은 이제 막 왔는데 떠난다니 뭐가 그렇게 바쁜가요? ③ 你怎么现在才来?(Nǐ zěnme xiànzài cái lái?) 당신은 어째서 이제야 오는가?

⑶ "겨우", "간신히"의 의미로, 숫자가 작고 정도가 낮은 것을 표시한다. ① 他参加战争的时候才十四岁。(Tā cānjiā zhànzhēng de shíhou cái shísì suì.) 그가 전쟁에 참가했을 때는 겨우 14세였다. ② 他才学会上网。(Tā cái xué huì shàngwǎng.) 그는 인터넷을 간신히 배워서 사용할 줄 안다. ③ 他才初中毕业，我们对他不能要求过高。(Tā cái chūzhōng bìyè, wǒmen duì tā bùnéng yàoqiú guò gāo.) 그는 중학교를 겨우 졸업했을 뿐인데 우리가 그에게 너무 높은 것을 요구할 수 없다.

⑷ "진실로"의 의미로 강조를 표시하거나 확정적인 어감을 표시하고 문장 끝에 주로 조사 "呢"와 함께 사용한다. ① 他才不愿意见你呢！(Tā cái bú yuànyì jiànnǐ ne！) 그는 정말로 너를 만나고 싶어 하지 않는다. ② 麦子长得才好呢。(Màizi zhǎng dé cái hǎo ne.) 밀이 정말 잘 자랐구나. ③ 你要是不知道才怪呢。(Nǐ yàoshi bù zhīdào cái guài ne.) 당신이 만약 모른다면 정말로 이상하다. ④ 西湖的风景才美呢。(Xīhú de fēngjǐng cái měi ne.) 서호의 풍경은 진정으로 아름답다.

【曾】 céng 부사 "曾经(céngjīng)"을 참고하라.

【曾经】 céngjīng 부사

이전에 모종의 행위나 상황이 있었으나 지금은 이미 끝난 것을 표시한다. 주로 조사 "过"와 함께 사용한다. ① 他曾经爱过她。(Tā céngjīng ài guò tā.) 그는 그녀를 사랑한 적이 있었다. ② 这里曾经有一个织布厂。(Zhèlǐ céngjīng yǒu yíge zhībùchǎng.) 여기에 직물공장이 있었다. ③ 我曾经在杭州住过三年。(Wǒ céngjīng zài Hángzhōu zhùguò sān nián.) 나는 전에 항주에서 삼년 동안 산 적이 있다.

[비교] 여기서 사용한 "过"나 "曾经"(céngjīng)은 생략할 수 있다. "曾经"을 생략하여도 의미는 변화가 없고 문장이 오히려 간략해진다. "曾经"을 생략하지 않으면 "爱", "住", "热" 등의 과거의 경력을 강조한다. 일부 문장은 "过"를 생략할 수 있지만 "曾经"을 생략할 수는 없다. ① 他曾经是我的同事。(Tā céngjīng shì wǒ de tóngshì.) 그는 이전에 나의 동료였다. ② 他曾经担任(过)小学校长三年。(Tā céngjīng dānrèn (guò) xiǎoxué xiàozhǎng sān nián.) 이전에 그는 초등학교 교장을 삼년 동안 역임했다.

위 예문에서 ①은 과거는 동료였으나 지금은 아님을 표시한다. 만약 여기서 "曾经"(céngjīng)을 생략하면 지금도 동료라고 쉽게 오해할 수 있다. 그러므로 이러한 문장에서는 "曾经"을 생략하면 의미가 불분명해진다.

[동의어] "曾"(céng)은 "曾经"(céngjīng)의 의미이고 일반적으로 교환하여 사용할 수 있다. "曾"은 서면어에서 많이 사용한다. 예를 들어, 서면어는 "曾任"(céng rèn)으로 구어는 "曾经担任"(céngjīng dānrèn)이라고 쓴다. "已经"(yǐ jīng)은 일의 완성이 얼마 전에 이루어짐을 표시한다. 시간상으로 볼 때 "曾经" 보다 가깝다.

[刹时] chàshí 부사 "霎时(shàshí)"를 참고하라.

[常] cháng 부사

(1) "종종"의 의미로 동작의 발생 회수가 많고 간격이 짧은 것을 표시한다. 일반적으로 뒤에 단음절의 단어가 온다. ① 小美功课好, 常得满分。(Xiǎo Měi gōngkè hǎo, cháng dé mǎnfēn.) 소미는 공부를 잘하고 종종 만점을 받는다. ② 他睡觉时常说呓语。(Tā shuìjiào shí cháng shuō yìyǔ.) 그는 잠잘 때 종종 잠꼬대를 한다. ③ 他工作积极, 常受表扬。(Tā gōngzuò jījí, cháng shòu biǎoyáng.) 그는 일에 적극적이라 자주 표창을 받는다.

[동의어] "常常" 역시 "常"의 의미이다. 뒤에 쌍음절의 단어가 올 수 있다. ① 老陈工作有成绩, 常常受到表扬。(Lǎo Chén gōngzuò yǒu chéngjì, chángcháng shòudào biǎoyáng.) 진씨(老陈)는 일이 뛰어나서 종종 칭찬을 받는다. ② 我们学校常常邀请

专家学者来作报告。(Wǒmen xuéxiào chángcháng yāoqǐng zhuānjiā xuézhě lái zuò bàogào.) 우리 학교는 종종 전문가를 초빙하여 보고한다.

⑵ "항상"의 의미로 동작이나 상태가 오래가고 일관성이 있음을 표시한다. ① 他常和一个瑞典女孩聊天。(Tā cháng hé yíge Ruìdiǎn nǚhái liáotiān.) 그는 늘 스웨덴 여자와 이야기를 한다. ② 松树和柏树四季常青。(Sōngshù hé bóshù sìjì cháng qīng.) 소나무와 잣나무는 사계절 내내 늘 푸르다. ③ 这位采购员常驻上海, 联系工作。(Zhè wèi cǎigòu yuán cháng zhù Shànghǎi, liánxì gōngzuò.) 이 구매자는 항상 상해에 거주하며 일을 연락한다.

【常常】 chángcháng 부사 "常"을 참고하라.

【朝】 cháo 개사

"…에 대하여(对)", "…을 향하여(向)"의 의미로 개사구조를 이루어 동사 앞에서 사용하여, 동작의 방향과 대상을 표시한다. ① 他朝入侵者开火了。(Tā cháo rùqīnzhě kāihuǒle.) 그는 침입자에게 총을 쏘았다. ② 这所房子朝南开门, 朝东开窗。(Zhè suǒ fángzi cháo nán kāimén, cháo dōng kāi chuāng.) 이 집은 남쪽으로 대문을 내고 동쪽으로 창을 냈다. ③ 他们正朝机场驶去。(Tāmen zhèng cháo jīchǎng shǐ qù.) 그들은 비행장을 향해 운전을 해 갔다. ④ 他回头答应了一声, 继续朝学校走去。(Tā huítóu dāyìngle yìshēng, jìxù cháo xuéxiào zǒu qù.) 그는 고개를 돌려 대답을 하고는 계속 학교를 향하여 걸어갔다.

[비교] "向"과 "朝"는 의미가 같다. 그러나 "朝"로 된 개사구조는 보어를 사용할 수 없고 일반 추상동사의 부사어로 사용할 수도 없다. 예를 들어 "飞向目标"(fēi xiàng mùbiāo)(비행목표), "走向胜利"(zǒuxiàng shènglì)(승리를 향해 나아가다)를 "飞朝目标"(fēi cháo mùbiāo), "走朝胜利"(zǒu cháo shènglì)로 표현할 수 없고, "向老师请教"(xiàng lǎoshī qǐngjiào)(선생님에게 가르침을 청하다), "向人民负责"(xiàng rénmín fùzé)(인민에게 책임지다)를 "朝老师请教"(cháo lǎoshī qǐngjiào), "朝人民负责"(cháo rénmín fùzé)로 고칠 수 없다.

실시 "这个阳台朝南。"(Zhège yángtái cháo nán.)(이 발코니는 남향이다), "纸箱上印的箭头朝上。"(Zhǐxiāng shàng yìn de jiàntóu cháo shàng.)(종이 상자에 인쇄된 화살표 머리가 위를 향하다)에서 "朝"는 동사다.

[趁] chèn 개사

"… 를 틈타서"라는 의미로 시기나 조건을 충분히 이용하여 뒤에서 말하는 동작이나 행위를 실현함을 표시한다. ① 趁这个机会我讲几句话。(Chèn zhège jīhuì wǒ jiǎng jǐ jù huà.) 이 기회를 이용하여 나는 몇 마디 했다. ② 明天的工作现在趁空先研究一下。(Míngtiān de gōngzuò xiànzài chèn kòng xiān yánjiū yíxià.) 내일 일을 지금 시간이 날 때를 이용하여 먼저 연구를 하자. ③ 趁这个休息时间, 咱们出去散散步。(Chèn zhège xiūxi shíjiān, zánmen chūqù sàn sànbù.) 휴식시간을 이용하여 우리들은 산보하러 간다. ④ 这碗药你还是趁热喝下。(Zhè wǎn yào nǐ háishi chèn rè hē xià.) 너는 이 약사발을 더울 때 마셔라.

설명 "趁"(chèn)은 "着"(zhe)와 함께 사용하여 사용할 수 있지만 뒤에 일반적으로 쌍음절어를 사용한다. 그러므로 趁热"(chèn rè)(더울 때), "趁空"(chèn kòng)(비었을 때)은 "趁着热"(chènzhe rè), "趁着空(chènzhe kòng)"이라고 할 수 없다.

동의어 "乘(chéng)" 역시 "趁"의 의미가 있지만 단지 "着"를 함께 사용하여 사용할 수 없다는 점이 다르다. "乘"은 또 고정적인 문구에서 사용된다. 예를 들어, "乘机捣乱"(chéngjī dǎoluàn)(기회를 틈타 소란을 피우다), "乘人之危"(chéngrénzhīwēi)(타인의 위기를 이용하다) 등이 있다.

실시 "我这次回乡, 先乘船, 后乘车, 路上花了两天时间。"(Wǒ zhè cì huí xiāng, xiān chéng chuán, hòu chéng chē, lùshàng huāle liǎng tiān shíjiān.)(나는 이번에 고향에 돌아갈 때 먼저 배를 타고 다음에 차를 탄다. 길에서 이틀을 소비했다.), "三乘三等于九。"(Sān chéng sān děngyú jiǔ.)(삼 곱하기 삼은 구이다.)에서 "乘"은 동사다.

[乘] chéng 부사 "趁(chèn)"을 참고하라.

[诚然] chéngrán 부사와 접속사 두 가지 용법이 있다.

(一) 부사

"확실히", "정말"의 의미로, 사정이 확실히 이와 같음을 표시한다. ① 这孩子诚然懂礼貌。(Zhè háizi chéngrán dǒng lǐmào.) 이 아이는 정말로 예의를 안다. ② 大田地区河网纵横, 诚然是个鱼米之乡。(Dàtián dìqū hé wǎng zònghéng, chéngrán shìge yúmǐzhīxiāng.) 대전 지역은 수로가 종횡하는 확실한 곡창지대이다. ③ 他很爱那几只小鸭, 小鸭也诚然可爱。(Tā hěn ài nà jǐ zhǐ xiǎo yā, xiǎo yā yě chéngrán kě'ài.) 그가 매우 아끼는 저 새끼 오리들은 정말 귀엽다.

(二) 접속사

"물론… 이지만"의 의미로, 먼저 한 가지 사실을 확인한 후 다시 다른 것에 대하여 말하는 것을 표시한다. 주로 서면어에서 사용하고 뒤에 역접을 나타내는 "但"(dàn), "但是"(dànshì)와 함께 사용한다. ① 文章流畅诚然好, 但主要的还在于内容。(Wénzhāng liúchàng chéngrán hǎo, dàn zhǔyào de hái zàiyú nèiróng.) 문장이 유창한 것도 물론 좋지만, 중요한 것은 역시 내용이다. ② 他损坏公物诚然不对, 但是能够承认错误还是好的。(Tā sǔnhuài gōngwù chéngrán búduì, dànshì nénggòu chéngrèn cuòwù háishi hǎo de.) 그가 공공기물을 손상한 것은 물론 잘못이지만 그러나 잘못을 인정하는 것은 좋은 것이다. ③ 困难诚然很多, 但我们有信心克服。(Kùnnán chéngrán hěnduō, dàn wǒmen yǒu xìnxīn kèfú.) 물론 곤란한 점이 매우 많지만 우리는 극복할 확신이 있다.

[迟早] chízǎo 부사

"조만간", "결국"의 의미로, 앞에서 말한 상황이나 조건에 따라 나중의 결과가 반드시 발생하는 것을 표시한다. ① 他胡作非为, 迟早要出事。(Tā húzuòfēiwéi, chízǎo yào chūshì.) 그의 행동이 너무 대담해서 조만간 일이 터질거다. ② 谎话腿短, 迟早会被揭穿。(Huǎnghuà tuǐ duǎn, chízǎo huì bèi jiēchuān.) 거짓말은 오래 가지 못한다. 언젠가는 밝혀진다. ③ 问题虽多, 只要大家想办法, 迟早总会解决。(Wèntí suī duō, zhǐyào dàjiā xiǎng bànfǎ, chízǎo zǒng huì jiějué.) 비록 문제는 많지만 단지 모두들 방법을 생각하면 조만간 해결될 것이다. ④ 骄傲的人迟早要失败。(Jiāo'ào de rén chízǎo yào shībài.) 교만한 사람은 조만간 실패한다.

【重】 chóng 부사 "重新(chóngxīn)"을 참고하라.

【重新】 chóngxīn 부사

"다시", "처음부터"의 의미로, 동작이나 행동이 다시 발생하거나 처음부터 다시 시작함을 표시한다. ① 我把床重新铺了一遍。(Wǒ bǎ chuáng chóngxīn pūle yíbiàn.) 나는 침대를 다시 한번 설치했다. ② 这种办法应该重新评价。(Zhèzhǒng bànfǎ yīnggāi chóngxīn píngjià.) 이러한 방법은 마땅히 다시 평가해야 한다. ③ 试验失败不要紧, 可以重新试验。(Shìyàn shībài bú yàojǐn, kěyǐ chóngxīn shìyàn.) 실험이 실패한 것은 괜찮다. 또 다시 처음부터 실험을 할 수 있다. ④ 我们都能重新开始。(Wǒmen dōu néng chóngxīn kāishǐ.) 우리는 모두 다시 시작할 수 있다.

[비교] "重新"(chóngxīn)은 "从新"(cóngxīn)으로 쓸 수도 있다. "从新"이라고 하면 사건이 발생한 시점을 강조한다. [예] "这盘棋不算数, 咱们从新开始。"(Zhè pán qí bú suàn shù, zánmen cóngxīn kāishǐ.) 이번 판은 계산하지 말고 우리 새로 한판 더 두자.

[동의어] "重"은 "重新"의 의미로, 뒤에 단음절의 단어가 온다. ① 他把作文重写了一遍。(Tā bǎ zuòwén chóng xiěle yíbiàn.) 그는 작문을 다시 한번 썼다. ② 这些电脑可以自动重编程序。(Zhèxiē diànnǎo kěyǐ zìdòng chóng biān chéngxù.) 이 컴퓨터는 스스로 재 프로그래밍을 할 수 있다. ③ 老朋友久别重逢, 分外高兴。(Lǎo péngyǒu jiǔbié chóngféng, fèn wài gāoxìng.) 옛 친구를 오랫동안 이별했다 다시 만나니 특별히 기쁘다.

[冲] chòng 개사

(1) "…향하여"의 의미로, 정면에 있는 대상을 표시한다. ① 他扭过头来冲我笑了笑。(Tā niǔ guo tóu lái chōng wǒ xiàole xiào.) 그는 머리를 돌려 나를 향해 웃었다. ② 汽车远远地冲着他开去。(Qìchē yuǎn yuǎn di chòngzhe tā kāi qù.) 기차는 멀리서 그를 향하여 출발했다. ③ 潘金莲冲他挑花眼(儿)。(Pān Jīnlián chōng tā tiǎo huāyǎn(ér).) 반금련이 그에게 추파를 던졌다.

(2) "…근거하여"의 의미로, 의거하는 대상을 표시한다. ① 就冲你这股干劲, 当个组长毫无问题。(Jiù chòng nǐ zhè gǔ gànjìng, dāng ge zǔ zhǎng háo wú wèntí.) 너의 역량에 비추어 팀장을 맞는 것은 아무 문제도 없다. ② 冲他的丰富经验, 这个工作完全可以胜任。(Chòng tā de fēngfù jīngyàn, zhège gōngzuò wánquán kěyǐ shèngrèn.) 그의 풍부한 경험에 근거하여 볼 때 이 일을 충분히 할 수 있을 것이다.

> **실사** "酒味儿很冲。"(Jiǔ wèir hěn chòng.)(술맛이 매우 독하다)에서 "冲"은 형용사다.
> "请你冲杯茶。"(Qǐng nǐ chōng bēi chá.)(차를 타십시오), "向敌人冲过去。"(Xiàng dírén chōng guò qu.)(적을 향하여 힘차게 나아가다)에서 "冲"은 chōng으로 읽고 동사다.

[除] chú 개사 "除了(chúle)"를 참고하라.

[除非] chúfēi 개사와 접속사의 용법이 있다.

(一) 개사

"…를 제외하고 모두 아니다"라는 의미를 표시한다. ① 这个秘方, 除非他没人知道。(Zhège mìfāng, chúfēi tā méirén zhīdào.) 이 비방은 그를 제외하고는 아무도 모른다. ② 除非忍无可忍, 他从来不骂。(Chúfēi rěnwúkěrěn, tā cónglái bú mà.) 참지 못할 정도를 제외하고 그는 지금까지 욕을 한 적이 없다.

(二) 접속사

(1) "만약 …이 아니라면"의 의미로, "除"(chú)자를 함께 사용하면 "…를 포함하지 않다"라는 것을 표시한다. ① 除非天公不作美, 我们赢定了。(Chúfēi tiāngōng bú zuòměi, wǒmen yíng dìngle.) 날씨가 나쁘지 않다면 우리가 꼭 이긴다. ② 除非你去请他, 他不会来。(Chúfēi nǐ qù qǐng tā, tā bú huì lái.) 당신이 가서 그를 청하지 않는다면 그는 오지 않을 것이다. ③ 除非下大雨, 我们天天出操。(Chúfēi xià dàyǔ, wǒmen tiāntiān chūcāo.) 큰비가 오지 않는 한 우리는 매일 훈련을 한다.

(2) "오직 … 하여야", "… 아니고서는"라는 의미로 유일한 조건을 표시한다. 이때는 "否则"나 "不然"과 함께 사용한다. ① 按照惯例, 除非必要时, 不然这样的事不会发生。(Ànzhào guànlì, chúfēi bìyào shí, bùrán zhèyàng de shì búhuì fāshēng.) 오직 필요할 때만 관례에 따른다. 그렇지 않으면 이런 일은 발생할 수 없다. ② 除非站稳自己的立场, 不然你就不能明辨是非。(Chúfēi zhàn wěn zìjǐ de lìchǎng, bùrán nǐ jiù bùnéng míngbiàn shìfēi.) 오직 자신의 입장에 확고히 서야한다. 아니면 당신은 옳고 그름을 명백히 구별할 수 없다. ③ 除非你亲口尝一尝, 要不就无法知道梨子的滋味。(Chúfēi nǐ qīnkǒu cháng yi cháng, yàobù jiù wúfǎ zhīdào lízi de zīwèi.) 오직 당신이 직접 맛을 봐야만 한다. 아니면 배의 맛을 알 수 없다.

(3) 두 가지 상황을 나열하여 그중 하나의 가능성을 나타냄. 말하려고 하는 것이 단지 제한적인 작용을 함을 표시한다. 부사 "不"와 함께 사용하여 역설적인 것을 표시한다. ① 他除非不开口, 一开口就说个没完没了。(Tā chúfēi bù kāikǒu, yì kāikǒu jiù shuō ge méiwán méiliǎo.) 그가 입을 열지 않으면 몰라도 일단 말을 하면 끝이 없다. ② 这里除非不刮风, 刮起风来总是满天黄沙。(Zhèlǐ chúfēi bù guā fēng, guā qǐ fēng lái zǒng shì mǎn tiān huáng shā.) 이곳은 바람이 불지 않으면 몰라도 바람이 불면 온천지가 모두 황사이다.

正误用例 "除非星期天没有事, 我们就去看一场电影。(Chúfēi xīngqītiān méiyǒu shì, wǒmen jiù qù kàn yì chǎng diànyǐng.)(혹 일요일에 일이 없으면 우리는 비로소 영화를 보러 간다)"에서 "除非"는 유일한 조건이나 배제를 표시한다. 이 문장은 앞뒤가 맞지 않는다. 그러므로 후반절을 "我们才去看一场

电影"(wǒmen cái qù kàn yì chǎng diànyǐng)이나 "我们从来不去看电影"(wǒmen cónglái bú qù kàn diànyǐng)으로 고쳐야한다.

[除开] chúkāi 개사 "除了(chúle)"를 참고하라.

[除了] chúle 개사

"…을 제외하고"의 의미로 말하는 것을 계산에 넣지 않음을 표시한다. 주로 "还", "也" 등의 부사와 함께 사용한다. ① 除了你其他人都参加了会议。(Chúle nǐ qítā rén dōu cānjiāle huìyì.) 너를 제외하고 다른 사람은 모두 회의에 참가했다. ② 他除了学习英语, 还学习日语。(Tā chúle xuéxí Yīngyǔ, hái xuéxí Rìyǔ.) 그는 영어를 공부하는 것을 제외하고 또 일어도 배운다. ③ 那条山路除了他, 谁也不熟悉。(Nà tiáo shānlù chúle tā, shéi yě bù shúxī.) 그 산길은 그를 제외하고는 누구도 익숙하게 알지 못한다.

설명 "除了"(chúle)는 "除了…以外(之外)"로 쓸 수 있다. 예를 들어 "除了新来的老师以外"(chúle xīn lái de lǎoshī yǐwài)(새로 오신 선생님을 제외하고), "除了国家代表队之外"(chúle guójiā dàibiǎo duì zhī wài)(국가 대표팀을 제외하고)등은 의미가 같다.

동의어 1 "除"(chú)는 "除了"(chúle)의 뜻으로, 반드시 "外"(wài)를 동반한다. 예를 들어 "除国家代表队外"(chú guójiā dàibiǎo duì wài), "除新来的老师以外"(chú xīn lái de lǎoshī yǐwài) 등이 있다.

동의어 2 "除开"(chúkāi), "除去"(chúqù)는 "除了"(chúle)의 의미로, 서로 바꾸어 쓸 수 있다. "除开", "除去"는 "除了"만큼 상용되지는 않는다.

실시 "除四害, 讲卫生。"(Chú sì hài, jiǎng wèishēng.)(네 가지 해충(모기, 파리, 쥐, 빈대)을 없애고 위생을 논하다), "十除以二等于五。"(Shí chú yǐ èr děngyú wǔ.)(10을 2로 나누면 5가 된다)에서 "除"는 동사다.

[除去] chúqù 개사 "除了(chúle)"를 보라.

[处处] chùchù 부사 "到处(dàochù)"를 보라.

[纯] chún 부사 "纯粹(chúncuì)"를 보라.

[纯粹] chúncuì 부사

"완전히"의 의미로, 이것을 제외하고 다른 무엇이 없음을 표시한다. 주로 "是"와 함께 사용하여 결정된 판단 혹은 결론이 확실함을 강조한다. ① 这纯粹是运气。(Zhè chúncuì shì yùnqì.) 이건 완전히 운이다. ② 这种想法纯粹是为目前打算。(Zhè zhǒng xiǎngfǎ chúncuì shì wèi mùqián dǎsuàn.) 이런 사고방식은 단순히 눈앞의 것만을 생각한 것이다. ③ 这个故事的情节纯粹是虚构的。(Zhège gùshì de qíngjié chúncuì shì xūgòu de.) 이 이야기의 구성은 완전히 허구이다. ④ 此次争吵, 纯粹是他一人的不是。(Cǐ cì zhēngchǎo, chúncuì shì tā yìrén de búshì.) 이번 말다툼은 순전히 그 한사람의 잘못이다.

[동의어] "纯"(chún)은 "纯粹"(chúncuì)의 의미로, 뒤에 단음절 용어만 오고 주로 서면어에 많이 사용한다. [예] 剧情纯系虚构。(Jùqíng chún xì xūgòu.) 드라마의 상황은 순전히 허구이다.

[실사] "她做饭只用纯天然的佐料。"(Tā zuòfàn zhǐ yòng chún tiānrán de zuǒliào.)(그녀는 순수한 천연 조미료만으로 요리를 한다.), "他会说一口纯粹的北京话。"(Tā huì shuō yìkǒu chúncuì de Běijīng huà.)(그는 완벽한 북경어를 말할 수 있다)에서 "纯"과 "纯粹"는 모두 형용사다.

[此外] cǐwài 접속사

"이 밖에"의 뜻으로, 앞에서 말한 것을 제외하고 아직 다른 무엇이 있거나 혹은 다른 무엇이 없음을 표시한다. 구나 절에 모두 사용할 수 있고 혹은 구문의 첫머리에 사용하기도 한다. 주로 서면어에서 사용한다. ① 除此以外, 还有一点要注意。(Chúcǐ yǐwài, háiyǒu yì diǎn yāo zhùyì.) 이것 이외에 주의해야 할 점이 하나 더 있다. ② 抽屉里就几件衣服, 此外别无他物。(Chōutìlǐ jiù jǐjiàn yīfu, cǐwài bié wú tāwù.) 서랍안에 옷 몇별이 있고 이외에 아무것도 없다. ③ 此外, 还有一件事托你办。(Cǐwài, hái yǒu yí jiàn shì tuō nǐ bàn.) 이 외에 아직 당신께 한 가지를 부탁할 것이 있다. ④ 此外, 政府政策现在能用来稳定失业率。(Cǐwài, zhèngfǔ zhèngcè xiànzài néng yònglái wěndìng shīyèlǜ.) 그리고, 현재 정부정책을 이용하여 실업률을 안정시킬 수 있다.

[匆匆] cōngcōng 부사

"분주한 모양"의 의미로, 일이 원만하게 해결되지 못하거나 시간을 잘 이용하지 못하였음을 표시한다. 뒤에 조사 "地"를 사용할 수 있다. ① 他拿上帽子, 匆匆戴上。(Tā ná shàng màozi, cōngcōng dàishàng.) 그는 모자를 집어서 황급하게 썼다. ② 她惊恐地匆匆跑下楼梯。(Tā jīngkǒng di cōngcōng pǎo xià lóutī.) 그녀는 놀랍고 두려워 서둘러 계단을 뛰어서 내려갔다. ③ 他匆匆地吃完饭就走了。(Tā cōngcōng di chī wán fàn jiù zǒule.) 그는 황급히 밥만 먹고 곧 떠났다. ④ 我们匆匆经过这座城镇。(Wǒmen cōngcōng jīngguò zhè zuò chéngzhèn.) 우리는 이 마을을 서둘러서 통과했다.

[从] cóng 개사와 부사 두 가지 용법이 있다.

(一) 개사

(1) "… 로 부터"의 의미로 장소 시간의 출발점을 표시한다. 주로 "到"(dào), "向"(xiàng), "来"(lái)등과 함께, 장소나 방향을 설명한다. ① 从家里到学校只要走五分锺。(Cóng jiāli dào xuéxiào zhǐyào zǒu wǔ fēnzhōng.) 집에서 학교까지 걸어서 5분밖에 안 걸린다. ② 新华书店就在从这儿向东拐弯的地方。(Xīnhuá shūdiàn jiù zài cóng zhè'cr xiàng dōng guǎiwān de dìfāng.) 신화서점은 이곳에서 동쪽으로 꺾어지는 곳에 있다. ③ 他从后门进来。(Tā cóng hòumén jìnlái.) 그는 뒷문으로 들어왔다.

(2) 시간의 시작을 표시한다. 주로 "以来"(yǐlái), "以后"(yǐhòu) 등의 방

위사와 함께 사용한다. ① 展览会从十月一日起, 至十月十日止。(Zhǎnlǎn huì cóng shíyuè yīrì qǐ, zhì shíyuè shí rì zhǐ.) 전람회는 10월1일부터 10월 10일까지다. ② 从昨天起雨下个不停。(Cóng zuótiān qǐ yǔ xià ge bù tíng.) 어제부터 시작해서 비가 끊임없이 내린다. ③ 从去年以后, 他一直没有迟到早退。(Cóng qùnián yǐhòu, tā yìzhí méiyǒu chídào zǎotuì.) 작년 이후로 그는 지각이나 조퇴를 한 적이 없다.

(3) 사물의 근원을 표시한다. 주로 "中"(zhōng), "上"(shàng), "里"(lǐ) 등의 방위사와 함께 사용한다. ① 我从他的表情上判断。(Wǒ cóng tā de biǎoqíng shàng pànduàn.) 나는 그의 표정으로 판단했다. ② 我们随时从工作中吸取经验教训。(Wǒmen suíshí cóng gōngzuò zhōng xīqǔ jīngyàn jiàoxùn.) 우리는 항상 작업 중에 경험과 교훈을 흡수한다. ③ 她从提包里取出一本书, 认真地读起来。(Tā cóng tíbāo lǐ qǔchū yì běn shū, rènzhēn dì dúqǐlai.) 그녀는 손가방에서 책을 꺼내 진지하게 읽기 시작했다.

(4) "… 를"의 의미로 경과하는 장소나 노선을 표시한다. 주로 "过"(guò)와 함께 사용한다. ① 从公路走, 这里到县城只有三十里路。(Cóng gōnglù zǒu, zhèlǐ dào xiànchéng zhǐyǒu sānshí lǐ lù.) 국도로 가면 이곳에서 도시까지 단지 30리 정도이다. ② 你从桥上过, 我从桥下走。(Nǐ cóng qiáo shàng guò, wǒ cóng qiáo xià zǒu.) 당신은 다리 위를 통과하고, 나는 다리 아래를 지나간다. ③ 小火轮每天两次从这里驶过。(Xiǎo huǒ lún měitiān liǎng cì cóng zhèlǐ shǐguò.) 작은 기선이 매일 두 번씩 이곳을 지나간다.

(二) 부사

"계속", "지금까지 줄곧"의 뜻으로, 주로 조사 "过"(guo)와 함께 "不", "没", "未" 등의 부정사 앞에 사용하여 확실히 그렇지 않음을 강조한다. ① 似乎从没人担心火险。(Sìhū cóng méi rén dānxīn huǒxiǎn.) 아무도 화재의 위험에 대해 걱정해 본적이 없는 것 같다. ② 我生长在北方, 从没到过江南。(Wǒ shēngzhǎng zài běifāng, cóng méi dàoguo Jiāngnán.) 나는 북방에서 성장하여 지금까지 강남에 간 적이 없다. ③ 这样好的产品真是从未见过。(Zhèyàng hǎo de chǎnpǐn zhēnshi cóng wèi jiànguo.) 이렇게 좋은 상품을 정말로 지금까지 본적이 없다.

설명 부사로 사용하는 "从"(cóng)은 일반적으로 "从来"(cónglái)와 교환사용이 가능하다. 예를 들어 ③번 예문에서 "从未"는 문언의 느낌을 준다. 이것을 구어체로 고치려면 "从来没有"(cónglái méiyǒu)로 고칠 수 있다.

실사 "从风而靡(cóng fēng ér mí)(바람 부는 대로 쓸리다)", "力不从心"(lìbùcóngxīn)(힘이 마음을 따르지 못한다), "字的起笔写法从习惯"(zì de qǐbǐ xiěfǎ cóng xíguàn)(글자를 쓰는 법은 습관에서 비롯한다)에서 "从"은 동사다.

正误用例 (1) 他们凡事都从国家的利益作为出发点来考虑问题。
(Tāmen fánshì dōu cóng guójiā de lìyì zuòwéi chūfādiǎn lái kǎolù wèntí.) 그들은 범사에 모두 국가의 이익에서 출발하여 문제를 생각한다.

(2) 这种拾金不昧的新风尚, 经常从谈话时听到。(Zhè zhǒng shíjīn búmèi de xīn fēngshàng, jīngcháng cóng tánhuà shí tīng dào.) 이런 재물을 주워도 자기 것으로 하지 않는 기풍은 항상 신문에서 볼 수 있고 이야기하다 듣는다.

(3) 从我们感到自己落后被人侵凌之日起, 就开始了反抗。
(Cóng wǒmen gǎndào zìjǐ luòhòu bèi rén qīnlíng zhī rì qǐ, jiù kāishǐle fǎnkàng.) 우리는 자기가 낙후되었고 타인의 무시를 받았다고 느낀 날로부터 반항이 시작되었다.

이상에서 "从"은 개사구조로 동사를 수식한다. 여기서는 동사와의 배합과 구문의 구조에 주의하여야 한다.

예문 (1)에서 "从"은 동사 "作为"와 함께 사용될 수 없다. 그러므로 "从"을 "以"로 고치거나 "作为出发点"을 "出发"로 고쳐야한다.

예문 (2)에서 "从"은 "时"와 함께 사용할 수 없다. 그러므로 문맥상 "时"를 "中"으로 고쳐야한다.

예문 (3)에서 "从"의 위치가 잘못되어 문장의 구조가 틀렸다. 당연히 "从"을 "我们"의 뒤로 옮겨 "我们"을 주어로 하여야 한다.

[从此] cóngcǐ 부사

"이제부터"의 의미로 말하는 그 시점부터 시작함을 표시한다. ① 从此托开。(Cóngcǐ tuō kāi.) 이곳을 여시오. ② 他从此不再做烹饪工作了。(Tā cóngcǐ búzài zuò pēngrèn gōngzuòle.) 그는 지금부터 더 이상

요리 일을 하지 않는다. ③ 从此, 我的老师会更加严格。(Cóngcǐ, wǒ de lǎoshī huì gèngjiā yángé.) 지금부터 우리 선생님은 더욱 엄격해졌다. ④ 他们从此不再贫穷。(Tāmen cóngcǐ búzài pínqióng.) 그들은 이제는 더 이상 가난하지 않다.

[비교] "从此"가 문장의 첫 부분에 있을 때는 "从此以后"(cóngcǐ yǐhòu)라고 말할 수 있다. 강조를 표시한다. 뒤에 쉼표를 사용하여 잠깐 문장을 쉴 수 있다. ① 我们的债务两清了, 从此以后不要再纠缠我了。(Wǒmen de zhàiwù liǎngqīng le, cóngcǐ yǐhòu búyào zài jiūchán wǒ le.) 우리들의 채무는 다 정리되었다. 이후 나를 더 귀찮게 하지 마라. ② 他去年没考上大学, 从此以后, 他更加刻苦自学, 今年终于实现了自己的志愿。(Tā qùnián méi kǎo shàng dàxué, cóngcǐ yǐhòu, tā gèngjiā kèkǔ zìxué, jīnnián zhōngyú shíxiànle zìjǐ de zhìyuàn.) 그는 작년에 대학에 입학하지 못했지만 이 이후 그는 더욱 각고의 노력을 하여 금년에 마침내 자신의 뜻을 이루었다.

[从而] cóng'ér 접속사

"따라서", "그리하여"의 의미로, 문장의 앞부분은 원인이나 방법을 뒷부분은 결과 목적 등을 나타낸다. 서면어에서 사용한다. ① 农业迅速发达, 从而为轻工业提供了充足的原料。(Nóngyè xùnsù fādá, cóng'ér wéi qīnggōngyè tí gōngle chōng zú de yuánliào.)농업이 신속하게 발전함에 따라서 경공업에 충분한 원료를 제공했다. ② 他没射中, 从而失去了冲击金牌的机会。(Tā méi shèzhòng, cóng'ér shīqùle chōngjī jīnpái de jīhuì.) 그는 목표를 맞추지 못해서 금메달을 딸 기회를 잃어버렸다. ③ 公司决定裁员, 从而削减成本。(Gōngsī juédìng cáiyuán, cóng'ér xuējiǎn chéngběn.) 회사는 감원을 결정했다. 그래서 원가를 절감했다.

[비교] "进而"(jìn'ér)은 "더욱 더(进一步)"의 의미를 표시하지만 "从而"처럼 조건이나 인과의 관계가 없다. [예] 这种信赖将进而推动经济的可持续复苏。(Zhèzhǒng xìnlài jiāng jìn'ér tuīdòng jīngjì de kě chíxù fùsū.) 이런 신뢰는 장차 경제의 지속적 부흥을 더욱 촉진시킨다.

【从来】 cónglái 부사

"이제까지", "한 번도… 없다"의 의미로 과거에서 현재까지 모두 이와 같음을 표시한다. ① 我从来没有怀疑过她。(Wǒ cónglái méiyǒu huáiyí guo tā.) 나는 한순간도 그녀를 의심한 적이 없다. ② 这种事我从来没听说过。(Zhè zhǒng shì wǒ cónglái méi tīng shuōguo.) 이런 일을 나는 한 번도 들어 본 적이 없다. ③ 她的健康从来都不好。(Tā de jiànkāng cónglái dōu bù hǎo.) 그녀의 건강은 지금까지 좋았던 적이 없다.

[동의어] "向来(xiànglái)"는 "从来"(cónglái)의 의미로, 어감이 비교적 가볍다. ① 他做事向来认真。(Tā zuòshì xiànglái rènzhēn.) 그는 본래부터 일을 착실하게 한다. ② 他向来不吸烟, 不喝酒。(Tā xiànglái bù xīyān, bù hējiǔ.) 그는 한 번도 담배를 피거나 술을 마시지 않았다. ③ 这个人向来说话算数。(Zhège rén xiànglái shuōhuà suànshù.) 이 사람은 이제껏 말한 것은 지켜왔다.

【从新】 cóngxīn 부사 "重新(chóngxīn)"을 참고하라.

【打】 dǎ 개사

"…로부터, …에서(从)"의 의미로, 장소나 시간의 기점 혹은 경과하는 노선 장소를 표시한다. ① 打这儿往西, 再走三里就是我的家。(Dǎ zhè'er wǎng xī, zài zǒu sānlǐ jiùshì wǒ de jiā.) 여기에서 서쪽으로 3리를 더가면 바로 우리 집이다. ② 打明天起我决心戒烟。(Dǎ míngtiān qǐ wǒ juéxīn jièyān.) 내일부터 나는 금연을 하기로 결심했다. ③ 他打门缝里往外看。(Tā dǎ mén fèng lǐ wǎngwài kàn.) 그는 문틈으로 밖을 내다보았다.

동의어 "打从" 역시 "打"의 의미로, 일반적으로 시간의 기점을 표시한다. 방언적인 색채가 있다. ① 打从明儿起我决心戒烟。(Dǎcóng míngr qǐ wǒ juéxīn jièyān.) 내일부터 나는 금연을 결심했다. ② 打从调到这儿开始, 我就担任会计工作。(Dǎcóng diào dào zhèr kāishǐ, wǒ jiù dānrèn kuàijì gōngzuò.) 여기에 온 후부터 나는 회계 업무를 담당한다. ③ 打从前年起身体差了。(Dǎ cóng qiánnián qǐ shēntǐ chàle.) 재작년부터 몸이 나빠졌다.

실사 "锺打了十二下。(Zhōng dǎle shíèr xià.)"(종을 12번을 쳤다), "这球打得很精彩。(Zhè qiú dǎ de hěn jīngcǎi.)"(이 공을 아주 멋있게 쳤다), "刚才他打电话找你。(Gāngcái tā dǎ diànhuà zhǎo nǐ.)"(방금 그가 전화를 걸어 당신을 찾았다)에서 "打"는 동사다.

【打从】 dǎcóng 개사 "打(dǎ)"를 참고하라.

【大】 dà 부사

(1) 정도가 심함을 표시한다. 단음절의 동사나 형용사 앞에 사용하여 동작이나 상태를 강조한다. ① 小张的作文近来大有进步。(Xiǎo Zhāng de zuòwén jìnlái dà yǒu jìnbù.) 장군(小张)의 작문은 최근에 큰 진보를 했다. ② 队伍一大早就出发去操练了。(Duìwǔ yí dà zǎo jiù chūfā qù cāoliànle.) 부대는 일찍 출발하여 훈련을 하러 갔다. ③ 我们出发的时候天已经大亮。(Wǒmen chūfā de shíhou tiān yǐjīng dà liàng.) 우리가 출발할 때는 날이 이미 완전히 밝았다.

(2) 부사 "不"의 앞에 사용하여 정도가 심함을 표시한다. ① 生活越过越好, 跟过去大不相同了。(Shēnghuó yuèguò yuè hǎo, gēn guòqù dà bù xiāngtóngle.) 시간이 갈수록 생활이 좋아져 과거와는 크게 다르다. ② 病了一场, 身体已经大不如前。(Bìngle yì chǎng, shēntǐ yǐjīng dà bùrú qián.) 한번 아프더니 몸이 이미 이전과는 크게 다르다. ③ 他嘴上不说, 心里可大不高兴。(Tā zuǐ shàng bù shuō, xīnlǐ kě dà bù gāoxìng.) 그는 입으로는 말하지 않지만 마음은 매우 슬펐다.

(3) 부사 "不" 뒤에 사용하여 정도가 심하지 않음을 표시한다. ① 你还不大会讲普通话, 得赶快学。(Nǐ hái bú dà huì jiǎng pǔtōnghuà, děi gǎnkuài xué.) 당신은 아직 보통화를 유창하게 말하지 못하니 빨리 배워야만 한다. ② 他是南方人, 不大喜欢吃面食。(Tā shì nánfāng rén, bú dà xǐhuan chī miànshí.) 그는 남방 사람이라 국수 먹는 것을 별로 좋아하지 않는다. ③ 这孩子今天有点不大高兴。(Zhè háizi jīntiān yǒudiǎn bú dà gāoxìng.) 이 아이는 오늘 별로 기뻐하지 않는다. ④ 字太小, 我看不大清楚。(Zì tài xiǎo, wǒ kàn bú dà qīngchu.) 글자가 너무 작아서 나는 분명히 볼 수가 없다.

(4) 두 개의 "大"가 각기 단음절의 명사, 동사 혹은 형용사와 함께 사용하여 고정 구절을 만들어 규모가 크고 정도가 심한 것을 표시한다. 예를 들어 "大操大办(dà cāo dà bàn)"(대규모로 차리다), "大红大绿(dà hóng dà lǜ)"(현란하다)등이 있다.

> **동의어** "大大" 역시 "大"의 뜻으로, 더욱 강조하는 어감을 표시한다. 일반적으로 쌍음절의 단어 앞에 사용한다. 뒤에 조사 "地"를 사용할 수 있다. ① 产品的质量大大提高了。(Chǎnpǐn de zhìliàng dàdà tígāole.) 물품의 질량을 크게 높였다. ② 假期里

来了不少同学, 大大地热闹了几天。(Jiàqī lǐ lái le bù shǎo tóngxué, dàdà di rènàole jǐ tiān) 휴가 기간에 많은 급우들이 와서 몇 일간 매우 번잡했다. ③ 学校人多, 订十来份报纸大大地不够。(Xuéxiào rén duō, dìng shí lái fèn bàozhǐ dàdà di búgòu) 학교는 사람이 많아 신문을 십여 부 구독하는 것으로는 크게 부족하다.

【大半】 dàbàn 부사 "多半(duōbàn)"을 참고하라.

【大大】 dàdà 부사 "大(dà)"를 참고하라.

【大抵】 dàdǐ 부사

(1) "대부분"의 의미로, 모종 상황에 대한 기본적인 추산을 표시한다. ① 路过杭州的人, 大抵要去玩一下西湖。(Lù guò Hángzhōu de rén, dàdǐ yào qù wán yí xià Xǐhú.) 항주를 지나는 사람은 대부분 서호에 가서 논다. ② 暑假如果无事, 他大抵要回老家看看。(Shǔjià rúguǒ wú shì, tā dàdǐ yào huí lǎojiā kàn kàn.) 여름 방학에 만약 일이 없다면 그는 대부분 고향집을 가본다. ③ 南方人大抵不爱吃面食。(Nánfāng rén dàdǐ bú ài chī miànshí.) 남부 사람들은 대부분 국수를 즐겨 먹지 않는다.

(2) "대체로"의 의미로, 상황의 중요한 것이 이와 같음을 표시한다. 주로 서면어에서 사용한다. ① 试卷我已看过, 答案大抵不错。(Shìjuàn wǒ yǐ kànguo, dá'àn dàdǐ búcuò.) 시험 답안을 나는 이미 보았다. 답이 대체로 괜찮다. ② 我们学校的规模大抵跟你们学校差不多。(Wǒmen xuéxiào de guī mó dàdǐ gēn nǐmen xuéxiào chà bu duō.) 우리학교의 규모는 대체로 당신 학교와 비슷하다. ③ 那场电影, 内容大抵如他所说。(Nà chǎng diànyǐng, nèiróng dàdǐ rú tā suǒ shuō.) 그 영화는 내용이 대체로 그가 말한 것과 같다.

【大都】 dàdōu 부사 "大多(dàduō)"를 참고하라.

[大多] dàduō 부사

"대부분", "대다수"의 의미로, 수많은 사물 중에 차지하는 비율이 비교적 큰 것을 표시한다. 비교적 구체적인 것을 가리킨다. ① 我们学校的同学大多是本地人。(Wǒmen xuéxiào de tóngxué dàduō shì běndì rén.) 우리학교의 학생들은 대부분 현지인이다. ② 植物大多在春天开花。(Zhíwù dàduō zài chūntiān kāihuā.) 식물은 대부분 봄에 꽃이 핀다. ③ 这几本书我大多已经看过。(Zhè jǐ běn shū wǒ dàduō yǐjīng kànguo.) 이 몇 권의 책을 나는 이미 대부분 읽었다.

동의어 "大都"(dà dū)와 "大多"는 의미가 유사하다. "大都"는 일반적으로 비교적 추상적인 것을 가리킨다. ① 辨取这个消极办法, 大都出于不得已。(Biàn qǔ zhège xiāojí bànfǎ, dàdōu chū yú bù dé yǐ.) 이런 소극적인 방법을 선택하는 것은 대부분 어쩔 수 없기 때문이다. ② 这几位青年的工作能力大都不错。(Zhè jǐ wèi qīngnián de gōngzuò nénglì dàdōu búcuò.) 이 청년 몇 명의 작업 능력은 대체로 괜찮다. ③ 童年时代欢乐的情景, 他大都还记得。(Tóngnián shídài huānlè de qíngjǐng, tā dàdōu hái jìde.) 어린 시절에 즐거웠던 정경을 그는 대부분 아직도 기억하고 있다.

[大凡] dàfán 부사

"대체로"의 의미로, 문장의 처음에 사용하여 일반적인 상황을 총괄함을 표시한다. 주로 "都", "总" 등의 부사와 함께 사용한다. ① 大凡见到熊猫的人, 几乎没有一个不喜欢。(Dàfán jiàn dào xióngmāo de rén, jīhū méiyǒu yíge bù xǐhuan.) 대개 팬더를 본 사람들은 거의 모두 다 좋아한다. ② 大凡坚持学习的人, 都会有一定的收获。(Dàfán jiānchí xuéxí de rén, dōu huì yǒu yídìng de shōuhuò.) 대개 학습을 꾸준히 하는 사람은 모두 일정한 수확이 있다. ③ 大凡经常锻炼的人, 身体总比较健康。(Dàfán jīngcháng duànliàn de rén, shēntǐ zǒng bǐjiào jiànkāng.) 대체로 항상 단련을 하는 사람은 몸이 비교적 건강하다.

비교 "凡是(fánshì)"의 어기는 "大凡"보다 무겁고 총괄하는 범위도 비교적 넓다.

[大概] dàgài 부사

(1) 상황에 대하여 그다지 정확하지 않은 추측을 표시한다. 대체로 수량이나 시간을 가리킨다. ① 我到上海大概三十多年了。(Wǒ dào Shànghǎi dàgài sānshí duō niánle.) 내가 상해에 온지 대략 30여년이 되었다. ② 他大概有五十来岁。(Tā dàgài yǒu wǔshí lái suì.) 그는 대략 50여세이다. ③ 会议改期, 大概在下月中旬举行。(Huìyì gǎiqí, dàgài zài xià yuè zhōngxún jǔxíng.) 회의는 대략 다음달 중순에 거행하기로 날짜를 변경했다.

(2) 상황에 대한 추측을 표시한다. ① 他三天没来, 大概已经回杭州了。(Tā sān tiān méi lái, dàgài yǐjīng huí Hángzhōule.) 그는 삼일간 오지 않았다. 아마도 이미 항주로 돌아갔을 것이다. ② 孩子们没同来, 大概在家做功课吧?(Háizimen méi tóng lái, dàgài zài jiā zuò gōngkè ba.) 아이들이 같이 오지 않았다. 아마도 집에서 공부를 하고 있겠지? ③ 听口音, 他大概是广东人。(Tīng kǒuyīn, tā dàgài shì Guǎngdōng rén.) 발음을 들으니 그는 아마도 광동 사람인 것 같다.

[동의어 1] "大约"는 "大概"와 용법이 같다. 단지 수량과 시간을 추측할 때 "大约"를 "大概"보다 많이 사용한다.

[동의어 2] "约"(yuē)와 "约莫"(yuēmò) 역시 "大约"의 의미이다. "约"는 서면어에서 많이 사용한다. 예를 들어, "全市人口约三百万。"(Quán shì rénkǒu yuē sānbǎi wàn.)(시 전체 인구는 약 300만이다.)

"约莫"(yuēmò)는 일반적으로 구어에서 사용한다. 예를 들어, "约莫五点半光景他就走了。"(Yuēmò wǔ diǎn bàn guāngjǐng tā jiù zǒule.)(약 5시 반경에 그가 이미 떠났다), "参加演出的约莫有四十来人。"(Cānjiā yǎnchū de yuēmò yǒu sìshí lái rén.)(연출에 참가한 사람은 대략 40명 정도이다). 이 때 "约莫"를 "大约莫"로 쓸 수도 있다.

[실사] "这是个大概数字, 不很准确。(Zhè shì ge dàgài shùzì, bù hěn zhǔnquè.)"(이것은 개략적인 숫자라 그다지 정확하지가 않다), "我只知道一点大概的情况。(Wǒ zhǐ zhīdào yìdiǎn dàgài de qíngkuàng.)"(나는 단지 개략적인 상황을 알뿐이다)에서 "大概"는 형용사다. "他口里不说, 心里却捉摸了个大概。(Tā kǒu lǐ bù shuō, xīnlǐ què zhuōmōle ge dàgài.)"(그는 입으로는 말하지 않았지만 마음 속으로는 어렴풋이 대강을 알아차렸다)에서 "大概"는 명사이다.

【大力】 dàlì 부사

"힘껏, 강력하게"(大大地)의 의미로, 매우 큰 힘을 사용하여 어떤 일을 완성함을 표시한다. 적극적인 면에 많이 사용한다. ① 大力支持。(Dàlì zhīchí.) 힘껏 지지하다. ② 大力发展教育事业。(Dàlì fāzhǎn jiàoyù shìyè.) 교육 사업을 힘껏 발전시키다. ③ 大力宣传"五讲、四美、三热爱", 提倡精神文明。(Dàlì xuānchuán "wǔ jiǎng, sì měi, sān rè'ài", tíchàng jīngshén wénmíng.) 강력하게 오강·사미·삼열애(역주 : 교양·예의·위생·질서·도덕을 중시하고, 마음·언어·행동·환경이 아름다우며, 조국·사회주의·중국 공산당을 열애하는 것)를 선전하여 정신문명을 제창했다.

【大肆】 dàsì 부사

"제멋대로·마구·함부로"의 의미로, 행동에 아무런 거리낌이 없음을 표시한다. 단지 부정적인 면에서만 사용한다. ① 敌机大肆轰炸城市, 杀害无辜平民。(Dí jī dàsì hōngzhà chéng shì, shāhài wúgū píngmín.) 적기가 마구 도시를 폭격하고 무고한 평민을 살해했다. ② 这个家伙到处大肆吹嘘, 使许多人受骗上当。(Zhège jiahuo dàochù dàsì chuīxū, shǐ xǔduō rén shòupiàn shàngdàng.) 이놈이 도처에서 함부로 거짓말을 하여 많은 사람들이 사기를 당했다. ③ 大肆套购。(Dàsì tàogòu.) 마음대로 부정 구입하다.

【大体】 dàtǐ 부사 "大致(dàzhì)"를 참고하라.

【大为】 dàwéi 부사

"대단하게"의 의미로, 앞에서 말한 바의 상황으로 인하여 모종의 큰 반응이 일어남을 표시한다. ① 台风过境, 幸而辨取了预防措施, 损失大为减少。(Táifēng guòjìng, xìng'ér biàn qǔle yùfáng cuòshī, sǔnshī

dà wéi jiǎn shǎo.) 태풍이 지나갔지만, 다행이 예방조처를 취하여 손실
이 크게 줄었다. ② 他对此大为恼火。(Tā duì cǐ dà wéi nǎo huǒ.) 그
는 이것에 대해 크게 화를 냈다. ③ 工厂把物资堆放在马路两旁, 群
众大为不满。(Gōngchǎng bǎ wùzī duīfàng zài mǎlù liǎngpáng,
qúnzhòng dà wéi bù mǎn.) 공장이 물자를 길 양옆에 쌓아놓아 군중들
이 매우 불만이다.

[大约] dàyuē 부사 "大概(dàgài)"를 참고하라.

[大约莫] dàyuēmo 부사 "大概(dàgài)"를 참고하라.

[大致] dàzhì 부사

(1) "대체로·대강"의 의미로, 모종의 간단한 상황에서 사건의 주요한
내용이 다음과 같음을 표시한다. ① 成绩大致良好。(Chéngjì dàzhì
liáng hǎo.) 성적이 대체로 양호하다. ② 两种做法效果大致相同。
(Liǎng zhǒng zuòfǎ xiàoguǒ dàzhì xiāngtóng.) 두 가지 방법의 효
과는 대체로 비슷하다. ③ 今年的收成大致接近丰收的去年。
(Jīnnián de shōuchéng dàzhì jiējìn fēngshōu de qùnián.) 올해의 수
확은 대체로 풍년이었던 작년에 접근했다.

(2) "대략·아마"의 의미로, 상황에 대한 초보적인 추측을 표시한다.
① 这项工程大致两年可以完工。(Zhè xiàng gōngchéng dàzhì liǎng
nián kěyǐ wángōng.) 이 공사는 대략 2년이면 완공할 수 있다. ②
对于这个问题大致有三种意见。(Duìyú zhège wèntí dàzhì yǒusān
zhǒng yìjiàn.) 이 문제에 대해 대략 3가지 의견이 있다. ③ 看看太
阳, 大致是十一点的光景。(Kàn kàn tàiyáng, dàzhì shì shíyī diǎn
de guāngjǐng.) 태양을 보니 대략 11시쯤 되었다.

> **동의어** "大体"와 "大致"는 의미가 같아 일반적으로 교환하여 사용할
> 수 있다. "大体"는 "上"과 함께 사용할 수 있다. ① 新出土的
> 文物大体上完好。(Xīn chūtǔ de wénwù dàtǐ shàng wánhǎo.)
> 새로 출토된 문물은 대체로 완전하다. ② 他的那部作品大体
> 上已经完成。(Tā dì nà bù zuòpǐn dàtǐ shàng yǐjīng wánchéng.)

그의 그 작품은 대략 이미 완성되었다.

실사 "他们识大体, 顾大局, 处处以国家利益为重。(Tāmen shí dàtǐ, gù dàjú, chùchù yǐ guójiā lìyì wéi zhòng.)"(그는 대체적인 것을 알고 대국을 살피며, 모든 면에서 국가의 이익을 중히 여긴다)에서 "大体"는 명사이다.

[单] dān 부사 "单单(dāndān)"을 참고하라.

[单单] dāndān 부사

"오직, 홀로"의 의미로, 일정한 범위 안에 사물 행동을 제한함을 표시한다. 주로 부사 "就"와 함께 사용한다. 주어 앞에서 사용할 수도 있다 (例③). ① 人都知道, 单单你一个不知道。(Rén dōu zhīdào, dāndān nǐ yíge bù zhīdào.) 사람들이 다 아는데 오직 당신 혼자만 모른다. ② 别人都来, 单单他没来。(Biérén dōu lái, dāndān tā méi lái.) 다른 사람은 모두 왔는데 오직 그 사람만 안 왔다. ③ 单单他们一个班级, 暑假里就有一半人学会了游泳。(Dāndān tāmen yíge bānjí, shǔjià lǐ jiù yǒu yíbàn rén xuéhuìle yóuyǒng.) 오직 그들 반만 여름방학동안에 절반이 수영을 배웠다.

동의어 "单"과 "单单"의 의미는 같다. "单"의 뒤에는 일반적으로 단음절이 오며 어감이 "单单"보다 비교직 가볍다. ① 单说缺点不说优点, 不够全面。(Dān shuō quēdiǎn bù shuō yōudiǎn, búgòu quánmiàn.) 결점만 말하고 장점을 말하지 않으면 전면적이지 않다. ② 单凭热情, 单靠经验, 不一定能够做好工作。(Dān píng rèqíng, dān kào jīngyàn, bù yídìng nénggòu zuò hǎo gōngzuò.) 열정에만 의존하거나 경험에만 의존하면 반드시 일을 잘한다고 할 수 없다. ③ 单他一个人就取得了三项冠军。(Dān tā yíge rén jiù qǔdéle sān xiàng guànjūn.) 그는 혼자 세 종목에서 일등을 차지했다.

실사 "单号票请从东门进场。(Dān hào piào qǐng cóng dōng mén jìn chǎng.)"(홀수 표는 동쪽 문으로 입장하세요)에서 "单"은 형용사다.

[但] dàn 접속사 "但是(dànshì)"를 참고하라.

[但是] dànshì 접속사

(1) "그러나"의 의미로 의미의 변환을 표시한다. 일반적으로 구나 절에 연결하여 사용한다. 앞에서 한 가지 사실을 먼저 긍정하고, 뒤에서 의미가 반대되는 다른 사실을 이끌어 낸다. 중점은 후반부에 있다. 주로 "虽然(suīrán)", "尽管(jǐnguǎn)" 등의 접속사와 함께 사용하며 뒤에 "也", "还", "却" 등의 부사와 호응한다. ① 我的老家在广州, 但是我从来没有去过。(Wǒ de lǎojiā zài Guǎngzhōu, dànshì wǒ cónglái méiyǒu qùguò.) 나의 고향집은 광주이다. 그러나 나는 이제껏 한번도 가본 적이 없다. ② 他试验十次都失败了, 但是一点也不灰心。(Tā shìyàn shí cì dōu shībàile, dànshì yìdiǎn yě bù huīxīn.) 그는 10번이나 실험을 하고도 다 실패하였지만 그러나 조금도 실망하지 않는다. ③ 他虽然年过六十, 但是干起活来还同年轻人一样利落。(Tā suīrán niánguò liùshí, dànshì gàn qǐ huó lái hái tóng niánqīng rén yíyàng lìluo.) 그는 비록 나이가 60이 넘었지만 일을 할 때는 젊은 사람처럼 민첩하다.

(2) 단어나 구와 연결하여 의미의 변화이나 통일을 표시한다. 이는 접속사 "而(ér)"의 용법과 같다. ① 我喜欢这个调皮, 但是诚实的孩子。(Wǒ xǐhuan zhège tiáopí, dànshì chéngshí de háizi.) 나는 개구쟁이지만 성실한 이 아이를 좋아한다. ② 他是一位年龄不大, 但是学识渊博的工程师。(Tā shì yí wèi niánlíng bú dà, dànshì xuéshì yuānbó de gōngchéngshī.) 그는 나이는 많지 않지만 학식이 많은 기사다. ③ 这幅画色彩柔和, 但是主题鲜明地展现在观众的面前。(Zhè fú huà sècǎi róuhé, dànshì zhǔtí xiānmíng de zhǎnxiàn zài guānzhòng de miànqián.) 이 그림은 색채는 부드럽지만 주제가 선명하게 관중 앞에 펼쳐진다.

동의어 1 "但"과 "但是"의 의미는 같고 교환 사용이 가능하다. 때로는 뒤에 나오는 "是"와 중복을 피하기 위하여 "但"을 사용한다. ① 批评虽然尖锐了一点, 但也是必要的。(Pīpíng suīrán jiānruìle yìdiǎn, dàn yěshì bìyào de.) 비평은 비록 다소 날카롭지만 역시 필요한 것이다. ② 他尽管身体很好, 但还是

每天坚持锻炼。(Tā jǐnguǎn shēntǐ hěn hǎo, dàn háishi měitiān jiānchí duànliàn.) 그는 몸이 매우 건강함에도 매일 단련을 계속한다.

동의어 2 "可是", "然而"도 "但是"의 의미이다. 그러나 의미전환의 어감이 "但是" 보다 비교적 가볍다. "然而"은 문언이어서 주로 서면에서 사용하고 일반적으로 "虽然"과는 함께 사용하지 않고 주로 "但是", "可是"와 함께 사용한다. ① 坚持每天写日记是很有意义的, 然而是不容易的。(Jiānchí měitiān xiě rìjì shì hěn yǒu yìyì de, ránér shì bù róngyì de.) 매일 계속해서 일기를 쓰는 것은 매우 의미가 있지만 쉬운 일은 아니다. ② 我说的你们可能不相信, 然而是事实。(Wǒ shuō de nǐmen kěnéng bù xiāngxìn, ránér shì shìshí.) 내가 말하는 것을 당신들은 아마도 믿지 않겠지만 그러나 사실이다.

설명 앞의 예문에서 "但是", "可是"를 사용하지 않고 "然而"을 사용한 것은 뒤에 나오는 "是"와의 중복을 피하기 위해서이다.

正误用例 (1) 不论你写的论文怎样重要, 但是没有付印, 只有一份底稿, 那么你的劳动对别人的益处就不大。(Búlùn nǐ xiě de lùnwén zěnyàng zhòngyào, dànshì méiyǒu fùyìn, zhǐyǒu yí fèn dǐgǎo, nàme nǐ de láodòng duì biérén de yìchu jiù bú dà.) 당신이 쓴 논문이 얼마나 중요하건간에 만약 인쇄를 하지 않고 단지 원고만 한부 있으면 당신의 노력이 타인에 대한 도움이 별로 크지 않다.

(2) 星期天有的人打球, 有的人上图书馆, 但有的人还组织音乐会, 自己演节目。(Xīngqītiān yǒu de rén dǎqiú, yǒu de rén shàng túshū guǎn, dàn yǒu de rén hái zǔzhī yīnyuè huì, zìjǐ yǎn jiémù.) 일요일에 어떤 사람은 공놀이를 하고 어떤 사람은 도서관에 간다. 그러나 어떤 사람은 음악회를 조직하여 스스로 프로를 연출한다.

"但是", "但"은 의미의 변환을 표시한다. 위의 예문 (1)에서 "没有付印, 只有一份底稿"(Méiyǒu fùyìn, zhǐyǒu yí fèn dǐgǎo)는 가정이다. 그러므로 "但是"를 "如果"로 고치는 것이 좋다. 예문 (2)는 각자의 활동을 병렬한 것

으로 전환의 관계가 없다. 그러므로 "但"을 생략하여야
한다.

[当] dāng 개사

(1) 사건이 발생한 시간을 표시한다. 주로 "时(shí)", "的时候(de shíhou)"
등과 함께 사용한다. ① 当球队胜利归来时, 大家到车站热烈
欢迎。(Dāng qiú duì shènglì guīlái shí, dàjiā dào chēzhàn rèliè
huānyíng.) 구기팀이 승리하여 돌아올 때, 모두들 정류장으로 가
서 열렬히 환영했다. ② 当他们回来的时候, 我已经走了。(Dāng
tāmen huílái de shíhou, wǒ yǐjīng zǒule.) 그들이 돌아왔을 때, 우리
는 이미 떠났다.

(2) 앞에 "正"(zhèng)이나, 뒤에 "着"(zhe)를 추가하여 사건이 발생하고
있는 중이라는 것을 강조한다. ① 正当黄昏时分, 天忽然下起而
来。(Zhèng dāng huánghūn shífēn, tiān hūrán xià qǐ ér lái.) 마침
황혼이 될 무렵에 하늘이 갑자기 어두워지기 시작했다. ② 正当春
暖花开的时节, 他们来到了西子湖边。(Zhèng dāng chūnnuǎn huā
kāi de shíjié, tāmen lái dàole Xīzǐ hú biān.) 봄이 되어 날이 따스해
지고 꽃이 필 때를 맞아, 그들은 서호로 왔다.

(3) 방금 전에 사건이 발생한 것을 표시한다. 주로 "面(miàn)"과 함께
사용하고 뒤에 "着"(zhe)를 첨가할 수 있다. ① 有意见你可以当面
提嘛。(Yǒu yìjiàn nǐ kěyǐ dāngmiàn tí ma.) 의견이 있으면 당신은
대면하여 제시할 수 있다. ② 昨天我已经当大家的面汇报了调查
的经过。(Zuótiān wǒ yǐjīng dāng dàjiā de miàn huìbàole diàochá
de jīngguò) 어제 나는 이미 모두의 면전에서 조사 경과를 보고했다.
③ 请你把情况当着他们的面再讲一讲。(Qǐng nǐ bǎ qíngkuàng
dāngzhe tāmen de miàn zài jiǎng yi jiǎng.) 당신은 그들의 면전에서
상황을 다시 한 번 말해주시오.

(4) 사건이 발생한 위치나 장소를 표시한다. ① 太阳当头照。(Tàiyáng
dāngtóu zhào.) 태양이 머리를 비추었다. ② 他当场回答了老师的
提问。(Tā dāngchǎng huídále lǎoshī de tíwèn.) 그는 선생님의 질문
에 즉석에서 대답했다.
비교 "在"와 "当"은 때로는 교환하여 사용할 수 있다. 예를 들어,

"当球队胜利归来时, 大家到车站热烈欢迎。(Dāng qiú duì shènglì guīlái shí, dàjiā dào chēzhàn rèliè huānyíng.)"(구기 팀이 승리를 하고 돌아왔을 때 모두 역으로 나가 열렬히 환영했다)를 "在球队胜利归来时, 大家到车站热烈欢迎。(Zài qiú duì shènglì guīlái shí, dàjiā dào chēzhàn rèliè huānyíng.)"으로 할 수 있다. 그러나 "在很久以前我们就认识了。(Zài hěnjiǔ yǐqián wǒmen jiù rènshile.)"(아주 오래 전에 우리는 이미 알고 있었다)를 "当很久以前我们就认识了。(Dāng hěnjiǔ yǐqián wǒmen jiù rènshile.)"로 고칠 수 없다. 그러므로 "当"은 단지 "시점"을 표시하며, "在"는 "시간 프레임"을 표시한다. "在"의 용법은 "当"에 비하여 매우 광범위하다.

실사 "我们选他当代表。(Wǒmen xuǎn tā dāng dàibiǎo.)"(우리는 그를 대표로 선출했다), "别把他当外人。(Bié bǎ tā dāng wàirén.)"(그를 외부 사람으로 보지 말라), "我说话算数, 敢作敢当。(Wǒ shuōhuà suànshù, gǎn zuò gǎndāng.)"(내가 한말은 책임을 진다. 용감하게 행동하고 과감히 책임진다)에서 "当"은 동사다.

正误用例 (1) 我每天当听到铃声, 就去参加广播操。(Wǒ měitiān dāng tīng dào líng shēng, jiù qù cānjiā guǎngbò cāo.) 나는 매일 벨소리를 듣고 방송 체조에 참가하러 간다.

(2) 当学习刚刚取得一点成绩, 他就开始有点儿骄傲了。(Dàng xuéxí gānggāng qǔdé yìdiǎn chéngjì, tā jiù kāishǐ yǒudiǎnr jiāo'àole.) 공부하고 약간의 성적을 방금 얻었다. 그는 다시 교만해지기 시작했다.

"当"은 사건이 발생한 시각을 표시하고 시간을 표시하는 단어와 함께 사용한다. 위의 두 예문에 만약 "时" 나 "的时候"를 첨가하는 것보다는 "当"을 생략하는 것이 더욱 간단 명료하다. 일반적으로 "当"이 "时"나 "的时候"와 함께 사용될 때 "当"을 생략할 수 있다. 그리고 구어체에서는 "当"을 잘 사용하지 않는다.

[当初] dāngchū 부사

사건이 시작되는 시기를 말한다. 시간이 시작됨을 강조하며 회고나 대비의 의미를 갖는다. ① 我当初怎么对你讲的。(Wǒ dāngchū zěnme duì nǐ jiǎng de.) 애당초 내가 네게 뭐라고 그랬니! ② 上海的延安东路当初是一条臭水滨。(Shànghǎi de Yán'ān dōng lù dāngchū shì yìtiáo chòu shuǐ bīn.) 상해의 연안동로는 처음에는 냄새나는 물가였다. ③ 当初这里是一片汪洋。(Dāngchū zhè lǐ shì yípiàn wāngyáng.) 이전에 여기는 넓은 바다였다.

[当即] dāngjí 부사 "立即(lìjí)"를 참고하라.

[当面] dāngmiàn 부사

(1) "면대면(面对面)"의 의미로, 사건이 당사자들이 있는 중에 발생한 것을 표시한다. 직접 참여함을 강조한다. ① 银行付款, 要当面点清。(Yínháng fùkuǎn, yào dāngmiàn diǎn qīng.) 은행에서 돈을 지급 할 때는 얼굴을 맞대고 잘 세어보아야 한다. ② 当面说话可成是非。(Dāngmiàn shuōhuà kě chéng shìfēi.) 직접 맞대고 말해야 시비가 가려진다. ③ 有意见应该当面提。(Yǒu yìjiàn yīnggāi dāngmiàn tí.) 의견이 있으면 응당 면전에서 말하시오.

(2) "当面"을 "当…面"으로 나누어 사용할 수도 있다. 어떤 상황을 실증하거나 경험을 강조하는 것을 표시한다. 개사 "当"과 "面"을 함께 사용하는 용법과 같다. ① 这道题请你当李老师的面再演算一遍。(Zhè dào tí qǐng nǐ dāng Lǐ lǎoshī de miàn zài yǎnsuàn yíbiàn.) 당신은 이선생님 앞에서 이 문제를 다시 한번 계산해 보세요. ② 请你把事情的经过当大家的面讲一讲。(Qǐng nǐ bǎ shìqíng de jīngguò qíngxíng dāng dàjiā de miàn jiǎng yi jiǎng.) 당신은 지내온 상황을 모든 사람 앞에서 이야기 하세요.

[当然] dāngrán 부사

(1) 사건의 이치나 도리상 아무런 의문의 여지가 없음을 표시한다. 앞절은 대부분 이유를 설명한다. ① 今天的会很重要, 我当然参加。(Jīntiān de huì hěn zhòngyào, wǒ dāngrán cānjiā.) 오늘 회의는 매우 중요하여 나는 당연히 참가한다. ② 别人有困难, 我们当然应该帮助。(Biérén yǒu kùnnán, wǒmen dāngrán yīnggāi bāngzhù.) 타인

이 곤란해지면 우리는 당연히 도와야 한다. ③ 今天风大, 轮船停航, 他当然不会来了。(Jīntiān fēng dà, lúnchuán tíngháng, tā dāngrán bú huì láile.) 오늘은 바람이 세서 배가 운항하지 않아 그는 당연히 올 수 없다.

⑵ 구나 절의 첫 부분에 사용하여 위의 문장을 연결하고 보충설명을 표시한다. 이럴 때에는 후반 절은 정지를 하며 쉼표를 사용한다. ① 这部影片思想性和艺术性都是第一流的, 当然, 在个别细节上, 也还有一些不足之处。(Zhè bù yǐngpiàn sīxiǎngxìng hé yìshù xìng dōu shì dì yìliú de, dāngrán, zài gèbié xìjié shàng, yě hái yǒu yìxiē bùzú zhī chù.) 이 영화는 사상성이나 예술성이 모두 일류이다. 물론, 개별적인 미세한 부분에서는 아직 다소 부족한 점이 있다. ② 当然, 取得这点成绩仅仅是开始, 我们还要继续努力。(Dāngrán, qǔdé zhè diǎn chéngjì jǐnjǐn shì kāishǐ, wǒmen hái yào jìxù nǔlì.) 물론, 이러한 성적을 얻은 것은 이제 시작에 불과하다. 우리는 계속 더욱 노력할 것이다.

> **실사** "尊师爱生, 理所当然。(Zūn shī ài shēng, lǐsuǒdāngrán.)"(스승을 존경하고 제자를 사랑하는 것은 당연한 이치이다), "得了冠军, 心里高兴是当然的。(Déle guànjūn, xīnlǐ gāoxìng shì dāngrán de.)"(우승을 하고 마음이 기쁜 것은 당연한 것이다)에서 "当然"은 형용사다.

[当时] dàngshí 부사

"즉시(立刻)", "당장에(当场)"의 의미로, 사건의 발생이 그 순간인 것을 표시한다. 주로 부사 "就"와 함께 사용한다. ① 收到弟弟来信, 我当时就写了回信。(Shōu dào dìdi láixìn, wǒ dàngshí jiù xiěle huíxìn.) 동생의 편지를 받고 나는 즉시 답장을 썼다. ② 这道习题虽难, 但他稍一思索, 当时就解出了。(Zhè dào xítí suī nán, dàn tā shāo yì sīsuǒ, dàngshí jiù jiě chūle.) 이 문제가 비록 어렵지만 그는 잠시 생각하고 난 후 곧 바로 풀었다.

> **주의** "当时"를 "dāngshí"로 읽으면 명사로 "그때"라는 의미이다. 과거 사건이 발생했을 시점을 표시한다. ① 这篇小说当时发表在《光明日报》上。(Zhè piān xiǎoshuō dāngshí fābiǎo zài

"Guāngmíng rìbào" shàng.) 이 소설은 그때 《광명일보》에 발표했었다. ② 当时他正在看书, 一点也没有听到。(Dāngshí tā zhèngzài kànshū, yìdiǎn yě méiyǒu tīng dào.) 그때 그는 마침 책을 보고 있어 전혀 듣지를 못했다. ③ 这事情你当时为什么不说?(Zhè shìqing nǐ dāngshí wèishéme bù shuō?) 이 일을 당신은 왜 당시에 말하지 않았지요?

▌[当真] dàngzhēn 부사

"과연", "정말로(真的)"의 의미로, 동작 행동 혹은 상황의 진실성을 강조한다. 대체로 구어에서 사용한다. ① 他说要给我一套纪念邮票, 今天当真送来了。(Tā shuō yào gěi wǒ yí tào jìniàn yóupiào, jīntiān dàngzhēn sòng láile.) 그는 나에게 기념우표를 한질 주겠다고 말했는데 오늘 정말로 부쳐왔다. ② 你当真去过杭州吗?(Nǐ dàngzhēn qùguo Hángzhōu ma?) 당신은 정말로 항주에 갔었습니까? ③ 有人说山里有草药, 一查看, 当真不少。(Yǒurén shuō shānli yǒu cǎoyào, yì chákàn, dàngzhēn bù shǎo.) 누군가 산에 약초가 있다고 해서 찾아보았더니 과연 적지 않았다.

실사 "我是随便说说的, 可别当真。(Wǒ shì suíbiàn shuō shuō de, kě bié dàngzhēn.)"(나는 아무렇게나 말해본 것이다. 정말로 여기지 말라)에서 "当真"은 동사다.

▌[倒] dào 부사

(1) "반대로(反而 fǎn'ér)", "거꾸로(反倒 fǎndào)"의 의미로, 일반적으로 상황이 반대됨을 표시한다. ① 从错误中吸取教训, 坏事倒变成了好事。(Cóng cuòwù zhōng xīqǔ jiàoxùn, huàishì dào biàn chéngle hǎoshì.) 실수로부터 교훈을 얻어 나쁜 일이 반대로 좋은 일이 되었다. ② 你这么一说, 我倒有点不好意思了。(Nǐ zhème yì shuō, wǒ dào yǒudiǎn bù hǎoyìsile.) 당신이 이렇게 말하면 나는 거꾸로 좀 미안한 마음이 든다.

(2) "오히려(却)"의 의미로, 이렇게 될 줄을 몰랐음을 표시한다. 상반되는 의미가 비교적 가볍다. 접속사 "虽然"과 함께 사용한다. ① 别看他是个孩子, 干活倒象个大人。(Bié kàn tā shì gè háizi, gàn huó

dào xiàng gè dàrén.) 그를 어린아이로만 보지 말라. 오히려 일을 할 때는 마치 성인처럼 일을 한다. ② 他平时不大说话, 学习会上倒常常发言。(Tā píngshí bú dà shuōhuà, xuéxí huì shàng dào chángcháng fāyán.) 그는 평시에는 별로 말이 없다가 학습에서는 오히려 말을 자주 한다. ③ 这个厂规模虽然小, 生产的东西倒挺受人欢迎。(Zhège chǎng guīmó suīrán xiǎo, shēngchǎn de dōngxī dào tǐng shòu rén huānyíng.) 이 공장은 비록 규모는 작지만 생산한 물건은 오히려 많은 사람의 환영을 받는다.

(3) "비록(虽然)"의 의미로, 양보나 변환을 표시한다. 주로 "可", "就是", "但是" 등의 허사와 함께 사용한다. ① 你说说倒容易, 做起来可不那么简单。(Nǐ shuō shuō dào róngyì, zuòqǐlai kě bù nàme jiǎndān.) 당신이 말하기는 쉽지만 실행하기는 그렇게 간단하지 않다. ② 情节倒是真的, 就是说得还不够清楚。(Qíngjié dàoshi zhēn de, jiùshì shuō de hái búgòu qīngchu.) 상황은 사실이나 말하는 것이 아직 분명하지 않다. ③ 这地方环境倒清静, 但是交通很不方便。(Zhè dìfāng huánjìng dào qīngjìng, dànshì jiāotōng hěn bù fāngbiàn.) 이곳은 환경은 깨끗하지만 교통이 매우 불편하다.

(4) 어감을 가중시킨다. ① 冬天这样暖和, 倒有点象春天。(Dōngtiān zhèyàng nuǎnhuo, dào yǒudiǎn xiàng chūntiān.) 겨울이 이렇게 따뜻하니 마치 꼭 봄날 같다. ② 谁说不行, 我倒要试一试。(Shuí shuō bù xíng, wǒ dào yào shì yi shì.) 누가 안 된다고 그래 내가 꼭 한번 해보겠다.

[동의어] "倒是(dào shi)"와 "倒"는 의미가 같고 일반적으로 교환하여 사용할 수 있다. 다음 예문을 비교해 보자 : ① 你倒做了件好事。(Nǐ dào zuòle jiàn hǎoshì.) 당신은 오히려 좋은 일을 했다. ② 你倒是做了件好事。(Nǐ dào shi zuòle jiàn hǎoshì.) 당신은 의외로 좋은 일을 했다. ③ 这倒是件好事。(Zhè dào shì jiàn hǎo shì.) 이것은 반대로 좋은 일이다.

[주의] 예문 ①의 "倒"와 예문 ②의 "倒"는 의미가 같고 용법도 같다. 예문 ③에서 "倒是"는 두 개의 단어이다. 부사 "倒"가 동사 "是"를 수식하고 있다.

[실시] "快给客人倒杯茶。(Kuài gěi kèrén dào bēi chá.)"(빨리 손님

에게 차를 따라드려라), "别把书放倒了。(Bié bǎ shū fàng dàole.)" (책을 뒤집어 놓지 마라)에서 "倒"는 동사다.

[倒是] dàoshi 부사 "倒(dào)"를 참고하라.

[到] dào 개사

(1) "쭉 …에 이르다(直到 zhídào)"와 "기다려 …이르다(等到 děngdào)"의 의미로, 개사구조를 이루어 동작이나 행위가 도달한 시간을 표시한다. ① 会议到下午四时结束。(Huìyì dào xiàwǔ sì shí jiéshù.) 회의는 오후 4시가 되어서 끝났다. ② 他近来工作特别忙, 每天到半夜才睡。(Tā jìnlái gōngzuò tèbié máng, měitiān dào bànyè cái shuì.) 그는 최근 일이 너무 바빠서 매일 한밤중이 되어야 비로소 잠을 잘 수 있다. ③ 我这次下乡搞调查, 到下月底才能回来。(Wǒ zhè cì xià xiāng gǎo diàochá, dào xià yuèdǐ cáinéng huílái.) 내가 이번에 시골에 내려가 조사하는 데, 다음 달 말이 되어야 겨우 돌아올 수 있다.

(2) "…에 가다"의 의미로, 개사구조를 이루어 동작이나 행위가 도달한 장소를 표시한다. ① 孩子们都到图书馆借书去了。(Háizimen dōu dào túshū guǎn jiè shū qùle.) 아이들이 모두 도서관에 책을 빌리러 갔다. ② 请你到黑板上演算这道习题。(Qǐng nǐ dào hēibǎn shàng yǎnsuàn zhè dào xítí.) 너는 칠판에 나가 이 연습문제를 풀어라.

(3) 개사구조를 이루어 동사나 형용사 뒤에서 도달한 정도를 표시한다. ① 这几天我每天工作到深夜。(Zhè jǐ tiān wǒ měitiān gōngzuò dào shēnyè.) 이 며칠 나는 매일 심야까지 일을 했다. ② 灯一直亮到天明。(Dēng yìzhí liàng dào tiānmíng.) 전등이 계속 날이 밝을 때까지 켜있다. ③ 黄浦江今天的水位高到二米一。(Huángpǔ jiāng jīntiān de shuǐwèi gāo dào èr mǐ yī.) 황포강은 오늘 수위가 2.1m에 이르렀다. 실사 "时间已到。(Shíjiān yǐ dào.)"(시간이 이미 되었다), "他每天提早半小时到学校。(Tā měitiān tízǎo bàn xiǎoshí dào xuéxiào.)" (그는 매일 30분 일찍 학교에 도착한다), "火车准点到站。(Huǒchē zhǔndiǎn dào zhàn.)"(기차가 정각에 역에 도착했다)에서 "到"는 동사다.

【到处】 dàochù 부사

"도처", "모든 곳"의 의미로, 모든 동작 행위가 미치는 범위나 표현되는 장소를 말한다. ① 礼拜天的街头, 到处是欢乐的人群。(Lǐbài tiān de jiētóu, dàochù shì huānlè de rénqún.) 일요일 거리에는 도처에 기뻐하는 사람들이다. ② 老教授的研究室里到处堆满了书。(Lǎo jiàoshòu de yánjiū shì lǐ dàochù duī mǎnle shū.) 노교수의 연구실에 여기저기 책이 가득히 쌓여있다. ③ 你要的那本书我到处找还没找到。(Nǐ yào dì nà běn shū wǒ dàochù zhǎo hái méi zhǎodào.) 당신이 원하는 책을 나는 도처에서 찾았으나 아직 찾지 못했다.

동의어 "处处(chùchù)"와 "到处(dàochù)"의 의미는 같다. "处处"를 사용하여 한 곳도 예외가 없음을 강조하기도 한다.

【到底】 dàodǐ 부사

⑴ "마침내", "필경"의 의미로, 노력을 통하여 일정한 결과를 얻거나 일정한 목적에 도달하는 것을 표시한다. ① 经过十多次试验, 新的农药到底制成了。(Jīngguò shí duō cì shìyàn, xīn de nóngyào dàodǐ zhì chéngle.) 십여 차례의 실험을 통하여 새로운 농약이 마침내 완성되었다. ② 在兄弟队的积极支援下, 到底提前修成了渠道。(Zài Xiōngdì duì de jījí zhīyuán xià, dàodǐ tíqián xiūchéngle qúdào.) 형제님의 석극석인 지원으로 마침내 수로가 앞당겨 완성되었다. ③ 经过同志们的多次帮助, 他到底改正了错误。(Jīngguò tóngzhìmen de duō cì bāngzhù, tā dàodǐ gǎizhèngle cuòwù.) 동지들의 여러 번의 협조로 그는 잘못을 확실하게 바로 잡았다.

⑵ "도대체(究竟 jiùjìng)"의 의미로, 추구를 표시한다. 의문문에 사용하여 어감을 강조하는 작용을 한다. ① 你到底想过没有?(Nǐ dàodǐ xiǎngguo méiyǒu.) 너는 도대체 생각한 적이 있니? ② 那座塔到底是什么年代建造的?(Nà zuò tǎ dàodǐ shì shénme niándài jiànzào de.) 그 탑은 도대체 언제 만들어진 것인가? ③ 这到底是怎么回事?(Zhè dàodǐ shì zěnme huí shì.) 이게 도대체 무슨 일인가? ④ 到底哪一种好?(Dàodǐ nǎ yì zhǒng hǎo.) 도대체 어떤 것이 좋으냐?

설명 위의 세 예문에서 주어는 확정적이고 "到底"를 주어 뒤에 사용한다 ; 마지막 예문의 주어는 불확정적이고 "到底"를 주어 앞에 사용한다.

⑶ 원인을 강조한다. "필경"의 용법과 같다. ① 这孩子到底年纪小, 没经验。(Zhè háizi dàodǐ niánjì xiǎo, méi jīngyàn.) 이 아이는 결국 나이가 어려 경험이 없다. ② 到底是年轻人, 干起活来象小老虎。(Dàodǐ shì niánqīng rén, gàn qǐ huó lái xiàng xiǎo lǎohǔ.) 확실히 젊은이라서 젊은 호랑이처럼 일을 한다.

⑷ "到底" 전면의 개사나 구를 중복하여 사용할 수 있다. "是"와 함께 사용하여 강조를 표시한다. ① 名著到底是名著, 大家都喜欢读。(Míngzhù dàodǐ shì míngzhù, dàjiā dōu xǐhuan dú.) 명저는 확실히 명저다. 모두들 읽기를 좋아한다. ② 说笑话到底是说笑话, 不要当真。(Shuō xiàohuà dàodǐ shì shuō xiàohuà, búyào dàngzhēn.) 농담은 농담일 뿐이다, 사실로 여기지 말라.

[비교] "到底"는 구어체에서 "终于"(zhōngyú) "毕竟"(bìjìng) "究竟"(jiūjìng)보다 많이 상용한다.

[실사] "一竿子插到底。(Yì gānzi chā dàodǐ.)"(일을 시작하면 끝까지 관철한다)에서 "到底"는 동사다.

[得以] déyǐ 부사

"충분히…할 수 있다"의 의미로, 서면어에 사용하여 모종의 조처 때문에 이러한 결과를 얻음을 표시한다. 대부분 "以"자는 특별한 의미가 없다. ① 由于事先作好了充分准备, 这次测验得以顺利通过。(Yóuyú shìxiān zuò hǎole chōngfèn zhǔnbèi, zhè cì cèyàn déyǐ shùnlì tōngguò.) 사전에 충분한 준비를 했기 때문에 이번 실험을 순조롭게 통과할 수 있다. ② 由于各方面大力协作, 工程得以按质按量地如期完成。(Yóuyú gè fāngmiàn dàlì xiézuò, gōngchéng déyǐ àn zhì àn liáng de rúqí wánchéng.) 각 방면에 모두 협력을 했기 때문에 공사가 질적으로 양적으로 기대한 것처럼 완성할 수 있었다. ③ 挖掘工作进行得十分小心谨慎, 全部出土文物得以完好无损。(Wājué gōngzuò jìnxíng de shífēn xiǎoxīn jǐnshèn, quánbù chūtǔ wénwù déyǐ wánhǎo wúsǔn.) 매우 조심스럽고 신중하게 발굴을 했기 때문에 출토된 모든 물건이 손상이 없이 완전할 수 있었다.

【的】 de 조사

(1) 명사 앞에 사용하여, 그 앞의 단어나 구가 형용사어 임을 표시한다. ① 我们队的砖瓦厂有许多熟练工人。(Wǒmen duì de zhuān wǎ chǎng yǒu xǔduō shúliàn gōngrén.) 우리 팀의 벽돌 기와 공장에는 숙련된 직공이 많이 있다. ② 喝的水都要消毒。(Hē de shuǐ dōu yào xiāodú.) 마실 물은 모두 소독을 해야 한다. ③ 她是个聪明的孩子。(Tā shì ge cōngmíng de háizi.) 그녀는 총명한 아이이다. ④ 我们的学校是钢骨水泥建筑。(Wǒmen de xuéxiào shì gāng gǔ shuǐní jiànzhù.) 우리들의 학교는 철근 콘크리트 건축이다.

> **설명** 때로는 형용사어와 명사 사이에 "的"를 사용할 필요가 없다. 예를 들어, 위의 "许多熟练工人(xǔduō shúliàn gōngrén)"을 "许多的熟练的工人(xǔduō de shúliàn de gōngrén"이라고 하지 않는다. "钢骨水泥建筑(gānggǔ shuǐní jiànzhù)"도 "钢骨水泥的建筑(gānggǔ shuǐní de jiànzhú)"라고 말하지 않는다. 때로는 문장에서 "的"자가 여러 개 사용될 경우 읽기가 곤란하여 생략할 수 있다. 예를 들어, 위의 "我们队的砖瓦厂(wǒmen duìde zhuān wǎ chǎng)"을 "我们的队的砖瓦厂(wǒmen de duì de zhuān wǎ chǎng)"으로 바꿀 필요가 없다.

(2) 단어나 구의 뒤에서 명사성질의 "的"자구조를 이루어, 뒤의 중심어를 생략할 수 있다. 분류별로 나누는 의미를 갖는다. ① 猪肉供应充足, 瘦的肥的都有。(Zhūròu gōngyìng chōngzú, shòu de féi de dōu yǒu.) 돼지고기 공급이 충분하여 살코기나 비계가 모두 있다. ② 吃的、穿的、用的都是进口的。(Chī de, chuān de, yòng de dōu shì jìnkǒu de.) 먹는 것·입는 것·사용하는 것 모두 수입한 것이다. ③ 节日期间, 全校开展活动, 男的参加各项球类比赛, 女的演出歌舞节目。(Jiérì qíjiān, quánxiào kāizhǎn huódòng, nán de cānjiā gè xiàng qiú lèi bǐsài, nǚ de yǎnchū gēwǔ jiémù.) 축제기간 동안 전교는 활동을 시작한다. 남자는 각종 구기시합에 참가하고 여자는 가무 프로를 연출한다. ④ 卖菜的从乡下来, 演戏的到农村去。(Mài cài de cóng xiāng xià lái, yǎnxì de dào nóngcūn qù.) 채소를 파는 사람은 시골에서 오고 연극을 하는 사람은 농촌으로 갔다.

(3) "的"자구조는 직접 술어가 될 수 있다. 이러한 문장은 술어 앞에

판단동사 "是"를 동반할 수 있다. ① 那产品[是] 上海的, 质量确实好。(Nà chǎnpǐn [shì] Shànghǎi de, zhìliàng quèshí hǎo.) 그 물건은 상해에서 만든 것이라 질량이 확실히 좋다. ② 这把伞[是] 你的, 别忘了。(Zhè bǎ sǎn [shì] nǐ de, bié wàngle.) 이 우산은 당신 것이니 잊지 마세요. ③ 电视机[是] 刚买的, 先试一下。(Diànshìjī [shì] gāng mǎi de, xiān shì yíxià.) 텔레비전은 방금 사온 것이니 한번 시험을 해보십시오.

⑷ 긍정적 어감을 강조한다. "확실히 이러하다"는 의미가 있고 때로는 판단동사 "是"와 함께 사용한다. ① 这道习题我懂的。(Zhè dào xítí wǒ dǒng de.) 이 연습문제는 내가 아는 것이다. ② 别急, 他就会回来的。(Bié jí, tā jiù huì huílái de.) 서둘지 마라. 그는 곧 돌아올 것이다. ③ 我是五十年代就认识他的。(Wǒ shì wǔshí niándài jiù rènshi tā de.) 나는 1950년대에 그를 알았다.

［주의］ "的"를 조사로 사용할 때는 경성 de 로 읽는다.

［동의어］ "底(dǐ)"를 조사로 사용할 때는 경성 de로 읽는다. 五四时期 30년대까지는 소속관계에 사용했다. 예를 들어, "我们底学校 (wǒmen de xuéxiào)"(우리의 학교), "大队底砖瓦厂(dàduì de zhuān wǎ chǎng)"(대대의 기와 공장) 등에서 "底"字를 현재는 모두 "的"자로 고쳤다.

［正误用例］ (1) 李厂长坐在办公室里, 他的秘书紧张的安排派人求见。(Lǐ chǎngzhǎng zuò zài bàngōngshì lǐ, tā de mìshū jǐnzhāng de ānpái pài rén qiújiàn.) 이 공장장은 사무실에 앉아 있고, 그의 비서가 긴장을 하면서 사람을 보내 만날 것을 요구했다.

(2) 国家投资建造的有玻璃钢窗的新屋, 使三百多户居民进入新的住所。(Guójiā tóuzī jiànzào de yǒu bōlígāng chuāng de xīnwū, shǐ sānbǎi duō hù jūmín jìnrù xīn de zhùsuǒ.) 국가에서 투자해 건설한 유리 강철창문의 새집에서 삼백 여 호의 거주민들이 새로운 집에 입주하게 되었다.

"的"를 명사 앞에 사용하면, "的"의 앞은 한정어임을 표시한다. 앞의 예문 (1)에서 "安排(ānpái)"는 동사다. 그러므로 그 앞의 "的"를 당연히 "地"로 고쳐야 한다. "紧张(jǐnzhāng)"

은 "安排"를 수식하는 부사어이다.

예문 ⑵에서 "建造(jiànzào)"는 "新屋(xīnwū)"의 형용사어이고, "新屋使三百多户居民进入新的住所"가 되어 잘못되었다. 그러므로 "建造" 뒤의 "的"을 "了"로 고치고, "国家"를 주어로 삼아야 문법이 맞는다.

[的话] dehuà 조사

⑴ 항상 "如果(rúguǒ)", "假如(jiǎrú)", "要是(yàoshi)", "只要(zhǐyào)" 등 접속사와 함께 사용하여 가설 혹은 조건을 표시한다. 일반적으로 앞 절의 마지막 부분에 사용하고 때로는 전체 문장의 말미에 사용한다. ① 如果买得到车票的话, 今天晚上就可以动身。(Rúguǒ mǎi dédào chēpiào dehuà, jīntiān wǎnshàng jiù kěyǐ dòngshēn.) 만약 차표를 구입할 수 있다면 오늘밤에 곧 출발할 수 있다. ② 假如你明天有事的话, 过几天再说吧。(Jiǎrú nǐ míngtiān yǒushì dehuà, guò jǐ tiān zàishuō ba.) 가령 당신이 내일 일이 있다면 며칠 지나서 다시 이야기하자. ③ 我们要是满足于现有成就的话, 就会落后。(Wǒmen yàoshi mǎnzú yú xiàn yǒu chéngjiù dehuà, jiù huì luòhòu.) 우리가 만일 현재의 성취에 만족한다면 곧 낙후할 것이다.

⑵ 가정의 문장에서 "的话"를 사용하면 가정을 표시하는 접속사를 생략할 수 있다. ① 戏票不够的话, 我就不去了。(Xì piào búgòu dehuà, wǒ jiù bú qùle.) 연극표가 부족하면 나는 가지 않겠다. ② 明天没事的话, 咱们去玩西山吧。(Míngtiān méishì dehuà, zánmen qù wán Xīshān ba.) 내일 일이 없다면 우리는 서산에 놀러가자. ③ 这本书你喜欢的话, 你就拿去。(Zhè běn shū nǐ xǐhuan dehuà, nǐ jiù ná qù.) 당신이 이 책을 좋아한다면 가져가라.

⑶ "否则(fǒuzé)", "不然(bùrán)", "要不(yàobù)" 등의 접속사와 함께 사용하여 "만약 이와 같지 않다면"의 의미로 전환의 어감을 표시한다. 뒤에 쉼표를 두어 정지를 표시한다. ① 我们看书学习, 必须真正弄通, 否则的话, 就无法在实际工作中运用。(Wǒmen kànshū xuéxí, bìxū zhēnzhèng nòng tōng, fǒuzé dehuà, jiù wúfǎ zài shíjì gōngzuò zhōng yùnyòng.) 우리가 책으로 공부하면 반드시 진정으로 확실하게 깨달아야한다. 그렇지 않으면 실제 작업에서 운용을

할 수 없다. ② 无论干什么事, 事前应该有个计划, 作好充分准备, 不然的话, 容易走弯路, 甚至失败。(Wúlùn gàn shénme shì, shìqián yīnggāi yǒu ge jihuà, zuò hǎo chōngfèn zhǔnbèi, bùrán dehuà, róngyì zǒu wānlù, shènzhì shībài.) 무슨 일을 하던 간에 사전에 계획이 있고 충분한 준비가 있어야 한다, 그렇지 않으면 돌아가거나 실패할 수 있다. ③ 我们必须在九点以前到达, 不然的话, 就赶不上这班车了。(Wǒmen bìxū zài jiǔ diǎn yǐqián dàodá, bùrán dehuà, jiù gǎnbushàng zhè bānchēle.) 우리는 반드시 9시전에 도착해야 한다. 그렇지 않으면 이번 차에 맞출 수 없다.

▌[得] de 조사

(1) 동사 형용사의 뒤에 사용하여 정도 혹은 결과를 표시하는 보어이다. ① 大家学得很认真。(Dàjiā xué de hěn rènzhēn.) 모두들 매우 성실하게 배운다. ② 院子打扫得干干净净。(Yuànzi dǎsǎo de gàn gan jìng jìng.) 정원을 아주 깨끗하게 청소했다. ③ 我们的工作忙得很。(Wǒmen de gōngzuò máng de hěn) 우리들의 일은 너무 바쁘다.

(2) 단음절 동사 뒤에 사용하여 가능을 표시한다. ① 只要决心学, 一定学得会。(Zhǐyào juéxīn xué, yídìng xué de huì.) 단지 배울 결심만 하면 반드시 할 수 있다. ② 这病不重, 不动手术也医得好。(Zhè bìng bú zhòng, bú dòng shǒushù yě yī de hǎo.) 이 병은 심하지 않아 수술을 하지 않고도 치료할 수 있다. ③ 标题字很大, 我看得清楚。(Biāotí zì hěn dà, wǒ kàn de qīngchu.) 표제자가 매우 커서 나는 분명히 볼 수 있다.

주의 "得"를 조사로 사용하면 경성 de로 읽는다.

正误用例 养鸡这工作不简单, 这伙小青年可干的不错呢。(Yǎng jī zhè gōngzuò bù jiǎndān, zhè huǒ xiǎoqīngnián kě gàn de búcuò ne.) 양계 이 일은 간단하지 않다. 이 어린 청년들이 해 놓은 것이 좋다.

"得"를 동사나 형용사 뒤에 사용하여, 그 뒤의 단어가 보어임을 표시한다. 위의 예문에서 "干"은 동사다. "干" 뒤의 "的"는 당연히 "得"로 고쳐야한다. 그렇게 되면 "不错"가 "干"의 보어임을 표시한다.

"他说得都对。(Tā shuō de dōu duì.)"(그의 말은 모두 옳다)와 "他说的都对。(Tā shuō de dōu duì.)(그가 말한 것은 모두 맞다)"의 문장에서 그 차이가 분명하다. "得"를 사용한 문장은 그 뒤의 "都对"가 "说"의 보어이고 "的"를 사용한 문장은 그 뒤의 "都对"가 문장의 술어이다.

[底] de 조사 "的(de)"를 참고하라

[登时] dēngshí 부사 "顿时(dùnshí)"를 참고하라

[等] děng 조사

(1) 병렬된 단어나 구문 뒤에 사용하여 열거가 아직 끝나지 않았음을 표시한다. ① 在他的领导下, 工业、农业、商业、文化教育等各方面都取得了巨大的成就。(Zài tāde lǐngdǎo xià, gōngyè, nóngyè, shāngyè, wénhuà jiàoyù děng gè fāngmiàn dōu qǔdéle jùdà de chéngjiù.) 그의 지도로 공업·농업·상업·문화교육 등 각 방면이 모두 거대한 성취를 이루었다. ② 农村要注意收听气象广播, 以便预防水、旱、风、冻等自然灾害。(Nóngcūn yào zhùyì shōutīng qìxiàng guǎngbò, yǐbiàn yùfáng shuǐ, hàn, fēng, dòng děng zìrán zāihài.) 농촌에서는 홍수·가뭄·풍해·냉해 등의 자연재해를 예방하기 위하여 기상예보를 주의해 들어야 한다. ③ 公司最近购买了钢筋、水泥、砖瓦等大批建筑材料, 供社员建屋之用。(Gōngsī zuìjìn gòumǎile gāngjīn, shuǐní, zhuān wǎ děng dàpī jiànzhù cáiliào, gōng shèyuán jiànwū zhī yòng.) 회사는 최근에 강철·시멘트·벽돌 등 대량의 건축재료를 구매하여 사원들이 집을 짓는 용도로 제공했다. ④ 我家阳台上种有迎春、石榴、木桃、月季等, 花开不断。(Wǒjiā yángtái shàng zhǒng yǒu yíngchūn, shíliú, mù táo, yuèjì děng, huā kāi búduàn.) 우리 집의 발코니에는 개나리·석류·복숭아·월계화 등을 심어 꽃이 끊임없이 핀다.
　　설명 앞의 세 예문에서 "等" 뒤는 전후의 연결이 긴밀하여 반드시 끊지 말고 이어서 읽어야 한다. 그러나 네 번째 예문은 다소

정지가 필요하여 쉼표를 사용한다.

동의어 "等等" 역시 "等"의 의미지만 어감이 다소 강하다. 아직 나열하지 않은 항목이 많음을 표시한다. ① 标点符号有句号、逗号、顿号、分号、冒号等等, 用法不同。(Biāodiǎn fúhào yǒu jùhào, dòuhào, dùn hào, fēn hào, màohào děng děng, yòngfǎ bùtóng.) 표점 부호는 마침표·코머·모점(、)·반구절점(세미콜론)·콜론 등이 있고 용법이 다르다. ② "好书", "快说", "最高" 等等, 都叫偏正词组。("Hǎo shū", "kuài shuō", "zuìgāo" děng děng, dōu jiào piān zhèng cízǔ.) "좋은 책", "빨리 말해", "가장 높은" 등등을 모두 편정사조라고 부른다. ③ "朝东走、朝南开门"的"朝", "为人民服务、为革命献身"的"为", "把工作搞好、把敌人打垮"的"把", 等等, 都是介词。("Cháo dōng zǒu, cháo nán kāimén" de "cháo", "wéi rénmín fúwù, wèi gémìng xiànshēn" de "wèi", "bǎ gōngzuò gǎo hǎo, bǎ dírén dǎkuǎ" de "bǎ", děng děng, dōu shì jiècí.) "동쪽을 향해 떠나다, 남쪽을 향해 문을 열다"의 "조", "백성을 위해 일하다, 혁명을 위해 헌신하다"의 "위", "일을 잘하다, 적을 물리치다"의 "파" 등등은 모두 개사이다.

설명 예를 들어 위의 예문 ①②처럼 "等等" 앞에 나열한 것이 만약 단어나 혹은 간단한 구문이면 "等等" 앞에 표점 부호를 사용하지 않는다. 예문 ③처럼 비교적 긴 구문이면 "等等" 앞에 쉼표나 콜론을 사용한다.

(2) 인명이나 지명 뒤에는 일반적으로 "等"을 사용하고 "等等"을 사용하지 않는다. ① 得奖有李三强、张勋等。(Dé jiǎng yǒu Lǐsānqiáng, Zhāng xūn děng.) 이삼강과 장훈 등이 상을 받았다. ② 我最近去了北方几个大城市, 包括北京、天津、济南等。(Wǒ zuìjìn qùle běifāng jǐ gè dàchéng shì, bāokuò Běijīng, Tiānjīn, Jǐnán děng.) 나는 최근에 북경, 천진, 제남 등을 포함하여 몇 곳의 대도시를 갔다.

(3) 개별 단어나 구문 뒤에 사용하여 같은 성질의 기타 사물을 생략함을 표시한다. ① 浙西嘉兴等县盛产稻米。(Zhèxī Jiāxìng děng xiàn shèngchǎn dàomǐ.) 절서의 가흥 등의 현에서는 쌀을 풍부하게 생산한다. ② 毛巾等盥洗用品, 必须随身携带。(Máojīn děng guànxǐ yòngpǐn, bìxū suíshēn huì dài.) 수건 등 세면 용품은 반드시 몸에

휴대한다.

설명 "等"이나 "等等"을 사용하면 생략기호(…)를 사용할 필요가 없다.

실사 "等你回来再说。(Děng nǐ huílái zàishuō.)"(당신이 돌아오길 기다려 다시 말합시다), "你在车站等等他。(Nǐ zài chēzhàn děng děng tā.)"(너는 역에서 그를 기다려라)에서 "等"과 "等等"은 모두 동사다.

[等等] děngděng 조사 "等"을 참고하라.

[地] di 조사

동사나 형용사 앞에 사용하여, 그 앞의 단어나 구문이 부사어임을 표시한다. ① 大家勤奋地学习, 积极地劳动。(Dàjiā qínfèn di xuéxí, jijí dì láodòng.) 모두들 근면하게 배우고 적극적으로 일한다. ② 我们应当严肃而认真地对待工作。(Wǒmen yīngdāng yánsù ér rènzhēn di duìdài gōngzuò.) 우리는 엄숙하고 성실하게 일에 대처해야 한다. ③ 国庆节晚上, 天安门广场灯光分外地明亮。(Guóqìng jié wǎnshàng, Tiān'ānmén guǎngchǎng dēngguāng fèn wàidi míngliàng.) 국경일 밤에 천안문 광장의 등불이 특히 밝다. ④ 这个欢送会开得异乎寻常地热烈。(Zhège huānsòng huì kāi dé yìhū xúncháng di rèliè.) 이 환송회는 보통 때와 다르게 열렬하게 열렸다.

주의 부사어와 동사 혹은 형용사 사이에는 "地"를 생략할 수 있다. 예를 들어 例(③ ④); 만약 부사어가 구이면 뒤에 "地"를 첨가 해야 한다.예문(①②)。

正误用例 (1) 他看见小姑娘垂头丧气地样子, 就走过去安慰她。(Tā kànjiàn xiǎo gūniáng chuítóu sàngqì di yàngzi, jiù zǒu guòqù ānwèi tā.) 그는 어린 소녀가 고개를 숙이고 걱정하는 모습을 보고 걸어가 그녀를 위로했다.

(2) 海浪正袭击海岸, 使港口设施遭到了严重地破坏。(Hǎilàng zhèng xíjí hǎi'àn, shǐ gǎngkǒu shèshī zāo dàole yánzhòng di pòhuài.) 파도가 마침 해안을 습격하여 항구 시설이 심하게 파괴를 당했다.

"地"를 동사 혹은 형용사 앞에 사용하여, 그 앞이 부사어임을
표시한다. "的"는 명사 앞에 사용되어 형용사어를 수식한다.
위의 예문 (1)에서 "样子"는 명사이다. 그러므로 그 앞의 "地"
를 "的"로 고쳐야한다. "垂头丧气"는 "样子"의 형용사어이다.
예문 (2)에서 "破坏"는 원래 동사다. 그러나 여기서는 동사
"遭到"의 목적어로 사용되어 명사적인 성격을 갖추고 있다.
그러므로 그 앞의 "地"를 "的"로 고쳐야 한다. "严重"은 "破
坏"의 형용사어이다.

[的确] díquè 부사

(1) "실제로, 확실하게"의 의미로, 사정이 매우 긍정적임을 표시한다.
① 他的确到过北京, 登过长城。(Tā díquè dàoguò Běijīng, dēngguo
Chángchéng.) 그는 분명히 북경에 가서 만리장성을 올라간 적이
있다. ② 这盆石榴花果满枝, 我的确喜欢。(Zhè pén shíliú huā
guǒ mǎn zhī, wǒ díquè xǐhuan.) 이 석류는 가지에 꽃과 과실이 많
아 나는 실제로 좋아한다. ③ 这孩子的确聪明, 讨人欢喜。(Zhè
háizi díquè cōngmíng, tǎo rén huānxǐ.) 이 아이는 확실히 총명하여
사람들의 귀여움을 산다.

(2) 문장의 첫 부분에 사용하여 어감을 강조하고 뒤에 정지가 있음을
표시한다. 뒤에 쉼표를 사용한다. ① 的确, 三年前我教过他们语
文, 当过他们的班主任。(Díquè, sān nián qián wǒ jiàoguò tāmen
yǔwén, dāngguò tāmen de bānzhǔrèn.) 확실히, 나는 삼년 전에 그
들에게 어문을 가르쳤고 그들의 학급 주임을 담당했었다. ② 的确,
那里土地肥沃, 物产丰富, 是个有名的鱼米之乡。(Díquè, nàlǐ tǔdì
féiwò, wùchǎn fēngfù, shì ge yǒumíng de yúmǐzhīxiāng.) 분명히,
그곳의 토지는 비옥하고 생산량이 풍부한 유명한 곡창지대이다.

(3) "的的确确(dídí quèquè)"로 중복하여 사용할 수 있고 어감이 "的
确"보다 더 강하다. ① 他的的确确想回农村工作, 不信你去问问
他。(Tā dídíquèquè xiǎng huí nóngcūn gōngzuò, búxìn nǐ qù wèn
wèn tā.) 그는 확실히 귀농을 할 생각이다. 만약 믿을 수 없으면
당신이 가서 그에게 물어보세요. ② 我们现在的生活的的确确比
以前好多了。(Wǒmen xiànzài de shēnghuó dídíquèquè bǐ yǐqián hǎo

duōle.) 우리 현재의 생활은 확실히 이전에 비하여 많이 좋아졌다. ③ 我的的确确到过海南岛，还在那里住过一年。(Wǒ dídíquèquè dàoguo Hǎinán dǎo, hái zài nàlǐ zhùguo yì nián.) 나는 분명히 해남도에 가 보았으며 그곳에서 일년간 살았었다.

[顶] dǐng 부사 "最(zuì)"를 참고하라.

[定] dìng 부사

"반드시"의 의미로, 확실하여 의심할 여지가 없음을 표시한다. 뒤에 단음절의 단어만 사용할 수 있고 대체로 서면어에 많이 사용한다. ① 坚持学习，定有收获。(Jiānchí xuéxí, dìng yǒu shōuhuò.)공부를 꾸준히 하면 분명히 성과가 있다. ② 计划订得切合实际，定能顺利完成。(Jìhuà dìng dé qièhé shíjì, dìng néng shùnlì wánchéng.) 계획을 적절하고 실제적으로 세우면 확실히 순조롭게 완성할 수 있다. ③ 看天气，定要下雨。(Kàn tiānqì, dìng yào xià yǔ.) 날씨를 보니 꼭 비가 올 것 같다.

설명 "名单已定，共十五人。(Míngdān yǐ dìng, gòng shíwǔ rén.)"(명단이 이미 정해졌다. 모두 15명이다)에서 "定"은 동사다. "他拿定主意明天走。(Tā ná dìng zhǔyi míngtiān zǒu.)"(그는 내일 떠나기로 의견을 결정했다), "已经下定决心。"(Yǐjīng xià dìng juéxīn.) (결심을 이미 내렸다)에서 "定"은 형용사다.

[都] dōu 부사

(1) "완전히"의 의미로, 전체를 표시할 때 사용하며 주로 "每", "各", "全" 등이나 "不论", "无论", "不管" 등의 접속사와 함께 사용한다. ① 我们都同意你的意见。(Wǒmen dōu tóngyì nǐ de yìjiàn.) 우리는 당신의 의견에 완전히 동의한다. ② 每道题目他都答对了。(Měi dào tímù tā dōu dá duìle.) 각각의 문제에 대하여 그는 모두 맞게 대답했다. ③ 南方春来早，各地都已开始春耕生产。(Nánfāng chūn lái zǎo, gèdì dōu yǐ kāishǐ chūngēng shēngchǎn.) 남부는 봄이 일찍 온다. 각지에서 이미 전부 봄 작물 생산을 시작했다.

(2) "더욱", "심지어"의 의미로, 한발 더 깊이 들어감을 표시한다. 부사 "连(lián)"과 함께 사용하여 어감을 더욱 강조한다. ① 对不起, 我都忘了你的名字了。(Duìbuqǐ, wǒ dōu wàngle nǐ de míngzìle.) 미안합니다. 나는 당신의 이름을 완전히 잊어먹었습니다. ② 他学习和工作安排得好, 时间一点都不浪费。(Tā xuéxí hé gōngzuò ānpái de hǎo, shíjiān yìdiǎn dōu bú làngfèi.) 그는 공부와 일을 잘 안배하여 시간을 전혀 낭비하지 않는다. ③ 他准备得很充分, 几乎连全篇课文都能背出来。(Tā zhǔnbèi de hěn chōngfèn, jīhū lián quán piān kèwén dōu néng bèi chūlái.) 그는 매우 충분하게 준비하여 본문을 거의 전부 외운다.

(3) "이미"의 의미로 어감을 가중시키는 작용을 한다. ① 天都黑了, 他怎么还不回来?(Tiān dōu hēile, tā zěnme hái bù huílai.) 이미 날이 저물었는데 그는 왜 아직도 오지 안는가? ② 他都七十岁了, 精神还是那么健旺。(Tā dōu qīshí suìle, jīngshén háishi nàme jiànwàng.) 그는 이미 70세인데 여전히 정신이 매우 왕성하다. ③ 都十一点锺了, 可以休息了。(Dōu shíyī diǎn zhōngle, kěyǐ xiūxile.) 이미 11시다. 휴식을 할 수 있다.

[陡然] dǒurán 부사

"돌연"의 의미로, 상황이 짧은 시간 안에 변화를 일으킴을 표시한다. 서면어에서 사용한다. ① 狂风陡然而起, 树叶吹落满地。(Kuángfēng dǒurán ér qǐ, shùyè chuī luò mǎn dì.) 광풍이 돌연히 불기 시작하여, 나뭇잎이 땅에 가득히 떨어졌다. ② 听到妈妈病重的消息, 她陡然一怔, 差点哭出声来。(Tīng dào māma bìng zhòng de xiāoxi, tā dǒurán yì zhēng, chàdiǎn kū chū shēng lái.) 어머니가 병이 중하다는 소식을 듣고 그녀는 갑자기 멍하다가 거의 울음소리를 낼 뻔했다. ③ 还只是十月, 没想到天气陡然冷了下来。(Hái zhǐ shì shí yuè, méi xiǎngdào tiānqì dǒurán lěngle xiàlai) 아직도 10월인데 생각지도 않게 날씨가 갑자기 추워졌다.

[独] dú 부사

(1) "혼자, 홀로"의 의미로 동작 행위가 개별적으로 진행됨을 표시하

고 뒤에 단음절의 동사만 온다. ① 我独住在朝南的房间里, 光线很好。(Wǒ dú zhù zài cháo nán de fángjiān lǐ, guāngxiàn hěn hǎo.) 나는 남향의 방에 혼자 산다. 햇빛이 매우 좋다. ② 蜘蛛象个大王, 张了罗网, 独坐在中央。(Zhīzhū xiàng ge dàwáng, zhāngle luówǎng, dú zuò zài zhōngyāng.) 거미는 마치 왕처럼 그물을 쳐놓고는 중앙에 혼자 앉아있다. ③ 他个性孤僻, 常常一个人独来独往。(Tā gèxìng gūpì, chángcháng yíge rén dú lái dú wǎng.) 그는 성격이 괴벽하여 항상 혼자 다닌다.

동의어 "独自" 역시 "独"와 같은 의미이지만 위의 예문 ③과 같이 단독으로 사용하는 단음절의 동사 앞에서는 사용할 수 없다.
"独自"는 주로 서면어에서 사용하며 뒤에 쌍음절어를 동반할 수 있다.(例②) ① 他每天早上独自在房间里读书。(Tā měitiān zǎoshang dúzì zài fángjiān lǐ dúshū.) 그는 매일 아침에 혼자 방에서 독서한다. ② 张师傅这个月独自完成了两个人的生产任务。(Zhāng shīfù zhè ge yuè dúzì wánchéngle liǎng ge rén de shēngchǎn rènwù.) 장사부는 이번 달 혼자서 두 사람의 생산임무를 완성했다.

⑵ "단지", "다만"의 의미로, "有"와 함께 사용하여 유일하게 일반과 다름을 표시한다. ① 今年的几次台风, 独有第九号台风最厉害。(Jīnnián de jǐ cì táifēng, dú yǒu dì jiǔ hào táifēng zuì lìhài.) 금년에 몇 차례 태풍이 불었으나 단지 9호 태풍이 가장 강했다. ② 我们都坐飞机, 独有哥哥因为身体不好, 坐了火车。(Wǒmen dōu zuò fēijī, dú yǒu gēge yīnwèi shēntǐ bù hǎo, zuòle huǒchē.) 우리는 모두 비행기를 탔지만 형님만은 몸이 좋지 않아 기차를 탔다.

동의어 "独独(dúdú)", "惟独(wéidú)" 역시 "단지", "다만"의 의미지만, "有"자와 같이 사용하지 않는다. ① 你一向很有决断, 怎么独独在这个问题上迟疑起来。(Nǐ yíxiàng hěn yǒu juéduàn, zěnme dúdú zài zhè ge wèntí shàng chíyíqǐlai.) 당신은 이제껏 매우 결단력이 있었는데 왜 단지 이 문제만 의심하고 주저하는가? ② 他几乎没有什么爱好, 惟独对集邮产生很大兴趣。(Tā jīhū méiyǒu shé me àihào, wéidú duì jíyóu chǎn shēng hěn dà xīng qù.) 그는 좋아하는 것이 거의 없지만 우표수집만은 매우 흥미가 있어 한다.

[独独] dúdú 부사 "独(dú)(2)"를 참고하라.

[独自] dúzì 부사 "独(dú)(1)"을 참고하라.

[断] duàn 부사 "断断(duànduàn)"을 참고하라.

[断断] duànduàn 부사

"절대로"의 의미로 강한 배제를 표시한다. 부정문에서만 사용한다. ① 变质的食物断断吃不得。(Biànzhì de shíwù duànduàn chī budé.) 변질한 식품은 절대로 먹어서는 안 된다. ② 仓库里都是易燃物品, 断断不能抽烟。(Cāngkù lǐ dōu shì yì rán wùpǐn, duànduàn bùnéng chōuyān.) 창고 안에는 모두 쉽게 타는 물품이므로 절대로 담배를 피울 수 없다. ③ 学习中碰到困难, 断断不可灰心丧气。(Xuéxí zhōng pèng dào kùnnán, duànduàn bùkě huīxīn sàngqì.) 학습 중에 곤란함에 부딪치면 절대로 포기하거나 실망해서는 안 된다.

 동의어 "断" 역시 "断断"의 의미로 뒤에 단음절의 부정사만 올 수 있다. "断不可信(duàn bù kě xìn)"(절대 믿을 수 없다), "断无此理(duàn wú cǐ lǐ)"(결단코 이럴 리가 없다).

[断断乎] duànduànhū 부사 "断断(duànduàn)"을 참고하라.

[断乎] duànhū 부사 "断断(duànduàn)"을 참고하라.

[断然] duànrán 부사

"단연코"의 의미로 행위가 결단력이 있음을 표시한다. 주로 부정문에서 많이 사용한다. ① 强加于人的种种罪名, 我们断然不能承认。(Qiángjiā yú rén de zhǒngzhǒng zuìmíng, wǒmen duànrán bùnéng chéngrèn.) 강제로 사람에게 각종 죄명을 더하면 우리들은 단연코 승인할 수 없다. ② 说什么耳朵可以认字，断然没有这种道理。(Shuō shénme ěrduǒ kěyǐ rèn zì, duànrán méiyǒu zhè zhǒng dàolǐ.) 무슨 말을 하던 귀가 글자를 알 수 있다는 것은 결코 이치에 맞지 않는 일이다. ③ 对方提出的无理要求，遭到我方断然拒绝。(Duìfāng tíchū de wúlǐ yāoqiú, zāo dào wǒ fāng duànrán jùjué.) 상대방이 제출한 무리한 요구는 우리 쪽의 확고한 거절에 부딪쳤다.

[비교] "断然(duànrán)"을 부정문에 사용할 때는 "断断"으로 바꾸어 사용할 수 있다. 예를 들어, 앞의 두 예문이 그렇다. 그러나 ③번 예문처럼 긍정문에서는 바꾸어 사용할 수 없다.

[실사] "对于破坏公共秩序的少数人，有关部门已采取断然措施。(Duìyú pòhuài gōnggòng zhìxù de shǎoshù rén, yǒuguān bùmén yǐ cǎi qǔ duànrán cuòshī.)"(공공질서를 파괴하는 소수의 사람에 대해서 유관 기관은 이미 단호한 조치를 취했다)에서 "断然"은 형용사다.

[对] duì 개사 "对于(duìyú)"를 참고하라.

[对于] duìyú 개사

(1) 대상을 주로 표시한다. 동사에 따라오는 목적어를 때로는 "对于"를 사용하여 앞으로 놓아 어떻게 대상을 강조하는지를 표시한다. "对于"로 구성된 개사구조는 동사 앞에 위치하거나 문장의 앞에 나와서 대상을 강조함을 표시한다. 뒤에 항상 정지가 있고 쉼표를 사용한다. ① 对于数学，我特别爱好。(Duìyú shùxué wǒ tèbié àihào.) 나는 수학을 특별히 좋아한다. ② 他对于这个问题还没有完全理解。(Tā duìyú zhè ge wèntí hái méiyǒu wánquán lǐjiě.) 그는 이 문제를 아직 완전히 이해하지 못했다. ③ 对于奢侈浪费，我们必须坚决制止。(Duìyú shēchǐ làngfèi, wǒmen bìxū jiānjué zhìzhǐ.) 사치하고 낭비하는 것에 대하여 우리는 반드시 굳건히 제지해야 한다.

[설명] 위에서 "数学", "这个问题", "这些建议"는 모두 동사에 따라오는 목적어이다. 모두 "对于"를 앞에 사용했다. 또 "对于"를 빼고 다음과 같이 말할 수 있다. "我特别爱好数学。(Wǒ tèbié àihào shùxué.)(나는 특히 수학을 좋아한다.)", "他还没有完全理解这个问题。(Tā hái méiyǒu wánquán lǐjiě zhè ge wèntí.) (그는 아직 이 문제를 완전히 이해하지 못했다), "我们必须坚决制止铺张浪费。(Wǒmen bìxū jiānjué zhìzhǐ pūzhāng làngfèi.)"(우리는 반드시 과장과 낭비를 결단코 억제해야만 한다). 이런 식으로 말하면 비교적 평범하다.

(2) 관련이 있음을 표시한다. "…에 있어서"의 의미이다. ① 这次大会对于发展农村经济和文化, 对于建设新农村, 具有非常重要的意义。(Zhè cì dàhuì duìyú fāzhǎn nóngcūn jīngjì hé wénhuà, duìyú jiànshè xīn nóngcūn, jùyǒu fēicháng zhòngyào de yìyì.) 이번 대회는 농촌 경제·문화발전과 새마을 건설에 대하여 매우 중요한 의의를 갖고 있다. ② 对于业务学习, 同对于政治学习一样, 必须十分重视。(Duìyú yèwù xuéxí, tóng duìyú zhèngzhì xuéxí yíyàng, bìxū shí fèn zhòngshì.) 업무학습에 대한 것과 정치학습에 대한 것은 같아서 반드시 매우 중시해야한다. ③ 把多余的钱存入银行, 对于国家, 对于个人都有好处。(Bǎ duōyú de qián cún rù yínháng, duìyú guójiā, duìyú gèrén dōu yǒu hǎochù.) 여유 있는 돈을 은행에 저금하는 것은 국가나 개인에게 모두 장점이 있다.

(3) "来说(lái shuō)", "说来(shuō lái)"와 함께 사용하여, 제시한 관점이 유관인물들과 같은 관계를 강조한다. ① 对于我们来说, 目前最重要的是学好文化课。(Duìyú wǒmen lái shuō, mùqián zuì zhòngyào de shì xuéhǎo wénhuà kè.) 우리에 대해 말하면 최근 가장 중요한 것은 문화과목을 잘 배우는 것이다. ② 对于一个革命者说来, 人民的利益高于一切。(Duìyú yíge gémìng zhě shuō lái, rénmín de lìyì gāo yú yíqiè.) 혁명가에 대하여 말하자면 인민의 이익이 모든 것 위에 있다.

(4) "对于"로 구성된 개사구조는 형용사어가 될 수 있다. ① 彼得约翰对于人类的伟大贡献是创立了基督教理论。(Bǐdé Yuēhàn duìyú rénlèi de wěidà gòngxiàn shì chuànglìle Jīdūjiào lǐlùn.) 요한 베드로의 인류에 대한 위대한 공헌은 기독교 이론을 창립한 것이다. ② 他对(于)数学的兴趣十分浓厚。(Tā duì(yú) shùxué de xìngqù shífēn nónghòu.) 그는 수학에 대한 흥미가 매우 농후하다.

동의어 "对" 역시 "对于"의 의미로 대신 사용할 수 있다. "对"는 사용법이 두 가지가 있다.

(1) "대처하다"의 의미로, 개인 간 혹은 집단 간의 관계를 표시한다. ① 他对群众的态度非常好。(Tā duì qúnzhòng de tàidù fēicháng hǎo.) 그는 군중에 대한 태도가 매우 좋다. ② 孩子们对老师很有礼貌。(Háizimen duì lǎoshī hěn yǒu lǐmào.) 아이들은 선생님에 대하여 매우 예의가 있다. ③ 他们对长辈一同很敬重。(Tāmen duì zhǎngbèi yìtóng hěn jìngzhòng.) 그들은 연장자에 대하여 매우 존경한다.

(2) "…에 대하여(向 xiàng)"의 의미로, 동작 행위의 대상을 표시한다. ① 政府做任何工作, 都必须对国家负责, 对人民负责。(Zhèngfǔ zuò rènhé gōngzuò, dōu bìxū duì guójiā fùzé, duì rénmín fùzé.) 정부가 무슨 일을 하던 모두 반드시 국가에 대해 국민에 대해 책임을 져야한다. ② 文学艺术是对群众进行人性教育的有力工具。(Wénxué yìshù shì duì qúnzhòng jìnxíng rénxìng jiàoyù de yǒulì gōngjù.) 문학 예술은 군중에 대하여 인성교육을 진행하는 유력한 도구이다. ③ 我们决不对困难屈服。(Wǒmen jué búduì kùnnán qūfú.) 우리들은 결코 곤란에 굴복하지 않는다.

주의 "대처하다", "…에 대하여"의 의미로 사용되는 "对"는 "对于"와 교체하여 사용할 수 없다.

실사 "窗户对着小山。(Chuānghù duìzhe xiǎoshān.)"(창문은 작은 산을 마주보고 있다), "批评要对事不对人。(Pīpíng yào duì shì búduì rén.)"(비평은 사건에 대한 것이지 사람에 대한 것이 아니다)에서 "对"는 동사다.

"这事做得对。(Zhè shì zuò de duì.)"(이 일을 맞게 했다)에서 "对"는 형용사다.

"一对夫妇只生一个孩子。(Yí duì fūfù zhǐ shēng yíge háizi.)"(한 부부는 단지 아이를 한 명만 낳는다)에서 "对"는 양사이다.

正误用例 (1) 汉字简化的种种好处, 对于每一个同文字打交道的人都是深有体会的。(Hànzì jiǎnhuà de zhǒngzhǒng hǎochù, duìyú měi yíge tóng wénzì dǎ jiāodào de rén dōu shì shēn yǒu tǐhuì de.) 한자 간화의 여러 장점을 모든 문자와 관련을 맺고 있는 사람들이 이미 깊게 체

험했다.

(2) 句法部分列举了文字说明、图解、加线三种方法，对学习分析词句时，有很大的帮助。(Jùfǎ bùfèn lièjǔle wénzì shuōmíng, tújiě, jiā xiàn sān zhǒng fāngfǎ, duì xuéxí fēnxī cíjù shí, yǒu hěn dà de bāngzhù.) 구법부분은 문자설명·도해·밑줄 등 세 가지 방법을 열거하였고 사구 분석을 배울 때 매우 큰 도움을 준다.

(3) 目前对于这一方面的文章也不少，不说单行本或报章杂志，就是本刊也零星发表过一些。(Mùqián duìyú zhè yì fāngmiàn de wénzhāng yě bù shǎo, bù shuō dānxíngběn huò bàozhāng zázhì, jiùshì běn kān yě língxīng fābiǎoguò yìxiē.) 현재 이 방면에 대한 문장도 적지 않다. 단행본 혹은 신문잡지는 말할 것도 없고 본간에도 일부 간헐적으로 발표했다.

(4) 秋天不冷不热，确实对人们工作、生活最适宜的季节。(Qiūtiān bùlěng búrè, quèshí duì rénmen gōngzuò、shēnghuó zuì shìyí de jìjié.) 가을은 춥지도 덥지도 않다. 확실히 사람들이 일과 생활에 가장 적합한 계절이다. "对"나 "对于"를 사용할 때는 대상이나 관련이 있는 사물을 정확하게 알아야한다. 위의 예문 (1)에서 사람들이 "好处"에 대하여 경험이 있는 것이지 "好处"가 사람에 대하여 경험이 있는 것은 아니다. 그러므로 당연히 "对于"를 생략하고 "好处"를 주어로 삼아야한다. 만약 "对于"를 생략하지 않으려면 "每一个同文字打交道的人，对于汉字简化的种种好处都是深有体会的。(Měi yíge tóng wénzì dǎjiāodào de rén, duìyú hànzì jiǎnhuà de zhǒngzhǒng hǎochù dōu shì shēn yǒu tǐhuì de.)"라고 하거나 혹은 "汉字简化的种种好处，对于每一个同文字打交道的人都是十分明显的。(Hànzì jiǎnhuà de zhǒngzhǒng hǎochù, duìyú měi yíge tóng wénzì dǎjiāodào de rén dōu shì shífēn míngxiǎn de.)"라고 해야 한다.

예문 (2)에서 "对"를 "时"와 함께 사용할 수 없다. 그러므로 "时"와 뒤의 쉼표를 생략해야 한다. 만약 "时"를 사용하려면

"学习分析词句时可以从中得到很大的帮助。(Xuéxí fēnxī cíjù shí kěyǐ cóngzhōng dédào hěn dà de bāngzhù.)" 라고 해야 한다.

예문 (3)에서 "这一方面"은 문장의 유관 범위를 가리킨다. 그러므로 "对于"를 "关于"로 바꾸거나 생략해버리는 것이 좋다. 예문 (4)에서 "对"는 사족이므로 생략해야 한다.

[顿时] dùnshí 부사

(1) "즉각", "갑자기"의 의미로, 앞에서 말한 원인 때문에 갑자기 어떤 상황이나 변화가 생긴 것을 표시한다. ① 演出结束, 全场顿时响起了一阵掌声。(Yǎnchū jiéshù, quán chǎng dùnshí xiǎngqǐle yízhèn zhǎngshēng.) 연출이 끝나자 연회장에 갑자기 박수소리가 울렸다. ② 闸门一打开, 水流顿时如万马奔腾, 倾泻而下。(Zhámén yì dǎ kāi, shuǐliú dùnshí rú wàn mǎ bēnténg, qīngxiè ér xià.) 갑문이 열리자마자 물이 곧 만마가 비등하듯이 쏟아져 내렸다. ③ 孩子们来了, 屋子里顿时热闹起来。(Háizimen láile, wūzi li dùnshí rènào qǐlai.) 아이들이 들어오자 집안은 갑자기 번잡해졌다.

(2) 주어 앞에 사용하여 강조를 표시한다. 뒤에 항상 정지가 오며 쉼표를 사용한다 ① 雷声过去, 顿时, 暴雨铺天盖地袭来, 到处都是积水。(Léi shēng guòqù, dùnshí, bàoyǔ pūtiān gàidì xí lái, dàochù dōu shì jī shuǐ.) 뇌성이 시나가고 일시에 폭우가 온 땅과 하늘을 덮었고 도처에 이미 물이 고였다. ② 临时停电, 顿时, 屋子里黑得伸手不见五指。(Línshí tíngdiàn, dùnshí, wūzi lǐ hēi de shēnshǒu bújiàn wǔzhǐ.) 임시 정전으로 갑자기 집안은 손을 펴도 손가락이 보이지 않을 정도로 어두웠다.

동의어 "登时(dēngshí)"와 "顿时"의 의미는 같아 서로 교체 사용할 수 있다. 그러나 "顿时"를 비교적 많이 사용한다.

[多] duō 부사 "多么(duōme)"를 참고하라.

【多半】 duōbàn 부사

⑴ 특정한 수량 내에서 반수 이상이나 대부분을 표시한다. 주로 "是"와 함께 사용한다. ① 游览长城的人多半来自外地。(Yóulǎn Chángchéng de rén duōbàn lái zì wàidì.) 만리장성을 구경하는 사람들은 대부분은 외지에서 왔다. ② 历代的珍贵文物多半收藏在故宫博物院。(Lìdài de zhēnguì wénwù duōbàn shōucáng zài Gùgōng bówùyuàn.) 역대 진귀한 문물들은 대부분 고궁박물원에 소장되어 있다. ③ 参加足球运动的多半是男同学。(Cānjiā zúqiú yùndòng de duōbàn shì nán tóngxué.) 축구운동에 참가한 것은 대부분 남학생들이다. ④ 我使用的工具书多半是自己买的。(Wǒ shǐyòng de gōngjù shū duōbàn shì zìjǐ mǎi de.) 내가 사용하는 공구서는 대부분이 스스로 산 것이다.

⑵ 대다수의 상황에 있어 이와 같음을 표시한다. ① 老年人登山, 多半要在中途休息几次。(Lǎonián rén dēngshān, duōbàn yào zài zhōngtú xiūxi jǐ cì.) 노인들이 등산하면 대부분 중간에서 여러 번 휴식을 한다. ② 台风多半发生在夏季。(Táifēng duōbàn fāshēng zài xiàjì.) 태풍은 대부분 여름에 발생한다. ③ 北方的屋子冬季多半有取暖设备。(Běifāng de wūzi dōngjì duōbàn yǒu qǔnuǎn shèbèi.) 북방 가옥은 대부분 겨울철 난방설비가 있다.

⑶ 상황에 대한 추측을 표시하고, 모종의 가능성을 가리킨다. ① 听口音, 他多半是浙江人。(Tīng kǒuyīn, tā duōbàn shì Zhèjiāng rén.) 발음을 들으니 그는 아마도 절강 사람인 것 같다. ② 老宋星期天多半在家里。(Lǎo Sòng xīngqītiān duōbàn zài jiāli.) 송선생(老宋)은 일요일에 대체로 집에 있다. ③ 他这个时候还不来, 多半不会来了。(Tā zhège shíhou hái bù lái, duōbàn bú huì láile.) 그는 지금도 아직 오지 않았으니 아마도 오지 않을 것이다.

> 동의어 "大半"과 "多半"은 의미가 같지만 "大半"은 서면어에서 많이 사용한다.

【多亏】 duōkuī 부사

"덕분에 · 다행히"(亏得)의 의미로, 문장의 처음에 사용하여, 모종의 유리한 지원을 받기 때문에 좋은 점이 있음을 표시한다. 감격 혹은 경하의 의미를 갖는다. 주로 부사 "才" 혹은 접속사 "要不", "否则" 등과 함께 사용한다. ① 多亏老师认真指导, 才取得这样的好成绩。(Duōkuī lǎoshī rènzhēn zhǐdǎo, cái qǔdé zhèyàng de hǎo chéngjì.) 선생님이 성실하게 지도한 덕분으로 이렇게 좋은 성적을 얻었다. ② 多亏老天爷帮忙, 才没有成为落汤鸡。(Duōkuī lǎotiānyé bāngmáng, cái méiyǒu chéngwéi luò tāng jī.) 다행히 하늘이 도와서 물에 빠진 생쥐 꼴을 면했다. ③ 多亏医生及时抢救, 要不早没命了。(Duōkuī yīshēng jíshí qiǎngjiù, yào bù zǎo méimìngle.) 의사가 적시에 구한 덕분으로 살았지 그렇지 않았으면 벌써 죽었다.

[多么] duōme 부사

(1) "매우·아주"(十分、非常)의 의미로, 정도가 높음을 표시한다. 일반적으로 감탄이나 경이로움을 나타내는 문장에서 사용하고, 특정한 감정적 색채를 포함한다. ① 不管风里雨里, 多么冷, 多么热, 他老是不停地奔忙。(Bùguǎn fēng lǐ yǔ lǐ, duōme lěng, duōme rè, tā lǎoshi bù tíng di bēnmáng.) 바람이 부나 비가 오나, 아무리 춥고, 아무리 더워도, 그는 언제나 쉬지 않고 분주히 돌아다닌다. ② 这首民歌多么动听, 多么吸引人。(Zhè shǒu míngē duōme dòngtīng, duōme xīyǐn rén.) 이 민요는 매우 감동적이어서, 많은 사람을 끌어들인다. ③ 不管山多么高, 水多么深, 路多么窄, 都挡不住勘探队员前进的脚步。(Bùguǎn shān duōme gāo, shuǐ duōme shēn, lù duōme zhǎi, dōu dǎng bu zhù kāntàn duìyuán qiánjìn de jiǎobù.) 산이 아무리 높고, 물이 매우 깊고, 길이 아주 좁아도, 이미 탐험대의 전진하는 발걸음을 막을 수는 없다.

설명 여기의 "多么"는 모두 "多"로 교체할 수 있다.

(2) "얼마나"의 의미로 의문의 어감을 갖는 문장에서, 심문의 정도나 수량을 표시한다. 구어체에서는 일반적으로 "多"를 사용한다. ① 泰山有多(么)高? (Tàishān yǒu duō(me) gāo?) 태산은 얼마나 높은가? ② 南京长江大桥多(么)长? (Nánjīng Chángjiāng dàqiáo duō(me) cháng?) 남경의 장강대교는 길이가 얼마나 됩니까? ③ 这位老先生多(么)大年纪? (Zhè wèi lǎo xiānsheng duō(me) dà niánjì?) 이 연로하신 선생님은 연세가 얼마나 되십니까?

설명 의문문에서 "多么"나 "多"는 단지 긍정적이며 적극적인 형용사 앞에서 사용할 수 있을 뿐이다. 예를 들어, "多么(多)高", "多么(多)长", "多么(多)大"라고 말하지만 "多么(多)低", "多么(多)短", "多么(多)小"라고 말하지는 않는다. 그러나 감탄이나 놀램 등의 어감을 표시하는 문장에서는 이러한 제한을 받지 않는다. 这飞机飞得多么低啊, 几乎碰到了民家。(Zhè fēijī fēi de duōme dī a, jīhū pèng dàole mínjiā.) 이 비행기는 나는 것이 너무 낮구나! 거의 민가에 부딪힐 정도이다.

실사 "一个多月(yígè duōyuè)"(일개월여), "三尺多长(sān chǐ duō cháng)"(세자정도)에서 "多"는 수사이다.

"人多力量大。(Rén duō lìliàng dà.)"(사람이 많으면 힘도 크다), "这个人多才多艺。(Zhège rén duōcái duōyì.)"(이 사람은 다재다능하다)에서 "多"는 형용사다.

"北方多风沙。(Běifāng duō fēngshā.)"(북방은 바람과 모래가 많다), "你别多话。(Nǐ bié duō huà.)"(당신은 많이 말하지 말라)에서 "多"는 동사다.

[多少] duōshǎo 부사

(1) "얼마간"(다소간)의 의미로, 일정한 정도를 구비함을 표시한다. 주로 "点", "一点", "一些" 등의 단어와 같이 사용한다. ① 多少有点失望。(Duōshǎo yǒudiǎn shīwàng.) 다소 실망했다. ② 参观展览会, 多少可以学到一点东西。(Cānguān zhǎnlǎn huì, duōshǎo kěyǐ xué dào yìdiǎn dōngxi.) 전람회를 보면 조금은 배울 수 있다. ③ 难得上一次街, 多少总要买些吃的用的回来。(Nándé shàng yícì jiē, duōshǎo zǒng yāo mǎi xiē chī de yòng de huílai.) 힘들게 외출을 했는데, 먹을 것과 사용할 것을 얼마간 사 가지고 돌아가겠다. ④ 医药方面的书他多少看过一些。(Yīyào fāngmiàn de shū tā duōshǎo kànguo yìxiē) 의약 쪽의 책을 그는 다소 보았다.

(2) "조금"(稍微)의 의미로, 정도가 낮음을 표시한다. ① 一年不见, 小毛毛多少有点懂事了。(Yì nián bújiàn, xiǎomáomao duōshǎo yǒudiǎn dǒngshìle.) 일 년간 보지 못하였더니 어린애가 철이 조금 났구나. ② 住院以后, 毛病多少好一些了。(Zhùyuàn yǐhòu,

máobìng duōshǎo hǎo yìxiēle.) 병원에 입원한 후 병이 다소 좋아
졌다.

⑶ "多多少少"의 형식으로 중첩하여 사용할 수 있으며, 정도에 대한
강조의 의미가 있다. ① 有关种花的书, 我家里多多少少有几本。
(Yǒuguān zhònghuā de shū, wǒ jiāli duō duo shǎo shǎo yǒu jǐ běn.)
꽃을 심는 것과 관계 있는 책은 우리 집에 많던 적던 몇 권이 있다.
② 他英文很好, 俄文也多多少少懂一点。(Tā Yīngwén hěn hǎo,
É wén yě duō duo shǎo shǎo dǒng yìdiǎn.) 그는 영어를 매우 잘하
고 러시아어도 얼마간은 이해한다.

실사 "图书馆有多少书?(Túshū guǎn yǒu duōshao shū?)"(도서관
에는 책이 얼마나 있나?), "请多少人就发多少票。(Qǐng duōshao
rén jiù fā duōshao piào.)"(얼마나 청할 것인지 그 만큼 표를
발행하라)에서 "多少"는 대명사이고 "duōshao"로 읽는다.

E

[而] ér 접속사

(1) 의미가 같은 형용사를 연결한다. "又…又…"의 용법과 같고 병렬관계를 표시한다. ① 长而空的文章没人看。(Cháng ér kōng de wénzhāng méi rén kàn.) 길고 공허한 문장은 아무도 보려하지 않는다. ② 江南的梅雨天潮湿而闷热。(Jiāngnán de méiyǔ tiān cháoshī ér mēnrè.) 강남의 매우(梅雨)철은 습하고 무덥다. ③ 侦察员机智而勇敢, 出色地完成了任务。(Zhēnchá yuán jīzhì ér yǒnggǎn, chūsè di wánchéngle rènwù.) 정찰병은 지혜롭고 용감하여 임무를 뛰어나게 완성했다.

(2) "그러나·오히려(却、但是、可是)"의 의미로, 의미가 상반되거나 대비되는 단어나 구문을 연결하여 전환관계를 표시한다. ① 与其多而滥, 不如少而精。(Yǔqí duō ér làn, bùrú shǎo ér jīng.) 많아서 넘치는 것보다는 적어도 정교한 것이 났다. ② 订了规章制度而不执行, 等于没订。(Dìngle guīzhāng zhìdù ér bù zhíxíng, děngyú méi dìng.) 규제와 제도를 정한 후 집행하지 않으면 정하지 않은 것과 같다. ③ 球队队员不在人数多而在素质好。(Qiú duì duìyuán búzài rénshù duō ér zài sùzhì hǎo.) 구기팀의 대원은 숫자가 많은 것이 아니라 소질이 좋아야한다.

(3) 다른 단어와 같이 사용하거나 단독으로 사용하여 인과·목적·계승 등의 관계를 표시한다. ① 因为失败而灰心, 因为成功而骄傲, 都是不应该的。(Yīnwèi shībài ér huīxīn, yīn wéi chénggōng ér jiāo'ào, dōu shì bú yìng gāi de.) 실패했기 때문에 낙심하고 성공했

기 때문에 교만한 것은 모두 다 옳지 않다. ② 全国人民正在为早日实现国际化而奋斗。(Quánguó rénmín zhèngzài wèi zǎorì shíxiàn guójì huà ér fèndòu.) 모든 국민들이 마침 국제화를 조기에 실현하기 위하여 분투하고 있다. ③ 通过实践而发现真理, 又通过实践而证实真理和发展真理。(Tōngguò shíjiàn ér fāxiàn zhēnlǐ, yòu tōngguò shíjiàn ér zhèng shí zhēnlǐ hé fāzhǎn zhēnlǐ.) 실천을 통하여 진리를 발견하고 또 실천을 통하여 진리를 증명하고 발전시킨다. ④ 我们必须努力学习科学文化知识, 而科学文化知识不是一下可以学到手的, 必须刻苦钻研, 才能取得成果。(Wǒmen bìxū nǔlì xuéxí kēxué wénhuà zhīshi, ér kēxué wénhuà zhīshi búshì yíxià kěyǐ xué dào shǒu de, bìxū kèkǔ zuānyán, cáinéng qǔdé chéngguǒ.) 우리는 반드시 과학문화지식을 열심히 배워야 하지만 과학문화지식은 일시에 배울 수는 없는 것이고 반드시 각고의 탐구를 하여야 비로소 성과를 얻을 수 있다.

[설명] 위의 예문 ①에서 "而"은 "因为"와 함께 사용하여, 원인과 결과를 설명한다. 예문 ②에서 "而"은 "为"와 호응하여, 행위와 목적을 연계한다. 예문 ③에서 "而"은 동작의 방식을 표시하며 더욱 깊은 의미가 있다. 예문 ④에서 "而"은 후반 절의 문장의 처음에 사용하여 전후의 문장을 연결하고 설명하는 작용을 한다.

[正误用例] (1) 他一不小心摔倒在地, 手臂轻微骨折而不严重。(Tā yí bù xiǎoxīn shuāi dǎo zài dì, shǒubì qīngwéi gǔzhé ér bù yánzhòng.) 그는 잠시 부주의하여 땅에 넘어져 팔이 가볍게 골절되었으나 심하지는 않다.

(2) 平时不抓紧, 临考少准备, 这次测验我真为他而担心。(Píngshí bù zhuājǐn, lín kǎo shǎo zhǔnbèi, zhè cì cèyàn wǒ zhēn wèi tā ér dānxīn.) 평시에 긴장하지 않고 시험에 임박해서 준비가 부족하여 이번 시험은 나는 정말 그가 염려된다.

여기서 "而"은 의미가 상반되거나 상대되는 단어를 연결하고 "为"와 함께 사용하여 다양한 관계를 표시한다. 예문 (1)에서 "轻微骨折"와 "不严重"의 의미는 같기 때문에, "而"을 사용하여 연결할 수 없다. 그러므로 "而不严重"을 생략하여 내용상 문제가 없도록 하여야 한다.

예문 (2)에서 개사구조 "为他"는 당연히 동사 "担心"을 직접 수식해야 한다. 그러므로 "而"을 사용할 필요가 없다.

[而后] érhòu 접속사

"…연후"의 의미로, 앞의 동작에 곧 이어 행동함을 표시한다. 서면어에서 사용한다. ① 积累了丰富的素材而后才能写作。(Jīlěile fēngfù de sùcái érhòu cáinéng xiě zuò.) 풍부한 소재가 누적된 연후에 비로소 습작을 할 수 있다. ② 碰到困难而后去学习, 更能体会到学习的重要性。(Pèng dào kùnnán érhòu qù xuéxí, gèng néng tǐhuì dào xuéxí de zhòngyào xìng.) 곤란을 당한 후에 공부를 하면 더욱 학습의 중요성을 체험할 수 있다.

> [비교] "然後"와 "而后" : "然後"는 "然后他整理材料, 写成文章。(Ránhòu tā zhěnglǐ cáiliào, xiěchéng wénzhāng.)"(그는 재료를 정리한 후에 문장을 썼다)와 같이 주어 앞에 사용할 수 있지만 "而后"는 이렇게 사용할 수 없다.

[而况] érkuàng 접속사 "何况(hékuàng)"을 참고하라.

[而且] érqiě 접속사

(1) "…일 뿐만 아니라"의 의미로, 의미가 더욱 발전하는 것을 표시한다. 주로 "不但", "不仅" 등의 접속사와 같이 사용한다. ① 这个月产量超过了计划, 而且质量也比过去提高了。(Zhège yuè chǎnliàng chāoguòle jìhuà, érqiě zhìliàng yě bǐ guòqù tígāole.) 이번 달의 생산량이 계획을 초과하였을 뿐만 아니라 품질도 과거에 비하여 높아졌다. ② 我们不但要善于发现问题, 而且要及时解决问题。(Wǒmen búdàn yào shànyú fāxiàn wèntí, érqiě yào jíshí jiějué wèntí.) 우리는 문제를 잘 발견할 뿐만 아니라 문제를 제때에 해결한다. ③ 鲁迅不但是伟大的文学家, 而且是伟大的思想家和革命家。(Lǔxùn búdàn shì wěidà de wénxué jiā, érqiě shì wěidà de sīxiǎngjiā hé gémìngjiā.) 노신은 위대한 문학가일 뿐만 아니라 위대한 사상가이

자 혁명가이다. ④ 这种产品不仅行销全国, 而且远销欧美。(Zhè zhǒng chǎnpǐn bùjǐn xíngxiāo quánguó, érqiě yuǎn xiāo Ōuměi.) 이 물품은 전국적으로 잘 팔릴 뿐만 아니라 멀리 구미에서도 팔린다.

⑵ "而"의 용법처럼 사용하여 두 개의 형용사를 연결한다. 이때 두 형용사는 반드시 같은 성질이나 의미여야 하며 반의적인 것은 사용할 수 없다. ① 我们的警察机智而且勇敢。(Wǒmen de jǐngchá jīzhì érqiě yǒnggǎn.) 우리 경찰은 지혜롭고 용감하다. ② 韩国人民正在进行的工作伟大而且艰巨。(Hánguó rénmín zhèngzài jìnxíng de gōngzuò wěidà érqiě jiānjù.) 한국 국민들이 진행중인 일은 위대할 뿐만 아니라 어렵고도 방대하다. ③ 他对待工作总是那样严肃而且认真。(Tā duìdài gōngzuò zǒng shì nàyàng yánsù érqiě rènzhēn.) 그가 일을 대하는 것은 언제나 그렇게 엄숙하고 성실하다.

설명 여기에서 "而且"를 사용하고 "而"을 사용하지 않은 것은 어감을 강조하고 음절을 조절하기 위한 것이다.

[而已] éryǐ 조사

의미와 용법은 "罢了(bàle)"와 같고, "이와 같을 뿐이다(不过如此)"라는 의미이다. 어감을 약하게 만드는 작용이 있다. 주로 "不过", "无非", "只是", "仅仅" 등의 부사와 함께 서면어에서 사용한다. ① 说说而已, 别当真。(Shuō shuō éryǐ, bié dàngzhēn.) 말을 해본 것뿐이니 사실로 여기지 말라. ② 这不过是旧事重提而已, 并无新的内容。(Zhè búguò shì jiùshì chóng tí éryǐ, bìng wú xīn de nèiróng.) 이는 과거 일을 다시 거론하는 것에 불과하고 결코 새로운 내용이 없다. ③ 我无非是随便哼几句而已, 算不上诗。(Wǒ wúfēi shì suíbiàn hēng jǐ jù éryǐ, suàn bu shàng shī.) 나는 단지 아무렇게나 몇 구 흥흥한 것뿐이다. 시라고 할 수도 없다. ④ 我仅仅翻一下而已, 怎么能完全记住?(Wǒ jǐnjǐn fān yíxià éryǐ, zěnme néng wánquán jì zhù?) 나는 겨우 한번 보았을 뿐인데 어떻게 완전히 기억할 수 있겠는가?

비교 위의 예문들은 "而已"를 "罢了"와 교체할 수 있다.

[凡] fán 부사

(1) "전체(所有)"의 의미로, 주어 앞에 사용하여 주어가 말한 모든 것을 총괄하고 예외가 없음을 표시한다. 주로 "都", "均", "一律" 등의 부사와 함께 사용한다. 서면어에서 많이 사용한다. ① 凡参加游泳比赛各班级, 请速来体育办公室领取证件。(Fán cānjiā yóuyǒng bǐsài gè bānjí, qǐng sù lái tǐyù bàngōngshì lǐngqǔ zhèngjiàn.) 수영시합에 참가하는 각반은 빨리 체육사무실에서 증명서를 받으세요. ② 凡具有中华民国国籍的人都是中华民国公民。(Fán jùyǒu Zhōnghuá mínguó guójí de rén dōu shì Zhōnghuá mínguó gōngmín.) 모든 중화민국의 국적을 구비한 사람은 다 중화민국 공민이다. ③ 凡符合以上规定条件的人, 均可报名参加。(Fán fúhé yǐshàng guīdìng tiáojiàn de rén, jūn kě bàomíng cānjiā.) 이상에서 규정한 조건에 부합하는 모든 사람은 전부 등록 참가할 수 있다. ④ 凡引用经典原文, 一律需要注明出处。(Fán yǐnyòng jīngdiǎn yuánwén, yílǜ xūyào zhù míng chūchù.) 경전원문을 인용하면 전부 일률적으로 출처를 밝혀야만 한다.

설명 위에서 "凡"을 생략할 수 있다. "凡"을 사용하는 이유는 주어를 강조하기 위함이며 때로는 구어체에서도 사용한다. ① 凡是当面答应人家的事, 一定要尽可能办到。(Fánshì dāngmiàn dāyìng rénjiā de shì, yídìng yào jǐn kěnéng bàn dào.) 즉석에서 타인의 일을 응낙한 사람은 반드시 최선을 다해 처리해야 한다. ② 凡是外出旅游的人, 都想买点纪念品带回来。(Fánshì wàichū lǚyóu de rén, dōu xiǎng mǎidiǎn jìniànpǐn dài huilai.) 밖으로 여행하는 모든 사람은 다 기념품을 사 가지고 오려는 생각을 한다.

⑵ "모두 합하여(总共)"의 의미로, 수량사 앞에 사용하여 합계를 표시한다. 서면어에서 사용한다. ① 全书凡九十二篇, 分为十卷。(Quánshū fán jiǔshí'èr piān, fēn wéi shí juǎn.) 책은 모두 92편으로 10권으로 나뉘어있다. ② 孙中山致力国民革命凡四十年之久。(Sūnzhōngshān zhìlì guómín gémìng fán sìshí nián zhī jiǔ.) 손중산이 국민혁명에 힘써 온지 모두 40년이나 오래 되었다.

【凡是】 fánshì 부사 "凡(fán)⑴"을 참고하라.

【反】 fǎn 부사 "反而(fǎnér)"을 참고하라.

【反倒】 fǎndào 부사 "反而(fǎnér)"을 참고하라.

【反而】 fǎnér 부사

앞에서 말한 것과 상반되거나 일반적인 도리에 어긋남을 표시한다. "不但", "不仅" 등의 접속사와 함께 사용하여, 전환의 어감을 더욱 강하게 만든다. ① 从错误中吸取教训, 坏事反而成了好事。(Cóng cuòwù zhōng xīqǔ jiàoxùn, huàishì fǎn'ér chéngle hǎoshì.) 실수에서 교훈을 얻어 나쁜 일을 오히려 좋은 일로 만들었다. ② 他不懂装懂, 自作聪明, 反而弄巧成拙。(Tā bù dǒng zhuāng dǒng, zìzuò cōngmíng, fǎn'ér nòngqiǎo chéngzhuō.) 그는 알지도 못하면서 아는 체하고 스스로 총명하다고 여겨 반대로 망신만 당했다. ③ 他接到录取通知, 太兴奋了, 这一夜反而没有睡好。(Tā jiē dào lùqǔ tōngzhī, tài xīngfènle, zhè yíyè fǎn'ér méiyǒu shuì hǎo.) 그는 합격통지를 받고 너무 흥분하여 이날 밤 오히려 잠을 잘 자지 못했다. ④ 施肥过多, 对作物不但无益, 反而有害。(Shīféi guò duō, duì zuòwù búdàn wúyì, fǎn'ér yǒuhài.) 비료를 너무 많이 주면 농작물에 이익이 없을 뿐만 아니라 오히려 해가

된다.

동의어 "反倒", "反"과 "反而"의 의미는 같다. "反倒"는 구어체에서 많이 사용한다."反"은 문언의 맛을 갖고 있으며 서면어에서 많이 사용한다. 예를 들어, "身体反不如前。"(Shēntǐ fǎn bù rú qián.)(몸이 이전만 못하다)을 구어체에서는 "身体反而不如以前。"(Shēntǐ fǎn'ér bùrú yǐqián.)이라고 말한다.

[反复] fǎnfù 부사

(1) "반복"(一再·一遍又一遍)의 의미로, 동작이나 행위가 여러 번 반복하여 발생함을 표시한다. ① 一次失败不要紧, 衹要反复试验, 总会成功。(Yícì shībài búyàojǐn, zhī yào fǎnfù shìyàn, zǒng huì chénggōng.) 한번의 실패는 괜찮다. 단지 반복 실험만 하면 결국은 성공할 수 있다. ② 经过反复思考, 这道难题终于解决了。(Jīngguò fǎnfù sīkǎo, zhè dào nántí zhōngyú jiějuéle.) 여러 번 생각한 결과 이 난제를 마침내 해결했다. ③ 每个段落老师总要反复讲几次。(Měi ge duànluò lǎoshī zǒng yào fǎnfù jiǎng jǐ cì.) 선생님은 각 단락을 결국 여러 번 반복하여 설명했다.

(2) "反反复复"의 형식으로 반복하여 사용하면 반복의 횟수가 많고 정도가 심한 것을 강조한다. ① 反反复复讨论了几次, 这张候选人名单才最后确定下来。(Fǎn fǎn fù fù tǎolùnle jǐ cì, zhè zhāng hòuxuǎn rén míngdān cái zuìhòu quèdìng xiàlái.) 여러 번 반복 토론을 하여 이 후보자 명단이 최후로 확정되었다. ② 这个分配方案有关方面反反复复研究过几次。(Zhège fēnpèi fāng'àn yǒuguān fāngmiàn fǎn fǎn fù fù yánjiūguo jǐ cì.) 이 배분 방안은 유관방면에서 반복하여 여러 번 연구했다.

실사 "说了算, 我决不反复。" (Shuōle suàn, wǒ jué bù fǎnfù.)(됐다고 말하면 나는 그것으로 끝이다), "这事反复了几次才定下来。" (Zhè shì fǎnfùle jǐ cì cái dìng xiàlái.)(이 일은 몇 차례 반복을 한 후 비로소 정하여 졌다)에서 "反复"는 동사다.

[反正] fǎnzheng 부사

(1) "어차피·결국"의 의미로, 어떤 상황에서도 결과에 변화가 없음을

강조한다. 주로 "无论", "不管"등의 접속사나 긍정과 부정이 반복되는 단어와 함께 사용한다. ① 反正去不去都是一样。(Fǎnzhèng qù bu qù dōu shì yíyàng.) 어차피 가든 안 가든 똑 같다. ② 无论天晴下雨, 反正他一定要去。(Wúlùn tiān qíng xià yǔ, fǎnzhèng tā yídìng yào qù.) 날이 개던 비가 오던 관계없이 결국 그는 꼭 갈 것이다. ③ 不管你说得怎么好听, 反正我不相信。(Bùguǎn nǐ shuō de zěnme hǎo tīng, fǎnzhèng wǒ bù xiāngxìn.) 당신이 아무리 좋게 말하더라도 결국 나는 믿지 않는다. ④ 去不去随你便, 反正车票已经买来了。(Qù bu qù suí nǐ biàn, fǎnzhèng chēpiào yǐjīng mǎi laile.) 갈지 안 갈지 네 마음대로 해. 어차피 차표는 이미 사왔다.

(2) "이미 이렇게 된 이상(既然)"의 의미로, 이유와 원인을 강조한다. 주로 부사 "就"와 함께 사용한다. ① 反正时间还早, 我们慢慢走吧。(Fǎnzhèng shíjiān hái zǎo, wǒmen màn màn zǒu ba.) 아무튼 시간이 아직 이르니 우리 천천히 걷자. ② 反正你明天要去, 这封信就托你带去。(Fǎnzhèng nǐ míngtiān yào qù, zhè fēng xìn jiù tuō nǐ dài qù.) 당신이 이미 내일 떠날거라니 이 편지를 당신이 가져가도록 부탁합니다. ③ 这本书你反正要买, 就早点买吧。(Zhè běn shū nǐ fǎnzhèng yāomǎi, jiù zǎodiǎn mǎi ba.) 기왕 이 책을 당신이 사려한다면 일찍 사세요.

설명 "反正"은 주어 앞에서 많이 사용한다.

[反之] fǎnzhī 접속사

(1) "이와 반대로·바꾸어 말하면(反过来说)"의 의미로, 전후의 의미가 반대가 됨을 표시한다. 비교적 강한 대비감을 나타낸다. 일반적으로 병렬로 연결되는 두 문장을 연결하며 뒤에 정지가 있고 쉼표를 사용한다. ① 阴雨天空气潮湿, 使人难受, 反之, 烈日当空, 却又热不可耐。(Yīnyǔ tiān kōngqì cháoshī, shǐ rén nánshòu, fǎnzhī, lièrì dāngkōng, què yòu rè bù kě nài.) 흐리고 비오는 날은 공기가 습하여 사람들을 힘들게 하고, 반대로 뜨거운 해가 중천에 뜨면 오히려 더워서 참을 수 없다. ② 产品质量好, 群众欢迎, 反之, 产品质量低劣, 群众见了就摇头。(Chǎnpǐn zhí liàng hǎo, qúnzhòng huānyíng, fǎnzhī, chǎnpǐn zhí liàng dīliè, qúnzhòng jiànle jiù yáotóu.)

물건의 품질이 좋으면 대중의 환영을 받고, 반대로 품질이 나쁘면 대중들은 (그것을) 보기만 해도 고개를 가로젓는다.

(2) 동일한 조건하에서 정반 두 가지 상황을 설명한다. ; "反之亦然"(fǎnzhī yì rán)(바꾸어 말해도 역시 그렇다), "反之也一样"(fǎnzhī yě yíyàng)(바꾸어 말해도 마찬가지다)을 사용하여 표시할 수 있다. ① 投资超过储蓄就意味着价格的上升, 反之亦然(Tóuzī chāoguò chúxù jiù yìwèizhe jiàgé de shàngshēng, fǎn zhī yì rán.) 투자가 저축을 초과하면 가격의 상승을 의미한다. 반대도 마찬가지다. ② 愈大的着陆角度, 愈小的生存机会, 反之亦然.(Yù dàde zhuólù jiǎodù, yù xiǎode shēngcún jīhuì, fǎn zhī yì rán.) 착륙각도가 클수록 생존기회는 적어진다. 바꾸어 말해도 역시 같다.

설명 "反之"(바꾸어 말해서)는 서면어에서 많이 사용되고 구어에서는 비교적 적게 사용된다.

【方】 fāng 부사 "方才"(fāngcái)를 참고하라.

【方才】 fāngcái 부사

(1) "방금"의 의미로, 동작이나 상황이 말하기 이전 얼마 되지 않아서 발생한 것을 표시한다. 주어 앞에서 사용할 수 있다. ① 他方才到哪儿去了?(Tā fāngcái dào nǎr qùle?) 그는 방금 어디에 갔었습니까? ② 方才外面门响, 大概弟弟回来了。(Fāngcái wàimiàn mén xiǎng, dàgài dìdi huílaile.) 방금 밖에서 문소리가 났다. 아마도 동생이 돌아왔을 것이다. ③ 方才你说同意, 怎么现在又改变主意了?(Fāngcái nǐ shuō tóngyì, zěnme xiànzài yòu gǎibiàn zhǔyile?) 방금 당신은 동의한다고 말했는데 지금은 어째서 또 생각을 바꾸었습니까?

비교 "方才"는 서면어에서 주로 사용하고, "刚才"는 구어체에서 주로 사용한다.

(2) "才"의 의미로, 모종의 동작이나 행위가 지나간 이후 상응하는 결과가 발생함을 표시한다. 주로 특정한 시간이나 조건을 지적한다. ① 有了病方才知道健康的可贵。(Yǒule bìng fāngcái zhīdào jiànkāng de kěguì.) 병이 나야 비로소 건강의 귀중함을 안다. ② 我

昨天晚上听完报告方才回家。(Wǒ zuótiān wǎnshang tīng wán bàogào fāngcái huí jiā.) 나는 어제 저녁 보고를 듣고서야 겨우 집으로 돌아갔다. ③ 你说了我方才明白。(Nǐ shuōle wǒ fāngcái míngbái.) 당신이 말을 해서 나는 겨우 이해했다.

> **동의어 1** "方" 역시 "才"의 의미이나, 뒤에 단음절의 단어만 온다. 서면어에서 많이 사용한다. ① 认真学习, 方能不断进步。(Rènzhēn xuéxí, fāng néng búduàn jìnbù.) 성실하게 배워야 비로소 계속 진보할 수 있다. ② 天方亮, 我们就出发了。(Tiān fāng liàng, wǒmen jiù chūfāle.) 하늘이 방금 밝았고 우리는 곧 출발했다.

> **동의어 2** "方"은 "바로", "마침(正在)"의 의미도 있어, 마침 바로 그때를 표시한다. 성어나 숙어로 주로 사용한다. "方兴未艾"(fāngxīng wèi'ài)(바야흐로 힘차게 발전하고 있다), "来日方长"(láirì fāngcháng)(앞길이 구만리 같다).

【仿佛】 fǎngfú 부사

(1) "마치…처럼", "마치"의 의미로, 비유를 표시한다. 주로 "似的"(shìde), "一样"(yíyàng)과 같이 사용한다. ① 仿佛看得见。(Fǎngfú kàn de jiàn.) 어렴풋이 보이는 것 같다. ② 他已经五十多岁, 看上去仿佛青年人一样。(Tā yǐjīng wǔshí duō suì, kàn shangqu fǎngfú qīngnián rén yíyàng.) 그는 이미 50여세인데 마치 청년처럼 보인다. ③ 夜很静, 大地仿佛睡着了似的。(Yè hěn jìng, dàdì fǎngfú shuìzhele shìde.) 밤이 매우 고요하여 대지가 마치 잠을 자는 것 같다.

(2) 가능 불확실 등을 표시한다. ① 他最近不大说话, 仿佛有什么心事。(Tā zuìjìn bú dà shuōhuà, fǎngfú yǒu shé me xīnshì.) 그가 최근에 말을 별로 하지 않는 것이 무슨 걱정이 있는 것 같다. ② 他身体外表仿佛很好, 其实有高血压病。(Tā shēntǐ wàibiǎo fǎngfú hěn hǎo, qíshí yǒu gāo xiěyā bìng.) 그의 신체는 겉으로는 매우 좋은 것 같은데 사실 고혈압이 있다. ③ 这人很面熟, 仿佛在什么地方见过。(Zhè rén hěn miànshú, fǎngfú zài shénme dìfāng jiànguo.) 이 사람은 매우 낯이 익은데 어디선가 본적이 이 있는 것 같다.

(3) 주어 앞에 사용할 수 있다. ① 夜很静, 仿佛大地睡着了似的。(Yè

hěn jìng, fǎngfú dàdì shuìzhele shì de.) 밤이 매우 고요하여 마치 대지가 잠이 든 것 같다. ② 大家都没有提到什么时候出发, 仿佛这件事谁也不关心。(Dàjiā dōu méiyǒu tí dào shénme shíhou chūfā, fǎngfú zhè jiàn shì shéi yě bù guānxīn.) 모두들 언제 출발할 것인지를 말하지 않아 이일에 아무도 관심이 없는 것처럼 보인다.

실사 "你的模样还是同十年前相仿佛"(Nǐ de múyàng háishi tóng shí nián qián xiāng fǎngfú.) (당신의 모습이 여전히 십년 전의 모습과 비슷하다)에서 "仿佛(fǎngfú)"는 동사다.

[非] fēi 부사

(1) 부정을 표시한다."不"와 함께 사용하여 이중부정을 표시하고, "반드시 이렇다"는 의미이다.이중부정을 사용하여 긍정을 표시한다 ; "一定"을 사용하는 것 보다 어감이 더 강하다. ① 他是内行, 修这台机器非他不行。(Tā shì nèiháng, xiū zhè tái jīqì fēi tā bùxíng.) 그는 전문가이고 이 기계를 수리하는 데 그가 아니면 되지 않는다. ② 今天的会议很重要, 非全体参加不可。(Jīntiān de huìyì hěn zhòngyào, fēi quántǐ cānjiā bùkě.) 오늘 회의는 매우 중요하여 전체가 참가하지 않으면 안 된다. ③ 问题牵涉到好多方面, 非你亲自去不能彻底解决。(Wèntí qiānshè dào hǎoduō fāngmiàn, fēi nǐ qīnzì qù bùnéng chèdǐ jiějué.) 문제가 여러 곳에 관련되어 당신이 직접 가지 않으면 철저하게 해결할 수 없다.

(2) "只有"의 의미로, "才"와 함께 사용하여, 반드시 이 조건을 구비해야함을 표시한다. 조건을 강조하고 부정을 표시하지 않는다. ① 非他自己动手才能修好这台机器。(Fēi tā zìjǐ dòngshǒu cáinéng xiūhǎo zhè tái jīqì.) 단지 그가 스스로 해야 이 기계를 잘 수리할 수 있다. ② 要把本领学到手, 非下几年苦功夫才行。(Yào bǎ běnlǐng xué dàoshǒu, fēi xià jǐ nián kǔ gōngfū cái xíng.) 재능을 확실히 배우려면 몇 년간 열심히 노력해야만 가능하다.

실사 "答非所问"(dáfēisuǒwèn)(동문서답하다), "非此即彼"(fēi cǐ jí bǐ(이것이 아니면 저것이다), "似懂非懂"(sì dǒng fēi dǒng)(아는 듯 모르는 듯하다)에서 "非"는 동사다.

"分清是非"(fēnqīng shìfēi)(시비를 분명히 하다)에서 "非"는 명사이다.

【非常】 fēicháng 부사

(1) "매우"(十分)의 의미로, 동사나 형용사 앞에서 사용하여 정도가 깊음을 표시한다.뒤에 조사 "之"와 함께 사용하고, 어감이 "很"에 비하여 무겁다. ① 老师非常爱孩子们。(Lǎoshī fēicháng ài háizimen.) 선생님은 아이들을 매우 사랑한다. ② 对于同志们的帮助, 我非常感谢。(Duìyú tóngzhìmen de bāngzhù, wǒ fēicháng gǎnxiè.) 동지들의 협조에 대하여 나는 매우 감사한다. ③ 西湖的风景非常之美丽。(Xīhú de fēngjǐng fēicháng zhī měilì.) 서호의 풍경은 매우 아름답다.

(2) "非常非常" 식으로 중첩하여 사용할 수 있고, 어감을 가중시킴을 표시한다. ① 这个问题非常非常重要, 请你亲自处理。(Zhège wèntí fēicháng fēicháng zhòngyào, qǐng nǐ qīnzì chǔlǐ.) 이 문제는 대단히 중요하니, 당신이 직접 처리하시오. ② 受到首长接见, 他内心非常非常激动。(Shòudào shǒuzhǎng jiējiàn, tā nèixīn fēicháng fēicháng jīdòng.) 수장의 접견을 받고 그는 내심 매우 격동했다.

[비교] (1) "十分"은 중첩하여 사용할 수 없지만, 앞에 "不"를 사용하면 정도가 깊지 않음을 표시한다 ; 공교롭게도 "非常"과 반대가 된다.

(2) "非常好"(fēicháng hǎo)의 부정식은 "非常不好"(fēicháng bù hǎo)라고만 할 수 있다. 그러나 "十分好"(shífēn hǎo)의 부정식은 "十分不好"(shífēn bù hǎo)(매우 좋지 않음) 혹은 "不十分好"(bù shífēn hǎo)(좋은 정도가 부족함)등으로 표시할 수 있다.

[실사] "非常时期采取非常的措施。"(Fēicháng shíqī cǎi qǔ fēicháng de cuòshī.)(비상 시기에는 비상적인 조치를 취한다)에서 "非常"은 형용사다.

【非但】 fēidàn 접속사 "不但"을 참고하라.

【分别】 fēnbié 부사

(1) "각자·따로따로"의 의미로, 서로 다른 주체가 각자의 대상을 각각

표시한다. ① 他们分别代表双方在协定上签了字。(Tāmen fēnbié dàibiǎo shuāngfāng zài xiédìng shàng qiānle zì.) 그들은 각각 쌍방을 대표하여 협정에 조인했다. ② 排球羽毛球预选赛正在上海、广州分别举行。(Páiqiú yǔmáoqiú yùxuǎn sài zhèngzài Shànghǎi, Guǎngzhōu fēnbié jǔxíng.) 배구와 배드민턴 예선 시합이 상해와 광주에서 각각 거행되고 있다. ③ 老师和学生代表分别谈了自己的看法。(Lǎoshī hé xuésheng dàibiǎo fēnbié tánle zìjǐ de kànfǎ.) 선생과 학생 대표는 따로따로 자신의 관점을 설명했다.

(2) 서로 다른 상황에 대하여 상응하는 방식을 채택함을 표시한다. ① 事情很复杂, 要根据不同情况分别对待。(Shìqing hěn fù zá, yào gēnjù bùtóng qíngkuàng fēnbié duìdài.) 사정이 매우 복잡하여 서로 다른 상황에 근거하여 각각 대처한다. ② 对犯错误的人已经按情节轻重分别处理。(Duì fàn cuòwù de rén yǐjīng àn qíngjié qīngzhòng fēnbié chǔlǐ.) 잘못을 범한 사람에 대하여 이미 상황의 경중에 따라 나누어 처리한다. ③ 所有有功人员, 政府已分别发给奖状和奖金。(Suǒyǒu yǒugōng rényuán, zhèngfǔ yǐ fēnbié fā gěi jiǎngzhuàng hé jiǎngjīn.) 모든 유공자에 대하여 정부는 이미 각기 상장, 상품, 상금을 발급했다.

(3) 동일한 주체가 각종 활동을 전후로 나누어 진행함을 표시한다. ① 班主任分别找王敏、李信和顾纯月了解情况。(Bānzhǔrèn fēnbié zhǎo Wáng mǐn, Lǐ xìn hé Gù chún yuè liǎojiě qíngkuàng.) 반주임은 왕민·이신·고순월을 따로 찾아본 후 상황을 이해했다. ② 教会乐队分别演奏两首歌曲。(Jiàohuì yuèduì fēnbié yǎn zòu liǎng shǒu gēqū.) 교회의 성가대는 찬송가 두 곡을 차례로 연주했다. ③ 调查组这次分别去了无锡、常州、镇江、南京等地。(Diàochá zǔ zhè cì fēnbié qù le Wúxī, Chángzhōu, Zhèn jiāng, Nánjīng děng dì.) 조사팀은 이번에 무석·상주·진강·남경 등지를 나누어 방문했다.

실사 "处理问题要分别轻重缓急。"(Chǔlǐ wèntí yào fēnbié qīngzhòng huǎnjí.)(문제의 처리는 경중과 완급을 분별해야한다), "我跟哥哥分别已经三年了。"(Wǒ gēn gēge fēnbié yǐjīng sān niánle.)(나는 형과 이별한지 이미 삼년이다)에서 "分别"는 동사다.

"他们两个写的字几乎没有什么分别。"(Tāmen liǎng ge xiě de zì jīhū méiyǒu shé me fēnbié.)(그들 둘이 쓴 글자는 거의 무슨 차이가 없다)에서 "分别"는 명사이다.

【分头】 fēntóu 부사

"분담하여·각각"의 의미로, 모종의 활동이 각각 진행함을 표시한다. 단독적인 쌍음절 술어 동사 앞에 많이 사용된다. 주로 구어체에서 사용한다. ① 广告事业由各小组派人分头进行。(Guǎnggào shìyè yóu gè xiǎozǔ pài rén fēntóu jìnxíng.) 광고사업은 각 소 그룹에서 사람을 파견하여 각각 진행한다. ② 既然决定了, 就分头去办。(Jìrán juédìng le, jiù fēntóu qù bàn.) 기왕에 결정됐으니, 곧 분담해서 일을 처리하자. ③ 预选赛已在各单位分头举行。(Yùxuǎn sài yǐ zài gè dānwèi fēntóu jǔxíng.) 예선 시합을 이미 각 단위별로 나누어 거행했다.

비교 "分头" 역시 "分别"와 교환하여 사용할 수 있다. "分别"는 서면어에서 많이 사용한다. 그러나 "根据不同情况分别对待。" (Gēnjù bùtóng qíngkuàng fēnbié duìdài.)(다른 상황에 근거하여 나누어 대처한다)에서 "分别"는 "分头"와 교환하여 사용할 수 없다. "分别对待"는 단어간의 긴밀성이 숙어처럼 너무 강하기 때문이다.

【分外】 fēnwài 부사

"유달리·특별히"(格外·特别)의 의미로, 형용사나 심리상태를 표시하는 동사 앞에서 사용하여, 정도가 높고 일반을 초월함을 표시한다. 서면어에서 많이 사용한다. ① 中秋之夜, 月光分外明亮。(Zhōngqiū zhī yè, yuèguāng fèn wài míngliàng.) 중추절 밤은 달빛이 유달리 밝다. ② 分外照顾着你一点。(Fèn wài zhàogùzhe nǐ yìdiǎn.) 특별히 너에게는 관심을 기울이고 있다. ③ 老朋友久别重逢, 分外高兴。(Lǎo péngyou jiǔbié chóngféng, fèn wài gāoxìng.) 좋은 친구를 오랜만에 다시 만나니 매우 기쁘다.

비교 "格外"(géwài)와 "分外"(fèn wài)는 의미가 유사하며, 때로는 교환하여 사용할 수 있다. 그러나 "分外" 뒤에는 부정사가 올 수 없고, 소극적인 단어를 수식하지도 않는다.

예를 들어, "分外高兴"(fèn wài gāoxìng)이라고 할 수는 있지만, "分外不高兴"(fèn wài bù gāoxìng)이라고는 하지 않는다. ; 또 "分外明亮"(fèn wài míngliàng)이라고 할 수 있지만, "分外黑暗"(fèn wài hēi'àn)이라고는 말할 수 없다. 그러나 "格外"는 이러한 제한을 받지 않는다.

또 "分外"는 일반 동사를 수식할 수 없지만, "格外"는 수식할 수 있다. 예를 들어, "你亲自来我们格外欢迎。"(Nǐ qīnzì lái wǒmen géwài huānyíng.)(당신이 직접 와서 우리는 더없이 환영입니다)라고 할 수 있지만, "你亲自来我们分外欢迎。"(Nǐ qīnzì lái wǒmen fèn wài huānyíng.)이라고는 말할 수 없다.

실사 "不要把帮助别人看作分外的工作。"(Búyào bǎ bāngzhù biérén kàn zuò fèn wài de gōngzuò.)(타인을 돕는 것을 특별한 일이라고 보지 말라)에서 "分外"는 형용사다.

[否则] fǒuzé 접속사

"만약에 그렇지 않으면"의 의미로, 앞서 말한 조건에 근거하여 결론을 추출하거나 모종의 상황이 발생함을 표시한다. 앞에 접속사 "除非"와 함께 사용하거나, 뒤에 조사 "的话"와 함께 사용할 수 있다. ① 现在就得去, 否则要误事。(Xiànzài jiù děi qù, fǒuzé yào wùshì.) 지금 바로 가야 한다, 그렇지 않으면 일을 그르치게 된다. ② 最好你亲自去, 否则只好派一位代表。(Zuì hǎo nǐ qīnzì qù, fǒuzé zhǐhǎo pài yí wèi dàibiǎo.) 당신이 직접 가는 것이 제일 좋지만 그렇지 않으면 대표를 한 명 파견할 뿐이다. ③ 快点走, 否则要迟到了。(Kuài diǎn zǒu, fǒuzé yào chídào le.) 빨리 좀 가, 그렇지 않으면 늦는다.

설명 위의 마지막 예문에서 "否则"에 "的话"를 함께 사용하면, 전환의 어감이 더욱 강해지고, 뒤에 정지가 있어 쉼표를 사용한다.

【概】 gài 부사 "一概"를 참고하라.

【干脆】 gāncuì 부사

"차라리"의 의미로 동작이나 행위가 명쾌하며, 단도직입적이고 통쾌한 맛을 담고 있다. ① 他说起话来干脆利落.(Tā shuō qǐ huà lai gāncuì lìluo.)그는 말을 아주 시원시원하게 한다. ② 你干脆说行还是不行。(Nǐ gāncuì shuō xíng háishi bùxíng.) 당신은 되는지 안 되는지 시원스럽게 말해라. ③ 第二天早上我干脆把那件事忘掉了。(Dì'èrtiān zǎoshang wǒ gāncuì bǎ nà jiàn shì wàngdiào le.) 다음날 아침 나는 그 일을 싹 잊었다

실사 "他说话做事都很干脆。"(Tā shuōhuà zuòshì dōu hěn gāncuì.) (그는 말하는 것이나 일하는 것이 모두 시원스럽다)에서 "干脆"는 "명쾌하다"라는 의미의 형용사다.

【赶】 gǎn 개사

"…에 이르러·… 때가 되어"(等到)의 의미로, 예견되는 시기에 모종의 활동이 진행됨을 표시한다. 구어체에서 많이 사용한다. ① 赶明儿星期天一同去玩长城。(Gǎn míngr xīngqītiān yìtóng qù wán Chángchéng.) 훗날 일요일에 함께 장성에 놀러가자. ② 目前工作忙, 赶年底才能回家。(Mùqián gōngzuò máng, gǎn niándǐ cáinéng huí jiā.) 지금은 일이 바빠 연말에나 집에 겨우 돌아갈 수 있다. ③ 这段时

间没空, 赶下个月再说吧。(Zhè duàn shíjiān méi kōng, gǎn xià ge yuè zàishuō ba.) 요즘은 여유가 없으니 다음 달에 다시 말합시다.

【赶紧】 gǎnjǐn 부사

⑴ "서둘러·급히"의 의미로, 동작이 신속하여 전혀 지연이 없음을 표시한다. ① 收到家里来信, 他赶紧写了回信。(Shōu dào jiāli láixìn, tā gǎn jǐn xiěle huíxìn.) 집에서 온 편지를 받고 그는 서둘러 회신을 했다. ② 河工发生了危险赶紧抢修。(Hégōng fāshēng le wēixiǎn gǎnjǐn qiǎngxiū.) 하천 공사에 위험이 발생하였으므로 빨리 응급 수리를 하다. ③ 小玲每天一回家就赶紧做功课。(Xiǎo Líng měitiān yì huí jiā jiù gǎn jǐn zuò gōngkè.) 소령은 집에 돌아오자마자 서둘러 숙제를 한다.

⑵ "최대한 빨리(尽快)"의 의미로, 재촉을 표시한다. ① 你赶紧追赶他吧!(Nǐ gǎnjǐn zhuīgǎn tā ba.) 서둘러 그를 쫓아가거라! ② 今晚有台风, 赶紧通知各地方。(Jīn wǎn yǒu táifēng, gǎn jǐn tōngzhī gè dìfāng.) 오늘밤에 태풍이 분다. 빨리 각 지역에 통지하라. ③ 赶紧走吧, 否则要迟到了。(Gǎn jǐn zǒu ba, fǒuzé yào chídàole.) 빨리 가자 그렇지 않으면 늦겠다.

【赶快】 gǎnkuài 부사

"시기를 잡아 신속하게 진행함"의 의미로, 재촉을 표시한다. "赶紧"에 해당하고 빠름을 더욱 강조한다. ① 外面雨大, 赶快进来。(Wàimiàn yǔ dà, gǎnkuài jìnlai.) 밖에는 큰비가 오니 빨리 들어와라. ② 老李, 赶快把好消息给大家说说。(Lǎo Lǐ, gǎnkuài bǎ hǎo xiāoxī gěi dàjiā shuō shuo.) 이형(老李), 좋은 소식을 모두에게 빨리 말하세요. ③ 时间不早了, 赶快回去吧。(Shíjiān bù zǎole, gǎnkuài huíqù ba.) 시간이 늦었다. 서둘러 돌아가자.

【赶忙】 gǎnmáng 부사 "连忙(liánmáng)"을 참고하라.

[刚] gāng 부사

(1) "마침·꼭"(正好)의 의미로, 시간·공간·수량 등이 공교롭게도 바로 그 순간임을 표시한다. ① 不大不小, 刚合适。(Bú dà bù xiǎo, gāng héshì.)크지도 작지도 않고 딱 알맞다. ② 这件上衣你穿刚好。(Zhè jiàn shàngyī nǐ chuān gāng hǎo.) 이 웃옷은 당신이 입으니 아주 잘 맞는다. ③ 他刚十八岁, 有了选举权。(Tā gāng shíbā suì, yǒule xuǎnjǔquán.) 그는 마침 18세로 선거권이 있다.

(2) "… 하자마자·지금·막"(才)의 의미로, 사건이 얼마 전에 발생한 것을 표시한다. ① 我刚从学校回来。(Wǒ gāng cóng xuéxiào huílai.) 나는 방금 학교에서 돌아왔다. ② 刚过立春, 天气就异乎寻常地热。(Gāngguò lìchūn, tiānqì jiù yìhū xúncháng di rè.) 입춘이 지나자 날씨가 평상시와 달리 더웠다. ③ 这是刚出厂的新款风衣。(Zhè shì gāng chūchǎng de xīnkuǎn fēngyī.) 이것은 막 출하된 새로운 스타일의 스프링 코트이다.

(3) "간신히·겨우"(仅仅)의 의미로, 억지로 수준에 도달함을 표시한다. ① 一百里地刚走了几里, 早着呢。(Yìbǎi lǐ dì gāng zǒu le jǐ lǐ, zǎo zhe ne.) 백 리나 되는 곳을 겨우 몇 리 왔을 뿐, 아직 멀었다. ② 考虑了半天, 文章还刚起个头。(Kǎolùle bàntiān, wénzhāng hái gāng qǐ gè tóu.) 한참을 생각하여 문장이 겨우 머리에 떠올랐다. ③ 小孩儿刚会走道儿。(Xiǎoháir gāng huì zǒu dàor.) 어린애가 갓 걸을 줄 안다.

> **동의어** "刚刚"과 "刚"의 의미는 같지만, 음절상의 문제 때문에 어떤 때는 전자를, 어떤 때는 후자를 사용한다. 일반적으로 단음절의 단어 앞에는 "刚"을 사용하는 것이 비교적 자연스럽다.

[刚才] gāngcái 부사

동작이나 상황의 발생이 말하기 조금 전에 발생한 것을 표시한다. 주어 앞에 사용할 수 있다. 이때는 사전에 따라 명사로 보기도 한다(例③④). ① 你把刚才讲的在会上说道说道。(Nǐ bǎ gāngcái jiǎng de zài huì shàng shuōdào shuōdào.) 네가 방금 한 말을 회의에서 이야기하여라. ② 天刚才还很好, 怎么会下雨呢。(Tiān gāngcái hái hěn hǎo, zěnme huì xià yǔ ne.) 하늘이 조금 전까지도 매우 좋았는데 어째서

갑자기 비가 오지. ③ 刚才冒犯了你, 请原谅。(Gāngcái màofàn le nǐ, qǐng yuánliàng.) 방금 실례하였습니다, 양해해 주십시오. ④ 刚才他来了。(Gāngcái tā láile.) 지금 막 그가 왔다.

동의어 "刚刚" 역시 "刚才"의 의미로, 일반적으로 교환사용이 가능하고 주로 구어체에서 사용한다.

[刚刚] gānggāng 부사 "刚(gāng)", "刚才(gāngcái)"를 참고하라.

[刚好] gānghǎo 부사

"알맞게", "때마침"의 의미로, 바로 어느 순간에 있어서 정확하게 조금의 차이도 없이 일치함을 강조한다. 주어 앞에서 사용할 수 있다(例④). ① 走到车站, 电车刚好停下。(Zǒu dào chēzhàn, diànchē gānghǎo tíng xià.) 걸어서 역에 도착했을 때 전차가 마침 정차했다. ② 这双鞋你穿着不大不小, 刚好。(Zhè shuāng xié nǐ chuānzhuó bú dà bù xiǎo, gānghǎo.) 이 신발은 당신이 신으니 크지도 작지도 않고 딱 적당하다. ③ 小美到今年七月四日刚好十岁。(Xiǎo Měi dào jīnnián qī yuè sì rì gānghǎo shí suì.) 소미(小美)는 금년 7월 4일이면 딱 10살이 된다. ④ 刚好老师在这儿, 你就跟他谈谈吧。(Gānghǎo lǎoshī zài zhèr, nǐ jiù gēn tā tán tán ba.) 마침 선생님이 여기 계시니 이야기해 보세요.

[格外] géwài 부사

"각별히·특별히"의 의미로, 정도가 일반을 초과하여 보통 보다 지나침을 표시한다. ① 西湖在夕照中显得格外柔和。(Xīhú zài xīzhào zhōng xiǎnde géwài róuhé.) 서호가 저녁 노을에 유난히 부드럽고 온화하게 보인다. ② 节日的天安门打扮得格外壮观。(Jiérì de Tiān'ānmén dǎban de géwài zhuàngguān.) 경축일의 천안문은 정말 볼 만하게 꾸며져 있다. ③ 久别重逢, 他们俩格外亲热。(Jiǔbié chóngféng, tāmen liǎ géwài qīnrè.) 오랜만에 다시 만나니 그 두 사람은 유달리 다정하다.

비교 "分外"(fènwài)와 "格外"(géwài)는 의미가 유사하고, 때로는 위의 두 문장처럼 교환하여 사용할 수 있다. 그러나 "分外"는 단지 형용사나 혹은 심리상태를 표시하는 동사만을 수식하고, 일반 동사를 수식할 수 없다. 그러므로 위의 후반 두 문장에서 "格外"를 "分外"와 교환 할 수 없다. 例 仇人见面, 分外眼红。(Chóurén jiànmiàn, fènwài yǎnhóng.) 원수를 만나면 유달리 혈안이 된다.

[给] gěi 개사와 조사 두 가지 용법이 있다.

(一) 개사

(1) "…위하여", "…를 대신하여"의 의미로, 동작 행위의 대상을 끌어들임을 표시한다. ① 他给我们当翻译。(Tā gěi wǒmen dāng fānyì.) 그가 우리를 위하여 통역을 맡다. ② 她给旅客送水倒茶。(Tā gěi lǚkè sòngshuǐ dào chá.) 그녀는 여객들을 위하여 물을 나르고 차를 따른다. ③请给我帮忙。(Qǐng gěi wǒ bāngmáng.) 나를 도와주시오.

(2) "…에게 · …를 향하여"의 의미로, 동작 행위의 대상을 끌어들임을 표시한다. ① 小朋友给老师敬礼。(Xiǎopéngyou gěi lǎoshī jìnglǐ.) 어린 친구는 선생님에게 경례를 한다. ② 这是父亲给我买的。(Zhè shì fùqīn gěi wǒ mǎi de.) 이것은 아버지가 내게 사준 것이다.

(3) "被"에 해당하는 용법으로, 피동을 표시한다. ① 弟弟把花瓶给打破了。(Dìdi bǎ huāpíng gěi dǎpòle.) 동생이 화병을 깨뜨렸다. ② 那本书给朋友拿走了。(Nà běn shū gěi péngyou ná zǒule.) 그 책을 친구가 가져갔다. ③ 羊给狼吃了。(Yáng gěi láng chīle.) 양이 이리에게 잡아 먹혔다.

(4) 동사 뒤에 사용하여, 대상을 끌어들인다. ① 我送给他几本书。(Wǒ sòng gěi tā jǐ běn shū.) 나는 그에게 책을 몇 권 선사했다. ② 学习文件已经发给大家。(Xuéxí wénjiàn yǐjīng fā gěi dàjiā.) 학습문서를 이미 모두에게 나누어주었다.

주의 부사어로 사용하면 때로는 다른 의미가 생길 수도 있다. 예를 들어, "我给她写信。"(Wǒ gěi tā xiě xìn.)(나는 그녀에게 편지를 쓰다)을, "(老妈文化低), 我替她写信。"(Lǎo mā wénhuà dī), wǒ tì tā xiě xìn.)(아줌마가 문화수준이 낮아) "나는 그녀를 대신하여 편지를 썼다."의 의미로 말할 수도 있고, "我写信给她, (说下个月要去看她)。"(Wǒ xiě xìn gěi tā, (shuō xià ge yuè yào qù kàn tā.) (나는 다음 달에 그녀를 만나러 간다고) "그녀에게 편지를 썼다"의 의미로 말할 수도 있다. 이때는 상하 문맥을 보아 그 의미를 확정하여야 한다.

(二) 조사

직접 피동을 표시하거나 목적어 전치식의 문장에서 동사술어의 앞에 놓아 어감을 강조한다. ① 那几本书都叫孩子给拿走了。(Nà jǐ běn shū dōu jiào háizi gěi ná zǒule.) 그 책 몇 권을 아이들이 가져갔다. ② 把纸收起来, 别叫风给刮散了。(Bǎ zhǐ shōuqǐlai, bié jiào fēng gěi guā sànle.) 종이를 거두어 바람에 흩날리지 않게 해라.

실사 "我给他一本画报"(Wǒ gěi tā yì běn huà bào.)(나는 그에게 화보 한권을 주었다)에서 "给"는 동사다.

[根本] gēnběn 부사

(1) "철저히", "전부"의 의미로, 전혀 보류할 것이 없음을 표시한다. ① 根本消灭。(Gēnběn xiāomiè.) 철저히 없애버리다. ② 我根本就信不住他们。(Wǒ gēnběn jiù xìn bu zhù tāmen.) 나는 그들을 전혀 믿지 않는다.

(2) "종래", "도무지"등의 의미로, 시종일관 이와 같음을 표시한다. 뒤에 부정사가 많이 온다. ① 他根本就没想到这些问题。(Tā gēnběn jiù méi xiǎngdào zhèxiē wèntí.) 그는 전혀 이런 문제들을 생각도 못해봤다. ② 根本没有这回事, 别相信他的胡说。(Gēnběn méiyǒu zhè huí shì, bié xiāngxìn tā de húshuō.) 처음부터 이런 일은 없다. 그의 거짓말을 믿지 말라. ③ 他根本不拿这个工作当回事儿。(Tā gēnběn bù ná zhège gōngzuò dāng huíshìr.) 그는 도무지 이 일을 대단하게 여기지 않는다.

실사 "从根本上考虑解决问题的方法。"(Cóng gēnběn shàng kǎolǜ jiějué wèntí de fāngfǎ.)(근본적인 것을 해결하는 방향에서 문제 해결의 방도를 찾아야 한다)에서 "根本"은 명사이다.
"宪法是国家的根本大法。"(Xiànfǎ shì guójiā de gēnběn dàfǎ.)(헌법은 국가의 근본 법률이다)에서 "根本"은 형용사다.

[跟] gēn 개사와 접속사 두 가지 용법이 있다.

(一) 개사

(1) 동작의 대상을 이끌어 들일 때 쓰인다. ① 你走开, 别跟我捣乱了。(Nǐ zǒukāi, bié gēn wǒ dǎoluàn le.) 저리 가라, 나한데 귀찮게 굴지 말고. ② 我跟他没关系。(Wǒ gēn tā méi guānxi.) 나는 그와는 관계 없다.

(2) 비교의 대상을 이끌어 들일 때 쓰인다. ① 他待我跟待亲儿子一样。(Tā dài wǒ gēn dài qīn érzi yíyàng.) 그 여자는 나를 친자식과 똑같이 대해 준다. ② 她长得跟她母亲一模一样。(Tā cháng dé gēn tā mǔqīn yí mú yíyàng.) 그녀는 생김새가 그녀의 모친과 똑같다.

(二) 접속사

"…와"의 의미로 연합관계를 나타낸다. ① 男子双打, 他跟老张一组。(Nánzǐ shuāngdǎ, tā gēn Lǎo Zhāng yìzǔ.) 남자 복식은 그와 장군이 한 조가 되었다. ② 他的胳膊跟大腿都受了伤。(Tā de gēbó gēn dà tuǐ dōu shòule shāng.) 그의 팔과 넓적다리가 모두 부상당했다. ③ 我跟他是弟兄。(Wǒ gēn tā shì dìxiong.) 나와 그는 형제이다.

[根据] gēnjù 개사

"~에 의거하여"의 의미로 근거가 되는 내용 원칙을 표시한다. ① 他们根据价格决定大宗买进。(Tāmen gēnjù jiàgé juédìng dàzōng mǎijìn.) 그들은 가격에 근거하여 대량 구매를 결정한다. ② 标准根据年龄、性别而变化。(Biāozhǔn gēnjù niánlíng, xìngbié ér biànhuà.) 표준은 나이 성별에 따라 변화한다. ③ 根据中国传说, 周公可以解梦。(Gēnjù Zhōngguó chuánshuō, Zhōu gōng kěyǐ jiě mèng.) 중국 전설에 의하면 주공은 해몽을 할 수 있다.

[更] gèng 부사

(1) "더욱", "일층 더"의 의미로, 원래 보다 정도가 더욱 가중 된 것을 표시한다. ① 为和平事业做出更大的贡献。(Wéi hépíng shìyè zuòchū gēng dà de gòngxiàn.) 평화 운동에 더욱 큰 공헌을 하다. ② 这样

描写, 更符合实际。(Zhèyàng miáoxiě, gèng fúhé shíjì.) 이렇게 묘사하면 더욱 사실에 부합한다. ③ 她更漂亮了。(Tā gèng piàoliang le.) 그녀는 더욱 아름답다.

⑵ "다시·또"의 의미로, 정도가 높아짐을 표시한다. ① 他不但自己做好, 更能帮助别人。(Tā búdàn zìjǐ zuò hǎo, gèng néng bāngzhù biérén.) 그는 스스로 잘 할 뿐만 아니라 또한 남을 도울 수도 있다. ② 不仅要言教, 更要身教。(Bùjǐn yào yánjiào, gèng yào shēnjiào.) 말로 가르칠 뿐만 아니라, 다시 행동으로 가르쳐야 한다.

▨동의어 "更加"와 "更"은 의미가 같고 일반적으로 교환 사용이 가능하다. 뒤에 쌍음절의 단어가 많이 온다.

▨설명1 "更大的贡献"(gèng dà de gòngxiàn)(더욱 큰 공헌), "更好地为人民服务"(gèng hǎo dì wèi rénmín fúwù)(더욱 인민을 위해 잘 봉사하다)에서 "更"이 수식하는 단음절의 형용사가 형용사어나 부사어가 되면 "更"을 "更加"와 교환 할 수 없다 ; "更上一层楼"(gèng shàng yì céng lóu)(한층 더 높은 곳)는 관용적인 형식으로 역시 다른 것과 교환하여 사용할 수 없다. 교환 사용이 가능한 것은 일반적으로 음절상의 필요에 의하여 "更"이나 "更加"를 선택한다.

▨설명2 "更其"(gèngqí)(더욱 더)의 용법은 "更加"와 같고 서면어에서 많이 사용한다. 예 上游河水更其湍急。(Shàngyóu héshuǐ gèngqí tuānjí.) 상류의 물흐름은 더욱 더 급하다.

▨실사 "设备更新"(shèbèi gēngxīn)(설비를 새것으로 바꾸다)에서 "更"은 "gēng"으로 읽고 동사다.

[更加] gèngjiā 부사 "更"(gèng)을 참고하라.

[更其] gèngqí 부사 "更"(gèng)을 참고하라.

[公然] gōngrán 부사

"공공연히"의 의미로, 공개적으로 나쁜 일을 함을 표시한다. ① 韩国谴责日本公然歪曲历史。(Hánguó qiǎnzé Rìběn gōngrán wāiqū lìshǐ.)

한국은 일본이 공공연히 역사를 왜곡한다고 비난한다. ② 公然作弊。 (Gōngrán zuòbì.) 공공연히 부정을 하다. ③ 他们公然违反了法律。 (Tāmen gōngrán wéifǎnle fǎlǜ.) 그들은 공공연히 법률을 위반했다. ④ 这个方案公然违反了成规惯例。 (Zhège fāngàn gōngrán wéifǎn chéngguī guànlì.) 이 방안은 공공연하게 기존의 규율과 관례를 위반한다.

[共] gòng 부사

(1) "모두(总计)"의 의미로, 여러 가지를 하나로 합친 것을 표시한다. 주로 숫자를 많이 가리킨다. ① 全国道路长度共达一百九十万公里。 (Quánguó dàolù chángdù gòng dá yībǎi jiǔ shí wàn gōnglǐ.) 전국의 도로망은 합계 190만km에 달한다. ② 三件行李共有一百来斤重。 (Sān jiàn xínglǐ gòngyǒu yībǎi lái jīn zhòng.) 짐 3개는 무게가 모두 100여 근이나 된다. ③ 这个展览馆共分六个部分。 (Zhège zhǎnlǎn guǎn gòng fēn liù ge bùfèn.) 이 전람회관은 모두 6개의 부분으로 나누인다.

(2) "함께·공동으로"의 의미로, 관용적인 용법으로 사용한다. 예 双方共处于一个统一体。 (Shuāngfāng gòngchǔ yú yíge tǒngyìtǐ.) 쌍방이 하나의 통일체 내에서 공존하다. "同甘共苦" (tónggān gòngkǔ) (동고동락), "和平共处" (hépíng gòngchǔ) (평화 공존)등이 있다.

[共同] gòngtóng 부사

"함께·다 같이(一同)"의 의미로, 전체가 합심하여 모종의 일을 처리함을 표시한다. 비교적 중대한 경우에 많이 사용한다. ① 骄人的成绩是师生共同努力的结果。 (Jiāorén de chéngjì shì shīshēng gòngtóng nǔlì de jiéguǒ.) 자랑스런 성적은 선생과 학생이 함께 노력한 결과다. ② 丈夫和妻子共同签署了这份租约。 (Zhàngfu hé qīzi gòngtóng qiānshǔle zhè fèn zūyuē.) 남편과 부인이 이 임대차계약에 다 같이 서명했다. ③ 秘书长与检察长共同接待了她。 (Mìshū zhǎng yú jiǎnchá zhǎng gòngtóng jiēdài le tā.) 서기장과 검찰장이 함께 그녀를 접대했다.

[共总] gòngzǒng 부사 "总共(zǒnggòng)"을 참고하라.

[够] gòu 부사

(1) "대단히", "매우(很)"의 의미로, 적극적인 의미의 형용사 앞에 사용하여, 일정한 정도에 도달함을 표시한다. 형용사 뒤에 조사 "了"를 많이 사용한다."够" 앞에 "不"를 넣어 정도가 심하지 안음을 표시한다. ① 在这里住的日子够多了, 明天要回去了。(Zài zhèlǐ zhù de rìzi gòu duōle, míngtiān yào huíqùle.) 이곳에서 너무 오래 묵었다. 내일 돌아가야겠다. ② 取得这样的成绩, 他已经够满意了。(Qǔdé zhèyàng de chéngjì, tā yǐjīng gòu mǎnyìle.) 이런 성적을 얻어 그는 이미 매우 만족한다. ③ 虽然取得了这样好的成绩, 他还不够满意。(Suīrán qǔdéle zhèyàng hǎo de chéngjì, tā hái búgòu mǎnyì.) 비록 이렇게 좋은 성적을 얻었지만 그는 아직 충분히 만족하지 않는다.

(2) "이상할 정도로"의 의미로, 정도가 높음을 표시하고, 형용사 뒤에 조사 "的"를 많이 사용한다. ① 这几天真够冷的。(Zhè jǐ tiān zhēn gòu lěng de.) 요 며칠 정말 이상할 정도로 춥다. ② 农村生活够愉快的。(Nóngcūn shēnghuó guò yúkuài de.) 농촌생활이 매우 유쾌하다. ③ 一天干下来, 够累的。(Yìtiān gānxiàlai, gòu lèi de.) 하루 동안 일을 해보니 너무 피곤하다. ④ 这次强台风造成的损失够严重的。(Zhè cì qiáng táifēng zàochéng de sǔnshī gòu yánzhòng de.) 이번 강한 태풍에 손해가 매우 엄중하다.

실시 "这段料子做上衣够不够?"(Zhè duàn liàozi zuò shàngyī gòu bugòu?)(이 재료로 상의를 만들기에 충분합니까?), "你这样说实在不够朋友。"(Nǐ zhèyàng shuō shízài búgòu péngyou.)(당신이 이렇게 말하면 정말로 친구답지 않다)에서 "够"는 동사다.

[姑] gū 부사 "姑且"(gūqiě)를 참고하라.

[姑且] gūqiě 부사

"우선·잠시"의 의미로, 부득이한 경우에서 우선 처리를 하고 나중에 다시 결론을 내림을 표시한다. 양보의 의미가 있다. ① 我这里有支钢

笔, 你姑且用着。(Wǒ zhè lǐ yǒu zhī gāngbǐ, nǐ gūqiě yòngzhe.) 여기 나한테 만년필이 있으니, 네가 잠시 써라. ② 别性急, 姑且听他讲完了再说。(Bié xìngjí, gūqiě tīng tā jiǎng wánlie zài shuō.) 조급해 하지 말라. 우선 그가 말하는 것을 듣고 다시 말하자. ③ 这个办法你姑且试一下, 看效果怎么样。(Zhège bànfǎ nǐ gūqiě shì yíxià, kàn xiàoguǒ zěnme yàng.) 이 방법을 당신이 먼저 시험해서 효과가 어떠한지를 보시오. ④ 这个问题姑且放一放, 明后天再开会讨论。(Zhège wèntí gūqiě fàng yi fàng, míng hòu tiān zài kāihuì tǎolùn.) 이 문제는 잠시 놔두었다가 후일 다시 회의에서 토론합시다.

[설명] "姑且" 뒤에 오는 내용은 아직 실현되지 않은 것이고, 왕왕 제시나 격려의 어감을 갖는다.

[설명] "姑"는 "姑且"의 의미로, 뒤에 단음절의 단어만 온다. 서면어에서 사용한다. 예를 들어, "姑妄言之(gū wàng yán zhī) (우선 적당히 말해 두다)", "姑不置论"(gū bú zhì lùn)(우선 논하지 않다) 등이 있다.

[비교] "暂且"(zànqiě)와 "姑且(gūqiě)"의 의미는 유사하다. "暂且"는 시간을 중점적으로 표현하고, "姑且"는 양보를 중점적으로 표현한다. [예] 这话暂且不提。(Zhè huà zànqiě bù tí.) 이 이야기는 잠깐 보류해 두자.

[固然] gùrán 접속사

(1) "물론 …이지만"(虽然)의 의미로, 먼저 원래의 사실을 인정하고, 뒤에 상반된 상황으로 전환함을 표시한다. 주로 "但是", "不过"등의 접속사와 함께 사용한다. ① 这样办固然可以, 但就是需要时间。(Zhèyàng bàn gùrán kěyǐ, dàn jiùshì xūyào shíjiān.) 이렇게 해도 물론 되지만 시간이 필요하다. ② 困难固然很多, 不过总有办法解决。(Kùnnán gùrán hěnduō, búguò zǒng yǒu bànfǎ jiějué.) 물론 곤란한 것이 매우 많지만 결국 해결할 방법이 있을 것이다. ③ 他能来固然很好, 不来也没关系。(Tā néng lái gùrán hěn hǎo, bù lái yě méi guānxi.) 그가 올 수 있으면 물론 매우 좋지만 오지 않아도 관계없다. ④ 数量固然要紧, 质量更加重要。(Shùliàng gùrán yàojǐn, zhìliàng gèngjiā zhòngyào.) 물론 수량이 중요하지만 품질은

더욱 중요하다.

[비교] "虽然"은 주어 앞에 사용할 수 있고, "固然"은 일반적으로 주어 뒤에만 사용한다.

(2) "확실히"의 의미로 "固然" 앞의 형용사를 중복할 수 있고, 확인을 표시한다. 주로 "可", "却", "但是"등의 허사와 함께 사용하고, 의미의 전환을 표시한다. ① 这个办法好固然好, 可要认真学呢! (Zhège bànfǎ hǎo gùrán hǎo, kě yào rènzhēn xué ne!) 이 방법이 확실히 좋지만 그러나 성실히 배워야만 한다. ② 那篇文章简略固然简略, 主题思想却是好的。(Nà piān wénzhāng jiǎnlüè gùrán jiǎnlüè, zhǔtí sīxiǎng què shì hǎo de.) 그 문장이 확실히 거칠지만 주제사상은 오히려 좋다. ③ 事业固然重要, 但家庭也不可忽视。(Shìyè gùrán zhòngyào, dàn jiātíng yě bùkě hūshì.) 사업은 확실히 중요하지만 가정도 소홀할 수 없다.

[故] gù 접속사와 부사 두 가지 용법이 있다.

(一) 접속사

"그러므로·…연고로"(所以、因此)의 의미로, 결과나 결론을 표시한다. 서면어에서 많이 사용한다. ① 会议准备不及, 故须延期举行。(Huìyì zhǔnbèi bùjí, gù xū yánqí jǔxíng.) 회의 준비가 덜 되어서 거행을 연기해야한다. ② 他病了, 故未参加会议。(Tā bìng le, gù wèi cānjiā huìyì.) 그는 병이 났다. 그래서 회의에 참가하지 않았다. ③ 剧场另有事情, 故今日演出暂停。(Jùchǎng lìng yǒu shìqing, gù jīnrì yǎnchū zàntíng.) 극장은 다른 일이 있다. 그러므로 오늘은 상영을 잠시 중지한다.

(二) 부사

"고의로"의 의미로, 특정한 목적을 위하거나 혹은 당연히 하지 말아야 할 것을 하는 것을 표시한다. 뒤에 단음절의 단어만 온다. 예를 들어, "故弄玄虚"(gùnòng xuánxū)(고의로 교만한 술수를 부리다), "明知故犯"(míngzhī gùfàn)(고의로 알면서 죄를 범하다) 등이 있다. 이것을 만약 "故意"를 넣어 표현한다면 "我不是故意想惹你生气。"(Wǒ búshì gùyì xiǎng rě nǐ shēngqì.) (내가 고의로 너를 화나게 하려 한 것은 아니다) 등으로 표현해야만 한다.

[故意] gùyì 부사

"고의로·일부러"의 의미로, 특정한 목적을 위하거나 혹은 당연히 하지 말아야 할 것을 하는 것을 표시한다. ① 我相信他不是故意的。(Wǒ xiāngxìn tā búshì gùyì de.) 나는 그가 고의가 아니라는 것을 믿는다. ② 你故意损坏公物可不行。(Nǐ gùyì sǔnhuài gōngwù kě bùxíng.) 당신은 고의로 공공기물을 손상해서는 안 된다. ③ 他这是故意刁难我们。(Tā zhè shì gùyì diāonàn wǒmen.) 그가 이러는 것은 우리를 고의로 괴롭히는 것이다.

[怪] guài 부사

"매우"의 의미로, 상당히 높은 정도를 표시한다. 일반적으로 조사 "的"나 "地"와 함께 사용한다. 특정한 감정적 색채를 띤다. 앞에 부정부사 "不"를 사용할 수 없고 구어체에서 많이 사용한다. ① 这行李怪沉的。(Zhè xíngli guài chénde.) 이 짐은 매우 무겁다. ② 怪不好意思。(Guài bù hǎo yìsi.) 정말 죄송스럽다. ③ 这小猫怪可爱的。(Zhè xiǎo māo guài kě'ai de.) 이 어린 고양이는 아주 사랑스럽다. ④ 她怪兴奋地唱着刚学来的那首歌。(Tā guài xīngfèn di chàngzhe gāng xué lái de nà shǒu gē.) 그는 매우 흥분하여 방금 배운 노래를 부르고 있다.

[비교] "挺"의 전후에는 부정부사 "不"를 모두 사용할 수 있다. 예를 들어, "不挺好"(bù tǐng hǎo), "挺不好"(tǐng bù hǎo)라고 할 수 있다. 그러나 부사 "怪"는 앞에 "不"를 사용할 수 없다. "怪" 뒤에 일반적으로 "的"나 "地"를 함께 사용한다. "挺"은 그럴 필요가 없다.

[실사] "做了错事要怪自己，不能怪别人。"(Zuòle cuò shì yào guài zìjǐ, bùnéng guài biérén.) (잘못을 했으면 스스로를 탓해야지 타인을 탓할 수 없다)에서 "怪"는 동사다.
"这事情很怪。"(Zhè shìqing hěn guài.) (이일은 정말 이상하다), "别打扮成这副怪样子。"(Bié dǎbàn chéng zhè fù guài yàngzi.) (이렇게 이상한 모습으로 분장하지 말라)에서 "怪"는 형용사다.

[关于] guānyú 개사

"…에 관하여"의 의미로, 관련된 사람이나 사물을 표시하고 그 범위를 가리킨다. ① 我们早听说关于李白的故事了。(Wǒmen zǎo tīng shuō guānyú Lǐbái de gùshìle.) 우리는 일찍이 이백에 관한 이야기를 들었다. ② 关于这事, 我全不知。(Guānyú zhè shì, wǒ quán bù zhī.) 이 일에 관해서 나는 전혀 모른다. ③ 关于加强数学教育, 学会正在研究。(Guānyú jiāqiáng shùxué jiàoyù, xuéhuì zhèngzài yánjiū.) 수학교육을 강화하는 것에 대하여 학회는 연구하고 있다. ④ 这是关于幸福的问题。(Zhè shì guānyú xìngfú de wèntí.) 이것은 행복에 관한 문제다.

[비교] "关于"는 때로는 위의 예문 ②③의 경우 "对于"와 교환하여 사용할 수 있다. "对于"를 사용하면 표시할 대상을 강조하게 된다.

[주의] "关于"로 구성된 개사구조를 사용하여, 형용사어나 부사어로 사용할 수 있다. 부사어로 사용될 될 때는 단지 주어 앞에서만 사용된다. 예를 들어, "关于医学, 我知道得很少。"(Guānyú yīxué, wǒ zhīdào de hěn shǎo.)(의학에 대하여 나는 아는 것이 매우 적다)를 "我关于医学知道得很少。"(Wǒ guānyú yīxué zhīdào de hěn shǎo.)라고 말할 수는 없다. "对于"로 구성된 개사구조는 이러한 제한을 받지 않는다.

[설명] 표제어의 작용이 있다. "关于"로 구성된 개사구조는 단독으로 문장의 표제가 될 수 있다. 예를 들어, 《关于如何打乒乓球》(guānyú rúhé dǎ pīng bīng qiú)(탁구를 어떻게 치는가에 대하여), 《关于小品文》(guānyú xiǎopǐnwén)(단편에 대하여) 등이 있다. "对于"로 구성된 개사구조는, 뒤에 명사를 더 해야 표제어가 될 수 있다. 예를 들어 《对于改进语文教学的意见》(duìyú gǎijìn yǔwén jiàoxué de yìjiàn)(어문교육 개선에 대한 의견), 《对于农村工作的一些看法》(duìyú nóngcūn gōngzuò de yìxiē kànfǎ) (농촌업무에 대한 일부 의견) 등이 있다.

[管] guǎn 접속사, 개사, 부사의 세 가지 용법이 있다.

(一)접속사

"…를 막론하고"의 의미로, 뒤에 "他", "你"를 사용하여 의문대명사를 대동하거나 긍정과 부정이 반복되는 단어를 사용하여, 행동이 제시한 조건의 제한을 받지 않음을 표시한다. 주로 "都"(dōu), "总"(zǒng), "就"(jiù), "也"(yě)등의 부사와 함께 사용하고 구어체에서 많이 쓰인다. ① 不管怎样也要今天完成任务。(Bù guǎn zěn yàng yě yào jīntiān wánchéng rènwù.) 어쨌든 오늘 안으로 임무를 완수해야 한다. ② 管他是谁, 都要按原则办事。(Guǎn tā shì shéi, dōu yào àn yuánzé bànshì.) 그가 누구인가 막론하고 모두 원칙에 따라 일을 처리해라. ③ 管你有空没空, 答应了人家就不该失信用。(Guǎn nǐ yǒu kòng méi kōng, dāyìngle rénjiā jiù bù gāi shī xìnyòng.) 당신이 시간이 있건 없건 타인에게 응낙을 했으면 신용을 잃지 말아야한다. ④ 管你怎么说, 我也要再试一下。(Guǎn nǐ zěnme shuō, wǒ yě yào zài shì yíxià.) 당신이 이렇게 말하면 나도 다시 한 번 해보겠다.

설명 "管"과 "不管"에 대해

(1) "管"을 사용한 문장은 반문의 어감을 갖는다. "管"은 위의 예문과 같이 뒤에 반드시 인칭대명사 "他", "你"등을 함께 사용한다. 이러한 종류의 문장은 "不管"과 교환하여 사용해도 의미는 변화하지 않지만 어감이 비교적 평범해진다.

(2) "管" 뒤의 병렬구조는 두 가지 항목만을 열거할 수 있을 뿐이다. "不管"은 이러한 제한을 받지 않고, 직접 의문대명사나 긍정 부정을 반복하는 단어 앞에 사용할 수 있다. ① 不管谁都要按原则办事。(Bùguǎn shéi dōu yào àn yuánzé bànshì.) 누구를 막론하고 모두 원칙에 의거하여 일을 해야 한다. ② 不管他欢迎不欢迎硬闯了去。(Bùguǎn tā huānyíng bu huānyíng yìng chuǎn le qù.) 그가 환영을 하든 말든 덮어놓고 부딪쳐 본다. ③ 不管有空没空, 答应了人家就不该失信用。(Bùguǎn yǒu kòng méi kōng, dāyìngle rénjia jiù bù gāi shī xìnyòng.) 당신이 시간이 있건 없건 타인에게 응낙을 했으면 신용을 잃지 말아야 한다. ④ 不管怎么说, 我也要再试一下。(Bùguǎn zěnme shuō, wǒ yě yào zài shì yíxià.) 어떻게 말하던 간에 나도 다시 한 번 해보겠다.

(二) 개사

"…을 …라고 부르다"의 의미로, 일반적으로 "叫"와 함께 사용하여, 사람이나 사물에 대한 호칭을 표시한다. 구어체에서 많이 사용한다. ①

他长得又矮又胖, 大家都管他叫小胖子。(Tā zhǎng de yòu ǎi yòu pàng, dàjiā dōu guǎn tā jiào xiǎo pàngzi.) 그는 작고 뚱뚱하게 생겨서 모두들 그를 작은 뚱보라고 부른다. ② 我们管心灵手巧的小张叫博士。(Wǒmen guǎn xīnlíng shǒuqiǎo de Xiǎo Zhāng jiào bóshì.) 우리는 영리하고 손재주가 있는 소장(小张)을 박사라고 부른다. ③ 上海人管客人叫人客。(Shànghǎi rén guǎn kèrén jiào rén kè.) 상해 사람은 손님을 "인객"이라고 부른다.

(三) 부사

"반드시"의 의미로, "叫"와 함께 사용하여 긍정이나 필연을 표시한다. ① 管叫敌人讨不出公道去。(Guǎn jiào dírén tǎo bu chū gōngdào qù.) 반드시 적이 좋은 결과를 보게 하지는 않겠다. ② 跟着救星耶路撒冷的王, 管叫山河换新装。(Gēnzhe jiùxīng Yēlùsàlěng de wáng, guǎn jiào shānhé huàn xīnzhuāng.) 구원의 별 예루살렘의 왕을 따르면 틀림없이 세상이 새롭게 바뀔 것이다. ③ 过一会儿管叫有人来。(Guò yíhuǐr guǎn jiào yǒurén lái.) 조금 있으면 틀림없이 누가 올 것이다.

[光] guāng 부사

"다만·오직"의 의미로, 특정한 범위 안으로 제한함을 표시한다. 주로 구어체에서 사용한다. ① 这件事光有热情是不够的。(Zhè jiànshì guāng yǒu rèqíng shì búgòude.) 이 일은 오직 열정만으로는 부족하다. ② 不能光看成绩, 还应当看到不足之处。(Bùnéng guāng kàn chéngjì, hái yīngdāng kàn dào bùzú zhī chù.) 단지 성적만 볼 수는 없다. 부족한 점을 살펴야한다. ③ 光他们两个人怎么行, 大家一起动手吧。(Guāng tāmen liǎng ge rén zěnme xíng, dàjiā yìqǐ dòngshǒu ba.) 그들 두 사람만으로 어떻게 할 수 있나, 모두 함께 시작하자.

실사 "把苍蝇蚊子消灭光。"(Bǎ cāngyíng wénzi xiāomiè guāng.)(파리와 모기를 소멸시켜 버려라)에서 "光"은 형용사다.

"球队为国争光。"(Qiú duì wèi guó zhēng guāng.)(구기팀이 나라를 위하여 승리를 쟁취하다)에서 "光"은 명사다.

[归] guī 개사

"…에 속하다"의 의미로, 사건의 책임자를 가리킨다. "归属"의 의미가 "由" 보다 강함을 표시한다. 구어체에서 많이 사용한다. ① 这件事归你办。(Zhè jiàn shì guī nǐ bàn.) 이 일은 네가 맡아 해라. ② 你不请假就归为旷工。(Nǐ bù qǐngjià jiù guī wéi kuàng gōng.) 휴가원을 내지 않으면 결근으로 된다. ③ 学校原来属于公司, 现在归县里管了。(Xuéxiào yuánlái shǔyú gōngsī, xiànzài guī xiàn lǐ guǎnle.) 학교는 원래 회사에 속했으나 현재는 현에서 관리한다. ④ 邮购图书归读者服务部办理。(Yóugòu túshū guī dúzhě fúwù bù bànlǐ.) 우편 도서구입은 독자봉사부에서 처리한다.

[비교] "归"를 사용한 문장은 위의 세 예문과 같이 "由"와 교환하여 사용할 수 있다. 그러나 직책 소속을 표시하지 않을 때는 "由"만을 사용할 수 있고 "归"를 사용할 수 없다. ① 这件事由你去安排吧(Zhè jiàn shì yóu nǐ qù ānpái ba!) 이 일은 당신이 안배하세요! ② 她头痛是由睡眠不足引起的。(Tā tóutòng shì yóu shuìmián bùzú yǐnqǐ de.) 그녀의 두통은 수면부족에 기인한다.

[실사] "物归原主"(wù guī yuán zhǔ)(물건을 원주인이게 돌려주다)에서 "归"는 동사다.

[果] guǒ 부사 "果然(guǒrán)"을 참고하라.

[果然] guǒrán 부사와 접속사 두 가지 용법이 있다.

(一) 부사

"과연·정말로"의 의미로, 상황이 말한 것과 같거나 혹은 생각하는 것과 일치함을 표시한다. ① 他果然来了, 我们怎么应付?(Tā guǒrán lái le, wǒmen zěnme yìngfù?) 그가 정말 왔다, 우리는 어떻게 대처할 것인가? ② 气象台预报今天有雪, 下午果然飘起雪来了。(Qìxiàngtái yùbào jīntiān yǒu xuě, xiàwǔ guǒrán piāo qǐ xuě laile.) 기상대는 오늘 눈이 내린다고 예보했고, 오후에 과연 눈이 내리기 시작했다. ③ 我早就说这样不行, 果然不出意料。(Wǒ zǎojiù shuō zhèyàng bùxíng, guǒrán bù chū yìliào.) 나는 진작부터 이래선 안 된다고 말했었는데 과연 예상한 대로 되었다. ④ 估计你不会迟到, 你果然准时来了。 (Gūjì nǐ bú huì chídào, nǐ guǒrán zhǔnshí láile.) 당신이 늦지 않을 것이라고 추측했는데 과연 당신은 정시에 왔다.

〖동의어〗 "果"는 "果然"의 의미로, 뒤에 단음절의 단어만 온다. 〖예〗 "果有其事"(guǒ yǒu qí shì)(과연 그런 일이 있다), "果不出所料"(guǒ bù chū suǒ liào)(과연 예상을 벗어나지 않는다)

(二) 접속사

"혹시·만약… 한다면"의 의미로, 가정이 상황과 부합함을 표시한다. 주로 부사 "就"와 함께 사용한다. ① 你果然爱她, 你就应该帮助她。(Nǐ guǒrán ài tā, nǐ jiù yīnggāi bāngzhù tā.) 네가 만약 그녀를 사랑한다면, 당연히 그녀를 도와야 한다. ② 你果然想改正错误, 就应该拿出实际行动来。(Nǐ guǒrán xiǎng gǎizhèng cuòwù, jiù yīnggāi ná chū shíjì xíngdòng lai.) 당신이 만약 잘못을 고치려 한다면, 응당 실제적인 행동으로 보여주시오. ③ 果然象你所说那样, 事情就好办了。(Guǒrán xiàng nǐ suǒ shuō nàyàng, shìqing jiù hǎo bànle.) 만약 당신이 말한 것처럼 그렇다면, 일은 처리하기가 매우 쉽다.

〖동의어〗 "果真"과 "果然"은 의미가 같다. "果真"을 사용하면 사건의 진실성을 강조한다. ① 他果真是个勤奋的年轻人。(Tā guǒzhēn shìge qínfènde niánqīng rén.) 그는 정말로 근면한 젊은이다. ② 果真象你所说那样, 事情就好办了。(Guǒzhēn xiàng nǐ suǒ shuō nàyàng, shìqíng jiù hǎo bànle.) 정말로 당신이 말한 것처럼 그렇다면, 일을 처리하기가 매우 쉽다.

〖주의〗 앞의 예문 ①에서 "果真"은 부사이고, 뒤의 예문 ②에서 "果真"은 접속사이다.

【果真】 guǒzhēn 부사 접속사 "果然(guǒrán)"을 참고하라.

【过】 guò 부사

"과하다"는 의미로, 정도가 필요한 한도를 초과한 것을 표시한다. 뒤에 단음절 형용사만 온다. ① 不要过多地注意那些细节。(Búyào guò duō de zhùyì nàxiē xì jié.) 그런 지엽적인 것에 너무 신경을 쓰지 마시오. ② 作业过多, 会影响孩子们的健康。(Zuòyè guò duō, huì yǐngxiǎng háizimen de jiànkāng.) 숙제가 너무 많아 아이들의 건강에 영향을 줄 수 있다. ③ 小词典的条目不宜写得过专过深。(Xiǎo cídiǎn de tiáomù bùyí xiě de guò zhuān guò shēn.) 소사전의 항목은 너무 전문적이거나 깊게 묘사하는 것이 적합하지 않다.

[동의어] "过于"(guòyú), "过分"(guòfèn) 역시 "过"의 의미로, 일반적으로 뒤에 쌍음절의 단어가 온다. ① 他提供的材料过于简略。(Tā tígōng de cáiliào guòyú jiǎnlüè.) 그가 제공한 재료는 지나치게 간략하다. ② 因为过于紧张, 他连话也说不出来了。(Yīn wéi guòyú jǐnzhāng, tā lián huà yě shuō bu chūlaile.) 너무 긴장했기 때문에 그는 말조차도 하지 못했다. ③ 过分的生活使他堕落下去了。(Guòfèn de shēnghuó shǐ tā duòluò xiàqùle.) 분수에 넘치는 생활이 그를 타락시켰다. ④ 谦虚是对的, 但是过分谦虚就没有必要了。(Qiānxū shì duì de, dànshì guòfèn qiānxū jiù méiyǒu bìyàole.) 겸손은 옳은 것이지만 지나치게 겸손할 필요는 없다.

[실시] "火车已过安城, 快到大邱了。"(Huǒchē yǐguò Ānchéng, kuài dào Dàqiūle.)(기차가 이미 안성을 지나 곧 대구에 도착한다), "过河就是我们的学校。"(Guò hé jiùshì wǒmen de xuéxiào.)(강만 지나면 바로 우리 학교다)에서 "过"는 동사다.

[过分] guòfèn 부사 "过"(guò)를 참고하라.

[过于] guòyú 부사 "过"(guò)를 참고하라.

[过] guo 조사

(1) 과거를 표시하는 조사로 동사 혹은 형용사 뒤에 사용하여, 동작이나 상황이 이미 발생한 것을 표시한다. 하지만 현재까지 계속되는 것은 아니다. ① 他读过这本书。(Tā dúguo zhè běn shū.) 그는 이 책을 읽은 적이 있다. ② 我不曾见过你。(Wǒ bùcéng jiànguo nǐ.) 나는 너를 만난 적이 없다. ③ 我去年到过北京, 登过长城。(Wǒ

qùnián dàoguo Běijīng, dēngguo Chángchéng.) 나는 작년에 북경에 가서 장성에 올랐다. ④ 前几天曾经冷过, 今天暖和多了。(Qián jǐ tiān céngjīng lěngguo, jīntiān nuǎnhuo duōle.)일찍이 며칠간 추운 적이 있는데 오늘은 많이 따스해졌다.

설명 여기서 앞의 세 예문은 "过"를 동사 뒤에 사용하여, 이러한 동작이 이미 발생하였음을 표시한다 ; 마지막 예문은 "过"를 형용사 뒤에 사용하여, 이러한 상황이 이미 발생하였음을 표시한다. 이러한 종류의 문장에서, "过"는 시간을 표시하는 부사 "曾"이나 "曾经"과 함께 사용한다. 예를 들어, "他曾谈过这本书。"(Tā céng tánguò zhè běn shū.)(그는 이 책을 이야기한 적이 있다), "前几天曾经冷过。"(Qián jǐ tiān céngjīng lěngguo.)(요 며칠간 추운 적이 있다) 등이 있다. "曾"이나 "曾经"을 사용한 것은 과거의 경험을 강조하기 위한 것이다.

(2) 보통 "了"와 함께 사용하여 동작의 변화가 끝난 것을 표시한다. ① 豆子煮过了。(Dòuzi zhǔ guo le.) 콩을 삶았다. ② 我没有去过广州。(Wǒ méiyǒu qùguò Guǎngzhōu.) 나는 광주에 가본 적이 없다. ③ 他前天也来过了。(Tā qiántiān yě láiguole.) 그는 그제도 왔었다.

설명 위의 예문 ①은 동작이 완성될 것을 기대하고 있고 ; 예문 ②는 부정문이고 ; 예문 ③은 변화가 이미 지나갔음을 표시한다. 위의 예문은 모두 "曾"이나 "曾经"을 사용할 수 없다.

正误用例 你们有没有过这种人当朋友的想法呢?(Nǐmen yǒu méiyǒu guò zhè zhǒng rén dāng péngyou de xiǎngfǎ ne? (당신들은 이런 사람을 친구로 삼을 생각이 있습니까?) "过"는 조사로 사용하여, 과거에 이미 어떤 상황이 있었음을 표시한다. 이 문장에서는 아직 사건에 대한 유무를 확정하지 않고 있기 때문에, "过"를 사용할 수 없다. 그러므로 당연히 "你们有这种人当朋友的想法没有?"(Nǐmen yǒu zhè zhǒng rén dāng péngyǒu de xiǎngfǎ méiyǒu?)로 고치면 된다.

[哈] hā 감탄사(의성어)

문장의 처음에 사용하여 만족이나 기쁨, 찬탄, 경이 등을 표시한다. 중첩하여 사용할 수 있다. ① 哈, 这孩子评上了三好学生。(Hā, zhè háizi píng shàngle sān hào xuésheng.) 아! 이 아이가 모범학생(주: 三好学生은 신체·학습·활동이 모두 우수한 학생을 말함)의 평가를 받았다. ② 哈哈, 这回可输给我了。(Hāhā, zhè huí kě shū gěi wǒle.) 아하, 이번은 나에게 졌지. ③ 哈, 真了不起!(Hā, zhēn liǎobuqǐ!) 아! 정말로 대단하다. ④ 哈哈, 他一个人踢进了三个球!(Hāhā, tā yíge rén tī jìnle sān ge qiú!) 하하! 그 혼자서 세 골을 차 넣었다.

[咳] hāi 감탄사

⑴ 문장의 처음에 사용하여 멸시나 분개 혹은 금지를 표시한다. ① 咳, 他怎么竟然干出这样的事来。(Hāi, tā zěnme jìngrán gàn chū zhèyàng de shì lai.) 허! 그가 어떻게 이런 일을 저지를 수 있단 말인가! ② 咳, 谁相信他吹的那一套。(Hāi, shéi xiāngxìn tā chuī dì nà yí tào.) 허참! 누가 그가 떠드는 그것을 믿겠는가! ③ 咳, 前面红灯, 快停车!(Hāi, qiánmiàn hóng dēng, kuài tíngchē!) 어! 앞에 붉은 신호등이야, 빨리 차를 세워!

⑵ 문장의 처음에 사용하여 애석함, 후회 혹은 경이를 표시한다. ① 咳! 我怎么这么糊涂! (Hāi! wǒ zěnme zhème hútú!) 아이구! 내가 왜 이렇게 멍청하지! ② 咳, 我真不该撒这个谎。(Hāi, wǒ zhēn bù gāi sā zhège huǎng.) 아! 나는 정말 이런 거짓말을 해서는 안 된다.

③ 咳, 他一个月干了两个月的工作。(Hāi, tā yíge yue gànle liǎng ge yuè de gōngzuò.) 아! 그는 한 달 동안 두 달 치의 일을 했다.

[还] hái 부사

(1) "여전히"의 의미로, 주로 "虽然"(suīrán), "即使"(jíshǐ) 등의 접속사와 함께 사용하여, 상황이 계속 존재함을 표시한다. ① 废物还可以利用。(Fèiwù hái kěyǐ lìyòng.) 폐기물을 여전히 이용할 수 있다. ② 多年不见, 你还那么年轻。(Duōnián bújiàn, nǐ hái nàme niánqīng.) 여러 해 보지 못하였는데 당신은 여전히 그렇게 젊군요. ③ 他支撑着坐起来, 头还在发晕。(Tā zhīchēngzhe zuòqǐlai, tóu hái zài fā yūn.) 그는 가까스로 일어나 앉았으나 머리는 여전히 어질어질하였다.

비교 여기에서 "还"를 "还是"로 교환할 수 있다 ; "还是"를 사용하면 어감이 다소 강해진다.

(2) "더·더욱"의 의미로, 한 단계 나아감을 표시한다. 접속사 "不但"과 함께 사용할 때 어감이 더욱 강하다. ① 父母的恩情比山还高, 比海还深。(Fùmǔ de ēnqíng bǐ shān hái gāo, bǐ hǎi hái shēn.) 부모의 은혜는 산보다도 높고 바다보다도 깊다. ② 这出戏真好, 看了一遍还想看一遍。(Zhè chū xì zhēn hǎo, kànle yíbiàn hái xiǎng kàn yíbiàn.) 이 연극은 정말 좋다. 한번 보았는데 다시 한 번 더 보고 싶다. ③ 学完这一节, 我还要写一篇报告书。(Xué wán zhè yì jié, wǒ hái yào xiě yì piān bàogào shū.) 이 부분을 배우고 나면 나는 또 한편의 보고서를 써야한다.

(3) "그런 대로·대체로"의 의미로, 기본적으로 이러함을 표시한다. ① 他参加工作以来, 各方面表现还不错。(Tā cānjiā gōngzuò yǐlái, gè fāngmiàn biǎoxiàn hái búcuò.) 그가 일에 참가한 이래로 각 방면의 표현이 대체로 무난하다. ② 我这一时期身体还好。(Wǒ zhè yì shíqī shēntǐ hái hǎo.) 나는 이기간은 몸이 그런 대로 견딜만하다. ③ 冬季施工困难多, 但是进度还算快。(Dōngjì shīgōng kùnnán duō, dànshì jìndù hái suàn kuài.) 겨울철은 시공에 곤란함이 많지만 진도가 그런 대로 빠른 편이다.

(4) "…조차·…까지도"의 의미로, 앞의 구문에 사용하여, 나중 구문과

함께 비교나 추론을 표시한다. 주로 "何况", "更" 등의 허사와 함께 사용하고, 약간 반문의 어감을 갖는다. ① 大人还搬不动, 何况小孩子?(Dàrén hái bān bú dòng, hékuàng xiǎo háizi?) 성인조차도 움직일 수 없는데 하물며 어린애야 어찌하겠는가? ② 七十岁的老人还这样认真学习, 何况我们年轻人?(Qīshí suì de lǎorén hái zhèyàng rènzhēn xuéxí, hékuàng wǒmen niánqīng rén?) 70세의 노인도 이렇게 성실하게 공부하는데 하물며 우리 젊은이들이야 말해 무엇하랴? ③ 废物还可以利用, 何况这部机器只是旧了点, 更应该发挥它的作用。(Fèiwù hái kěyǐ lìyòng, hékuàng zhè bù jīqì zhǐshì jiùle diǎn, gèng yīnggāi fāhuī tā de zuòyòng.) 폐기물까지도 이용할 수 있는데 하물며 이 기계는 조금 오래되었을 뿐 응당 자신의 작용을 발휘해야한다.

(5) "이미·일찍이(曾经)"의 의미로, 경력을 표시한다. 주로 조사 "过"와 같이 사용한다. ① 还在几年以前, 我们研究过这一方案。(Hái zài jǐ nián yǐqián, wǒmen yánjiūguo zhè yì fāngàn.) 이미 몇 년 전에 우리는 이 방안을 연구한 적이 있다. ② 那年在北京, 我还去过长城和定陵。(Nà nián zài Běijīng, wǒ hái qùguo Chángchéng hé Dìng líng.) 그해 북경에서 나는 일찍이 만리장성과 정릉을 가본적이 있다.

(6) "아직"이란 의미로 사용한다. 긍정문과 부정문에 모두 사용할 수 있다. ① 好在离办事还有日子呢。(Hǎo zài lí bànshì hái yǒu rìzi ne.) 다행히 일을 할 때까지는 아직 날짜가 남아 있다. ② 等了一个钟点, 他还没来。(Děngle yíge zhōngdiǎn, tā hái méi lái.) 한 시간이나 기다렸는데, 그는 아직 오지 않았다. ③ 一部分学校还没放暑假。(Yíbùfèn xuéxiào hái méi fàng shǔjià.) 일부 학교는 아직 여름방학을 하지 않았다.

(7) 반문 혹은 감탄의 어감을 표시한다. ① 没想到这事儿, 还真难办!(Méi xiǎngdào zhè shìr, hái zhēn nán bàn!) 의외로 이일은 정말 어렵군! ② 中国人死都不怕, 还怕困难?(Zhōngguó rén sǐ dōu búpà, hái pà kùnnán?) 중국인은 죽음도 두려워하지 않는데 곤란을 두려워하겠는가? ③ 道理很明白, 还用问。(Dàolǐ hěn míngbái, hái yòng wèn.) 이치가 매우 분명한데 물을 필요가 있는가?

주의 "还"를 부사로 사용할 때는 hái로 읽고 huán으로 읽지 않는다.

【还是】 háishi 부사와 접속사 두 가지 용법이 있다.

(一) 부사

(1) "아직도·여전히"의 의미로, 주로 "虽然"(suīrán), "即使"(jíshǐ)" 등의 접속사와 함께 사용하고, 상황이 계속 존재함을 표시한다. ① 废物还是可以利用。(Fèiwù háishi kěyǐ lìyòng.) 폐기물은 아직도 이용할 수 있다. ② 多年不见, 你还是那么年轻。(Duōnián bújiàn, nǐ háishi nàme niánqīng.) 여러 해 보지 못했지만 당신은 여전히 그렇게 젊다. ③ 尽管今天风大, 他们还是照常出工。(Jǐnguǎn jīntiān fēng dà, tāmen háishi zhàocháng chū gōng.) 오늘은 바람이 거세지만 그들은 여전히 평상시대로 일하러 나간다.

[비교] 위의 예문에서 "还是"를 "还"로 교체 사용할 수 있지만 어감이 다소 평범해진다.

(2) "…을 하는 편이 (더) 좋다"의 의미로, 비교를 한 후 내린 선택을 표시한다. ① 你比我熟悉情况, 这个会还是你去参加吧。(Nǐ bǐ wǒ shúxī qíngkuàng, zhège huì háishi nǐ qù cānjiā ba.) 당신은 나보다 상황을 잘 아니 이 회의는 당신이 참가하는 것이 좋다. ② 你还是去一下好, 否则无法全面了解情况。(Nǐ háishi qù yíxià hǎo, fǒuzé wúfǎ quánmiàn liǎojiě qíngkuàng.) 당신은 역시 가는 것이 좋다. 그렇지 않으면 전반적인 상황을 이해할 방법이 없다. ③ 天气凉了, 还是多穿点儿吧。(Tiānqì liángle, háishi duō chuān diǎnr ba.) 날씨가 차졌으니, 옷을 좀 더 입는 것이 좋겠다.

(3) "결국"의 의미로, 어감을 강조함을 표시한다. ① 还是你办法多, 一下子把问题解决了。(Háishi nǐ bànfǎ duō, yíxiàzi bǎ wèntí jiějuéle.) 결국은 당신이 수단이 많아 문제를 일시에 해결했다. ② 还是坐汽车快, 不到半天就到家了。(Háishi zuò qìchē kuài, bú dào bàntiān jiù dàojiāle.) 결국 자동차를 타는 것이 빠르다 반나절도 못되어 집에 도착했다. ③ 骗人的事终究还是行不通的。(Piànrén de shì zhōngjiū háishi xíng bu tōng de.) 사람을 속이는 행위는 결국 통하지 않는다.

(二) 접속사

(1) "또는·아니면(或者)"의 의미로, 여러 항목 중에 하나를 선택함을 표시한다. ① 你们去还是不去?(Nǐmen qù háishi bú qù?) 당신들은

가는 가 혹은 안 가는가? ② 先去北京还是先去天津没有最后定。 (Xiān qù Běijīng háishi xiān qù Tiānjīn méiyǒu zuìhòu dìng.) 먼저 북경을 갈 것인지 또는 천진을 갈 것인지 최후 결정을 하지 않았다. ③ 竖着写, 还是横着写? (Shùzhe xiě, háishi héngzhe xiě?) 세로로 쓰느냐 아니면 가로로 쓰느냐?

⑵ "无论"(wúlùn), "不管"(bùguǎn) 등의 접속사와 함께 사용하고, 언급한 조건의 제한을 받지 않음을 표시한다. ① 无论唱歌还是跳舞, 她样样都行。(Wúlùn chànggē háishi tiàowǔ, tā yàng yàng dōu xíng.) 노래를 하든 아니면 춤을 추던 그녀는 모두 할 수 있다. ② 无论大事还是小事, 大家都愿意找他商量。(Wúlùn dàshì háishi xiǎoshì, dàjiā dōu yuànyì zhǎo tā shāngliàng.) 큰일이건 작은 일이건 간에 모두 그와 의논하기를 원한다. ③ 不管刮风还是下雨, 他天天准时到校。(Bùguǎn guā fēng háishi xià yǔ, tā tiāntiān zhǔnshí dào xiào.) 태풍이 불건 비가 오건 간에 그는 매일 정시에 학교에 도착한다.

> **설명** 여기에서 "还是"를 생략할 수도 있다 ; "还是"를 생략하면 어감이 비교적 긴박해진다.

[毫] háo 부사

"전혀·조금도"(一点儿)의 의미로, 부정문에 쓰여 수량이 매우 작은 것을 표시한다. 부정 부사 "不", "无", "没" 등의 단어 앞에 사용하여 철저한 부정을 표시한다. ① 他早已年过六十, 但毫不见老。(Tā zǎoyǐ nián guō liù shí, dàn háo bú jiànlǎo.) 그는 이미 나이가 60이 넘었는데도, 조금도 늙어 보이지 않는다. ② 虽然经过多次失败, 但他毫不灰心。(Suīrán jīngguò duō cì shībài, dàn tā háo bù huīxīn.) 비록 여러 차례 실패를 경험했지만 그는 전혀 낙심하지 않는다. ③ 尽其能事, 但是丝毫没有效果。(Jìn qí néngshì, dànshì sīháo méiyǒu xiàoguǒ.) 능력을 다했지만, 조금도 효과가 없었다.

> **설명** "毫"를 "不"와 함께 사용하여 앞의 두 예문처럼 "조금도 그렇지 않다"라는 의미를 표시한다. "毫"를 "无", "没"와 함께 사용하여 뒤의 두 예문처럼 "조금도 …함이 없다"라는 의미를 표시한다.

【好】 hǎo 부사와 감탄사 두 가지 용법이 있다.

(一) 부사

⑴ "얼마나", "많이"의 의미로, 정도가 깊음을 강조하며 감탄의 어감이 있다. ① 时间过得好快, 春节又到了。(Shíjiān guò de hǎo kuài, chūnjié yòu dàole.) 시간이 지나는 것이 얼마나 빠른가, 벌써 봄이 되었다. ② 今天好冷, 河水都结冰了。(Jīntiān hǎo lěng, héshuǐ dōu jiébīngle.) 오늘은 많이 추워서 강물이 모두 얼어버렸다. ③ 星期天孩子们回来, 家里好热闹。(Xīngqītiān háizimen huílai, jiāli hǎo rènào.) 일요일에 아이들이 돌아와 집이 매우 흥청거린다. ④ 这人好狠心, 居然杀害他的兄弟。(Zhè rén hǎo hěn xīn, jūrán shāhài tā de xiōngdì.) 이 사람은 마음이 매우 모질다. 자기의 친동생을 죽이다니.

⑵ 수량이 많고 시간이 긴 것을 표시한다. 주로 "多", "几", "一会" 등과 함께 사용한다. ① 星期天我家来了好多同学。(Xīngqītiān wǒjiā láile hǎoduō tóngxué.) 일요일에 우리 집에 많은 친구들이 왔다. ② 他已经好几年没回家了。(Tā yǐjīng hǎo jǐ nián méi huí jiāle.) 그는 이미 여러 해 집에 돌아가지 않았다. ③ 我等了好久她才来。(Wǒ děngle hǎojiǔ tā cái lái.) 내가 오래 기다리자 그녀가 비로소 왔다.

⑶ "할 수 있는", "응당"의 의미로, 희망과 목적을 표시한다. ① 夜已经很深, 你好睡吧。(Yè yǐjīng hěn shēn, nǐ hǎo shuìba.) 밤이 이미 매우 깊었다, 당연히 네가 잠잘 시간이다. ② 买了部词典, 随时好查阅。(Mǎile bù cídiǎn, suíshí hǎo cháyuè.) 사전을 사면 언제든지 찾아 볼 수 있다. ③ 我好进去看看吗?(Wǒ hǎo jìnqù kàn kan ma?) 내가 들어가서 보아도 되겠습니까?

⑷ "쉬운", "편리한"의 의미로, 방식 혹은 목적을 표시한다. ① 这道题好做, 那道题难做。(Zhè dào tí hǎo zuò, nà dào tí nán zuò.) 이 문제는 풀기 쉽고 그 문제는 풀기 어렵다. ② 准备一下, 我们好出发。(Zhǔnbèi yíxià, wǒmen hǎo chūfā.) 내일 출발하기 편하게 준비하자. ③ 开架售书, 好让大家挑选。(Kāijià shòu shū, hǎo ràng dàjiā tiāoxuǎn.) 개가식으로 책을 팔면 모든 사람들이 (책을) 고르기가 편리하다.

⑸ "容易(róngyì)" 앞에 사용하여, 반대의 의미로 해석할 수 있다. ① 这道习题好容易, 谁都会算。(Zhè dào xítí hǎo róngyì, shéi dōu uì suàn.) 이 문제는 아주 쉬워서 누구나 다 풀 수 있다. ② 这道习题好容易才算出来。(Zhè dào xítí hǎo róngyì cái suàn chūlai.) 이 문제는 (너무 어려워) 간신히 계산해 냈다. ③ 好容易才把它驯服下来。(Hǎo róngyì cái bǎ tā xùnfú xiàlai.) 겨우 그것을 길들였다.

[비교] 앞의 예문의 "好容易"(hǎo róngyì)는 "很容易"(hěn róngyì)의 의미로, "容易"에 대한 긍정을 표시하지만, 뒤의 예문 ②와 ③에서 "好容易"는 "很不容易"의 의미로, "容易"에 대한 부정을 표시한다. ; 그러므로 "好不容易"라고 말할 수 있다. 이럴 때는 상하문의 문맥을 보고 판단해야 한다.

⑹ "好"를 동사 뒤에 사용하여, 동작 행위의 완성을 표시한다. ① 计划早已安排好了。(Jìhuà zǎoyǐ ānpái hǎole.) 계획을 일찍이 이미 안배했다. ② 请你吃好饭就回来。(Qǐng nǐ chī hǎo fàn jiù huílai.) 당신은 식사를 마치고 곧 돌아오세요. ③ 这件事我们早商量好了。(Zhè jiàn shì wǒmen zǎo shāngliáng hǎole.) 이 일은 우리가 이미 오래 전에 의논을 다 한 것이다.

(二) 감탄사

문장의 처음에 사용하여, 칭찬·동의·결속·불만 등의 어감을 표시한다. ① 好! 你说得完全正确。(Hǎo! Nǐ shuō de wánquán zhèngquè.) 아! 당신이 말한 것이 완전히 정확합니다. ② 好! 就这样办。(Hǎo! Jiù zhèyàng bàn.) 좋아요! 이렇게 처리합시다. ③ 好! 想不到他竟是那种人。(Hǎo! Xiǎngbudào tā jìng shì nà zhǒng rén.) 아이고! 그가 그런 사람이라고는 생각하지도 못했다.

[실시] "病已经好了。"(Bìng yǐjīng hǎole.)(병이 이미 나았다.), "天气正在好起来。"(Tiānqì zhèngzài hǎoqǐlai.)(날씨가 마침 좋아지기 시작한다)에서 "好"는 형용사다.

[好不] hǎobù 부사

"매우"의 의미로, 소수의 쌍음절 형용사 앞에 사용하여, 정도가 깊음을 표시한다. 특정한 감정적 색채를 띤다. "好"와 교환하여 사용할 수 있다. ① 星期天孩子们回来, 家里好不热闹。(Xīngqītiān háizimen huílai, jiāli hǎobù rènào.) 일요일에 아이들이 돌아와서 집안이 매우 번잡하다. ② 那本参考书好不容易才在图书馆借到。(Nà běn cānkǎo shū hǎobù róngyì cái zài túshū guǎn jiè dào.) 그 참고서를 매우 어렵게 도서관에서 간신히 빌렸다. ③ "好不高兴"是"高兴"还是"不高兴"? (Hǎobù gāoxìng shì gāoxìng háishi bù gāoxìng?) "매우 즐겁다"는 "즐겁다"인가 아니면 "즐겁지 않다"인가?

비교 여기에서 "好不热闹"(hǎobù rènào)는 "很热闹"(hěn rènào)의 의미로, "热闹"에 대한 긍정을 표시한다. 또 후반 예문에서 "好不容易"는 "很不容易"의 의미로, "容易"에 대한 부정을 표시한다. ; "好不"의 이러한 두 가지 의미는 서로 반대되는 것으로 상하문맥에 근거하여 판단하여야 한다.

[好歹] hǎodǎi 부사

(1) "대충대충"의 의미로, 조건이 어떤지를 따지지 않음을 표시한다. ① 急着赶火车, 好歹吃一点再走吧。(Jízhe gǎn huǒchē, hǎodǎi chī yìdiǎn zài zǒu ba.) 기차시간에 서둘러야하니 대충 먹고 곧 떠나자. ② 好歹了事。(Hǎo dǎi liǎo shì.) 일을 대충 끝내다. ③ 这个脸盆并不漏, 好歹修一下还可以用上一段时间。(Zhège liǎn pén bìng bú lòu, hǎodǎi xiū yíxià hái kěyǐ yòng shàng yíduàn shíjiān.) 이 세숫대야는 새지 않으니 대충 고치면 아직 상당기간 사용할 수 있다.

(2) "어쨌든"의 의미로, 사건이 결국은 발생하게 될 것을 표시한다. ① 好歹是个成物, 毁了很可惜的。(Hǎodǎi shìge chéng wù, huǐle hěn kěxí de.) 어쨌든 완성품인데 망가졌으니 정말 아깝다. ② 如果他在这里, 好歹会出个主意。(Rúguǒ tā zài zhèlǐ, hǎodǎi huì chū ge zhǔyi.) 만약 그가 여기에 있다면 어쨌든 의견을 낼 것이다. ③ 您放心, 好歹让救女儿还你。(Nín fàngxīn, hǎodǎi ràng jiù nǚr huán nǐ.) 당신은 안심하세요, 어떻게 해서든지 따님을 구해드리겠습니다.

실사 "你这个人怎么不知好歹?"(Nǐ zhège rén zěnme bùzhī hǎodǎi?) (당신은 어떻게 옳고 그른 것을 모르는가?), "万一他有个好歹怎么办!"(Wànyī tā yǒu ge hǎodǎi zěnme bàn!)(만일 그가 잘잘못이 있으면 어떻게 하지!)에서 "好歹"는 시비·잘잘못의 의미로 명사다.

[好生] hǎoshēng 부사

(1) "대단히"의 의미로, 정도가 깊음을 표시한다. ① 这个人好生面熟, 原来是大学的同学。(Zhège rén hàoshēng miànshú, yuánlái shì dàxué de tóngxué.) 이 사람은 매우 낯이 익은데 원래 대학동창이다. ② 难得见到铁树开花, 大家好生奇怪。(Nándé jiàn dào tiěshù kāihuā, dàjiā hàoshēng qíguài.) 소철에 꽃이 피는 것을 보기는 매우 어렵듯이 모두 매우 이상하게 생각한다.

(2) "충분히"의 의미로, 반드시 이루어야 하는 일정한 정도를 표시한다. ① 你好生休养, 争取早日恢复健康。(Nǐ hàoshēng xiūyǎng, zhēngqǔ zǎorì huīfù jiànkāng.) 당신은 충분히 휴양하여 빨리 건강을 회복해야한다. ② 别生气, 有话好生说么!(Bié shēngqì, yǒu huà hàoshēng shuō me!) 화를 내지 마라. 할 말이 있으면 충분히 할 수 있잖아. ③ 他们没有好生睡觉。(Tāmen méiyǒu hàoshēng shuìjiào.) 그들은 충분히 자지 못했다.

[好象] hǎoxiàng 부사

"마치… 같다"의 의미로, 상황이 다소 유사한 것을 표시하지만, 추측일 뿐 확실한 것은 아니다. 때로는 조사 "似的", "一样"과 함께 사용한다. ① 好象每个人都很痛苦。(Hǎo xiàng měigè rén dōu hěn tòngkǔ.) 사람들 모두 매우 고통스러워하는 것 같다. ② 听口音, 他好象是广东人。(Tīng kǒuyīn, tā hǎoxiàng shì Guǎngdōng rén.) 발음을 들으니 그는 광동 사람인 것 같다. ③ 他外表好象很瘦弱, 其实身体挺好。(Tā wàibiǎo hǎoxiàng hěn shòuruò, qíshí shēntǐ tǐng hǎo.) 그는 겉모습은 매우 약한 것 같지만 사실 몸이 매우 건강하다. ④ 他们好象态度有变化了。(Tāmen hǎo xiàng tàidu yǒu biànhuà le.) 그들은 태도가 변한 것 같다.

동의어 "象"과 "好象"은 의미가 같아 일반적으로 교환하여 사용할 수 있다. "象"은 뒤에 단음절의 단어가 많이 온다.

실사 "她的相貌象妈妈。"(Tā de xiàngmào xiàng māma.)(그녀의 모습은 엄마를 닮았다)에서 "象"은 동사다.

[好在] hǎozài 부사

"다행히도"의 의미로 원인을 가리키며, 사건이 본래 유리한 조건을 갖추고 있음을 표시한다. 일반적으로 주어 앞에서 사용한다. ① 好在他是本地人, 一下就找到了那位朋友。(Hǎo zài tā shì běndì rén, yíxià jiù zhǎodàole nà wèi péngyou.) 다행히도 그는 현지인이라 곧 그 친구를 찾았다. ② 以后再谈吧, 好在我们是常见面的。(Yǐhòu zài tán ba, hǎo zài wǒmen shì cháng jiànmiàn de.) 우리는 늘 만나니까 나중에 다시 이야기 합시다. ③ 他好在还有个姐姐。(Tā hǎozài háiyǒu ge jiějie.) 그는 다행히 또 누나가 있다.

[비교] "多亏"(duōkuī), "幸亏"(xìngkuī), "幸而"(xìng'ér), "幸好"(xìnghǎo)는 의미가 "好在"와 유사하지만, 요행의 조건을 찾아 불리한 상황을 없애버리는 것을 표시한다. 우연이란 느낌을 띈다. ① 多亏你把他送医院了。(Duōkuī nǐ bǎ tā sòng yīyuàn le.) 다행히도 당신이 그를 병원으로 이송했다. ② 幸亏受害者不多。(Xìngkuī shòuhàizhě bù duō.) 다행히도 다친사람이 많지 않다. ③ 幸而夏天已过, 不挂蚊帐也没关系。(Xìng'ér xiàtiān yǐguò, bú guà wénzhàng yě méi guānxi.) 다행히 여름이 이미 지나서 모기장을 걸지 않아도 상관이 없다.

[和] hé 접속사와 개사 두 가지 용법이 있다.

(一) 접속사

⑴ 병렬의 단어나 구문을 연결한다. ① 日班和夜班的工人正在换班。(Rì bān hé yèbān de gōngrén zhèngzài huànbān.) 주간반과 야간반 노동자들이 교대를 하고 있다. ② 我们学习英语和日语。(Wǒmen xuéxí Yīngyǔ hé Rìyǔ.) 우리는 영어와 일어를 배운다. ③ 人的正确思想, 只能从宗教、教育和科学这三项实践中来。(Rén de zhèngquè sīxiǎng, zhǐ néng cóng zōngjiào、jiàoyù hé kēxué zhè sān xiàng shíjiàn zhōng lái.) 사람의 정확한 사상은 종교 교육과 과학 등 세 항목의 실천을 통해서만 나온다.

[설명] 병렬문장에서 "和"의 작용은 부호 "、"와 같고, "和"를 사용하는 곳에서는 부호 "、"로 대체할 수 있다. 일반적인 습관에 의

하면 단지 두 가지만을 나열할 때는 "和"를 사용하고, 두 가지 이상을 나열할 때는 마지막 항목 앞에 "和"를 사용한다.

⑵ "혹", "아니면"의 의미로, 나열된 여러 항목 중에 한 가지를 선택함을 표시한다. ; 때로는 "无论", "不论" 등의 접속사와 같이 사용한다. ① 去和不去, 由你自己决定。(Qù hé bú qù, yóu nǐ zìjǐ juédìng.) 갈지 혹은 가지 않을지는 당신 스스로 결정해라. ② 两本书内容差不多, 买这一本和买那一本都可以。(Liǎng běn shū nèiróng chàbuduō, mǎi zhè yì běn hé mǎi nà yì běn dōu kěyǐ.) 두 책의 내용이 거의 비슷하여 이 책을 사던 아니면 저 책을 사던 모두 좋다. ③ 不论刮风、下雨和下雪, 他天天准时到校。(Búlùn guā fēng, xià yǔ hé xià xuě, tā tiāntiān zhǔnshí dào xiào.) 바람이 불고, 비가 오나 눈이 오나 그는 매일 정각에 학교에 온다.

> 주의 "和"를 "或者"의 의미로 사용할 때는, 공통으로 선택한 여러 항목들이 반드시 동시에 존재하여야 하며 통괄하는 범위 안에 있어야만 한다. 그렇지 않으면 "或"나 "或者"를 사용해야하며, "和"를 사용할 수 없다. 예를 들어, "进校门必须出示工作证或学生证。"(Jìn xiàomén bìxū chūshì gōngzuòzhèng huò xuésheng zhèng.)(교문을 들어가려면 반드시 신분증이나 학생증을 제시해야한다) "我明天或者后天动身。"(Wǒ míngtiān huòzhě hòutiān dòngshēn.)(나는 내일 아니면 모래 출발하려 한다)라고 해야 한다.

(二) 개사

용법은 "同"(tóng)과 같고, 관련이 있거나 함께 하는 사람이나 사물을 표시한다. ① 这件事和他毫无关系。(Zhè jiàn shì hé tā háo wú guānxi.) 이일은 그와 아무런 관계도 없다. ② 厂长经常和工人一起劳动。(Chǎng zhǎng jīngcháng hé gōngrén yìqǐ láodòng.) 공장장은 항상 직원과 같이 노동을 한다. ③ 他昨天和我们在一起。(Tā zuó tiān hé wǒmen zài yìqǐ.) 그는 어제 우리와 함께 있었다.

> 설명 "和"를 개사로 사용할 때는, 전후의 단어가 병렬관계가 아니다. 예문 ②에서 "和" 앞에 "经常"을 사용하였고, 예문 ③에서는 "和" 앞에 "昨天"을 사용했다. 그러므로 "和"가 개사라는 것을 쉽게 알 수가 있다.

> 비교 "同", "跟", "与"의 의미와 용법은 "和"와 같고 품사는 접속사 혹

은 개사이다. 의미를 더욱 명확하게 표현하기 위하여, 일반적으로 “和”는 접속사로 사용하고, “同”, “跟”은 개사로 사용한다. 그리고 “与”는 문언이고 구어체에서는 많이 사용하지 않으며 주로 서면어에서 개사로 많이 사용한다.

正误用例 (1) 上车必须立即购票和出示本人月票。(Shàng chē bìxū lìjí gòu piào hé chūshì běnrén yuèpiào.) 차를 타면 반드시 바로 표를 사거나 아니면 본인의 정기권을 보여야한다.

(2) 我们必须坚持勤俭办企业的原则, 和大手大脚、贪污浪费和一切不正之风作斗争。(Wǒmen bìxū jiānchí qínjiǎn bàn qǐyè de yuánzé, hé dàshǒu dàjiǎo, tān wū làngfèi hé yíqiè bú zhèng zhī fēng zuò dòuzhēng.) 우리는 반드시 근검하게 기업을 운영하는 원칙을 견지해야 한다. 돈을 물쓰듯 하고 낭비 탐욕 나아가 모든 부정한 풍토와 투쟁해야한다.

(3) 目前农村的形势和任务和生产情况已经和过去大不相同了。(Mùqián nóngcūn de xíngshì hé rènwù hé shēngchǎn qíngkuàng yǐjīng hé guòqù dà bù xiāngtóngle.) 목전의 농촌의 형세와 임무 생산상황은 이미 과거와 크게 다르다.

여기서 “和”는 접속사 또는 개사이므로 주의하여 구별하여야 한다. 위의 예문 (1)에서 “和”는 접속사이지만, “立即购票”(lìjí gòu piào)와 “出示本人月票”(chūshì běnrén yuèpiào)를 동시에 승객에게 요구할 수는 없다. 그러므로 “和”를 “或”이나 “或者”로 고쳐야 한다.

예문 (2)에서 앞의 “和”는 개사이고, 뒤의 “和”는 접속사이다. 한 문장 안에서 관계가 확실하지 않다. 앞의 “和”는 “同”이나 “跟”으로 고칠 수 있고, 뒤의 “和”는 경중(轻重)과 주요(主要)와 차요(次要)의 구분이 있으므로 “以及”로 고치는 편이 더 좋다.

예문 (3)에서는 세 개의 “和”를 사용하고 있어 더욱 부자연스럽다. 첫 번째 “和”는 접속사이므로 부호 “、”를 사용하여 고칠 수 있고, 세 번째 “和”는 개사이므로 당연히 “跟”으로 고쳐야 한다.

【何必】 hébì 부사

“구태여 …할 필요가 있는가?”의 의미로, 반문의 어감을 사용하여 그렇게 할 필요가 없음을 표시한다. 문장 끝에 일반적으로 의문부호를 첨가한다. ① 既然不会下雨, 何必带伞?(Jìrán bú huì xià yǔ, hébì dài sǎn?) 비가 올 리 없는데 구태여 우산을 가지고 갈 필요가 있는가? ② 咱们是老朋友, 何必客气? (Zánmen shì lǎo péngyou, hébì kèqì?) 우리는 오랜 친구인데 구태여 사양할 필요가 있는가? ③ 这种事情极平常, 何必大惊小怪!(Zhè zhǒng shìqing jí píngcháng, hébì dàjīng xiǎoguài!) 이 일은 매우 평범한데 하찮은 일에 크게 놀랄 필요가 있는가? ④ 我只是开个玩笑而已, 何必当真呢?(Wǒ zhǐshì kāi ge wánxiào éryǐ, hébì dàng zhēn ne?) 나는 단지 농담을 했을 뿐인데 진담으로 여길 필요가 있는가?

[何不] hébù 부사

"어찌…하지 않느냐?"의 의미로, 반문의 어감을 사용하여 당연히 어떠함을 표시한다. 권유의 의미가 있고 문장 끝에 의문부호를 사용한다. ① 何不叫你女朋友一起来?(Hébù jiào nǐ nǚpéngyou yìqǐlái?) 왜 네 여자친구와 함께 오지 않았니? ② 担心发言没条理, 何不先写个提纲?(Dānxīn fāyán méi tiáolǐ, hébù xiān xiě ge tígāng?) 말하는 것에 조리가 없음을 걱정하면서 어찌 먼저 제요를 쓰지 않는가? ③ 他是行家, 何不向他请教? (Tā shì hángjiā, hébù xiàng tā qǐngjiào?) 그는 전문가인데 어찌 그에게 가르침을 청하지 않는가? ④ 他今天进城, 有事何不托他代办? (Tā jīntiān jìn chéng, yǒushì hébù tuō tā dàibàn?) 그가 오늘 시내에 늘어가는데 일이 있으면 어찌 그에게 대신 부탁하지 않는가?

[何曾] hécéng 부사

"언제 …한 적이 있는가?"의 의미로, 반문의 어감을 사용하여 사건이 아직 발생하지 않았음을 표시한다. 부정을 강조한다. 일반적으로 조사 "过"와 함께 사용한다. 서면어에서 사용한다. ① 我何曾知道他是如此不讲道理的人。(Wǒ hécéng zhīdào tā shì rúcǐ bù jiǎng dàolǐ de rén.) 그가 이렇게 비이성적인 사람인줄 내가 어찌 알았겠는가? ② 他何曾不是如此?(Tā hécéng búshì rúcǐ?) 그가 언제 이렇지 않은 적이 있는가? ③ 恐龙是古代的动物, 咱们何曾见过?(Kǒnglóng shì gǔdài de dòngwù, tāmen hécéng jiànguo?) 공룡은 고대의 동물이다. 우리들이 언제 본적이 있는가? ④ 我何曾说过明天开会, 大概你听错了。
(Wǒ hécéng shuōguo míngtiān kāihuì, dàgài nǐ tīng cuò le.) 내가 언제
내일 회의를 연다고 말한 적이 있는가? 아마도 당신이 잘못 들었겠지.

[何尝] hécháng 부사

"언제 …한 적이 있는가?"의 의미로, 반문의 어감을 사용하여 긍정 혹
은 부정을 표시하며 주로 서면어에서 많이 사용한다. ① 我何尝见过
草原赛马, 只是听说罢了。(Wǒ hécháng jiànguo cǎoyuán sàimǎ,
zhǐshì tīng shuō bàle.) 내가 언제 초원에서 경마 시합하는 것을 본적이
있는가, 단지 들어보았을 뿐이다. ② 我何尝不想去, 只是没工夫吧。
(Wǒ hécháng bù xiǎng qù, zhǐshì méi gōngfū ba.) 내가 언제 가지 않으
려고 했느냐, 단지 시간이 없을 뿐이다. ③ 我何尝不想多看点书, 只
是工作忙, 看得很少。(Wǒ hécháng bù xiǎng duō kàn diǎn shū, zhǐshì
gōngzuò máng, kàn de hěn shǎo.) 내가 언제 책을 읽지 않으려 했는
가? 단지 일이 바빠서 보는 것이 매우 적을 뿐이다.

설명 "何尝"을 긍정의 단어 앞에 사용하여 부정을 표시한다. ; 이는
앞의 예문 ①②에서 "何尝见过"(hécháng jiànguo)는 바로 "한번
도 본적이 없다"는 의미이다. 반대로 "何尝"을 부정의 단어 앞에
서 사용하면 긍정을 표시한다. 위의 예문 ③에서 "何尝不想多
看"(hécháng bù xiǎng duō kàn)은 바로 "매우 많이 보고 싶다",
"何尝不是如此"(hécháng bú shì rú cǐ)는 바로 "완전히 이와 같
다"라는 의미이다. 반문을 사용하여 긍정이나 부정을 표시하는
것은 어감을 가중시키기 위한 것이다.

[何等] héděng 부사

"얼마나"의 의미로, 감탄의 어감을 사용하여 정도가 매우 깊음을 강조
한다. ① 这孩子十四岁就上大学, 十七岁提前毕业, 何等聪明。(Zhè
háizi shísì suì jiù shàng dàxué, shíqī suì tíqián bìyè, héděng cōngmíng.)
이 아이는 14살에 대학에 들어가 17살에 앞당겨 졸업을 했다. 얼마나
총명한가. ② 小陈这种舍己救人的风格何等感人啊! (Xiǎo Chén zhè
zhǒng shě jǐ jiù rén de fēnggé héděng gǎnrén a!) 소진의 자신을 버리
고 타인을 구하는 품격은 얼마나 감동적인가! ③ 他们生活得何等幸

福。(Tāmen shēnghuó de héděng xìngfú.) 그들의 생활은 얼마나 행복한가!

[何妨] héfāng 부사

"무슨 상관이 있겠는가"의 의미로 반문의 어감을 사용하여 이렇게 하여도 무방함을 표시하며 격려의 어감이 있다. 서면어에서 사용한다. ① 你何妨不出国留学呢？(Nǐ héfáng bù chūguó liúxué ne？) 너는 왜 출국하여 유학을 가려하지 않은가? ② 一个方案没法比较, 何妨多拟几个方案?(Yíge fāngàn méi fǎ bǐjiào, héfáng duō nǐ jǐ ge fāngàn?) 한 가지 방안은 비교할 수 없으니 몇 가지 방안을 더 만드는 것도 무방하지 않은가? ③ 一次不解决问题, 何妨不再去一次?(Yícì bù jiějué wèntí, héfáng bú zài qù yícì?) 한 번에 문제를 해결하지 못하면 왜 다시 해보지 않는가? ④ 没有做过的事, 何妨试一试?(Méiyǒu zuòguo de shì, héfáng shì yi shì?) 해본 적이 없던 일을 한번 해보아도 무슨 상관이 있는가?

[비교] "不妨"과 "何妨"은 모두 격려의 의미를 갖고 있지만, "不妨"은 반문의 어감이 없다. 만약 위의 예문에서 "何妨"을 "不妨"으로 바꾸면 문장 끝에 의문부호를 사용할 수 없다.

[何苦] hékǔ 부사

"무엇 때문에 안타까워하는가?"의 의미로, 반문의 어감으로 이렇게 하는 것은 가치가 없음을 표시한다. ① 你何苦为这点小事情流眼泪?(Nǐ hékǔ wèi zhè diǎn xiǎo shìqing liú yǎnlèi?) 당신은 무엇 때문에 이 작은 일을 가지고 눈물을 흘리는가? ② 你何苦老是计较这些小事呢?(Nǐ hékǔ lǎoshi jìjiào zhèxiē xiǎoshì ne?) 당신은 무엇 때문에 늘 이런 사소한 일을 따지느냐? ③ 你何苦去那么早呢？(Nǐ hékǔ qù nàme zǎo ne?) 무엇 때문에 당신은 이렇게 일찍 가는가?

[비교] "何苦"는 "何必"와 교환하여 사용할 수 있다 ; "何必"를 사용하면 필요가 없음을 강조한다.

[何況] hékuàng 접속사

“하물며·더군다나”의 뜻으로 의미가 더욱 발전한 것을 표시하며, 전후 대비되는 의미를 띤다. 반문의 어감이 있다. 주로 “尚且”(shàngqiě), “都”(dōu)과 같이 사용한다. 앞에 부사 “又”(yòu), “更”(gèng) 등을 사용할 수 있다. ① 圣人尚且有错处, 何况你我呢。(Shèngrén shàngqiě yǒu cuòchu, hékuàng nǐ wǒ ne.) 성인도 잘못이 있는데, 하물며 우리야. ② 山路很难走, 何况还下着雨。(Shānlù hěn nán zǒu, hékuàng hái xiàzhe yǔ.) 산길은 걷기 매우 힘들다. 하물며 비가 내리는데 어떻겠는가? ③ 经常复习都不容易巩固, 又何况不复习。(Jīngcháng fù xí dōu bù róngyì gǒnggù, yòu hékuàng bú fù xí.) 항상 복습을 해도 완벽하게 하기가 어려운데 더군다나 복습을 하지 않으면 어떻겠는가? ④ 整篇论文都能翻译, 何况这么简单的句子呢! (Zhěng piān lùnwén dōu néng fānyi, hékuàng zhème jiǎndān de jùzi ne!) 논문 전편도 번역할 수 있는데 하물며 이렇게 간단한 문장은 말할 것도 없다.

> **동의어** “而况(érkuàng)”과 “何况”(hékuàng)은 의미가 같지만, “而况”은 주로 서면어에서 사용하며 앞에 부사 “又”, “更” 등을 사용하지 않는다.

[何其] héqí 부사

“얼마나”의 의미로 정도가 깊은 것을 표시한다. 서면어에서 사용한다. ① 远眺西湖, 风景如画, 祖国山河何其美呀!(Yuǎn tiào Xīhú, fēngjǐng rú huà, zǔguó shānhé héqí měi ya!) 멀리 서호를 바라보니 풍경이 그림과 같다. 조국의 강산은 얼마나 아름다운가! ② 古代帝王总以为可以世代家天下, 何其狭隘。(Gǔdài dìwáng zǒng yǐwéi kěyǐ shìdài jiā tiānxià, héqí xiáài?) 고대의 제왕들은 항상 천하를 후손이 계승할 수 있다고 생각했으니 얼마나 생각이 협소한가? ③ 这家伙为掩盖罪行想杀人灭口, 居心何其险恶!(Zhè jiāhuo wèi yǎngài zuìxíng xiǎng shārén mièkǒu, jūxīn héqí xiǎnè!) 그 놈은 죄를 숨기기 위하여 살인멸구를 하려하였으니 그 마음이 얼마나 흉험한가!

> **설명** “何其相似乃尔”(héqí xiāngsì nǎi'ěr)은 숙어로 그 의미는 “어떻게 이렇게 둘이 닮을 수가 있는가?”이다. 양자를 비교하여 차이

가 없음을 표시한다. "乃尔"은 "이와 같이"라는 뜻이다. 폄의(贬义)에 쓰인다.

【很】 hěn 부사

(1) 부사어로 많이 쓰이며 "매우"의 의미로, 정도가 상당히 높음을 표시하지만 최고인 것은 아니다. ① 顾客很多, 售货员应接不暇。(Gùkè hěn duō, shòuhuò yuán yìng jiē bù xiá.) 고객이 매우 많아서, 점원은 응대하느라 틈이 없다. ② 他是个很聪明的孩子。(Tā shì ge hěn cōngmíng de háizi.) 그는 매우 총명한 아이다. ③ 奶奶很爱孩子们。(Nǎinai hěn ài háizimen.) 할머니는 아이들을 매우 사랑한다. ④ 老师对班级的情况很了解。(Lǎoshī duì bānjí de qíngkuàng hěn liǎojiě.) 선생님은 학급의 상황을 잘 이해하고 계시다.

(2) 형용사 뒤에서 보어로 사용하여 정도가 높음을 나타낸다. 이때 구조조사 "得"를 사용한다. ① 他的病重得很。(Tā de bìng zhòng de hěn.) 그의 병은 몹시 위중하다. ② 今天的报告精彩得很。(Jīntiān de bàogào jīngcǎi de hěn.) 오늘의 보고는 매우 뛰어났다. ③ 多年不见, 很想奶奶。(Duōnián bújiàn, hěn xiǎng nǎinai.) 몇 년 동안 만나지 못했더니 할머니 생각이 간절하다. ④ 近来他忙得很。(Jìnlái tā máng de hěn.) 요즈음 그는 몹시 바쁘다.

> **설명** "很"의 앞이나 뒤에 모두 부정 부사 "不"를 사용할 수 있지만 그 작용은 다르다. "不"를 "很" 앞에 사용하면, 정도가 감소함을 표시하고 ; "不"를 "很" 뒤에 사용하면, 원래의 의미와 정반대됨을 표시한다. ① 我近来身体不很好。(Wǒ jìnlái shēntǐ bù hěn hǎo.) 나는 최근에 몸이 좀 나쁘다. ② 我近来身体很不好。(Wǒ jìnlái shēntǐ hěn bù hǎo.) 나는 최근에 몸이 아주 나쁘다. ③ 他对这件事不很了解。(Tā duì zhè jiàn shì bù hěn liǎojiě.) 그는 그 일에 대하여 잘 모른다. ④ 他对这件事很不了解。(Tā duì zhè jiàn shì hěn bù liǎojiě.) 그는 이 일에 대해 전혀 모른다.

> **비교** "非常"(fēicháng), "十分"(shífēn)은 표시하는 정도가 "很" 보다 높고 어감도 더욱 무겁다. 예 ① 事件的经过, 他谈得非常具体。(Shìjiàn de jīngguò, tā tán de fēicháng jùtǐ.) 사건의 경

과를 그가 대단히 구체적으로 이야기했다. ② 承蒙热情招待, 十分感激。(Chéngméng rèqíng zhāodài, shífēn gǎnjī.) 뜨거운 환대를 받아 대단히 감격스럽습니다.

[橫竪] héngshù 부사

"어쨌든"의 의미로, 어떤 상황에서도 모두 이러함을 표시한다. 구어체에서 비교적 강한 긍정적 어감을 띈다. ① 我横竖会把那笔钱还给你的。(Wǒ héngshù huì bǎ nà bǐ qián huán gěi nǐ de.) 나는 여하튼 그 돈을 당신에게 돌려줄 것이다. ② 横竖路近, 咱们走着去吧。(Héngshù lù jìn, zánmen zǒuzhe qù.) 어쨌든 길이 가까우니 우리 걸어서 가자. ③ 横竖他会来, 你就不必去找他了。(Héngshù tā huì lái, nǐ jiù búbì qù zhǎo tāle.) 어쨌든 그가 올 것이므로 당신은 그를 찾으러 갈 필요가 없다. ④ 我横竖要进城, 这封信我替你去发吧。(Wǒ héngshù yào jìn chéng, zhè fēng xìn wǒ tì nǐ qù fā ba.) 나는 어쨌든 시내에 들어가니 이 편지를 내가 당신을 대신해서 붙이지요.

동의어 "横直(héngzhí)"나 "横竖"는 의미가 같아 교체 사용이 가능하다. "横直"는 방언에서 주로 사용한다. 예 不管结果如何, 横直我得付出努力。(Bùguǎn jiéguǒ rúhé, héngzhí wǒ děi fùchū nǔlì.) 결과가 어떻든 간에 어쨌든 나는 노력을 해야만 한다.

[橫直] héngzhí 부사 "横竖(héngshù)"를 참고하라.

[忽] hū 부사 "忽然(hūrán)"을 참고하라.

[忽地] hūdì 부사 "忽然(hūrán)"을 참고하라.

[忽而] hū'ér 부사

⑴ "갑자기"(忽然)의 의미로, 사정이 신속하게 발생하거나 변화하여 의외임을 표시한다. 서면어에서 많이 사용한다. ① 远处的灯光忽

而明, 忽而暗。(Yuǎnchùde dēngguāng hū ér míng, hū ér àn.) 멀리 등불이 갑자기 밝았다 갑자기 어두웠다 한다. ② 他说着说着, 忽而停了下来。(Tā shuōzhe shuōzhe, hū ér tíngle xiàlai.) 그가 말을 하던 중 갑자기 멈추었다. ③ 他忽而哭忽而笑。(Tā hū ér kū hū ér xiào.) 그는 울다가 갑자기 웃어대기도 한다. ④ 孩子睡得正甜, 忽而一阵敲门声把他惊醒了。(Háizi shuì de zhèng tián, hū ér yízhèn qiāo mén shēng bǎ tā jīng xǐng le.) 아이가 매우 달게 자고 있는데 갑자기 문을 두드리는 소리가 그를 깨웠다.

⑵ "잠시", "잠간"의 의미로, 함께 사용하여 상황이 불시에 변화함을 표시한다. 용법은 "时而"(shí ér)과 같다. ① 江南黄梅季节, 忽而天晴, 忽而下雨, 气候变化无常。(Jiāngnán huángméi jìjié, hū ér tiān qíng, hū ér xià yǔ, qìhòu biànhuà wúcháng.) 강남의 황매 우기에는 잠시 하늘이 맑았다가 잠간 비가 왔다하여 기후가 변덕스럽다. ③ 飞机忽而直穿云层, 忽而俯冲低飞, 原来在作特技飞行。(Fēijī hū ér zhí chuān yúncéng, hū ér fǔchōng dī fēi, yuánlái zài zuò tèjì fēixíng.) 비행기가 잠시 구름을 뚫고 올라갔다 갑자기 곤두박질하고 원래 묘기 비행을 하는 중이다.

[忽然] hūrán 부사

"갑자기"의 의미로 상황이 빠르게 발생 변화하여 의외임을 표시한다. ① 天空忽然飘起了雪花。(Tiānkōng hūrán piāoqǐle xuěhuā.) 하늘에서 갑자기 눈꽃이 날리기 시작했다. ② 她忽然想到一件邪恶的事。(Tā hūrán xiǎngdào yíjiàn xié è de shì.) 그녀는 돌연 사악한 일이 생각났다. ③ 说着说着, 他忽然放声歌唱起来。(Shuōzhe shuōzhe, tā hūrán fàngshēng gēchàng qǐlai.) 말을 하는 중에 그는 돌연 소리를 내어 노래를 하기 시작했다. ④ 刚想上街, 天忽然飘起雨来。(Gāng xiǎng shàng jiē, tiān hūrán piāo qǐ yǔ lai.) 방금 거리에 나가려 했는데 날씨가 갑자기 비가 오기 시작했다.

동의어 1 "忽"(hū)는 "忽然"(hūrán)의 의미로, 뒤에 단음절의 단어만 온다. ① 昨天他忽然告诉我他要结婚了。(Zuótiān tā hū rán gàosù wǒ tā yào jiéhūn le.) 어제 그는 갑자기 나에게 결혼을 한다고 말했다. ② 远处的灯光忽而明, 忽而暗。(Yuǎnchùde dēngguāng

hū ér míng, hū ér àn.) 먼곳의 등불이 갑자기 밝았다 어두웠다
한다. ③ 最近天气忽冷忽热, 要特别当心身体。(Zuìjìn tiānqì
hū lěng hū rè, yào tèbié dāngxīn shēntǐ.) 최근의 날씨는 갑자기
추웠다 더웠다 하여 특별히 건강에 유의해야한다.

[동의어2] "忽地"(hūdi)와 "忽然"(hūrán)은 의미가 같다. "忽地"는 서면어
에서 많이 사용한다. ① 灯忽地灭了, 原来是临时停电。(Dēng
hūdi mièle, yuánlái shì línshí tíng diàn.) 불이 갑자기 꺼졌다.
원래 임시 정전이다. ② 走过小路的时候, 忽地从草丛里窜出
一条小青蛇。(Zǒuguò xiǎolù de shíhou, hūdi cóng cǎocóng lǐ
cuàn chū yìtiáo xiǎo qīng shé.) 소로를 걸을 때 갑자기 풀 속에
서 작은 뱀 한 마리가 뚫고 나왔다.

[互] hù 부사 "互相(hùxiāng)"을 참고하라.

[互相] hùxiāng 부사

"서로"의 의미로 피차 동등한 관계를 진행함을 표시한다. ① 我们应当
互相帮助, 互相学习。(Wǒmen yīngdāng hùxiāng bāngzhù, hùxiāng
xuéxí.) 우리는 당연히 서로 돕고 서로 공부해야한다. ② 他们互相不
认识。(Tāmen hùxiāng bú rènshi.) 그들은 서로 알지 못한다. ③ 大家
互相交换了意见。(Dàjiā hùxiāng jiāohuànle yìjiàn.) 모두 서로 의견
을 교환했다.

[동의어1] "相互"(xiānghù)와 "互相"(hùxiāng)의 의미는 같고 교환하여
사용할 수 있다. "相互"는 명사를 수식할 수 있다. ; "相互关系"
(xiānghù guānxi)(상호관계) "相互作用"(xiānghù zuòyòng)(상
호작용) 등이 있다.

[동의어2] "互"(hù)는 "互相"(hùxiāng)의 의미로 뒤에 단음절의 단어만 온
다. ① 两国领导定期互访。(Liǎngguó lǐngdǎo dìngqī hùfǎng.)
양국 원수가 정기적으로 상호 방문하다. ② 咱们队和队之间要
互通有无, 搞好协作关系。(Zánmen duì hé duì zhī jiān yào
hùtōng yǒu wú, gǎo hǎo xiézuò guānxi.) 우리 팀과 팀간에 유무
상통하여 협력관계를 도모한다. ③ 政治和运动互不相容。
(Zhèngzhì hé yùndòng hù bù xiāngróng.) 정치와 운동은 서로

상극이다.

[化] huà 접미사

(1) 명사나 형용사 뒤에 사용하여 그 단어를 동사화하고, 모종의 성질 혹은 상태를 변화시킴을 표시한다. ① 中国股市国际化, 是大势所趋。(Zhōngguó gǔshì guójì huà, shì dàshì suǒqū.) 중국 주식 시장의 국제화는 대세의 흐름에 따른 것이다. ② 改造自然, 绿化祖国。(Gǎizào zìrán, lǜhuà zǔguó.) 자연을 개조하여 조국을 녹화하자. ③ 学生参加劳动已经经常化。(Xuésheng cānjiā láodòng yǐjīng jīngcháng huà.) 학생이 노동에 참가하는 것은 이미 일상화되었다.

(2) 단음절 동사 뒤에 사용하여 변화를 표시한다. ① 人不是从古猿进化而来的。(Rén búshì cóng gǔ yuán jìnhuà ér lái de.) 사람은 고대 원숭이에서 진화한 것이 아니다. ② 爱情在一定的条件下可以相互变化。(Àiqíng zài yídìng de tiáojiàn xià kěyǐ xiānghù biànhuà.) 애정은 특정한 조건하에서 서로 변화할 수 있다. ③ 仙人掌的叶子已经退化成针状。(Xiānrénzhǎng de yèzi yǐjīng tuìhuà chéng zhēn zhuàng.) 선인장의 잎은 이미 퇴화하여 가시 형상이 되었다.

[活] huó 부사

"매우(非常)"의 의미로, 양사를 비교하여 매우 유사하거나 상황이 사실에 거의 가까운 것을 표시한다. ① 齐白石画的虾, 活像真的。(Qíbáishí huà de xiā, huó xiàng zhēn de.) 제백석이 그린 새우는 정말로 진짜 같다. ② 妇女缠足, 简直是活受罪。(Fùnǚ chánzú, jiǎnzhí shì huó shòu zuì.) 부녀자의 전족은 그야말로 심하게 학대를 받는 것이다. ③ 他活像个白痴。(Tā huó xiàngge báichī.) 그는 정말로 백치 같다.

실사 "活到老, 学到老。"(Huó dào lǎo, xué dào lǎo.)(늙을 때까지 살고, 늙을 때까지 배운다)에서 "活"는 동사다.

"语言是活的东西。"(Yǔyán shì huó de dōngxi.)(언어는 살아있는 것이다)에서 "活"는 형용사다.

[或] huò 접속사 부사 "或者(huòzhě)"를 참고하라.

[或许] huòxǔ 부사 "也许(yěxǔ)"을 참고하라.

[或则] huòzé 접속사

(1) "… 거나… 든지"의 의미로 여러 상황 중에 한 가지를 선택함을 표시한다. 주로 서면어에서 사용한다. ① 或则你来, 或则我去, 请你决定。(Huòzé nǐ lái, huòzé wǒ qù, qǐng nǐ juédìng.) 당신이 오든지 혹은 내가 가든지 당신이 결정하세요. ② 如果心理紧张或则水太凉, 会有可能抽筋。(Rúguǒ xīnlǐ jǐnzhāng huòzé shuǐ tài liáng, huì yǒu kěnéng chōujīn.) 만약 긴장하거나 물이 너무 차면 경련을 일으킬 수 있다.

(2) "일부분"의 의미로, 함께 사용하여 여러 가지 상황이 동시에 존재함을 표시한다. ① 人人都参加活动, 或则打球, 或则下棋, 或则跳绳。(Rén rén dōu cānjiā huódòng, huòzé dǎqiú, huòzé xià qí, huòzé tiàoshéng.) 모두 활동에 참가한다. 일부는 공을 차고 일부는 바둑을 두고 일부는 줄넘기를 한다. ② 或则学习外语, 或则钻研业务, 或则进行体育锻炼, 大家都能充分利用业余时间。(Huòzé xuéxí wàiyǔ, huòzé zuānyán yèwù, huòzé jìnxíng tǐyù duànliàn, dàjiā dōu néng chōngfèn lìyòng yèyú shíjiān.) 일부는 외국어를 배우고 일부는 업무를 연구하고 일부는 체육단련을 하고 모두 여가 시간을 충분히 이용할 수 있다.

[或者] huòzhě 접속사와 부사 두 가지 용법이 있다.

(一) 접속사

(1) "… 든지"의 의미로 여러 성분 중에 하나를 선택함을 표시한다. ① 或者你去, 或者我去, 都行。(Huòzhě nǐ qù, huòzhě wǒ qù, dōu xíng.) 네가 가든지 아니면 내가 가든지 다 괜찮다. ② 这个会你去参加或者他去参加都可以。(Zhège huì nǐ qù cānjiā huòzhě tā qù cānjiā dōu kěyǐ.) 이 회의는 당신이 참가하던 그가 참가하던 다 된

다. ③ 周末我或者在家做饭, 或者出去吃。(Zhōumò wǒ huòzhě zài jiā zuòfàn, huòzhě chūqù chī.) 주말에 나는 집에서 밥을 하던지 나가서 먹든지 한다.

⑵ "无论"(wúlùn), "不论"(búlùn), "不管"(bùguǎn) 등 접속사와 함께 사용하여, 언급한 조건의 제한을 받지 않음을 표시한다. ① 无论唱歌或者跳舞, 她样样都行。(Wúlùn chànggē huòzhě tiàowǔ, tā yàng yàng dōu xíng.) 노래를 하던 춤을 추던 간에 그녀는 모두 잘 한다. ② 不论大事或者小事, 大家都愿意找撒母耳商量。(Búlùn dàshì huòzhě xiǎoshì, dàjiā dōu yuànyì zhǎo Sāmǔ'ěr shāngliáng.) 큰일이던 작은 일이던 간에 막론하고 모두 사무엘을 찾아가 의논하기를 원한다. ③ 不管刮风或者下雨, 他天天准时到校。(Bùguǎn guā fēng huòzhě xià yǔ, tā tiāntiān zhǔnshí dào xiào.) 바람이 불건 비가 오건 간에 상관없이 그는 매일 정시에 학교에 온다.

⑶ "일부는"(有的)의 의미로, 병렬된 각 성분 앞에서 사용하여, 동시에 존재함을 표시한다. 이 때 "或则"라고 쓸 수도 있다. ① 同学们都参加一项活动, 或者打球, 或者下棋, 或者跳绳。(Tóngxuémen dōu cānjiā yí xiàng huódòng, huòzhě dǎqiú, huòzhě xià qí, huòzhě tiàoshéng.) 학생들은 다 활동에 참가한다. 일부는 공을 치고, 일부는 바둑을 두고, 일부는 줄넘기를 한다. ② 或者学习外语, 或者锻炼身体, 大家都能充分利用业余时间。(Huòzhě xuéxí wàiyǔ, huòzhě duànliàn shēntǐ, dàjiā dōu néng chōngfèn lìyòng yèyú shíjiān) 일부는 외국어를 배우고, 일부는 신체를 단련하고, 모두 다 여유시간을 충분히 이용할 수 있다.

> 동의어 "或(huò)"와 "或者"는 의미가 같고 교환하여 사용이 가능하다. "或"는 문언의 맛을 띄고, "或多或少"(huò duō huò shǎo)(많든 적든), "或好或坏"(huò hǎo huò huài)(좋든 나쁘든) 등과 같은 관용적 표현을 제외하고 구어에서 매우 적게 사용된다.

(二) 부사

"아마도·혹시"의 의미로, 가능을 표시한다. ① 你快走, 或者还赶得上车。(Nǐ kuàizǒu, huòzhě hái gǎndeshàng chē.) 어서 가라. 어쩌면 차를 탈 수도 있겠다. ② 他今晚动身, 明天下午或者可以到达。(Tā jīn wǎn dòngshēn, míngtiān xiàwǔ huòzhě kěyǐ dàodá.) 그가 오늘 저녁에 출발하면 내일 오후에는 아마도 도착할 수 있을 것이다. ③ 天空

多云, 或者要下雨。(Tiānkōng duōyún, huòzhě yào xià yǔ.) 하늘에 구름이 많다. 아마도 비가 올 것 같다.

[동의어] "或"가 부사로 사용되면, 뒤에 단음절의 동사만 온다. 의미의 변화는 없다. [예] 天空多云, 或要下雨。(Tiānkōng duōyún, huò yào xià yǔ.) 하늘에 구름이 많아 아마도 비가 올 것 같다.

[正误用例] (1) 院子里种满了菊花、丁香、玉兰或黄杨。(Yuànzili zhòng mǎnle júhuā, dīngxiāng, yùlán huò huángyáng.) 정원에 국화·정향·백목련 혹은 회양목을 가득 심었다.

(2) 老师指定的几本书, 大家已经陆续读完和基本读完。(Lǎoshī zhǐdìng de jǐ běn shū, dàjiā yǐjīng lùxù dú wán hé jīběn dú wán.) 선생님이 지정하신 책 몇 권을 모두 이미 계속하여 다 읽었거나 기본적으로 다 읽었다.

(3) 你怎么连动词或者名词也分不清? (Nǐ zěnme lián dòngcí huòzhě míngcí yě fēn bù qīng?) 당신은 어떻게 동사 혹은 명사도 명확히 구분하지 못하는가?

"或"와 "或者"는 선택 관계를 표시한다 ; "和"는 병렬관계를 표시한다. 여기서는 양자의 구별에 주의해야 한다. 예문 (1)에서 말한 꽃과 나무는 전부 정원 안에 있다 ; 그러므로 "或"를 "和"로 고쳐야 한다. 예문 (2)에서 "陆续读完"(lùxù dú wán)과 "基本读完"(jīběn dú wán)은 둘 중에 하나만을 선택할 수 있다 ; 그러므로 당연히 "或"로 고쳐야 한다.

예문 (3)에서 "或者"를 의문문에 사용하면 부적합하므로 생략하는 것이 좋다. 그렇지 않으면 "或者"를 "还是"로 고치는 것이 좋다.

[几乎] jīhū 부사

(1) "거의"의 의미로, 말한 것이 실제 상황과 크게 차이가 없음을 표시한다. ① 今天到会的几乎有五千人。(Jīntiān dào huì de jīhū yǒu wǔqiān rén.) 오늘 회의에 참석한 사람은 거의 5,000명이 된다. ② 这本稿子几乎写了前后十年的事情。(Zhè běn gǎozi jīhū xiěle qiánhòu shí nián de shìqing.) 이 원고는 거의 전후 10년간의 사건을 썼다. ③ 她们姐妹俩长得几乎一模一样。(Tāmen jiěmèi liǎ zhǎng de jīhū yìmú yíyàng.) 그 자매들은 둘 다 모습이 거의 비슷하다. ④ 他跟往日比, 几乎变成了两个人。(Tā gēn wǎngrì bǐ, jīhū biànchéng le liǎng ge rén.) 그는 옛날과 비교하면 거의 딴 사람으로 변했다.

(2) "하마터면"의 의미로, 발생하기를 원하지 않는 것을 주로 가리킨다. 뒤에서 말하는 상황이 하마터면 나타날 수도 있음을 표시한다. ① 不是你提醒我, 我几乎忘了。(Búshì nǐ tíxǐng wǒ, wǒ jīhū wàngle.) 당신이 나를 일깨워주지 않았다면 하마터면 잊어버릴 뻔했다. ② 故乡变化太大了, 我几乎认不出来了。(Gùxiāng biànhuà tài dàle, wǒ jīhū rèn bu chūlaile.) 고향이 변화가 너무 심하여 나는 하마터면 알아보지 못할 뻔했다. ③ 路太滑, 我刚才几乎摔倒。(Lù tài huá, wǒ gāngcái jīhū shuāi dǎo.) 도로가 너무 미끄러워 나는 하마터면 넘어질 뻔했다. ④ 今天我睡过头, 几乎迟到。(Jīntiān wǒ shuì guòtóu, jīhū chídào.) 오는 나는 늦잠을 자서, 하마터면 지각할 뻔했다.

설명 "几乎"(jīhū)를 "几几乎"(jǐjīhū)로도 말할 수 있지만, "几几乎"는 항상 음절상의 필요에 의하여 사용한다.

[几几乎] jǐjīhū 부사 "几乎"(jīhū)를 참고하라.

[基本] jīběn 부사

"대체로·거의"의 의미로, 동작이나 행위가 완성에 근접한 것을 표시한다. "基本上"(jīběn shang)이라고 말하기도 한다. ① 粮食基本可以自给。(Liángshí jīběn kěyǐ zìjǐ.) 식량은 대체적으로 자급할 수 있다. ② 经过大家不断努力, 问题已基本解决。(Jīngguò dàjiā búduàn nǔlì, wèntí yǐ jīběn jiějué.) 모든 사람이 계속 노력하여서 문제가 이미 거의 해결되었다. ③ 讨论基本结束, 各组正在准备总结。(Tǎolùn jīběn jiéshù, gè zǔ zhèngzài zhǔnbèi zǒngjié.) 토론이 대체로 끝나 각 조는 지금 총체적 결론을 준비중이다. ④ 任务基本上已经完成。(Rènwù jīběn shàng yǐjīng wánchéng.) 임무는 대체로 이미 완수했다. ⑤ 这项任务, 基本上要靠车间来完成。(Zhè xiàng rènwù, jīběn shàng yào kào chējiān lái wánchéng.) 이 임무는 주로 작업 현장에서 완성하여야 한다.

실사 "人民是国家的基本"(rénmín shì guójiā de jīběn)(백성은 국가의 기본이다)에서 "基本"은 명사이다.

正误用例 (1) 早期使用计算机, 基本全由手工操作。(Zǎoqī shǐyòng jìsuànjī, jīběn quán yóu shǒugōng cāozuò.) 초기의 계산기 사용은 대체로 모두 수동으로 조작했다.

(2) 你报对于《现象图》错误部分的批评, 基本上是完全正确的。(Nǐ bào duìyú "xiànxiàng tú" cuòwù bùfèn de pīpíng, jīběn shàng shì wánquán zhèngquè de.) 당신의 신문에 《현상도》의 착오부분에 대한 비평은 기본적으로 완전히 정확하다.

여기서 "基本"이나 "基本上"은 전부를 포함하는 것이 아니다.

예문 (1)에서 "基本"과 "全"은 둘 중의 하나만을 선택할 수 있다. 그러므로 둘 중의 하나를 생략해야 한다 ; 만약 전부에 근접한다면 "几乎全部"라고 말할 수 있다.

예문 (2)에서 앞에서 말하고 있는 것은 "错误部分"으로 이미 그 범위를 표시했으므로 "完全"을 생략해야 한다.

【及】 jí 접속사

(1) "…과", "그리고"의 의미로, 단어나 구문을 연결하여, 병렬관계를 표시한다. 서면어에 주로 사용한다. ① 再生资源的回收及处理。(Zàishēng zīyuán de huíshōu jí chǔlǐ.) 재생 자원의 수거와 처리. ② 阳台上、屋檐下及走廊两旁, 摆满了各种盆花。(Yángtái shàng, wūyán xià jí zǒuláng liǎngpáng, bǎi mǎnle gè zhǒng pénhuā.) 베란다 처마 밑과 복도 양옆에 각종 화분이 가득 놓아져 있다. ③ 上海动物园展览着中国珍稀动物大熊猫、野象、东北虎及鹤、鹿等三百多种动物。(Shànghǎi dòngwùyuán zhǎnlǎnzhe Zhōngguó zhēnxī dòngwù dà xióngmāo, yě xiàng, dōngběi hǔ jí hè, lù děng sānbǎi duō zhǒng dòngwù.) 상해동물원은 중국의 희귀 동물인 팬더·코끼리·동북호랑이 그리고 학·노루 등 삼백 여종의 동물을 전시하고 있다.

(2) 개사

"… 과"의 의미로 서면어에서 사용한다. 예 十日前, 及陈傅良遇于黄山。(Shí rìqián, jí Chén Fùliáng yù yú Huáng shān) 열흘 전에 진부량과 황산에서 만났다.

설명1 국부적인 것과 전체적인 것을 연결하여, 범위가 점차 확대됨을 표시한다. 예를 들어, "各国学生及劳动者"(gèguó xuéshēng jí láodòng zhě)(각국 학생과 노동자), "男女团员、干部及全国人民"(nánnǚ tuányuán, gànbù jí quánguó rénmín)(남녀단원 간부와 전국인민) 등이 있다.

설명1 대명사 "其"와 함께 사용하여, "그(들)과", "그(것)과"의 의미로 사용한다. 예 教职员工及其家属都参加了新年联欢。(Jiàozhíyuán gōng jí qí jiāshǔ dōu cānjiāle xīnnián liánhuān.) 교직원과 그 가족들이 모두 신년하례에 참가했다.

비교 "及"와 "以及"는 의미는 같지만 용법은 다르다 ;

　　(1) "及"는 단지 단어와 구를 연결할 수 있을 뿐이고, "以及"는

절을 연결할 수 있다.

⑵ "及"는 "其"와 함께 사용할 수 있지만, "以及"는 "其"와 함께 사용할 수 없다.

⑶ "以及"는 전면에 정지가 있지만, "及"는 정지가 없다.

[及时] jíshí 부사

⑴ "제때에"의 의미로 어떤 상황이 출현하는 것이 적절한 시기와 장소임을 표시한다. ① 及时播种, 不误农时。(Jíshí bōzhòng, bú wù nóng shí.) 적시에 파종하여 농사시기를 놓치지 말라. ② 这个指示要及时向下面传达。(Zhège zhǐshì yào jíshí xiàng xiàmiàn chuándá.) 이 지시는 적시에 하부로 전달해야 한다. ③ 会计及时卡住了这笔不必要的开支。(Kuàijì jíshí kǎzhù le zhè bǐ bú bìyào de kāizhī.) 회계가 제때에 이 불필요한 지출을 막았다.

⑵ "곧바로", "즉시"의 의미로, 최대한 빠른 시간 안에 모종의 사건을 처리함을 가리킨다. ① 发现问题, 应当及时研究解决。(Fāxiàn wèntí, yīngdāng jíshí yánjiū jiějué.) 문제를 발견하면 당연히 즉각 연구하여 해결해야 한다. ② 他及时而精确的完成任务。(Tā jíshí ér jīngquè de wánchéng rènwù.) 그는 신속 정확하게 작업임무를 완성한다. ③ 有病要及时去就医。(Yǒubìng yào jíshí qù jiùyī.). 병에 걸렸으면 즉시 병원에 가라.

실시 "这场雨下得真及时呀!(Zhè chǎng yǔ xià de zhēn jíshí a!) (이번 비는 참 제때에 왔다), "问题抓得很及时。"(Wèntí zhuā dé hěn jíshí.)(문제를 매우 시기 적절하게 파악했다)에서 "及时"는 "시기적절하다"라는 의미의 형용사다.

[及至] jízhì 접속사

"… 때가 되다"의 의미로, 시간조건을 표시하고, 사건이 발생하여 모종의 단계에 이르러 나타난 상황을 가리킨다. 서면어에서 사용한다. ① 动身太迟, 及至晚上他才来。(Dòngshēn tài chí, jízhì wǎnshang tā cái lái.) 출발이 너무 늦어 저녁에 이르러서야 그가 왔다. ② 失火后报警太迟, 及至消防车赶到现场, 火势已经蔓延。(Shīhuǒ hòu bàojǐng tài chí, jízhì xiāofáng chē gǎn dào xiànchǎng, huǒshì yǐjīng mànyán.) 불

이 난 후 경찰에 신고하면 너무 늦어 소방차가 서둘러 현장에 도착했을 때는 불은 이미 만연했다.

[极] jí 부사

(1) "매우", "충분히"의 의미로, 정도가 정점에 도달함을 표시한다. 어감이 "很"에 비하여 무겁다. ① 他虽然年高, 却极有兴致。(Tā suīrán niángāo, què jí yǒu xìngzhì.) 그는 나이가 많지만 아주 패기가 있다. ② 我的意见极不成熟, 只供你参考。(Wǒ de yìjiàn jí bù chéngshú, zhǐ gōng nǐ cānkǎo.) 내 의견은 매우 미숙하여 단지 당신에게 참고로 제공할 뿐이다. ③ 那本词典收录了极少数文言虚词。(Nà běn cídiǎn shōulùle jí shǎoshù wényán xūcí.) 그 사전은 극소수의 문언 허사만을 수록하고 있다.

설명 보어로 사용할 때는 앞에 구조조사 "得"를 사용할 수 없고, 뒤에 일반적으로 어기조사 "了"나 "啦"를 동반한다. ① 这场乒乓赛精彩极了。(Zhè chǎng pīng bīng sài jīngcǎi jíle.) 이번 탁구 시합은 대단히 훌륭했다. ② 那只大熊猫, 孩子们真是喜爱极啦。(Nà zhǐ dà xióngmāo, háizimen zhēnshi xǐ ài jí la.) 그 팬더를 아이들은 정말로 매우 사랑한다.

동의어 "极其"(jíqí), "极为"(jíwéi), "极度"(jídù), "极端"(jíduān) 등의 의미는 "极"와 유사하다. 그러나 이러한 단어들은 단지 부사어로만 사용할 수 있고, 주로 서면어에서 많이 사용된다. 또 뒤에 단지 쌍음절의 단어나 앞에 "不"만을 사용할 수 있다. 어감이 "极" 보다 다소 무겁다. ① 我们受到了他们极其盛大的欢迎。(Wǒmen shòudàole tāmen jíqí shèngdà de huānyíng.) 우리들은 그들의 극히 성대한 환영을 받았다. ② 吸烟喝酒, 对身体极其不利。(Xīyān hējiǔ, duì shēntǐ jíqí búlì.) 흡연과 음주는 신체에 매우 좋지 않다. ③ 他的工作业绩极为突出。(Tā de gōngzuò yèjì jíwéi tū chū.) 그의 업무 업적은 매우 뛰어나다. ④ 他虽然已经极度疲劳, 还是坚持工作到深夜。(Tā suīrán yǐjīng jídù píláo, háishi jiānchí gōngzuò dào shēnyè.) 그는 비록 극도로 피곤하였지만 심야까지 일을 강행했다. ⑤ 环境极端残酷起来。(Huánjìng jíduān cánkùqǐlai.) 환경이 몹시 참혹해졌다.

[极度] jídù 부사 "极(jí)"를 참고하라.

[极端] jíduān 부사 "极(jí)"를 참고하라.

[极力] jílì 부사

"최대한 애쓰다"의 의미로, 매우 큰 노력을 들여서 방법을 생각하고, 예상한 목적에 도달함을 표시한다. ① 他咬住嘴唇极力忍耐着。(Tā yǎozhù zuǐchún jílì rěnnài zhe.) 그는 입술을 깨물고 애써 참았다. ② 大家极力反对这种不现实的做法。(Dàjiā jílì fǎnduì zhè zhǒng bú xiànshí de zuòfǎ.) 모두들 이런 비현실적인 방법에 극력으로 반대한다. ③ 他极力反对她的观点。(Tā jílì fǎnduì tā de guāndiǎn.) 그는 그녀의 관점을 있는 온힘을 다해서 반대한다.

[비교] "竭力(jiélì)", "尽力(jìnlì)"의 의미는 "极力"와 유사하고, 일반적으로 교환사용이 가능하지만, 단지 표시하는 정도가 다르다 ; "竭力"는 정도가 가장 무겁고, "极力"가 그 다음이며, "尽力"가 정도가 가장 가볍다. [예] 他竭力抑制自己的眼泪。(Tā jiélì yìzhì zìjǐ de yǎnlèi.) 그는 자신의 눈물을 필사적으로 억제한다. 她尽力帮助他。(Tā jìnlì bāngzhù tā.) 그녀는 그를 힘써 돕는다.

[极其] jíqí 부사 "极(jí)"를 참고하라.

[极为] jíwéi 부사 "极(jí)"를 참고하라.

[即] jí 부사와 접속사의 용법이 있다.

(一) 부사

"곧(就)", "즉시(立刻)"의 의미로, 시간이 촉박하고 사건의 발생이 빠름을 표시한다. 서면어에서 사용한다. ① 我打个电话即到。(Wǒ dǎge diànhuà jí dào.) 내가 전화하고 곧 갈 것입니다. ② 这孩子五岁即开始

学画。(Zhè háizi wǔ suì jí kāishǐ xué huà.) 이 아이는 5살에 벌써 그림을 배우기 시작했다. ③ 我有空即来, 请勿等候。(Wǒ yǒu kòng jiù lái, qǐng wù děnghòu.) 내가 시간이 있으면 곧 갈거니 기다리지 말라.

(二) 접속사

(1) "설사…일지라도(即使)", "…라고 여기다(就算是)"의 의미로, 가설이나 양보를 표시하고, 일반적으로 뒤에 단음절의 단어를 사용한다. 주로 부사 "亦", "也"와 함께 사용한다. ① 即无他方之支援, 也能按期完成任务。(Jí wú tāfāng zhī zhīyuán, yě néng ànqí wánchéng rènwù.) 다른 지원이 없다 하더라도 기한 안에 임무를 완수할 수 있다. ② 今年农村丰收, 即以棉花而论, 单产也增长了百分之十。(Jīnnián nóngcūn fēngshōu, jí yǐ miánhuā ér lùn, dānchǎn yě zēng zhǎng lie bǎi fēn zhī shí.) 금년 농촌이 풍년이라, 면화만을 놓고 보면 단위면적당 생산량이 10% 증가했다. ③ 即遇困难, 亦应尽量设法, 力争如期完成。(Jí yù kùnnán, yì yīng jìn liáng shèfǎ, lìzhēng rúqí wánchéng.) 설사 곤란을 당한다고 하여도 당연히 방법을 생각하여 예정대로 완성하도록 힘써야한다.

(2) "만약"의 의미로 서면어로 사용한다. 예 即有急事, 奈何?(Jí yǒu jíshì, nàihé?) 만약 위급한 일이 있으면 어찌할 것인가?

> 설명 "非"와 함께 "非…即…"의 형식을 구성하여, "…이 아니면 …이다(不是…就是)"의 의미로, 선택 관계를 표시한다. 예 "非此即彼"(fēi cǐ jí bǐ)(이것이 아니면 저것이다), "非亲即友"(fēi qīn jí yǒu)(친척이 아니면 친구다) 등이 있다.

[即便] jíbiàn 접속사 "即使(jíshǐ)"를 참고하라.

[即或] jíhuò 접속사 "即使(jíshǐ)"를 참고하라.

[即将] jíjiāng 부사

"곧", "머지않아"의 의미로, 상황이 매우 빠른 시간 안에 발생할 것을 표시한다. 서면어에서 많이 사용한다. ① 她即将得到提拔。(Tā jíjiāng dé dào tíbá.) 그녀는 머지않아 곧 발탁될 것이다. ② 你的文章即将在校刊上发表。(Nǐ de wénzhāng jíjiāng zài xiàokān shàng fābiǎo.) 당신의 글은 머지않아 학교 간행물에 발표될 것이다. ③ 今年申报所得税, 即将满限。(Jīnnián shēnbào suǒdéshuì, jíjiāng mǎnxiàn.) 올해 소득세 신고 기한이 곧 만료된다. ④ 这部影片即将公映。(Zhè bù yǐngpiàn jíjiāng gōngyìng.) 이 영화는 곧 개봉된다.

【即令】 jílìng 접속사 "即使"(jíshǐ)를 참고하라.

【即使】 jíshǐ 접속사

(1) "설사 …라고 하여도"의 의미로, 가정과 양보를 표시한다. 먼저 가정의 상황을 설명하고 다시 본래의 의미로 전환한다. 주로 "也", "还" 등의 부사와 함께 사용하여 본의를 설명한다. 전반 구문은 가정을 후반 구문은 양보를 표시한다. ① 即使天塌下来, 咱们也不怕。(Jíshǐ tiān tā xiàlai, zánmen yě bú pà.) 설사 하늘이 무너져 내린다 해도 우리는 두렵지 않다. ② 即使试验失败了, 我们还要继续搞下去。(Jíshǐ shìyàn shībàile, wǒmen hái yào jìxù gǎo xiàqu.) 실험에 실패하였더라도 우리들은 계속 해나가야 한다. ③ 语文成绩即使不得满分, 也有九十分。(Yǔwén chéngjì jíshǐ bù dé mǎnfēn, yěyǒu jiǔshí fēn.) 언어성적이 만점은 아닐 지라도 90점은 된다. ④ 即使你当时在场, 恐怕也没有别的办法。(Jíshǐ nǐ dāngshí zàichǎng, kǒngpà yě méiyǒu biéde bànfǎ.) 설령 네가 그 자리에 있었다 하더라도 다른 방법이 없었을 것이다.

> **설명** 앞의 두 예문에서 전후 구문은 관련된 두 사건을 각기 가리킨다. 앞의 구문은 가정을 중점적으로 표현하고 있다. 뒤의 두 예문은 각기 하나의 사건을 가리키고 있고 후반 구문이 양보의 의미를 표시하고 있다.
>
> "即使"(jíshǐ)를 구문의 뒤에 놓을 수도 있다. 이때는 보충설명의 작용을 하며 서면어에서 사용한다. ① 为了自由, 即使牺牲生命也在所不惜。(Wèile zìyóu, jíshǐ xīshēng shēngmìng yě zài suǒ bù xī.) 자유를 위해서는 목숨을 희생한다 해도 결코 아까워하지 않겠다. ② 这个船大, 即使刮点风, 也很安

稳。(Zhège chuán dà, jíshǐ guā diǎn fēng, yě hěn ānwěn.) 이 배는 커서 설사 바람이 좀 분다 해도 안전하다.

동의어 "即便(jíbiàn)", "即或(jíhuò)", "即令(jílìng)" 역시 "即使"의 의미로, 어의가 비교적 가볍다. 주로 서면어에서 많이 사용한다. ① 即便我忙, 也要为你送行。(Jíbiàn wǒ máng, yě yào wèi nǐ sòng xíng.) 설사 내가 바쁠지라도 너를 환송해야 한다. ② 即或是我们取得了一些成绩, 也不能骄傲。(Jíhuò shì wǒmen qǔdé le yìxiē chéngjì, yě bùnéng jiāo ào.) 설사 우리가 성공을 좀 했더라도 교만해서는 안 된다. ③ 即令超过规定期限, 我们还可以接受订户。(Jílìng chāoguò guīdìng qíxiàn, wǒmen hái kěyǐ jiēshòu dìnghù.) 설사 규정한 기한을 넘겼어도 우리는 정기구독신청을 접수할 수 있다.

[既] jì 부사와 접속사의 용법이 있다.

(一) 부사

"이미", "벌써"의 의미로 사용한다. ① 保持既有的荣誉。(Bǎochí jì yǒu de róngyù.) 이미 얻은 영예를 지키다. ② 你既对他们说了, 只好就那么着吧。(Nǐ jì duì tāmen shuōle, zhǐhǎo jiù nàme zhe ba.) 네가 벌써 그늘에게 말하였다면 그렇게 할 수밖에 없다. ③ 事情既到这步天地, 挽回是不能的。(Shìqíng jì dào zhè bù tiāndì, wǎnhuí shì bùnéng de.) 일이 이미 이런 상태까지 이른 이상, 만회하기는 불가능하다.

(二) 접속사

(1) "… 할 뿐만 아니라"의 의미로 "且", "也", "又" 등과 함께 사용하여, 두 가지 상황이 동시에 존재함을 표시한다. ① 他写字既快且好。(Tā xiězì jì kuài qiě hǎo.) 그는 글자를 빨리 쓸 뿐만 아니라 잘 쓴다. ② 我们的班长工作既积极, 学习也努力。(Wǒmen de bānzhǎng gōngzuò jì jījí, xuéxí yě nǔlì.) 우리 반장은 작업에 적극적이고 학습에도 노력을 한다. ③ 工人们想出了一个既简便又安全的办法。(Gōngrénmen xiǎng chūle yíge jì jiǎnbiàn yòu ānquán de bànfǎ.) 노동자들이 간편하고도 안전한 방법을 생각해냈다.

설명 "既"는 "且"와 함께 사용하고, 뒤에 단음절의 형용사만 오며 주로 서면어에서 많이 사용한다. "既"는 "也"와 함께 사용하여 후반부에 보충설명을 표시한다. "既"는 "又"와 함께 사용하여, 비교적 강한 병렬관계를 표시한다. 이때는 "又…又…"의 용법과 같다.

⑵ "만약"의 의미로 전제를 제시하며, 용법은 "既然"과 같지만, 주어 앞에서는 사용할 수 없다. 주로 "就", "也", "还" 등의 부사와 함께 사용한다. 추론관계를 표시하고 서면어에서 사용한다. ① 他既来了, 就住下吧。(Tā jì láile, jiù zhù xià ba.) 그가 이미 왔다면 묵도록 하시오. ② 人既已回去, 说也来不及了。(Rén jì yǐ huíqù, shuō yě láibujíle.) 사람이 벌써 돌아갔다면 말해도 이미 늦었다. ③ 既有事做, 生活就不会成问题。(Jì yǒu shì zuò, shēnghuó jiù búhuì chéng wèntí.) 할 일이 생기면, 생활은 문제가 되지 않는다.

正误用例 ⑴ 教育厅订单既已寄出, 春川小学却未收到, 想是邮局失误。(Jiàoyù tīng dìngdān jì yǐ jì chū, Chūnchuān xiǎoxué què wèi shōu dào, xiǎng shì yóujú shī wù.) 교육청은 예약명단을 이미 부쳤지만 춘천초등학교는 오히려 아직 받지 못했다. 우체국에서 착오가 있는 것 같다.

⑵ 这样处理既能改善水质保护环境, 利用水中肥分取得收益, 并扩充水的资源。(Zhèyàng chǔlǐ jì néng gǎishàn shuǐzhí bǎohù huánjìng, lìyòng shuǐ zhōng féi fèn qǔdé shōuyì, bìng kuòchōng shuǐ de zīyuán.) 이렇게 처리하면 수질을 개선하고 환경을 보호할 수 있으며 또 수중의 비료 성분을 이용하여 수익을 얻고 아울러 수자원을 확충할 수 있다.

여기서 "既"는 접속사이고, 전제조건을 표시한다.

예문 ⑴에서는 전환관계를 표시하므로, "既"를 "虽"로 고쳐야 한다.

예문 ⑵에서 "既"는 부사이고, 하반절의 호응이 없으므로 "利用" 앞에 "又能"을 첨가하여 "既…又…"의 형식을 구성하는 것이 좋다.

[既而] jì ér 부사

"얼마 안 있어", "곧"의 의미로, 문두나 후반절의 첫 부분에 사용하여 시간을 표시한다. 주로 서면어에서 사용한다. ① 既而雨住, 海面金光万道。(Jì ér yǔ zhù, hǎimiàn jīnguāng wàn dào.) 얼마 안 되어 비가 그치자 바다에 금빛이 찬란했다. ② 饭后在家休息, 既而搭车前往参观。(Fàn hòu zàijiā xiūxi, jì ér dāchē qiánwǎng cānguān.) 식후에 집에서 쉬다가 얼마 후 차를 타고 참관하러 갔다. ③ 他刚出门不久, 既而又回来了。(Tā gāng chūmén bùjiǔ, jì ér yòu huílai le.) 그는 방금 나간지 오래되지 않아 곧 다시 돌아왔다.

[既然] jìrán 접속사

"이미 이렇게 된 바에야"의 의미로 전제조건을 제시한다. 주로 "就", "也", "还" 등과 호응하여 이 조건에 근거하여 결론을 추출하고 의문을 제기함을 표시한다. ① 既然决定了, 就分头去办。(Jìrán juédìng le, jiù fēntóu qù bàn.) 기왕에 결정됐으니, 곧 분담해서 일을 처리하자. ② 既然晚了, 索性不去吧。(Jìrán wǎn le, suǒxìng búqù ba.) 어차피 늦었으니 아예 가지 말자. ③ 你既然不懂, 为什么还不赶紧学? (Nǐ jìrán bù dǒng, wèishéme hái bù gǎn jǐn xué?) 당신이 이해하지 못하면서 왜 아직도 서둘러 배우려고 하지 않는가? ④ 既然他已经回去, 说也来不及了。(Jìrán tā yǐjīng huíqù, shuō yě láibujíle.) 그가 이미 돌아갔다면 설명을 해도 늦었다.

[비교] "既然"(jìrán)은 "既(jì)"와 교환하여 사용할 수 있지만, "既"는 주어 뒤에서만 사용할 수 있다. 예를 들어, "你既不懂…"(nǐ jì bù dǒng)이라고 말할 수는 있으나 "既你不懂"(jì nǐ bù dǒng)이라고는 말할 수 없다.

[正误用例] 既然大家事先作好了准备, 所以讨论时发言很热烈。(Jìrán dàjiā shìxiān zuò hǎole zhǔnbèi, suǒyǐ tǎolùn shí fāyán hěn rèliè.) 이미 모두 사전에 준비를 다 하여, 토론 때에는 발언이 매우 뜨거웠다.

여기서 "既然"(jìrán)은 전제조건을 표시한다. 위의 예문은 인과관계이다 ; 그러므로 "既然"을 "因为"(yīn wèi)로 고치거나, 만약 "既然"을 보류하려면, 뒤의 문장을 "讨论时就应该热烈

发言"(tǎolùn shí jiù yīnggāi rèliè fāyán)으로 고쳐야 한다.

[継而] jì ér 부사

"계속하여"의 의미로, 나중 상황이 앞 상황에 따라 연속 발생함을 표시한다. ① 他先是一愣, 継而大笑。(Tā xiānshì yí lèng, jì ér dà xiào.) 그는 처음에는 멍했다가 뒤이어 크게 웃었다. ② 她在16岁的时候被发现, 継而成了一名著名的模特。(Tā zài shíliù suì de shíhou bèi fāxiàn, jì ér chéngle yìmíng zhùmíng de mótè.) 그녀는 16세에 발견되어, 뒤이어 유명한 모델이 되었다. ③ 初感头晕, 継而吐泻。(Chū gǎn tóuyūn, jì ér tùxiè.) 처음에는 머리가 어찔어찔하더니 이어서 토하고 설사하였다.

[加以] jiāyǐ 접속사

"게다가"(加上), "그 외에"의 의미로, 앞에서 들은 이유 외에 보충설명을 하여, 모종의 결과가 비로소 발생함을 표시한다. ① 他基础好, 加以认真学习, 进步很快。(Tā jīchǔ hǎo, jiāyǐ rènzhēn xuéxí, jìnbù hěn kuài.) 그는 기초가 좋고 게다가 성실하게 공부하니 진보가 매우 빠르다. ② 陈师傅思想先进, 加以技术熟练, 因此月月增产。(Chén shīfù sīxiǎng xiānjìn, jiāyǐ jìshù shúliàn, yīncǐ yuè yuè zēngchǎn.) 진 사부는 사상이 진보적이고 더욱이 기술이 숙련되었기 때문에 매달 증산을 한다. ③ 这家商店离学校近, 加以价格便宜, 所以顾客很多。(Zhèjiā shāngdiàn lí xuéxiào jìn, jiāyǐ jiàgé piányi, suǒyǐ gùkè hěnduō.) 이상점은 학교와 가까운데다 가격도 싸서 고객이 매우 많다.

실사 "旧的工作方法必须加以改进。"(Jiù de gōngzuò fāngfǎ bìxū jiāyǐ gǎijìn.)(옛날식의 일하는 방식은 반드시 개선해야한다), "对青年必须加以认真引导。"(Duì qīngnián bìxū jiāyǐ rènzhēn yǐndǎo.)(청년은 반드시 성실하게 인도해야한다)에서 "加以(…하다)"는 동사다. 또 동사로 사용할 경우 2음절 이상의 동사 앞에 와서 제시된 사물을 처리하는 방법을 나타낸다.

[假如] jiǎrú 접속사

"만약"의 의미로, 조건 혹은 가정을 표시하고, 후반 구문은 가정에 근거하여 내린 결론이나 의문을 표시한다. 주로 "就", "那", "那么" 등과 결합하여 사용한다. ① 假如能买到车票，我今天就可以动身。(Jiǎrú néng mǎi dào chēpiào, wǒ jīntiān jiù kěyǐ dòngshēn.) 만약 차표를 살 수 있다면 나는 오늘 곧 출발할 수 있다. ② 假如明天不下雨，我一定去。(Jiǎrú míngtiān bú xià yǔ, wǒ yídìng qù.) 만약 내일 비가 오지 않는다면 나는 꼭 간다. ③ 假如我能够跟你学习，那该多么好啊!(Jiǎrú wǒ nénggòu gēn nǐ xuéxí, nà gāi duōme hǎo a!) 만약 내가 당신에게 배울 수 있다면 얼마나 좋을까! ④ 假如我们加快脚步的话可阻止他。(Jiǎrú wǒmen jiākuài jiǎobù de huà kě zǔzhǐ tā.) 만약 우리가 페이스를 더 빨리한다면 그를 저지할 수 있다.

동의어 "假使(jiǎshǐ)", "假若(jiǎruò)"의 의미는 "假如"와 같고, 서면어에서 많이 사용한다. ① 假使气候正常，早稻可望丰收。(Jiǎshǐ qìhòu zhèngcháng, zǎodào kě wàng fēngshōu.) 만약 기후가 정상이면 조생 벼는 풍작을 바랄 수 있다. ② 假若你遇见这种事，你该怎么办?(Jiǎruò nǐ yùjiàn zhè zhǒng shì, nǐ gāi zěnme bàn?) 만약 네가 이러한 일에 처했다면 어떻게 하겠는가?

[假若] jiǎruò 접속사 "假如(jiǎrú)"를 참고하라.

[假使] jiǎshǐ 접속사 "假如(jiǎrú)"를 참고하라.

[简直] jiǎnzhí 부사

(1) "완전히", "실로"의 의미로, 과장의 어감을 갖는다. ① 这件事如果你不提起，我简直忘得干干净净了。(Zhè jiàn shì rúguǒ nǐ bù tíqǐ, wǒ jiǎnzhí wàng de gān gan jìng jìng le.) 만약 이일을 당신이 거론하지 않았으면 나는 완전히 깨끗하게 잊었다. ② 这种机器的性能简直好得不能再好了。(Zhè zhǒng jīqì de xìngnéng jiǎnzhí hǎo de bùnéng zài hǎole.) 이런 기기의 성능은 실로 더 이상 좋을 수가 없을

정도다. ③ 简直不知道是论两还是论斤。(Jiǎnzhí bù zhīdào shì lùnliǎng háishi lùnjīn.) 어떻게 해야 될지를 실로 알지 못하다.

(2) "그야말로"의 의미로 "是"와 함께 사용하여, 놀램과 감탄 혹은 불만을 표시한다. ① 十天造好一栋大楼, 简直是奇迹。(Shí tiān zào hǎo yí dòng dàlóu, jiǎnzhí shì qíjī.) 십일 만에 큰 건물 한 동 지었으니 정말로 기적이다. ② 你简直是胡说八道!(Nǐ jiǎnzhí shì húshuō bādào!) 당신은 그야말로 거짓말쟁이다. ③ 屋子里热得简直是呆不住。(Wūzi li rè de jiǎnzhí shì dāi bú zhù.) 방안이 더워서 그야말로 (앉아) 있지 못하겠다.

[관용적 용법] 简直地说(jiǎnzhí de shuō)(솔직히 말해서)

【渐】 jiàn 부사 "渐渐(jiànjiàn)"을 참고하라.

【渐渐】 jiànjiàn 부사

"점점", "점차"의 의미로, 정도나 수량이 계속 천천히 변화함을 표시한다. "渐渐"을 부사어로 사용하면, 뒤에 조사 "地"를 사용할 수 있다 ; 주어 앞에 사용할 때는, 뒤에 반드시 "地"를 사용하고, 정지가 있고 쉼표를 사용한다. 주로 서면어에서 많이 사용한다. ① 太阳渐渐(地)从东方升起。(Tàiyáng jiànjiàn(di) cóng dōngfāng shēng qǐ.) 태양이 점점 동쪽에서 떠오른다. ② 过了清明, 天气渐渐(地)暖和了。(Guòle qīngmíng, tiānqì jiànjiàn(di) nuǎnhuo le.) 청명을 지나서 날씨가 점점 온화해졌다. ③ 他已经渐渐入了车夫的辙。(Tā yǐjīng jiànjiàn rù le chēfū de zhé.) 그는 이미 점점 인력거꾼의 길로 들어섰다. ④ 她渐渐消瘦了。(Tā jiànjiàn xiāoshòu le.) 그녀는 점차 말라간다.

[동의어] "渐"은 "渐渐"의 의미로, 뒤에 일반적으로 단음절의 단어가 온다. 서면어에서 사용한다. ① 天气渐冷, 当心受凉。(Tiānqì jiàn lěng, dāngxīn shòuliáng.) 날씨가 점차 추워지니 감기 걸리지 않게 주의하라. ② 他早期的理想渐行渐远。(Tā zǎoqī de lǐxiǎng jiàn xíng jiàn yuǎn.) 그의 초기 이상은 갈수록 점점 더 멀어졌다.

[鉴于] jiànyú 접속사

"…을 감안하다"의 의미로, 일반적으로 전반 구문의 문장의 처음에 사용하여 원인을 표시한다. 서면어에서 사용한다. ① 有鉴于此, 大家应事先做好准备。(Yǒu jiànyú cǐ, dàjiā yīng shìxiān zuòhǎo zhǔnbèi.) 이 점을 고려하여 여러분은 사전에 준비를 해두어야 한다. ② 鉴于天气转热, 休息时间作了相应的调整。(Jiànyú tiānqì zhuǎn rè, xiūxi shí jiàn zuòle xiāngyìng de tiáozhěng.) 날씨가 덥게 변하는 것을 감안하여 휴식시간을 상응하는 조정을 했다. ③ 鉴于天气不好, 我们决定取消比赛。(Jiànyú tiānqì bùhǎo, wǒmen juédìng qǔxiāo bǐsài.) 날씨가 나쁜 것을 감안하여 우리는 시합을 취소하기로 결정했다.

[间或] jiànhuò 부사

"간혹"의 의미로, 상황이 어떤 상황 속에서 간헐적으로 발생하거나 출현함을 표시한다. 주로 서면어에서 사용한다. ① 这样东西, 间或有用的。(Zhèyàng dōngxi, jiànhuò yǒuyòng de.) 이런 물건은 간혹 쓸모가 있다. ② 我每天步行上班, 下雨天间或坐公共汽车。(Wǒ měitiān bùxíng shàngbān, xià yǔ tiān jiànhuò zuò gōnggòng qìchē.) 나는 매일 걸어서 출근하지만 비가 오는 날에는 때로는 버스를 탄다. ③ 这篇作文间或还有几个错别字。(Zhè piān zuòwén jiànhuò hái yǒu jǐ gè cuòbiézì.) 이 작문은 간혹 틀린 글자가 아직 몇 개 있다. ④ 老公间或为我制造点儿小惊喜。(Lǎogōng jiànhuò wèi wǒ zhìzào diǎnr xiǎo jīngxǐ.) 남편은 가끔 나를 위해 깜짝 파티를 열어주었다.

[将] jiāng 부사와 개사의 용법이 있다.

(一) 부사

⑴ "곧", "막"의 의미로, 상황이 멀지 않은 시간 뒤에 곧 출현함을 표시한다. ① 国庆节将到, 街上已经是一片节日景象。(Guóqìng jié jiāng dào, jiē shàng yǐjīng shì yípiàn jiérì jǐngxiàng.) 국경일이 곧 다가오고 거리는 이미 경축일의 풍경이다. ② 运动会将在九月中举行。(Yùndònghuì jiāng zài jiǔ yuè zhōng jǔxíng.) 운동회는 구월

중에 곧 거행할 것이다. ③ 将要走的时候, 下起大雨来没能走。
(Jiāng yào zǒu de shíhou, xià qǐ dàyǔ lai méi néng zǒu.) 막 출발하
려고 할 때 큰 비가 내려 갈 수가 없었다.

⑵ "겨우", "가까스로"의 의미로 간신히 달성한 것을 표시한다. ① 人
数将满。(Rénshù jiāng mǎn.) 사람 수가 겨우 찼다. ② 这个座位将
能容两个人。(Zhège zuòwèi jiāng néng róng liǎng ge rén.) 이 좌
석은 간신히 두 사람이 앉을 수 있다..

(二) 개사

⑴ "…을(把)"의 의미로, 처치식으로 사용하여 사람이나 사물에 대한
처치를 표시한다. 문어체에 사용한다. ① 他阅读书报, 将自己的心
得体会随时记下。(Tā yuè dú shū bào, jiāng zìjǐ de xīndé tǐhuì
suíshí jì xià.) 그는 책이나 신문을 읽고 자신이 체득한 것을 언제든
지 기록한다. ② 将插头插入就可以通电了。(Jiāng chātóu chārù
jiù kěyǐ tōngdiàn le.) 플러그를 꽂으면 전기가 통한다.

⑵ "… 로(을 사용하여)"의 의미로, 모종의 도구를 사용함을 표시한다.
① 将鸡蛋碰石头, 哪有不碎的?(Jiāng jīdàn pèng shítou, nǎ yǒu
bú suì de?) 계란으로 바위를 치면 어떻게 깨지지 않는 것이 있겠는
가? ② 他心灵手巧, 将三根塑料丝编织成一朵花。(Tā xīnlíng
shǒuqiǎo, jiāng sāngēn sùliào sī biānzhī chéng yì duǒ huā.) 그는
영리하고 손재간도 있어서 화학사 3줄로 꽃 한 송이를 만들었다.

正误用例 现在我想将釜山蔬菜合作社建社后的收入情况发表几
点意见。(Xiànzài wǒ xiǎng jiāng Fǔshān shūcài hézuòshè
jiànshè hòu de shōurù qíngkuàng fābiǎo jǐ diǎn yìjiàn.) 지
금 나는 부산 채소 합작사 건립 이후의 수입 상황에 대하
여 의견을 몇 가지 발표하고자 한다.
여기서 "将"은 개사이고 "把"의 의미로, 목적어를 동사 앞으
로 놓을 수 있다. 여기에서 "发表情况"(fābiǎo qíngkuàng)
은 원래는 "将情况发表"(jiāng qíngkuàng fābiǎo)라고 할
수 있다. 그러나 동사 "发表"(fābiǎo)는 목적어 "几点意
见"(jǐ diǎn yìjiàn)을 동반하므로 "将"을 "就"혹은 "对"로 고
쳐, "釜山蔬菜合作社建社后的收入情况"(Fǔshān shūcài
hézuòshè jiànshè hòu de shōurù qíngkuàng)이 "发表意
见"(fābiǎo yìjiàn)의 범위나 대상임을 표시해야 한다.

[将近] jiāngjìn 부사

(1) "근접하다"의 의미로, 개략적인 숫자를 표시한다. 그러나 이미 말한 숫자에는 못 미침을 가리킨다. ① 这位足球明星的月收入将近3万镑。(Zhè wèi zúqiú míngxīng de yuè shōurù jiāngjìn sānwàn bàng.) 이 축구스타의 월수입은 3만 파운드에 가깝다. ② 这部小说在报纸上连载了将近三个月。(Zhè bù xiǎoshuō zài bàozhǐ shàng liánzàile jiāngjìn sān ge yuè.) 이 소설은 신문에 3개월 가까이 연재되었다. ③ 她将近50岁了。(Tā jiāngjìn wǔshí suì le.) 그녀는 거의 50세이다.

(2) "거의"라는 의미로 시간이 임박하거나 모종의 상황이 마무리에 이름을 표시한다. ① 火车在将近三点锺的时候到达上海。(Huǒchē zài jiāngjìn sān diàn zhōng de shíhou dàodá Shànghǎi.) 기차는 거의 3시가 되었을 때 상해에 도착했다. ② 将近年底, 街上人来人往, 特别热闹。(Jiāngjìn niándǐ, jiē shàng rén lái rén wǎng, tèbié rènào.) 연말이 다 되어 거리에 사람들의 왕래가 특별히 번잡하다. ③ 在过去的半年里, 他读了将近十本书。(Zài guòqù de bànnián li, tā dúle jiāngjìn shí běn shū.) 지난 반년간 그는 거의 10권의 책을 읽었다.

[将要] jiāngyào 부사

"곧", "막 … 하려하다"의 의미로, 상황이 오래지 않아 발생할 것을 표시한다. ① 我明天将要进城给资料室购买图书。(Wǒ míngtiān jiāngyào jìn chéng gěi zīliào shì gòu mǎi túshū.) 나는 내일 즉시 시내에 들어가 자료실을 위하여 도서를 구입하려한다. ② 她将要做妈妈了。(Tā jiāngyào zuò māma le.) 그녀는 곧 엄마가 되려한다. ③ 学期将要结束, 同学们正在温课迎考。(Xuéqí jiāngyào jiéshù, tóngxuémen zhèngzài wēn kè yíng kǎo.) 학기가 곧 끝나면 친구들은 배운 것을 복습하여 시험을 볼 것이다. ④ 在这里我将要讨论这个问题。(Zài zhèlǐ wǒ jiāngyào tǎolùn zhège wèntí.) 나는 여기에서 이문제를 곧 토론할거다.

[비교] 여기에서 "将要"를 "将"과 교환하여 사용할 수 있다. "将要"는 주로 구어체에서 많이 사용하고, "将"은 주로 서면어에서 사용한다.

[叫] jiào 개사

⑴ "… 에 의해 … 게 하게 되다"라는 의미로 행위자를 끌어들인다. 개사구조를 이루어, 동사 앞에서 사용하여 피동을 표시한다. 동사 뒤에 보어 혹은 어기조사 "了"가 온다. ① 黄河终于叫我们(给)治服了。(Huánghé zhōngyú jiào wǒmen (gěi) zhìfúle.) 황하는 마침내 우리들에 의하여 제압되었다. ② 好端端一盆兰花, 怎么叫太阳晒死了! (Hǎoduānduān yì pén lánhuā, zěnme jiào tàiyáng shài sǐle!) 멀쩡한 난 화분을 왜 햇빛에 태워 죽이는가! ③ 他损坏公物, 叫大家责备了一顿。(Tā sǔnhuài gōngwù, jiào dàjiā zébèile yí dùn.) 그는 공공기물을 손상하여 모든 이들에게 욕을 먹었다.

설명 직접 동사 앞에 사용할 수 있고 주동자를 말하지 않는다. ① 昨天的报纸都叫弄到哪里去了。(Zuótiān de bàozhǐ dōu jiào nòng dào nǎlǐ qùle.) 어제 신문이 모두 어디로 가버렸지. ② 没带上伞, 全身都叫淋湿了。(Mò dài shàng sǎn, quánshēn dōu jiào línshī le.) 우산이 없어서 온몸이 다 졌었다.

실사 "人们管他叫'小博士'。"(Rénmen guǎn tā jiào 'xiǎo bóshì'.) (사람들은 그를 작은 박사라고 부른다), "这叫不锈钢。"(Zhè jiào bùxiùgāng.) (이것은 스테인리스강이라고 한다)에서 "叫"는 "라고 부른다"라는 의미로 동사다.

[教] jiào 개사 "叫(jiào)"를 참고하라.

[较] jiào 부사와 개사 "比较(bǐjiào)"를 참고하라.

[接连] jiēlián 부사 "连(lián)"을 참고하라.

[竭力] jiélì 부사

"온힘을 다해"의 의미로, 전력을 다하여 모종의 활동을 함을 표시한다. ① 萨姆竭力坚守阵地。(Sàmǔ jiélì jiānshǒu zhèndì.) 샘은 온힘을 다

해 진지를 고수한다. ② 她竭力控制自己, 不让泪花掉下来。(Tā jiélì kòngzhì zìjǐ, bú ràng lèihuā diào xiàlai.) 그녀는 최대한 자신을 조절해 눈물을 흘리지 않으려 한다. ③ 他竭力抑制自己的眼泪。(Tā jiélì yìzhì zìjǐ de yǎnlèi.) 그는 온힘을 다해 자신의 눈물을 억제한다.

[비교] "极力"(jílì), "尽力"의 의미는 "竭力"와 유사하지만, 표시하는 정도가 모두 비교적 가볍다. ① 买方总是极力压价。(Mǎifāng zǒngshì jílì yājià.) 사는 쪽은 어떻게 해서라도 값을 깎으려 한다. ② 我一定尽力帮助你。(Wǒ yídìng jìnlì bāngzhù nǐ.) 나는 반드시 힘을 다하여 너를 돕겠다.

【仅】 jǐn 부사 "仅仅(jǐnjǐn)"을 참고하라.

【仅仅】 jǐnjǐn 부사

(1) "단지", "겨우"의 의미로, 특정한 범위 안으로 제한함을 표시한다. 시간이 짧고 수량이 적은 것을 강조한다. ① 仅仅一个星期, 他就学会了汉语拼音。(Jǐnjǐn yíge xīngqī, tā jiù xuéhuìle Hànyǔ pīnyīn.) 겨우 일주일 만에 그는 한어병음을 배웠다. ② 这座大桥仅仅半年就完工了。(Zhè zuò dà qiáo jǐnjǐn bàn nián jiù wángōng le.) 이 대교는 겨우 반 년 만에 완공되었다. ③ 仅仅劝导别人遵守交通规则是不够的。(Jǐnjǐn quàndǎo biérén zūnshǒu jiāotōng guīzé shì bú gòu de.) 단지 남이 교통법규를 준수하도록 선도하는 것만으로는 부족하다.

(2) "오직"의 의미로, 유일한 것을 강조한다. ① 仅一人缺席。(Jǐn yìrén quēxí.) 오직 한 사람만 결석을 했다. ② 校联队在足球赛中成绩突出, 仅仅老李一个人就进了三个球。(Xiào lián duì zài zúqiú sài zhōng chéngjì tūchū, jǐnjǐn Lǎo Lǐ yí ge rén jiù jìnle sān ge qiú.) 학교 유나이티드 팀은 축구시합에서 성적이 매우 뛰어나다. 오직 이형 혼자 3골이나 넣었다.

[동의어] "仅"과 "仅仅"의 의미는 같고, 일반적으로 교환사용이 가능하다. "仅"은 주로 서면어에서 사용한다. ① 把仅有的粮食都拿出来了。(Bǎ jǐnyǒu de liángshi dōu ná chūlai le.) 겨우 남은 식량을 다 꺼냈다. ② 车子太小, 仅能坐十个人。(Chēzi tài xiǎo, jǐn néng zuò shí ge rén.) 차가 너무 작아서 오직 10사람만 앉을 수 있다. ③ 学生德智体水平又有提高, 仅初三一个班级, 就有五名三好学生。(Xuéshēng dé zhì tǐ shuǐpíng yòu yǒu tígāo, jǐn chū sān yí ge bānjí, jiù yǒu wǔ míng sān hǎo xuésheng.) 학생들의 지덕체 수준이 또 높아져, 중3 한 반에만 모범생이 5명 있다.

正误用例 我们已经学完了语法, 但这仅只是为学习写作打个基础。(Wǒmen yǐjīng xué wánle yǔfǎ, dàn zhè jǐnjǐn zhǐshì wèi xuéxí xiězuò dǎ ge jīchǔ.) 우리는 이미 어법을 다 배웠다. 그러나 이는 단지 쓰기 학습을 위하여 기초를 닦은 것에 불과하다.

여기서 "仅"과 "只"는 모두 일정한 범위에 한정을 표시한다. 함께 사용할 필요는 없다. 그러므로 "仅"을 생략하던가, 문장을 "这仅仅是为学习写作打个基础"(zhè jǐnjǐn shì wèi xuéxí xiězuò dǎ ge jīchǔ)로 고치면 된다.

▌[尽] jǐn 부사

(1) 될 수 있는 대로 … 하다"의 뜻으로, 가능한 범위 안에서 최대한도를 추구함을 표시한다. 뒤에 일반적으로 "早", "先", "快", "速" 등의 적극적인 의미의 단음절 형용사가 온다. ① 请尽快来这儿。(Qǐng jìnkuài lái zhèr.) 최대한 빨리 이리로 오세요. ② 这项工程重要, 应当尽先安排。(Zhè xiàng gōngchéng zhòngyào, yīngdāng jǐn xiān ānpái.) 이 공정은 중요하다 응당 가장 먼저 안배해야한다. ③ 问题请尽快解决, 不能再拖了。(Wèntí qǐng jǐnkuài jiějué, bùnéng zài tuōle.) 문제를 가능한 한 빨리 해결하시오. 더 이상 지연할 수 없다. ④ 我们尽可能不干预。(Wǒmen jìnkěnéng bù gānyù.) 우리는 최대한 관여하지 않는다.

(2) "줄곧 · 내내"의 의미로, 특정한 일에 행동이 집중됨을 표시한다. 뒤에 단음절의 동사만 온다. ① 你整天尽闹着玩可不行。(Nǐ zhěng tiān jǐn nàozhe wán kě bù xíng.) 당신은 하루 종일 시끄럽게 놀기만 하면 안 된다. ② 要讲理, 可别尽要脾气。(Yào jiǎnglǐ, kě bié jǐn yào píqì.) 이치를 따져야지 내내 화를 내서는 안 된다. ③ 这些天尽下雨了。(Zhè xiē tiān jìn xiàyǔle.) 요 며칠 비가 내내 내렸다.

[尽管] jǐnguǎn 접속사와 부사의 용법이 있다.

(一) 접속사

(1) "비록 …에도 불구하고"의 의미로, 양보를 표시한다. 우선 어떤 사실을 인정하고, 나중에 바른 뜻을 말한다. 주로 "也"(yě), "仍然"(réngrán), "还是"(háishi), "但是"(dànshì) 등과 함께 사용한다. ① 尽管问题很多, 也有办法解决。(Jǐnguǎn wèntí hěnduō, yěyǒu bànfǎ jiějué.) 문제가 많지만 해결할 방법은 있다. ② 尽管任务十分艰巨, 大家的信心仍然很足。(Jǐnguǎn rènwù shífēn jiānjù, dàjiā de xìnxīn réngrán hěn zú.) 비록 임무가 매우 힘들지만 모두 여전히 확신이 충만하다. ③ 尽管怎么能干, 还是一木难支。(Jǐnguǎn zěnme nénggàn, háishi yí mù nán zhī.) 비록 아무리 유능한 사람일지라도 역시 혼자서는 감당할 수가 없다.

[비교] "尽管(jǐnguǎn)" 뒤에는 위의 예문에서 보듯이 확정적인 사실을 표시한다. 그러나 "不管" 뒤에는 가정적인 상황을 표시한다 ; [예] ① 不管问题怎么多, 一个个都要解决。(Bùguǎn wèntí zěnme duō, yígè gè dōu yào jiějué.)(문제가 아무리 많을 지라도 일일이 모두 해결해야만 한다) ② 不管现在是不是春天, 气候还象冬天一样。(Bùguǎn xiànzài shì búshì chūntiān, qìhòu hái xiàng dōngtiān yíyàng.)(지금은 봄이긴 아니긴 간에 기후가 아직 겨울 같다) 등이 있다.

[설명] "尽管"을 같은 단어의 중간에 놓아 이런 제한을 받지 않음을 표시한다. ① 头痛尽管头痛, 工作还是照样干。(Tóutòng jǐnguǎn tóutòng, gōngzuò háishi zhàoyàng gàn.) 두통은 두통이고, 일은 마찬가지로 한다. ② 刮风尽管刮风, 我们同平时一样出操。(Guā fēng jǐnguǎn guā fēng, wǒmen tóng píngshí yíyàng chūcāo.) 바람이 많이 불지만 우리는 평상시와 같이 훈련을 한다.

(二) 부사

(1) "얼마든지"의 의미로, 조건의 제한을 받지 않고 "只管"과 교환하여 사용할 수 있다. ① 有意见你尽管提, 不必客气。(Yǒu yìjiàn nǐ jǐnguǎn tí, búbì kèqi.) 의견이 있으면 얼마든지 말씀하세요 사양할 필요가 없습니다. ② 你有困难尽管说, 大家可以帮助你。(Nǐ yǒu

kùnnán jìn guǎn shuō, dàjiā kěyǐ bāngzhù nǐ.) 곤란한 것이 있으면 얼마든지 말하세요. 모두 당신을 도울 수 있습니다. ③ 有什么委屈, 尽管对我说吧。(Yǒu shénme wěiqu, jǐnguǎn duì wǒ shuō ba.) 무슨 억울한 것이 있으면 얼마든지 내게 말해라.

⑵ "늘", "내내"의 의미로, 동작 행위의 지속을 표시한다. 주로 구어체에서 사용한다. ① 别人问她, 她不说话, 尽管笑。(Biérén wèn tā, tā bù shuōhuà, jǐnguǎn xiào.) 타인이 그녀에게 물으면 그녀는 말을 하지 않고 늘 웃는다. ② 尽管说缺点可不行, 也要看到他的长处。(Jǐnguǎn shuō quēdiǎn kě bùxíng, yě yào kàn dào tā de cháng chù.) 늘 결점만 말하면 안 된다. 그의 장점도 보아야 한다. ③ 有病早些治, 尽管耽搁着也不好。(Yu bìng zǎo suò zhì, jǐnguǎn dāngezhe yě bù hǎo.) 병이 있으면 일찍 고쳐야지 그냥 그대로 놔두면 좋지 않다.

正误用例 ⑴ 尽管太阳怎么晒我们, 我们仍然継续地干。(Jǐnguǎn tàiyáng zěnme shài wǒmen, wǒmen réngrán jìxù de gàn.) 태양이 우리를 어떻게 쪼일지라도 우리는 여전히 계속 한다.

⑵ 尽管使多大劲, 还是不能把钉子拔出来。(Jǐnguǎn shǐ duō dà jìn, háishi bùnéng bǎ dīngzi bá chūlai.) 아무리 큰 힘이 들지라도 여전히 못을 뽑아낼 수 없었다.

여기서 "尽管"은 일종의 사실을 표시하고, 뒤에 임의로 가리키는 단어를 사용할 수 없다.위의 두 예문에서 "尽管"을 모두 "不管"으로 고쳐야 한다. 그리고 그 뒤는 일종의 가정임을 표시한다. 만약 "尽管"을 보류하려면, 각각 전자를 "尽管太阳热辣辣地晒我们…"(Jǐnguǎn tàiyáng rèlàlà di shài wǒmen…)으로 후자를 "尽管使很大的劲…"(Jǐnguǎn shǐ hěn dà de jìn…)으로 고쳐야 한다.

[尽快] jǐnkuài 부사

"되도록 빨리"의 의미로 사용한다. 최대한도로 도달할 수 있는 것을 추구함을 표시한다. ① 我最好尽快离开。(Wǒ zuìhǎo jìnkuài líkāi.) 나는 되도록 빨리 떠나는 것이 제일 좋다. ② 请尽快给我打电话。(Qǐng

jìnkuài gěi wǒ dǎ diànhuà.) 가능한 한 빨리 나에게 전화를 해주세요.
③ 我们必须尽快定计划。(Wǒmen bìxū jìnkuài dìng jìhuà.) 우리는
가능한한 빨리 계획을 정해야만 한다.

[尽量] jǐnliàng 부사

"가능한 한"의 의미로, 가능한 범위 안에서 최대한도로 도달할 수 있는
것을 추구함을 표시한다. ① 明天的会很重要, 能参加的尽量参加。
(Míngtiān de huì hěn zhòngyào, néng cānjiā de jǐnliàng cānjiā.) 내일
회의는 매우 중요하다, 참가할 수 있는 사람은 가능한 한 다 참가하라.
② 群众有什么困难, 应当尽量帮助解决。(Qúnzhòng yǒu shéme
kùnnán, yīngdāng jǐnliàng bāngzhù jiějué.) 군중에게 무슨 곤란한 것
이 있으면 가능한 한 되도록 도와서 해결해야한다. ③ 你尽量早点
来。(Nǐ jǐnliàng zǎo diǎn lái.) 당신은 가능한한 빨리 오세요. ④ 我尽
量不麻烦别人。(Wǒ jǐnliàng bù máfan biérén.) 나는 가능한 한 다른
사람에게 신세지지 않는다.

[尽先] jǐnxiān 부사

"제일 먼저"의 의미로, 유리한 입장에 서서 모종의 활동을 함을 표시한다.
① 坐车乘船, 应该尽先照顾老年人。(Zuòchē chéng chuán, yīnggāi
jǐnxiān zhàogù lǎo nián rén.) 차를 타거나 배를 탈 때 낭연히 제일 먼저
노인을 돌봐야한다. ② 烈士子女要尽先安排工作。(Lièshì zǐnǚ yào
jǐnxiān ānpái gōngzuò.) 국가 유공자녀에게는 제일 먼저 직업을 안배해
야 한다. ③ 这种树苗不容易成活, 需要尽先栽种。(Zhè zhǒng shùmiáo
bù róngyì chénghuó, xūyào jǐnxiān zāizhòng.) 이러한 묘목은 쉽게 살
지 못하므로 맨 먼저 심어야만 한다.

[尽力] jìnlì 부사

"모든 역량을 사용하여"의 의미로, 온 힘을 다해 어떤 사건에 임함을
표시한다. ① 他凡事都尽力而为。(Tā fánshì dōu jìnlì érwéi.) 그는 모
든 일에 최선을 다한다. ② 你放心, 有困难我们会尽力帮助你。(Nǐ
fàngxīn, yǒu kùnnán wǒmen huì jìnlì bāngzhù nǐ.) 안심하세요, 곤란하

면 우리가 전력으로 당신을 돕겠습니다. ③ 这孩子很自觉, 一放学就尽力做功课。(Zhè háizi hěn zìjué, yí fàngxué jiù jìnlì zuò gōngkè.) 이 아이는 스스로 잘 느껴서, 방학하자마자 최선을 다하여 공부를 한다. ④ 消防队员尽力解救受伤人员。(Xiāofáng duìyuán jìnlì jiějiù shòushāng rényuán.) 소방대원은 전력을 다해 부상자를 구출한다.

[비교] "竭力"(jiélì), "极力"(jílì)는 "尽力"(jìnlì)와 의미가 유사하지만, 단지 표시하는 정도가 비교적 무겁다.

[실사] "每个韩国人都应该为国家复兴尽力。"(Měi ge Hánguó rén dōu yīnggāi wèi guójiā fùxìng jìnlì.)(모든 한국인은 다 국가부흥을 위하여 진력한다)에서 "尽力"는 동사다.

[进而] jìn ér 접속사

"더 나아가(한층 더)"의 의미로, 기존의 기초 위에서 더 발전 확대함을 표시한다. ① 学好了文化基础课, 进而才能学好专业。(Xuéhǎole wénhuà jīchǔ kè, jìn ér cáinéng xuéhǎo zhuānyè.) 문화기초를 잘 배운 후, 그 다음 비로소 전공 과목을 잘 배울 수 있다. ② 这种信赖将进而推动经济的可持续复苏。(Zhèzhǒng xìnlài jiāng jìn ér tuīdòng jīngjì de kě chíxù fùsū.) 이런 신뢰는 장차 지속 가능한 경제회복을 더 추진한다. ③ 首先我们得先测试产品, 进而再推广。(Shǒuxiān wǒmen děi xiān cèshì chǎnpǐn, jìn ér zài tuīguǎng.) 우선 우리는 먼저 상품을 테스트하고 더 나아가 다시 확대한다.

[비교] "从而(cóng ér)"에는 "进一步"의 의미가 있고, 위의 문장의 조건이나 원인에 근거하여 결과를 추출함을 강조한다. ① 他没射中, 从而失去了冲击金牌的机会。(Tā méi shèzhòng, cóng ér shīqùle chōngjī jīnpái de jīhuì.) 그는 과녁을 맞히지 못해서 금메달을 딸 기회를 잃었다. ② 公司决定裁员, 从而削减成本。(Gōngsī juédìng cáiyuán, cóng ér xuējiǎn chéngběn.) 회사는 해고를 결정했고 나아가 비용을 절감한다.

[正误用例] 贪图小利的人往往只看到自己的小圈子, 打自己的小算盘, 进而看不到集体和国家的利益。(Tāntú xiǎo lì de rén wǎngwǎng zhǐ kàn dào zìjǐ de xiǎo quānzi, dǎ zìjǐ de xiǎo suànpán, jìn ér kàn bú dào jítǐ hé guójiā de lìyì.) 작은 이익을 도모하는 사람

은 왕왕 자신의 좁은 범위만을 볼뿐이며, 스스로의 이기적인 계산으로 전체와 국가의 이익을 보지 못한다.

"进而"은 원래의 기초 위에서 진일보함을 표시한다. 이 문장에서는 "看不到集体和国家的利益"(kàn bù dào jítǐ hé guójiā de lìyì)는 "贪图小利…打自己的小算盘"(tāntú xiǎo lì…dǎ zìjǐ de xiǎo suànpán)의 결과이다. 그러므로 "进而"을 "因而"로 고쳐야 전후의 인과관계를 표시할 수 있다.

[经] jīng 개사 "经过(jīngguò)"를 참고하라.

[经常] jīngcháng 부사

"항상"의 의미로, 행위가 항상 출현하고, 여러 차례 발생하여 일관성이 있음을 표시한다. 서면어에서 많이 사용한다. ① 他经常加班。(Tā jīngcháng jiābān.) 그는 항상 특근을 한다. ② 恶梦经常袭扰他。(È mèng jīngcháng xírǎo tā.) 악몽이 항상 그를 괴롭힌다. ③ 为了推广普通话, 我们经常举行朗读比赛。(Wèile tuīguǎng pǔtōnghuà, wǒmen jīngcháng jǔxíng lǎngdú bǐsài.) 보통화를 널리 보급하기 위하여 우리는 항상 낭독시합을 연다. ④ 学习外国语最要紧的, 就是经常要用功。(Xuéxí wàiguóyǔ zuì yàojǐn de, jiùshì jīngcháng yào yònggōng.) 외국어를 배우는 데 가장 중요한 것은 항상 공부하는 것이다.

동의어 "时常"(shícháng)과 "经常"(jīngcháng)은 의미가 유사하다. "时常"은 주로 구어체에서 사용하고, 동작이 일관성을 갖지 않는다. ① 我时常来打扰你, 很不好意思。(Wǒ shícháng lái dǎrǎo nǐ, hěn bù hǎo yìsi.) 나는 항상 당신을 귀찮게 하여 매우 미안하다. ② 这几天时常下雨, 真讨厌。(Zhè jǐ tiān shícháng xià yǔ, zhēn tǎoyàn.) 요사이 며칠은 항상 비가 내려 정말 싫다. ③ 他时常感到孤单。(Tā shícháng gǎndào gūdān.) 그는 항상 고독함을 느낀다.

[净] jìng 부사

⑴ "모두(都)"의 의미로, 사물의 범위를 통괄함을 표시한다. 주로 "是"와 함께 사용한다. 때로는 과장을 표시한다. 구어체에서 사용한다.

① 你说的净是土话, 我一句也听不懂。(Nǐ shuō de jìng shì tǔhuà, wǒ yíjù yě tīng bù dǒng.) 당신이 말하는 것은 모두 방언이라 나는 한마디도 알아듣지 못하겠다. ② 书架上净是科学书。(Shūjià shàng jìng shì kēxué shū.) 책꽂이에는 전부 과학책뿐이다.

(2) "온통"의 의미로, 동작의 범위를 총괄함을 표시한다. ① 梅雨天净下雨, 东西都发霉了。(Méiyǔ tiān jìng xià yǔ, dōngxi dōu fāméile.) 매우(梅雨) 기간에는 온통 비만 내려 물건이 모두 곰팡이가 피었다. ② 要多想办法, 别净说泄气话。(Yào duō xiǎng bànfǎ, bié jìng shuō xièqì huà.) 방법을 많이 생각해라. 온통 기운 빠지는 말만 하지 말라.

(3) "…뿐"의 의미로, 이것을 제외하고 다른 것이 없음을 표시한다. ① 屋里净剩他一个人。(Wū li jìng shèng tā yíge rén.) 방 안에는 그 혼자만 남았다. ② 不能整天坐着净看书, 还得活动活动才是。(Bùnéng zhěng tiān zuòzhe jìng kànshū, hái děi huódòng huódòng cái shì.) 하루 종일 앉아서 책만 볼 수는 없다. 활동도 좀 해야만 한다. ③ 收支相抵, 净存二百元。(Shōuzhī xiāngdǐ, jìng cún èr bǎi yuán.) 수입 지출을 결산하고 남은 돈이 200원뿐이다.

실사 "房子旧虽旧, 倒还干净。"(Fángzi jiù suī jiù, dǎo hái gānjìng.) (집이 비록 낡기는 낡았지만 그래도 아직 깨끗하다)에서 "净"은 형용사다.

[竟] jìng 부사

(1) "뜻밖에(居然)"의 의미로, 상황의 발생이 의외여서 추측하지 못함을 표시한다. 뒤에 주로 단음절의 단어가 오고 "居然" 보다는 어감이 가볍다. ① 多年不见, 没想到竟在车上相遇。(Duōnián bújiàn, méi xiǎngdào jìng zài chē shàng xiàng yù.) 몇 년간 만나지 못하다가 뜻밖에 차에서 만나리라고는 생각하지도 못했다. ② 他竟不客气地坐在高岗儿上了。(Tā jìng bú kèqì di zuò zài gāogǎngr shàng le.) 그는 마침내 사양치 않고 상좌에 앉았다. ③ 不知什么原因, 今年的水仙竟未开花。(Bù zhī shénme yuányīn, jīnnián de shuǐxiān jìng wèi kāihuā.) 무슨 이유인지는 모르지만 금년의 수선화가 뜻밖에 꽃이 피지 않았다. ④ 他竟敢不理我。(Tā jìngǎn bù

lǐ wǒ.) 그가 뜻밖에도 감히 나를 아랑곳하지 않는다.

⑵ "결국", "마침내"의 의미로 일의 종국을 설명한다. ① 有志者事竟成。(Yǒu zhì zhě shì jìng chéng.) 뜻이 있는 자에게는 일이 반드시 이루어진다. ② 竟是你的错误。(Jìng shì nǐ de cuòwù.) 결국 너의 잘못이다. ③ 那女子力弱不支, 竟遭玷了。(Nà nǚzǐ lì ruò bù zhī, jìng zāo diàn le.) 그 여자는 힘이 약해서 버티지 못하고, 결국 더럽혀졌다.

⑶ "다만 …일 뿐이다"의 의미이다. ① 他竟说废话。(Tā jìng shuō fèihuà.) 그는 쓸데없는 말만 할뿐이다. ② 我竟赢了一万美元。(Wǒ jìng yíngle yí wàn měiyuán.) 나는 만 달러만 땄을 뿐이다.

동의어 "竟然"(jìngrán)의 의미는 "竟"과 같고, 뒤에 쌍음절 단음절의 단어가 모두 올 수 있다.만약 단음절의 단어가 문언의 맛을 띄면 일반적으로 "竟"을 사용하고 "竟然"을 사용하지 않는다. 예를 들어, "竟未开花"(jìng wèi kāihuā)(뜻밖에 아직도 꽃이 피지 않았다), "竟表同意"(jìng biǎo tóngyì)(의외로 동의를 표시하다)에서 "竟"을 "竟然"으로 교체하려면, "竟然没有开花"(jìngrán méiyǒu kāihuā), "竟然表示同意"(jìngrán biǎoshì tóngyì)로 고쳐야만 한다.

正误用例 他平时功课好, 这次又加准备充分, 所以竟然考上了重点大学。(Tā píngshí gōngkè hǎo, zhè cì yòu jiā zhǔnbèi chōngfèn, suǒyǐ jìngrán kǎo shàngle zhòngdiǎn dàxué.) 그는 평상시에 공부를 잘했다. 이번에 또 더욱 충분히 준비하였고 그러므로 (의외로) 중점대학에 합격했다. 원래 "竟然"(jìngrán)은 의외임을 표시한다."功课好"(gōngkè hǎo)와 "准备充分"(zhǔnbèi chōngfèn)은 "考上重点大学"(kǎo shàng zhòngdiǎn dàxué)의 조건이며 의외의 일이 아니다. 그러므로 여기서는 "竟然"을 사용할 수 없고 생략하는 것이 맞다.

[竟然] jìngrán 부사 "竟(jìng)"을 참고하라.

[径] jìng 부사 "径直(jingzhí)"를 참고하라.

【径直】 jìngzhí 부사

"곧장", "직접"의 의미로, 동작이 계속적으로 변화 없이 진행함을 표시한다. 서면어에서 사용한다. ① 班机升空以后, 径直向东京方向飞去。(Bānjī shēng kōng yǐhòu, jìngzhí xiàng Dōngjīng fāngxiàng fēi qù.) 비행기가 하늘로 올라간 후 곧장 동경방향으로 날아갔다. ② 你径直写下去吧, 等写完了再修改。(Nǐ jìngzhí xiě xiàqù ba, děng xiě wánle zài xiūgǎi.) 당신이 직접 써라. 다 쓴 다음에 고치자. ③ 我径直走向了月台尽头。(Wǒ jìngzhí zǒuxiàngle yuètái jìntóu.) 나는 곧장 플랫폼 끝까지 걸어갔다.

동의어 "径"은 "径直"의 의미로, 뒤에 단음절의 단어만 사용한다. 서면어에서 사용한다. ① 班机升空以后, 径向东京方向飞去。(Bānjī shēng kōng yǐhòu, jìng xiàng Dōngjīng fāngxiàng fēi qù.) 비행기가 공중으로 올라간 후 곧장 동경을 향하여 날아갔다. ② 来稿请径寄编辑部, 不要寄给个人。(Láigǎo qǐng jìng jì biānjí bù, búyào jì gěi gèrén.) 원고는 직접 편집부로 부치시오, 개인에게 부치지 마시오.

【径自】 jìngzì 부사

"제멋대로", "물어보지도 않고"의 의미로, 주관적인 의도에 따라서만 일을 행함을 표시한다. 때로는 비방하는 의미로 사용한다(例③). ① 他话也不说, 拿把铁锹径自出了家门。(Tā huà yě bù shuō, ná bǎ tiěqiāo jìngzì chūle jiāmén.) 그는 말도 하지 않고 삽을 들고는 멋대로 집문을 나섰다. ② 他离开了同伴, 一个人径自往湖边走去。(Tā líkāile tóngbàn, yíge rén jìngzì wǎng Húbiān zǒuqù.) 그는 동료를 이탈하여 혼자서 멋대로 호수가로 걸어갔다. ③ 没等下班, 他就径自丢下工作走了。(Méi děng xiàbān, tā jiù jìngzì diū xià gōngzuò zǒule) 퇴근 시간을 기다리지 않고 그는 물어보지도 않고 일을 놔두고 갔다.

【究】 jiū 부사 "究竟(jiūjìng)⑴"을 참고하라.

[究竟] jiūjìng 부사

(1) "도대체"의 의미로, 추구를 표시한다. 의문문에 사용하여, 어감을 강조하는 작용을 한다. 주어 앞에서 사용할 수 있다(例①). ① 这道习题你究竟会做不会做?(Zhè dào xí tí nǐ jiùjìng huì zuò bú huì zuò?) 이 연습문제를 너는 도대체 할 수 있어 없어? ② 这究竟是怎么回事?(Zhè jiùjìng shì zěnme huí shì?) 이게 도대체 어쩐 일이냐? ③ 那本书究竟什么时候可以出版?(Nà běn shū jiùjìng shénme shíhou kěyǐ chūbǎn?) 그 책은 도대체 언제 출판할 수 있는가? ④ 今天的晚会你究竟参加不参加? (Jīntiān de wǎnhuì nǐ jiūjìng cānjiā bu cānjiā?) 오늘 밤 연회에 당신은 도대체 참가할 거요 안 할 거요?

> **설명** "究竟"을 사용한 의문문은 문장 끝에 조사 "吗"를 쓸 수 없다. 앞의 예문을 "这道习题你会做吗?"(Zhè dào xí tí nǐ huì zuò ma?)(이 문제를 당신이 할 수 있습니까?)로 말할 수 있지만, "这道习题你究竟会做吗?"(Zhè dào tí nǐ jiùjìng huì zuò ma?)라고는 말할 수 없다. 후반 두 예문은 이미 의문대명사 "怎么", "什么"를 사용하였으므로 의문조사 "吗"를 사용할 수 없다.

> **동의어** "究"는 "到底"(dàodǐ)의 의미로, 어감이 "究竟"보다 다소 가볍다. 뒤에 단지 단음절의 단어만 온다. 주로 서면어에서 사용한다. ① 这个问题究属何种性质, 尚需研究? (Zhège wèntí jiū shǔ hé zhǒng xìngzhì, shàng xū yánjiū?) 이 문제는 대체 어떤 종류의 성질에 속하는 대 아직도 연구가 필요한가? ② 究应如何处理? (Jiū yīng rúhé chǔlǐ?) 도대체 어떻게 처리할 것인가?

(2) "결국", "어쨌든"의 의미로, 확실히 결론이 이와 같음을 표시한다. 어감을 강조하는 작용이 있다. ① 究竟怎么做, 心里应该先有个大谱。(Jiūjìng zěnme zuò, xīnli yīnggāi xiān yǒu ge dà pǔ.) 결국 어떻게 할 것인가는 마음에 먼저 대체적인 복안이 있어야 한다. ② 他们究竟年纪轻, 干起活来个个生龙活虎。(Tāmen jiùjìng niánjì qīng, gàn qǐ huó lái gè gè shēnglóng huóhǔ.) 그들은 결국 나이가 젊기 때문에 일을 할 때도 마치 살아있는 호랑이 처럼 원기왕성하다. ③ 他究竟经验丰富, 让他负责这项工作最合适。(Tā jiùjìng jīngyàn fēngfù, ràng tā fùzé zhè xiàng gōngzuò zuì héshì.) 어쨌든 그는 경험이 풍부하니 그에게 이 일을 맡기는 것이 가장 적합하다.

실사 "大家都想问个究竟。"(Dàjiā dōu xiǎng wèn ge jiùjìng.)(모두 들 이미 결말을 물으려한다), "讲了半天也没讲出个究竟来。" (Jiǎngle bàntiān yě méi jiǎng chū ge jiùjìng lái.)(한참 이야기 했어도 결말이 나지 않았다)에서 "究竟"은 명사이다.

[就] jiù 부사와 개사, 접속사의 용법이 있다.

(一) 부사

(1) "곧", "즉시"의 의미로, 즉시 진행하거나 계속하여 발생함을 표시한다. "一"와 함께 사용하여 시간이 짧고 행동이 빠름을 강조한다. ① 你先走, 我就来。(Nǐ xiān zǒu, wǒ jiù lái.) 당신이 먼저 가면 내가 곧 가리다. ② 这孩子聪明, 别人一讲他就明白。(Zhè háizi cōngmíng, biérén yì jiǎng tā jiù míngbái.) 이 아이는 매우 총명하여 타인이 한번만 말하면 그는 즉시 이해한다. ③ 您略候一候, 饭就好了。(Nín lüè hòu yi hòu, fàn jiù hǎole.) 잠깐 기다리십시오. 밥이 곧 됩니다.

(2) "반드시(一定)"의 의미로, 굳건한 의지나 긍정적인 어감을 표시한다. "只要"(zhǐyào), "既然"(jìrán), "如果"(rúguǒ) 등의 접속사와 함께 사용할 수 있지만 말하지 않을 수도 있다. ① (只要)依靠上帝, 依靠教会和圣灵, 就能办好一切事情。((Zhǐyào) yīkào Shàngdì, yīkào jiàohuì hé shènglíng, jiù néng bàn hǎo yíqiè shìqing.) 하나님 을 의지하고 교회와 성령을 의지하면 반드시 모든 일을 잘 처리할 수 있다. ② (既然)不了解情况, 就不要随便发表意见。((Jìrán) bù liǎojiě qíngkuàng, jiù búyào suíbiàn fābiǎo yìjiàn.) 상황을 이해하지 않고 절대 마음대로 의견을 발표하지 말라. ③ (如果)没有老师的指导, 就没有学业的进步。((Rúguǒ) méiyǒu lǎoshī de zhǐdǎo, jiù méiyǒu xuéyè de jìnbù.) 선생님의 가르침이 없었다면 절대 학업의 진보도 없었다.

(3) "이미·벌써"의 의미로 시간을 표시하는 단어 뒤에 사용하여, 사건 이 과거에 존재했음을 강조한다. ① 他中学时代就参加了童子军。(Tā zhōngxué shídài jiù cānjiāle tóngzǐ jūn.) 그는 중학생 시절에 이미 보이스카웃에 참가했다. ② 我早就知道他在北方长大。(Wǒ zǎo jiù zhīdào tā zài běifāng zhǎng dà.) 나는 일찍이 이미 그가

북방에서 성장했음을 알았다. ③ 民国以前他就在中学里教语文。(Mínguó yǐqián tā jiù zài zhōngxué lǐ jiāo yǔwén.) 민국 이전에 그는 이미 중학교에서 어문을 가르쳤다.

⑷ "오직", "단지"의 의미로, 범위를 표시한다. 일반적으로 "就是"와 교환하여 사용할 수 있고, 어감이 비교적 무겁다. ① 全班就他一个人没来。(Quán bān jiù tā yíge rén méi lái.) 반 전체에서 오직 그만 오지 않았다. ② 就这么一点工作, 不用那么多人。(Jiù zhème yìdiǎn gōngzuò, búyòng nàme duō rén.) 단지 요만한 일로 그렇게 많은 사람은 필요 없다. ③ 我们这个小组就那么几个人。(Wǒmen zhège xiǎozǔ jiù nàme jǐ ge rén.) 우리 이 소그룹은 는 단지 몇 명뿐이다.

(二) 개사

"…에 대하여"의 의미로 동작의 대상이나 범위를 끌어들인다. ① 双方就共同关心的问题进行了会谈。(Shuāngfāng jiù gòngtóng guānxīn de wèntí jìnxíngle huìtán.) 쌍방은 공동 관심 문제에 대하여 회담을 진행하였다. ② 请你就刚才大家的发言整理一份材料。(Qǐng nǐ jiù gāngcái dàjiā de fǎ yán zhěnglǐ yí fèn cáiliào.) 방금 모든 이의 발언에 대하여 자료를 한부 정리하라. ③ 就工作经验来说, 他比别人都丰富。(Jiù gōngzuò jīngyàn lái shuō, tā bǐ biérén dōu fēngfù.) 일의 경험에 대하여 말하자면 그는 타인에 비하여 풍부하다.

(三) 접속사

"설사…일지라도"의 의미로, 가정과 양보를 표시한다. 주로 부사 "也"와 함께 사용한다. 주어 뒤에서만 사용한다. ① 你就再说他也不会同意。(Nǐ jiù zài shuō tā yě bú huì tóngyì.) 당신이 다시 말할지라도 그는 동의하지 않을 것이다. ② 他就不说我们也知道。(Tā jiù bù shuō wǒmen yě zhīdào.) 그가 말하지 않을 지라도 우리는 안다. ③ 你就自己去也没用。(Nǐ jiù zìjǐ qù yě méi yòng.) 당신이 직접 간다할지라도 소용이 없다. ④ 就白送给我, 我也不要。(Jiù bái sòng gěi wǒ, wǒ yě búyào.) 내게 거저 주더라도 나는 원하지 않는다.

正误用例 老王一到学校, 同志们迎上去, 就对他说…。(Lǎo Wáng yí dào xuéxiào, tóngzhìmen yíng shàngqu, jiù duì tā shuō ….)(왕 형이 학교에 도착하자마자 동지들이 환영을 나가서 그에게 …)라고 말했다.

"一"와 "就"를 함께 사용하여, 후반 상황이 전반의 행동에 따라 연이어 발생함을 표시한다. 위의 예문에서 "迎上去"(yíng shàngqu)와 "对他说"(duì tā shuō)는 "到学校"(dào xuéxiào)한 뒤의 행동에 따라서 발생한 것으로, "就"를 "迎上去" 앞으로 옮겨서 "一⋯就⋯"의 구문에 전후 호응해야 한다.

[就是] jiùshì 부사와 접속사의 용법이 있다.

(一) 부사

(1) 확고한 어기와 강한 의지를 나타낸다. ① 随便你怎么说, 他就是不相信。(Suíbiàn nǐ zěnme shuō, tā jiùshì bù xiāngxìn.) 당신이 무엇이라고 말하던 간에 그는 절대 믿지 않는다. ② 不懂就是不懂, 不要装懂。(Bù dǒng jiùshì bù dǒng, búyào zhuāng dǒng.) 모르는 것은 모르는 것이다. 아는 척하지 마라. ③ 我就是这样, 你爱怎么办就怎么办吧!(Wǒ jiùshì zhèyàng, nǐ ài zěnme bàn jiù zěnme bàn ba!) 나는 이러하니까 너는 하고 싶은 대로 해!

(2) "오직", "단지"의 의미로, 범위를 표시한다. 일반적으로 "就"와 교환하여 사용할 수 있고, 어감이 비교적 가볍다. ① 宿舍里就是这么几本书, 别的都在家里。(Sùshè li jiùshì zhème jǐ běn shū, bié de dōu zài jiāli.) 기숙사에는 단지 몇 권의 책만 있고 다른 것은 모두 집에 있다. ② 该来的人都来了, 就是老周有病请假。(Gāi lái de rén dōu láile, jiùshì Lǎo Zhōu yǒu bìng qǐngjià.) 올 사람은 다 왔다. 단지 주 형만 병 때문에 못 온다고 했다. ③ 石榴红花挺好看, 就是缺少点香味。(Shíliú hóng huā tǐng hǎokàn, jiùshì quēshǎo diǎn xiāngwèi.) 석류의 붉은 꽃은 매우 보기 좋지만 향기가 다소 부족하다.

(二) 접속사

(1) "설사⋯일 지라도"의 의미로, 가정과 양보를 표시한다. 주로 부사 "也"와 함께 사용한다. ① 就是家里有要事, 他也不随便请假。(Jiùshì jiāli yǒu yào shì, tā yě bù suíbiàn qǐngjià.) 설사 집에 중요한 일이 있다할지라도 그는 마음대로 휴가를 신청하지는 않는다. ② 就是你亲自去也没有用。(Jiùshì nǐ qīnzì qù yě méiyǒu yòng.) 설사 네가 몸소 간다 해도 소용없다. ③ 他耳朵不好, 就是打雷也听

不见。(Tā ěrduǒ bù hǎo, jiùshì dǎléi yě tīng bújiàn.) 그는 귀가 좋지 않아서 설사 천둥이 쳐도 들을 수 없다.

⑵ "不是"와 함께 사용하여, 병렬된 두 성분을 연결하고, 교체 혹은 선택 관계를 표시한다. ① 这娃娃一天到晚不是唱就是跳, 几乎一刻不停。(Zhè wáwa yìtiān dào wǎn búshì chàng jiùshì tiào, jīhū yíkè bù tíng.) 이 아기는 하루종일 노래를 하지 않으면 춤을 춘다. 거의 잠시도 쉬지 않는다. ② 他们星期天不是复习功课, 就是到郊外去钓鱼。(Tāmen xīngqītiān búshì fù xí gōngkè, jiùshì dào jiāowài qù diàoyú.) 그들은 일요일에 공부하지 않으면 교외로 낚시하러 간다. ③ 大家不是坐着闲谈, 就是大睡。(Dàjiā búshì zuòzhe xiántán, jiùshì dà shuì.) 모두들 앉아서 잡담을 하지 않으면, 잠을 잔다.

주의 "她就是我们的班主任。"(Tā jiù shì wǒmen de bān zhǔrèn.) (그녀가 바로 우리 반 주임이다), "这就是他的家。"(Zhè jiù shì tā de jiā.)(이것이 바로 그의 집이다)에서 "就"와 "是"는 두 개의 단어이고, 부사 "就"가 동사 "是"를 수식한다.

[就算] jiùsuàn 접속사

"가령 …일 지라도"의 의미로, 우선 모종의 가정을 인정하고, 나중에 다시 의미를 전환하여 진정한 뜻을 전달한다. 주로 "也", "还", "又" 등의 부사와 함께 사용하고, 전반 구문에 대한 태도를 설명한다. ┼어체에서 사용한다. ① 就算你不去参加会议也没关系。(Jiùsuàn nǐ búqù cānjiā huìyì yě méi guānxi.) 설령 네가 회의에 참가하러 가지 않아도 괜찮다. ② 就算是一点小事, 他也从来不马虎。(Jiùsuàn shì yìdiǎn xiǎoshì, tā yě cónglái bù mǎhǔ.) 아무리 작은 일이라 할지라도 그는 지금까지 대충한 적이 없다. ③ 就算有困难, 也不会太大。(Jiùsuàn yǒu kùnnán, yě bú huì tài dà.) 곤란이 있다 해도 그다지 심하지는 않을 것이다. ④ 就算你对, 又怎么样呢?(Jiùsuàn nǐ duì, yòu zěnme yàng ne?) 가령 당신이 맞더라도 또 어쩔 것인가?

[就要] jiùyào 부사

"머지않아 곧(快要)"의 의미로, 상황이 곧 발생할 것을 표시한다. 문장 끝에 "了"가 붙는다. 구어체에서 사용한다. ① 婚礼不久就要举行。(Hūnlǐ bùjiǔ jiùyào jǔxíng.) 결혼식은 머지않아 곧 시작된다. ② 大家注意, 火车就要进站了。(Dàjiā zhùyì, huǒchē jiùyào jìn zhànle.) 모두 주의하시오. 기차가 역으로 곧 들어옵니다. ③ 中秋节就要到了。(Zhōngqiū jié jiùyào dàole.) 추석이 머지않아 곧 된다. ④ 天就要黑了, 我们快走吧!(Tiān jiùyào hēile, wǒmen kuài zǒu ba!) 날이 곧 어두워진다. 우리 빨리 가자!

[居然] jūrán 부사

"뜻밖에"의 의미로 의외임을 표시한다. 원래 발생하지 않아야 할 사건이 마침내 발생하거나 쉽지 않은 일을 마침내 완성하였음을 가리킨다. ① 他考试居然敢做弊!(Tā kǎoshì jūrán gǎn zuòbì!) 그가 시험에 뜻밖에 감히 컨닝을 하다니! ② 这样简单的道理你居然还不懂。(Zhèyàng jiǎndān de dàolǐ nǐ jūrán hái bù dǒng.) 이렇게 간단한 이치를 당신은 의외로 아직도 모른다. ③ 他今天上课居然没有睡觉, 真是稀奇。(Tā jīntiān shàngkè jūrán méiyǒu shuìjiào, zhēnshì xīqí.) 그는 오늘 수업에 의외로 잠을 자지 않았다. 정말 신기하다. ④ 这棵枯树居然又长出了新芽。(Zhè kē kū shù jūrán yòu zhǎng chūle xīnyá.) 이 고목에서 의외로 다시 새싹이 돋아났다.

[비교] "竟然"(jìngrán)과 "居然"의 의미는 유사하지만, "竟然"을 사용하면, 상황이 의외임을 강조한다. ① 这样宏伟的建筑, 竟然只用十个月的时间就完成了。(Zhèyàng hóngwěi de jiànzhú, jìngrán zhǐ yòng shí ge yuè de shíjiān jiù wánchéngle.) 이런 웅장한 건축이 뜻밖에도 겨우 10개월 만에 완성되었다. ② 他居然回来了。(Tā jūrán huílaile.)그가 뜻밖에 돌아왔다.

[据] jù 개사 "根据(gēnjù)"를 참고하라.

[决] jué 부사

"결코", "절대로"의 의미로, 부정사 "不", "无", "非", "没有" 등의 앞에 사용하여 강한 부정을 표시한다. ① 无论多困难, 我都决不放弃努

力。(Wúlùn duō kùnnán, wǒ dōu jué bú fàngqì nǔlì.) 아무리 곤란할지라도 나는 절대로 노력하는 것을 포기하지 않는다. ② 人人都按照制度办事, 决无例外。(Rén rén dōu àn zhào zhìdù bànshì, jué wú lìwài.) 모든 사람은 제도에 따라 일을 처리하고 결코 예외는 없다. ③ 天还下大雨, 他决不会回来了。(Tiān hái xià dàyǔ, tā jué bú huì huíláile.) 아직 비가 세차게 내리고 있으니 그는 결코 돌아올 리가 없다. ④ 遵守学生守则, 决不迟到早退。(Zūnshǒu xuéshēng shǒuzé, jué bù chídào zǎotuì.) 학생 행동강령을 준수하고 절대로 절대 지각이나 조퇴를 하지 말라.

[绝] jué 부사

(1) "절대로", "결코"의 의미로, 부정사 "无", "非", "不" 등의 앞에 사용하여, 완전부정을 표시한다. ① 他绝不做这些事情。(Tā jué bú zuò zhè xiē shìqing.) 그는 이런 일은 절대로 하지 않는다. ② 厂内学习外语的人绝非少数。(Chǎng nèi xuéxí wàiyǔ de rén jué fēi shǎoshù.) 공장에서 외국어를 배우는 사람은 절대 소수가 아니다. ③ 你这样随便决定, 我们绝不同意。(Nǐ zhèyàng suíbiàn juédìng, wǒmen jué bù tóngyì.) 당신이 이렇게 멋대로 결정하면 나는 절대 동의할 수 없다. ④ 有人说我想调动工作, 其实绝无此事。(Yǒurén shuō wǒ xiǎng diàodòng gōngzuò, qíshí jué wú cǐ shì.) 누군가 내가 직장을 옮기려한다고 말하지만 사실 절대 그런 일이 없다.
비교 "决(jué)"와 "绝(jué)"는 의미가 유사하다 ; "决"를 사용하면 강조의 의미가 더욱 강화된다.

(2) "매우(极)"의 의미로, 정도가 깊은 것을 표시한다. ① 这个比喻绝妙, 大家拍手叫好。(Zhège bǐyù jué miào, dàjiā pāishǒu jiào hǎo.) 이 비유는 매우 절묘하여 모두 박수를 치고 좋아한다. ② 魔术师技艺绝高, 观众赞叹不止。(Móshù shī jìyì jué gāo, guānzhòng zàntàn bùzhǐ.) 마술사의 기예가 매우 높아 관중들의 찬탄이 끊이지 않는다 ③ 小刚绝大部分开支都花在日常消费品上了。(Xiǎo Gāng jué dàbùfen kāizhī dōu huā zài rìcháng xiāofèipǐn shàngle.) 소강은 매우 많은 부분의 지출을 일상 소비용품에 다 사용한다.

[绝对] juéduì 부사

(1) "절대로", "완전히"의 의미로 부정사 앞에 사용하여, 완전부정을 표시한다. 뒤에 일반적으로 쌍음절의 단어가 온다. ① 这个我都检查过, 绝对没有错。(Zhège wǒ dōu jiǎncháguo, juéduì méiyǒu cuò.) 이건 내가 다 검사해 보았는데, 절대로 착오가 없다. ② 厂内业余学习外语的人绝对不是少数。(Chǎng nèi yèyú xuéxí wàiyǔ de rén juéduì búshì shǎoshù.) 공장에서 여유시간에 외국어를 배우는 사람은 결코 적은 수가 아니다. ③ 不利于群众的事绝对不能干。(Bú lì yú qúnzhòng de shì juéduì bù néng gàn.) 군중에게 불리한 일을 절대 할 수 없다.

(2) "반드시", "매우"의 의미로, 상황이 바로 이와 같음을 강조한다. 긍정적 어감을 띤다. ① 这种新产品你不妨试试, 保证你绝对满意。(Zhè zhǒng xīn chǎnpǐn nǐ bùfáng shì shì, bǎozhèng nǐ juéduì mǎnyì.) 이 신제품을 당신이 한번 시험삼아 사용해보면 당신이 매우 만족할 것을 보증합니다. ② 我们对工作要绝对负责。(Wǒmen duì gōngzuò yào juéduì fùzé.) 우리는 일에 대하여 반드시 책임을 진다. ③ 提前完成年度计划我们绝对有把握。(Tíqián wánchéng niándù jìhuà wǒmen juéduì yǒu bǎwò.) 올해 계획을 앞당겨 완성하는 것에 우리는 절대 확신이 있다.

[均] jūn 부사

"모두(都)"의 의미로, 범위 혹은 대상을 총괄함을 표시한다. 주로 서면어에서 사용한다. ① 来作客的均是老同学。(Lái zuòkè de jūn shì lǎo tóngxué.) 손님들은 모두 다 동창생이다. ② 犯重大过失者均被斥革。(Fàn zhòngdà guòshī zhě jūn bèi chì gé.) 중대한 과실을 저지른 자는 모두 파면당하다. ③ 各项任务均已顺利完成。(Gè xiàng rènwù jūn yǐ shùnlì wánchéng.) 각 항의 임무가 모두 이미 순조롭게 완성되었다. ④ 全家均好, 请勿挂念。(Quánjiā jūn hǎo, qǐng wù guà niàn.) 모든 식구들이 다 잘 있으니 걱정하지 마십시오.

[开外] kāiwài 조사

"… 이상(出头)"의 의미로, 수사나 수량사 뒤에 사용하여, 언급한 숫자를 미미하게 초과함을 표시한다. 주로 연령·거리 혹은 시간을 가리킨다. ① 笑声的回音能在百米开外听到。(Xiàoshēng de huíyīn néng zài bǎi mǐ kāiwài tīngdào.) 웃음소리의 반향이 100미터 밖까지도 들린다. ② 城南三十里开外的山上，有一座古塔。(Chéngnán sānshí lǐ kāiwài de shānshàng, yǒu yízuò gǔ tǎ.) 성의 남쪽 30리 밖의 산위에 오래된 탑이 하나 있다. ③ 这件出土陶器，少说也有三千年开外了。(Zhè jiàn chūtǔ táoqì, shǎo shuō yě yǒu sānqiān nián kāiwàile.) 발굴된 이 도자기는 최소한 3000년 이상 되었다.

주의 연령을 표시할 때는 20세 이상 10의 배수로 한정하고, 거리를 표시할 때는 10의 배수나 5의 배수를 사용한다 ; 시간을 표시할 때는 비교적 자유롭다.

[可] kě 부사와 접속사 두 가지 용법이 있다.

(一) 부사

(1) "확실", "적확"의 의미로, 강조의 어감을 표시한다. ① 人一多，办法可也多了。(Rén yì duō, bànfǎ kě yě duōle.) 사람이 많아지면 방법도 확실히 많아진다. ② 生活上的问题，我可从来不计较。(Shēnghuó shàng de wèntí, wǒ kě cónglái bú jìjiào.) 생활상의 문제를 나는 한 번도 따져본 적이 없다. ③ 这样大的南瓜可没见过。(Zhèyàng

dà de nánguā kě méi jiànguo.) 이렇게 큰 호박은 확실히 본적이 없다.

⑵ 간구하는 문장에 사용하여, 모종의 요구·권유 혹은 희망을 강조한다. 주로 "要", "能", "应该" 등의 능원동사와 함께 사용한다. ① 这个公式很重要, 可千万要记着。(Zhège gōngshì hěn zhòngyào, kě qiān wàn yào jìzhe.) 이 공식은 매우 중요하여 반드시 기억해야만 한다. ② 干事情可不能随便。(Gàn shìqing kě bùnéng suí biàn.) 일을 함에 절대로 함부로 할 수는 없다. ③ 你身体不好, 可应该多保重。(Nǐ shēntǐ bù hǎo, kě yīnggāi duō bǎozhòng.) 당신은 건강이 좋지 않으니, 응당 몸을 조심해야만 합니다.

⑶ 감탄문이나 의문문에 사용하여, 어감을 강조함을 표시한다. 반문의 문장에서, "可"를 문장의 처음에 놓는다(例⑤). ① 这可是件新鲜事啊! (Zhè kěshì jiàn xīnxiān shì a!) 허지만 이것은 신선한 일이 아닌가! ② 你可回来了, 大家正在四处找呢! (Nǐ kě huílaile, dàjiā zhèngzài sìchù zhǎo ne!) 당신 정말 돌아왔군요! 모두들 사방으로 당신을 찾고 있는 중입니다. ③ 他普通话说得可好哩!(Tā pǔtōnghuà shuō de kě hǎo ne!) 그는 보통화를 정말로 잘 말한다. ④ 这话可是真的?(Zhè huà kěshì zhēn de?) 이 말은 정말로 사실이지? ⑤ 可谁见过这样的好收成?(Kě shéi jiànguo zhèyàng de hǎo shōuchéng?) 누가 이렇게 좋은 작황을 본적이 있는가?

▣ 동의어 ▣ "可是"를 부사로 사용하면, 의미가 "可"와 같지만 일반적으로 반문의 문장에는 사용하지 않는다. ① 这种新鲜事, 我可是从来没见过。(Zhè zhǒng xīnxiān shì, wǒ kěshì cónglái méi jiànguo.) 이런 신선한 일을 나는 이제껏 본적이 없다. ② 你一言, 我一语, 意见可是多啦。(Nǐ yì yán, wǒ yì yǔ, yìjiàn kěshì duō la.) 당신이 한마디 나도 한마디 의견이 너무 많다. ③ 说话可是要算数的。(Shuōhuà kěshì yào suàn shù de.) 한 말은 반드시 지켜져야 한다.

(二) 접속사

"그러나", "오히려"의 의미로, 의미상의 전환을 표시한다. 주어 앞에 사용할 수 있다(例①). ① 文章虽短, 可内容不错。(Wénzhāng suī duǎn, kě nèiróng búcuò.) 문장은 비록 짧지만 그러나 내용은 좋다. ② 以前他还是个文盲, 可现在成了工程师了。(Yǐqián tā háishi gè wénmáng, kě xiànzài chéngle gōngchéngshīle.) 이전에 그는 문맹이었으나 지금 그는 기술자가 되었다.

[可见] kějiàn 접속사

"…을 알 수 있다"의 의미로 후반 구문의 문장 처음에 사용하고, 전반 구문에 근거하여 판단이나 결론을 표시한다. ① 连这几道附加题都答对了, 可见他学得不错。(Lián zhè jǐ dào fùjiā tí dōu dá duìle, kějiàn tā xué de búcuò.) 이 몇 개의 첨가문제조차도 다 맞았다. 그가 잘 배운 것을 알 수 있다. ② 我最近常常发病, 可见身体不如以前了。(Wǒ zuìjìn chángcháng fābìng, kějiàn shēntǐ bùrú yǐqiánle.) 나는 최근에 종종 병에 걸린다. 몸이 이전과 같지 않음을 알 수 있다. ③ 再过一两天就可见分晓。(Zài guò yì liǎng tiān jiù kějiàn fēnxiǎo.) 하루 이틀 지나면 명백해 질 수 있다.

설명 "可见"을 "由此可见"(yóucǐ kějiàn)이라고 말할 수 있다. 전면의 비교적 긴 문장을 연결하여 총괄적인 말을 끌어낸다. 뒤에 정지가 있고 쉼표를 사용한다. 예 世界各国人都用英文表示意见, 由此可见, 英文已经不再是专属英国人的语言了。(Shìjiè gèguó rén dōu yòng Yīngwén biǎoshì yìjiàn, yóu cǐ kějiàn, Yīngwén yǐjīng bú zài shì zhuān shǔ Yīngguó rén de yǔyánle.) 세계 각국 사람들이 모두 영어로 의견을 표시한다. 이로 볼 때 영어는 이미 더 이상 영국인만의 언어가 아니다.

[可能] kěnéng 부사

"혹시", "아마도"의 의미로, 상황에 대한 대체적인 계산을 표시한다. 주어 앞에서 사용할 수 있다(例③④). ① 他可能不知道今天开会。(Tā kěnéng bù zhīdào jīntiān kāihuì.) 그는 아마 오늘 회의를 모르고 있을 것이다. ② 他这一来, 可能是有所请求吧。(Tā zhè yì lái, kěnéng shì yǒusuǒ qǐngqiú ba.) 그가 온 것은 무언가 부탁이 있어서겠지. ③ 五点多了, 可能会议已经结束。(Wǔ diǎn duōle, kěnéng huìyì yǐjīng jiéshù.) 5시가 넘었다. 아마도 회의가 이미 끝났을 것이다. ④ 灯不亮, 可能灯泡坏了。(Dēng bú liàng, kěnéng dēngpào huàile.) 전등이 켜지지 않는다. 아마도 전구가 고장났을 것이다.

실사 "他功课好, 考个满分是完全可能的。"(Tā gōngkè hǎo, kǎo gè mǎnfēn shì wánquán kěnéng de.)(그는 공부를 잘하여 시험에서 만점을 받는 것은 확실히 가능하다)에서 "可能"은 형용사다. "根据需要和可能安排工作。"(Gēnjù xūyào hàn kěnéng ānpái gōngzuò.)(수요와 가능에 근거하여 일을 안배한다)에서 "可能"은 명사다.

[可是] kěshì 접속사 "但是"(dànshì)와 부사 "可"(kě)를 참고하라.

[可惜] kěxī 부사

"아깝게도"의 의미로 발생한 상황에 대하여 애석한 것을 표시함을 가리킨다. 주어 앞에서 사용할 수 있다(例③④). ① 我有盆兰花, 可惜去年冻死了。(Wǒ yǒu pén lánhuā, kěxí qùnián dòng sǐle.) 나는 난 화분이 있었는데 애석하게도 작년에 얼어 죽었다. ② 好好一本画报, 可惜让孩子们弄脏了。(Hǎohǎo yì běn huà bào, kěxí ràng háizimen nòng zāng le.) 좋은 화보 한 권이 아깝게도 아이들에 의하여 더럽혀졌다. ③ 昨天的演出非常精彩, 可惜你没空去看。(Zuótiān de yǎnchū fēicháng jīngcǎi, kěxí nǐ méi kōng qù kàn.) 어제 공연은 매우 훌륭했으나 아깝게도 당신은 가볼 시간이 없었다. ④ 房子倒不错, 可惜面积太小。(Fángzi dǎo búcuò, kěxī miàn jī tài xiǎo.) 집이 좋긴 좋지만 아깝게도 면적이 너무 작다.

실사 只念了两年搁下了太可惜。(Zhī niàn le liǎng nián gēxia le tài kěxī.) (2년만 공부하고 그만둔다는 것은 너무 애석하다)에서 "可惜"는 형용사다.

[恐怕] kǒngpà 부사

(1). "혹시", "… 일 것이다"의 의미로, 상황에 대한 나쁜 추측을 표시한다. 근심이나 의논의 어감을 갖는다. ① 他这个时候还不来, 恐怕车子误点了。(Tā zhège shíhou hái bù lái, kǒngpà chēzi wù diǎnle.) 그는 이 시간까지도 아직 오지 않다니 혹시 차가 연착하는 것이 아닐까! ② 乌云满天, 恐怕要下大雨。(Wūyún mǎn tiān, kǒngpà yào xià dà yǔ.) 검은 구름이 하늘을 덮고 있으니 아마도 큰비가 올 것 같다. ③ 这样做, 效果恐怕不好。(Zhèyàng zuò, xiàoguǒ kǒngpà bù hǎo.) 이렇게 하면 효과는 아마 좋지 않을 것이다.

(2) "대체로", "대략"의 의미로 개략적인 상황을 표시한다. ① 他走了恐怕有二十天了。(Tā zǒule kǒngpà yǒu èrshí tiānle.) 그가 떠난지 대략 20일이나 되었을 것이다. ② 他恐怕不止六十岁了。(Tā kǒngpà bùzhǐ liù shí suì le.) 그는 대략 60세만 된 것 같지 않다.

동의어 "怕"는 "恐怕"의 의미로, 구어체에서 많이 사용하고 어감도 다소 가볍다. ① 事情怕不这么简单。(Shìqing pà bú zhème jiǎndān.) 일이 그렇게 간단하지 않을 것 같다. ② 这个瓜怕有十几斤吧。(Zhège guā pà yǒu shí jǐ jīn ba.) 이 오이는 대략 10여 근 될 것이다. ③ 这件行李怕有一百多斤重。(Zhè jiàn xínglǐ pà yǒu yībǎi duō jīn zhòng.) 이 짐은 아마도 100여 근은 될 것이다.

실사 "他恐怕迟到, 一早就起来了。"(Tā kǒngpà chídào, yìzǎo jiù qǐlaile.)(그는 지각할 것이 두려워 일찍이 일어났다.), "我怕你一个人干不了才来的。"(Wǒ pà nǐ yíge rén gàn bu liǎo cái lái de.)(나는 당신 혼자서 할 수 없을 것 같아 걱정이 되어서 왔다)에서 "恐怕"와 "怕"는 모두 동사다.

[快] kuài 부사

(1) "(머지않아)곧 …하게 될 것이다(将要)"의 의미로, 단시간 안에 모종의 상황이 출현하거나 혹은 모종 정도에 도달함을 표시한다. 문장 끝에 일반적으로 어기조사 "了"를 사용한다. ① 我来了快两年了。(Wǒ láile kuài liǎng niánle.) 내가 온 지가 머지않아 2년이 된다. ② 麦子快成熟了。(Màizi kuài chéngshúle.) 보리가 곧 익을 것이다. ③ 快春节了, 大家都忙着准备过年。(Kuài chūnjiéle, dàjiā dōu mángzhe zhǔnbèi guònián.) 음력설이 곧 될 것이다. 모두 설 준비로 바쁘다. ④ 你再等一会儿, 他快回来了。(Nǐ zài děng yìhuǐr, tā kuài huíláile.) 조금만 더 기다려라. 그가 곧 돌아올 것이다.

(2) "빨리(赶快)"의 의미로, 재촉을 표시한다. ① 时间不早了, 快走吧!(Shíjiān bù zǎole, kuài zǒu ba!) 시간이 늦었으니 빨리 갑시다!

② 你走得太快了，我跟不上。(Nǐ zǒu de tài kuài le, wǒ gēn bu shàng.) 네가 너무 빨리 걸어서 나는 따라가지 못하겠다. ③ 请你快把这本书还给图书馆。(Qǐng nǐ kuài bǎ zhè běn shū huán gěi túshū guǎn.) 당신은 이 책을 빨리 도서관에 돌려주어라. ④ 乌云上来，快要下雨了。(Wūyún shànglai, kuàiyào xiàyǔ le.) 먹구름이 나타나고 곧 비가 오려고 하다.

설명 "快要"와 "快"의 의미는 같지만, "快要"(kuài yào)를 사용하면 어감이 비교적 부드럽다.

실사 "进度太快，还得加把劲。"(Jìndù tài kuài, hái děi jiā bǎ jìn.) (진도가 너무 빨라서 더욱 노력을 해야 한다)에서 "快"는 형용사다.

[快要] kuàiyào 부사 "快(kuài)"를 참고하라.

[况且] kuàngqiě 접속사

"하물며", "게다가"의 의미로, 이유를 보다 상세히 설명함을 표시한다. 주로 "也", "还", "又" 등 부사와 함께 사용한다. ① 我今天有空，况且这件事很急，就让我去走一趟吧。(Wǒ jīntiān yǒu kòng, kuàngqiě zhè jiàn shì hěn jí, jiù ràng wǒ qù zǒu yí tàng ba.) 나는 오늘 시간이 있고 게다가 이일은 매우 급하니 내가 한번 다녀오도록 하지. ② 这衣服质料不错，况且也很便宜。(Zhè yīfu zhìliào búcuò, kuàngqiě yě hěn piányi.) 이 옷은 감도 괜찮고 게다가 또 아주 싸다. ③ 他们不仅有能力，况且做事也非常认真。(Tāmen bùjǐn yǒu nénglì, kuàngqiě zuòshì yě fēicháng rènzhēn.) 그들은 능력도 있는데 게다가 매우 열심히 일까지 한다. ④ 这本小说主题好，况且描写又很生动。(Zhè běn xiǎoshuō zhǔtí hǎo, kuàngqiě miáoxiě yòu hěn shēngdòng.) 이 소설의 주제가 좋고 게다가 묘사가 또 매우 생동적이다.

正误用例 (1) 他工作踏实肯干，任劳任怨，况且积极努力，大家都支持他。(Tā gōngzuò tàshí kěn gàn, rènláo rènyuàn, kuàngqiě jījí nǔlì, dàjiā dōu zhīchí tā.) 그는 일을 건실하고 긍정적으로 한다. 노고를 마다하지 않고 원망을 두려워하지 않는다. 게다가 적극적으로 노력하고 모두

다 그를 지지한다.

(2) 语法这门知识是每个人都必须具备的, 况且是搞编辑工作的人, 就更不必说了。(Yǔfǎ zhè mén zhīshi shì měi gerén dōu bìxū jùbèi de, kuàngqiě shì gǎo biānjí gōngzuò de rén, jiù gèng búbì shuōle.) 어법 이 지식은 모든 사람이 다 반드시 구비해야한다. 게다가 편집 작업을 하는 사람은 더욱 말할 필요가 없다.

"况且"는 의미가 더욱 발전한 것을 표시한다.

예문 (1)에서 "积极努力"를 앞의 "踏实肯干, 任劳任怨"과 병렬하였으므로, "况且"를 사용할 필요가 없다.

예문 (2)에서 전후가 대비되는 의미가 있으므로, "何况(尤其)是搞编辑工作的人"(hékuàng (yóuqí) shì gǎo biānjí gōngzuò de rén)으로 고치거나 혹은 "况且是"와 뒤의 쉼표를 생략하는 것이 좋다.

[亏] kuī 부사

(1) "다행히", "덕분에"의 의미로, 언급한 조건을 구비하여 모종의 상황이 발생하거나 피하는 것을 표시한다. 주어 앞에 사용할 수 있고 주로 접속사 "不然", "否则" 혹은 부사 "才"와 함께 사용한다. 뒤에 단음절의 단어가 온다. ; "得", "了"와 함께 사용하면 쌍음절의 단어가 올 수 있다. ① 亏你提醒, 不然我又忘了吃药了。(Kuī nǐ tíxǐng, bùrán wǒ yòu wàngle chī yàole.) 다행히 당신이 일깨워주어서 그렇지 아니면 나는 또 약먹는 것을 잊을 뻔했다. ② 亏他发现得早, 才把这落水的孩子救活了。(Kuī tā fāxiàn de zǎo, cái bǎ zhè luò shuǐ de háizi jiù huóle.) 다행히도 그가 빨리 발견하여서 물에 빠진 아이를 구했다. ③ 这老人亏得医生及时抢救, 否则早没命了。(Zhè lǎorén kuīdé yīshēng jíshí qiǎngjiù, fǒuzé zǎo méimìngle.) 이 노인은 다행히 의사가 적시에 구원했다. 그렇지 않으면 벌써 죽었다.

(2) "…임에도 불구하고"의 의미로 달성하기 어려운 일을 마침내 달성한 것을 표시한다. 찬양의 어감을 띈다. ① 这么大年纪, 亏你还能走那么多路。(Zhème dà niánjì, kuī nǐ hái néng zǒu nàme duō lù.) 이렇게 많은 나이에도 불구하고 당신은 아직도 그렇게 먼 길을 걸

을 수 있군요. ② 天那么冷, 亏他照样坚持游泳。(Tiān nàme lěng, kuī tā zhàoyàng jiānchí yóuyǒng.) 날씨가 그렇게 추움에도 불구하고 그는 여전히 수영을 고집한다. ③ 那个铺子那么亏空还能坚持下去吗? (Nàge pùzi nàme kuīkong hái néng jiānchí xiàqù ma?) 저 가게는 저렇게 손해를 보았음에도 불구하고 계속 할 수 있겠습니까?

⑶ "유감스럽게도"의 의미로 불만·경시 혹은 반어를 표시한다. ① 亏你是个明白人, 怎么这个道理都不知道。(Kuī nǐ shìge míngbái rén, zěnme zhège dàolǐ dōu bù zhīdào.) 너는 똑똑한 사람인데 어찌 이런 도리도 모르느냐. ② 这样的话, 亏他说得出口。(Zhèyàng dehuà, duì tā shuō de chū kǒu.) 이런 말은 유감스럽게도 그가 말한 것이다. ③ 天这么热, 亏你还穿那么多!(Tiān zhème rè, kuī nǐ hái chuān nàme duō!) 날씨가 이렇게 더운데 불구하고 당신은 그렇게 많이 입고 있군요!

> 실사 "企业亏了本。"(Qǐyè kuīle běn.)(기업이 적자를 보았다), "他自知理亏, 不吱声了。"(Tā zì zhī lǐkuī, bù zhī shēngle.)(그는 스스로 불리함을 알고 한마디도 하지 않는다)에서 "亏"는 "부족하다"라는 동사다.

【啦】 la 조사

(1) 문장 끝에 사용하여, 희열·놀램·분노·금지·경고·의문 등의 어감을 표시하고 일반적으로 바뀌지 않는 지속의 느낌을 나타낸다. ① 女排又夺得冠军啦!(Nǚpái yòu duó dé guànjūn la!) 여자 배구팀이 또 우승을 획득했다. ② 我们是老朋友啦.(Wǒmen shì lǎo péngyou la.) 우리는 오랜 친구다. ③ 你怎么连刚学过的东西全都忘啦。(Nǐ zěnme lián gāng xuéguò de dōngxi quán dōu wàng la.) 당신은 어떻게 방금 배운 것조차 완전히 잊었지. ④ 熄灯了, 别再说话啦。(Xí dēngle, bié zài shuōhuà la.) 불이 꺼졌으니 더 이상 말하지 말라. ⑤ 你发疯啦, 这么大热天, 还穿棉袄。(Nǐ fāfēngla, zhème dà rètiān, hái chuān mián ǎo.) 너 정신 나가지 않았니, 이렇게 더운 날에 솜옷을 다 입고.

(2) 나열을 표시해 항목이 많음을 설명한다. ① 大米啦, 白面啦, 杂粮啦, 粮食店里样样都有。(Dàmǐ la, báimiàn la, záliáng la, liángshí diàn li yàng yàng dōu yǒu.) 쌀·밀가루·잡곡 등 양곡상에는 모든 것이 다 있다. ② 书啦, 报纸啦, 杂志啦, 摆满了阅览室。(Shū la, bàozhǐ la, zázhì la, bǎi mǎnle yuèlǎn shì.) 책·신문·잡지 등이 열람실 가득 진열되어 있다.

【来】 lái 조사

(1) "十", "百", "千" 등의 수사 뒤에 사용하여, 신축성이 비교적 큰 대략적 숫자를 표시한다. ① 这儿离都城有十来里路。(Zhèr lí dūchéng

yǒu shí lái lǐ lù.) 이곳은 시내에서 십 여리 길이다. ② 咱们图书馆
订阅了二百来种期刊。(Zánmen túshū guǎn dìng yuèle èrbǎi lái
zhǒng qīkān.) 우리 도서관은 200여종의 간행물을 정기 구독한다.
③ 参加这次长跑的有一千来人。(Cānjiā zhè cì chángpǎo de yǒu
yīqiān lái rén.) 이번 마라톤에 참가한 사람은 천여명이나 된다.

(2) "…정도(左右)"의 의미로, 수량사의 뒤에 사용하여, 신축성이 비교
적 적은 대략적인 숫자를 표시한다. 뒤에 일반적으로 단음절의 형
용사가 온다. ① 这块布该有五尺来长吧? (Zhè kuài bù gāi yǒu
wǔ chǐ lái cháng ba?) 이 천은 응당 다섯 자 정도는 되겠지? ②
这篮鸡蛋看样子有十斤来重。(Zhè lán jīdàn kàn yàngzi yǒu shí
jīn lái zhòng.) 이 바구니의 계란은 보기에 열근 정도 된다.

　　설명 "来"는 위치에 따라 신축성이 다르다 ; "十来里路"는 "十里"
　　　　보다 많거나 혹은 1·2 리 적은 것과 비교할 수 있고, "五尺来
　　　　长"은 단지 "五尺"와 비교하여 그 보다 길거나 혹은 1·2 자
　　　　가 적은 것을 의미한다.

(3) "以来"의 의미로, 말한 시간이 지금까지 계속됨을 표시한다. ① 二
十多年来他一直在农村工作。(Èrshí duō nián lái tā yìzhí zài
nóngcūn gōngzuò.) 20여 년 이래로 그는 계속 농촌에서 일한다. ②
几个月来他们五个人集中在厂里搞试验。(Jǐ gè yuè lái tāmen
wǔ ge rén jízhōng zài chǎng li gǎo shíyàn.) 수개월간 그들 다섯
사람은 공장에서 집중적으로 실험을 한다.

(4) "一来…, 二来…"의 형식으로 이유를 표시한다. 합하여 하나의 단
어로 볼 수 있다. ① 一来工作忙, 二来车子挤, 所以一直没来看
你。(Yì lái gōngzuò máng, èr lái chēzi jǐ, suǒyǐ yìzhí méi lái
kàn nǐ.) 첫째는 일이 바쁘고 둘째는 차가 밀리고 그래서 계속 너
를 보러오지 못했다. ② 一来东西好, 二来价钱也便宜。(Yì lái
dōngxi hǎo, èr lái jiàqián yě piányi.) 첫째 물건이 좋고, 둘째 값도
싸다.

　　실사 "他来过北京。"(Tā láiguo Běijīng.)(그는 북경에 온 적이 있
　　　　다), "看来群众十分满意。"(Kàn lái qúnzhòng shífēn mǎnyì.)
　　　　(군중들이 매우 만족해 보인다)에서 "来"는 동사다.

[来着] láizhe 조사

"… 이었다"라는 의미로 구와 문장 끝에 사용하여, 어떤 상황이 이미 발생한 것을 표시한다. 구어체에서 사용하고 "呢", "啦" 등의 어감에 해당한다. ① 你刚才说什么来着?(Nǐ gāngcái shuō shénme láizhe?) 당신 방금 무엇이라고 말했지? ② 昨天你是不是去公园来着? (Zuótiān nǐ shì búshì qù gōngyuán láizhe?) 어제 당신이 공원에 갔었던가? ③ 你刚才做什么来着?(Nǐ gāngcái zuò shénme láizhe?) 너는 방금 무엇을 하고 있었니?

[老] lǎo 부사

(1) "줄곧", "항상"의 의미로, 상황이 지속적이고 불변하거나 계속하여 중복 출현하는 것을 표시한다. ① 他老想抓点便宜, 没想到会吃了亏了。(Tā lǎo xiǎng zhuā diǎn pián yi, méi xiǎngdào huì chī le kuīle.) 그는 늘 잇속만을 생각하는데, 그런 그가 손해를 보았다는 것은 예상치 못했다. ② 老麻烦你给我照看孩子, 很不好意思。(Lǎo máfan nǐ gěi wǒ zhàokàn háizi, hěn bù hǎo yìsi.) 계속 당신에게 아이를 봐달라고 귀찮게 했군요 매우 미안합니다. ③ 工作虽忙, 老不学习可也不行啊。(Gōngzuò suī máng, lǎo bù xuéxí kě yě bùxíng a.) 일이 비록 바쁘지만 계속 공부를 하지 않는 것도 안 된다. ④ 他老不听我的话。(Tā lǎo bù tīng wǒ de huà.) 그는 늘 나의 말을 듣지 않는다.

(2) "매우"의 의미로, 정도가 높음을 표시한다. 뒤에 형용사만 온다. 형용사와 함께 중첩할 수 있고 어감도 가중된다. ① 太阳已经老高了。(Tàiyáng yǐjīng lǎo gāole.) 해가 이미 매우 높이 떴다. ② 这一件事情老早就刊出了。(Zhè yí jiàn shìqing lǎozǎo jiù kānchū le.) 이 사건은 훨씬 전에 활자로 발표되었다. ③ 老师给孩子们讲了个故事, 老好听的。(Lǎoshī gěi háizimen jiǎngle gè gùshì, lǎo hǎotīng de.) 선생님이 아이들에게 이야기를 한다. 매우 듣기 좋다.

> **설명** "老是"(lǎoshi)는 "老"의 의미로, 교환하여 사용할 수 있고, "老是"를 사용하면, 어감이 비교적 무겁다. 예 那位妇人老是自思自叹。(Nà wèi fùrén lǎoshi zìsī zìtàn.) 그 부인은 언제나 혼자 생각하고 제 혼자 탄식한다.

[비교] "总(zǒng)"과 "老(lǎo)"의 의미는 유사하지만, "总"은 정도를 표시하지 않고, "很"에도 해당하지 않는다.

[老是] lǎoshi 부사 "항상"의 의미로 "老(lǎo)"와 용법이 같다.

[了] le 조사

(1) 동사 뒤에 사용하여, 동작이 이미 완성되거나 장래에 완성될 것 혹은 완성할 수 있음을 표시한다. 병렬한 두 개의 동사 뒤에 사용할 수 있다(例④). ① 大家养成了每天读报的习惯。(Dàjiā yǎng chéngle měitiān dú bào de xíguàn.) 모두 매일 신문을 읽는 습관을 길렀다. ② 时间还早, 咱们吃完了饭再走吧。(Shíjiān hái zǎo, zánmen chī wánle fàn zài zǒu ba.) 시간이 아직 이르니 우리 식사를 하고 갑시다. ③ 如果犯了错误, 就应该从中吸取教训。(Rúguǒ fànle cuòwù, jiù yīnggāi cóngzhōng xīqǔ jiàoxùn.) 만약 잘못을 했으면 그 속에서 응당 교훈을 얻어야 한다. ④ 大会讨论并且通过了这项决议。(Dàhuì tǎolùn bìngqiě tōngguòle zhè xiàng juéyì.) 대회는 토론을 하고 아울러 이 결의를 통과시켰다.

(2) 형용사 뒤에 사용하여, 상태가 이미 변화하거나 장래에 변화할 것 혹은 변화할 수 있음을 표시한다. ① 水位比昨天低了一尺。(Shuǐwèi bǐ zuótiān dīle yī chǐ.) 수위가 어제보다 한자 낮아졌다. ② 咱们等人齐了马上开会。(Zánmen děng rén qíle mǎshàng kāihuì.) 우리들은 사람을 기다렸다 다 도착하면 곧 회의를 시작한다. ③ 十字路口如果红灯亮了, 车子就不能通过。(Shízì lùkǒu rúguǒ hóng dēng liàngle, chēzi jiù bùnéng tōngguò.) 교차로에서 만약 붉은 등이 켜지면 자동차는 절대 통과할 수 없다.

(3) 명사나 수량사 뒤에 사용하여, 강조를 표시한다. ① 中秋了, 天还这么热。(Zhōngqiūle, tiān hái zhème rè.) 추석인데 날씨가 아직 이렇게 덥다. ② 七十多岁了, 爷爷仍然天天坚持劳动。(Qīshí duō suìle, yéye réngrán tiāntiān jiānchí láodòng.) 70여세인데 할아버지는 여전히 날마다 노동을 고집한다.

(4) 중첩된 단음절 단어 중간에 사용하여, 동작 시간이 매우 짧음을 표시한다. 뒤의 동사는 "一下"의 의미가 있다. ① 他看了看手表说,

"不早了, 快走吧!"(Tā kàn le kàn shǒubiǎo shuō, "bù zǎole, kuàizǒu ba!") 그는 시계를 보면서 "늦었다, 빨리 갑시다."라고 말했다. ② 老张点了点头, 表示同意。(Lǎo Zhāng diǎnle diǎn tóu, biǎoshì tóngyì.) 장형은 고개를 끄덕이며 동의를 표시했다.

⑸ 구문이나 문장 끝에 사용하여, 확정적인 어감을 표시한다. ① 这道习题我懂了。(Zhè dào xítí wǒ dǒngle.) 나는 이 연습문제를 이해한다. ② 他已经能够熟练运用一门外语了。(Tā yǐjīng nénggòu shúliàn yùnyòng yì mén wàiyǔle.) 그는 이미 한가지 외국어를 충분히 숙련되게 운용할 수 있다. ③ 好久没见了, 你好吗?(Hǎojiǔ méi jiànle, nǐ hǎo ma?) 오래 동안 만나지 못했다. 안녕하시지요? ④ 你去, 我就不去了。(Nǐ qù, wǒ jiù bú qùle.) 당신이 가면 나는 절대 가지 않겠다.

⑹ 구문이나 문장 끝에 사용하여, 감탄 혹은 의문의 어감을 표시한다. ① 那里挤极了, 别去。(Nǎlǐ jǐ jíle, bié qù.) 그곳은 매우 밀리니 가지 말라! ② 你来得太迟, 书早已卖完了!(Nǐ láide tài chí, shū zǎo yǐ mài wánle!) 당신이 너무 늦게 왔다. 책이 일찍이 벌써 다 팔렸다. ③ 孩子跑哪儿去了, 快找去!(Háizi pǎo nǎr qùle, kuài zhǎo qù!) 아이들이 어디 갔지 빨리 찾아봐! ④ 那么厚的一本书, 两天就看完了?(Nàme hòu de yì běn shū, liǎng tiān jiù kàn wánle?) 그렇게 두꺼운 책을 이틀에 다 보았다고?

正误用例 ⑴ 有了艰辛的忘我的劳动, 才能为祖国创造更多的财富, 为人民谋取了更大的幸福。(Yǒule jiānxīn de wàng wǒ de láodòng, cáinéng wèi zǔguó chuàngzào gèng duō de cáifù, wèi rénmín móuqǔle gèng dà de xìngfú.) 고생스런 나를 잊는 노동을 하면 비로소 조국을 위해 더욱 많은 부를 창조할 수 있고 백성을 위해 더욱 큰 행복을 도모할 수 있다.

⑵ 三星产队制订计划, 争取了提前完成全年生产任务。(Sānxīng chǎnduì zhìdìng jìhuà, zhēngqǔ le tíqián wánchéng quán nián shēngchǎn rènwù.) 삼성 생산팀은 계획을 확정하고, 연간 생산 임무 조기달성을 쟁취했다.

"了"는 동사 뒤에 사용하여, 동작 변화의 완성을 표시한다.

예문 (1)에서 "有了艰辛的忘我的劳动"(yǒule jiānxīn de wàng wǒ de láodòng.)은 일종의 가정적 전제이고, "更大的幸福"(gèng dà de xìngfú.)는 아직 실현되지 않은 것이다. 그러므로 "谋取"(móuqǔ) 뒤에는 "了"를 사용할 수 없다.

예문 (2)에서 "争取"(zhēngqǔ)는 노력을 해야 비로소 완성할 수 있음을 가리킨다. 그러므로 뒤에 당연히 "了"를 사용할 수 없다.

[离] lí 개사

"… 에서", "… 로부터"라는 의미로 개사구조를 이루어 부사어로 사용하고, 시간·공간 혹은 사물간의 거리를 표시한다. ① 离开车只有半小时了, 快走吧。(Lí kāi chē zhǐyǒu bàn xiǎoshíle, kuàizǒu ba.) 출발시간이 겨우 30분 남았다. 빨리 갑시다. ② 我家离县城不过三里多路。(Wǒ jiā lí xiànchéng búguò sānlǐ duō lù.) 우리 집에서 도시까지는 불과 3리 길이다. ③ 我们村离车站很近。(Wǒmen cūn lí chēzhàn hěn jìn.) 우리 마을은 정거장에서 매우 가깝다. ④ 北京离天津二百多里。(Běijīng lí Tiānjīn èrbǎi duō lǐ.) 베이징 시는 톈진 시로부터 이백여리 된다.

실사 "他离家已经两年了。"(Tā lí jiā yǐjīng liǎng niánle.)(그가 집을 떠난 지 벌써 2년 되었다), "庄稼离不了水。"(Zhuāngjià lí buliǎo shuǐ.)(농작물은 물을 떠날 수 없다)에서 "离"는 "떨어지다", "결핍하다'라는 의미로 동사다.

[立即] lìjí 부사

"즉시"의 의미로, 상황이 매우 빠르게 발생하거나 혹은 앞의 상황에 곧 이어서 바로 출현함을 표시한다. ① 发现错误, 应立即纠正。(Fāxiàn cuòwù, yīng lìjí jiūzhèng.) 잘못을 발견하면 즉시 바로잡아야 한다. ② 有要事商量, 请你立即回厂。(Yǒu yào shì shāngliáng, qǐng nǐ lìjí huí chǎng.) 의논할 중요한 일이 있으니 즉시 공장으로 돌아오세요. ③ 种了树应该立即浇水。(Zhòngle shù yīnggāi lìjí jiāo shuǐ.) 나무를 심고 응당 즉시 물을 주어야한다. ④ 合同经双方签字后立即生

效。(Hétóng jīng shuāngfāng qiānzì hòu lìjí shēngxiào.) 계약은 쌍방이 서명을 한 후 효력이 즉시 발생한다.

〔동의어〕 "当即"(dāngjí), "随即"(suíjí)의 의미는 "立即"와 같지만, "当即"는 당시에 치중하고, "随即"는 곧 이어 바로 출현함을 강조하고, "立即"는 신속함을 설명한다. "当即"(dāngjí), "随即"(suíjí)는 "立即" 보다 서면어에서 많이 사용한다. ① 邮递员送来挂号信, 我当即盖章签收。(Yóudìyuán sòng lái guàhào xìn, wǒ dāngjí gàizhāng qiānshōu.) 우체부가 등기편지를 갖고 와서 나는 즉시 날인하고 받았다. ② 他先是一愣, 随即白瞪她一眼。(Tā xiānshì yílèng, suíjí bái dèng tā yìyǎn.) 그는 처음에 어안이 벙벙했지만, 곧 그녀를 사납게 쏘아 보았다. ③ 大会一结束, 随即分组讨论。(Dàhuì yì jiéshù, suíjī fēnzǔ tǎolùn.) 대회가 끝나자마자 곧 분임 토의를 했다.

【立刻】 lìkè 부사

"즉시"의 의미로 구어체와 서면어에서 모두 사용한다. 사건이 곧 발생하거나 혹은 곧 이어 모종의 사건이 발생할 것을 표시하고 상황 출현이 매우 빠른 것을 가리킨다. ① 请你立刻到会议室来开会。(Qǐng nǐ lìkè dào huìyì shì lái kāihuì.) 즉시 회의실로 가서 회의를 하라. ② 铃声一响, 教室里立刻安静下来。(Língshēng yì xiǎng, jiàoshì lǐ lìkè ānjìng xiàlai.) 종소리가 울리자 교실은 즉시 조용해졌다. ③ 他听这个话立刻变了脸了。(Tā tīng zhège huà lìkè biàn le liǎn le.) 이 말을 듣자 곧 안색이 변하였다. ④ 材料已经齐备, 立刻可以动工。(Cáiliào yǐjīng qíbèi, lìkè kěyǐ dònggōng.) 재료가 이미 모두 준비되었다. 즉시 시작할 수 있다.

〔비교〕 "马上", "立即"의 의미는 "立刻"와 같지만, "马上"은 구어체에서 많이 사용하고 "立即"는 서면어에서 많이 사용한다. "立刻"는 구어체나 서면어에서 모두 다 사용한다.

【历来】 lìlái 부사

"예로부터"의 의미로, 상황이 과거에서부터 현재까지 계속 이와 같음을 표시한다. 주로 서면어에서 사용한다. ① 骄者必败, 历来如此。

(Jiāo zhě bì bài, lìlái rúcǐ.) 교만한 자는 반드시 망한다. 예로부터 이와 같다. ② 韩国人民历来就是勤劳勇敢的。(Hánguó rénmín lìlái jiùshì qínláo yǒnggǎn de.) 한국 국민들은 예로부터 부지런하고 용감했다. ③ 中国的手工艺品历来享有国际声誉。(Zhōngguó de shǒu gōng yìpǐn lìlái xiǎngyǒu guójì shēngyù.) 중국의 수공예품은 예로부터 국제적으로 명성이 있다. ④ 我国历来强调敬重老人。(Wǒ guó lìlái qiángdiào jìngzhòng lǎorén.) 우리나라는 예로부터 노인에 대한 공경을 강조해 왔다.

🄑 "历来"는 뒤에 일반적으로 부정식을 사용하지 않지만, "从来", "向来"는 이런 제한을 받지 않는다. 예를 들어, "从来(向来)不失信用"(cónglái (xiànglái) búshì xìnyòng)(여태까지 신용을 잃지 않다), "向来(从来)没有迟起晚睡的习惯"(xiànglái (cónglái) méiyǒu chí qǐ wǎn shuì de xíguàn)(여태껏 늦게 자고 늦게 일어나는 습관이 없다)은 일반적으로 "历来不失信用"(lìlái bù shī xìnyòng), "历来没有迟起晚睡的习惯"(lìlái méiyǒu chí qǐ wǎn shuì de xíguàn)이라고는 말하지 않는다.

[历历] lìlì 부사

"하나하나"의 의미로, 과거의 장면이 명확한 것을 표시한다. 서면어에 사용한다. ① 共产国家人民受苦受难的情景, 至今历历在目。(Gòngchǎn guójiā rénmín shòukǔ shòunàn de qíngjǐng, zhìjīn lìlì zài mù.) 공산국가 백성들이 고난을 받는 상황이 지금 하나하나 눈에 선하다. ② 回首从前, 一切都历历在目。(Huíshǒu cóngqián, yíqiè dōu lìlì zài mù.) 이전 일을 돌아보면 모든 게 눈앞에 일일이 펼쳐진다. ③ 湖水清澈, 游鱼历历可数。(Húshuǐ qīngchè, yóu yú lìlì kě shǔ.) 호수가 맑아서 물 속에서 노는 고기도 일일이 셀 수 있다. ④ 童年往事, 历历浮现在心头。(Tóngnián wǎngshì, lìlì fúxiàn zài xīntóu.) 동년기의 지나간 일이 하나하나 마음에 떠오른다.

[例如] lìrú 접속사 "比如(bǐrú)"를 참고하라.

[哩] li 조사

(1) 문장 끝에 사용하여, 확인의 어감을 표시한다. 특정한 감정적 색채를 갖는다. ① 别急, 时间还早哩!(Bié jí, shíjiān hái zǎo li!) 서둘지 말라 시간이 아직 이르다! ② 这张床一个人睡才宽绰哩!(Zhè zhāng chuáng yíge rén shuì cái kuānchuo li!) 이 침상은 한 사람이 자야 넉넉하다! ③ 快走吧, 人家在外面等着哩。(Kuàizǒu ba, rénjiā zài wàimiàn děngzheli.) 빨리 갑시다, 사람이 밖에서 기다리고 있어요. ④ 他们就指着你帮忙哩。(Tāmen jiù zhǐzhe nǐ bāngmáng li.) 그들은 너의 도움을 바라고 있다.

(2) "… 와"의 의미로 나열을 표시하고, 항목이 많음을 설명한다. "啦", "啊"와 용법이 같다. ① 书哩、杂志哩、报纸哩、阅览室应有尽有。(Shūli, zázhì li, bàozhǐ li, yuèlǎn shì yīng yǒu jìn yǒu.) 책과 잡지와 신문 등 열람실에 있을 것은 다 있다. ② 菜场上鱼哩、肉哩、青菜哩、萝卜哩、品种可多呢。(Càichǎng shàng yu li, ròu li, qīngcài li, luóbo li, pǐnzhǒng kě duō ne.) 시장에 생선·고기·야채·무 등 품종이 다양하다. ③ 历史哩, 地理哩, 哲学哩, 各种参考书都在书架上放着。(Lìshǐ li, dìlǐ li, zhéxué li, gè zhǒng cānkǎo shū dōu zài shū jià shàng fàngzhe.) 역사요 지리요 철학이요 하는 각종 참고서가 모두 서가에 놓여 있다.
[비교] "哩"와 "呢"의 용법은 유사하지만, "哩"는 의문문의 문장 끝에 사용할 수 없다.

[连] lián 개사와 부사 두 가지 용법이 있다.

(一) 개사

(1) "…까지도"의 의미로, 전부 계산 안에 있음을 표시한다. 뒤에 "都, 还" 등과 호응하여 구를 강조한다. ① 她臊得连脖子都红了。(Tā sāo de lián bózi dōu hóngle.) 그녀는 부끄러워서 목까지 빨개졌다. ② 苹果洗干净可以连皮吃。(Píngguǒ xǐ gānjìng kěyǐ lián pí chī.) 사과는 깨끗이 씻으면 껍질까지도 먹을 수 있다. ③ 连水也不能喝。(Lián shuǐ yě bùnéng hē.) 물조차도 못 마신다. ④ 你怎么连这道习题也不会做? (Nǐ zěnme lián zhè dào xí tí yě bú huì zuò?)

너는 어떻게 이 연습문제 조차도 하지 못하냐?

(2) 주어 앞에 사용하여, 주어를 강조한다. ① 连他们也来参加我们的联欢会了。(Lián tāmen yě lái cānjiā wǒmen de liánhuān huìle.) 그들도 우리들의 연합환영회에 참가했다. ② 天实在太冷, 连河道也结冰了。(Tiān shízài tài lěng, lián hédào yě jiébīng le.) 날씨가 너무 추워 강물도 결빙되었다. ③ 连爷爷都笑了。(Lián yéye dōu xiàole.) 할아버지마저도 웃었다.

(二) 부사

"계속하여", "이어서"의 의미로, 전후를 갈라놓지 않음을 표시한다. 뒤에 단음절의 단어만 사용한다. ① 纽约股票价格连泻十多天。(Niǔyuē gǔpiào jiàgé lián xiè shí duō tiān.) 뉴욕의 주식 가격이 십여 일간 계속 폭락하다. ② 最近连热了三四天, 实在难受。(Zuìjìn lián rèle sānsì tiān, shízài nánshòu.) 최근 삼사일 계속 더워서 정말 참기 어렵다. ③ 连下了三天雨, 地上都是烂泥。(Lián xià le sān tiān yǔ, dì shàng dōu shì làn ní.) 3일 동안 계속 비가 내려서 땅이 온통 진흙탕이다.

동의어 "接连"(jiēlián), "一连"(yìlián), "连续" 역시 "连"의 의미로, 뒤에 쌍음절의 단어를 사용할 수 있다. ① 他接连说了三次。(Tā jiēlián shuōle sāncì.) 그는 연거푸 세 번 말했다. ② 这个月大家接连参观了三次展览会。(Zhège yuè dàjiā jiēlián cānguān le sāncì zhǎnlǎn huì.) 이번 달 모두들 연속적으로 전람회를 세 번 참관했다. ③ 狂烈的北风一连刮了三天。(Kuángliè de běifēng yìlián guā le sān tiān.) 사나운 북풍이 계속해 3일간 불어쳤다. ④ 得到这个好消息, 我一连高兴了几天。(Dé dào zhège hǎo xiāoxī, wǒ yìlián gāoxìngle jǐ tiān.) 이 소식을 알고 나는 며칠간 계속 기뻤다. ⑤ 连续针灸了多次, 腰痛几乎完全好了。(Liánxù zhēnjiǔle duō cì, yāotòng jīhū wánquán hǎole.) 연속적으로 여러 번 침을 맞고 요통이 거의 완전히 좋아졌다. ⑥ 这几天连续加班, 人困累得不行。(Zhè jǐ tiān liánxù jiābān, rén kùnlèi de bùxíng.) 며칠 동안 연속해 초과 근무를 했더니 지칠 대로 지쳤다.

실사 "老师和学生心连心。"(Lǎoshī hé xuésheng xīn lián xīn.)(선생님과 학생은 마음이 연결되었다), "天连水, 水连天。"(Tiān lián shuǐ, shuǐ lián tiān.)(하늘이 물에 연결되고 물이 하늘에 닿았다)에서 "连"은 동사다.

[连连] liánlián 부사

"계속해서"의 의미로, 단시간 안에 동작이 계속하여 반복 출현함을 표시한다. ① 演出结束, 观众连连叫好。(Yǎnchū jiéshù, guānzhòng liánlián jiàohǎo.) 연출이 끝나고 관중들이 계속해서 갈채를 보낸다. ② 她听他说得有理, 不由得连连点头。(Tā tīng tā shuō de yǒulǐ, bùyóude liánlián diǎntóu.) 그녀는 그가 조리 있게 말하는 것을 듣고는 자기도 모르게 계속 머리를 끄덕였다. ③ 临走的时候, 客人连连表示感谢。(Lín zǒu de shíhou, kèrén liánlián biǎoshì gǎnxiè.) 떠날 때 손님은 계속 감사를 표시한다.

[비교] "连连" 뒤에는 수량사를 사용하지 않는다. 그러므로 "连演三十多场"(lián yǎn sānshí duō chǎng)(계속 30여 차례를 연주하다), "接连去了几个公司"(jiēlián qùle jǐ gè gōngsī)(계속해서 몇 개의 회사를 가다), "北风一连刮了三天(běifēng yìlián guā le sān tiān)(북풍이 연속 사흘간 불어쳤다), "连续针灸了多次"(liánxù zhēnjiǔle duō cì)(연속해서 여러 번 침을 맞다)에서 "连", "接连", "一连", "连续"는 모두 "连连"을 사용할 수 없다.

[连忙] liánmáng 부사

"급히"의 의미로, 동작이 신속하게 진행되고 한치의 연기도 없음을 표시한다. ① 老奶奶上车, 乘客连忙让座。(Lǎo nǎinai shàng chē, chéngkè liánmáng ràng zuò.) 할머니가 차에 타자 승객들은 서둘러 자리를 양보했다. ② 听到有人叫唤, 他连忙出去开门。(Tīng dào yǒurén jiàohuàn, tā liánmáng chūqù kāimén.) 누군가 부르는 소리를 듣고 그는 얼른 나가 문을 열었다. ③ 他知道自己做错了事, 就连忙向人家赔礼道歉。(Tā zhīdào zìjǐ zuò cuò le shì, jiù liánmáng xiàng rénjiā péilǐ dàoqiàn.) 그는 자신이 잘못했음을 알고 서둘러 상대에게 정중히 사과했다.

[설명] "赶忙"(gǎnmáng) 역시 "连忙"(liánmáng)의 의미로, 일반적으로 교환하여 사용할 수 있다.

[비교] "连忙"(liánmáng), "赶忙"(gǎnmáng)은 위의 세 예문처럼 서술문에서만 사용한다. "赶快"(gǎnkuài), "赶紧"(gǎnjǐn)은 기원문에서도 사용할 수 있다. ① 外面雨大, 赶快进来。(Wàimiàn yǔ dà,

gǎnkuài jìnlái.) 밖에 비가 많이 내리니 얼른 들어와라. ② 下课后
我赶紧回家。(Xiàkè hòu wǒ gǎnjǐn huíjiā.) 수업이 끝난 후 나는
서둘러 집으로 돌아갔다.

[连续] liánxù 부사 "连(lián)"을 참고하라.

[临] lín 개사

"막…할 것이다"의 의미로, 동작이 곧 발생할 것을 표시한다. "临"으로
구성된 개사구조를 주어 앞에서 사용할 수 있다(例③). ① 他们临走
把别人送的东西都留下了。(Tāmen lín zǒu bǎ biérén sòng de dōngxi
dōu liú xiàle.) 그들이 떠날 때에 다른 사람이 선물한 물건을 모두 남겨
놓았다. ② 他临死还惦记着工作，惦记着同志们。(Tā lín sǐ hái
diànjìzhe gōngzuò, diànjìzhe tóngzhìmen.) 그는 죽음에 임해서도 일을
염려하고 동지들을 걱정한다. ③ 临上车他才忽然想起忘带了雨衣。
(Lín shàng chē tā cái hūrán xiǎngqǐ wàng dàile yǔyī.) 그는 차를 타려
다 갑자기 우비를 잊고 온 것이 생각났다.

[설명] "临"으로 구성된 개사구조는, 뒤에 "前"(qián), "以前"(yǐqián) 혹
은 "时"(shí), "的时候"(de shí·hou)와 함께 사용할 수 있다. ①
临睡前应该再刷一次牙。(Lín shuì qián yīnggāi zài shuā yí cì
yá.) 잠자기 전에 당연히 다시 한 번 이를 닦아야한다. ② 他们临
走以前又仔细检查了自己所带的行李。(Tāmen lín zǒu yǐqián
yòu zǐxì jiǎnchále zìjǐ suǒ dài de xíngli.) 그들은 떠나기 전에 다시
자신이 휴대한 짐을 자세히 검사한다. ③ 临别时, 大家交换了纪
念品。(Línbié shí, dàjiā jiāohuànle jìniànpǐn.) 이별할 때 모두 기
념품을 교환했다. ④ 临放学的时候, 老师通知大家明天参加童
子军活动。(Lín fàngxué de shíhou, lǎoshī tōngzhī dàjiā míngtiān
cānjiā tóngzǐ jūn huódòng.) 방학할 때 선생님은 모두에게 내일
보이스카우트 활동에 참가하라고 통지했다.

[실사] "这村子三面临山。"(Zhè cūnzi sān miàn lín shān.)(이 마을은 삼면이
산을 향했다), "工程师亲临现场。"(Gōngchéngshī qīn lín xiànchǎng.)
(기술자가 친히 현장에 왔다)에서 "临"은 "임하다", "향하다"라는
의미로 동사다.

[另] lìng 부사 "另外(lìngwài)"를 참고하라.

[另外] lìngwài 부사와 접속사 두 가지 용법이 있다.

(一) 부사

"따로", "달리"의 의미로 추가를 표시하고, 말한 대상이나 범위 이외의 것을 가리킨다. 주로 "再", "又", "还" 등의 부사와 함께 사용하고 어감을 강조한다. ① 老陈有病, 只好另外请人代替。(Lǎo Chén yǒu bìng, zhǐhǎo lìngwài qǐng rén dàitì.) 진형(老陈)이 병이 나서 달리 사람을 청하여 대신할 수밖에 없다. ② 今天有事, 我们另外找时间再谈吧。(Jīntiān yǒushì, wǒmen lìngwài zhǎo shíjiān zài tán ba.) 오늘은 일이 있으니 우리 별도로 다시 시간을 내어 이야기합시다. ③ 这盆月季不香, 他又另外买了一盆。(Zhè pén yuèjì bù xiāng, tā yòu lìngwài mǎile yì pén.) 이 월계화가 향기가 나지 않아 그는 또 다른 화분을 하나 구입했다. ④ 另外还有什么问题? (Lìngwài hái yǒu shénme wèntí?) 그 밖에 또 무슨 문제가 있느냐?

[동의어] "另"은 "另外"의 의미로, 뒤에 단음절의 단어만 온다. 일반적으로 "再", "又", "还" 등의 부사와 함께 사용하지 않는다. ① 既然原来的设想行不通, 只好另想办法。(Jìrán yuánlái de shèxiǎng xíng bù tōng, zhǐhǎo lìng xiǎng bànfǎ.) 이미 원래의 계획이 통하지 않는다면 다른 방법을 생각할 수밖에 없다. ② 开学日期另行通知。(Kāixué rìqí lìng xíng tōngzhī.) 개학 날짜는 별도로 통지할 것이다. ③ 剧场另有任务, 演出延期一天。(Jùchǎng lìng yǒu rènwù, yǎnchū yánqī yìtiān.) 극장은 다른 임무가 있어 공연을 하루 연기했다.

(二) 접속사

앞에서 언급한 것을 제외하고 다른 것을 가리킨다. ; "此外"의 용법과 유사하고, 이를 사용하여 구문이나 절을 연결한다. 뒤에 정지가 올 수 있고 쉼표를 사용한다. 주로 구어체에서 사용한다. ① 这篇文章我改动了几处, 另外又补充了一小段。(Zhè piān wénzhāng wǒ gǎidòngle jǐ chù, lìngwài yòu bǔchōngle yì xiǎoduàn.) 이 문장을 나는 몇 군데 고쳤다. 이밖에 또 짧은 단락을 보충했다. ② 我买了两本小说, 另外

还买了两本地图册。(Wǒ mǎi le liǎng běn xiǎoshuō, lìngwài hái mǎi le liǎng běn dì tú cè.) 나는 소설 두 권을 사고 따로 또 지도책 두 권을 샀다.

[陆续] lùxù 부사

"끊임없이"의 의미로 동작이 앞서거니 뒤서거니 하며 계속 진행됨을 표시한다. 중첩하여 "陆陆续续"(lùlùxùxù)의 형식으로 사용할 수 있다. 뒤에 조사 "地"를 사용할 수 있다. ① 春天来了, 院子里的鲜花陆续开放了。(Chūntiān láile, yuànzi lǐ de xiānhuā lùxù kāifàngle.) 봄이 되어 정원의 꽃들이 계속 핀다. ② 来宾陆续地到了。(Láibīn lùxù di dàole.) 내빈들이 계속해서 도착했다. ③ 学生们陆续将考卷交到讲台上。(Xuésheng mén lùxù jiāng kǎojuàn jiāo dào jiǎngtái shàng.) 학생들이 계속해서 답지를 단상위에 제출했다. ④ 这一年他抽空陆陆续续写了十来篇散文。(Zhè yì nián tā chōukòng lùlù xùxù xiěle shí lái piān sǎnwén.) 이 1년간 그는 틈을 내서 계속 10편의 산문을 썼다. ﹝正误用例﹞ 文选近中午才送到书店, 吃过午饭就有人陆续来买了。(Wénxuǎn jìn zhōngwǔ cái sòng dào shūdiàn, chīguò wǔfàn jiù yǒurén lùxù lái mǎile.) 문선이 거의 정오가 되어 서점에 배달되었고, 점심을 먹은 후에도 사람들이 계속 구입했다. "有人陆续来买"(yǒurén lùxù lái)는 "누군가" 다시 와서 구입한다는 의미이고, 구입하는 사람이 계속 그 사람임을 가리킨다 ; 그러나 상식적인 면에서 볼 때, 위의 문장은 그런 의미가 아니며 사람들이 연속적으로 와서 구입함을 의미한다. 그러므로 어순의 배열이 적합하지 않아 당연히 "陆续有人来买"라고 고쳐야 한다.

[屡] lǚ 부사 "屡次(lǚcì)"를 참고하라.

[屡次] lǚcì 부사

"자주·여러 번"의 의미로, 동일한 상황이 다시 출현하고 횟수가 많음을 표시한다. ① 王明三年来屡次被评为优秀营业员。(Wáng Míng sān nián lái lǔcì bèi píng wéi yōuxiù yíngyèyuán.) 왕명은 삼년 간 여러 차례 우수 영업사원으로 뽑혔다. ② 他是屡次向我借钱。(Tā shì lǔcì xiàng wǒ jièqián.) 그는 자주 나에게 돈을 빌린다. ③ 我屡次告诉他, 他总是充耳不闻。(Wǒ lǔcì gàosù tā, tā zǒngshì chōng ěr bù wén.) 내가 누차 그에게 일렀지만, 그는 언제나 들은 체 만 체했다.

 "屡屡"(lǚlǚ), "屡"(lǚ)의 의미는 "屡次"(lǔcì)와 같고, 서면어에서 많이 사용한다. "屡" 뒤에는 단지 단음절의 동사만 사용한다. ① 他屡创新记录。(Tā lǚ chuàngxīn jìlù.) 그는 여러 차례 신기록을 세웠다. ② 这支球队在国际比赛中屡建战功。(Zhè zhī qiúduì zài guójìbǐsài zhōng lǚ jiàn zhàngōng.) 이 구기 팀은 국제시합에서 자주 승리했다. ③ 漏水事件屡屡发生。(Lòushuǐ shìjiàn lǚlǚ fāshēng.) 누수 사건이 자주 발생한다.

[屡屡] lǚlǚ 부사 "屡次(lǔcì)"를 참고하라.

[略] lüè 부사 "略微(lüèwēi)"를 참고하라.

[略略] lüèlüè 부사 "略微(lüèwēi)"를 참고하라.

[略微] lüèwēi 부사

"조금·약간"의 의미로, 수량이 많지 않고, 정도가 깊지 않으며, 시간이 길지 않음을 표시한다. 주로 "点"(diǎn), "些"(xiē), "一点"(yì diǎn), "一下"(yíxià), "几分"(jǐfēn) 등의 단어와 함께 사용한다. ① 我略微出了点力, 算不了什么。(Wǒ lüèwēi chūle diǎn lì, suàn bu liǎo shénme.) 나는 힘을 조금 쓴 것뿐 별것이 아니다. ② 他略微感兴趣。(Tā lüèwēi gǎn xìngqù.) 그는 약간 흥미를 느낀다. ③ 对于古典文学, 我只略微知道一点。(Duìyú gǔdiǎn wénxué, wǒ zhǐ lüèwēi zhīdào yìdiǎn.) 고전문학에 대하여 나는 약간 알고 있을 뿐이다. ④ 只不过是略微表示一点心意。(Zhǐ bú guò shì lüèwēi biǎoshì yìdiǎn xīnyì.) 이것은 마음을 조금 표시한 것에 불과합니다.

[동의어] "略略"(lüèlüè), "略为"(lüèwéi)와 "略微"(lüèwēi)의 의미는 같고, 교환하여 사용할 수 있다. "略略"는 주로 서면어에서 많이 사용한다. "略" 역시 "略微"의 의미로, 뒤에 주로 단음절의 단어가 오고, 서면어에서 사용한다. ① 太阳偏西, 暑热略略消退。(Tàiyáng piān xī, shǔ rè lüèlüè xiāotuì.) 해가 기울자 더위가 좀 누그러졌다. ② 这件事的经过我也略知一些。(Zhè jiàn shì de jīngguò wǒ yě lüè zhī yìxiē.) 이 일의 경과를 나도 대략은 알고 있다. ③ 列车开动以后, 拥挤的车厢略为宽松了一些。(Lièchē kāidòng yǐhòu, yōngjǐ de chēxiāng lüèwéi kuānsōng le yìxiē.) 열차가 출발한 후, 붐비던 객실이 조금 여유가 생겼다.

[略为] lüèwéi 부사 "略微(lüèwēi)"를 참고하라.

[论] lùn 개사

(1) "…에 따라(按照)"의 의미로, 양사와 함께 개사구조를 이루어, 모종 단위를 계산의 표준으로 삼음을 표시한다. ① 出租汽车论锺点收费。(Chūzū qìchē lùn zhōngdiǎn shōufèi.) 택시는 시간에 따라 돈을 받는다. ② 泥工论天计算工资。(Ní gōng lùn tiān jìsuàn gōngzī.) 미장공은 날짜에 따라 임금을 계산한다. ③ 西瓜论斤出售, 也可以论个儿计价。(Xīguā lùn jīn chūshòu, yě kěyǐ lùn gèr jìjià.) 수박은 근에 따라 팔기도 하고 낱개로도 값을 계산할 수 있다.

(2) "…을 가지고 논하다"의 의미로, 모종 단위나 종류에 근거하여 계산함을 표시한다. "论…"은 주로 주어 앞에 사용한다. ① 论成绩, 他是班上最好的一个。(Lùn chéngjì, tā shì bān shàng zuì hǎo de yíge.) 성적을 가지고 보면 그가 반에서 가장 좋다. ② 论辈分你可要叫我姑姑。(Lùn bèifen nǐ kě yào jiào wǒ gūgu.) 배분을 논하자면 당신은 나는 고모라고 불러야만 한다. ③ 论写文章, 我哪里及得上你呢!(Lùn xiě wénzhāng, wǒ nǎlǐ jí de shàng nǐ ne!) 글을 쓰는 것으로 논하면 내가 어디 당신에게 미치기나 하겠는가!

[실사] "就事论事"(jiùshì lùnshì)(사실에 입각하여 사물의 득실을 논하다), "一概而论"(yí gài ér lùn)(일률적으로 논하다)에서 "论"은 동사다.

[马上] mǎshàng 부사

"곧·즉시"의 의미로, 사건이 매우 빠른 시간 안에 곧 발생할 것을 표시한다. 주로 부사 "就"와 함께 사용한다. ① 快进来吧, 演出马上要开始了。(Kuài jìnlái ba, yǎnchū mǎshàng yào kāishǐle.) 빨리 들어와라! 공연이 곧 시작한다. ② 你快准备好, 马上轮到你了。(Nǐ kuài zhǔnbèi hǎo, mǎshàng lúndào nǐ le.) 너는 빨리 준비를 해라. 곧 네 차례가 된다. ③ 冬天过去了, 春天马上就到了。(Dōngtiān guòqùle, chūntiān mǎshàng jiù dàole.) 겨울이 지나갔고 봄이 곧 온다. ④ 这病非得马上开刀不可。(Zhè bìng fēi děi mǎshàng kāidāo bùkě.) 이 병은 곧 수술하지 않으면 안 된다.

비교 일반적으로 "马上"은 "立刻"와 교환하여 사용할 수 있지만, 주로 구어체에서 사용한다.

[吗] ma 조사

문장 끝에 사용하여 의문의 어감을 표시한다. ① 你去过桂林吗? (Nǐ qùgua Guìlín ma?) 당신은 계림에 가 본적이 있습니까? ② 他已经参军了, 你知道吗? (Tā yǐjīng cānjūnle, nǐ zhīdào ma?) 그는 이미 군대에 갔다. 당신은 아십니까? ③ 为新生活运动难道还怕困难吗? (Wèi Xīnshēnghuó yùndòng nándào hái pà kùnnán ma?) 새마을운동을 위해 설마 곤란을 두려워하겠습니까? ④ 说了很多, 没有内容, 这不是废话吗? (Shuōle hěnduō, méiyǒu nèiróng, zhè búshì fèihuà ma?) 말은 많이 했지만 내용은 없고 이것이 쓸데없는 말 아니냐?

설명 "吗"는 시비를 가리는 의문문에 사용하여, 질문자가 사건의 전모를 말하고 타인에게 긍정 혹은 부정의 대답을 요구한다. 앞의 전반 두 예문은 정면으로 질문을 하고 타인에게 대답을 요구하는 것이고, 후반 두 예문은 반문을 하며 질문이나 책망의 어감을 띄고 묻는다. 이러한 종류의 의문문은 의문을 표시하는 특별한 단어가 없어, "吗"를 "呢"로 고칠 수 없다.

正误用例 你这次回去, 什么时候再来吗? (Nǐ zhè cì huíqù, shénme shíhou zàilái ma?) 당신은 이번에 돌아갔다 언제 다시 올 것입니까?

"吗"를 사용하는 의문문은, 의문을 표시하는 단어를 사용할 수 없다. 위의 예문에서 의문대명사 "什么"가 있으므로 "吗"를 당연히 "呢"로 고치거나, 생략하는 것이 좋다. 만약 "吗"를 사용하려면 "以后还来吗"(yǐhòu hái lái ma)로 고쳐야 한다.

【嘛】 mà 조사

도리가 매우 명확하고, 당연히 이와 같음을 표시한다. 격려、확인、긍정 등의 어감이 있다. ① 你是组长, 带个头嘛! (Nǐ shì zǔ zhǎng, dài ge tóu ma!) 당신이 팀장이니 팀을 이끌어라! ② 咱们民官一家嘛。(Zánmen mín guān yìjiā ma.) 우리 민과 관은 한 가족이 잖아. ③ 事情很清楚嘛, 还用讨论. (Shiqíng hěn qīngchu ma, hái yòng tǎolùn.) 일이 매우 간단한데 다시 토론할 필요가 있나. ④ 这个问题嘛, 很简单。(Zhège wèntí ma, hěn jiǎndān.) 이 문제는 매우 간단하다.

설명 "嘛"는 의문의 어감을 표시하지 않고, 뒤에 의문부호를 사용할 수 없다 ; 문장의 중간에 사용할 때는 정지가 있고 쉼표를 사용한다.

【蛮】 mán 부사

"매우", "전혀"의 의미로 "满(mǎn)"과 용법이 같다. ① 格子布质量蛮好。(Gēzi bù zhìliàng mán hǎo.) 그리드 천은 질이 매우 좋다. ② 小菜真是蛮好吃。(Xiǎocài zhēnshi mán hǎochī.) 간단한 요리가 정말로 매우 맛이 있다. ③ 蛮不讲理。(Mán bù jiǎng lǐ.) 전혀 도리를 모르다.

【满】 mǎn 부사

(1) "대단히"의 의미로, 주로 적극적인 의미의 형용사 앞에 사용하여 정도가 깊음을 표시한다. ① 今年粮食、棉花、油菜收成都满好。(Jīnnián liángshí, miánhuā, yóucài shōuchéng dōu mǎn hǎo.) 올해 식량·면화·유채는 작황이 모두 매우 좋다. ② 他干什么工作都满积极。(Tā gàn shénme gōngzuò dōu mǎn jījí.) 그가 무슨 일을 하던 모두 매우 적극적이다. ③ 这篇小说描写一个青年变化的故事, 满有深度。(Zhè piān xiǎoshuō miáoxiě yíge qīngnián biànhuà de gùshì, mǎn yǒu shēndù.) 이 소설은 한 청년이 변화하는 스토리를 묘사하고 매우 깊이가 있다.

(2) "완전히", "전혀"의 의미로, 일반적으로 동사 앞에 사용하여, 예외가 없음을 표시한다. ① 我满以为他会同意的。(Wǒ mǎn yǐwéi tā huì tóngyì de.) 나는 그가 동의할 거라고 완전히 믿었다. ② 地上满是牛奶和蜂蜜。(Dìshàng mǎn shì niúnǎi hé fēngmì.) 땅위에 온통 우유와 꿀투성이다. ③ 他对别人的批评满不在乎。(Tā duì biérén de pīpíng mǎn búzàihu.) 그는 타인의 비평에 전혀 신경을 쓰지 않는다. 주의 "满(mǎn)"을 혹자는 "蛮(mán)"으로 쓰기도 한다.

【贸贸然】 màomàorán 부사 "贸然(màorán)"을 참고하라.

【贸然】 màorán 부사

"무턱대고 …하다", "경솔히"의 의미로, 동작이 경솔하고 사려가 깊지 못함을 표시한다. ① 问题还没有完全弄清楚, 不要贸然下结论。(Wèntí hái méiyǒu wánquán nòng qīngchu, búyào màorán xià jiélùn.) 문제를 아직 완전히 알지도 못하고 경솔하게 결론을 내리지 말라. ② 你的分析不全面, 我们不能贸然同意。(Nǐ de fēnxī bù quánmiàn, wǒmen bùnéng màorán tóngyì.) 당신의 분석은 전면적이지 못하다. 우리는 무턱대고 동의할 수 없다. ③ 贸然行事往往会把事情搞坏。(Màorán xíngshì wǎngwǎng huì bǎ shìqing gǎo huài.) 경솔히 행동하면 왕왕 일을 망칠 수 있다. ④ 我不反对, 但也不敢贸然赞成。(Wǒ bù fǎnduì, dàn yě bùgǎn màorán zànchéng.) 나는 반대하지는 않지만

감히 경솔히 찬성할 수도 없다.

설명 "贸然"을 "贸贸然"으로 말할 수도 있다.

[嘛] me 조사 "嘛(ma)"를 참고하라.

[没] méi 부사 "没有(méiyǒu)"를 참고하라.

[没有] méiyǒu 부사

"아직 …않다(不曾)"의 의미로, 동사 혹은 형용사 앞에 사용하여, 경험·행위·사실 등이 아직 발생하지 않았음을 표시한다. ① 星期天我一直在家里, 没有出过门。(Xīngqītiān wǒ yìzhí zài jiāli, méiyǒu chū guo mén.) 일요일에 나는 계속 집에 있었고 나가지 않았다. ② 他搞财务工作从来没有发生差错。(Tā gǎo cáiwù gōngzuò cónglái méiyǒu fāshēng chācuò.) 그가 재무 일을 하면서 지금까지 착오가 생기지 않았다. ③ 他们没有做完。(Tāmen méiyǒu zuò wán.) 그들은 아직 다 하지 못했다. ④ 天还没有黑呢。(Tiān hái méiyǒu hēi ne.) 날이 아직도 어둡지 않았다. ⑤ 邮局还没有开门呢。(Yóujú hái méiyǒu kāimén ne.) 우체국이 아직도 문을 열지 않았다.

동의어 "没"는 "没有"의 의미로, 일반적으로 교환하여 사용할 수 있다. "没"는 주로 구어체에서 사용하지만, 의문문의 문장 끝에 놓을 수는 없고 또 단독으로 대답할 수도 없다.

실시 "你家白天有没有人?"(Nǐ jiā báitiān yǒu méi yǒu rén?)(당신 집은 낮에 사람이 있습니까?), "图书室里没有那本杂志。"(Túshū shì lǐ méiyǒu nà běn zázhì.)(도서실에는 그 잡지가 없다)에서 "没有"는 동사다.

[每] měi 부사

(1) "늘·항상"의 의미로, 동사 혹은 개사 앞에서 사용하여, 동일한 동작이 반복적 규칙적으로 출현함을 표시한다. 주로 "就", "都", "总" 등의 부사와 함께 사용한다. ① 图书馆每逢星期天延长开放时

间。(Túshū guǎn měi féng xīngqītiān yáncháng kāifàng shíjiān.) 도서관은 늘 일요일이 되면 개관시간을 연장한다. ② 每逢周六他都去打工。(Měiféng zhōuliù tā dōu qù dǎgōng.) 그는 매주 토요일마다 항상 일을 하러 간다. ③ 每到北京, 我们总要去游览一下颐和园。(Měi dào Běijīng, wǒmen zǒng yào qù yóulǎn yíxià Yíhé yuán.) 북경에 갈 때마다 우리는 늘 의화원을 유람한다. ④ 这个月刊每逢十五日出版。(Zhège yuèkān měi féng shíwǔ rì chūbǎn.) 이 월간 잡지는 항상 15일에 출판된다.

⑵ "자주"의 의미로 쓰인다. 예 春秋佳日, 每作郊游。(Chūnqiū jiā rì, měi zuò jiāoyóu.) 봄가을의 좋은 날에 종종 교외로 놀러간다.

> **실시** "每月存二十元钱。"(Měi yuè cún èrshí yuán qián.) (매월 20원을 저금한다), "每两个星期开一次会。"(Měi liǎng ge xīngqī kāi yícì huì.) (2주마다 한 번씩 회의를 연다)에서 "每"는 대명사이다.

> **설명** 你每(당신들), 他每(그들)은 사람을 표시하는 명사나 대명사 뒤에 붙어 복수를 나타내며 현대 중국어의 "们"에 해당한다. 송원명 시대의 초기 백화 소설에서 많이 사용했다. 이 경우 "每"는 조사다.

[每每] měiměi 부사

"언제나·항상"의 의미로, 상황이 여러 번 출현함을 표시한다. 일반적으로 과거나 혹은 항상 발생하는 사건을 가리킨다. 주로 서면어에서 많이 사용한다. ① 一提起球赛, 他们每每谈个没完没了。(Yì tíqǐ qiúsài, tāmen měiměi tán ge méiwán méiliǎo.) 한번 구기 시합에 대한 말이 나오면 그들은 항상 말이 끝이 없다. ② 经过广场的时候, 我每每想起当年在这里欢喜的情景。(Jīngguò guǎngchǎng de shíhou, wǒ měiměi xiǎngqǐ dāngnián zài zhèlǐ huānxǐ de qíngjǐng.) 광장을 지날 때 나는 언제나 당시 이곳에서 즐거워하던 광경을 떠올린다. ③ 我每每谈及此事都会招来大家的一致反对。(Wǒ měiměi tánjí cǐshì dōu huì zhāolái dàjiā de yízhì fǎnduì.) 내가 이 일을 언급할 때마다 항상 모든 사람의 일치된 반대를 불러온다. ④ 妻子在两年前去世了, 他每每思之断魂。(Qīzi zài liǎng nián qián qùshì le, tā měiměi sī zhī duànhún.) 부인이 2년전 사망했다. 그는 그녀를 생각하면 항상 애간장이 끊어진다.

【们】 men 접미사

⑴ 사람을 가리키는 명사나 대명사 뒤에 사용하여 복수를 표시한다. ① 这张床是我们厂自制的。(Zhè zhāng chuáng shì wǒmen chǎng zìzhì de.) 이 침대는 우리 공장에서 직접 만든 것이다. ② 星期天我常常带孩子们上公园去玩。(Xīngqītiān wǒ chángcháng dài háizimen shàng gōngyuán qù wán.) 일요일에 나는 항상 아이들을 데리고 공원에 가서 논다. ③ 我们必须努力学习功课和专业。(Wǒmen bìxū nǔlì xuéxí gōngkè hé zhuānyè.) 우리는 반드시 수업과 전공과목을 열심히 공부해야 한다. ④ 咱们找个地方儿坐坐吧。(Zánmen zhǎo ge dìfāngr zuò zuò ba.) 우리 어디서 자리나 같이(하여 식사나) 하시죠.

⑵ 사물을 가리키는 명사나 대명사 뒤에 사용하여 다수를 표시한다. 의인법으로 주로 문학작품에서 많이 사용한다. ① 秋天的夜空, 星星们眨着眼睛, 一闪一闪的。(Qiūtiān de yèkōng, xīngxīngmen zhǎzhe yǎnjīng, yì shǎn yì shǎn de.) 가을날의 밤하늘에 별들이 눈을 뜨고 반짝반짝 꺼린다. ② 小兔儿们聚集在松林里, 它们好象在讨论什么。(Xiǎo tùr ermen jùjí zài sōnglín li, tāmen hǎo xiàng zài tǎolùn shénme.) 어린 토끼들이 소나무 숲에 모여서 그들은 마치 무엇인가 토론중인 것 같다.

[주의] 명사 앞에 만약 수량을 표시하는 단어가 있으면 뒤에 "们"을 사용하지 않는다. 예를 들어, "三个同志"(sān ge tóngzhì)를 "同志们"(tóngzhìmen)이라고 말할 수 있지만, "三个同志们"(sān ge tóngzhìmen)이라고는 할 수 없다.

[설명] "…부류(之流)"의 의미로, 사람을 가리키는 단어 뒤에 사용하여 폄의를 표시한다. 예를 들어, "亲日派的徒子徒孙们"(qīn rì pài de túzǐ túsūnmen)(친일파의 무리와 자손들), "一切大小霸权主义者们"(yíqiè dàxiǎo bàquán zhǔyìzhěmen)(모든 크고 작은 패권주의자들)등이 있다.

[正误用例] 贵宾们经过的时候, 成千上万的居民们在街道两旁热烈欢呼。(Guìbīnmen jīngguò de shíhou, chéng qiān shàng wàn de jūmínmen zài jiēdào liǎngpáng rèliè huānhū.) 귀빈들이 지나갈 때 수많은 거주민들이 거리의 양옆에서 열렬하게 환호한다.

앞에는 수량을 표시하는 "成千上万"(chéng qiān shàng wàn) 이 있으므로 "居民"(jūmín) 뒤에 "们"을 사용할 수 없다.

[猛] měng 부사

"돌연히", "갑자기"의 의미로, 상황이 매우 신속하고 극렬함을 표시한다. "一"와 함께 사용하여, 어감을 강조하는 작용을 한다. ① 连日暴雨, 河水猛涨。(Liánrì bàoyǔ, héshuǐ měng zhǎng.) 연일 폭우가 내려 하수가 돌연히 늘어났다. ② 狂风暴雨猛来, 军民立即上堤抢险。(Kuángfēng bàoyǔ měng lái, jūnmín lìjí shàng dī qiǎngxiǎn.) 광풍과 폭우가 갑자기 불어와 군민은 즉각 제방을 높이고 위기에 맞선다. ③ 电车猛停, 乘客一连串地都倒下了。(Diànchē měng tíng, chéngkè yìliánchuàn di dōu dǎoxià le.) 전차가 급정거하자 승객들이 모두 우르르 넘어졌다.

동의어 "猛然", "猛地" 역시 "突然", "忽然"의 의미로, 뒤에 쌍음절의 동사나 보어로 사용하는 단음절의 동사가 온다. ① 连日暴雨, 河水猛然上涨。(Liánrì bàoyǔ, héshuǐ měngrán shàngzhǎng.) 연일 폭우가 내려 하수가 갑자기 늘어났다. ② 狂风暴雨猛然袭来, 军民立即上堤抢险。(Kuángfēng bàoyǔ měngrán xí lái, jūnmín lìjí shàng dī qiǎngxiǎn.) 광풍과 폭우가 갑자기 불어와 군민은 즉각 제방을 높이고 위기에 맞선다. ③ 听到有人叫门, 他猛地从床上跳起来。(Tīng dào yǒurén jiàomén, tā měng di cóng chuángshàng tiàoqǐlai.) 누군가 문을 두드리는 소리를 듣고 그는 갑자기 침대에서 튀어나듯 일어났다.

[猛地] měngde 부사 "猛(měng)"을 참고하라.

[猛然] měngrán 부사 "猛(měng)"을 참고하라.

[免得] miǎnde 접속사

"…하지 않도록"의 의미로, 출현하기를 원하지 않는 모종의 상황을 피할 수 있음을 강조한다. ① 意思要写清楚, 免得别人误会。(Yìsi yào xiě qīngchu, miǎnde biérén wùhuì.) 타인의 오해를 사지 않도록 뜻을 확실하게 써야한다. ② 月季要及时剪枝施肥, 免得花越开越少。(Yuèjì yào jíshí jiǎn zhī shīféi, miǎnde huā yuè kāi yuè shǎo.) 월계화는 꽃이 갈수록 적게 피지 않도록 제때에 전지를 하고 비료를 주어야 한다. ③ 得把衣服穿好了, 免得人家瞧不起。(Děi bǎ yīfu chuān hǎole, miǎnde rénjiā qiáobuqǐ.) 남에게 경멸당하지 않도록 옷을 깔끔히 입어야 한다.

[비교] "以免", "省得"의 의미는 "免得"와 유사하지만, "以免"은 주로 서면어에서 많이 사용하고, "省得"는 주로 구어체에서 많이 사용하며, "免得"는 구어나 서면어 모두 상용한다. ① 天凉小心衣着, 以免得病。(Tiān liáng xiǎoxīn yīzhuó, yǐmiǎn débìng.) 날씨가 싸늘하니 병 걸리지 않도록 주의해서 옷을 입어라. ② 先预备吧, 省得到了时候儿着慌。(Xiān yùbèi ba, shěngde dào le shíhour zháohuāng.) 그때 가서 당황해하지 않도록 미리 준비를 해 두자. ③ 一气儿办好, 免得又费一回事。(Yíqìr bàn hǎo, miǎndé yòu fèi yì huí shì.) 다시 또 품을 들이지 않도록 단번에 해치우는 편이 낫다.

[明] míng 부사

"明" 역시 "明明"의 의미로, 뒤에 단음절의 동사만 사용한다. 어감은 "明明" 보다 다소 가볍다. ① 他的意思是让你去一次, 只是没有明说。(Tā de yìsi shì ràng nǐ qù yícì, zhǐshì méiyǒu míngshuō.) 그의 뜻은 당신이 한번 가기를 바란다. 단지 명확히 말하지 않을 뿐이다. ② 问题明摆着, 怎么能否认呢?(Wèntí míngbǎizhe, zěnme néng fǒurèn ne?) 문제가 확실히 놓여 있는데, 어떻게 부인할 수 있는가? ③ 明知事情难办, 大家还是乐意承担。(Míngzhī shìqing nán bàn, dàjiā háishi lèyì chéngdān.) 일을 처리하기 어려운 줄 확실히 아는데 모두 기꺼이 책임을 맡기로 했다.

[明明] míngmíng 부사

"확실", "분명히"의 의미로, 상황이 명확함을 표시하고, 사물의 정확성을 강조한다. 주로 전후 의미가 전환하거나 반문의 문장에서 많이 사용한다. 주어 앞에 사용할 수도 있다(例④). ① 铅笔明明是小王的, 应该还给他。(Qiānbǐ míngmíng shì Xiǎo Wáng de, yīnggāi huán gěi tā.) 연필은 분명히 소왕(小王)의 것이다. 응당 그에게 돌려주어야 한다. ② 事情明明很难办, 但是大家还想试一下。(Shìqing míngmíng hěn nán bàn, dànshì dàjiā hái xiǎng shì yíxià.) 사정은 확실히 처리하기 매우 곤란하다. 그러나 모두 한번 해보려 한다. ③ 明明不懂, 硬是装懂, 这可不行。(Míngmíng bù dǒng, yìngshì zhuāng dǒng, zhè kě bùxíng.) 분명히 이해하지 못하면서 억지로 아는 척하는 것은 절대 안 된다. ④ 明明是你的错, 怎么不承认。(Míngmíng shì nǐde cuò, zěnme bù chéngrèn.) 분명히 너의 잘못인데, 어째서 인정하지 않느냐.

[莫] mò 부사

(1) "…하지 말라", "… 해서는 안 된다"의 의미로, 부정을 표시한다. ① 我不懂这里的规矩, 请莫见怪。(Wǒ bù dǒng zhèlǐ de guījǔ, qǐng mò jiànguài.) 나는 이곳의 규율을 모르니, 책망하지 마십시오. ② 随手关门, 切莫忘记。(Suíshǒu guānmén, qiè mò wàngjì.) 출입 시 문을 닫으시오. 절대 잊지 마시오. ③ 咱们只取得一点成绩, 莫太高兴。(Zánmen zhǐ qǔdé yìdiǎn chéngjì, mò tài gāoxìng.) 우리는 단지 처음 약간의 성적을 올렸을 뿐이다. 너무 기뻐하지 말라.

(2) "…보다 더한 것은 없다"의 의미로, 비교를 표시한다. ① 参加现代化的建设, 是全国人民莫大的光荣。(Cānjiā xiàndàihuà de jiànshè, shì quánguó rénmín mòdà de guāngróng.) 현대화 건설에 참가하는 것은 전국 인민의 막대한 영광이다. ② 我国古代的伟大建筑, 莫过于万里长城了。(Wǒguó gǔdài de wěidà jiànzhù, mò guòyú Wànlǐ Chángchéngle.) 중국 고대의 위대한 건축은 아마도 만리장성보다 뛰어난 것은 없다.

> **설명** "不"와 함께 "莫不"를 구성하여, 이중부정으로 강한 긍정을 표시한다. 서면어에서 사용한다. ① 凡有血气者, 莫不尊亲。(Fán yǒu xuèqì zhě, mòbù zūnqīn.) 무릇 살아 있는 것으로 어버이를 공경하지 않는 것은 없다. ② 所到之处, 众人莫不围随。(Suǒ dào zhī chù, zhòngrén mòbù wéisuí.) 이르는 곳마다 여러 사람들이 에워싸고 따르지 않은 적이 없었다. ③ 连年丰

收, 家家盖新房, 户户添家具, 社员莫不喜笑颜开。(Liánnián fēngshōu, jiā jiā gài xīnfáng, hù hù tiān jiājù, shèyuán mòbù xǐxiào yánkāi.) 매년 풍년이어서 집집마다 새 집을 짓고 가구를 장만하고 사원들은 웃지 않는 사람이 없다.

관용적 용법 고정된 구문 형식으로 사용한다. "莫衷一是"(mòzhōng yīshì)(일치된 결론을 내릴 수 없다), "爱莫能助"(àimònéngzhù) (마음속으로 도와주려 해도 힘이 미치지 않는다), "一筹莫展"(yīchóu mòzhǎn) (아무런 방법도 없다), "闲人莫入"(xiánrén mò rù) (관계자 외 출입 금지)

[莫非] mòfēi 부사

(1) "혹시 … 아닐까?"의 의미로, 의심 혹은 추측을 표시한다. ① 莫非生病了, 否则他不会迟到的。(Mòfēi shēngbìngle, fǒuzé tā bú huì chídào de.) 혹시 병이 난 것이 아닐까? 그렇지 않다면 그가 늦을 리 없다. ② 他们到这个时候还不来, 莫非火车晚了点。(Tāmen dào zhège shíhou hái bù lái, mòfēi huǒchē wǎnle diǎn.) 그들이 지금까지도 아직 오지 않다니 아마도 기차가 연착하는 것이 아닐까? ③ 莫非那对恋人分手了？(Mòfēi nà duì liànrén fēnshǒule?) 혹시 그 연인들이 헤어진 것은 아닐까?

(2) "설사 …은 아니겠지?"의 의미로, 반문을 표시한다. 주로 어기조사 "不成"과 함께 사용하며, 서면어에서 많이 사용한다. ① 你自己不干, 莫非要我代干? (Nǐ zìjǐ bú gàn, mòfēi yào wǒ dài gàn?) 당신 자신이 하지 않는다면 설마 나에게 대신 하란 말인가? ② 莫非我听错了。(Mòfēi wǒ tīng cuòle.) 설마 내가 잘못 들은 것은 아니겠지. ③ 莫非老板要给我加工资？ (Mòfēi lǎobǎn yào gěi wǒ jiā gōngzī?) 설마 주인이 나에게 월급을 더 주려는 것은 아니겠지?

[蓦地] mòdì 부사

"갑자기", "뜻밖에"의 의미로, 의외의 상황인 것을 표시한다. ① 蓦地刮起一阵大风。(Mòdì guā qǐ yízhèn dàfēng.) 뜻밖에 갑자기 큰 바람이 불어왔다. ② 汽车蓦地来了个急刹车, 几个乘客差点儿摔倒。

(Qìchē mòdì láile ge jí shāchē, jǐ ge chéngkè chàdiǎnr shuāi dǎo.) 기차
는 돌연히 급정차를 하였고 몇몇 승객은 거의 넘어질 뻔했다.

[蓦然] mòrán 부사

"돌연"의 의미로, 행동이나 심리활동이 모종 광경의 촉발로 인하여 갑
자기 발생함을 표시한다. 서면어에서 사용한다. ① 登上山顶, 蓦然回
首, 满眼一片葱绿。(Dēngshàng shāndǐng, mòrán huíshǒu, mǎnyǎn
yípiàn cōng lǜ.) 산 위에 올라 돌연히 고개를 돌려 보니 눈 가득 온통
푸르다. ② 国庆之夜, 他蓦然想起去年今日的情景。(Guóqìng zhī yè,
tā mòrán xiǎngqǐ qùnián jīnrì de qíngjǐng.) 국경일 밤, 그는 돌연 작년
오늘 정경이 떠올랐다. ③ 想到遭灾后父母的关心, 我不禁蓦然泪
下。(Xiǎngdào zāo zāi hòu fùmǔ de guānxīn, wǒ bùjīn mòrán lèi xià.)
재난을 당한 후 부모님의 관심이 생각나자 나는 갑자기 눈물이 흐르는
것을 어쩔 수 없었다.

M

[拿] ná 개사

(1) "…로써"의 의미로, 수단과 방법을 표시한다. ① 眼睛不好, 我常常拿放大镜看东西。(Yǎnjīng bù hǎo, wǒ chángcháng ná fàngdàjìng kàn dōngxi.) 시력이 나빠 나는 항상 확대경으로 물건을 본다. ② 他拿领到的奖金买了部《辞海》。(Tā ná lǐng dào de jiǎngjīn mǎile bù Cíhǎi.) 그는 받은 장학금으로 《사해》를 샀다. ③ 拿自己的骨头, 砸自己的眼。(Ná zìjǐ de gǔtou, zá zìjǐ de yǎn.) 자신의 뼈로 자신의 눈을 찌르다. (비유: 자신을 스스로 망치다)

(2) "…을"의 의미로, 목적어를 술어 앞에 쓸 때 사용한다. ① 拿我们家乡来说, 社员几乎家家盖了新房。(Ná wǒmen jiāxiāng lái shuō, shèyuán jīhū jiā jiā gàile xīnfáng.) 우리 고향으로 말하면 사원은 거의 집집마다 새집을 지었다. ② 拿老眼光去观察新事物, 是不行的。(Ná lǎo yǎnguāng qù guānchá xīn shìwù, shì bù xíng de.) 낡은 관점으로 새로운 사물을 관찰해서는 안 된다. ③ 别拿次序倒过来说。(Bié ná cìxù dàoguòlái shuō.) 순서를 거꾸로 하여 말하지 마시오 비교 "拿"는 "用", "把", "对", "以" 보다 구어체에서 많이 사용한다.

[哪] nǎ 부사

"어찌하여"의 의미로, 반문의 구문에서 부정을 표시한다. 뒤에 주로 단음절의 단어를 사용한다. ① 我不信, 哪有这样的事?(Wǒ búxìn, nǎ yǒu zhèyàng de shì?) 어떻게 이런 일이 있을 수 있는가? 나는 믿지 않는다. ② 不耕耘哪来收获?(Bù gēngyún nǎ lái shōuhuò?) 경작하지 않고 어떻게 수확을 하나? ③ 他们有刀有枪, 哪能硬拼?(Tāmen yǒu dāo yǒu qiāng, nǎ néng yìng pīn?) 그들에게는 총칼이 있는데 어찌 무리하게 대들 수 있겠는가? ④ 天气这样好, 哪会下雨?(Tiānqì zhèyàng hǎo, nǎ huì xià yǔ?) 날이 이렇게 좋은 데 어떻게 비가 올 수 있을까?

[哪怕] nǎpà 접속사

(1) "설령", "비록"의 의미로, 가정과 양보를 표시한다. 우선 모종의 상황을 승인하고 다시 결론을 말한다. 주로 "也", "都", "还", "还是" 등의 부사와 함께 사용한다. ① 哪怕是一粒米也不应该浪费。(Nǎpà shì yí lì mǐ yě bù yīnggāi làngfèi.) 비록 쌀 한 톨이라도 낭비해서는 안 된다. ② 哪怕再忙, 他都要挤出时间来学习。(Nǎpà zài máng, tā dōu yào jǐ chū shíjiān lái xuéxí.) 설령 아무리 바빠도 그는 시간을 짜내어 공부를 한다. ③ 哪怕身体差一点, 干这个工作还可以。(Nǎpà shēntǐ chà yìdiǎn, gàn zhège gōngzuò hái kěyǐ.) 설사 건강이 다소 나빠도 이 일을 하는 것은 괜찮다. ④ 哪怕失败也别退缩。(Nǎpà shībài yě bié tuìsuō.) 설사 실패하더라도 움츠러들지 마라.

설명 결론을 강조하기 위해, "哪怕"를 사용한 구문을 뒤에 놓기도 한다. ① 我明天一定要回学校, 哪怕雨下得再大。(Wǒ míngtiān yídìng yào huí xuéxiào, nǎpà yǔ xià de zài dà.) 설사 비가 아무리 많이 올지라도 우리는 내일 학교로 꼭 돌아가야만 한다. ② 衣服只要干净就行, 哪怕有几个补丁。(Yīfu zhǐyào gānjìng jiù xíng, nǎpà yǒu jǐ ge bǔdīng.) 비록 몇 군데 기운 곳이 있어도 의복이란 깨끗하기만 하면 되는 것이다. ③ 我不相信你那一套, 哪怕你说得再好听。(Wǒ bù xiāngxìn nǐ nà yì tào, nǎpà nǐ shuō de zài hǎotīng.) 나는 당신의 그 수법을 믿지 않는다. 설사 당신이 아무리 친절하게 말해도.

비교 "哪怕"는 "即使"(jíshǐ) 보다 구어체에서 많이 사용한다.

주의 "哪怕"의 "哪"를 혹자는 "那"로 쓰기도 하고 那(nǎ)로 읽는다.

[那] nà 접속사 "那么"를 참고하라.

[那么] nàme 접속사

"그러면·그렇다면"의 의미로 앞의 가정이나 사실에 근거하여 결과를 말하는 것을 표시한다. 주로 "如果", "既然" 등의 접속사와 함께 사용한다. ① 你去, 那么我就不去了。(Nǐ qù, nàme wǒ jiù bú qùle.) 당신이 가면 그렇다면 나는 절대 가지 않겠다. ② 这样做既然不行, 那么你打算怎么办呢? (Zhèyàng zuò jìrán bùxíng, nàme nǐ dǎsuàn zěnme bàn ne?) 이렇게 해서 안 된다면 그렇다면 너는 어떻게 하겠는가? ③ 如果你们大伙都去, 那么我就留下吧。(Rúguǒ nǐmen dàhuǒ dōu qù, nàme wǒ jiù liú xià ba.) 만약 당신들이 모두 간다면 그러면 나는 남겠다.

[동의어] "那"를 접속사로 사용하면, 의미가 "那么"와 같고, 상호 교환하여 사용할 수 있다.구어에서는 주로 "那"를 사용한다.

[주의] "那么"를 "那末"로 쓰기도 한다.

[실사] 대명사로 정도, 성질, 상태, 방식, 수량 등을 강조한다. ① 天那么冷, 该多穿点衣服。(Tiān nàme lěng, gāi duō chuān diǎn yīfu.) 날씨가 그렇게 추운데 응당 옷을 많이 입어라. ② 情况那么复杂, 要认真研究。(Qíngkuàng nàme fù zá, yào rènzhēn yánjiū.) 상황이 그렇게 복잡하면 성실히 연구해야만 한다. ③ 十年没见了, 她还那么年轻。(Shí nián méi jiàn le, tā hái nàme niánqīng.) 10년 만에 만났는데도 그녀는 여전히 그렇게 젊다.

[那末] nàme 접속사 "那么(nàme)"를 참고하라.

[哪] nà 조사

문장 끝에 사용하여 감탄, 의문, 긍정 등의 어감을 표시한다. ① 同志们, 加油干哪! (Tóngzhìmen, jiāyóu gàn na!) 여러분, 힘내서 하세요! ② 咱们什么时候再到农村去看看哪? (Zánmen shénme shíhou zài dào nóngcūn qù kàn kàn na?) 우리는 언제 다시 농촌에 가 보나! ③ 别小看, 这是他们一年来的成绩哪! (Bié xiǎo kàn, zhè shì tāmen yì niánlái de chéngjì na!) 무시하지 말라! 이것은 그들의 일년간의 성적이다.

[乃至] nǎizhì 접속사 "甚至(shénzhì)"를 참고하라.

"심지어", "더 나아가"의 의미로 사용한다. ① 他的逝世, 引起了全中国乃至全世界人民的哀悼。(Tāde shìshì, yǐnqǐle quán Zhōngguó nǎizhì quán shìjiè rénmín de āidào.) 그의 서거는, 전 중국 더 나아가 전 세계 모든 이들의 애도를 불러일으켰다. ② 他在国内乃至海外都很有影响。(Tā zài guónèi nǎizhì hǎiwài dōu hěn yǒu yǐngxiǎng.) 그는 국내 심지어 해외에도 큰 영향이 있다.

[难道] nándào 부사

"그래 …란 말인가"의 의미로, 반문의 어감을 표현한다. 문장 끝에 주로 어감을 표현하는 조사 "吗"나 "不成"을 사용한다. 주어 앞에서 사용할 수 있다(例 ④, ⑤). ① 历史难道会重演吗? (Lìshǐ nándào huì chóngyǎn ma?) 역사가 설마 반복된단 말인가? ② 实践出真知, 这难道不是真理吗? (Shíjiàn chū zhēnzhī, zhè nándào búshì zhēnlǐ ma?) 실천은 참된 지식을 낳는다. 이것이 진리가 아니란 말인가? ③ 他们做得到, 难道我们就做不到吗? (Tāmen zuòde dào, nándào wǒmen jiù zuò bu dào ma?) 그들이 하는데 그래 우리가 못한단 말인가? ④ 难道你能去, 我就不能去?(Nándào nǐ néng qù, wǒ jiù bùnéng qù?) 당신이 갈 수 있는데 내가 갈 수 없단 말인가? ⑤ 难道不许我说话不成? (Nándào bùxǔ wǒ shuō huà bùchéng?) 설마 내가 말해서는 안 된다는 것은 아니겠지?

설명 "难道"를 "难道说"로도 말할 수 있고, 주로 주어 앞에 사용하여 어감을 가중시킴을 표시한다. ① 难道说我们连给机器换个螺丝都不会? (Nándào shuō wǒmen lián gěi jīqì huàn ge luósī dōu bú huì?) 설마 우리가 기계에 나사조차 교환할 수 없단 말인가? ② 难道说, 他一个人不去大家都不去吗? (Nándào shuō, tā yíge rén bú qù dàjiā dōu bú qù ma?) 설마 그 사람이 안 가면 모두 가지 않겠단 말인가? ③ 难道说遗忘了还在狱中的丈夫? (Nándàoshuō yíwàng le hái zài yùzhōng de zhàngfū?) 설마 옥중의 남편을 잊었단 말인가?

▌[难怪] nánguài 부사

"과연", "어쩐지"의 의미로, 진상이 밝혀져 더 이상 이상하지 않음을 표시한다. 원인을 설명하는 구문과 함께 사용한다. ① 冷空气南下, 难怪这样冷。(Lěng kōngqì nánxià, nánguài zhèyàng lěng.) 차가운 공기가 남하하니 어쩐지 이렇게 춥구나. ② 他今天参加晨炼, 难怪五点锺就起床了。(Tā jīntiān cānjiā chénliàn, nánguài wǔ diǎn zhōng jiù qǐchuángle.) 그는 오늘 아침 훈련에 참가했다, 어쩐지 5시에 즉시 일어났다. ③ 难怪大家爱看这本杂志, 内容确实不错呢!(Nánguài dàjiā ài kàn zhè běn zázhì, nèiróng quèshí búcuò ne!) 어쩐지 모두 이 잡지를 잘 본다했더니 내용이 확실히 좋다. ④ 难怪今夜月亮这样圆, 原来是中秋。(Nánguài jīnyè yuèliàng zhèyàng yuán, yuánlái shì Zhōngqiū.) 오늘 밤 달이 어쩐지 이렇게 둥글더니 원래 추석이다.

[주의] "这也难怪, 他是新手嘛。"(Zhè yě nánguài, tā shì xīnshǒu ma.) (이것도 참 이상하다. 그는 신참이다)에서 "难"과 "怪"는 두 개의 단어이다 ; 부사 "难"이 동사 "怪"를 수식하고 있다.

[실사] 他是南方人, 难怪说不好普通话。(Tā shì nánfāng rén, nánguài shuō bu hǎo pǔtōnghuà.) 그는 남방 사람이므로 표준말을 잘 못하는 것은 당연하다. 여기서 "难怪"는 "당연하다"라는 의미로 형용사이다.

▌[难免] nánmiǎn 부사

"불가피한"의 의미로, 앞에서 언급한 상황 때문에 왕왕 발생하기를 원하지 않는 결과가 왕왕 발생함을 표시한다. 주어 앞에 사용할 수 있다(例 ④). ① 抄写文稿, 难免漏字, 必须认真核对。(Chāoxiě wéngǎo, nánmiǎn lòu zì, bìxū rènzhēn héduì.) 원고를 복사해 쓰면 글자를 빼먹지 않을 수 없으니 반드시 성실하게 대조해야한다. ② 近时天气不定, 航行难免误期。(Jìn shí tiānqì búdìng, hángxíng nánmiǎn wùqī.) 요즘 날씨가 일정하지 않아서, 항행은 예정일에 늦을 수밖에 없다. ③ 工作粗枝大叶, 难免出差错。(Gōngzuò cūzhī dàyè, nánmiǎn chū chā cuò.) 일을 대충하면 잘못이 생기는 것을 피할 수 없다. ④ 我水平不高, 难免说话有缺点, 请多提意见。(Wǒ shuǐpíng bù gāo, nánmiǎn shuōhuà yǒu quēdiǎn, qǐng duō tí yìjiàn.) 나는 수준이 높지 않아 말에 결점이

있을 수밖에 없으니 의견을 많이 말씀해 주세요.

설명1 "难免"은 부정사 "不", "没有"와 함께 사용하여, 부정을 표시하지 않을 수도 있다. 예를 들어, 위의 예문처럼, 각기 따로 다음과 같이 말할 수 있다 ; "难免没有漏字"(nánmiǎn méiyǒu lòu zì), "难免不出差错"(nánmiǎn bù chū chācuò), "难免没有缺点"(nánmiǎn méiyǒu quēdiǎn). 이때 의미상의 변화는 없다. 이것은 습관적인 용법이다.

또 "难免" 뒤의 "不"가 만약 형용사를 수식하면, 부정을 표시한다. ① 初次见面, 难免不熟悉。(Chūcì jiànmiàn, nánmiǎn bù shúxī.) 처음 만나 어색하지 않을 수 없다. ② 他是南方人, 说普通话难免不纯正。(Tā shì nánfāng rén, shuō pǔtōnghuà nánmiǎn bù chúnzhèng.) 그는 남방 사람이라 보통화를 말하는데 올바르지 않을 수 있다.

설명1 "不免(bùmiǎn)"과 "难免(nánmiǎn)"은 의미가 유사하다. 그러나 "不免"은 긍정문에서만 사용하지만 "难免"은 부정문에서도 사용할 수 있다.

실사 "刚参加工作, 碰到一些困难是难免的。"(Gāng cānjiā gōngzuò, pèng dào yìxiē kùnnán shì nánmiǎn de.)(방금 일에 참여하여 곤란을 겪는 것은 피할 수 없는 것이다)에서 "难免"은 형용사다.

[难以] nányǐ 부사

"… 하기 쉽지 않다"의 의미로, 아직도 말한 것처럼 그렇게 할 수 없음을 표시한다. 주로 서면어에서 사용한다. ① 这个主题还没有考虑成熟, 难以下笔。(Zhège zhǔtí hái méiyǒu kǎolù chéngshú, nányǐ xiàbǐ.) 이 주제는 아직 생각이 무르익지 않아 써 내려가기가 쉽지 않다. ② 问题复杂, 一时还难以作出结论。(Wèntí fù zá, yìshí hái nányǐ zuòchū jiélùn.) 문제가 복잡하여 잠시 결론을 내리기가 쉽지 않다. ③ 你这话太苛刻, 怕他难以接受。(Nǐ zhè huà tài kē kè, pà tā nányǐ jiēshòu.) 자네의 이 말은 지나치게 가혹해서 아마도 그가 받아들이기 어려울 거네.

【呢】 ne 조사

⑴ 의문의 어감을 표시한다. "呢"를 사용한 의문문은 다양한 의미로 사용된다. ; 때로는 순수한 의문문으로, 때로는 정반의 의견을 제시하고 타인에게 확정하게 하거나, 때로는 어떤 상황을 제시하고 타인에게 선택하게 하거나, 때로는 반문의 의미를 갖는다. ① 你同谁一起去呢? (Nǐ tóng shéi yìqǐ qù ne?) 당신은 누구와 함께 갈건가요? ② 你怎么不自己去看看呢?(Nǐ zěnme bù zìjǐ qù kàn kan ne?) 당신은 왜 스스로 가서 보지 않나요? ③ 这话对不对呢? (Zhè huà duì bu duì ne?) 이 말은 맞나요. 틀리나요? ④ 这本书好呢, 还是那本书好呢? (Zhè běn shū hǎo ne, háishi nà běn shū hǎo ne?) 이 책이 좋습니까? 아니면 그 책이 좋습니까? ⑤ 总之, 是谁的错误呢? (Zǒngzhī, shì shéi de cuòwù ne?) 요컨대 누구의 잘못이냐?

설명 이러한 종류의 의문문에서는 "呢"를 생략할 수도 있다. "呢"를 사용하지 않으면, 의미는 변화가 없지만 어감이 비교적 단도직입적이 된다. 선택문의 문장에서, "呢"는 습관적으로 전반 구문에만 사용한다. ; 예문 ④를 "这本书好, 还是那本书好?"(Zhè běn shū hǎo, háishi nà běn shū hǎo?)로 고칠 수 있다. 이러한 종류의 의문문에서는 "呢"를 "吗"와 교환하여 사용할 수 없다.

⑵ 사실을 확인하는 어감이 있고 과장과 감정적인 색채를 갖는다. ① 别那么急, 天还早呢。(Bié nàme jí, tiān hái zǎo ne.) 그렇게 서두르지 말라, 시간이 아직 이르다. ② 接连辛苦了几天, 要好好休息一下呢。(Jiēlián xīnkǔle jǐ tiān, yào hǎohǎo xiūxi yíxià ne.) 계속 며칠 동안 힘들었다. 한번 푹 쉬자! ③ 她年纪虽小, 打球的本领可高呢。(Tā niánjì suī xiǎo, dǎqiú de běnlǐng kě gāo ne.) 그녀의 나이는 비록 어리지만 공을 치는 능력은 대단히 뛰어나다. ④ 快走吧, 人家在外面等着呢。(Kuàizǒu ba, rénjiā zài wàimiàn děngzhene.) 빨리 갑시다. 모두 밖에서 기다리고 있어요. ⑤ 这家伙在乡下可爱得很呢。(Zhè jiāhuo zài xiāngxià kě ài de hěn ne.) 이 녀석은 시골에서 정말 사랑스럽다.

주의 "呢(ne)"를 "哪(ne)"로 쓰기도 한다.

[呐] nè 조사 "呢(nè)"를 참고하라.

[宁] nìng 부사 "宁可(nìngkě)"를 참고하라.

[宁可] nìngkě 부사

"차라리", "오히려"의 의미로 뒤에 "与其", "决不", "也不" 등이 오며 두 가지 사실 중 宁可가 더 좋은 사실을 이끌어 낸다. 또 "…할지언정(차라리…하다)"의 의미로 사용한다. 주어 앞에 사용할 수 있다(例④). ① 与其坐车, 宁可坐船。(Yǔqí zuòchē, nìngkě zuò chuán.) 차를 타는 것보다 차라리 배를 타는 것이 낫다. ② 他宁可自己吃点亏, 也不叫亏了人。(Tā nìngkě zìjǐ chī diǎn kuī, yě bú jiào kuīle rén.) 그는 자기가 조금 손해 볼지언정, 남을 손해 보게 하지는 않는다. ③ 宁可自己辛苦点, 也不能影响别人休息。(Nìngkě zìjǐ xīnkǔ diǎn, yě bùnéng yǐngxiǎng biérén xiūxi.) 차라리 자신이 괴로울지언정 타인의 휴식에 영향을 줄 수는 없다. ④ 宁可将可作小说的材料缩成速写, 决不将速写材料拉成小说。(Nìngkě jiāng kě zuò xiǎoshuō de cáiliào suō chéng sùxiě, jué bù jiāng sùxiě cáiliào lā chéng xiǎoshuō.) 차라리 소설의 재료를 단축하여 짧은 글(速写 : 문체의 일종)을 만들 수는 있어도 결코 짧은 글의 재료를 소설로 길게 늘릴 수는 없다.(노신)

설명 "与其"를 사용하는 문장은 위의 전반 두 예문처럼 먼저 포기하는 조건을 말하고, 중점을 "당연히 … 하지 않는다"에 둔다. "决不", "也不"를 함께 사용하면, 위의 후반 두 예문처럼 먼저 강조하는 조건을 말하고, "당연히 … 해야 함" 강조한다.

만약 포기하는 조건이 명확하지 않으면, 한쪽 면만을 말할 수 있고, "宁可"만을 사용하면 진정으로 원함을 표시한다. ① 宁可不吃不睡, 也要把这个难关攻下来。(Nìngkě bù chī bú shuì, yě yào bǎ zhège nánguān gōng xiàlái.) 먹지 않고 자지 않을 지라도 이 난관을 해결해야만 합니다. ② 在工作中, 我们宁可把困难想得多一点。(Zài gōngzuò zhōng, wǒmen nìngkě bǎ kùnnán xiǎng de duō yìdiǎn.) 일하는 동안 우리들은 당연히 곤란한 점을 많이 생각해야 한다.

동의어 1 “宁肯”(nìngkě), “宁愿”(nìngyuàn)과 “宁可”(nìngkě)는 의미가 같다. 일반적으로 희망이나 의지를 표시할 때, “宁肯” 혹은 “宁愿”을 사용한다. ① 宁肯枪毙, 也不肯屈服。(Nìngkě qiāngbì, yě bù kěn qūfú.) 총살될지라도 굴복은 않겠다. ② 宁愿生活再艰苦一点, 也不向朋友伸手。(Nìngyuàn shēnghuó zài jiānkǔ yìdiǎn, yě bú xiàng péngyou shēnshǒu.) 생활이 다시 고통스러울지언정 친구에게 손을 내밀지는 않는다.

동의어 2 “宁”은 “宁可”의 의미로, 주로 숙어와 격언 등에서 고정된 형식으로 사용한다. “宁死不屈”(nìngsǐbùqū)(차라리 죽을지언정 굴복하지 않는다), “宁缺毋滥”(nìngquēwúlàn)(차라리 약간 모자랄지언정 대충 메우지는 말라), “宁为玉碎, 不为瓦全”(níng wéi yùsuì, bù wéi wǎquán)(정의를 위하여 깨끗이 죽을지언정 너절히 살지는 안 는다 ; 옥이 되어 부서질지언정 기와가 되어 오래 보전되지는 않는다)

【宁肯】 nìngkěn 부사 “宁可(nìngkě)”를 참고하라.

【宁愿】 nìngyuàn 부사 “宁可(nìngkě)”를 참고하라.

[喔] ō 감탄사

"아", "오"의 의미로, 문장의 처음에 사용하여 이해나 깨달음 등을 표시한다. ① 喔, 我懂了。(Ó, wǒ dǒngle.) 아! 알았어. ② 喔, 原来是这么回事! (Ō, yuánlái shì zhème huí shì!) 아! 원래 그랬구나. ③ 喔, 我想起来了。(Ō, wǒ xiǎngqǐlaile.) 아! 생각이 났다.
주의 "喔(ō)"를 "噢(ō)"로 쓸 수도 있다.

[噢] ō 감탄사 "喔(ō)"를 참고하라.

[哦] ó 감탄사

"아니!", "어!"의 의미로, 문장의 처음에 사용하여 회의를 표시한다. ① 哦, 是这样吗? (Ó, shì zhèyàng ma?) 어! 그래? ② 哦? 有这么厉害! (Ó, yǒu zhème lìhai!) 아니 그렇게 대단해! ③ 哦, 会有这样的事。(Ó, huì yǒu zhèyàng de shì.) 아니 이런 일이 있을 수 있다니.

[哦] ò 감탄사

⑴ "아"의 의미로 문장의 처음에 사용하여 체득이나 깨달음을 표시한다. ① 哦, 我知道了。(Ò, wǒ zhīdàole.) 아! 알았다. ② 哦, 钥匙忘在家里了! (Ò, yàoshi wàng zài jiālile!) 아! 열쇠를 집에 잊고 왔다.
⑵ "응"의 의미로 문장의 처음에 사용하여, 승낙 혹은 응답을 표시한

다. ① 哦, 这事让我来干吧。(Ò, zhè shì ràng wǒ lái gàn ba.) 응!
이 일은 내가 할게. ② 哦, 我一定照你的话去做。(Ò, wǒ yídìng
zhào nǐde huà qù zuò.) 네! 당신이 말한 대로 할 것입니다.

[偶] ǒu 부사 "偶然(ǒurán)"을 참고하라.

[偶尔] ǒu'ěr 부사

"간혹", "때로는"의 의미로, 상황이 항상 출현하는 것이 아님을 표시한
다. 우발적이거나 횟수가 적은 것을 가리킨다. 문장의 앞에 올 수 있
다. ① 我星期天常在家, 偶尔也到公园走走。(Wǒ xīngqītiān cháng
zàijiā, ǒu'ěr yě dào gōngyuán zǒu zou.) 나는 일요일에 항상 집에 있다.
간혹 공원에 산보를 간다. ② 他作文写得通顺, 只是偶尔有几个错别
字。(Tā zuòwén xiěde tōngshùn, zhǐshì ǒu'ěr yǒu jǐ ge cuòbiézì.) 그의
작문은 매우 순탄하지만 간혹 틀린 글자가 몇 개 있다. ③ 我们都住在
春川, 但也只偶尔见见面。(Wǒmen dōu zhù zài Chūnchuān, dàn yě
zhǐ ǒu'ěr jiàn jiàn miàn.) 우리는 모두 춘천에 살지만 가끔 만날 뿐이
다. ④ 偶尔遣兴之作, 颇不足观。(Ǒu'ěr qiǎnxìng zhī zuō, pō bù zú
guān.) 이따금 마음 달래려고 쓴 것으로, 별로 볼 만한 것이 못된다.
동의어 "偶或(ǒuhuò)"는 "偶尔"의 의미로, 서면어에서 사용한다.

[偶或] ǒuhuò 부사 "偶尔(ǒu'ěr)"을 참고하라.

[偶然] ǒurán 부사

"우연히", "뜻밖에"의 의미로, 모종의 동작이나 행위 혹은 상황이 발생
하지 않을 수도 있는데 발생하여 의외임을 표시한다. ① 偶然在报纸
上看见了他的新闻。(Ǒurán zài bàozhǐ shàng kànjiànle tā de xīnwén.)
우연히 신문에서 그의 뉴스를 보았다. ② 这本书是我在旧书店里偶
然买到的。(Zhè běn shū shì wǒ zài jiù shū diànli ǒurán mǎi dào de.)
이 책은 내가 헌 책방에서 우연히 구입한 것이다. ③ 这些古钱币是在
建筑施工中偶然发现的。(Zhèxiē gǔ qián bì shì zài jiànzhú shīgōng

zhōng ǒurán fāxiàn de.) 이 옛날 돈들은 건축 시공 중에 우연히 발견된 것이다.

동의어 "偶"는 "偶然"의 의미로, 뒤에 단음절의 단어만 사용할 수 있고 서면어에서 사용한다. ① 这种草药在这一带偶有发现。(Zhè zhǒng cǎoyào zài zhè yídài ǒu yǒu fāxiàn.) 이런 종류의 한약은 이 일대에서 간혹 발견된다. ② 他乡偶遇旧友, 分外高兴。(Tāxiāng ǒuyù jiùyǒu, fèn wài gāoxìng.) 타향에서 우연히 옛 친구를 만나면 특별히 기쁘다.

실사 "这是个偶然的机会, 不要错过。"(Zhè shìge ǒurán de jīhuì, búyào cuòguò.) (이것은 우연한 기회이다. 놓치지 말라)에서 "偶然"은 형용사다.

ㅇ

[怕] pà 부사 "恐怕(kǒngpà)"를 참고하라.

[譬如] pìrú 접속사 "比如(bǐrú)를 참고하라.

[偏] piān 부사 "偏偏(piānpiān)"을 참고하라.

[偏偏] piānpiān 부사

(1) "굳이", "기어코", "반대로"의 의미로, 고의로 현실상황과 상반됨을 표시하거나 주관적인 희망과 거리가 먼 것을 표시한다. 주로 "要", "不" 등과 함께 사용하여, 긍정 혹은 부정을 강조한다. ① 你挑大的送给他, 他偏偏拣小的。(Nǐ tiāo dà de sòng gěi tā, tā piānpiān jiǎn xiǎo de.) 당신이 큰 것을 골라 그에게 주는데, 그는 굳이 작은 것만을 고른다. ② 老张肺不好, 可他偏偏喜欢抽烟。(Lǎo zhāng fèi bù hǎo, kě tā piānpiān xǐhuan chōuyān.) 장형은 폐가 좋지 않은데 오히려 담배 피우는 것을 좋아한다. ③ 叫你不要去, 你偏偏要去。(Jiào nǐ búyào qù, nǐ piānpiān yào qù.) 당신에게 가지 말라고 하니까 너는 반대로 가려한다. ④ 我们劝他不要那样做, 可他偏偏不听。(Wǒmen quàn tā búyào nàyàng zuò, kě tā piānpiān bù tīng.) 우리들은 그에게 그렇게 하지 말라고 권했지만 그러나 그는 기어코 듣지 않았다.

(2) "유독"의 의미로, 일정한 범위로 한정함을 표시하고, 상황이 특수하
거나 예외임을 설명한다. 불만의 어감을 띤다. ① 那么多的花, 偏
偏这一盆开得不好。(Nàme duō de huā, piānpiān zhè yì pén kāi
de bù hǎo.) 그렇게 많은 꽃 중에서 유독 이 화분만 꽃이 핀 것이
아름답지 않다. ② 大家都跳过一米八, 偏偏他淘汰了。(Dàjiā dōu
tiàoguo yī mǐ bā, piānpiān tā táotàile.) 모두 다 1.8m를 뛰어 넘었지
만 단지 그만 떨어졌다. ③ 别的小组都完成了定额, 为什么偏偏
咱们没完成?(Bié de xiǎozǔ dōu wánchéngle dìng'é, wèishéme
piānpiān zánmen méi wánchéng?) 다른 그룹은 모두 정량을 완성했
는데 어째서 유달리 우리만 완성치 못했는가?

   주의 "偏偏"을 "단지", "다만"의 의미로 사용할 때는, 대비의 의미
를 띤다. 단지 주어 앞에서만 사용할 수 있고, "偏"과 교환하여
사용할 수 없다.

(3) "마침", "공교롭게"의 의미로 기대에 어긋날 경우를 표시한다. ①
星期天他来找我, 偏偏(儿)我不在家。(Xīngqītiān tā lái zhǎo wǒ,
piānpiān (er) wǒ bú zài jiā.) 일요일에 그가 나를 찾아왔지만 마침
내가 집에 없었다.

   동의어 "偏"은 "偏偏"의 의미로, 일반적으로 교체하여 사용할 수 있
지만, 주어 앞에 놓을 수는 없다. 예를 들어, "老天偏偏不下雨"
(lǎo tiān piānpiān bú xià yǔ)를 "偏偏老天不下雨"(piānpiān
lǎo tiān bú xià yǔ)나, "老天偏不下雨"(lǎo tiān piān bú xià
yǔ)라고 말할 수 있지만, "偏老天不下雨"(piān lǎo tiān bú xià
yǔ)라고 말할 수는 없다. "偏偏"은 "偏" 보다 어감이 다소 무
겁다.

[频] pín 부사 "频频(pínpín)"을 참고하라.

[频频] pínpín 부사

"빈번하게"의 의미로, 동작이 단시간 내에 연속적으로 출현함을 표시
한다. 서면어에서 사용한다. ① 贵宾们频频挥手, 向欢迎群众致意。
(Guìbīnmen pínpín huīshǒu, xiàng huānyíng qúnzhòng zhìyì.) 귀빈들
은 손을 여러 번 휘저으며 환영하는 군중들에게 감사를 표시한다. ②

火灾事故频频发生。(Huǒzāi shìgù pínpín fāshēng.) 화재 사고가 빈번하게 발생한다. ③ 他叫了一些菜, 频频要李先生下筷子。(Tā jiào le yìxiē cài, pínpín yào Lǐ xiānsheng xià kuàizi.) 그는 음식을 몇 가지 시켜 놓고 자꾸 이 선생에게 먹으라고 권한다. ④ 宾主频频举杯互祝安康。(Bīnzhǔ pínpín jǔbēi hù zhù ānkāng.) 주객 모두 빈번하게 잔을 권하며 서로 건강을 기원했다.

[동의어] "频"은 "频频"의 의미로, 뒤에 단지 단음절의 단어만 온다. 예를 들어, "捷报频传"(jiébào pínchuán)(승전보가 쏟아지다)과 같다.

[凭] píng 접속사

(1) "설령 …라 할지라도"의 의미로, 뒤에 의문대명사나 선택성의 단어를 대동하여, 어떤 상황하에서도 결과나 결론이 동일함을 표시한다. 주로 "都", "也" 등의 부사와 함께 사용한다. ① 凭他怎么说, 大家都不信。(Píng tā zěnme shuō, dàjiā dōu búxìn.) 그가 무엇이라 말할지라도 모두 이미 믿지 않는다. ② 凭你跑到哪儿, 我都找得着。(Píng nǐ páo dào nǎr, wǒ dōu zhǎo dezháo.) 네가 어디로 도망가더라도, 나는 찾아낼 수가 있다. ③ 凭你跑多快, 我也赶得上。(Píng nǐ pǎo duō kuài, wǒ yě gǎn de shàng.) 설령 네가 아무리 빨리 뛴다 하더라도, 나는 따라 잡을 수 있다.

(2) "…을 위하여"의 의미로 사용한다. ① 我凭着这些听戏的面子, 也不能迟到。(Wǒ píngzhe zhèxiē tīng xì de miànzi, yě bùnéng chídào.) 이들 관람객의 체면을 위해서라도 나는 지각할 수 없다. ② 恐后无凭立此借券为证。(Kǒng hòu wú píng lì cǐ jièquàn wéi zhèng.) 후일을 위하여 이 차용증을 써서 증거로 삼다.

[실시] "车费可以凭票报销。"(Chēfèi kěyǐ píngpiào bàoxiāo.) 차비는 표에 의거하여 환불받을 수 있다. 여기서 "凭"은 동사다.

[颇] pō 부사

"매우", "상당히"의 의미로, 상당히 높은 정도를 표시한다. 뒤에 단음절의 단어를 사용하고 서면어에서 많이 사용한다. ① 此文颇佳, 值得一读。(Cǐ wén pō jiā, zhíde yì dú.) 이 문장은 매우 훌륭하여 읽을 가치가 있다. ② 对于此事, 外界颇有物议。(Duìyú cǐ shì, wàijiè pōyǒu wùyì.)

이 일에 대해서 바깥 세상에서는 대단한 물의가 일고 있다. ③ 他在养蜂方面颇有研究。(Tā zài yǎng fēng fāngmiàn pō yǒu yánjiū.) 그는 양봉방면에 많은 연구를 했다. ④ 我对摄影颇感兴趣。(Wǒ duì shèyǐng pō gǎn xìngqù.) 나는 촬영에 흥미가 많다. ⑤ 画面的布局也颇费匠心。(Huàmiàn de bùjú yě pō fèi jiàngxīn.) 화면의 구도에도 꽤 고심을 했다.

[颇为] pōwéi 부사

"제법", "꽤"의 의미로 사용하고 뒤에 쌍음절 단어만 사용한다. "颇(pō)"와 용법이 같다. ① 情由颇为离奇。(Qíngyóu pōwéi líqí.) 사건의 내막이 매우 엽기적이다. ② 顾客对营业员的服务态度颇为满意。(Gùkè duì yíngyèyuán de fúwù tàidù pō wéi mǎnyì.) 고객은 영업원의 서비스 태도에 매우 만족한다. ③ 此件颇为重要, 请传阅。(Cǐ jiàn pō wéi zhòngyào, qǐng chuán yuè.) 이 문서는 매우 중요하니 돌려서 읽도록 하라. ④ 营业颇为减色。(Yíngyè pōwéi jiǎnsè.) 영업이 꽤 부진하다.

[其] qí 조사와 접미사 두 가지 용법이 있다.

(一) 조사

⑴ "당연히 …해야 한다"의 뜻으로 명령을 나타낸다. ① 汝其速往。(Rǔ qí sù wǎng.) 너는 빨리 가야한다. ② 子其勉之。(Zǐ qí miǎn zhī.) 당신은 노력을 해야만 한다.

> 주의 실사로 사용하면 일반적으로 "그런 것"이란 의미로 대명사이다. 예 : ① 本无其事。(Běn wú qí shì.) 원래 그런 일이 없다. ② 人尽其才。(Rénjìnqícái.) 사람마다 그 재능을 다하다.

⑵ "어찌"의 의미로, 반문의 뜻을 강조한다. 서면어에서 주로 사용한다. 예 君其忘之乎? (Jūn qí wàng zhī hū?) 당신은 어찌 그것을 잊을 수 있는가?

⑶ "아마도", "혹시"의 의미로 주로 서면어에서 사용한다. ① 乌云密布, 其将雨乎。(Wūyún mìbù, qí jiāng yǔ hū.) 검은 구름이 온 하늘을 뒤덮었으니 혹시 비가 올지 몰라. ② 知我者其天乎。(Zhī wǒ zhě qí tiān hū.) 나를 알고 있는 것은 아마도 하늘이리라.

(二) 접미사

"유달리", "지극히" 등의 의미로 부사+접미어로 어기를 강하게 한다. ① 尤其好看。(Yóuqí hǎokàn.) 매우 아름답다. ② 极其优秀。(Jíqí yōuxiù.) 극히 우수하다. ③ 更其光彩。(Gèng qí guāngcǎi.) 한층 더 광채가 난다.

> 실사 "人尽其才"(rénjìnqícái)(사람마다 자신의 재능을 충분히 발휘

하다), "不乏其人"(bùfá qí rén)(그 같은 사람이 없지 않다)에서 "其"는 대명사이다.

[其实] qíshí 부사

"실제로", "(그러나) 사실은"의 의미로, 말하는 것이 모두 사실임을 표시하고 나아가 앞에서 말한 것을 보충 설명하거나 수정한다. 전환의 어감이 있다. ① 他虽说是部长, 其实是次长拿事。(Tā suīshuō shì bùzhǎng, qíshí shì cìzhǎng náshì.) 그는 부장이지만, 실제로는 차장이 실권을 쥐고 있다. ② 这个问题看来简单, 其实并不如此。(Zhège wèntí kàn lái jiǎndān, qíshí bìng bù rúcǐ.) 이 문제는 보기에 간단하지만 실제로는 결코 이와 같지 않다. ③ 他老说有心脏病, 其实是心理作用。(Tā lǎo shuō yǒu xīnzāngbìng, qíshí shì xīnlǐ zuòyòng.) 그는 언제나 심장병이 있다고 말해 왔는데, 사실은 심리적 작용이다. ④ 这两种机器外形似乎一样, 其实性能完全不同。(Zhè liǎng zhǒng jīqì wàixíng sìhū yíyàng, qíshí xìngnéng wánquán bùtóng.) 이 두 종류의 기계는 외형은 유사하지만 실제로 성능은 완전히 다르다. ⑤ 这件事吗, 其实也不能怪他。(Zhè jiàn shì má, qíshí yě bù néng guài tā.) 이런 일이야, 사실 그를 나무랄 수도 없다.

실명 "实在"(shízài)와 "其实"는 의미가 유사하다. "实在"는 앞에서 말한 진실 된 상황에 근거하며, "真"(zhēn), "的确"(díquè)의 의미도 있고, 주로 주어 뒤에 많이 온다. **예** 这番打斗, 实在热闹极了。(Zhè fān dǎdòu, shízài rènào jíle.) 이번 싸움은 정말 굉장했다.

[岂] qǐ 부사

"어찌", "설마… 하겠는가"의 의미로, 반문의 형식을 사용하여 긍정의 어감을 강조한다. 주로 "有", "能", "敢", "容", "非", "不"등의 단음절 단어와 함께 사용한다. 서면어에서 많이 사용한다. ① 他动手打人, 岂有此理! (Tā dòngshǒu dǎ rén, qǐyǒu cǐlǐ!) 그가 손찌검을 하다니 어찌 이런 일이 있을 수 있는가! ② 为一点小事, 岂敢随便打扰你? (Wèi yìdiǎn xiǎoshì, qǐgǎn suíbiàn dǎrǎo nǐ?) 보잘 것 없는 일을 위해 어찌 당신을 함부로 귀찮게 할 수 있겠습니까? ③ 若非亲身经历, 岂知其中甘苦。(Ruòfēi qīnshēn jīnglì, qǐ zhī qízhōng gānkǔ.) 직접 체험하지

않는다면 어찌 그런 고락(苦乐)을 알겠는가? ④ 把稗草当秧苗, 岂非笑话? (Bǎ bàicǎo dāng yāngmiáo, qǐfēi xiàohuà?) 돌피를 묘종으로 보니 어찌 사람들이 웃지 않겠는가? ⑤ 如此而已, 岂有他哉? (Rúcǐ éryǐ, qǐ yǒu tā zāi?) 이 같을 뿐이다, 어찌 다른 것이 있겠는가?

▌[岂但] qǐdàn 접속사

"비단 …뿐만 아니라"의 의미로, 반문의 어감을 갖는다. 주로 "都", "也", "更" 등의 부사와 함께 사용하고, 의미가 더욱 깊어짐을 표시한다. ① "为人民服务"这一条, 岂但商业部门要学, 各行各业都应当学。(Wèi rénmín fúwù" zhè yìtiáo, qǐdàn shāngyè bùmén yào xué, gè háng gè yè dōu yīng dàng xué.) "인민을 위해 봉사하다"라는 이 조항은 비단 상업부문에서 배워야만 할뿐만 아니라 모든 직종에서 당연히 다 배워야한다. ② 这个古字岂但我们不识, 恐怕老先生也未必知道。(Zhège gǔ zì qǐdàn wǒmen bù shí, kǒngpà lǎo xiānsheng yě wèibì zhīdào.) 이 옛 글자는 우리가 모를 뿐만 아니라 아마 어르신네도 알지 못할 수도 있다. ③ 把多余的钱存入银行, 岂但对国家有利, 对个人更有利。(Bǎ duōyú de qián cún rù yínháng, qǐdàn duì guójiā yǒulì, duì gèrén gèng yǒulì.) 여분의 돈을 은행에 저금하면 국가에 이익이 있을 뿐만 아니라 개인에게 더욱 유리하다.

[비교] "岂但"은 주로 서면어에서 사용하고, 어감이 "不但", "非但"(fēidàn)에 비하여 다소 무겁다. "岂但"이 후반 구문에서 사용될 때는 "不但"과 교환하여 사용할 수 없다. [예] 非但我不知道, 连他也不知道。(Fēidàn wǒ bù zhīdào, lián tā yě bù zhīdào.) 내가 모를 뿐만 아니라, 그도 역시 모른다.

▌[起] qǐ 개사

(1) "…로부터"의 의미로, 시간의 시작이나 행위의 출발점을 표시한다. 주로 구어체에서 사용한다. ① 学校起明天开始放假。(Xuéxiào qǐ míngtiān kāishǐ fàngjià.) 학교는 내일부터 방학을 시작한다. ② 后娘嫌唬他, 起小折磨他。(Hòu niáng xián hǔ tā, qǐ xiǎo zhémó tā.) 계모는 그를 싫어하여 어릴 적부터 그를 구박했다. ③ 图中前排左起第二个人是吴先生。(Tú zhōng qiánpái zuǒ qǐ dì èr gè rén shì Wú

xiānsheng.) 그림 중에 앞줄 좌로부터 두 번째 사람이 오 선생이다.

(2) 행동이 거쳐 간 곳을 표시한다. ① 孩子起门外走过。(Háizi qǐ mén wài zǒuguò.) 아이들은 문을 통해 밖으로 나갔다. ② 阳光起窗口射进屋来。(Yángguāng qǐ chuāngkǒu shè jìn wū lái.) 햇빛은 창을 통해 방안으로 쏘아 들어온다.

> **실사** "早起身体好。"(Zǎoqǐ shēntǐ hǎo.) (일찍 일어나는 것이 몸에 좋다), "游泳池明天起开放。"(Yóuyǒngchí míngtiān qǐ kāi fàng.) (수영장은 내일부터 개장한다), "不知从何说起。"(Bùzhī cóng hé shuō qǐ.) (무엇부터 말해야할 지 모르겠다)에서 "起"는 동사다.

[起初] qǐchū 부사

"최초"의 의미로, 시작할 때를 가리킨다. 주로 "后来"와 함께 사용하고, 사건이 전후로 발생함을 표시한다. 주어 앞에 사용할 수도 있다 (例 ④). ① 他起初不肯, 后来才答应了。(Tā qǐchū bùkěn, hòulái cái dāying le.) 그는 처음에는 응하지 않았으나, 나중에 비로소 승낙하였다. ② 起初他想去来着, 但未能那么做。(Qǐchū tā xiǎng qùlaizhe, dàn wèi néng nàme zuò.) 그는 원래 가고 싶었지만 그럴 수 없었다. ③ 他起初在中学教书, 后来才做编辑工作的。(Tā qǐchū zài zhōngxué jiāoshū, hòulái cái zuò biānjí gōngzuò de.) 그는 처음에 중학교에서 학생을 가르치다 나중에 비로소 편집 업무를 하게 되었다. ④ 起初他们怕学外语, 后来掌握了语法, 也就不觉得难了。(Qǐchū tāmen pà xué wàiyǔ, hòulái zhǎngwòle yǔfǎ, yě jiù bù juédé nánle.) 처음에 그들은 외국어를 배우는 것을 두려워했으나 나중에 어법을 장악하고는 어렵다고 생각하지 않는다.

> **동의어** "起先"(qǐxiān)과 "起初"는 의미가 같다. "起先"은 주로 구어체에서 많이 사용한다. 예 起先我有些想不通。(Qǐxiān wǒ yǒuxiē xiǎng bu tōng.) 처음에 나는 다소 이해할 수 없었다.

[起见] qǐjiàn 조사

"…하기 위하여", "…견지에서"의 의미로, "为了", "为"와 함께 사용하고 목적을 표시한다. 강조의 어감을 띤다. ① 为国家前途起见, 我们

要团结起来。(Wèi guójiā qiántú qǐjiàn, wǒmen yào tuánjiéqǐlai.) 국가의 앞날을 위하여 우리는 단결해야 한다. ② 为了方便起见, 我每天走小路上班。(Wèile fāngbiàn qǐjiàn, wǒ měitiān zǒu xiǎolù shàngbān.) 편리하다는 견지에서 나는 매일 골목을 걸어서 출근한다. ③ 为慎重起见, 请再计算一下! (Wéi shènzhòng qǐjiàn, qǐng zài jìsuàn yíxià!) 신중히 하기 위해 다시 한 번 계산해 보시오!

> **설명** "起见"은 때로는 생략할 수도 있지만, 이 경우 의미는 변화하지 않는다. 그러나 만약 "为" 뒤에 예문 ③처럼 단어가 하나만 오면 "起见"을 생략할 수 없다.
> "为了…起见"과 "为…起见"은 일반적으로 주어 앞에 사용할 수 있고, 뒤에 정지가 있으며 쉼표를 사용한다.

[起码] qǐmǎ 부사

(1) "최소한", "적어도"의 의미로, 최저한도를 표시한다. 주로 수량을 가리키고 구어체에서 사용한다. ① 违反这法规时, 起码得罚款一百块以上。(Wéifǎn zhè fǎguī shí, qǐmǎ dé fákuǎn yībǎi kuài yǐshàng.) 이 법규를 위반할 때, 최소한 100원 이상의 벌금을 내야한다. ② 今年的产量起码比去年增加八成。(Jīnnián de chǎnliàng qǐmǎ bǐ qùnián zēngjiā bāchéng.) 금년의 생산량은 최소한 작년에 비해 팔할은 증가했다. ③ 在这方面他起码不是外行。(Zài zhè fāngmiàn tā qǐmǎ búshì wàiháng.) 이 방면에서 그는 적어도 비전문가는 아니다.

(2) 앞에 "最", "顶"을 사용하고, 뒤에 "也"와 같이 배합하여, 이것이 최저한도를 강조함을 표시한다. ① 这篇文章最起码也有五千字。(Zhè piān wénzhāng zuì qǐmǎ yěyǒu wǔqiān zì.) 이 문장은 최소한 5000자는 된다. ② 游一次西郊公园起码也要半天。(Yóu yícì Xī jiāo gōngyuán qǐmǎ yě yào bàntiān.) 서부 교외공원을 한번 놀러가려면 최소한 반나절은 필요하다. ③ 这套衣服最起码能穿两年。(Zhè tào yīfu zuì qǐmǎ néng chuān liǎngnián.) 이 의복은 적어도 2년은 입을 수 있다.

> **실사** "条理清楚是写文章的起码要求。"(Tiáolǐ qīngchu shì xiě wénzhāng de qǐmǎ yāoqiú.) (논리가 분명한 것은 문장을 쓰는 최소한의 요구이다)에서 "起码"는 형용사다.

[起先] qǐxiān 부사 "起初(qǐchū)"를 참고하라.

[恰] qià 부사 "恰好(qiàhǎo)"를 참고하라.

[恰好] qiàhǎo 부사

"바로", "마침"의 의미로, 마침 이것에 해당하며 오차가 전혀 없음을 표시한다. 주어 앞에 사용할 수 있다(例 ⑤). ① 今天中秋, 恰好是我生日。(Jīntiān Zhōngqiū, qiàhǎo shì wǒ shēngrì.) 오늘은 중추절로 바로 내 생일이다. ② 你们来得正巧, 这里恰好还有两张戏票。(Nǐmen láide zhèngqiǎo, zhèlǐ qiàhào hái yǒu liǎng zhāng xì piào.) 당신들은 마침 잘 왔다. 여기에 마침 극장표 두 장이 더 있다. ③ 恰好拍到精彩的场面。(Qiàhǎo pāi dào jīngcǎi de chǎngmiàn.) 마침 근사한 장면을 찍었다. ④ 这双皮鞋你穿恰好合适。(Zhè shuāng píxié nǐ chuān qiàhǎo héshì.) 이 가죽 구두는 당신이 신으니 마침 잘 어울린다. ⑤ 恰好车要开的时候赶到了。(Qiàhǎo chē yào kāi de shíhou gǎndào le.) 차가 막 떠나려던 참에 마침 도착했다.

> **동의어** "恰巧"(qiàqiǎo), "恰恰"(qiàqià)와 "恰好"(qiàhǎo)의 의미는 같고 교환하여 사용할 수 있다. "恰巧"는 공교로운 만남에 무게가 있고, "恰恰"는 마침 꼭 맞거나 정반대임을 강조한다. "恰"는 주로 서면어에서 많이 사용한다. 뒤에 단음절의 단어만 사용한다. ① 一个花盆从窗口落下来, 恰巧打在他头上。(Yíge huā pén cóng chuāngkǒu luòxialai, qiàqiǎo dǎ zài tā tóu shàng.) 화분이 창문에서 떨어져 공교롭게도 그의 머리를 쳤다. ② 昨晚看完戏回家恰恰十点锺。(Zuó wǎn kàn wán xì huí jiā qiàqià shí diǎn zhōng.) 어제 저녁 영화를 보고 집에 돌아가니 마침 10시였다. ③ 你们两个人的意见恰恰相反。(Nǐmen liǎng ge rén de yìjiàn qiàqià xiāngfǎn.) 너희 두 사람의 의견이 마침 정반대이다. ④ 这个词用在这里恰到好处。(Zhège cí yòng zài zhèlǐ qiàdào hǎochù.) 이 단어는 여기에 사용하면 마침 아주 잘 어울린다.

Q

[恰恰] qiàqià 부사 "恰好(qiàhǎo)"를 참고하라.

[恰巧] qiàqiǎo 부사 "恰好(qiàhǎo)"를 참고하라.

[千万] qiānwàn 부사

⑴ "반드시", "절대"의 의미로, 주로 무엇을 부탁할 때 사용한다. 뒤에 "不", "别" 등의 부사와 함께 부정을 강조함을 표시한다. ① 这件事是机密事, 你可千万别走嘴。(Zhè jiàn shì shì jīmì shì, nǐ kě qiānwàn bié zǒuzuǐ.) 이 일은 비밀이니 절대로 누설해서는 안 돼. ② 损人利己的事千万干不得。(Sǔnrén lìjǐ de shì qiān wàn gàn budé.) 타인에게 해가되고 자신에게 이익이 되는 일은 절대 해서는 안 된다. ③ 托你办的事千万别忘记。(Tuō nǐ bàn de shì qiān wàn bié wàngjì.) 당신에게 부탁해서 처리한 일을 절대 잊지 마시오. 비교 "千万" 뒤에 "不"를 사용하면 위의 예문 ②처럼 "万万"과 교환하여 사용할 수 있다. "万万"은 어감이 "千万"보다 무겁다.

⑵ 긍정문에 사용하여 강조를 표시한다. 이때는 "万万"과 교환하여 사용할 수 없다. ① 托你办的事, 千万放在心上。(Tuō nǐ bàn de shì, qiān wàn fàngzài xīnshàng.) 당신에게 부탁해서 처리한 일은 반드시 기억해 두세요. ② 纤维仓库, 千万注意防火。(Xiānwéi cāngkù, qiān wàn zhùyì fánghuǒ.) 섬유창고는 반드시 방화에 주의해야 한다. ③ 历史教训千万要记住。(Lìshǐ jiàoxùn qiān wàn yào jì zhù.) 역사적 교훈은 반드시 기억해야 한다. 설명 "千万"을 중첩하여 "千万千万"(qiān wàn qiān wàn)으로 사용하면 어감이 가중된다.

[前后] qiánhòu 조사

"전후"의 의미로, 시간사 뒤에 사용하여, 동작이 발생한 대체적인 시간을 표시한다. 말한 시간보다는 약간 늦거나 빠른 것을 표시한다. ① 1980年前后是太阳活动的峰年。(1980 nián qiánhòu shì tàiyáng huódòng de fēngnián.) 1980년 전후 시기는 태양 활동의 피크 년이었다. ② 国庆

节前后我们要去天津。(Guóqìng jié qiánhòu wǒmen yào qù Tiānjīn.) 국경일을 전후하여 우리들은 천진에 가려한다. ③ 春节前后, 交通部门客运特别繁忙。(Chūnjié qiánhòu, jiāotōng bùmén kèyùn tèbié fánmáng.) 구정을 전후하여 교통운수 부분은 특별히 바쁘다.

比교 "前后"는 일반적으로 개략적인 숫자를 표시하지 않는다. 일반적인 숫자나 연령, 중량 등의 개략적인 숫자를 표시할 때는 "上下", "左右"를 사용한다. 예를 들어, "人数在一千五百上下(左右)"(rénshù zài yīqiān wǔbǎi shàngxià (zuǒyòu))(인원수는 1500명 정도이다), "三斤上下(左右)"(sān jīn shàngxià (zuǒyòu))(3근 정도이다) 등과 같이 사용한다.

实사 "住宅前后都种上了果树。"(Zhùzhái qiánhòu dōu zhòng shàngle guǒshù.) (주택 앞뒤에 모두 과일나무를 심었다)에서 "前后"는 방위사이다.

[悄悄] qiāoqiāo 부사

"몰래", "암암리에"의 의미로, 소리가 작거나 타인이 알지 못하게 행동함을 표시한다. 뒤에 일반적으로 조사 "地"를 사용한다. ① 妈妈悄悄地进入屋内。(Māma qiāoqiāo de jìnrù wūnèi.) 어머니는 살그머니 집 안으로 들어가다. ② 他悄悄地溜走了。(Tā qiāoqiāo de liū zǒule.) 그는 몰래 뺑소니쳐 버렸다. ③ 侦察员悄悄地挨近敌人哨所。(Zhēnchá yuán qiāoqiāo de āijìn dírén shàosuǒ.) 정찰 대원은 살금살금 적의 초소에 접근했다.

[且] qiě 부사와 접속사의 용법이 있다.

(一) 부사

(1) "잠시"의 의미로, 단시간 안에 모종의 사건이 먼저 진행되고 다른 것은 나중에 다시 말할 것을 표시한다. ① 你且等一下, 我马上就来。(Nǐ qiě děng yíxià, wǒ mǎshàng jiù lái.) 당신은 잠시 기다리시오 내가 곧 오겠소. ② 春游的事且按下不说, 过几天再研究吧。(Chūnyóu de shì qiě ànxià bù shuō, guò jǐ tiān zài yánjiū ba.) 봄놀이 가는 일은 잠시 접어놓고 말하지 말고 며칠 후에 다시 연구해보자. ③ 话还没有说完, 你且慢走。(Huà hái méiyǒu shuō wán, nǐ

qiě màn zǒu.) 말이 아직 끝나지 않았으니 당신은 잠시 가지 마시오.

(2) "우선"의 의미로, 어느 정도의 양보를 표시한다. ① 且等冷冷儿老太太的心再说。(Qiě děng lěng lěngr lǎo tàitai de xīn zàishuō.) 우선 할머니의 마음을 진정시킨 다음 얘기하자. ② 我且先听听他的意见，然后再制订计划。(Wǒ qiě xiān ting tīng tā de yìjiàn, ránhòu zài zhìdìng jìhuà.) 나는 그의 의견을 먼저 듣고 난 후 다시 계획을 정하겠다. ③ 且去买些酒喝了，再做说话。(Qiě qù mǎi xiē jiǔ hēle, zài zuò shuōhuà.) 우선 가서 술을 사서 마시고, 그 후에 말하자.

(二) 접속사

(1) "게다가"의 의미로, 한층 더 나아간 것을 표시한다. ① 她工作既快且好，不愧为生产能手。(Tā gōngzuò jì kuài qiě hǎo, búkuì wéi shēngchǎn néngshǒu.) 그녀는 일이 빠를 뿐 아니라 게다가 잘해서 생산의 달인이라고 하기에 부족함이 없다. ② 方案已定，且经上级批准，即可动工。(Fāngàn yǐ dìng, qiě jīng shàngjí pīzhǔn, jí kě dònggōng.) 방안이 이미 결정되었고 게다가 상급기관의 비준이 났으므로 즉시 시작할 수 있다. ③ 河水不只可供灌溉，且可用来发电。(Héshuǐ bù zhǐ kě gōng guàngài, qiě kě yòng lái fādiàn.) 강물은 관개용수로 쓰일 뿐만 아니라 게다가 발전을 할 수도 있다.

(2) "… 하면서 … 하다"의 의미로 "…且…且"와 같은 용법으로 사용하지만, 뒤에 단음절의 동사만 온다. 구어체에서 "边…边…"의 용법에 해당하고, 동작이 동시에 진행함을 표시한다. ① 我们且谈且走，不觉来到了湖滨。(Wǒmen qiě tán qiě zǒu, bù jué lái dàole húbīn.) 우리들은 이야기하면서 걸었는데 우리도 모르게 호숫가까지 왔다. ② 几个人且看且记，一个上午就把资料整理完了。(Jǐ ge rén qiě kàn qiějì, yíge shàngwǔ jiù bǎ zīliào zhěnglǐ wánle.) 몇 명이 함께 보면서 기록을 하였는데 오전 중에 자료 정리를 마쳤다.

【亲】 qīn 부사 "亲自(qīnzi)"를 참고하라.

[亲自] qīnzì 부사

"몸소·친히"의 의미로, 자신이 직접 일을 함을 강조한다. 정중한 색채를 갖는다. ① 要知道梨子的滋味, 必须亲自尝一尝。(Yào zhīdào lízi de zīwèi, bìxū qīnzì cháng yi cháng.) 배의 맛을 알려면 반드시 친히 맛을 봐야만 한다. ② 我亲自拿去。(Wǒ qīnzì ná qù.) 내가 직접 갖고 가다. ③ 那件事很重要, 非你亲自出马不行。(Nà jiàn shì hěn zhòngyào, fēi nǐ qīnzì chūmǎ bùxíng.) 그 일은 매우 중요해서, 네가 친히 나서줘야만 되겠다. ④ 重要的稿件最后都由总编辑亲自审批。(Zhòngyào de gǎojiàn zuìhòu dōu yóu zǒng biānjí qīnzì shěnpī.) 중요한 원고는 마지막에 모두 편집장이 직접 심사 비준한다.

동의어 "亲"은 "亲自"의 의미로, 뒤에 단음절의 단어만 오고 주로 서면어에서 사용한다. ① 灾情发生以后, 他立刻亲赴现场。(Zāiqíng fāshēng yǐhòu, tā lìkè qīnfù xiànchǎng.) 재난 상황이 발생한 후 대통령은 즉각 몸소 현장에 갔다. ② 就是你亲身去也没有用。(Jiùshì nǐ qīnshēn qù yě méiyǒu yòng.) 설사 네가 몸소 간다 해도 소용없다.

[轻易] qīngyì 부사

(1) "경솔하게"의 의미로, 사건을 처리함에 신중하지 못함을 가리킨다. 주로 부정사 뒤에서 사용한다. ① 处理问题要慎重, 不要轻易下结论。(Chǔlǐ wèntí yào shènzhòng, búyào qīngyì xià jiélùn.) 문제를 처리함에 신중해야하고 경솔히 결론을 내리지 말라. ② 他是个很谨慎的人, 不会轻易发表意见。(Tā shì ge hěn jǐnshèn de rén, bú huì qīngyì fābiǎo yìjiàn.) 그는 매우 신중한 사람이라 의견을 경솔히 발표하지 않는다. ③ 不要轻易插手! (Búyào qīngyì chāshǒu!) 경솔하게 개입하지 말라!

(2) "쉽게"의 의미로, 사건의 처리가 편리함을 표시한다. ① 他力气大, 轻易地举起了这副杠铃。(Tā lìqì dà, qīngyì dì jǔ qǐle zhè fù gànglíng.) 그는 힘이 세서 이 바벨을 쉽게 든다. ② 他们这些研究成果, 不是轻易取得的。(Tāmen zhèxiē yánjiū chéngguǒ, búshì qīngyì qǔdé de.) 그들의 이러한 연구 성과는 쉽게 얻은 것이 아니다. ③ 怎么能轻易折服她? (Zěnme néng qīngyì zhéfú tā?) 어떻게

그녀를 쉽게 찍을 수 있지?

[顷刻] qǐngkè 부사

"경각", "일순간"의 의미로, 시간이 매우 짧은 것을 표시한다. 보통
"间", "之间"과 함께 사용하고, 주로 서면어에서 사용한다. ① 一夜西
北风, 天气顷刻变冷了。(Yíyè xīběi fēng, tiānqì qǐngkè biàn lěngle.)
한밤에 서북풍이 불어 날씨가 일순간 싸늘하게 변했다. ② 雷声过去,
顷刻间大雨倾盆而下。(Léi shēng guòqù, qǐngkè jiān dàyǔ qīngpén
ér xià.) 우레 소리가 지나가자 일순간 큰비가 세숫대야로 쏟아 붓듯이
내렸다. ③ 双方谈判破裂, 顷刻之间, 风云突变, 战争迫在眉睫。
(Shuāngfāng tánpàn pòliè, qǐngkè zhī jiān, fēngyún tūbiàn, zhànzhēng
pòzài méijié.) 쌍방의 담판이 결렬되고 일순간 형세가 돌변하여 전쟁
이 눈앞에 닥쳤다.

[权] quán 부사 "权且(quánqiě)"를 참고하라.

[权且] quánqiě 부사

"임시로·잠시"의 의미로, 부득이한 상황하에서 이럴 수밖에 없음을
표시한다. 양보를 중점적으로 표시한다. ① 别的词典没借到, 这本小
词典权且用一下吧。(Bié de cídiǎn méi jiè dào, zhè běn xiǎo cídiǎn
quánqiě yòng yíxià ba.) 다른 사전을 빌리지 못했다. 이 소사전을 임시
로 사용하자. ② 你们权且在这里住一晚, 明天再去招待所。(Nǐmen
quánqiě zài zhèlǐ zhù yì wǎn, míngtiān zài qù zhāodàisuǒ.) 그들은 임
시로 이곳에서 하룻밤을 묵고 내일 다시 초대소로 간다. ③ 家里的事
权且由他去做。(Jiāli de shì quánqiě yóu tā qù zuò.) 가정 일은 잠시
그에게 맡겨 두었다. ④ 来不及送医院, 权且先包扎一下伤口。
(Láibují sòng yīyuàn, quánqiě xiān bāozā yíxià shāngkǒu.) 병원에 갈
시간이 없어서 임시로 상처를 먼저 싸맸다.
　　동의어 "权"은 "权且"의 의미로, 뒤에 단지 단음절의 단어만 오며 서면
어에서 사용한다. ① 外出工作, 家里的事权请老邻居照应。
(Wàichū gōngzuò, jiālide shì quán qǐng lǎo línjū zhàoyìng.) 밖에

서 일하기 때문에, 가정 일을 친한 이웃사람에게 돌보아 달라고 임시로 부탁했다. ② 总结还未定稿, 权将几份调查材料送上, 以供参考。(Zǒngjié hái wèi dìnggǎo, quán jiāng jǐ fèn diàochá cáiliào sòng shàng, yǐ gōng cānkǎo.) 전체적 결론이 아직 원고로 확정되지 않았다. 우선 몇 가지 조사자료를 보내어 참고로 제공한다.

[비교] "暂且"(zànqiě)와 "权且"(quánqiě)의 의미는 유사하다. "暂且"는 시간을 중점적으로 표시하고, 주로 구어체에서 많이 사용한다. "权且"는 부득이함을 강조하고 주로 서면어에서 많이 사용한다. [예] 您暂且在这儿等一等! (Nín zànqiě zài zhèr děng yi děng!) 여기서 잠시 기다리고 계세요.

[全] quán 부사

"모두", "완전히"의 의미로, 언급한 범위 안의 모든 것을 포괄하고 예외가 없음을 가리킨다. "都"와 함께 사용하여, 강조를 표시한다. ① 把所有的东西全给了他。(Bǎ suǒyǒu de dōngxi quán gěile tā.) 모든 것을 모두 그에게 줘 버렸다. ② 阳光全被门前的高楼挡住了。(Yángguāng quán bèi mén qián de gāolóu dǎngzhùle.) 햇빛이 완전히 문 앞의 고층 빌딩에 가로 막혔다. ③ 他讲的话我全记下来了。(Tā jiǎngde huà wǒ quán jìxiàlaile.) 그가 한 말을 나는 전부 기록했다. ④ 咱们全都用上了自来水。(Zánmen quándōu yòng shàngle zìláishuǐ.) 우리는 모두 수돗물을 사용한다.

[설명] "全"은 "不", "没" 등과 함께 사용할 때, 단어의 순서 차이에 따라 표시하는 의미의 정도가 다르다 : "全"을 "不", "没" 앞에 사용하면, 완전부정을 표시하고, "全"을 "不", "没" 뒤에 사용하면, 부분부정을 표시한다. ① 这几道题全不对(都错)。(Zhè jǐ dào tí quán búduì (dōu cuò).) 이 몇 가지 문제는 모두 틀렸다.(전부 다 틀렸다) ② 这几道题不全对(大部分对, 少数错)。(Zhè jǐ dào tí bù quán duì (dàbùfen duì, shǎoshù cuò.) 이 몇 가지 문제는 다 틀린 것은 아니다.(대부분 맞고 일부만 틀렸다) ③ 班里的人全没去(都留着)。(Bān lǐ de rén quán méi qù (dōuliúzhe).) 반의 사람들이 모두 가지 않았다.(모두 남았다) ④ 班里的人没全去(大部分去, 少数

留着)。(Bānlǐ de rén méi quán qù (dàbùfen qù, shǎoshù liúzhe).) 반의 사람들이 다 안간 것은 아니다.(대부분 가고 소수만 남았다)

[동의어] "全然"은 "전혀", "도무지"의 의미로, 뒤에 일반적으로 "不", "没有" 등의 부정사를 동반하며, 전체부정을 표시한다. 주로 서면어에서 사용한다. ① 我全然不知道这件事。(Wǒ quánrán bù zhīdào zhè jiàn shì.) 나는 이 문제를 전혀 모른다. ② 为了抢救落水儿童, 他全然不顾一切, 纵身跳入河中。(Wèile qiǎngjiù luòshuǐ ér tóng, tā quánrán búgù yíqiè, zòngshēn tiào rù hézhōng.) 물에 빠진 아동을 구하기 위하여 그는 모든 것을 전혀 생각하지 않고 펄쩍 강으로 뛰어들었다. ③ 他这话全然没有错。(Tā zhè huà quánrán méiyǒu cuò.) 그의 이 말은 전혀 틀린 것이 아니다.

[실사] "花色品种很全。"(Huāsè pǐnzhǒng hěn quán.) (무늬와 색깔 품종이 다 갖추어져 있다), "缺的几本书已经补全。"(Quē de jǐ běn shū yǐjīng bǔ quán.) (일부 빠진 책을 이미 보충해 놓았다)에서 "全"은 형용사다.

[全然] quánrán 부사 "全(quán)"을 참고하라.

[却] què 부사

⑴ "오히려", "그러나"의 의미로, 전환을 표시한다. 어감을 강조하는 작용을 한다. 주로 접속사 "虽", "虽然"과 함께 사용한다. ① 刚要出发, 天却下起雨来。(Gāng yào chūfā, tiān què xià qǐ yǔ lai.) 막 출발하려는데 오히려 비가 오기 시작했다. ② 文章虽短, 读起来却十分有味。(Wénzhāng suī duǎn, dúqǐlai què shífēn yǒu wèi.) 비록 문장은 짧지만 오히려 읽기에 매우 재미가 있다. ③ 我有许多话要说, 一时却说不出来。(Wǒ yǒu xǔduō huà yào shuō, yìshí quèshuō bu chūlai.) 나는 할 말이 많았으나 오히려 말이 잠시 안 나왔다.

⑵ "더욱"의 의미로, 의미가 더 깊어진 것을 표시하고, 뒤에서 말하는 상황을 강조한다. ① 这本小说的情节比你介绍的却有味。(Zhè běn xiǎoshuō de qíngjié bǐ nǐ jièshào de què yǒu wèi.) 이 소설의 구성은 당신이 소개한 것 보다 더욱 재미가 있다. ② 他来了不多一

会, 没说上几句却走了。(Tā láile bù duō yì huǐ, méi shuō shàng jǐ jù què zǒule.) 그가 와서 얼마 안 있어 몇 마디 말도 하지 않고 그냥 가버렸다.

설명1 "却"와 "但是"는 모두 의미의 전환을 표시한다. 그러나 "却"는 단지 주어 뒤에서만 사용할 수 있지만 "但是"는 주어 앞에서도 사용할 수 있다. ① 文章虽短, (我们)读起来却十分有味。(Wénzhāng suī duǎn, (wǒmen) dúqǐlai què shífēn yǒu wèi.) 문장이 비록 짧지만 (우리들은) 읽어보면 오히려 매우 재미가 있다. ② 文章虽短, 但是(我们)读起来十分有味。(Wénzhāng suī duǎn, dànshì (wǒmen) dúqǐlai shífēn yǒu wèi.) 비록 문장은 짧지만 그러나 (우리들이) 읽어보면 매우 재미있다. ③ 文章虽短, 但是(我们)读起来却十分有味。(Wénzhāng suī duǎn, dànshì (wǒmen) dúqǐlai què shífēn yǒu wèi.) 문장은 비록 짧지만 그러나 (우리들이) 읽어보면 매우 재미있다.

설명2 "但是… 却…"의 형식은 전환의 어감을 강조함을 표시한다. ① 他对上司唯命是从, 但是对下属却十分威严。(Tā duì shàngsi wéimìng shìcóng, dànshì duì xiàshǔ què shífēn wēiyán.) 그는 상사에겐 설설 기지만, 부하에겐 오히려 매우 권위적이다. ② 他生活很俭朴, 但是如果别人有困难, 他却十分慷慨。(Tā shēnghuó hěn jiǎnpǔ, dànshì rúguǒ biérén yǒu kùnnán, tā què shífēn kāngkǎi.) 그의 생활은 매우 검소하다. 그러나 만약 다른 사람에게 곤란함이 있으면 그는 오히려 매우 관대하다. ③ 这孩子才十五六岁, 但是干起活来却象个大人。(Zhè háizi cái shíwǔliù suì, dànshì gàn qǐ huó lái què xiàng ge dàrén.) 이 아이는 겨우 15, 6세에 불과하지만 그러나 일을 하는 것은 마치 성인과 같다.

[确] què 부사 "确实(quèshí)"를 참고하라.

[确乎] quèhū 부사 "确实(quèshí)"를 참고하라.

[确实] quèshí 부사

"확실한", "실제로"의 의미로, 상황이 완전히 실제에 부합함을 표시한다. 긍정의 어감을 띤다. 뒤에 부정사를 사용할 수 있다. ① 这样的好戏, 确实难得看到。(Zhèyàng de hǎo xì, quèshí nándé kàn dào.) 이렇게 좋은 연극은 정말로 보기 어렵다. ② 他最近确实有些进步。(Tā zuìjìn quèshí yǒuxiē jìnbù.) 그는 최근에 확실히 발전했다. ③ 我家里确实没有几个人。(Wǒ jiāli quèshí méiyǒu jǐ ge rén.) 우리 집에는 실제로 몇 사람 없다. ④ 这事我确实一点不知道。(Zhè shì wǒ quèshí yìdiǎn bù zhīdào.) 이 일은 나는 확실히 조금도 알지 못한다. ⑤ 这确实是个很累人的工作。(Zhè quèshí shì ge hěn lèi rénde gōngzuò.) 이것은 분명히 고달픈 일이다.

[동의어] "确乎"(què·hū), "确"(què)와 "确实"(quèshí)는 의미가 같다. "确乎"는 서면어에서 사용한다. "确"는 뒤에 단지 단음절의 단어만 사용한다. ① 这办法确乎有效。(Zhè bànfǎ quèhū yǒuxiào.) 이 방법은 확실히 효과가 있다. ② 对于张老伯的话, 大家一向确信无疑。(Duìyú Zhāng lǎobó de huà, dàjiā yíxiàng quèxìn wúyí.) 장백부(张老伯)의 말에 대하여 모두 지금까지 의심하지 않고 확실히 믿는다.

[실사] "事情是否确实。"(Shìqing shìfǒu quèshí.) (일이 확실합니까?), "这是确实的消息。"(Zhè shì quèshí de xiāoxi.) (이것은 확실한 소식이다)에서 "确实"는 형용사다.

【然而】 ránér 접속사 "但是(dànshì)"를 참고하라.

【然后】 ránhòu 접속사

"연후에 · 뒤이어"의 의미로, 뒤의 상황이 앞의 상황에 연이어 긴박하게 발생함을 표시한다. 주로 전반 구문에 "先", "首先"을 후반 구문에는 "再", "又", "才" 등의 부사와 함께 사용한다. ① 我们先调查一下, 然后再做决定。(Wǒmen xiān diàochá yíxià, ránhòu zài zuò juédìng.) 먼저 조사를 한 연후에 결정하자. ② 先去北京, 然后才能决定是否还去沈阳。(Xiān qù Běijīng, ránhòu cáinéng juédìng shìfǒu hái qù Shěnyáng.) 먼저 북경에 가고, 그 다음에 다시 심양을 갈 것인지 말 것인지를 비로소 결정할 수 있다. ③ 先搭好架子, 然后再充实内容。(Xiān dā hǎo jiàzi, ránhòu zài chōngshí nèiróng.) 먼저 골격을 세우고 나서 다시 내용을 채워라. ④ 我们先看了社员们的住房, 然後又参观了几个工厂。(Wǒmen xiān kànle shèyuánmen de zhùfáng, ránhòu yòu cānguānle jǐ ge gōngchǎng.) 우리는 먼저 사원들의 숙소를 보고 그리고 나서 또 공장 몇 곳을 참관했다.

【让】 ràng 개사 "被(bèi)"를 참고하라.

【任】 rèn 접속사 개사 "任凭(rènpíng)"을 참고하라.

【任凭】 rènpíng 접속사와 개사 두 가지 용법이 있다.

(一) 접속사

(1) "…막론하고"의 의미로, 어떤 상황에서도 결과나 결론이 동일함을 표시한다. 뒤에 임의로운 것을 가리키는 것을 표시하는 의문대명사가 많이 온다. 주로 "也", "都", "还是" 등의 부사와 함께 사용한다. ① 任凭困难多大, 也改变不了我们再试一试的决心。(Rènpíng kùnnán duōdà, yě gǎibiàn bu liǎo wǒmen zài shì yi shì de juéxīn.) 곤란이 얼마나 큰가를 막론하고 우리가 다시 시험해보려는 결심을 변화시킬 수는 없다. ② 任凭什么困难, 都挡不住我们前进的意志。(Rènpíng shénme kùnnán, dōu dǎng bu zhù wǒmen qiánjìn de yìzhì.) 무슨 곤란이건 간에 우리가 전진하려는 의지를 가로막을 수는 없다. ③ 任凭敌人怎样狡猾, 我们还是要把它消灭干净。(Rènpíng dírén zěnyàng jiǎohuá, wǒmen háishi yào bǎ tā xiāomiè gānjìng.) 적이 어떻게 교활하던 간에 우리들은 그들을 깨끗이 소멸시킬 것이다. **[동의어]** "任"은 "任凭"의 의미로, 주로 구어체에서 많이 사용한다. ① 任你怎么说我也不信。(Rèn nǐ zěnme shuō wǒ yě búxìn.) 당신이 어떻게 말할지라도 나 역시 믿지 않는다. ② 任你是谁都要遵守法律。(Rèn nǐ shì shéi dōu yào zūnshǒu fǎlǜ.) 당신이 누구 건간에 법률을 준수해야만 한다. ③ 任孩子跑多远, 还是让妈妈找回来了。(Rèn háizi pǎo duō yuǎn, háishi ràng māma zhǎo huí laile.) 아이가 얼마나 멀리 돌아다니건 간에 엄마에게 잡혀 돌아온다.

(2) "…일 지라도"의 의미로, 가설과 양보를 표시한다. 우선 모종의 사실을 인정하고, 다음에 그것과 반대되는 결과를 말한다. 주로 "也", "还是", "仍然" 등의 부사와 함께 사용한다. ① 任凭什么困难也阻挡不住我们。(Rènpíng shénme kùnnán yě zǔ dǎng bu zhù wǒmen.) 어떠한 어려움도 우리를 가로막지 못한다. ② 任凭他们再狡猾, 我们还是有办法对付他们。(Rènpíng tāmen zài jiǎohuá, wǒmen háishi yǒu bànfǎ duìfù tāmen.) 그들이 아무리 교활할지라도 우리 또한 그들을 대처할 방법이 있다. ③ 任凭你怎么说, 事实总是事实。(Rènpíng nǐ zěnme shuō, shìshí zǒng shì shìshí.) 네가 어떻게 말을 하더라도 어쨌든 사실은 사실이다.

(二) 개사

"…로부터"의 의미로, 행위의 주동자를 끌어들인다. ① 这些花色品种, 任凭顾客挑选。(Zhèxiē huāsè pǐnzhǒng, rènpíng gùkè tiāoxuǎn.) 이런 모양 색깔 품종은 고객이 선택한다. ② 去不去任凭你自己决定。(Qù bu qù rènpíng nǐ zìjǐ juédìng.) 가고 가지 않고는 당신 스스로 결정하라. ③ 这件事任凭他们去办。(Zhè jiàn shì rènpíng tāmen qù bàn.) 이 일은 그들이 가서 처리한다.

> 동의어 개사로 사용하는 "任凭"은 "任"과 교환하여 사용할 수 있다. "任"은 주로 구어체에서 사용한다.

【仍】 réng 부사 "仍然(réngrán)"을 참고하라.

【仍旧】 réngjiù 부사 "仍然(réngrán)"을 참고하라.

【仍然】 réngrán 부사

(1) "아직도"의 의미로, 상황이 지속적으로 변화하지 않음을 표시한다. 주로 서면어에서 사용한다 ① 雨下了一整天, 晚上仍然下个不停。(Yǔ xiàle yì zhěng tiān, wǎnshàng réngrán xià ge bù tíng.) 비가 하루 종일 내렸다. 저녁에 아직도 끊임없이 비가 내린다. ② 他这学期仍然被选为会长。(Tā zhè xuéqī réngrán bèi xuǎn wéi huì zhǎng.) 그는 이번 학기에 역시 회장에 피선되었다. ③ 尽管家里有事, 他仍然坚持上班。(Jǐnguǎn jiāli yǒushì, tā réngrán jiānchí shàngbān.) 집에 일이 있음에도 불구하고 그는 아직 출근을 고집한다. ④ 能源浪费问题目前仍然十分严重。(Néngyuán làngfèi wèntí mùqián réngrán shífēn yánzhòng.) 자원낭비 문제는 현재 아직도 매우 엄중하다.

(2) "여전히"의 의미로, 원래의 상태나 상황으로 회복함을 표시한다. ① 合同虽然变更, 保证仍然有效。(Hétong suīrán biàngēng, bǎozhèng réngrán yǒuxiào.) 계약이 비록 변경되었어도 보증은 여전히 유효하다. ② 放出的信鸽, 不久仍然飞回原地。(Fàngchū de xìngē,

bùjiǔ réngrán fēi huí yuán dì.) 방출한 전서구는 오래지 않아 여전히 원장소로 날아 돌아왔다. ③ 改正了错误, 仍然可以得到同志们的信任。(Gǎizhèngle cuòwù, réngrán kěyǐ dédào tóngzhìmen de xìnrèn.) 잘못을 바로 잡아 여전히 동지들의 신임을 얻을 수 있었다. ④ 阅读完毕, 他们仍然把书报摆得整整齐齐。(Yuèdú wánbì, tāmen réngrán bǎ shū bào bǎi de zhěngzheng qíqí.) 독서를 하고 나서 그들은 여전히 책과 신문을 잘 정리해 놓았다.

동의어 "仍旧(réngjiù)", "仍(réng)"과 "仍然(réngrán)"은 의미가 같다."仍旧"는 "변함없이 여전히"의 의미로 주로 구어체에서 많이 사용한다."仍" 뒤에는 일반적으로 단음절의 단어가 오며 서면어에서 많이 사용한다. ① 一别十年, 他仍旧是过去的老样子。(Yì bié shí nián, tā réngjiù shì guòqù de lǎo yàngzi.) 헤어진 지 10년이 됐는데도 그는 여전히 옛날 그대로(의 모습)이다. ② 计划未变, 仍先去天津, 再到太原。(Jìhuà wèi biàn, réngxiān qù Tiānjīn, zài dào Tàiyuán.) 계획은 변하지 않았다. 여전히 먼저 천진으로 가고 다시 태원으로 가라. ③ 虽经多次失败, 他俩仍不灰心。(Suī jīng duō cì shībài, tā liǎ réng bù huīxīn.) 비록 여러 번 실패를 경험했지만 그들 둘은 포기하지 않는다. ④ 等了三天, 仍无消息。(Děngle sān tiān, réng wú xiāoxi.) 삼일을 기다렸으나 여전히 소식이 없다.

[日益] rìyì 부사

"날로"의 의미로, 정도가 더욱 심해지거나 수준이 높아짐을 표시한다. 서면어에서 사용한다. ① 被称为第四媒体的因特网日益普及。(Bèi chēngwéi dìsì méitǐ de yīntèwǎng rìyì pǔjí.) 전자 매체로 불리는 인터넷이 점점 보편화되고 있다. ② 随着生产技术的发展, 人民的生活日益有所改善。(Suízhe shēngchǎn jìshù de fāzhǎn, rénmín de shēnghuó rìyì yǒu suǒ gǎishàn.) 생산기술의 발전에 따라 인민의 생활이 날이 갈수록 개선된다. ③ 读书人人数日益增多。(Dúshūrén rénshù rìyì zēngduō.) 독서를 하는 사람들의 숫자가 날로 늘고 있다. ④ 人力难求现象日益严重。(Rénlì nán qiú xiànxiàng rìyì yánzhòng.) 인력난이 날이 갈수록 가중되다.

[容或] rónghuò 부사

"혹시"의 의미로, 상황에 대한 추측이나 계산을 가리키며 가능성을 표시한다. 서면어에서 사용한다. ① 这是第二手资料, 容或有误, 请你再核实一下。(Zhè shì dì èrshǒu zīliào, rónghuò yǒu wù, qǐng nǐ zài héshí yíxià.) 이것은 재인용자료이다. 혹시 잘못된 착오가 있을지 모르니 다시 한번 대조해 보아라. ② 这篇文章是根据回忆写的, 与事实容或有出入。(Zhè piān wénzhāng shì gēnjù huíyì xiě de, yú shìshí rónghuò yǒu chūrù.) 이 문장은 회상에 의해 쓴 것이어서, 혹시 사실과 어긋날지도 모른다. ③ 此车稍加修理, 容或可用数年。(Cǐ chē shāo jiā xiūlǐ, rónghuò kěyòng shù nián.) 이 자전거는 수리를 좀하면 혹 수년간 더 사용할 수 있을 거다. ④ 你把这个道理再说说, 容或有益。(Nǐ bǎ zhège dàolǐ zài shuō shuo, rónghuò yǒuyì.) 네가 이 도리를 다시 말하면 혹시 도움이 될 거야.

⬛동의어 "容许(róngxǔ)"와 "容或(rónghuò)"는 의미가 같다. "容许"는 문언의 맛이 좀 강하다. 즉 "此等人物, 旧小说中容许有之。"(Cǐ děng rénwù, jiù xiǎoshuō zhōng róngxǔ yǒu zhī.) (이런 부류의 인물은 구소설에서는 혹 있을지 모른다)등과 같이 사용한다.

[容许] róngxǔ 부사 "容或(rónghuò)"를 참고하라.

[如] rú 접속사 "如果(rúguǒ)"를 참고하라.

R

[如此] rúcǐ 부사

"이와 같이"의 의미로, 동사 혹은 형용사 앞에 사용하여 강조나 모종 상황에 대한 긍정을 표시한다. ① 今年有如此好收成, 靠的是科学种田。(Jīnnián yǒu rúcǐ hǎo shōuchéng, kào de shì kēxué zhòngtián.) 올해 이와 같이 좋은 수확을 거두었다. 믿는 것은 과학적 농사이다. ② 如此聪明的孩子很少见。(Rúcǐ cōngmíng de háizi hěn shǎo jiàn.) 이처럼 총명한 아이는 매우 드물다. ③ 如此重要的工作万万疏懈不得! (Rúcǐ zhòngyào de gōngzuò wànwàn shūxiè bude!) 이처럼 중요한

일에 절대 게으름 피워서는 안 돼! ④ 如此狂妄, 太不自量(力)。(Rúcǐ kuángwàng, tài bú zìliàng(lì).) 이렇게도 시건방지다니, 너무나도 분수를 모른다.

설명 따옴표가 쳐진 단어 앞에 사용하여, 풍자나 부정을 표시한다 ; 원래의 의미와는 정반대의 의미가 된다. 예 来客如此"热心", 无非想从中捞到一点什么好处。(Láikè rúcǐ "rèxīn", wúfēi xiǎng cóngzhōng lāo dào yìdiǎn shénme hǎochù.) 오신 손님들이 이처럼 "열심"이니 무슨 좋은 거라도 하나 건지려는 것이 아닌가?

[如果] rúguǒ 접속사

(1) "만약"의 의미로, 가정을 표시한다. 전반 구문에 사용하고 후반 구문은 그것에 근거하여 결론을 추출하거나 의문을 제시한다. 주로 "就", "那", "那么" 등의 허사와 함께 사용한다. ① 你如果有事, 可以打电话找我。(Nǐ rúguǒ yǒushì, kěyǐ dǎ diànhuà zhǎo wǒ.) 당신 만약 일이 있으면 나에게 전화를 거세요. ② 这事如果搞不好, 你要负责任。(Zhè shì rúguǒ gǎo bu hǎo, nǐ yào fù zérén.) 이 일이 만일 잘못되면 너는 책임을 져야 한다. ③ 如果人手不够, 我倒是愿意帮忙。(Rúguǒ rénshǒu búgòu, wǒ dàoshi yuànyi bāngmáng.) 만약 일손이 모자란다면, 내가 좀 도와줄게. ④ 如果今天不去, 那什么时候再去呢? (Rúguǒ jīntiān bú qù, nà shénme shíhou zài qù ne?) 만약 오늘 안가면 언제 다시 갑니까?

설명 "如果"로 시작된 구문은 때로는 마지막 문장 끝에 조사 "的话"를 사용하여 말의 호응을 하고 상황적 조건을 강조한다. 예 如果有空的话, 请你来一趟。(Rúguǒ yǒu kòng dehuà, qǐng nǐ lái yí tàng.) 만약 시간이 있으면 한번 오세요.
위의 문장에서는 일반적으로 "如果"만을 사용하거나 "的话"만을 사용할 수 있다 ; 만약 가정관계가 명확하면, "如果", "的话"를 모두 생략할 수도 있다. 예를 들어, 如果有空的话, 请你来一趟。(Rúguǒ yǒu kòng dehuà, qǐng nǐ lái yí tàng.)을 有空请你来一趟。(Yǒu kòng qǐng nǐ lái yí tàng.)으로 고치면 의미는 변화하지 않지만 어감이 비교적 직설적이다.

(2) "如果"를 후반 구문에 사용할 수 있다. 먼저 추론할 수 있는 결론이나 결과를 말하고, 다시 추측한 가설에 근거하여 추가 설명을 한다.

이렇게 사용할 경우 일반적으로 조사 "的话"를 함께 사용한다. ① 收到产品后, 如果不满意, 是否能换货或退换? (Shōudào chǎnpǐn hòu, rúguǒ bù mǎn yì, shì fǒu néng huànhuò huò tuìhuàn?) 상품을 받은 후 못마땅한 점이 있으면 교환이나 환불이 가능한가요? ② 那儿是书店, 如果买书, 搭头儿给笔记本。(Nàr shì shūdiàn, rúguǒ mǎi shū, dātóur gěi bǐjìběn.) 저기는 서점인데 책을 사면 노트를 덤으로 준다. ③ 说话就得定规, 如果要是来回一拉抽屉(儿)那就作为罢论。(Shuōhuà jiù děi dìngguī, rúguǒ yàoshi láihuí yì lā chōuti(ér) nàjiù zuòwéi bàlùn.) 말은 분명히 정해야지, 만약 이랬다 저랬다 한다면, 더 이상 말을 말자.

동의어1 "如"와 "如果"는 의미가 같다. "如" 뒤에는 단음절의 단어만 오고 주로 서면어에서 사용한다. 일반적으로 주어 앞에서는 사용할 수 없고 "的话"와 함께 사용할 수도 없다. ① (你)如有意见, 请尽管提出。((Nǐ) rú yǒu yìjiàn, qǐng jǐnguǎn tíchū.) 만약 의견이 있으면 사양하지 말고 말하세요. ② (这个问题)如不及时解决, 必将影响工作。((Zhège wèntí) rú bù jíshí jiějué, bì jiāng yǐngxiǎng gōngzuò.) (이 문제를) 만약 제때 해결하지 못하면 반드시 업무에 영향이 있을 것이다.

동의어2 "如若(rúruò)", "如其(rúqí)"는 "如果"의 의미로, 주로 서면어에서 사용한다. ① 如若不信, 请拭目以待。(Rúruò búxìn, qǐng shìmùyǐdài.) 만약 믿지 못하겠으면 눈 닦고 똑똑히 봐. ② 如其不成, 再想办法。(Rúqí bùchéng, zài xiǎng bànfǎ.) 만일 안 되면, 다시 방법을 생각해 보자.

비교 "倘若(tǎngruò)(만약 … 한다면)", "假如(jiǎrú)", "要是(yàoshi)"와 "如果"의 의미는 같다. "倘若", "假如"는 주로 서면어에서 사용하고, "要是"는 구어체에서 많이 사용한다. ① 倘若不能来, 请先期通知。(Tǎngruò bù néng lái, qǐng xiānqī tōngzhī.) 만약 못 오신다면, 미리 통지해 주십시오. ② 假如明天不下雨, 我一定去。(Jiǎrú míngtiān bú xià yǔ, wǒ yídìng qù.) 만약 내일 비가 오지 않는다면 나는 꼭 간다. ③ 您要是有意, 咱们可以合作。(Nín yàoshi yǒuyì, zánmen kěyǐ hézuò.) 당신만 뜻이 있으시다면 우리는 협력할 수 있습니다.

正误用例 (1) 如果到了夏天, 高山上的积雪还是不会化尽。(Rúguǒ dàole xiàtiān, gāoshān shàng de jīxuě háishi bú huì huà

jǐn.) 만약 여름이 될 지라도 고산 위의 적설은 다 녹지
는 않을 것이다.

⑵ 大楼里没有鼠患, 如果不养猫, 不放灭鼠器, 老鼠也
不会上门。(Dàlóu lǐ méiyǒu shǔ huàn, rúguǒ bù yǎng
māo, bú fàng miè shǔ qì, lǎoshǔ yě bú huì shàngmén.)
큰 빌딩은 쥐 걱정이 없다. 만약 고양이를 기르지 않거
나 쥐 잡는 틀을 놓지 않을 지라도 쥐도 집에 들어올
수 없다.

여기서 "如果"는 가정을 표시한다. 위의 두 문장은 양보관
계에 중점을 두고 있으므로 "如果"를 모두 "即使"(jíshǐ)
(설사 …일 지라도)로 고치는 것이 좋다.

[如其] rúqí 접속사 "如果(rúguǒ)"를 참고하라.

[如若] rúruò 접속사 "如果(rúguǒ)"를 참고하라.

[若] ruò 접속사와 부사 두 가지 용법이 있다.

(一) 접속사

"만약(如)"의 의미로, 가정을 표시한다. 전반 구문에 사용하고, 후반
구문은 그것에 근거하여 결론을 추론하거나 의문을 제시한다.뒤에 일
반적으로 단음절의 단어가 오고, 서면어에서 사용한다. ① 若不早做
准备, 一定要误事。(Ruò bù zǎo zuò zhǔnbèi, yídìng yào wùshì.) 만약
일찍이 준비를 하지 않으면, 반드시 일을 그르치게 된다. ② 若有差池,
如何处理? (Rě yǒu chā chí, rúhé chǔlǐ?) 만약 뜻밖의 일이 생긴다면
어떻게 처리할 것인가? ③ 天若有雨, 文艺节目改在大礼堂演出。
(Tiān ruò yǒu yǔ, wényì jiémù gǎi zài dà lǐtáng yǎnchū.) 만약 비가
온다면 문예프로는 변경하여 강당에서 연출한다. ④ 若不刻苦钻研,
如何取得成果? (Ruò bú kèkǔ zuānyán, rúhé qǔdé chéngguǒ?) 만약
각고의 연구를 하지 않는다면 어떻게 성과를 얻을 수 있겠는가?
[동의어] "若是(ruòshì)"는 "若"의 의미로, 뒤에 쌍음절의 단어가 올 수 있다.

① 若是这样，完成也许能快一点。(Ruòshì zhèyàng, wánchéng yěxǔ néng kuài yì diǎn.) 만약 이렇다면, 아마도 좀더 빨리 완성할 수 있을 지도 모른다. ② 买这种东西若是为了装装场面, 那又何必呢? (Mǎi zhè zhǒng dōngxi ruòshì wèile zhuāng zhuāng chǎngmiàn, nà yòu hébì ne?) 이 물건을 사는 것이 만약 겉치레를 위한 것이라면 무슨 그럴 필요가 있겠는가? ③ 他若是不来, 咱们就找他去。(Tā ruòshì bù lái, zánmen jiù zhǎo tā qù.) 그가 오지 않는다면, 우리가 그를 찾으러 가자.

(二) 부사

"마치 …처럼"의 의미로, 상황에 대한 비유를 표시한다. 주로 고정된 단어에서 사용한다. ① 他靠窗静坐, 若有所思地望着天空。(Tā kào chuāng jìngzuò, ruò yǒu suǒ sīde wàngzhe tiānkōng.) 그는 창에 기대어 조용히 앉아있다. 마치 생각을 하는 것처럼 하늘을 쳐다본다. ② 你这种自以为是, 旁若无人的态度是不对的。(Nǐ zhè zhǒng zìyǐ wéishì, pángruò wúrén de tàidù shì bú duì de.) 당신의 이런 혼자서 옳다고 생각하고 눈앞에 사람이 없는 듯한 태도는 잘못된 것이다. ③ 中国队连战皆捷, 人们欣喜若狂。(Zhōngguó duì liánzhàn jiē jié, rénmen xīnxǐ ruò kuáng.) 중국팀의 연전연승 소식에 사람들이 기뻐서 마치 미친 것 같다.

[若是] ruòshì 접속사 "若(ruò)"를 참고하라.

【霎时】 shàshí 부사

“갑자기”의 의미로, 시간이 매우 짧고 변화가 극히 신속함을 표시한다. “삽시간(霎时间)”으로 쓰기도 한다. ① 一阵巨响, 天空霎时升起了朵朵节日礼花。(Yízhèn jù xiǎng, tiānkōng shàshí shēng qǐle duǒ duǒ jiérì lǐhuā.) 한바탕 큰소리가 나더니 하늘에 갑자기 경축 불꽃이 피어올랐다. ② 好端端的人, 霎时便染上了病。(Hǎoduānduān de rén, shàshí biàn rǎnshàng le bìng.) 멀쩡하던 사람이 갑자기 병에 걸렸다. ③ 演出开始, 霎时间场内鸦雀无声。(Yǎnchū kāishǐ, shàshíjiān chǎng nèi yāquè wúshēng.) 공연이 시작되고 삽시간에 장내가 쥐죽은 듯이 고요해졌다. ④ 飞机一掠而过, 霎时间就无影(无)踪了。(Fēijī yí lüè ér guò, shàshíjiān jiù wú yǐng(wú) zōng le.) 비행기는 획 스쳐 지나가더니 삽시간에 온데간데 없어졌다.

주의 “霎时(shàshí)”를 “刹时(chàshí)”로 쓸 수도 있다.

【擅自】 shànzì 부사

“제멋대로”의 의미로, 자신의 권한 범위밖에 있는 일에 대하여 스스로 주장을 함을 표시한다. 주로 폄의에 많이 사용한다. ① 公款不得擅自动用。(Gōngkuǎn bùdé shànzì dòngyòng.) 공금은 임의로 사용할 수 없다. ② 此事上级并无指示, 未便擅自处理。(Cǐ shì shàngjí bìng wú zhǐshì, wèibiàn shànzì chǔlǐ.) 이 일은 상급자의 지시가 없으므로 제멋대로 처리하기 곤란하다. ③ 会议还没有讨论, 我不能擅自决定。(Huìyì hái méiyǒu tǎolùn, wǒ bùnéng shànzì juédìng.) 회의에서 아직 토론을

하지 않았다. 나는 임의로 결정할 수 없다.

[上下] shàngxià 조사

"안팎, 쯤"의 의미로 수사 혹은 수량사 뒤에 사용하여, 대략적인 수를 표시한다. ① 老爷爷年纪七十上下, 身体还挺健康。(Lǎo yéye niánjì qīshí shàngxià, shēntǐ hái tǐng jiànkāng.) 할아버지는 연세가 70세 정도이지만 몸이 아직 매우 건강하시다. ② 人数在百人上下。(Rén shù zài bǎi rén shàngxià.) 인원수가 백명 내외이다. ③ 他年纪在五十岁上下, 却硬朗爽健。(Tā niánjǐ zài wǔshí suì shàngxià, què yìnglang shuǎngjiàn.) 그는 50안팎이지만 오히려 정정하고 호쾌하다.

비교 "上下"는 개략적인 시간을 표시하지 않는다. 개략적인 시간을 표시할 때는 일반적으로 "前后(qiánhòu)", "左右(zuǒyòu)"를 사용한다. 예 "春节前后"(chūnjié qiánhòu)(음력설 전후), "下月五号前后(左右)"(xià yuè wǔ hào qiánhòu (zuǒyòu))(다음달 5일 전후), "九点锺左右"(jiǔ diǎn zhōng zuǒyòu)(9시정도) 등이 있다.

실사 "大楼上下住满了人。"(Dàlóu shàngxià zhù mǎnle rén.) (빌딩 위아래에 묵는 사람이 가득하다), "上下文要联系起来研究。" (Shàngxiàwén yào liánxìqǐlai yánjiū.) (상하 문을 연결하여 연구해야 한다)에서 "上下"는 방위사이다.

[尚] shàng 부사

(1) "역시"의 의미로, 대체적으로 무난한 것을 표시하며, 부드러운 긍정의 어감을 띈다. 뒤에 단음절의 단어가 많이 온다. 서면어에서 사용한다. ① 他在工作中表现尚好。(Tā zài gōngzuò zhōng biǎoxiàn shàng hǎo.) 그는 일하는 중에도 표현이 역시 좋다. ② 基建工程进度尚快, 年底即可投产。(Jījiàn gōngchéng jìndù shàng kuài, niándǐ jí kě tóuchǎn.) 기본 건설공정 진도가 또한 빨라 연말이면 생산에 들어갈 수 있다.

(2) "아직"의 의미로, 동작이나 상태가 계속 존재하고 변화가 없음을 표시한다. ① 这篇文章尚待修改, 目前不能发表。(Zhè piān wénzhāng shàng dài xiūgǎi, mùqián bùnéng fābiǎo.) 이 문장은 아직 수정을 해야하므로 지금 발표할 수 없다. ② 入款与出款相抵, 尚余一千

元。(Rùkuǎn yú chūkuǎn xiāngdǐ, shàng yú yī qiān yuán.) 수입과 지출을 상쇄하니, 아직 천원이 남아 있다. ③ 事情尚在犹疑两可之间。(Shìqing shàng zài yóu yí liǎng kě zhījiān.) 일은 아직 어느 쪽으로도 결정을 보지 못한 채로 있다. ④ 这种病的起因尚无定说。(Zhè zhǒng bìngde qǐyīn shàng wú dìngshuō.) 이런 병의 원인에 대해서는 아직 정설이 없다.

【尚且】 shàngqiě 접속사

(1) "또한, 게다가"의 의미로, 전반 구문에서 명확한 사례를 들어 비교를 하고 후반 구문에서 "更" 등의 부사와 함께 사용하여 결론을 추출하고 당연히 이와 같음을 표시한다. ① 简单的四则运算尚且不会, 代数几何更不用说了。(Jiǎndān de sìzé yùnsuàn shàngqiě bú huì, dàishù jǐhé gèng búyòng shuōle.) 간단한 사칙연산도 할 수 없으니 대수나 기하는 더욱 말할 필요도 없다. ② 晚上尚且要加班, 更别说白天了。(Wǎnshàng shàngqiě yào jiābān, gèng bié shuō báitiānle.) 저녁에 또 추가근무를 해야 하니 낮은 말할 것도 없다. ③ 他不但丑陋, 尚且小气。(Tā búdàn chǒulòu, shàngqiě xiǎoqì.) 그는 용모가 추할 뿐만 아니라 사람 또한 쩨쩨하다.

(2) "…조차도", "그럼에도 불구하고"의 의미로, 반문의 문장에서, "何况"과 함께 사용한다. ① 这道习题你尚且算不出, 我怎么行呢? (Zhè dào xítí nǐ shàngqiě suàn bu chū, wǒ zěnme xíng ne?) 이 문제는 당신조차 풀지 못하는데 내가 어떻게 하겠는가? ② 圣人尚且有错处, 何况你我呢。(Shèngrén shàngqiě yǒu cuòchu, hékuàng nǐ wǒ ne.) 성인도 잘못이 있는데, 하물며 우리야. ③ 大人尚且举不起来, 何况小孩子。(Dàrén shàngqiě jǔbùqǐlai, hékuàng xiǎo háizi.) 어른조차도 들지 못하는데 하물며 어린아이야?

【稍】 shāo 부사 "稍微(shāowēi)"를 참고하라.

【稍稍】 shāoshāo 부사 "稍微(shāowēi)"를 참고하라.

[稍微] shāowēi 부사

⑴ "조금, 약간"의 의미로, 수량이 많지 않고 정도가 깊지 않으며 시간이 길지 않음을 표시한다. 주로 "点", "些", "一点", "一些", "一下", "一会", "几分", "几个" 등 양사나 수량사와 함께 사용한다. ① 今天稍微有点儿冷。(Jīntiān shāowēi yǒudiǎnr lěng.) 오늘은 좀 춥다. ② 衣服稍微旧些不要紧, 能穿就行了。(Yīfu shāowēi jiù xiē bú yàojǐn, néng chuān jiùxíngle.) 옷이 다소 오래되었지만 괜찮다. 입을 수 있으면 된다. ③ 衣服稍微小一点, 你将就穿着吧! (Yīfu shāowēi xiǎo yìdiǎn, nǐ jiāngjiu chuānzhe bā.) 옷이 좀 작기는 하지만 그냥 그대로 입어라. ④ 这花怕冻, 等天气稍微暖和一些再搬到室外。(Zhè huā pà dòng, děng tiānqì shāowēi nuǎnhuo yìxiē zài bān dào shìwài.) 이 꽃은 추위를 싫어한다. 날씨가 약간 온화해지기를 기다려 다시 실외로 옮겨놓자. ⑤ 这篇稿子稍微窜改一下就行。(Zhè piān gǎozi shāowēi cuàngǎi yíxià jiù xíng.) 이 원고는 조금만 고치면 되겠다. ⑥ 请你稍微等一会, 我就来。(Qǐng nǐ shāowēi děng yì huǐ, wǒ jiù lái.) 조금 기다려주세요, 내가 곧 가겠습니다.

설명 "稍微"가 수식하는 단어를 중첩할 수 있다 ; 중첩한 후 가운데에 "一" 혹은 "了"를 넣을 수 있고, "一下"라는 의미를 표시한다. ① 这本书的内容你只要稍微翻翻就知道。(Zhè běn shū de nèiróng nǐ zhǐyào shāowēi fān fān jiù zhīdào.) 이 책의 내용은 당신이 단지 약간 뒤적거리기만 하면 곧 알 수 있다. ② 饭已经冷了, 稍微热一热再吃吧。(Fàn yǐjīng lěngle, shāowēi rè yi rè zài chī ba.) 밥이 이미 식었으니 약간 데워서 다시 먹읍시다. ③ 汽车在门口稍微停了停又开走了。(Qìchē zài ménkǒu shāowēi tíngle tíng yòu kāi zǒule.) 자동차가 문 앞에서 잠시 멈추었다 다시 출발했다.

동의어 "稍为(shāowéi)", "稍稍(shāoshāo)", "稍许"와 "稍微"의 의미는 같고, 교환 사용할 수 있다. "稍" 역시 "稍微"의 의미지만, 뒤에 단음절의 단어만 온다. ① 局面步入稍为安定的状态。(Júmiàn bù rù shāowéi ān dìngde zhuàngtài.) 국면이 소강상태로 접어들다. ② 大家稍稍离去了。(Dàjiā shāoshāo líqù le.) 모두들 차차 떠나갔다. ③ 稍许给家寄几个钱去。(Shāoxǔ gěi jiā jì jǐ ge qián qù.) 집에 돈을 좀 부치다. ④ 人家等着,

请你稍快一点。(Rénjiā děngzhe, qǐng nǐ shāo kuài yìdiǎn.)
사람들이 기다린다. 당신 좀 빨리 하세요.

[稍为] shāowéi 부사 "稍微(shāowēi)"를 참고하라.

[稍许] shāoxǔ 부사 "稍微(shāowēi)"를 참고하라.

[设] shè 접속사 "设或(shèhuò)"를 참고하라.

[设或] shèhuò 접속사

"만일"의 의미로, 가설을 표시한다. 일반적으로 "便(biàn)" 등의 허사와 함께 서면어에서 사용한다. ① 设或准备不及, 会议可改期举行。(Shèhuò zhǔnbèi bùjí, huìyì kě gǎiqī jǔxíng.) 만약 준비가 부족하면 회의는 날짜를 바꾸어 거행할 수 있다. ② 设或疏忽大意, 便会造成严重后果。(Shèhuò shūhū dàyì, biàn huì zàochéng yánzhòng hòuguǒ.) 만약 경솔하여 자만하게 되면 엄중한 결과를 초래할 수 있다. ③ 设或他果然来了, 我们怎么应付? (Shèhuò tā guǒrán lái le, wǒmen zěnme yìngfù?) 만일 그가 정말 온다면, 우리는 어떻게 대처할 것인가? ④ 设或小弟事业有了发展, 绝不忘老兄大德。(Shèhuò xiǎodì shìyè yǒule fāzhǎn, jué bú wàng lǎoxiōng dà dé.) 만약 제 사업이 잘 되면 절대 형님의 은덕을 잊지 않을 겁니다.

동의어 "设若(shèruò)", "设使(shèshǐ)"와 "设或(shèhuò)"는 의미가 같고 일반적으로 교환하여 사용할 수 있다. "设"는 "假如", "如果"의 의미로, 뒤에 단음절의 단어만 온다. 서면어에서 사용한다. **예** ① 设若没有您的帮助, 他不可能得到这麼好的成绩。(Shèruò méiyǒu nín de bāngzhù, tā bù kěnéng dédào zhème hǎo de chéngjì.) 만일 네 도움이 없었다면 그는 이렇게 좋은 성적을 얻을 수 없었다. ② 此行任务繁重, 设有困难, 请即电告。(Cǐ xíng rènwù fánzhòng, shè yǒu kùnnán, qǐng jí diàngào.) 이번 여행 임무가 매우 중요하다. 만약 문제가 있으면 전화로 곧 알려 달라.

[设若] shèruò 접속사 "设或(shèhuò)"를 참고하라.

[设使] shèshǐ 접속사 "设或(shèhuò)"를 참고하라.

[甚] shèn 부사

"매우·극히"의 의미로, 정도가 높음을 표시하고 일반적으로 뒤에 단음절의 단어가 온다. 서면어에서 사용한다. ① 老师教导有方, 孩子进步甚快。(Lǎoshī jiàodǎo yǒu fāng, háizi jìnbù shén kuài.) 선생님의 지도가 효력이 있어 아이들의 진보가 극히 빠르다. ② 此地风景甚佳, 游人络绎不绝。(Cǐdì fēngjǐng shén jiā, yóurén luòyì bù jué.) 이곳은 경치가 매우 아름다워 여행자가 끊이지 않고 계속된다. ③ 该项物质散布甚广, 一时不易收聚。(Gāi xiàng wùzhì sànbú shèn guāng, yìshí búyì shōu jù.) 그 물질은 대단히 넓게 퍼져 있어서 당장 거두어 모으기는 힘들다. ④ 这篇论文, 可议之处甚多。(Zhè piān lùnwén, kěyì zhī chù shèn duō.) 이 논문은 논의할 만한 곳이 매우 많다.

[甚而] shènér 접속사 부사 "甚至(shènzhì)"를 참고하라.

[甚而至于] shènérzhìyú 접속사 부사 "甚至(shènzhì)"를 참고하라.

[甚或] shènhuò 접속사 부사 "甚至(shènzhì)"를 참고하라.

[甚至] shènzhì 접속사와 부사 두 가지 용법이 있다.

(一) 접속사

병렬하는 항목 중 마지막 항목 앞에 놓아 점진적인 것을 표시하고 그 항목을 특별히 강조한다. 주로 "也", "都" 등의 부사와 함께 사용한다. ① 这是他的志愿, 希望, 甚至(于)是宗教。(Zhè shì tā de zhìyuàn, xīwàng, shènzhì (yú) shì zōngjiào.) 이것은 그의 바램이요 희망이며, 종교이기까지 하다. ② 不认真学习就要落后, 倒退, 甚至犯错误。(Bú rènzhēn xuéxí jiù yào luòhòu, dàotuì, shènzhì fàn cuòwù.) 성실히 공부하지 않으면 낙후하거나 퇴보하게 되고 더 나아가 착오를 범하게 된다. ③ 他每天都去跑步, 甚至刮风下雨也不间断。(Tā měitiān dōu qù pǎobù, shènzhì guāfēng xiàyǔ yě bú jiànduàn.) 그는 매일 달리기를 하는데, 심지어 비바람이 불어도 중단하지 않는다.

[동의어] "乃至(nǎizhì)"와 "甚至(shènzhì)"는 의미가 같고 일반적으로 교환하여 사용할 수 있다. "乃至"는 서면어에서 사용한다.

(二) 부사

"심지어 …까지도"의 의미로, 사례가 매우 특별함을 강조한다. "连"과 용법이 유사하다. 주로 "也", "都" 등의 부사와 함께 사용하고, "连"과 함께 사용하여 어감을 강조하기도 한다. ① 甚至(于)大年初一他还要去念书。(Shènzhì (yú) dà nián chū yī tā hái yào qù niànshū.) 그는 심지어 정월 초하루에도 공부하러 가려 한다. ② 他激动得甚至(于)流下了眼泪。(Tā jīdòng de shènzhì (yú) liúxiàle yǎnlèi.) 그는 격해진 나머지 눈물까지 흘렸다. ③ 天热得甚至连夜都睡不好。(Tiān rè de shènzhì liányè dōu shuì bù hǎo.) 날씨가 더워 며칠 밤 잠을 편히 잘 수 없다.

[주의] "甚至"를 "甚至于"나 "甚而至于(shèn'érzhìyú)"로 쓸 수도 있다.

[동의어] "甚而(shèn'ér)", "甚或(shènhuò)"도 "甚至(shènzhì)"의 의미이고, 주로 서면어에서 사용한다. ① 阔别三十来年, 甚而连自己的侄子也不认识了。(Kuòbié sānshí láinián, shèn'ér lián zìjǐ de zhízi yě bú rènshile.) 이별한지 30여 년이 지나 심지어 자신의 조카조차 알아 보지 못한다. ② 他们会批评我, 甚或更糟, 会不理我。(Tāmen huì pīpíng wǒ, shènhuò gèng zāo, huì bù lǐ wǒ.) 그들이 나를 비난할 수도 있고, 나아가 훨씬 더 나쁘게 나를 무시할 수도 있다.

[주의] 앞의 예문에서 "甚而(甚至)"은 부사이고, 뒤의 예문에서 "甚或(甚至)"는 접속사이다.

[甚至于] shènzhìyú 접속사 부사 "甚至(shènzhì)"를 참고하라.

[省得] shěngde 접속사

"… 하지 않도록"이란 의미로, 원하지 않는 것을 피하려는 상황을 가리킨다. ① 报纸还是订阅好, 省得每天上街去买。(Bàozhǐ háishi dìng yuè hǎo, shěngde měitiān shàng jiē qù mǎi.) 신문은 역시 정기 구독하는 것이 좋다. 매일 거리에 나가 구입하는 것을 생략할 수 있다. ② 信给我带去, 省得你自己去发。(Xìn gěi wǒ dài qù, shěngde nǐ zìjǐ qù fā.) 편지는 내가 가지고 갈게, 네가 직접 가서 부치는 것을 생략할 수 있다. ③ 我们把头发弄干吧, 省得患感冒。(Wǒmen bǎ tóufǎ nòng gān ba, shěngde huàn gǎnmào.) 감기에 걸리지 않도록 머리를 말리자. ④ 请你替我当面说一声, 省得我写回信了。(Qǐng nǐ tì wǒ dāngmiàn shuō yì shēng, shěngde wǒ xiě huíxìnle.) 당신이 나를 대신하여 직접 한마디 해주면 나는 편지를 쓸 필요가 없다.

[비교] "以免(yǐmiǎn)", "免得(免得)"와 "省得(shěngde)"는 의미가 유사하지만, "以免"은 주로 서면어에서 사용하고 "免得"는 구어와 서면어에서 상용한다. ① 用笔记下来以免忘记。(Yòngbǐ jìxiàlái yǐmiǎn wàngjì.) 잊어버리지 않게 연필로 기록하세요. ② 盖好被子, 免得着凉。(Gài hǎo bèizi, miǎndé zháoliáng.) 감기에 걸리지 않게 이불을 잘 덮고 자다.

[十分] shífēn 부사 "非常(fēicháng)"을 참고하라.

[时常] shícháng 부사 "经常(jīngcháng)"을 참고하라.

[时而] shí'ér 부사

(1) "이따끔, 때때로"의 의미로, 일정한 시간동안 상황이 중복해서 출현함을 말한다. ① 除夕之夜, 远处时而传来阵阵爆竹声。(Chúxì zhī yè, yuǎn chù shí'ér chuán lái zhèn zhèn bàozhú shēng.) 음력설 전날 밤에 먼 곳에서 때때로 폭죽소리가 전해온다. ② 在辽阔的江面上, 时而有几只海鸥掠水而过。(Zài liáokuò de jiāngmiàn shàng, shí'ér yǒu jǐ zhī hǎi'ōu lüè shuǐ ér guò.) 넓은 강의 수면 위에 이따

금 갈매기 몇 마리가 수면을 스치고 지나간다. ③ 蓝蓝的天空中, 时而飘过几片白云。(Lán lánde tiānkōng zhōng, shí'ér piāoguo jǐ piān báiyún.) 푸른 하늘에 가끔 몇 조각의 흰 구름이 흘러갔다.

(2) 반복 사용하여, "때로는…때로는…"의 의미로, 일정한 시간동안 상황이 교대로 발생하거나 계속 변화함을 표시한다. ① 琴声悠扬, 时而高, 时而低, 十分动听。(Qín shēng yōuyáng, shí'ér gāo, shí'ér dī, shífēn dòngtīng.) 피아노 소리가 은은하여 때로는 높고 때로는 낮게 매우 감동적으로 들린다. ② 初秋时节, 时而热, 时而冷, 气候变化无常。(Chūqiū shíjié, shí'ér rè, shí'ér lěng, qìhòu biànhuà wúcháng.) 초가을에는 때로는 덥고 때로는 추워 기후 변화가 무상하다. ③ 这几天时而晴天, 时而下雨。(Zhè jǐtiān shí'ér qíngtiān, shí'ér xiàyǔ.) 요즈음 날씨는 때때로 맑았다가 비가 내렸다가 한다.

▌[时刻] shíkè 부사

"항상"의 의미로, 동작이나 행위가 얼마 안 되는 시간을 사이에 두고 여러 번 발생함을 표시한다. "时时刻刻"로 중복하여 사용하면 강조를 표시한다. ① 时刻准备着, 为环境保护事业而努力。(Shíkè zhǔnbèizhe, wèi huánjìng bǎohù shìyè ér nǔlì.) 항상 준비되어 있다. 환경보호 사업을 위하여 노력한다. ② 喝水不忘掘井人, 时刻想念耶和华。(Hē shuǐ bú wàng jué jǐng rén, shíkè xiǎngniàn Yēhéhuá.) 물을 마시면서 우물을 판 사람의 노고를 잊지 않고, 시시각각 여호와를 그리워한다. ③ 警察时时刻刻把"为庶民服务"这句话放在心上。(Jǐngchá shíshí kèkè bǎ "wèi shùmín fúwù" zhè jù huà fàng zài xīn shàng.) 경찰은 시시각각 "서민을 위해 봉사한다"는 이 말을 마음에 두어야 한다.

실사 "严守时刻, 准点发车。"(Yánshǒu shíkè, zhǔndiǎn fāchē.) (시각을 엄수하여 정각에 발차하다), "在这关键时刻, 学习尤其不能放松。"(Zài zhè guānjiàn shíkè, xuéxí yóuqí bùnéng fàngsōng.) (이 중요한 시각에 특히 학습을 소홀히 할 수는 없다)에서 "时刻"는 명사이다.

▌[时时] shíshí 부사

"항상"의 의미로, 동작이나 행위가 얼마 안 되는 시간을 사이에 두고 여러 번 발생함을 표시한다. ① 老师的教导, 要时时牢记在心上。 (Lǎoshī de jiàodǎo, yào shíshí láojì zài xīn shàng.) 선생님의 가르침을 항상 마음에 새겨야 한다. ② 我时时提醒自己, 应当谦虚谨慎, 多向别人学习。 (Wǒ shíshí tíxǐng zìjǐ, yīngdāng qiānxū jǐnshèn, duō xiàng biérén xuéxí.) 나는 항상 자신을 일깨워 응당 겸손하고 근신하며 타인에게 많이 배운다. ③ 战争的魔影时时威胁着这个国家。 (Zhànzhēng de móyǐng shíshí wēixiézhe zhège guójiā.) 전쟁의 위험은 시시 때때로 이 나라를 위협하고 있다. ④ 他们在国外, 时时想念着祖国。 (Tāmen zài guówài, shíshí xiǎngniànzhe zǔguó.) 그들은 국외에 있으면서 늘 조국을 그리워하고 있다.

[实在] shízài 부사

(1) "정말로", "확실히"의 의미로, 상황에 대한 확인을 표시한다. ① 这种机会实在难得。 (Zhè zhǒng jīhuì shízài nándé.) 이런 기회는 참으로 얻기 어렵다. ② 汉江两岸的夜景实在美丽。 (Hànjiāng liǎng'ànde yèjǐng shízài měilì.) 한강 양안의 야경은 정말 아름답다. ③ 妈妈对这小淘气实在没办法。 (Māma duì zhè xiǎo táoqì shízài méi bànfǎ.) 어머니는 이 장난꾸러기에게 정말로 방법이 없다. ④ 他嘴上不说, 心里可实在高兴呢! (Tā zuǐ shàng bù shuō, xīnlǐ kě shízài gāoxìng ne!) 그는 입으로는 말하지 않지만 마음속으로는 확실히 기쁠 것이다.

(2) "사실은"의 의미로, 앞에서 말한 상황과 공교롭게 반대가 되거나 내용에 수정을 가함을 표시한다. ① 他说他做了, 实在并没做。 (Tā shuō tā zuòle, shízài bìng méi zuò.) 그는 자기가 했다고 하지만 실은 결코 하지 않았다. ② 你说这个不好, 那个不好, 我看实在都好。 (Nǐ shuō zhège bù hǎo, nàge bù hǎo, wǒ kàn shízài dōu hǎo.) 너는 이것이 나쁘다고 저것이 나쁘다고 말했으나 내가 보기에는 사실은 다 좋다. ③ 他说是懂了, 实在并不懂。 (Tā shuō shì dǒngle, shízài bìng bù dǒng.) 그는 이해한다고 말했지만 사실은 결코 이해하지 못한다.

실시 "工作做得很实在。"(Gōngzuò zuò dé hěn shízài.) (일을 매우 착실하게 하다), "这话很实在。"(Zhè huà hěn shízài.) (이 말은 매우 실재적이다)에서 "实在"는 형용사다.

[始终] shǐzhōng 부사

"처음부터 끝까지 계속"의 의미로, 모종의 상황에서 상황이 시종일관 변화가 없이 동일함을 표시한다. ① 他始终支支吾吾, 不敢正面回答。(Tā shǐzhōng zhīzhiwūwū, bùgǎn zhèngmiàn huídá.) 그는 시종 우물거리며 감히 정면으로 대답하지 못했다. ② 李舜臣在守卫海岛的日夜里, 始终保持着高度的警惕。(Lǐ Shùnchén zài shǒuwèi hǎidǎo de rìyèli shǐzhōng bǎochízhe gāodù de jǐngtì.) 이순신은 섬을 밤낮 없이 지키면서 시종 고도의 경계태세를 유지했다. ③ 我们讲了半天, 他始终不置可否。(Wǒmen jiǎngle bàntiān, tā shǐzhōng bú zhì kě fǒu) 우리는 한참 말했지만, 그는 시종 가부를 말하지 않았다. ④ 谁弄丢了那本书, 始终查不到。(Shéi nòng diūle nà běn shū, shǐzhōng chá bú dào.) 누가 그 책을 잃어버렸는지 시종 찾을 수 없다.

[비교] "始终"은 위와 같은 예문 상황에서는 "一直(yìzhí)"와 교환하여 사용할 수 있다. 하지만 "一直" 뒤에 시간을 가리키는 단어가 올 경우 교환하여 사용할 수 없다. [예] "雨一直下了三天。"(Yǔ yìzhí xiàle sān tiān.) (비가 계속 삼일 간 내렸다), "从年初起一直到现在。"(Cóng niánchū qǐ yìzhí dào xiànzài.) (연초부터 현재까지 계속)

[势必] shìbì 부사

"반드시(필연적으로 정해진)"의 의미로, 사물 발전의 추세에 근거하여 모종의 결과가 필연적으로 발생할 것을 추측함을 표시한다. 항상 "要"와 함께 사용한다. ① 信仰的火种势必越燃越旺。(Xìnyǎngde huǒzhǒng shìbì yuè rán yuè wàng.) 신앙의 불씨는 반드시 타오를수록 왕성해진다. ② 饮酒过度, 势必影响健康。(Yǐnjiǔ guò dù, shìbì yǐngxiǎng jiànkāng.) 과음을 하면 반드시 건강에 영향을 준다. ③ 不经常学习, 势必要落后, 甚至会犯错误。(Bù jīngcháng xuéxí, shìbì yào luòhòu, shènzhì huì fàn cuòwù.) 항상 공부하지 않으면 반드시 낙후하게 되고 심지어 착오를 범하게 된다. ④ 乱砍乱伐森林, 势必造成水土流失, 出现严重后果。(Luàn kǎn luànfá sēnlín, shìbì zàochéng shuǐtǔ liúshī, chūxiàn yánzhòng hòuguǒ.) 삼림을 마구 벌채하면 반드시 흙과 물이 유실되게 되어 엄중한 결과를 초래한다.

[是] shì 부사

(1) "모든"의 의미로, 주어 앞에 사용하여 전체를 통괄함을 표시한다. ① 是书他几乎都爱看。(Shì shū tā jǐhū dōu ài kàn.) 그는 거의 모든 책을 보는 것을 좋아한다. ② 是纪念邮票他每套都买。(Shì jìniàn yóupiào tā měi tào dōu mǎi.) 그는 모든 기념우표를 세트로 모두 구입한다. ③ 是艰苦的工作老张总要抢着干。(Shì jiānkǔde gōngzuò Lǎo Zhāng zǒng yào qiǎngzhe gàn.) 장형은 모든 힘든 일을 다투어서 한다.

(2) 양보절에서 "是" 앞 뒤에 같은 명사나 동사 형용사를 사용하여 "虽然"의 뜻을 표시한다. ① 嘴上说是说, 可是没有实际行动。(Zuǐ shàng shuō shì shuō, kěshì méiyǒu shíjì xíngdòng.) 입으로는 비록 말하기는 했지만 그러나 실제 행동은 없다. ② 有是有, 可不多。(Yǒu shì yǒu, kě bù duō.) 있기는 있지만, 많지는 않다. ③ 办法好是好, 可要认真学呢! (Bànfǎ hǎo shì hǎo, kě yào rènzhēn xué ne!) 비록 방법이 좋기는 하지만 성실히 배워야만 한다. ④ 说笑话是说笑话, 但也要有个分寸。(Shuō xiàohuà shì shuō xiàohuà, dàn yě yào yǒu ge fēncùn.) 비록 농담일지라도 그러나 정도가 있어야만 한다.

[是否] shìfǒu 부사

"…인지 아닌지"의 의미로, 의논이나 회의 혹은 미확정을 표시한다. 주로 서면어에서 많이 사용한다. ① 昨天您是否酒喝得过头了? (Zuótiān nín shìfǒu jiǔ hēde guòtóu le?) 어제 과음했습니까? ② 他是否能来, 还不一定。(Tā shìfǒu néng lái, hái bù yídìng.) 그가 올 수 있는지 여부는 아직 확실하지 않다. ③ 这么大的雨, 他是否会来很难说。(Zhème dà de yǔ, tā shìfǒu huì lái hěn nánshuō.) 이렇게 큰비에 그가 올 수 있을지 없을지 말하기 곤란하다. ④ 这样处理是否合适还需要研究。(Zhèyàng chǔlǐ shìfǒu héshì hái xūyào yánjiū.) 이렇게 처리하는 것이 적합한지 아닌지 아직 더 연구해 보아야겠다.

正误用例 你说的是否是他? (Nǐ shuōde shì fǒu shì tā?) 당신이 말하는 것이 그 사람이냐?
　　여기서 "是否"는 바로 "是不是"이므로 "是"와 함께 사용할 수 없다. 그러므로 이 문장은 "你说的是不是他?(Nǐ shuōde

shì bu shì tā?)"나, "你说的是他吗?(Nǐ shuōde shì tā ma?)로 고쳐야 한다.

[似的] side 조사

"…처럼", "비슷하다"의 의미로, 동사, 명사 혹은 대명사 뒤에 사용하여, 어떤 상황이나 사물의 형상을 강조한다. ① 汽车飞也似的过去了。(Qìchē fēi yě shìde guòqùle.) 자동차가 나는 듯이 지나갔다. ② 她好像有什么心事似的。(Tā hǎoxiàng yǒu shénme xīnshì shìde.) 그녀는 무슨 걱정이 있는 것 같다. ③ 他电光石火似的赶快缩了头。(Tā diànguāng shíhuǒ shìde gǎnkuài suō le tóu.) 그는 전광석화처럼 얼른 머리를 움추렸다. ④ 这位朋友很面熟, 好象在哪儿见到过似的。(Zhè wèi péngyǒu hěn miànshú, hǎoxiàng zài nǎr jiàn dàoguo shì de.) 이 친구는 매우 낯이 익어, 마치 어디에선가 본 것 같다.

주의 전반 두 예문처럼 "似的"을 사용하여 구성된 조사구조가 부사어가 될 때, "似的"를 "似地"로 쓸 수 있다.

[爽性] shuǎngxìng 부사

"아예", "차라리"의미로 "索性(suòxìng)"과 같은 용법이다. ① 既然晚了, 爽性不去吧。(Jìrán wǎnle, shuǎngxìng bú qù ba.) 이미 늦었으니 아예 가지 말자. ② 已经做了, 爽性干完了再休息。(Yǐjīng zuòle, shuǎngxìng gàn wánle zài xiūxi.) 차라리 시원스레 다 해치우고 쉬자

[顺] shùn 개사

(1) "…를 따라서"의 의미로, 경과하는 노선을 표시한다. ① 顺墙壁爬上了屋顶。(Shùn qiángbì pá shàngle wūdǐng.) 담을 따라 지붕으로 올라가다. ② 顺这条小路可以走到后山。(Shùn zhè tiáo xiǎolù kěyǐ zǒu dào hòu shān.) 이 소로를 따라가면 뒷산으로 갈 수 있다.

(2) "겸해서", "…하는 김에"의 의미로, 결코 고의로 어떤 사건을 일으킨 것이 아님을 표시한다. 뒤에 단음절의 명사가 온다. ① 我昨天进城, 顺路去看望了老张。(Wǒ zuótiān jìn chéng, shùnlù qù kànwàngle Lǎo Zhāng.) 나는 어제 도시에 간 김에 장형(老张)을 만

났다. ② 做午饭的时候顺势多加了一碗米。(Zuò wǔfàn de shíhou shùnshì duōjiā le yì wǎn mǐ.) 점심밥을 짓는 김에 쌀 한 공기를 더했다. ③ 他顺口提到了你的意见, 我原先还不知道。(Tā shùnkǒu tí dàole nǐde yìjiàn, wǒ yuánxiān hái bù zhīdào.) 그가 말하는 김에 당신의 의견을 말했다. 나는 원래는 몰랐다.

[관용적 용법] 관용적인 용법으로 사용한다. "顺水推舟"(shùnshuǐtuīzhōu) (기회를 보아 일을 진행하다), "顺理成章"(shùnlǐchéngzhāng) (논리가 정연함) 등이 있다.

[실사] "顺风顺水, 船行驶得很快。"(Shùnfēng shùnshuǐ, chuán xíngshǐ dé hěn kuài.) (순풍과 잔잔한 물에서 배가 항해하는 것이 매우 빠르다)에서 "顺"은 형용사다.

"这篇文章还得顺一顺。"(Zhè piān wénzhāng hái děi shùn yi shùn.) (이 문장은 아직 좀더 다듬어져야 한다)에서 "顺"은 동사다.

[顺便] shùnbiàn 부사

"…하는 김에"의 의미로, 모종의 일을 하는 기회를 이용하여 또 다른 일을 하기에 편리한 것을 표시한다. 주로 구어체에서 사용한다. ① 你如果去书店, 给我顺便买几本书。(Nǐ rúguǒ qù shūdiàn, gěi wǒ shùnbiàn mǎi jǐ běn shū.) 만약 당신이 서점에 간다면 가는 김에 책을 몇 권 사다 주시오. ② 我昨天进城, 顺便去拜访了吴先生。(Wǒ zuótiān jìn chéng, shùnbiàn qù bàifǎngle Wú xiānsheng.) 나는 어제 시내에 들어가는데 가는 김에 오선생을 방문했다. ③ 我可以顺便(儿)带来。(Wǒ kěyǐ shùnbiàn (ér) dàilái.) 내가 오는 김에 갖고 와도 됩니다. ④ 顺便托人把这封信交给他。(Shùnbiàn tuōrén bǎ zhè fēng xìn jiāogěi tā.) 인편에 이 편지를 그에게 보냈다.

[顺着] shùnzhe 개사

(1) "…를 따라서"의 의미로, 경과하는 노선 혹은 가는 방향을 표시한다. ① 顺着大路往东拐弯就是我们的学校。(Shùnzhe dàlù wǎng dōng guǎiwān jiùshì wǒmen de xuéxiào.) 큰길을 따라서 동쪽으로 돌면 바로 우리 학교다. ② 牵牛花顺着篱笆爬上了屋顶。(Qiān

niúhuā shùnzhe líbā pá shàngle wūdǐng.) 나팔꽃은 울타리를 따라서 지붕위로 기어 올라갔다. ③ 他順着陡斜的草坡溜了下去。(Tā shùnzhe dǒu xié de cǎo pō liūle xiàqu.) 그는 경사가 심한 풀 비탈을 따라서 미끄러져 내려갔다.

(2) "…에 의하면"의 의미로, 동작 행위의 근거를 표시한다. ① 我順着他指点的方向看去, 一架飞机在天空作特技表演。(Wǒ shùnzhe tā zhǐdiǎnde fāngxiàng kàn qù, yí jià fēijī zài tiānkōng zuò tèjì biǎoyǎn.) 나는 그가 가리키는 방향대로 보니 비행기가 하늘에서 스턴트 비행을 하고 있었다. ② 大家自动排队, 顺着次序一个个购票。(Dàjiā zìdòng páiduì, shùnzhe cìxù yígè gè gòu piào.) 모두 스스로 줄을 서서 순서대로 한명씩 표를 구입한다.

[丝毫] sīháo 부사

"조금(一点儿)"의 의미로, 수량이 매우 적고 정도가 낮은 것을 표시한다. 주로 "不", "无", "未", "没有" 등과 함께 사용하여, 강한 부정을 표시한다. ① 制造精密仪器, 丝毫不能有差错。(Zhìzào jīngmì yíqì, sīháo bùnéng yǒu chācuò.) 정밀 측량기기를 제조함에 털끝만한 차이도 있어서는 안 된다. ② 这件事他一点不知道, 同他丝毫无关。(Zhè jiàn shì tā yìdiǎn bù zhīdào, tóng tā sīháo wúguān.) 이 일은 그는 전혀 모른다. 그와 아무런 관련이 없다. ③ 尽其能事, 但是丝毫没有效果。(Jǐn gí néngshì, dànshì sīháo méiyǒu xiàoguǒ.) 능력을 다했지만, 조금도 효과가 없었다. ④ 抽烟丝毫没有好处。(Chōuyān sīháo méiyǒu hǎochù.) 흡연은 좋은 점이 전혀 없다.

[死] sǐ 부사

(1) "한사코"의 의미로, 행위가 융통성이 없고 고지식한 것을 표시한다. ① 这个女的死儿非嫁给他不可。(Zhège nǚde sǐr fēi jià gěi tā bù kě.) 이 여자는 한사코 그에게 시집가려 한다. ② 罪证如山, 死不认帐怎么行? (Zuìzhèng rúshān, sǐ bú rènzhàng zěnme xíng?) 죄에 대한 증거가 산처럼 많은데 한사코 인정하지 않으니 되겠는가? ③ 为了讲排场, 死要面子, 到头来是自讨苦吃。(Wèile jiǎng páichǎng, sǐyào miànzi, dàotóulái shì zì tǎo kǔ chī.) 겉치레를 위해 한사코

체면을 차리려다 결국 스스로 사서 고생하게 된다.
⑵ "극히", "몹시"의 의미로 정도가 정점에 도달함을 표시한다. "煞 (shà)"라고도 쓴다. ① 我简直讨厌死他了。(Wǒ jiǎnzhí tǎoyàn sǐ tāle.) 나는 정말로 그가 지겨워 죽겠다. ② 哥哥在前线立了一等 功, 全家人高兴死了。(Gēge zài qiánxiàn lìle yì děng gōng, quánjiā rén gāoxìng sǐle.) 형이 전선에서 일등의 공로를 세워 온 가족이 기뻐 죽을 지경이다. ③ 这孩子老惹是非, 气死我了。(Zhè háizi lǎo rě shìfēi, qì sǐ wǒle.) 이 아이는 늘 시비를 불러일으켜 나를 대단히 화나게 한다.

실사 "你就死了这条心吧。"(Nǐ jiù sǐle zhè tiáo xīn ba.) (당신은 즉시 이 마음을 포기하라)에서 "死"는 동사다.
"死规矩"(sǐ guījǔ)(사문화된 규칙), "死胡同"(sǐhútòng)(막다른 골목), "死路一条"(sǐlù yìtiáo) (절망의 외길)에서, "死"는 형용사다.

┃ [死死] sǐsǐ 부사

"꼭", "필사적인"의 의미로 "死(sǐ)"의 강조 용법이다. 조절하며 놓아주지 않음을 표시한다. 뒤에 조사 "地"를 사용할 수 있다. ① 门依然死死关着。(Mén yìrán sǐsǐ guānzhe.) 문은 여전히 꼭 닫혀있다. ② 死死咬着不放。(Sǐ sǐ yǎozhe bú fàng.) 필사적으로 물고 늘어져 놓지 않다. ③ 一块指路牌死死地钉在路边的墙上。(Yíkuài zhǐlùpái sǐ sǐdi dīng zài lù biān de qiáng shàng.) 거리표지판이 길가의 벽에 죽은 듯이 못 박혀있다.

┃ [似] sì 부사

"마치"의 의미로 "似乎(sìhu)"의 용법과 유사하다. ① 列车飞似的向前奔驰。(Lièchē fēi sì de xiàng qián bēnchí.) 기차가 나는 듯이 앞으로 내달린다. ② 他画的奔马, 栩栩如生, 极其神似。(Tā huà de bēn mǎ, xǔxǔrúshēng, jíqí shénsì.) 그가 그린 질주하는 말의 그림은 꼭 살아있는 것 같아 아주 핍진하다.

[似乎] sìhu 부사

(1) "마치… 처럼", "방불하다"의 의미로, 가능이나 미확정을 표시한다.
① 近来他的日子似乎很好。(Jìnlái tā de rìzi sìhu hěn hǎo.) 요즈음 그의 형편이 무척 좋은 듯하다. ② 看他的样子, 似乎很为难。(Kàn tā de yàngzi, sìhu hěn wéinán.) 그의 모습을 보니 마치 매우 곤란한 것 같다. ③ 似乎老天爷派定的, 不能变, 也变不了。(Sìhu lǎotiānyé pài dìngde, bù néng biàn, yě biàn buliǎo.) 마치 하느님이 정한 것과 같이, 바꿀 수도 없고, 바꿔지지도 않는다. ④ 天气很闷热, 似乎要下大雨。(Tiānqì hěn mēnrè, sìhu yào xià dàyǔ.) 날씨가 매우 무더워 마치 큰비가 오려는 것 같다

(2) 추측이나 권유의 형식으로 의논하려는 어감을 표시한다. ① 时候不早了, 我们似乎该走了。(Shíhou bù zǎole, wǒmen sìhu gāi zǒule.) 시간이 늦었다. 우리는 응당히 떠나야 할 것 같다. ② 关于第二次的生产计划, 似乎需要再讨论一次。(Guānyú dì èr cì de shēngchǎn jìhuà, sìhu xūyào zài tǎolùn yícì.) 2차 생산계획에 대하여 다시 토론할 필요가 있을 것 같다. ③ 这样的事似乎有穷境。(Zhèyàng de shì sìhu yǒu qióngjìng.) 이 같은 일에는 한도가 있는 것 같다.

> 동의어 "似"는 "似乎"의 의미로, 주로 고정적인 단어에 사용한다. 예를 들면, "貌似强大"(màosì qiángdà)(모양은 강대한 것 같다), "似是而非"(sìshì'érfēi) (맞는 것 같으나 틀리다) 등에서 "似"는 "마치 …처럼", "방불하다"의 의미이고 ; "似宜从速处理"(shì yí cóngsù chǔlǐ) (빨리 처리하는 것이 좋을 것 같다)에서 "似"는 의논의 어감을 표시한다.

[素] sù 부사

"원래", "평소에"의 의미로 뒤에 단음절어가 온다. "素来(sùlái)"와 동의어이다. ① 我同他素不相识。(Wǒ tóng tā sù bù xiāngshí.) 나와 그는 원래부터 모른다. ② 他们是老同学, 素有交往。(Tāmen shì lǎo tóngxué, sù yǒu jiāowǎng.) 그들은 오래된 동창생으로 평소에 왕래가 있다. ③ 我们的祖国历史悠久, 文化发达, 素称文明古国。(Wǒmen de zǔguó lìshǐ yōujiǔ, wénhuà fādá, sù chēng wénmíng gǔguó.) 우리의 조국은 역사가 유구하고 문화가 발달한 평소에 문명국가로 불렸다.

[素来] sùlái 부사

"평소부터", "종래"의 의미로, 상황이 과거에서 현재까지 계속 이와 같음을 표시한다. 주로 사람의 습성이나 객관적인 사실을 강조함을 가리킨다. ① 他素来说话算数, 说到做到。(Tā sùlái shuōhuà suànshù, shuō dào zuò dào.) 그는 지금까지 한말은 책임진다. 약속은 반드시 지킨다. ② 李老师的为人, 是同学们素来钦佩的。(Lǐ lǎoshī de wéirén, shì tóngxuémen sùlái qīnpèi de.) 이 선생님의 인품은 학생들이 평소에 흠모하는 바이다. ③ 他的人品, 是我素来佩服的。(Tā de rénpǐn, shì wǒ sùlái pèifú de.) 그의 인품은 내가 평소부터 탄복해 왔다. ④ 这个人素来办事十全十美。(Zhège rén sùlái bànshì shí quán shí měi.) 이 사람은 원래 일처리가 철저하다.

[虽] suī 접속사

"虽"는 "虽然"의 의미로, 주어 뒤에서만 사용하고, 주로 단음절의 단어가 온다. 서면어에서 사용한다. ① 文章虽短, 但是内容不错。(Wénzhāng suī duǎn, dànshì nèiróng búcuò.) 문장은 짧지만 그러나 내용은 좋다. ② 天气虽冷, 屋里却很暖和。(Tiānqì suī lěng, wūli què hěn nuǎnhuo.) 날씨가 춥지만 방안은 오히려 매우 따스하다. ③ 房子旧虽旧, 倒还干净。(Fángzi jiù suī jiù, dào hái gānjìng.) 집이 비록 낡기는 낡았지만 그래도 아직 깨끗하다.

[虽然] suīrán 접속사

(1) "비록…일지라도"의 의미로, 양보와 전환을 표시한다. 먼저 모종의 사실을 인정하고 뒤에 상반되는 일면을 지적한다. 뒤에 "但是", "可", "却", "倒", "还是" 등의 허사와 함께 사용한다. ① 你的工作虽然平凡, 但是很重要。(Nǐde gōngzuò suīrán píngfán, dànshì hěn zhòngyào.) 당신의 일은 비록 평범하지만 매우 중요하다. ② 他虽然年高, 却极有兴头。(Tā suīrán nián gāo, què jí yǒu xìngtou.) 그는 나이가 많지만 아주 패기가 있다. ③ 他虽然年纪还小, 书可读了不少。(Tā suīrán niánjì hái xiǎo, shū kě dú le bù shǎo.) 그는 비록 나이가 아직 어리지만 읽은 책이 적지 않다. ④ 他虽然身体有

病, 精神倒还不错。(Tā suīrán shēntǐ yǒu bìng, jīngshén dào hái búcuò.) 그는 비록 몸에 병이 있을 지라도 정신은 오히려 좋다.

(2) 후반 구문에 사용하여, 모종 사실을 추인하고, 전반 구문을 강조한다. 단 주어 앞에서만 사용할 수 있다. 문언에 많이 사용한다. ① 他书倒读了不少, 虽然年纪还那么小。(Tā shū dào dú le bù shǎo, suīrán niánjì hái nàme xiǎo.) 그는 읽은 책이 적지 않지만 나이는 아직 상당히 어리다. ② 天还是很冷, 虽然现在已经是春天了。(Tiān háishi hěn lěng, suīrán xiànzài yǐjīng shì chūntiānle.) 날씨는 아직 매우 춥지만 지금은 이미 봄이다. ③ 出了痱子, 虽然觉得刺挠, 不可以抓。(Chūle fèizi, suīrán juéde cìnao, bù kě yǐ zhuā.) 땀띠가 나면 가려워도 긁으면 안 된다.

正误用例 (1) 他在工作时虽然不感到疲倦, 反而越干越起劲。(Tā zài gōngzuò shí suīrán bù gǎndào píjuàn, fǎn'ér yuè gàn yuè qǐ jìng.) 그는 일을 할 때 피곤함을 느끼지 않았을 뿐만 아니라 반대로 일을 할수록 더 힘이 난다.

(2) 这样极可珍贵的作品, 虽只剩下很不完整的一段, 但是很可惜的。(Zhèyàng jí kě zhēnguì de zuòpǐn, suī zhǐ shèng xià hěn bù wánzhěng de yíduàn, dànshì hěn kěxí de.) 이렇게 극히 귀중한 작품이 비록 불완전하게 일부분만 남아 있어 매우 애석하다.

여기서 "虽然"은 양보와 전환을 표시한다.

예문 (1)에서는 순차적인 관계가 더욱 깊이 발전함을 표시하므로 "虽然"을 "不但"으로 바꾸어야 한다.

예문 (2)에서는 양보나 전환의 어감이 없으므로 "虽"와 "但"이 모두 필요하지 않다.

[虽说] suīshuō 접속사

"비록 … 이라도"의 의미로 "虽然(suīrán)"과 용법이 같다. ① 虽说天气热, 毕竟好些了。(Suīshuō tiānqì rè, bìjìng hǎoxiē le.) 비록 날씨가 덥긴 하지만 결국 좀 좋아졌다. ② 他虽说是部长, 其实是次长拿事。(Tā suīshuō shì bùzhǎng, qíshí shì cìzhǎng ná shì.) 그는 비록 부장이지만, 실제로는 차장이 실권을 쥐고 있다. ③ 嘴里虽说不喜欢, 心里

可是巴不得。(Zuǐ lǐ suīshuō bù xǐhuan, xīnlǐ kěshì bābude.) 입으로는 좋아하지 않는다고 말하지만, 마음속으로는 간절히 바란다.

[虽则] suīzé 접속사

"비록 … 이지만"의 의미로 "虽然"과 용법이 같다. 구어체에서 많이 사용한다. ① 过程虽则不同, 结果却是一样。(Guòchéng suīzé bùtóng, jiēguǒ quèshì yíyàng.) 비록 과정은 같지 않지만 결과는 같다. ② 奶奶虽则上了年纪, 精神还是挺好。(Nǎinai suīzé shàngle niánjì, jīngshén háishi tǐng hǎo.) 할머니는 비록 나이가 많지만 정신은 아직도 매우 좋다.

[随] suí 개사와 부사, 접속사의 용법이 있다.

(一) 개사

(1) "…에 따라"의 의미로, 단독적인 명사와 개사구조를 이루어, 동작 행위가 의거하는 조건을 표시한다. ① 湖边的垂柳不时地随风摆舞。(Hú biānde chuíliǔ bùshí de suí fēng bǎi wǔ.) 호숫가의 수양버들은 수시로 바람에 따라 춤을 춘다. ② 荷花随风游游荡荡地摇摆着。(Héhuā suí fēng yóuyoudàngdàng de yáobǎizhe.) 연꽃이 바람에 하늘거리고 있다. ③ 必须熟练地掌握技术方得随心应手。(Bìxū shúliàn di zhǎngwò jìshù fāng dé suíxīn yìngshǒu.) 기술을 숙련되게 익히고 나서야 비로소 뜻대로 할 수가 있다.

(二) 부사

"언제든지", "수시로"의 의미로, 일반적으로 뒤에 단독적인 동사가 오며, 전후의 동작이 긴밀하게 발생함을 표시한다. ① 他们服务好, 修理水电随叫随到。(Tāmen fúwù hǎo, xiūlǐ shuǐdiàn suí jiào suí dào.) 그들은 서비스가 좋다. 물과 전기를 수리하는데 언제든지 부르면 온다. ② 新到的图书随登记随上架, 一点不乱。(Xīn dàode túshū suí dēngjì suí shàngjià, yìdiǎn bú luàn.) 새로 도착한 도서가 등기를 하면 서가에 꽂고 조금도 흩어짐이 없다. ③请大家随到随吃, 不用等。(Qǐng dàjiā suí dào suí chī, búyòng děng.) 모두 도착하는 대로 드십시오, 기다릴 필요 없습니다.

(三) 접속사

"…에도 불구하고"의 의미로, 조건의 제한을 받지 않음을 표시한다. 뒤에 임의로 지적하는 의문대명사가 많이 온다. "随便"과 교환하여 사용할 수 있고 주로 구어체에서 사용한다. ① 随你怎么说, 他不动心。(Suí nǐ zěnme shuō, tā bú dòngxīn.) 당신이 무엇이라 말할지라도 그는 마음이 움직이지 않는다. ② 随他说什么, 只要我们觉得对, 就継续干。(Suí tā shuō shénme, zhǐyào wǒmen juéde duì, jiù jìxù gàn.) 그가 무엇이라 말하던 간에 단지 우리가 옳다고 생각하면 계속 해라.

[관용적 용법] "随波逐流"(suíbō zhúliú)(물결치는 대로 표류하다 ; 남의 장단에 춤을 추다), "随风转舵"(suí fēng zhuǎn duò)(바람에 따라 키를 돌리다 ; 일의 형세를 보고 행동하다) 등이 있다.

[실사] "去不去随他。"(Qù bu qù suí tā)(갈지 안 갈지 그에게 달렸다), "要借哪一本书随你的便。"(Yào jiè nǎ yì běn shū suí nǐde biàn.) (어떤 책을 빌리건 당신 편한 대로하라)에서 "随"는 동사다.

[随便] suíbiàn 접속사

"…를 막론하고"의 의미로, 어떤 조건하에서도 결과가 동일함을 표시한다. 임의로 지적하는 의문대명사를 뒤에 많이 사용한다. "也", "都", "总" 등의 부사와 함께 사용한다. ① 这道题随便怎样难, 我也要解决它。(Zhè dào tí suíbiàn zěnyàng nán, wǒ yě yào jiějué tā.) 이 문제가 어떻게 어렵던 간에 나는 그것을 해결할 것이다. ② 今天去还是明天去, 随便哪一天去我都可以。(Jīntiān qù háishi míngtiān qù, suíbiàn nǎ yìtiān qù wǒ dōu kěyǐ.) 오늘 갈 것인지 아니면 내일 갈 것인지 어느 날 가건 나는 다 좋다. ③ 随便你怎么解释, 他总是不相信。(Suíbiàn nǐ zěnme jiěshì, tā zǒng shì bù xiāngxìn.) 당신이 어떻게 설명하건 간에 그는 결국 믿지 않는다.

[비교] "随便" 뒤에 만약 인칭대명사나 명사를 사용하면, 일반적으로 위의 예문 ③와 같이 "随"를 사용하여 대신할 수 있다.

[주의] "这个人说话很随便。" (Zhège rén shuōhuà hěn suíbiàn.) (이 사람은 말을 매우 마음대로 한다)에서 "随便"은 "마음대로 하다"의 뜻으로 형용사다.

[随后] suíhòu 부사

"뒤이어"의 의미로, 뒤의 상황이 앞의 상황에 따라서 발생함을 표시한다. 주로 "就"와 함께 사용하고, 시간적으로 전후 서로 관련된 것을 강조한다. ① 吃下饭休息半小时, 随后在一点锺上班。(Chīxià fàn xiūxi bàn xiǎoshí, suíhòu zài yīdiǎn zhōng shàngbān.) 밥을 먹은 후 반시간 휴식하고 뒤이어 한시에 출근한다. ② 一排冲上去了, 二排随后接应。(Yī pái chōngshangqu le, èr pái suíhòu jiēyìng.) 1소대가 돌격하자 2소대가 뒤따라 호응했다. ③ 你们先走, 我随后就去。(Nǐmen xiān zǒu, wǒ suíhòu jiù qù.) 당신들이 먼저 가라 나는 뒤이어 곧 가겠다. ④ 国庆前后是北京气候最好的时节, 随后就要慢慢冷了。(Guóqìng qiánhòu shì Běijīng qìhòu zuì hǎo de shíjié, suíhòu jiù yào mànman lěngle.) 국경일을 전후하여 북경 기후가 가장 좋은 시절이다. 뒤이어 곧 서서히 추워진다.

[비교] "以后"는 시간상 전후를 계승함을 표시하지만 "随后"에 비하여 긴박감이 덜하다.

[随即] suíjí 부사

"즉시", "곧"의 의미로 "立即(lìjí)와 동의어이다. ① 他先是一愣, 随即白瞪她一眼。(Tā xiānshì yí lèng, suíjí báidèng tā yì yǎn.) 그는 처음에 어안이 벙벙했지만, 곧 그녀를 사납게 쏘아 보았나. ② 皇上接到奏本, 随即派大臣。(Huángshang jiēdào zòuběn, suíjí pài dàchén.) 황제는 상소문을 받고 즉시 대신을 파견했다.

[随时] suíshí 부사

(1) "언제든지"의 의미로, 항상 동작이 지속하며 끊이지 않음을 표시한다. ① 您要是有意, 随时都可以出发。(Nín yàoshi yǒuyì, suíshí dōu kěyǐ chūfā.) 당신만 가고 싶다면 언제든 출발할 수 있습니다. ② 提高警惕, 随时注意防火。(Tígāo jǐngtì, suíshí zhùyì fánghuǒ.) 경계심을 높이고 언제든지 방화에 주의하라. ③ 基督徒随时准备传道。(Jīdūtú suíshí zhǔnbèi chuándào.) 기독교도는 언제든지 전도를 준비한다. ④ 有问题可以随时来问我。(Yǒu wèntí

kěyǐ suíshí lái wèn wǒ.) 문제가 있으면 아무 때나 나에게 물으러
와도 좋다.

(2) "제때"의 의미로, 상황이 그 즉시 출현함을 표시한다. ① 公司应当随
时表扬爱司如家的模范司员。(Gōngsī yīngdāng suíshí biǎoyáng ài
sī rújiā de mófàn sīyuán.) 회사는 회사를 제 집과 같이 사랑하는
모범 사원을 제때에 표창해야 한다. ② 各省情形不一, 因地制宜,
随时变通。(Gè shěng qíngxíng bù yī, yīndì zhìyí, suíshí biàntōng.)
각 성마다 상황이 달라 지역의 구처젝 실정에 따라서 맞게 제때에
변통한다.

【随着】 suízhe 개사와 부사 두 가지 용법이 있다.

(一) 개사

"…에 따라서" (跟着)의 의미로 개사구조를 이루어, 모종의 결과가 발
생함에 필요한 조건을 표시한다. ① 随着生产的发展, 生活也有了很
大的改善。(Suízhe shēngchǎn de fǎzhǎn, shēnghuó yě yǒule hěn dàde
gǎishàn.) 생산의 발전에 따라 생활도 크게 개선되었다. ② 产品的成本
随着生产率提高而递减。(Chǎnpǐn de chéngběn suízhe shēngchǎnlǜ
tígāo ér dìjiǎn.) 제품의 원가는 노동 생산성이 높아짐에 따라 감소한다.
③ 快乐的心随着歌声跳荡。(Kuàilè de xīn suízhe gēshēng tiàodàng.)
노래 소리에 따라 흥겨운 가슴이 몹시 들먹인다.

(二) 부사

"즉시"의 의미로 사용한다. 随着派了一个官员前去接洽。(Suízhe pàile
yíge guānyuán qián qù jiēqià.) 즉시 한 관리를 보내어 협상을 하게
했다.

【所】 suǒ 조사

(1) "…하는 바의 것"이란 의미로, 동사 앞에 사용하여 동사와 명사성
구문을 이루어 뒤의 단어나 구문을 수식한다. 기본적으로 "명사+
所+동사+的"의 형태로 명사를 수식한다. 서면어에서 많이 사용한
다. ① 这项革新在生产上所起的作用很大。(Zhè xiàng géxīn zài
shēngchǎn shàng suǒ qǐde zuòyòng hěn dà.) 이 혁신은 생산에 기

여하는 작용이 매우 크다. ② 大家所提的意见。(Dàjiā suǒ tíde yìjiàn.)여러 사람들이 제기한 의견. ③ 大家所讲的我都记录下来了。(Dàjiā suǒ jiǎngde wǒ dōu jìlùxialaile.) 모두가 말한 것을 나는 다 기록해 놓았다.

⑵ 동사 앞에 놓아, 전면의 "被", "为"와 함께 사용하여 피동을 표시한다. 주로 고문에서 많이 사용한다. ① 这个科学结论早已被实践所证明。(Zhège kēxué jiélùn zǎoyǐ bèi shíjiàn suǒ zhèngmíng.) 이 과학적 결론은 이미 실천에 의해 증명되었다. ② 为人所笑。(Wéirén suǒ xiào.) 남들의 웃음거리가 되다. ③ 我们深为他的博爱主义精神所感动。(Wǒmen shēn wéi tāde bó'ài zhǔyì jīngshén suǒ gǎndòng.) 우리는 그의 박애주의 정신에 깊이 감동되었다.

설명 단음절의 동사와 함께 "所"자 구조를 이루어 명사를 대신한다. ① 他们每月所得, 一半存入银行。(Tāmen měi yuè suǒdé, yíbàn cún rù yínháng.) 그들은 매월 소득의 절반을 은행에 저금한다. ② 沿途所见所闻, 他全都记入笔记本。(Yántú suǒ jiàn suǒ wén, tā quán dōu jì rù bǐjìběn.) 길가를 따라 보고들은 바를 그는 전부 노트에 기록했다.

관용적 용법 "所向无敌"(suǒxiàngwúdí)(가는 곳마다 당할 자가 없다), "前所未有"(qiánsuǒ wèiyǒu)(이전에는 없었다), "各取所需"(gè qǔ suǒ xū)(각자 필요한 만큼 갖다).

正误用例 ⑴ 他在说这话的时候, 正好有许多蚂蚁爬来, 他被其中一只所咬了。(Tā zài shuō zhè huàde shíhou, zhènghǎo yǒu xǔduō mǎyǐ pá lái, tā bèi qízhōng yì zhī suǒ yǎole.) 그가 이 말을 할 때 마침 수많은 개미가 기어 올라와 그 중의 한 마리에게 물렸다.

⑵ 美国是以基督教所联合起来的, 所以它能正确地领导人民, 取得自由。(Měiguó shì yǐ Jīdūjiào suǒ liánhé qǐlai de, suǒyǐ tā néng zhèngquè di lǐngdǎo rénmín, qǔdé zìyóu.) 미국은 기독교로 연합되었다. 그래서 기독교가 정확하게 인민을 이끌어 자유를 얻었다.

"所"와 함께 "被"를 사용하여 피동을 표시한다.

위의 예문 ⑴에서 "他被其中一只所咬(tā bèi qízhōng yì zhǐ suǒ yǎo)"는 피동식의 문장이지만, 이러한 형식에서 동

사는 시간을 표시하지 않는다 ; "咬" 뒤에 시태조사 "了"
를 사용하면 "被…所…"의 형식을 사용할 수 없다. 그러므
로 "所"를 생략하여야 한다.
예문 (2)에서 "以"는 "所"와 같이 사용할 수 없다. 그러므로
"所"나 "以"중의 하나를 생략하거나 전부 생략하여도 무
방하다.

[所以] suǒyǐ 접속사

(1) "그러므로"의 의미로 사용된다. 인과관계의 문장에서, "所以"에 의
하여 나누어지는 구문은 일반적으로 후반에 위치하고, 결론 혹은
결과를 표시한다. 전반 구문에는 주로 "因为", "由于" 등의 접속사
를 사용하여 원인이나 이유를 설명한다. ① 这个会很重要, 所以要
求全体参加。(Zhège huì hěn zhòngyào, suǒyǐ yàoqiú quántǐ cānjiā.)
이 회의는 매우 중요하다. 그러므로 전체가 참가할 것을 요구한다.
② 这间屋子向阳, 所以暖和。(Zhè jiān wūzi xiàng yáng, suǒyǐ
nuǎnhuo.) 이 방은 남향이어서 따뜻하다. ③ 因为今天有病, 所以
我没上学。(Yīnwèi jīntiān yǒu bìng, suǒyǐ wǒ méi shàngxué.) 오
늘 병 때문에 나는 학교에 가지 않았다. ④ 由于电力不足, 所以晚上
几乎不能工作。(Yóuyú diànlì bùzú, suǒyǐ wǎnshang jīhū bùnéng
gōngzuò.) 전력이 부족하기 때문에 저녁에 거의 일을 할 수 없다.
(2) "… 한 이유는"이란 의미로 원인이나 이유를 강조하기 위하여, 먼저
결과나 결론을 말할 수 있다 ; "…(之)所以…是因为(由于)…"의
형식을 이용한다. 서면어에서 사용한다. ① 他所以能成功, 亏得手
下有人。(Tā suǒyǐ néng chénggōng, kuīde shǒuxià yǒu rén.) 그가
성공할 수 있었던 까닭은 다행히 부하 중에 견실한 사람이 있었던
덕택이다. ② 这本小说之所以受欢迎, 是因为它内容生动, 富有
教育意义。(Zhè běn xiǎoshuō zhī suǒyǐ shòu huānyíng, shì yīnwèi
tā nèiróng shēngdòng, fùyǒu jiàoyù yìyì.) 이 소설이 환영을 받는
이유는 소설의 내용이 생동적이고 교육적 의의가 풍부하기 때문이다.
③ 我们(之)所以赞成, 是因为它反映了群众的迫切愿望。(Wǒmen
(zhī) suǒyǐ zànchéng, shì yīnwèi tā fǎnyìngle qúnzhòng de pòqiè
yuànwàng.) 우리들이 찬성한 이유는 그것이 대중의 절실한 바램을
반영했기 때문이다.

주의 "所以"나 "之所以"는 주어 뒤에서만 사용할 수 있다.

실사 "一个人要有自知之明, 不要忘乎所以。"(Yíge rén yào yǒu zìzhīzhīmíng, búyào wànghū suǒyǐ.) (사람은 자신의 능력을 정확히 알아야 하고, 당연한 이치를 잊지 말아야 한다)에서 "所以"는 명사이다.

正误用例 (1) 为了满足顾客及时买到鲜鱼, 所以菜场提前在五点钟开秤。(Wèile mǎnzú gùkè jíshí mǎi dào xiān yú, suǒyǐ càichǎng tíqián zài wǔdiǎn zhōng kāichèng.) 고객이 적시에 신선한 생선을 구입하는 것을 만족시키기 위하여 그러므로 시장은 5시 이전에 문을 연다.

(2) 作文昨天就已经写好了, 既然写好了, 所以今天就可以交了。(Zuòwén zuótiān jiù yǐjīng xiě hǎole, jìrán xiě hǎole, suǒyǐ jīntiān jiù kěyǐ jiāole.) 작문은 어제 이미 다 썼다. 이미 다 썼으므로 오늘 제출할 수 있다.

위에서 "所以"는 원인에 근거하여 결과를 말하는 것이다. 예문 (1)은 인과관계가 아니다. 그러므로 당연히 "所以"를 생략해야 한다. 만약 "所以"를 사용하려면 "因为顾客想及时买到鲜鱼, 所以菜场提前在五点钟开秤。"(Yīnwèi gùkè xiǎng jíshí mǎi dào xiān yú, suǒyǐ càichǎng tíqián zài wǔ diǎn zhōng kāichèng.)이라고 말해야 한다.

예문 (2)에서 "既然"은 "所以"와 함께 사용할 수 없다. 전반적으로 문장이 너무 조잡하여 "作文昨天已经写好, 今天可以交卷。"(Zuòwén zuótiān yǐjīng xiě hǎo, jīntiān kěyǐ jiāojuàn.)으로 간단명료하게 고치는 것이 좋다. "所以"를 사용할 필요가 없다.

S

[索性] suǒxìng 부사

(1) "차라리"의 의미로, 단도직입적인 것을 표시한다. 주로 구어체에서 많이 사용한다. ① 夏天索性把头剃光了倒凉快。(Xiàtiān suǒxìng bǎ tóu tìguāngle dào liángkuai.) 여름에는 아예 머리를 박박 깎아 버리는 것이 오히려 시원하다. ② 文章涂改太多, 看不清楚, 索性重抄一遍。(Wénzhāng túgǎi tài duō, kàn bu qīngchu, suǒxìng

chóng chāo yíbiàn.) 문장을 칠하고 고친 것이 너무 많아 정확히 볼 수 없으니 차라리 다시 한번 써라. ③ 既然已经做了, 索性就把它做完! (Jìrán yǐjīng zuòle, suǒxìng jiù bǎ tā zuòwán!) 이왕 이미 시작한 이상 아예 그것을 다 끝내자. ④ 我们索性加个夜班干完它, 免得把尾巴留到明天。(Wǒmen suǒxìng jiā ge yèbān gàn wán tā, miǎndé bǎ wěibā liú dào míngtiān.) 우리 차라리 야근을 하여 그것을 마치자. 일을 내일까지 남겨놓는 것을 피하기 위해.

(2) "마음껏", "부끄러움도 없이"의 의미로 사용한다. ① 他索性放声大哭起来了。(Tā suǒxìng fàngshēng dà kūqǐlai le.) 그는 부끄러움도 없이 목을 놓아 울기 시작했다. ② 索性摆出自己的观点, 看谁能说服别人。(Suǒxìng bǎichū zìjǐde guāndiǎn, kàn shéi néng shuōfú biérén.) 마음껏 자신의 관점을 설명하여 누가 사람들을 설득할 수 있는지 보자.

주의 "索性"을 "爽兴"(shuǎngxìng)으로 표기할 수도 있지만 후자는 비교적 적게 사용된다.

[太] tài 부사

(1) "극히", "대단히"의 의미로, 정도가 높음을 표시한다. 주로 칭찬, 과장 등에 많이 사용한다. 일반적으로 어감을 나타내는 조사 "了"를 사용하여 강조를 표시한다. ① 你参加我们的演出, 太好了。(Nǐ cānjiā wǒmen de yǎnchū, tài hǎole.) 당신이 우리 연출에 참가한다니 너무 좋다. ② 那大熊猫实在太可爱了。(Nà dà xióngmāo shízài tài kě'àile.) 그 큰 팬더는 정말 너무 사랑스럽다. ③ 你走得太快了, 我跟不上。(Nǐ zǒu de tài kuài le, wǒ gēn bu shàng.) 네가 너무 빨리 걸어서 나는 따라가지 못하겠다 ④ 房钱太贵, 我们租不起。(Fángqián tài guì, wǒmen zū bu qǐ.) 집세가 너무 비싸서, 우리는 빌릴 수 없다.

(2) "몹시", "지나친"의 의미로, 일반적인 상황을 지나쳤거나 혹은 정상적인 요구를 표시한다. 대체로 이상적이지 못하거나 여의치 않은 경우에 많이 사용한다. ① 文章太长, 需要删改一下。(Wénzhāng tài cháng, xūyào shāngǎi yíxià.) 문장이 너무 길어 참삭할 필요가 있다. ② 情节太复杂, 一时还弄不清楚。(Qíngjié tài fùzá, yìshí hái nòng bu qīngchu.) 구성이 너무 복잡하여 일시에 이해할 수 없다. ③ 开水太烫, 凉一凉再喝。(Kāishuǐ tài tàng, liáng yi liáng zài hē.) 끓인 물이 몹시 뜨거우니 식혀서 마셔라. ④ 这孩子太娇气, 功课也太差劲。(Zhè háizi tài jiāoqì, gōngkè yě tài chàjìng.) 이 아이는 지나치게 교만하고 공부도 너무 형편없다.

(3) 앞에 "不"를 사용하여, "별로", "그다지"의 의미로 긍정의 정도가 감소함을 표시한다. 부드러운 어감을 갖는다. ① 你这样宠养孩子,

不太好吧。(Nǐ zhèyàng chǒng yǎng háizi, bú tài hǎo ba.) 당신이 이렇게 아이를 총애하는 것은 별로 좋지 않겠지. ② 我跟他认识倒认识, 就是不太熟。(Wǒ gēn tā rènshi dǎo rènshi, jiùshì bú tài shú.) 나는 그를 좀 알기는 알지만, 그다지 잘 알지는 못한다. ③ 我一向住在农村, 不太喜欢城市生活。(Wǒ yíxiàng zhù zài nóngcūn, bú tài xǐhuan chéngshì shēnghuó.) 나는 계속 농촌에서 살았고 도시생활을 별로 좋아하지 않는다. ④ 我对股票之类的东西不太关心。(Wǒ duì gǔpiào zhīlèi de dōngxi bú tài guānxīn.) 나는 주식 따위에는 별 관심이 없다.

(4) 뒤에 "不" 혹은 "没有"를 사용하여, 부정의 정도를 강조함을 표시한다. 문장 끝에 일반적으로 어감을 표시하는 조사 "了"를 사용한다. ① 迟起晚睡, 这习惯太不好了。(Chí qǐ wǎn shuì, zhè xíguàn tài bù hǎole.) 늦게 자고 늦게 일어나는 이 습관은 대단히 좋지 않다. ② 每天上下班要换三次车, 太不方便了。(Měitiān shàngxià bān yào huàn sāncì chē, tài bù fāngbiànle.) 매일 출퇴근에 세 번 차를 갈아타서 너무 불편하다. ③ 上班时间干私活, 太不象话。(Shàngbān shíjiān gàn sīhuó, tài bú xiàng huà.) 근무시간에 사적인 일을 하는 것은 말도 안 된다. ④ 这里环境太不好, 住不了。(Zhèlǐ huánjìng tài bù hǎo, zhù bu liǎo.) 여긴 환경이 너무 안 좋아 살 수가 없다.

[倘] tǎng 접속사

"혹시 … 라면"이란 의미로 뒤에 단음절의 단어가 온다. "倘若(tǎngruò)"와 동의어이다. ① 倘有失闪, 谁来负责?(Tǎng yǒu shīshan, shéi lái fùzé?) 뜻밖에 사고라도 생기면, 누가 책임을 지는 것인가? ② 倘有些兜搭, 恐不方便。(Tǎng yǒuxiē dōu dā, kǒng bù fāngbiàn.) 만약 성가신 일이 생기면 아마 좋지 않을 것 같다.

[倘然] tǎngrán 접속사

"만약 … 라면"의 의미로 사용한다. "倘若(tǎngruò)"를 참고하라.

[倘若] tǎngruò 접속사

"만약… 한다면"의 의미로, 가정을 표시한다. 전반 구문에 사용하고 후반 구문은 그것에 근거하여 추론한 결론 혹은 의문을 제시한다. ① 倘若不能来, 请先期通知。(Tǎngruò bù néng lái, qǐng xiānqī tōngzhī.) 만약 못 오신다면, 미리 통지해 주십시오. ② 工作倘若有困难, 大家会设法帮助你。(Gōngzuò tǎngruò yǒu kùnnán, dàjiā huì shèfǎ bāngzhù nǐ.) 업무에 만약 곤란한 점이 있으면 모두 당신을 도울 방법을 강구할 수 있다. ③ 农民倘若不识天, 如何种田? (Nóngmín tǎngruò bù shí tiān, rúhé zhòngtián?) 농민이 만약 날씨를 모른다면 어떻게 농사를 짓겠는가?

동의어 "倘", "倘使", "倘然" 등은 "倘若"의 의미로, 주로 서면어에서 사용한다. "倘"의 용법은 "如"와 동일하고, 일반적으로 주어 앞에서 사용하지 않는다. ① 你们倘有意见, 尽管提出。(Nǐmen tǎng yǒu yìjiàn, jǐnguǎn tíchū.) 당신들이 만약 의견이 있다면 사양하지 말고 말하시오. ② 倘使你这次不去, 以后恐怕没有机会了。(Tǎngshǐ nǐ zhè cì bú qù, yǐhòu kǒngpà méiyǒu jīhuìle.) 만약 당신이 이번에 가지 않으면 이후 아마도 기회가 없을 것이다.

[倘使] tǎngshǐ 접속사

"만약 … 이라면"의 의미로 사용한다. "倘若(tǎngruò)"를 참고하라.

[特] tè 부사 "特别(tèbié)"를 참고하라.

[特別] tèbié 부사

(1) "매우"의 의미로, 정도가 일반보다 지나치거나 다른 것을 표시한다. ① 今天特别热。(Jīntiān tèbié rè.) 오늘은 매우 덥다. ② 早晨的空气特别新鲜。(Zǎochén de kōngqì tèbié xīnxiān.) 새벽의 공기가 매우 신선하다. ③ 这个戏第三幕特别感动人。(Zhège xì dì sān mù tèbié gǎndòng rén.) 이 연극은 제삼막이 매우 사람을 감동시킨다.

(2) "특별히", "일부러"의 의미로, 어떤 일을 위하여 전적으로 행동하는

것을 표시한다. ① 临上车时我特别嘱咐了他几句。(Lín shàng chē shí wǒ tèbié zhǔfùle tā jǐ jù.) 차에 오를 때 나는 특별히 그에게 몇 마디 당부했었다. ② 这几本参考书是妈妈特别为你买的。(Zhè jǐ běn cānkǎo shū shì māma tèbié wèi nǐ mǎi de.) 이 참고서 몇 권은 어머니가 특별히 당신을 위하여 구입한 것이다. ③ 他把节约的问题特别提出来请大家讨论。(Tā bǎ jiéyuē de wèntí tèbié tí chulai qǐng dàjiā tǎolùn.) 그는 절약이란 문제를 특별히 제시하여 모두와 토론했다. ④ 散会的时候, 厂长特别把他留下来。(Sànhuì de shíhou, chǎngzhǎng tèbié bǎ tā liúxiàlai.) 산회할 때 공장장은 특별히 그를 남게 하다.

(3) "특히"의 의미로, 여러 사물 가운데 한 가지를 선택하여 자세히 설명함을 표시한다. 주로 "是"와 함께 사용하여, 강조를 표시한다. ① 赞美爱好体育运动, 特别爱好游泳。(Zànměi àihào tǐyù yùndòng, tèbié àihào yóuyǒng.) 찬미는 체육운동을 좋아한다. 특히 수영을 좋아한다. ② 这个节目特别吸引观众。(Zhège jiémù tèbié xīyǐn guānzhòng.) 이 프로그램은 특히[유달리] 관중을 끈다. ③ 他各门功课都好, 特别是数学课。(Tā gè mén gōngkè dōu hǎo, tèbié shì shùxué kè.) 그는 모든 과목을 잘하지만 특히 수학을 잘한다.

동의어 "特"를 "格外", "非常"의 의미로 설명할 수도 있다. 예를 들어, "这种产品, 质量特好。"(Zhè zhǒng chǎnpǐn, zhìliàng tè hǎo.)(이런 종류의 물품은 품질이 특히 좋다) ; 또 "特地"의 의미로 설명할 수도 있다. 예를 들어, "新产品试制成功, 特来向你们报喜。"(Xīn chǎnpǐn shìzhì chénggōng, tè lái xiàng nǐmen bàoxǐ.)(신상품의 시험제조가 성공하여 특별히 당신들에게 기쁜 소식을 전한다) ; 그러나 "尤其(yóuqí : 특히)"의 의미로 사용할 수는 없다 ; "特" 뒤에는 주로 단음절의 단어가 온다.

실사 "这件衣服式样很特别。"(Zhè jiàn yīfu shìyàng hěn tèbié.)(이 의복의 스타일이 매우 특별하다)에서 "特别"는 형용사다.

[特地] tèdì 부사

(1) "일부러", "모처럼"의 의미로, 모종의 사건을 위하여 전적으로 행동을 함을 표시한다. ① 我今天特地起个早给你送行。(Wǒ jīntiān tèdì qǐ ge zǎo gěi nǐ sòngxíng.) 나는 오늘 일부러 일찍 일어나 당신

을 환송한다. ② 辛辛要上学了, 叔叔特地买了个书包送给他。 (Xīn xīn yào shàngxuéle, shūshu tèdì mǎile ge shūbāo sòng gěi tā.) 신신(辛辛)이 곧 진학을 하게 되자, 숙부는 모처럼 책가방을 사서 그에게 주었다. ③ 他昨天特地来看你。(Tā zuótiān tèdì lái kàn nǐ.) 그가 어제 당신을 일부러 보러 왔었다.

⑵ "특별히", "각별히"의 의미로 사용한다. ① 政府特地派他到美国。 (Zhèngfǔ tèdì pài tā dào Měiguó.) 정부는 특별히 그를 미국에 파견 하였다. ② 这篇文章很好, 我特地摘录了几段。(Zhè piān wénzhāng hěn hǎo, wǒ tèdì zhāilù le jǐ duàn.) 이 글이 퍽 좋아서 나는 특별히 몇 단락을 따서 적었다.

> 동의어 "特为"(tèwèi), "特意"(tèyì)와 "特地"(tèdì)의 의미는 같고, 교환 사용할 수 있다 ; "特意"(tèyì)는 주관적인 희망을 강조한다.

[特为] tèwèi 부사

"특히 일부러"의 의미로 "特地(tèdì)"의 동의어이다. ① 我特为来请你 们去帮忙。(Wǒ tèwèi lái qǐng nǐmen qù bāngmáng.) 너희들의 도움을 청하려고 내가 일부러 왔다. ② 特为布闻敬希鉴谅。(Tèwèi bùwén jìng xī jiànliàng.) 특별히 말씀드리오니 양찰하여 주시기 바랍니다.

[特意] tèyì 부사

"특히 일부러"의 의미로 "特地(tèdì)"의 동의어이다. ① 谢谢你特意来 接我们。(Xièxie nǐ tèyì lái jiē wǒmen.) 일부러 우리를 마중나와 주셔서 감사합니다. ② 设计师特意将墙面设计得较为规整。(Shèjìshī tèyì jiāng qiángmiàn shèjì de jiào wéi guīzhěng.) 설계사는 특히 벽면 설계를 비교적 정연하게 했다.

[替] tì 개사

"…을 위하여", "… 때문에"의 의미로 명사 혹은 대명사와 함께 개사구 조를 이루어 동작 행위의 대상을 표시한다. ① 我不在意, 他倒替我着 急。(Wǒ bú zàiyì, tā dào tì wǒ zháojí.) 나는 개의치 않는데 그가 오히 려 나 때문에 조급해한다. ② 球队在国际比赛中替祖国争得了荣

誉。(Qiú duì zài guójì bǐsài zhōng tì zǔguó zhēng déle róngyù.) 구기팀이 국제시합에서 조국을 위해 영예를 쟁취했다. ③ 小张被评为最佳营业员, 大家替他高兴。(Xiǎo Zhāng bèi píng wéi zuì jiā yíngyèyuán, dàjiā tì tā gāoxìng.) 장군이 최우수 영업사원으로 뽑힘을 받아 모두 그 때문에 기뻐한다. ④ 大家攒钱替他解决问题。(Sàjiā cuánqián tì tā jiějué wèntí.) 모두들 돈을 걷어 그를 위하여 문제를 해결해 주었다.

[비교] 행동을 표시할 때, "替"를 "为"나 "给"로 바꿀 수 있다. 그러나 "为"는 "为实现宣教运动奋斗终身。"(Wèi shíxiàn xuānjiào yùndòng fèndòu zhōngshēn.) (선교운동을 실현하기 위하여 종신토록 분투하라) 처럼 목적을 표시하고 "给"는 "书给孩子们拿走了。"(Shū gěi háizimen ná zǒule.) (책이 아이에게 가져감을 당했다 ; 아이가 책을 가져갔다), "小朋友给国旗敬礼。"(Xiǎo péngyou gěi guóqí jìnglǐ.) (어린아이가 국기를 향하여 경례하다) 등과 같이 피동이나 방향을 표시한다.

[실시] "今夜我替你值班。"(Jīnyè wǒ tì nǐ zhíbān.) (오늘 밤 나는 당신을 대신하여 당직을 한다), "你的工作复杂, 我替不了。"(Nǐ de gōngzuò fù zá, wǒ tì bu liǎo.) (당신의 일이 복잡하여 나는 대신할 수 없다)에서 "替"는 "대체하다"의 의미로 동사다.

[挺] tǐng 부사

"매우", "대단히"의 의미로, 정도가 상당히 높음을 표시한다. 그러나 정도가 "很" 보다는 약하다. ① 服务员对顾客挺有礼貌。(Fúwùyuán duì gùkè tǐng yǒu lǐmào.) 서비스요원은 고객에게 매우 예절바르다. ② 我挺喜欢赞美这女孩子。(Wǒ tǐng xǐhuan Zànměi zhè nǚ háizi.) 나는 찬미란 이 여자아이를 상당히 좋아한다. ③ 你挺会说笑话。(Nǐ tǐng huì shuō xiàohuà.) 당신은 농담을 아주 잘 하시네요. ④ 两家婚事办得都挺火暴。(Liǎng jiā hūnshì bàn de dōu tǐng huǒbào.) 양가의 혼사는 다 아주 성대하게 치렀다.

[通常] tōngcháng 부사

"평상", "일반"의 의미로, 상황이 특수한 조건하에서 발생하지 않았음을 표시한다. ① 我通常早上六点起床。(Wǒ tōngcháng zǎoshang liù diǎn qǐchuáng.) 나는 평상시 아침 6시에 일어난다. ② 图书馆通常星期一停止开放。(Túshūguǎn tōngcháng xīngqīyī tíngzhǐ kāifàng.) 도서관은 평상시 월요일에 휴관을 한다. ③ 我们通常一个月作一次工作小结。(Wǒmen tōngcháng yíge yuè zuò yícì gōngzuò xiǎojié.) 우리는 통상적으로 한 달에 한번 업무상 결산을 한다.

[실시] "按照通常情况, 火车四点二十分到站。"(Ànzhào tōngcháng qíngkuàng, huǒchē sìdiǎn èrshí fēn dào zhàn.) (일반 상황에 따라 기차는 4시 20분에 도착한다)에서 "通常"은 명사다.

[通过] tōngguò 개사

(1) "…통하여"의 의미로, 특정한 수단과 방법을 통하여 목적을 이룸을 표시한다. ① 他通过自学完成了大学课程。(Tā tōngguò zìxué wánchéngle dàxué kèchéng.) 그는 자습을 통하여 대학 과정을 완성했다. ② 他们俩是通过介绍结婚的。(Tāmen liǎ shì tōngguò jièshào jiéhūn de.) 그들은 소개를 통해서 결혼을 했다. ③ 救济物资已通过海上运往灾区。(Jiùjì wùzī yǐ tōngguò hǎishang yùnwǎng zāiqū.) 구제물자가 이미 해상을 통하여 재난지역으로 운송되어 갔다. ④ 气象台通过电台发布天气预报。(Qìxiàngtái tōngguò diàntái fābù tiānqì yùbào.) 기상대는 방송을 통하여 일기예보를 발표한다.

(2) "通过"로 구성된 개사구조를 문두에 사용할 수 있다. 뒤에 정지가 오며 쉼표를 사용한다. ① 通过细节描写来表现人物性格。(Tōngguò xìjié miáoxiě lái biǎoxiàn rénwù xìnggé.) 세부 묘사를 통해서 인물의 성격을 표현하다. ② 通过长期的冬季锻炼, 他的风湿病好多了。(Tōngguò chángqī de dōngjì duànliàn, tā de fēngshī bìng hǎoduōle.) 장기간의 동계 단련을 통하여 그의 풍습병이 많이 좋아졌다. ③ 通过推荐, 他担任车间主任。(Tōngguò tuījiàn, tā dānrèn chējiān zhǔrèn.) 추천을 통하여 그가 작업장 주임을 담임한다.

[실시] "队伍通过主席台。"(Duìwǔ tōngguò zhǔxí tái.) (대열이 주석석을 통과한다), "路太窄, 汽车不能通过。"(Lù tài zhǎi, qìchē bùnéng tōngguò.) (길이 너무 좁아 자동차가 통과할 수 없다)에서 "通过"는 동사다.

[正误用例] 通过质量月的群众性活动, 给我厂生产带来了新的气象。

(Tōngguò zhìliàngyuè de qúnzhòng xìng huódòng, gěi wǒ chǎng shēngchǎn dàilaile xīn de qìxiàng.) 품질향상의 달(역주 : 1978년 9월부터 이러한 제도를 실시함)을 통한 군중성 활동은 우리 공장의 생산에 새로운 기운을 가져왔다. "通过"로 구성된 개사구조를 문장의 처음에 놓을 때, 구조적인 잘못을 범할 가능성이 있다. 이 문장은 주어가 불분명하다. 혹자는 후반 구문을 "我厂生产出现了新的气象。"(wǒ chǎng shēngchǎn chūxiànle xīn de qìxiàng.)으로 고쳐서 "生产"을 주어로 만든다 ; 혹은 "通过"를 사용하지 않고 "质量月的群众性活动给我厂生产带来了新的气象。"(Zhìliàng yuè de qúnzhòng xìng huódòng gěi wǒ chǎng shēngchǎn dài láile xīn de qìxiàng.)으로 고쳐서 "活动"을 주어로 만든다.

[通通] tōngtōng 부사

"모두", "전부"의 의미로 "统统(tǒngtǒng)"과 용법이 같다. ① 把旱地通通改成了水田。(Bǎ hàndì tōngtōng gǎichéngle shuǐtián.) 메마른 땅을 모두 논으로 만들었다. ② 这些零件通通换个新的。(Zhèxiē língjiàn tōngtōng huàn gè xīn de.) 이 부품들을 전부 새것으로 바꾸었다.

[通统] tōngtǒng 부사

"모두", "전부"의 의미로 "统统(tǒngtǒng)"과 용법이 같다.
所有旧家具通统不要了。(Suǒyǒu jiù jiājù tōngtǒng búyào le.) 모든 헌 가구는 전부 필요 없다.

[同] tóng 개사와 접속사, 부사의 용법이 있다.

(一) 개사

(1) "…와", "에게"의 의미로, 비교할 대상을 끌어들인다. 주로 "一样", "不一样", "相反"등과 같이 사용한다. ① 今年同过去几年一样，又是个丰收年。(Jīnnián tóng guòqù jǐ nián yíyàng, yòu shìge fēngshōu nián.) 금년은 과거 몇 년과 마찬가지로 또 풍년이다. ② 节日

的夜晚, 广场照耀得同白昼一样明亮。(Jiérì de yèwǎn, guǎngchǎng zhàoyào de tóng báizhòu yíyàng míngliàng.) 경축일 밤, 광장을 대낮과 같이 밝게 비추고 있다. ③ 你别着急, 我同你想个办法。(Nǐ bié zhāojí, wǒ tóng nǐ xiǎng ge bànfǎ.) 걱정하지 마라, 내가 네게 (너를 위해) 방법을 생각하겠다.

⑵ 동작의 대상을 끌어 들여, 관련이 있는 사람이나 사물을 표시한다. ① 有事应该多同群众商量。(Yǒushì yīnggāi duō tóng qúnzhòng shāngliáng.) 문제가 있으면 군중들과 주로 의논한다. ② 我们队昨天同校联队进行友谊比赛。(Wǒmen duì zuótiān tóng xiào lián duì jìnxíng yǒuyì bǐsài.) 우리팀은 어제 교연팀과 우정시합을 했다. ③ 发挥集体力量, 同自然灾害作斗争。(Fāhuī jítǐ lìliàng, tóng zìrán zāihài zuò dòuzhēng.) 단체의 힘을 발휘하여 자연 재해와 투쟁한다.

> **설명** 때로는 뒤에 나오는 "同"과 중복되는 사용을 피하기 위하여 "跟", "与" 혹은 "和"등과 교체 할 수 있다. ① 我的意见跟你相同。(Wǒ de yìjiàn gēn nǐ xiāngtóng.) 나의 의견은 당신과 같다. ② 我与同志们已多年不见了。(Wǒ yǔ tóngzhìmen yǐ duōnián bújiànle.) 나와 동지들은 이미 다년간 보지 못했다.

(二) 접속사

병렬된 연합관계를 표시한다. "和"의 용법과 같다. ① 老丁同老张都是上海人。(Lǎo Dīng tóng Lǎo Zhāng dōu shì Shànghǎi rén.) 정띵과 장형은 모두 상해 사람이다. ② 他在学习同工作方面都取得了良好的成绩。(Tā zài xuéxí tóng gōngzuò fāngmiàn dōu qǔdéle liánghǎo de chéngjì.) 그는 학습과 업무 방면에서 모두 양호한 성적을 거두었다.

> **비교** "跟", "与"와 "同"은 의미가 같고, 개사 또는 접속사로 교환하여 사용할 수 있다. "跟"은 주로 구어체에서, "与"는 주로 서면어에서 사용하고, "同"은 구어체나 서면어에서 모두 상용한다.

(三) 부사

"모두", "함께"의 의미로, 상황이 같음을 표시한다. ① 我们两国同属第三世界, 应该加强团结和合作。(Wǒmen liǎng guó tóngshǔ Dì sān shìjiè, yīnggāi jiāqiáng tuánjié hé hézuò.) 우리 양국은 모두 제삼세계에 속하므로 단결과 협력을 당연히 강화해야 한다. ② 两国人民同饮

一江水, 要世世代代友好下去。(Liǎng guó rénmín tóng yǐn yì jiāngshuǐ, yào shìshìdàidài yǒuhǎoxiaqu.) 양국 백성들은 모두 같은 강물을 마신다. 세세 무궁토록 우호를 유지하자. ③ 咱们老一辈过去同受旧社会的苦, 现在同享新社会的福。(Zánmen lǎo yí bèi guòqù tóng shòu jiù shèhuì de kǔ, xiànzài tóng xiǎng xīn shèhuì de fú.) 우리 늙은 세대들은 과거 구사회의 고통을 함께 받았고 현재 새로운 사회의 복을 함께 누린다.

▌[同时] tóngshí 부사와 접속사 두 가지 용법이 있다.

(一) 부사

동사 앞에 사용하여 행위가 동일한 시간에 발생함을 표시한다. ① 我家的两盆兰花昨天傍晚同时开放。(Wǒjiā de liǎng pén lánhuā zuótiān bàngwǎn tóngshí kāifàng.) 우리 집의 난 화분 두 개가 어제 저녁 동시에 꽃을 피웠다. ② 他们同时走了进来。(Tāmen tóngshí zǒule jìnlái.) 그들은 동시에 걸어들어 왔다. ③ 这个重要文件今天同时在各报刊登。(Zhège zhòngyào wénjiàn jīntiān tóngshí zài gè bào kāndēng.) 이 중요한 문서는 오늘 동시에 각 신문에 등재되었다.
　설명 "同时"는 사전에 따라 명사로 보기도 한다.

(二) 접속사

"동시에", "아울러"의 의미로, "又", "也", "还"등의 부사와 함께 사용하여 보다 상세하게 설명하는 것을 표시한다. 문장의 처음에 사용할 때는 뒤에 정지가 오고 쉼표를 사용한다. ① "和"是个连词, 同时又是个介词。("Hé" shìge liáncí, tóngshí yòu shìge jiècí.) "和"는 접속사이고 아울러 개사이다. ② 桌子太大了, 同时也太贵了。(Zhuōzi tài dà le, tóngshí yě tài guì le.) 테이블은 매우 크고 동시에 매우 비싸다. ③ 这是非常重要的任务, 同时也是十分艰巨的任务。(Zhè shì fēicháng zhòngyàode rènwù, tóngshí yěshì shífēn jiānjùde rènwù.) 이것은 대단히 중요한 임무이며, 동시에 아주 어려운 임무이기도 하다.

▌[同样] tóngyàng 접속사

"마찬가지로"의 의미로, 전후 상황이 동일 혹은 유사하거나, 혹은 이치가 완전히 일치함을 표시한다. 주로 문장의 첫 부분이나 구·절 등에서 사용하고 뒤에 정지가 오며 쉼표를 사용한다. ① 估值和流动性同样重要。(Gūzhí hé liúdòngxìng tóngyàng zhòngyào.) 평가와 유동성은 마찬가지로 중요하다. ② 美国人同样持批评态度。(Měiguó rén tóngyàng chí pīpíng tàidù.) 미국인은 마찬가지로 비판적 태도를 유지한다. ③ 因车祸, 六个乘客同样受了伤。(Yīn chēhuò, liù ge chéngkè tóngyàng shòuleshāng.) 교통사고 때문에 승객 6명이 마찬가지로 부상을 당했다.

설명 "同样"을 사용하여 대비하는 문장에서, 만약 대비하는 내용이 명확하면, "同样"을 생략하고 말하지 않을 수 있다. 예 理工科学生同样需要学一点文史知识。(Lǐgōngkē xuésheng tóngyàng xūyào xué yìdiǎn wénshǐ zhīshi.) 이공학과 학생도 마찬가지로 문학·역사지식을 일부 배울 필요가 있다.

실사 "同样两个人, 工作效率大不相同。"(Tóngyàng liǎng ge rén, gōngzuò xiàolù dà bù xiāngtóng.) (동일한 두 사람이 작업효율은 크게 다르다)에서 "同样"은 형용사다.

[统] tǒng 부사

"모두", "함께"의 의미로 "统统(tǒngtǒng)"과 용법이 같다. 또 "간절히"란 의미로 문언체에서 주로 사용한다. ① 这些东西统归你用。(Zhèxiē dōngxi tǒng guī nǐ yòng.) 이 물건들은 모두 네가 쓰도록 해라. ② 统希鉴原。(Tǒng xī jiàn yuán.) 깊이 살펴 결정하기를 간절히 바랍니다.

[统统] tǒngtǒng 부사

"모두", "전부"의 의미로, 예외가 없음을 표시한다. ① 除了值班人员, 其余的人统统走了。(Chúle zhíbān rényuán, qíyú de rén tǒngtǒng zǒule.) 당직 인원을 제외하고 나머지 사람들은 모두 갔다. ② 报纸、杂志统统放在阅览室里。(Bàozhǐ, zázhì tǒngtǒng fàng zài yuèlǎnshì li.) 신문·잡지가 전부 열람실 안에 놓여 있다. ③ 所有悲伤统统随风而去。(Suǒyǒu bēishāng tǒngtǒng suí fēng ér qù.) 모든 슬픔을 바람에 전부 날려 버리다.

동의어 "通通", "通统"과 "统统"은 의미가 같아 교환하여 사용할 수 있다. "统" 역시 "统统"의 의미지만, 뒤에 단음절의 단어만 온다.
① 贼把他们家穿的用的统统偷走了。(Zéi bǎ tāmen jiā chuān de yòng de dōu tōu zǒu le) 도둑이 그들집의 옷 가재도구까지 전부 훔쳐 갔다. ② 粮食、油料由国家统购统销。(Liángshí, yóuliào yóu guójiā tǒnggòu tǒngxiāo.) 양식과 기름은 국가에서 전부 사고 판다.

[透] tòu 부사

(1) "철저히", "충분히"의 의미로, 동사 혹은 형용사 뒤에 사용하여 정도가 매우 심함을 표시한다. ① 做广告工作必须把道理讲透。(Zuò guǎnggào gōngzuò bìxū bǎ dàolǐ jiǎng tòu.) 광고작업을 하는 것은 반드시 도리를 철저하게 설명해야 한다. ② 我同他相处多年, 还是摸不透他的脾气。(Wǒ tóng tā xiāngchǔ duōnián, háishi mō bu tòu tā de píqì.) 나는 그와 함께 수년을 같이 살았으나 아직도 그의 성격을 충분히 알지 못한다. ③ 这篇课文他背得熟透了。(Zhè piān kèwén tā bèi de shú tòule.) 이 교과서 본문을 그는 매우 철저하게 외운다. ④ 严冬时节, 这里下午六点锺天就黑透了。(Yándōng shíjié, zhèlǐ xiàwǔ liùdiǎn zhōng tiān jiù hēi tòule.) 엄동 시절 이곳은 오후 6시면 하늘이 이미 완전히 어두워진다.

(2) "극히"의 의미로, 정도가 매우 심함을 표시한다. 주로 비방하는 뜻으로 문장 끝에 어기조사 "了"를 사용한다. ① 老鼠夜夜出来捣乱, 大家恨透了。(Lǎoshǔ yè yè chūlai dǎoluàn, dàjiā hèn tòule.) 쥐가 밤마다 나와서 시끄럽게 굴어 모두 한이 맺혔다. ② 这孩子惹事生非, 妈妈火透了。(Zhè háizi rěshì shēngfēi, māma huǒ tòule.) 이 아이가 말썽을 일으켜서 엄마가 머리끝까지 화가 났다. ③ 我早就猜透了他没安好心眼。(Wǒ zǎojiù cāitòu le tā méi ān hǎo xīn yǎn.) 나는 이미 그가 좋은 마음을 품고 있지 않다는 것을 훤히 알고 있었다. 실사 "阳光透进窗来。"(Yángguāng tòu jìn chuāng lái.) (햇빛이 창을 통해 스며들어온다)에서 "透"는 동사다.

[透顶] tòudǐng 부사

"극히"의 의미로, 주로 쌍음절 형용사의 보어로 사용하며, 정도가 매우 깊고 일반을 초월함을 표시한다. 주로 비방하는 뜻으로 사용한다. ① 这类事麻烦透顶了，谁见了都摇头。(Zhè lèi shì máfan tòudǐngle, shéi jiànle dōu yáotóu.) 이런 종류의 일은 귀찮기 짝이 없다. 누구나 보고 모두 고개를 젓는다. ② 生活方式腐朽透顶。(Shēnghuó fāngshì fǔxiǔ tòudǐng.) 생활 방식이 썩을 대로 썩다. ③ 我觉得这部电影简直无聊透顶。(Wǒ juéde zhè bù diànyǐng jiǎnzhí wúliáo tòudǐng.) 나는 이 영화가 너무 지루하다고 생각한다.

[突] tū 부사

"갑자기"의 의미로 뒤에 단음절의 단어가 오고 "突然(tūrán)"과 용법이 같다. ① 交警夜间突查酒后驾驶。(Jiāojǐng yèjiān tūchá jiǔ hòu jiàshǐ.) 교통경찰은 야간 불시 검문을 하여 음주 운전을 단속했다. ② 军队发生了突变。(Jūnduì fāshēng le tūbiàn.) 군대에 갑작스러운 변란이 일어났다.

[突然] tūrán 부사

"갑자기"의 의미로, 상황이 의외인 것을 표시한다. 일반적으로 주어 뒤에 사용한다. 문장의 처음에 사용할 때는 정지가 있고 쉼표를 사용한다. ① 他突然出现在婚礼上。(Tā tūrán chūxiàn zài hūnlǐ shàng.) 그가 갑자기 결혼식상에 나타났다. ② 心脏突然停止了跳动。(Xīnzàng tūrán tíngzhǐle tiàodòng.) 심장이 갑자기 박동을 멈추었다. ③ 喇叭裤突然很流行。(Lǎbākù tūrán hěn liúxíng.) 나팔바지가 갑자기 유행하다. ④ 突然，掌声暴风雨般地响起来。(Tūrán, zhǎngshēng bàofēngyǔ bāndi xiǎngqǐlai.) 돌연히, 폭풍우 같은 박수 소리가 울리기 시작했다. [비교] "忽然"(hūrán)과 "突然"은 의미가 유사하다 ; "突然"을 사용하면 상황이 매우 신속하게 출현함을 강조한다. [예] 忽然下起雨来了。(Hūrán xià qǐ yǔ laile.)별안간 비가 내리기 시작했다. [동의어] "突" 역시 "突然"의 의미지만 뒤에 단음절의 단어만 온다. 서면어에서 사용한다. "异军突起"(yìjūntūqǐ)(새로운 세력이 갑자기 나타나다), "人口突增"(rénkǒu tūzēng)(인구가 갑자기 증가하다), "突如其来"(tūrúqílái)(갑자기 나타나다). [실사] "事情很突然。"(Shìqing hěn tūrán.) (상황이 매우 돌발적이다),

"这场雨下得太突然。"(Zhè chǎng yǔ xiàde tài tūrán.) (이 비가 너무 갑자기 내린다)에서 "突然"은 형용사다.

【徒】 tú 부사 "徒然(túrán)"과 용법이 같다.

【徒然】 túrán 부사

(1) "공연히(白白)"의 의미로, 동작이나 행위가 아무런 작용을 못하거나 효과가 없음을 표시한다. 서면어에서 많이 사용한다. ① 这次去没有碰到他, 徒然往返了一次。(Zhè cì qù méiyǒu pèng dào tā, túrán wǎngfǎnle yícì.) 이번에 가서 그를 만나지 못하면 쓸데없이 한번 왕복하는 것이다. ② 奔走了一天毫无所得, 徒然耗费了精力。(Bēnzǒule yìtiān háo wú suǒdé, túrán hàofèile jīnglì.) 하루동안 돌아다녔으나 아무 소득도 없고 공연히 정력만 낭비했다. ③ 看了文法书, 也是徒然。(Kānle wénfǎ shū, yě shì túrán.) 문법책을 읽어도 소용이 없다.

(2) "단지", "다만"의 의미로 사용한다. 如果那么办, 徒然有利于敌人。(Rúguǒ nàme bàn, túrán yǒu lìyú dírén.) 만약 그렇게 한다면, 다만 적을 이롭게 할 뿐이다.

> 동의어 "徒" 역시 "徒然"의 의미이나, 뒤에 단음절의 단어만 사용하고 서면어에서 사용한다. ① 这个人衹是徒有虚名, 并无真才实学。(Zhège rén zhǐshì túyǒu xūmíng, bìng wú zhēn cái shíxué.) 이 사람은 단지 쓸데없는 허명만 있고 진정한 실력은 없다. ② 你再恳求他也是徒劳无益。(Nǐ zài kěnqiú tā yěshì túláo wúyì.) 당신이 다시 그에게 간청하여도 아무 소용이 없다. ③ 办不到的事情不要去胡思乱想, 免得徒增烦恼。(Bàn búdàode shìqing búyào qù húsīluànxiǎng, miǎndé tú zēng fánnǎo.) 불가능한 일은 헛생각을 하지 말고 공연히 고민을 만들지 말라.

[哇] wá 조사

문장의 처음이나 끝에 사용하여 경이·감탄·의문·긍정 등의 어감을 표시한다. ① 瞧, 稻子长得多好哇! (Qiáo, dàozi zhǎng de duō hǎo a!) 자! 벼가 얼마나 잘 자랐는지! ② 哇, 你可真厉害! (Wa, nǐ kě zhēn lì hài！) 와! 당신 정말 대단하네요! ③ 你打算什么时候走哇? (Nǐ dǎsuàn shénme shíhou zǒu a?) 당신은 언제 떠날 예정입니까? ④ 在军队里混个一阶半级的也好哇! (Zài jūnduì lǐ hùn ge yì jiē bàn jí de yě hǎo wa!) 군대에서 낮은 계급으로 살아가는 것도 괜찮구먼!.
설명 '哇'자는 '阿'가 'u, ao, ou'로 끝나는 앞 음절의 영향을 받아 변음(变音)한 것이다.

[万] wàn 부사 "万万(wànwàn)"을 참고하라.

[万分] wànfēn 부사

(1) "대단히"의 의미로, 형용사 혹은 동사의 부사어로 사용하여 정도가 매우 높음을 표시한다. 주로 사람의 심리적 활동을 많이 가리킨다. ① 闻听此事, 他悲痛万分。(Wéntīng cǐ shì, tā bēitòng wànfēn.) 이 일을 듣고서 그는 매우 비통해 했다. ② 明信在公司立了大功, 奶奶高兴万分。(Míngxìn zài gōngsī lìle dàgōng, nǎinai gāoxìng wànfēn.) 명신이 회사에서 큰공을 세워 할머니가 매우 기뻐한다. ③ 这次袭击让敌军惊恐万分。(Zhècì xíjī ràng díjūn jīngkǒng wànfēn.) 이번

습격으로 적군을 매우 두려움에 떨게 했다.

⑶ 부정문에서 "万分"은 "절대로·도저히"의 의미로 사용한다. ① 万分不应该。(Wànfēn bù yīnggāi.) 절대로 그래서는 안 된다. ② 万分无法。(Wànfēn wúfǎ.) 도저히 방법이 없다.

[万万] wànwàn 부사

"절대", "어째든 간에"의 의미로, "不", "没有" 등의 부사 앞에 사용하여 부정을 강조한다. ① 执行政策, 万万不可粗心大意。(Zhíxíng zhèngcè, wànwàn bùkě cūxīn dàyì.) 정책집행은 절대 부주의하면 안 된다. ② 答应人家的事, 万万不能失信。(Dāyìng rénjiā de shì, wànwàn bùnéng shīxìn.) 타인에게 응낙을 한 일은 절대 신용을 잃어서는 안 된다. ③ 这件事是机密事, 你可万万别走嘴。(Zhè jiàn shì shì jīmì shì, nǐ kě wànwàn bié zǒuzuǐ.) 이 일은 비밀이니 절대로 누설해서는 안 돼. ④ 我万万没想到他这么无礼。(Wǒ wànwàn méi xiǎngdào tā zhème wúlǐ.) 나는 그가 이렇게 무례하리라고는 절대 생각하지 못했다.

[설명 1] 앞의 세 예문처럼 "万万"을 미래 문장에서 사용할 때는 "千万"과 교환하여 사용할 수 있다. 그러나 마지막 예문처럼 진술문에서는 교환하여 사용할 수 없다. "千万"은 긍정문에서 사용할 수 있다. 예를 들어, "这里有电, 千万小心"(Zhèlǐ yǒu diàn, qiān wàn xiǎoxīn.)(이곳은 전기가 통함, 절대주의)으로 사용할 수 있지만, "万万"은 이렇게 사용할 수 없다. "千万"은 "万万" 보다 어감이 가볍다.

[설명 2] "万不得已"(wànbùdéyǐ) (만부득이)는 구어체로 한 단어처럼 사용한다. "实在没办法"(shízài méi bànfǎ.) (정말 방법이 없다)란 의미로 어찌할 방법이 없음을 표시한다. ① 非万不得已不要用这种药。(Fēi wàn bùdéyǐ búyào yòng zhèzhǒng yào.) 만부득이한 경우가 아니라면 이 약을 사용하지 마라. ② 他最近血压很高, 万不得已不能处理工作。(Tā zuìjìn xuèyā hěn gāo, wànbùdéyǐ bù néng chǔlǐ gōngzuò.) 그는 최근에 혈압이 매우 높아 만부득이 일을 처리하지 못했다.

[동의어] "万"은 "万万"의 의미로, "不", "没", "勿" 등의 부사 앞에 사용하여, 부정을 강조한다. 어감은 "万万" 보다 다소 가볍다. ① 损人

利己的事万不可做。(Sǔnrén lìjǐ de shì wàn bùkě zuò.) 타인에 해가되고 자신에게 이가 되는 일은 어쨌든 할 수 없다. ② 深秋就下这么大的雪, 我万没料到。(Shēnqiū jiù xià zhème dà de xuě, wǒ wàn méi liào dào.) 늦가을에 이렇게 많은 눈이 내리다니 나는 절대 생각하지 못했다.

[万一] wànyī 접속사

"만약(如果)"의 의미로, 가설을 표시하지만, 이러한 가정의 출현 가능성이 매우 희박하다. 일반적으로 발생하기를 원하지 않는 사건을 가리킨다 ① 明天万一有雨, 演出改在大礼堂举行。(Míngtiān wànyī yǒu yǔ, yǎnchū gǎi zài dà lǐtáng jǔxíng.) 내일 만약 비가 오면 연출은 강당에서 거행한다. ② 万一他不在, 把信交给他的秘书。(Wànyī tā bú zài, bǎ xìn jiāogěi tā de mìshū.) 만일 그가 없으면 편지를 그의 비서에게 전하라. ③ 万一他不来, 你得去。(Wànyī tā bù lái, nǐ děi qù.) 만일 그가 오지 않으면, 네가 가야 한다. ④ 万一出事, 你不要脱肩。(Wànyī chūshì, nǐ búyào tuōjiān.) 만약 사고가 생기면 책임을 피하지 마라.

실사 "以防万一"(yǐfáng wànyī.) (만일에 대비하다)에서 "万一"는 명사이다.

[往] wǎng 개사

"…를 향하여(向)"의 의미로, 방위사、형용사 혹은 장소를 표시하는 개사구조와 함께 단음절 동사의 부사어로 사용하여, 동작의 방향을 표시한다. ① 过桥往东走几步就是我的家。(Guò qiáo wǎng dōng zǒu jǐ bù jiùshì wǒ de jiā.) 다리를 지나 동쪽으로 몇 걸음가면 바로 우리 집이다. ② 从山顶往下看, 是一片云海。(Cóng shāndǐng wǎngxià kàn, shì yípiàn yúnhǎi.) 산정에서 아래를 향해 내려다보면 온통 구름 바다이다. ③ 树往高处长, 水往低处流。(Shù wǎng gāo chù zhǎng, shuǐ wǎng dīchù liú.) 나무는 높은 곳을 향해 자라고 물은 낮은 곳을 향해 흐른다. ④ 黑云往东跑, 要下雨了。(Heiyún wǎng dōng páo, yāo xiàyǔ le.) 검은 구름이 동쪽으로 달려가니, 비가 올 것이다. ⑤ 请大家往这边靠一点。(Qǐng dàjiā wǎng zhèbiān kào yìdiǎn.) 모두 이쪽으로

좀 기대세요. ⑥ 你往里放点糖就好喝。(Nǐ wǎnglǐ fàng diǎn táng jiù hǎohē.) 당신 안에 설탕을 좀 넣으면 마시기 좋을 겁니다. ⑦ 首都机场每天有班机飞往全国各大城市。(Shǒudū jīchǎng měitiān yǒu bānjī fēiwǎng quánguó gè dà chéngshì.) 수도비행장은 매일 전국 모든 대도시로 비행하는 비행기가 있다.

[실사] "你往东, 我往西, 咱们各自回家。"(Nǐ wǎng dōng, wǒ wǎng xī, zánmen gèzì huí jiā.) (당신은 동쪽으로 가고 나는 서쪽으로 가고 우리는 각자 집으로 돌아간다)에서 "往"은 동사다.

[往往] wǎngwǎng 부사

"항상", "때때로"의 의미로, 동작이 다양한 상황에서도 이와 같음을 표시한다. 모종의 사건이 항상 존재하거나 발생함을 가리킨다. ① 他们是好朋友, 往往一谈就是半天。(Tāmen shì hǎo péngyou, wǎngwǎng yì tán jiùshì bàntiān.) 그들은 좋은 친구이고 항상 이야기만 하면 오래 걸린다. ② 这个问题, 往往引起争嘴。(Zhège wèntí, wǎngwǎng yǐnqǐ zhēngzuǐ.) 이 문제는 때때로 논쟁을 일으킨다. ③ 人们往往忽略这一点。(Rénmen wǎngwǎng hūlüè zhè yì diǎn.) 사람들은 종종 이 점을 소홀히 한다. ④ 他往往(儿)工作到深夜。(Tā wǎng wǎng(ér) gōngzuò dào shēnyè.) 그는 늘 밤늦게까지 일한다.

[비교] "常常"은 동작이 항상 발생함을 강조한다. 위의 예문에서 "往往"을 "常常"으로 교환한다면, 상황이 항상 이와 같고 예외가 없음을 표시한다. 정도가 "往往"에 비하여 강하다고 할 수 있다. 또 "常常"은 동작이 앞으로 발생할 수도 있음을 표시한다. 예를 들어, "以后请你常常来玩。"(Yǐhòu qǐng nǐ chángcháng lái wán.)(다음에 자주 와서 놀아라)과 같이 사용한다. 이 때 "以后请你往往来玩。"(Yǐhòu qǐng nǐ wǎngwǎng lái wán.)으로 할 수 없다.

[正误用例] 一个人如果一味不图上进, 得过且过, 往往一事无成。(Yíge rén rúguǒ yíwèi bùtú shàngjìn, déguòqiěguò, wǎngwǎng yíshìwúchéng.) 사람이 만약 단순히 승진도 꾀하지 않고 그럭저럭 지나면 항상 하나도 이루는 일이 없다.

여기서 "往往"은 다양한 상황에서 이와 같음을 표시한다. 이 문장에서는 가정의 전제와 결론이 일치하지 않는다. 예외의 가능성이 없으면 "往往"을 사용할 수 없다. 그러므로 "往往"을 "必然"으로 고쳐야 한다.

[望] wàng 개사 "往(wǎng)"을 참고하라.

[唯] wéi 부사 "惟(wéi)"를 참고하라.

[惟] wéi 부사와 접속사 두 가지 용법이 있다.

(一) 부사

"다만", "단지"의 의미로, 유일함을 표시하고 주로 "有", "恐"과 함께 사용한다. 이 때는 "只有", "只怕"의 의미로 서면어에서 사용한다. ① 他学业优异, 品德亦好, 惟身体稍差。(Tā xuéyè yōuyì, pǐndé yì hǎo, wéi shēntǐ shāo chà.) 그는 학업이 우수하고 품덕도 좋지만 단지 몸이 다소 약하다. ② 惟有他因病不能去。(Wéiyǒu tā yīn bìng bùnéng qù.) 다만 그 사람만 병 때문에 갈 수 없다. ③ 上山的小路, 惟有张老伯最熟悉。(Shàngshān de xiǎolù, wéiyǒu Zhāng lǎobó zuì shúxī.) 산을 오르는 소로는 오직 장씨 아저씨만이 가장 잘 안다.

(二) 접속사

"그러나"의 의미로 역접을 의미한다. ① 雨虽止, 惟路途仍甚泥泞。(Yǔ suī zhǐ, wéi lùtú réng shén nínìng.) 비는 그쳤지만 하지만 길은 여전히 몹시 질다. ② 大家都到了, 惟他还没来。(Dàjiā dōu dào le, wéi tā háiméi lái.) 모두 왔는데 그러나 그만 아직 오지 않았다.

[관용적 용법] "惟利是图"(wéilìshìtú) (이익만 꾀할 뿐 다른 것은 관심이 없다), "惟命是从"(wéimìngshìcóng) (시키면 시키는 대로 절대 복종하다), "惟我独尊"(wéiwǒdúzūn) (유아독존) 등이 있다.

[주의] "惟(wéi)"는 또 "唯(wéi)"로 쓸 수 있다.

[惟独] wéidú 부사

"단지", "유독"이란 의미로 "独独"와 용법이 유사하다. ① 客人都到了, 惟独她没来。(Kèrén dōu dàole, wéidú tā méi lái.) 손님이 모두 왔는데 단지 그녀만 오지 않았다. ② 人家都回家了, 惟独她还在工作。(Rénjia dōu huí jiāle, wéidú tā hái zài gōngzuò.) 다른 사람들은 다 집에 돌아갔는데, 유독 그녀만 아직 일하고 있다.

[惟其] wéiqí 접속사

"…(하기) 때문에"의 의미로, 주로 "所以"와 함께 사용하여 인과관계를 강조하고 서면어에서 많이 사용한다. ① 惟其他还幼小, 所以要多帮助他。(Wéiqí tā hái yòuxiǎo, suǒyǐ yào duō bāngzhù tā.) 그가 아직 어리기 때문에 그래서 그를 많이 도와야 한다. ② 惟其西湖有名, 所以去游览的人很多。(Wéiqí Xīhú yǒumíng, suǒyǐ qù yóulǎn de rén hěnduō.) 서호가 유명하기 때문에 유람을 가는 사람이 매우 많다. ③ 人生惟其短暂而值得珍惜。(Rénshēng wéiqí duǎnzàn ér zhídé zhēnxī.) 인생은 짧기 때문에 귀중하게 여길 가치가 있다. ④ 冬天日子短, 惟其短, 就更要抓紧时间干。(Dōngtiān rìzi duǎn, wéiqí duǎn, jiù gèng yàozhuājǐn shíjiān gàn.) 겨울은 낮이 짧다. 짧기 때문에 더욱 시간을 아껴서 일해야 한다.

설명 위의 ④번 예문은 인과관계가 명확하기 때문에 뒤에 "所以"를 생략할 수 있다.

[为] wéi 개사

"…당하다(被)"의 의미로, 주로 조사 "所"와 함께 사용하여 피동을 표시한다. 서면어에서 사용한다. ① 现代社会为一时的表面现象所迷惑。(Xiàndài shèhuì wéi yìshí de biǎomiàn xiànxiàng suǒ míhuò.) 현대 사회는 일시적인 표면 현상에 미혹된다. ② 火车为冰雪所阻, 延迟到站。(Huǒchē wéi bīngxuě suǒ zǔ, yánchí dàozhàn.) 기차가 눈과 얼음에 막혀 역에 연착했다. ③ 这一科学结论早已为实践所证明。(Zhè yì kēxué jiélùn zǎoyǐ wéi shíjiàn suǒ zhèngmíng.) 이 과학결론은 일찍이 이미 실천으로 증명되었다. ④ 他的讲话为掌声所淹没。(Tā de jiǎnghuà wéi zhǎngshēng suǒ yānmò.) 그의 말소리가 박수 소리에 파묻히다.

실사 "青年人要敢作敢当。"(Qīngnián rén yào gǎnzuò gǎndāng.) (청년은 과감하게 행동하고 용감하게 책임도 진다), "变沙漠为良田。"(Biàn shāmò wéi liángtián.) (사막을 변하여 양전으로 만들다)에서 "为"는 동사다.

[委实] wěishí 부사

"실제로", "정말로"의 의미로, 상황이 확실하게 이와 같음을 표시한다. 서면어에서 많이 사용한다. ① 那么多的书, 一时委实看不了。(Nàme duō de shū, yìshí wěishí kànbuliǎo.) 그렇게 많은 책을 정말로 한번에 다 볼 수는 없다. ② 我委实不知道。(Wǒ wěishí bù zhīdào.) 나는 정말로 모른다. ③ 那是五十年代的事, 具体情节委实记不起来了。(Nà shì wǔshí niándàide shì, jùtǐ qíngjié wěishí jìbuqǐláile.) 그것은 50년대의 일이다. 구체적인 상황은 실제로 기억할 수 없다.

[为] wèi 개사

(1) "…에게"의 의미로, 명사와 함께 구성된 개사구조로, 행위의 대상을 표시한다. ① 我们应当全心全意地为人民服务。(Wǒmen yīngdāng quánxīn quányìdi wèi rénmín fúwù.) 우리는 당연히 전심전력으로 인민에게 봉사해야한다. ② 识字是为阅读和写作打基础。(Shízì shì wèi yuèdú hé xiězuò dǎ jīchǔ.) 글자를 아는 것은 독서와 습작을 위해 기초를 다지는 것이다. ③ 为这本书写序文。(Wèi zhèběn shū xiě xùwén.) 이 책에 서문을 쓰다.

(2) "…을 위하여"의 의미로, 목적 혹은 동기를 표시하고, 주로 접속사 "而"과 함께 사용한다. ① 我们一定要为祖国的未来奋斗终身。(Wǒmen yídìng yào wèi zǔguó de wèilái fèndòu zhōngshēn.) 우리는 반드시 조국의 미래를 위하여 종신토록 분투해야한다. ② 安重根为人民利益不惜牺牲自己的生命。(Ān zhònggēn wèi rénmín lìyì bùxī xīshēng zìjǐ de shēngmìng.) 안중근은 인민의 이익을 위하여 자신의 생명을 희생함을 아까워하지 않았다.

(3) "…을 (하기) 위하여"의 의미로, 조사 "起见"과 함께 주어 앞에서

사용하여, 목적 혹은 동기를 강조한다. "为了"와 교환할 수 있다.
① 为慎重起见，这段引文我们又核对了一次。(Wèi shènzhòng qǐjiàn, zhèduàn yǐnwén wǒmen yòu héduìle yícì.) 신중을 기하기 위하여 이 부분의 인용문을 우리는 또 한번 대조했다. ② 为便利读者借阅起见，图书馆延长了开放的时间。(Wèi biànlì dúzhě jièyuè qǐjiàn, túshūguǎn yánchángle kāifàng de shíjiān.) 독자들이 빌려보는 것을 편리하게 하기 위하여 도서관은 개방 시간을 연장했다.

설명 위의 예문 ②와 같이, "为" 뒤에 오는 "起见"을 때로는 생략할 수 있다. 그러나 "为" 뒤에 만약 단독적인 단어가 오면, 예문 ①과 같이 "起见"을 생략할 수 없다. 그러나 "为了"는 이러한 제한을 받지 않는다.

【为了】 wèile 개사

(1) "… 를 위하여"의 의미로 개사구조로 문장의 첫 부분이나 주어 뒤에 놓아, 목적 혹은 동기를 표시한다. ① 为了提高产品质量，工厂大力改进了生产设备。(Wèile tígāo chǎnpǐn zhíliàng, gōngchǎng dàlì gǎijìnle shēngchǎn shèbèi.) 물품의 품질을 높이기 위하여 공장은 생산설비를 크게 개선했다. ② 为了成功，要竭尽全力。(Wèile chénggōng, yāo jiéjìn quán lì.) 성공을 위하여 최선을 다해야 한다. ③ 白求恩同志为了帮助中国人民抗日，从加拿大来到中国。(Báiqiú'ēn tóngzhì wèile bāngzhù Zhōngguó rénmín kàngrì, cóng Jiānádà láidào Zhōngguó.) 베튼의사는 중국 인민의 항일 운동을 돕기 위하여 캐나다에서 중국에 왔다. ④ 为了节省时间，手续尽量从简。(Wèile jiéshěng shíjiān, shǒuxù jǐnliàng cóngjiǎn.) 시간을 덜기 위해 수속은 되도록 간소화하다.

(2) 조사 "起见"과 함께 사용한다. 주어 앞에 사용하여, 목적 혹은 동기를 강조한다. "为"와 교환하여 사용할 수 있다. ① 为了慎重起见，这段引文我们又核对了一次。(Wèile shènzhóng qǐjiàn, zhèduàn yǐnwén wǒmen yòu héduìle yícì.) 신중을 기하기 위하여 우리는 이 부분의 인용문을 또 한번 대조했다. ② 为了便利读者供阅起见，图书馆延长了开放的时间。(Wèile biànlì dúzhě gōngyuè qǐjiàn, túshūguǎn yánchángle kāifàng de shíjiān.) 독자들이 편리하게 읽을

수 있도록 하기 위하여 도서관은 개방 시간을 연장했다.

주의 "为了"는 목적을 표시한다. 그러므로 "目的是为了"(mùdì shì wèile)(목적이 목적이다)라고 말하는 것은 적당하지 않다. 예를 들어, "工厂改进生产设备，是为了提高产品质量。"(Gōngchǎng gǎijìn shēngchǎn shèbèi, shì wèile tígāo chǎnpǐn zhìliàng.) (공장이 생산설비를 개선한 것은 상품의 질량을 높이기 위한 것이다)를 "工厂改进生产设备，目的是提高产品质量。"(Gōngchǎng gǎijìn shēngchǎn shèbèi, mùdì shì tígāo chǎnpǐn zhìliàng.)으로 고칠 수 있다. 그러나 "工厂改进生产设备，目的是为了提高产品质量。"(Gōngchǎng gǎijìn shēngchǎn shèbèi, mùdì shì wèile tígāo chǎnpǐn zhìliàng.)으로 고치는 것은 적합하지 않다.

동의어 "为着"(wèizhe)와 "为了"(wèile)의 의미는 같고 일반적으로 교환하여 사용할 수 있다. "为着"는 주로 서면어에서 사용한다.

正误用例 (1) 李师傅退休以后，为了身体不好，每天坚持做广播操，从不间断。(Lǐ shīfù tuìxiū yǐhòu, wèile shēntǐ bùhǎo, měitiān jiānchí zuò guǎngbōcāo, cóngbù jiànduàn.) 이 사부는 은퇴한 후 건강이 좋지 않기 때문에 매일 방송체조를 견지하였고 한번도 중단한 적이 없다.

(2) 武松用拳头打虎，为了他的哨棒不幸在树上折成了两截。(Wǔsōng yòng quántóu dǎhǔ, wèile tāde shàobàng búxìng zài shù shàng zhéchéngle liǎngjié.) 무송은 주먹으로 호랑이를 때려잡았다. 그의 몽둥이가 불행히도 나무에 두 동강이 났기 때문이다.

(3) 这些书过去我一直舍不得卖，现在拿出来，倒不是为了经济困难，而是因为国家需要。(Zhèxiē shū guòqù wǒ yìzhí shěbude mǎi, xiànzài náchūlái, dào búshì wèile jīngjì kùnnán, érshì yīnwèi guójiā xūyào.) 나는 이 책들은 과거에는 계속 팔기 아까워했다. 현재 꺼내 놓는 것은 오히려 경제적 곤란 때문이 아니라 국가적 필요 때문이다.

여기서 "为了"는 행위의 목적을 표시한다.

예문 (1)에서 "身体不好"(shēntǐ bù hǎo)는 "每天坚持做
广播操。"(Měitiān jiānchí zuò guǎngbōcāo.)의 원인이다.
예문 (2)에서 "他的哨棒不幸在树上折成了两截"는 "武
松用拳头打虎。"(wǔsōng yòng quántóu dǎhǔ)의 원인이
다. 그러므로 두 예문 다 "为了"를 모두 "因为"로 고치는
것이 좋다.

예문 (2)에서 "因为" 앞에 "是"를 더 해야만 한다. 혹은 "武松
因为哨棒不幸在树上折成两截, 就用拳头打虎。"(Wǔsōng
yīnwèi shàobàng búxìng zài shùshàng zhéchéng liǎngjié,
jiù yòng quántóu dǎhǔ.)로 고쳐야 한다.

예문 (3)에서 "经济困难"(jīngjì kùnnán)은 "现在拿出来"
(xiànzài náchūlái)의 원인이다. 그러므로 "为了"를 "因为"
로 고쳐야 한다. 만약 "为了"를 생략하지 않으려면, "为了
解决经济困难"(wèile jiějué jīngjì kùnnán)으로 고쳐야 한
다. 만일 다음 문장의 "国家需要"(guójiā xūyào)를 "现在
拿出来"의 원인으로 본다면, "因为"를 생략하지 않아도 된
다. 그러나 만일 "现在拿出来"(xiànzài náchūlái)의 목적으
로 보면 "因为"를 "为了"로 고쳐야 한다.

[为着] wèizhe 개사 "为了(wèile)"를 참고하라.

[未] wèi 부사

⑴ "… 이 아니다"의 의미로, 부정을 표시한다. 뒤에 단음절의 단어가
많이 오고 주로 서면어에서 사용한다. ① 好久没通音讯, 未知你身
体可好? (Hǎojiǔ méi tōng yīnxùn, wèizhī nǐ shēntǐ kě hǎo?) 오랫
동안 소식이 없어 당신이 잘 있는지 모르겠다. ② 这是老李负责
的, 我未便决定。(Zhè shì Lǎo Lǐ fùzé de, wǒ wèi biàn juédìng.)
이것은 이형(老李) 책임이다. 나는 결정하기가 곤란하다. ③ 伤口
发炎, 很久还未埋口。(Shāngkǒu fāyán, hěnjiǔ hái wèi máikǒu.)
상처가 염증을 일으켜 아직 아물지 않고 있다.

⑵ "아직 … 하지 않다"의 의미로, 상황이 아직 발생하지 않았음을 표
시한다. ① 未经同意、不得随便离开工作岗位。(Wèijīng tóngyì,

bùdé suíbiàn líkāi gōngzuò gǎngwèi.) 동의를 거치지 않고 임의로 일하는 단위를 이탈할 수 없다. ② 什么时候动身尚未最后决定。 (Shénme shíhou dòngshēn shàngwèi zuìhòu juédìng.) 언제 출발할지 아직 마지막 결정을 하지 않았다. ③ 健康尚未恢复。(Jiànkāng shàngwèi huīfù.) 건강이 아직 회복되지 않았다.

[관용적 용법] "未卜先知"(wèibǔ xiānzhī)(점을 치지 않고 미리 알다 : 선견지명이 있다), "未可厚非"(wèikě hòufēi)(지나치게 나무랄 수 없다)에서 "未"는 "不"의 의미이다 ; "未老先衰"(wèilǎo xiānshuāi) (겉늙다), "未雨绸缪"(wèiyǔ chóumóu) (비가 오기 전에 창문을 수리하다 : 사전에 준비하다)에서 "未"는 "없다(没有)", "…한 적이 없다(不曾)"의 의미이다.

[未必] wèibì 부사

"반드시…한 것은 아니다"의 의미로, 확실하지 않음을 표시한다. 부드러운 부정의 어감을 갖는다. ① 这道题他也未必懂, 还是去问问老师。(Zhè dào tí tā yě wèibì dǒng, háishi qù wènwèn lǎoshī.) 이 문제를 그가 반드시 이해하는 것도 아니다. 역시 선생님에게 가서 여쭤보자. ② 经济增速过快未必是好事。(Jīngjì zēngsù guòkuài wèibì shì hǎoshì.) 경제 발전 속도가 너무 빠른 것도 반드시 좋은 일은 아니다. ③ 这消息未必可靠。(Zhè xiāoxi wèibì kěkào.) 이 소식은 꼭 믿을 수 있는 것은 아니다.

[未曾] wèicéng 부사 "不曾(bùcéng)"을 참고하라.

[未尝] wèicháng 부사

(1) "결코 …이 아니다"의 의미로, "不", "没有" 등의 부정사 앞에 사용하여, 이중부정으로 긍정을 표시한다. 부드러운 어감을 갖고 주로 서면어에서 사용한다. ① 篇幅太长, 这样删改一下未尝不可。(Piānfú tài cháng, zhèyàng shāngǎi yíxià wèicháng bùkě.) 편폭이 너무 길어 이렇게 빼버려도 안 된다고 할 수 없다. ② 这未尝不是

一个好建议。(Zhè wèicháng búshì yíge hǎo jiànyì.) 이것은 좋은 건의가 아니라고는 할 수 없다. ③ 闲户闲居, 未尝入城府。(Xián hù xiánjū, wèicháng rù chéng fǔ.) 집에 틀어 박혀, 도시나 관청 출입을 하지 않았다.

(2) "…한 적이 없다"의 의미로, 동작이 발생하지 않거나 출현하지 않음을 표시한다. 서면어에서 사용한다. ① 住院养病期间, 学习也未尝中断。(Zhùyuàn yǎngbìng qījiān, xuéxí yě wèicháng zhōngduàn.) 병원에 입원하여 치료하는 기간에 학습을 중단한 적이 없다. ② 自古及今, 未尝闻也。(Zìgǔ jíjīn, wèicháng wén yě.) 옛날부터 지금까지 일찍이 들어 본 적이 없다. ③ 终夜未尝合眼。(Zhōngyè wèicháng héyǎn.) 밤새 눈을 붙이지 못했다.

[未免] wèimiǎn 부사

(1) "아무래도 …이다"의 의미로, 앞에서 말한 상황이 적절하지 않음을 표시한다 ; 부드러운 비평의 의미를 갖고 있다. 주로 "太", "有点", "有些"등의 단어와 함께 사용한다. ① 当面训斥, 未免使他难堪。(Dāngmiàn xùnchì, wèimiǎn shǐ tā nánkān.) 당면하여 훈계해서 그를 아무래도 거북하게 만들었다. ② 你坐也不坐, 茶也不喝, 未免太客气了。(Nǐ zuòzyě bú zuò, chá yě bùhē, wèimiǎn tàikèqile.) 당신은 앉으라고 해도 앉지도 않고 차도 안 마시고 아무래도 너무 사양하는 것 같다. ③ 你的顾虑未免多了些。(Nǐde gùlǜ wèimiǎn duōle xiē.) 아무래도 너는 걱정이 좀 지나친 것 같다. ④ 两人脾气都不好, 未免就要争吵。(Liǎng rén píqì dōu bù hǎo, wèimiǎn jiù yào zhēngchǎo.) 두 사람은 성미가 나빠서 싸움을 할 수 밖에 없다.

(2) "… 라고 하지 않을 수 없다"라는 의미로 모종의 과분한 상황에 대하여 그렇지 않게 생각함을 표시한다 ; 부드러운 비평의 의미가 있다. 주로 "太", "过", "过于", "有点" 등과 같은 단어와 함께 사용한다. ① 你未免太好多说话了。(Nǐ wèimiǎn tài hǎoduō shuōhuàle.) 너는 너무 수다스럽다고 하지 않을 수 없다. ② 文章对这部小说评价未免过高。(Wénzhāng duì zhèbù xiǎoshuō píngjià wèimiǎn guò gāo.) 이 소설 평가에 대한 문장이 너무 높다고 하지 않을 수 없다. ③ 故事情节, 你们未免说得过于简单。(Gùshì qíngjié, nǐmen

wèimiǎn shuōde guòyú jiǎndān.) 스토리와 구성을 당신들이 너무 간단하게 말한 것 같다. ④ 她才走几里地就叫苦, 未免太娇了。 (Tā cái zǒu jǐlǐ dì jiù jiàokǔ, wèimiǎn tài jiāo le.) 그녀는 겨우 몇 리 걷고는 우는 소리를 하니 너무 나약하다고 하지 않을 수 없다.

[未始] wèishǐ 부사 "未尝(wèicháng)(1)"을 참고하라.

[无比] wúbǐ 부사

"매우(非常)", "극히"의 의미로, 정도가 너무 심하여 다른 것과 비교할 것이 없음을 표시한다. ① 他表现得无比真诚。(Tā biǎoxiànde wúbǐ zhēnchéng.) 그의 표현은 매우 진실되다. ② 毕业典礼上, 他父亲无比高兴。(Bìyè diǎnlǐ shàng, tā fùqīn wúbǐ gāoxìng.) 졸업식에서 그의 부친은 매우 기뻤다. ③ 信徒们朝山进香, 无比虔诚。(Xìntúmen cháoshān jìnxiāng, wúbǐ qiánchéng.) 신도들이 산에 향을 올리는 것이 매우 정성스럽다.

[无从] wúcóng 부사

"어쩔 도리가 없다", "…할 길이 없다"의 의미로, 행위의 근거가 부족함, 방법을 찾지 못함 혹은 근거를 잃음 등을 표시한다. ① 这道题目很难, 我感到无从入手。(Zhèdào tímù hěnnán, wǒ gǎndào wúcóng rùshǒu.) 이 문제가 매우 어려워 나는 시작할 길이 없음을 느낀다. ② 事情很复杂, 一时无从着手。(Shìqing hěn fùzá, yìshí wúcóng zhuóshǒu.) 사건이 매우 복잡하여 잠시 착수할 방법이 없다. ③ 五花八门的电视节目让我无从选择。(Wǔhuā bāmén de diànshì jiémù ràng wǒ wúcóng xuǎnzé.) 여러 가지 TV 프로그램이 나를 선택할 수 없게 만든다.

[无妨] wúfāng 부사 "不妨(bùfāng)"을 참고하라.

[无非] wúfēi 부사

"단지…에 지나지 않는다"의 의미로, 이럴 것이 틀림없음을 표시한다. "是"와 함께 사용하면 다소 강조하는 어감이 있다. ① 菜无非是豆腐。(Cài wúfēi shì dòufu.) 반찬은 단지 두부뿐이다. ② 目的无非是为了占有金钱。(Mùdì wúfēi shì wèile zhànyǒu jīnqián.) 목적은 단지 돈을 차지하려는 데 있을 뿐이다. ③ 我想说的无非是那么几句话。(Wǒ xiǎng shuō de wúfēi shì nàme jǐ jù huà.) 내가 말하려 하는 것은 다만 이 몇 마디 말뿐이다. ④ 处理群众的质疑无非是日常生活的一部分。(Chǔlǐ qúnzhòngde zhìyí wúfēi shì rìcháng shēnghuóde yíbùfēn.) 군중의 질문을 처리하는 것은 일상생활의 일부에 불과하다.

[无怪] wúguài 부사

"당연한", "그럴 수밖에 없는"의 의미로, 원인을 확실하게 밝혀 말하는 사건에 대하여 의문이 없음을 표시한다. "원래 이와 같음(原来如此)"의 의미가 있다. 일반적으로 주어 앞에 사용한다. ① 昨夜下了一场大雪, 无怪天这样冷。(Zuóyè xiàle yìchǎng dàxuě, wúguài tiān zhèyàng lěng.) 어제 밤 큰 눈이 한바탕 내렸으니 날씨가 이렇게 추울 수밖에 없다. ② 他病了一个多月, 无怪我们好久没见到他。(Tā bìngle yíge duō yuè, wúguài wǒmen hǎojiǔ méi jiàndào tā.) 그는 한 달여 간 아팠다. 우리가 오랫동안 그를 만나지 못한 것도 당연한 것이다. ③ 已经小雪了, 无怪(乎)天气这么冷。(Yǐjīng xiǎoxuě le, wúguài(hu) tiānqì zhème lěng.) 이미 소설이 되어 날씨가 이렇게 추운 것도 당연하다 [비교] "难怪"나 "无怪"는 의미가 유사하지만 "难怪"의 어감이 비교적 강하다.

[无论] wúlùn 접속사

(1) "… 에 관계없이"라는 의미로 뒤에 의문대명사나 선택적인 단어를 동반하여, 모든 가설의 조건하에서 결과나 결론이 동일함을 표시한다. 주로 "都", "也", "总", "始终", "一直" 등의 부사와 함께 사용한다. ① 无论他怎么说, 我还是半信半疑。(Wúlùn tā zěnme shuō, wǒ háishi bànxìn bànyí.) 그가 어떻게 말해도 나는 아직 반신반의

한다. ② 无论工作如何忙, 大家始终坚持学习。(Wúlùn gōngzuò rúhé máng, dàjiā shǐzhōng jiānchí xuéxí.) 작업이 아무리 바쁠지라도 모두 시종 학습을 견지한다. ③ 无论你去或者我去, 总得去一个。(Wúlùn nǐ qù huòzhě wǒ qù, zǒngděi qù yíge.) 당신이 가던 혹은 내가 가던 간에 결국 한 사람은 가야만 한다. ④ 无论是演戏唱歌, 他都不错。(Wúlùn shì yǎnxì chànggē, tā dōu búcuò.) 연극을 하건, 노래를 부르건을 막론하고 그는 모두 잘한다.

⑵ "여하튼(无论如何)"은 관용적 표현이며, "반드시", "무어라 할지라도"의 의미로, 어떤 조건하에서도 반드시 이렇게 진행됨을 표시한다. ① 开学以前你无论如何要回来。(Kāixué yǐqián nǐ wúlùn rúhé yào huílai.) 개학 이전에 당신은 여하튼 돌아와야만 한다. ② 无论如何你今天不能走。(Wúlùn rúhé nǐ jīntiān bùnéng zǒu.) 무어라 할지라도 당신은 오늘 갈 수 없다.

설명 "不论"은 의미는 "无论"과 같지만 서면어에서 많이 사용한다. "不管" 역시 "无论"의 의미가 있지만, 용법은 구별 된다. ; "不管"은 "不管好不好"(bùguǎn hǎobuhǎo)라고 말할 수 있지만, "无论"은 단지 "无论好或者不好"(wúlùn hǎo huòzhě bù hǎo), "无论好还是不好"(wúlùn hǎo háishi bùhǎo)로 말할 수 있을 뿐이다. 또 "不管怎样"(bùguǎn zěnyàng)이라고 말할 수 있고, "无论"은 "无论如何"(wúlùn rúhé)라고 할 수 있다. "不管"은 구어체에서 많이 사용한다.

正误用例 ⑴ 无论你说得再好听, 我们也不会相信的。(Wúlùn nǐ shuōde zài hǎotīng, wǒmen yě búhuì xiāngxìnde.) 당신이 말하는 것이 아무리 듣기 좋을 지라도 우리는 믿을 수 없다.

⑵ 无论你来不来, 这次班会活动还是要举行。(Wúlùn nǐ láibulái, zhècì bānhuì huódòng háishi yào jǔxíng.) 당신이 오건 안 오건 막론하고 이번 반 활동은 여전히 진행할 것이다.

여기서 "无论"은 일종의 가설을 표시하고, 뒤에 임의적 혹은 선택적인 단어를 사용한다.

예문 ⑴에서는 당연히 "无论你说得怎样好听…"(Wúlùn nǐ shuōde zěnyàng hǎotīng)이나, "尽管你说得再好听…"

(Jǐnguǎn nǐ shuōde zài hǎotīng)으로 고쳐야 한다.

예문 (2)에서 "无论"은 "还是"와 함께 사용할 수 없다. 그러므로 이 문장은 "即使你不来, 这次班会活动还是要举行。"(Jíshǐ nǐ bù lái, zhècì bānhuì huódòng háishi yào jǔxíng.)(설사 당신이 오지 않더라도 이번 반활동은 여전히 거행할 것이다)로 고치거나, "无论你来不来, 这次班会活动都要举行。"(Wúlùn nǐ láibulái, zhècì bānhuì huódòng dōu yào jǔxíng.)(당신이 오건 안 오건 막론하고 이번 반활동은 여전히 거행할 것이다)로 고쳐야 한다.

[无奈] wúnài 접속사

"어찌할 도리가 없다", "공교롭다(유감의 의미)"의 의미로, 모종의 상황 때문에 주관적인 바람을 실현할 수 없음을 표시한다. 주로 "只得", "只好"와 함께 사용하고 "부득이", "방법이 없음"의 의미를 갖는다. 서면어에서 많이 사용한다. ① 我正想写点东西, 无奈有人来访, 只得搁笔。(Wǒ zhèngxiǎng xiě diǎn dōngxi, wúnài yǒurén láifǎng, zhǐděi gēbǐ.) 내가 마침 무엇을 쓰려고 하는데 누군가 내방하여 어쩔 수 없이 붓을 놓았다. ② 约好十点锺动身, 无奈他不来, 只得我们先去。(Yuē hǎo shídiǎn zhōng dòngshēn, wúnài tā bùlái, zhǐděi wǒmen xiān qù.) 10시에 출발하기로 약속을 하였으나 그가 오지 않아 어쩔 수 없이 우리들이 먼저 갈 수밖에 없었다. ③ 这件事我实在出于无奈, 请您别见怪。(Zhè jiàn shì wǒ shízài chūyú wúnài, qǐng nín bié jiànguài.) 이 일은 사실 어쩔 수 없이 한 것이니 언짢게 생각하지 마시오. ④ 我们本当去看他, 无奈天色太晚了。(Wǒmen běndāng qùkàn tā, wúnài tiānsè tài wǎnle.) 우리는 마땅히 그를 보러 가야 하는데 공교롭게도 날이 저물었다.

[无宁] wúnìng 부사 "毋宁(wúnìng)"을 참고하라.

[无如] wúrú 접속사

"아쉽게도"의 의미로, 나중에 말한 것이 앞에서 생각하였던 것과 상반됨을 표시한다. 어감은 "无奈" 보다는 다소 부드럽다. 다소 의외라는 뜻으로 서면어에서 많이 사용한다. ① 无如身体不适, 我只好放弃这次旅行。(Wúrú shēntǐ búshì, wǒ zhǐhǎo fàngqì zhècì lǚxíng.) 유감스럽게도 건강이 않 좋아 나는 이번 여행을 포기할 수밖에 없다. ② 正要出门, 无如天下起雨来了。(Zhèngyào chūmén, wúrú tiān xià qǐ yǔ laile.) 마침 문을 나서려는데 아쉽게 비가 내리기 시작했다. ③ 图书馆最近添了新书, 刚才去借, 无如都给借走了。(Túshūguǎn zuìjìn tiānle xīnshū, gāngcái qù jiè, wúrú dōu gěi jiè zǒule.) 도서관은 최근 새 책을 늘려 방금 빌리러 갔으나 아쉽게도 이미 대출되었다.

[无时] wúshí 부사

"언제나", "무시로"의 의미로 "不"과 함께 사용하여, 이중부정을 이루어 긍정을 표시한다. "时时", "一直"의 의미로, 시간적으로 끊임없이 시종여일(始终如一)한 것을 말한다. ① 我们无时不在期待着上帝的保护。(Wǒmen wúshí búzài qīdàizhe Shàngdì de bǎohù.) 우리는 언제나 하나님의 보호를 기다리지 않은 적이 없다. ② 我们无时无刻不在想念着你。(Wǒmen wúshí wúkè búzài xiǎngniànzhe nǐ.) 우리는 언제나 너를 생각하지 않는 때가 없다.

> 설명 "无时"는 "无时无刻"(wúshí wúkè)으로 쓸 수 있다. "无时无刻"(wúshí wúkè)는 "시시각각"에 해당하며, 어감이 "无时"에 비하여 더 강하다.

[无须] wúxū 부사

"…할 필요가 없다"의 의미로, 모종 동작의 권고나 제지를 표시한다. 주어 앞에 사용할 수 있고 서면어에서 많이 사용한다. ① 情况已经了解, 无须细说了。(Qíngkuàng yǐjīng liǎojiě, wúxū xì shuōle.) 상황을 이미 이해했다. 자세히 말할 필요가 없다. ② 有意见尽管提, 无须顾虑。(Yǒu yìjiàn jǐnguǎn tí, wúxū gùlù.) 의견이 있으면 서슴없이 말하시오 고려할 필요가 없소. ③ 这张收条是本来无须保存的。(Zhè zhāng shōutiáo shì běnlái wúxū bǎocún de.) 이 영수증은 본래 보존할 필요가 없는 것이다. ④ 他们现在无须找人问字了。(Tāmen xiànzài wúxū zhǎorén wèn zìle.) 그들은 이제 글자를 묻기 위해 남을 찾아갈 필요가

없게 되었다.

[주의] "无须"는 "无须乎"(wúxū hū)로 쓸 수도 있다.

[无须乎] wúxūhū 부사 "无须(wúxū)"를 참고하라.

[毋宁] wúnìng 부사

"…만 못하다", "… 하는 편이 낫다"라는 의미로, 두 가지를 비교한 후 하나를 선택하는 것을 표시한다. 선택되지 않는 대상 앞에 항상 "与其"를 사용한다. 서면어에서 주로 사용한다. ① 与其说是中国的问题, 毋宁说是世界的问题。(Yǔqíshuō shì Zhōngguóde wèntí, wúnìng shuō shì shìjiède wèntí.) 중국의 문제라기보다는 오히려 세계의 문제라고 하는 편이 낫다. ② 与其坐而论道, 毋宁起而行动。(Yǔqí zuò ér lùndào, wúnìng qǐ ér xíngdòng.) 앉아서 도를 논하는 것보다는 일어나서 행동하는 것이 좋다. ③ 与其说我考得好, 毋宁说题目出得容易。(Yǔqíshuō wǒ kǎode hǎo, wúnìng shuō tímù chūde róngyì.) 내가 시험을 잘 보았다고 말하는 것보다 차라리 제목이 쉽게 나왔다고 말하는 것이 났다. [주의] "毋宁"은 "无宁"으로 쓸 수도 있다.

[务] wù 부사

"반드시"의 의미로 "务必"의 동의어이지만 뒤에 단음절의 단어만 사용하고 서면어에서 많이 사용한다. ① 明天下午的会, 务请参加。(Míngtiān xiàwǔde huì, wùqǐng cānjiā.) 내일 오후 회의에 반드시 참가하세요. ② 你厂订购的数额, 接电后务希及时告知。(Nǐ chǎng dìnggòu de shù'é, jiēdiàn hòu wù xī jíshí gàozhī.) 당신 공장의 예약구매 액수를 전화를 받은 후 반드시 제때에 알려주기를 바란다. ③ 业务如何安排可再研究一次, 务求妥善解决。(Yèwù rúhé ānpái kě zài yánjiū yícì, wùqiú tuǒshàn jiějué.) 업무를 어떻게 배치할 것인가를 다시 연구하여 반드시 타당하게 해결해야 한다.

【务必】 wùbì 부사

"반드시"의 의미로, 강렬한 희망과 요구를 표시한다. ① 请您务必去一趟。(Qǐng nín wùbì qù yítàng.) 꼭 한번 다녀오시기 바랍니다. ② 这场球务必全胜, 才能进入决赛。(Zhèchǎng qiú wùbì quánshèng, cáinéng jìnrù juésài.) 이번 시합을 반드시 완승해야 비로소 결승에 진출할 수 있다. ③ 你给我个脸, 务必赏光。(Nǐ gěi wǒ ge liǎn, wùbì shǎngguāng.) 제 체면이 서도록 꼭 와 주십시오.

【务须】 wùxū 부사 "务必(wùbì)"를 참고하라.

"반드시", "꼭"의 의미로 사용하고 "务必"와 의미가 같지만, "务须"의 어감이 다소 가볍다. 주로 서면어에서 많이 사용한다. ① 作文务须突出重点。(Zuòwén wùxū tūchū zhòngdiǎn.) 작문은 반드시 중점을 강조해야 한다. ② 学习文件, 务须掌握精神实质。(Xuéxí wénjiàn, wùxū zhǎngwò jīngshén shízhì.) 서류 학습은 반드시 실제 정신을 파악해야 한다. ③ 务须注意下列各项。(Wùxū zhùyì xiàliè gèxiàng.) 아래 열거한 각 항들을 반드시 주의해야 한다.

W

【瞎】 xiā 부사

(1) "되는대로"의 의미로, 행위가 마음이나 욕망에 따르고 아무런 근거가 없음을 표시한다. 구어체에 많이 사용한다. ① 别瞎猜, 根本不是这么一回事。(Bié xiācāi, gēnběn búshì zhème yìhuíshì.) 엉터리로 추측하지 마라, 결코 이러한 일이 아니다. ② 瞎说, 你知道些什么? (Xiāshuō, nǐ zhīdào xiē shénme?) 허튼 소리를 하네. 당신이 무엇을 알아? ③ 瞎造谣言的人绝没有好下场。(Xiāzào yáoyánde rén jué méiyǒu hǎo xiàchǎng.) 엉터리로 소문을 만드는 사람은 결코 좋은 결말이 없다. ④ 也不问问清楚, 就瞎摸合眼的乱来。(Yě bú wènwèn qīngchu, jiù xiāmō héyǎnde luànlái.) 분명히 물어보지도 않고 제멋대로 떠든다.

(2) "헛된"의 의미로, 행동이 효과가 없거나 목적에 도달하지 못함을 표시한다. ① 东抓一把, 西抓一把, 瞎忙了半天, 什么也没做好。(Dōng zhuā yì bǎ, xī zhuā yì bǎ, xiā mángle bàntiān, shénme yě méi zuòhǎo.) 이쪽에서 한 움큼 저쪽에서 한 움큼 헛되게 한나절 바빴으나 아무 것도 잘 한 것이 없다. ② 开车时间还早, 你瞎着急什么呢? (Kāichē shíjiān hái zǎo, nǐ xizháo jí shénmene?) 출발시간이 아직 멀었다. 당신은 왜 공연히 조급해 하는가? ③ 别瞎跑了, 快把工作做完。(Bié xiā pǎo le, kuài bǎ gōngzuò zuòwán.) 쓸데없이 돌아다니지 말고 빨리 일을 끝내라.

실사 "他瞎了一只眼。"(Tā xiāle yì zhī yǎn.) (그는 한쪽 눈이 장님이 되었다)에서 "瞎"는 동사다.

[先] xiān 부사

"먼저"의 의미로 시간이나 순서가 앞선 것을 표시한다. 주로 "再", "然后", "后来" 등의 허사와 함께 사용한다. ① 汽车到站, 让老人先上。(Qìchē dàozhàn, ràng lǎorén xiān shàng.) 자동차가 정류장에 도착하고 노인을 먼저 태운다. ② 明天的发言请你先准备一下。(Míngtiān de fǎyán qǐng nǐ xiān zhǔnbèi yíxià.) 내일 발언을 당신이 먼저 준비하시오. ③ 您请先走, 我还在这儿呆一会儿。(Nín qǐng xiān zǒu, wǒ hái zài zhèr dāi yíhuìr.) 먼저 가십시오, 저는 여기서 좀 기다리겠습니다. ④ 你先别问, 到时候自然明白。(Nǐ xiān bié wèn, dào shíhou zìrán míngbái.) 우선 묻지 마라, 때가 되면 저절로 알게 된다.

[先后] xiānhòu 부사

"잇달아", "계속"의 의미로, 몇 가지 동작이나 상황이 순서대로 발생함을 표시한다. ① 先后发表了两篇社论。(Xiānhòu fābiǎo le liǎng piān shèlùn.) 잇따라 두 편의 사설을 발표했다. ② 我们暑假下农村搞调查研究, 先后访问了三个公社。(Wǒmen shǔjià xià nóngcūn gǎo diàochá yánjiū, xiānhòu fǎngwènle sāngè Gōngshè.) 우리는 여름 휴가에 농촌에 내려가 조사와 연구를 하고 계속 인민공사 3곳을 방문했다. ③ 你先后来信我都及时收到。(Nǐ xiānhòu láixìn wǒ dōu jíshí shōudào.) 당신이 나에게 보낸 편지를 모두 제때에 계속 받았나. ④ 参加会议的各地代表已经先后到达北京。(Cānjiā huìyì de gèdì dàibiǎo yǐjīng xiānhòu dàodá Běijīng.) 회의에 참가한 각 지역 대표는 이미 계속하여 북경에 도착했다.

[显然] xiǎnrán 부사

"확실히"의 의미로, 상황 혹은 이치가 매우 명확하여 이해하기 쉽다는 것을 표시한다. 강조의 어감이 있다. 문장의 첫 부분이나 절에 사용하며, 뒤에 정지가 있고 쉼표를 사용한다. ① 妈妈的语气显然带着不满。(Māmade yǔqì xiǎnrán dàizhe bùmǎn.) 엄마의 말투에는 확실히 불만이 끼어 있다. ② 长期干旱, 显然对农作物生长不利。(Chángqī gānhàn, xiǎnrán duì nóngzuòwù shēngzhǎng búlì.) 장기간 가물어 확실히 농작물의 성장에 불리하다. ③ 不加改革, 显然不成。(Bùjiā gǎigé,

xiǎnrán bùchéng.) 개혁을 하지 않으면, 확실히 안 된다. ④ 他这些话
显然是弦外之音。(Tā zhèxiē huà xiǎnrán shì xiánwàizhīyīn.) 그의 이
말에는 분명히 다른 뜻이 들어있다.

[相] xiāng 부사

"서로, 함께"의 의미로, 동사 앞에 사용하여, 둘 혹은 몇 가지 동작의
관련을 표시한다. 서면어에 많이 사용한다. ① 体育事业和人民健康
密切相关。(Tǐyù shìyè hé rénmín jiànkāng mìqiè xiāngguān.) 체육
사업은 국민 건강과 서로 밀접히 관련되어 있다. ② 这几个问题内容
相关, 可以一起研究。(Zhè jǐge wèntí nèiróng xiāngguān, kěyǐ yìqǐ
yánjiū.) 이 몇 몇 문제는 내용과 서로 관련되어 함께 연구할 수 있다.
③ 两个球队实力相差无几, 比赛一定很精彩。(Liǎng ge qiúduì shílì
xiāngchà wújǐ, bǐsài yídìng hěn jīngcǎi.) 두 팀의 실력이 서로 비슷하
여 시합이 매우 재미있을 것이다. ④ 两人相见, 拥抱在一起。。(Liǎng
rén xiāngjiàn, yōngbào zàiyìqǐ.) 두 사람은 만나자, 함께 포옹하였다.
설명 관용적인 용법으로 사용한다. 예 "相依为命"(xiāngyīwéimìng)
(운명을 같이하다), "不相上下"(bùxiāng shàngxià(막상막하),
"鹬蚌相争"(yùbàng xiāng zhēng)(어부지리), 实不相瞒(shíbù
xiāngmán)(정말 속이지 않다)

[相当] xiāngdāng 부사

"상당히, 꽤"의 의미로, 일정한 정도에 도달함을 표시한다. "很"에 비하
여 정도가 다소 가볍다. ① 这场戏演得相当好。(Zhè chǎng xì yǎnde
xiāngdāng hǎo.) 이 연극은 연출이 상당히 좋다. ② 他工作积极, 学习
也相当努力。(Tā gōngzuò jījí, xuéxí yě xiāngdāng nǔlì.) 그는 일에
적극적이고 학습도 상당히 노력한다. ③ 熟练这个工作要相当长的年
月。(Shúliàn zhège gōngzuò yào xiāngdāng cháng de niányue.) 이 일
에 숙련되려면 상당히 오랜 세월이 필요하다. ④ 这篇文章写得相当
流畅。(Zhè piān wénzhāng xiěde xiāngdāng liúchàng.) 이 문장은 상당
히 조리 있고 유창하게 썼다.
설명 "相当"은 위의 예문처럼 주로 형용사를 수식하고 뒤에 일반적으
로 조사 "地"를 사용하지 않는다. 때로는 위의 후반 예문처럼 수

식받는 형용사를 생략할 수 있고, 직접 명사 앞에서 사용한다.
실사 "今年产量相当于去年的一倍半。"(Jīnnián chǎnliàng xiāngdāng yú qùnián de yí bèi bàn.) (금년 생산량은 작년의 1.5배에 해당한다), "双方实力相当。"(Shuāngfāng shílì xiāngdāng.) (쌍방의 실력이 비슷하다)에서 "相当"은 동사다.

[相反] xiāngfǎn 접속사

"오히려"의 의미로 후반 절의 첫 부분에 사용하여, 앞 문장의 의미와 서로 대립되거나 대비됨을 표시한다. "反而"과 비슷하고 전환을 표시한다. 뒤 문장에 중점이 있다. ① 这不是慷慨, 相反, 这是自私。(Zhè búshì kāngkǎi, xiāngfǎn, zhè shì zìsī.) 이것은 관용적이 아니라 오히려 이기적이다. ② 这件事不一定是坏事, 相反, 只要能正面思考, 坏事也能变成好事。(Zhè jiàn shì bù yídìng shì huàishì, xiāngfǎn, zhǐyào néng zhèngmiàn sīkǎo, huàishì yě néng biànchéng hǎoshì.) 이 일이 확실히 나쁜 것은 아니다. 반대로 긍정적으로만 생각할 수 있다면 나쁜 일을 좋은 일로 변하게 할 수 있다. ③ 吸烟不但毫无益处, 相反倒有很多害处。(Xīyān búdàn háowú yìchu, xiāngfǎn dào yǒu hěnduō hàichu.) 흡연은 아무런 이익이 없을 뿐만 아니라 반대로 많은 해가 있다. ④ 余震的危险不但没有吓住他, 相反, 更激起了他抗震救灾的勇气. (Yúzhèn de wéixiǎn búdàn méiyǒu xià zhù tā, xiāngfǎn, gèng jīqǐle tā kàngzhèn jiùzāi de yǒngqì.) 여진의 위험이 그를 놀래키지 못했을 뿐 아니라 반대로 지진구난의 용기를 북돋우었다.
실사 "他们两人的意见完全相反。"(Tāmen liǎng rén de yìjiàn wánquán xiāngfǎn.)(그들 두 사람의 의견은 완전히 상반된다)에서 "相反"은 형용사다.

[相互] xiānghù 부사 "互相(hùxiāng)"을 참고하라.

[相継] xiāngjì 부사

"잇달아"의 의미로, 전후 동작 행위에 끊임이 없거나 서로 떨어진 거리가 멀지 않음을 표시한다. 서면어에 많이 사용한다. ① 许多同辈相継

去世, 健存的屈指可数了。(Xǔduō tóngbèi xiāngjì qùshì, jiàncúnde qūzhǐkěshǔ le). 많은 동년배들이 연이어 세상을 뜨고 건재한 사람들은 몇이 되지 않는다. ② 东郊区的几栋大楼已在去年年底相继完工。(Dōng jiāoqūde jǐ dòng dàlóu yǐ zài qùnián niándǐ xiāngjì wángōng.) 동교구의 몇몇 빌딩들은 이미 작년 연말에 잇달아 완공되었다. ③ 科学技术普及协会在各地相继成立。(Kēxué jìshù pǔjí xiéhuì zài gèdì xiāngjì chénglì.) 과학기술보급협회가 각 지역에 잇달아 성립되었다. ④ 人类在20世纪内相继攻克了一度被视为绝症的肺炎。(Rénlèi zài èrshí shìjì nèi xiāngjì gōngkè le yídù bèi shìwéi juézhèngde fèiyán.) 인류는 20세기내에 불치병으로 간주되던 폐렴을 잇달아 정복했다.

[想必] xiǎngbì 부사

"반드시, 틀림없이"의 의미로, 긍정적인 판단이나 추측에 치우침을 표시한다. ① 想必不小心在半路上掉了。(Xiǎngbì bù xiǎoxīn zài bànlù shàng diào le.) 틀림없이 부주의로 도중에서 떨어뜨렸을 것이다. ② 春天了, 你那几盆月季想必都已经开花了。(Chūntiānle, nǐ nà jǐ pén yuèjì xiǎngbì dōu yǐjīng kāihuāle.) 봄이다. 당신의 월계화 화분들은 이미 모두 다 피었을 것이다. ③ 好久没通信, 你们想必很好吧。(Hǎojiǔ méi tōngxìn, nǐmen xiǎngbì hěn hǎoba.) 오랫동안 연락이 없었다. 당신들은 틀림없이 잘 있겠지. ④ 他没回答我, 想必是没听见我的话。(Tā méi huídá wǒ, xiǎngbì shì méi tīngjiàn wǒde huà.) 그는 대답하지 않았는데, 틀림없이 내말을 듣지 못했을 것이다.

[象] xiàng 조사 "好象(hǎoxiàng)"을 참고하라.

[向] xiàng 개사와 부사 두 가지 용법이 있다.

(一) 개사

(1) "…향하여"의 의미로, 동작이 행하는 방향을 표시한다. ① 这孩子数学很好, 应该向这方面发展。(Zhè háizi shùxué hěn hǎo, yīnggāi xiàng zhè fāngmiàn fāzhǎn.) 얘는 수학을 잘하기 때문에 이 방면으로 발전하여야 한다. ② 向左拐弯就是我们的学校。(Xiàngzuǒ

guǎiwān jiùshì wǒmende xuéxiào.) 왼쪽으로 돌아가면 바로 우리 학교이다. ③ 这个指示要及时向下面(儿)传达。(Zhège zhǐshì yào jíshí xiàng xiàmiàn(ér) chuándá.) 이 지시를 제때에 하부로 전달해야 한다. ④ 列车穿过田野, 奔向远方。(Lièchē chuānguò tiányě, bēnxiàng yuǎnfāng.) 열차가 들판을 가로질러 먼 곳으로 달리다.

(2) "…에게(对)"의 의미로, 행동의 대상을 끌어들인다. ① 他向大会提出了一项建议。(Tā xiàng dàhuì tíchūle yí xiàng jiànyì.) 그는 대회에 한 가지 건의를 했다. ② 我们做任何工作, 都应当向人民负责。(Wǒmen zuò rènhé gōngzuò, dōu yīngdāng xiàng rénmín fùzé.) 우리가 어떤 일을 하던지 모두 응당 인민에게 책임을 진다. ③ 我要向你讲几句心里话。(Wǒ yào xiàng nǐ jiǎng jǐjù xīnli huà.) 나는 네게 마음속의 이야기를 좀 털어놓고 싶다. ④ 不懂的问题可以向老师请教。(Bùdǒng de wèntí kěyǐ xiàng lǎoshī qǐngjiào.) 이해하지 못하는 문제는 선생님에게 가르침을 부탁할 수 있다.

(3) "往"의 의미로, 개사구조로 단음절의 동사 뒤에 사용하여, 동작의 방향을 표시한다. ① 火箭准确地飞向目标。(Huǒjiàn zhǔnquède fēixiàng mùbiāo.) 로케트가 정확하게 목표를 향하여 날아갔다. ② 这条小路通向海边。(Zhè tiáo xiǎolù tōngxiàng hǎibiān.) 이 소로는 해변으로 통한다. ③ 我们正在从胜利走向新的胜利。(Wǒmen zhèngzài cóng shènglì zǒuxiàng xīn de shènglì.) 우리는 마침 승리로부터 새로운 승리를 향해 나아가고 있는 중이다.

(二) 부사

"원래부터(向来)"의 의미로, 모종의 상황이 과거부터 지금까지 계속 이와 같음을 표시한다. 뒤에 단음절의 단어만 오며 서면어에서 사용한다. ① 苏州、杭州向有"天堂"之称。(Sūzhōu, Hángzhōu xiàng yǒu "tiāntáng" zhī chēng.) 소주·항주는 원래부터 "천당"이란 별칭이 있다. ② 我对物理学向无兴趣。(Wǒ duì wùlǐxué xiàng wú xìngqù.) 나는 물리학에 원래 흥미가 없다. ③ 他一向勇敢。(Tā yíxiàng yǒnggǎn.) 그는 본래부터 용감하다. ④ 他一向多疑, 对谁都信不过。(Tā yíxiàng duōyí, duì shéi dōu xìnbuguò) 그는 원래 의심이 많아서 어느 누구도 믿지 않는다.

> **실사** "心向祖国。"(xīn xiàng zǔguó.) (마음이 조국을 향하다), "朵朵葵花向太阳。"(Duǒduǒ kuíhuā xiàng tàiyáng.) (모든 해바라기는 태양을 향한다)에서 "向"은 동사다.

[向来] xiànglái 부사 "从来(cónglái)"를 참고하라.

[兴许] xīngxǔ 부사 "也许(yěxǔ)(1)"를 참고하라.

[性] xìng 접미사

형용사나 동사 명사 뒤에 붙어 명사구를 구성해 사상 감정을 나타내거나 범위 방식 등을 한정한다. ① 消费者对食品安全性信心降低。(Xiāofèizhě duì shípǐn ānquánxìng xìnxīn jiàngdī.) 소비자들의 식품 안전성에 대한 신뢰도가 하락했다. ② 他们业余学习外语的积极性非常高。(Tāmen yèyú xuéxí wàiyǔ de jījíxìng fēicháng gāo.) 그들은 근무 외 시간에 외국어를 공부하는 적극성이 매우 높다. ③ 这位玉雕工人手艺高超, 作品很有创造性。(Zhèwèi yùdiāo gōngrén shǒuyì gāochāo, zuòpǐn hěn yǒu chuàngzàoxìng.) 이 옥 조각가의 손재주가 뛰어나 작품이 매우 창조성이 있다. ④ 那个地区有它的特殊性。(Nàge dìqū yǒu tā de tèshūxìng.) 그 지역은 나름의 특수성을 지니고 있다. ⑤ 加强纪律性, 革命无不胜。(Jiāqiáng jìlǜxìng, gémìng wú bú shèng.) 기율성을 더욱 강조하면 혁명은 반드시 승리한다.

설명 "性"은 명사화의 표식이다 ; 이것으로 구성된 명사는 의미가 일반적으로 비교적 추상적이고 사물의 성질·성능을 표시하거나 혹은 모종의 경향을 강조한다. 예 获得性免疫不全综合症 (huòdéxìng miǎnyì bù quán zōnghézhèng) 후천성 면역 결핍증

[幸而] xìng'ér 부사 "幸亏(xìngkuī)"를 참고하라.

[幸好] xìnghǎo 부사 "幸亏(xìngkuī)"를 참고하라.

[幸亏] xìngkuī 부사

(1) "다행히"의 의미로, 우연히 출현한 유리한 조건 때문에 나쁜 결과를 피할 수 있음을 표시한다. 접속사 "不然", "否则", "要不"나 부사

"才"와 함께 사용한다. ① 这场雨好大, 幸亏我回来得早。(Zhè chǎng yǔ hǎodà, xìngkuī wǒ huílái de zǎo.) 이번 비는 아주 크다. 다행히 나는 일찍 돌아왔다. ② 幸亏你提醒我, 不然一点也想不起来了。(Xìngkuī nǐ tíxǐng wǒ, bùrán yìdiǎn yě xiǎng bu qǐláile.) 당신이 나를 일깨워주어서 다행이다. 그렇지 않으면 전혀 생각이 나지 않았다. ③ 我跑到车站, 幸亏火车还没有开。(Wǒ páo dào chēzhàn, xìngkuī huǒchē hái méiyǒu kāi.) 내가 정거장에 달려갔을 때 다행히 기차는 아직 떠나지 않았다. ④ 我幸亏走得早, 才没叫雨淋了。(Wǒ xìngkuī zǒu de zǎo, cái méi jiào yǔ línle.) 다행히 나는 일찍 간 바람에, 비를 맞지 않았다.

[동의어] "幸好(xìnghǎo)", "幸而(xìng'ér)"과 "幸亏(xìngkuī)"의 의미는 같다. "幸好"는 구어체에서 많이 사용하고 "幸而"은 서면어에서 많이 사용한다. ① 幸好他継母是个善良的人。(Xìnghǎo tā jìmǔ shì ge shànliáng de rén.) 다행히 그의 계모는 선한 사람이었다. ② 幸而隐患及时消除, 否则后果不堪设想。(Xìng'ér yǐnhuàn jíshí xiāochú, fǒuzé hòuguǒ bùkān shèxiǎng.) 다행히 잠복해 있는 병을 제때 제거했다. 그렇지 않으면 나중 결과를 상상할 수 없다.

[休] xiū 부사

"…하지 말라(不要)"의 의미로, 금지나 부드러운 저지를 표시한다. 서면어에서 많이 사용한다. ① 这个病如不割治, 休想根除。(Zhège bìng rú bù gēzhì, xiū xiǎng gēnchú.) 이 병은 절제 수술을 하지 않고서 근치되리라 생각하지 마라. ② 改正错误就好, 过去的事休提了。(Gǎizhèng cuòwù jiù hǎo, guòqù de shì xiū tíle.) 잘못을 바로 잡으면 된다. 과거의 일을 거론하지 말라. ③ 有病可以请医生, 休要紧张。(Yǒu bìng kěyǐ qǐng yīshēng, xiū yào jǐnzhāng.) 병이 있으면 의사에게 보여라. 긴장하지 말라. ④ 休怪我翻脸无情。(Xiūguài wǒ fānliǎn wúqíng.) 내가 냉정히 외면한다고 언짢게 생각지 마라.

[실사] "争论不休。"(Zhēnglùn bùxiū.) (논쟁이 끝이지 않는다), "下午休会, 明天継续讨论。"(Xiàwǔ xiūhuì, míngtiān jìxù tǎolùn.) (오후는 휴회이고 내일 계속 토론하자)에서 "休"는 동사다.

[呀] yā 감탄사

문장의 첫 부분에 사용하여 놀람, 기쁨, 의문을 표시한다. ① 呀, 下雪了! (Yā, xiàxuěle.) 아, 눈이 내린다! ② 呀, 今年又是大丰收! (Yā, jīnnián yòu shì dà fēngshōu!) 아! 금년도 또 풍년이다! ③ 呀, 这怎么办! (Yā, zhè zěnme bàn!) 어! 이 일을 어쩌나!

[呀] ya 조사

(1) 어감을 돕기 위해 문장 뒤에 사용하여 놀람·감탄 혹은 의문을 표시하는 어기조사다. ① 赞美功课门门得满分, 可了不起呀! (Zànměi gōngkè ménmén dé mǎnfēn, kě liǎobuqǐ ya!) 찬미는 학과목마다 만점이다 정말 대단하다! ② 你怎么回来得这样快呀? (Nǐ zěnme huílai de zhèyàng kuài ya?) 당신은 왜 이렇게 빨리 돌아왔는가? ③ 原来是你呀? (Yuánlái shì nǐ ya?) 알고 보니 너였구나!

(2) 문장 중간에 사용하여, 어기를 잠시 멈추거나 강조하거나 사물을 열거한다. ① 他呀, 手真勤快! (Tā ya, shǒu zhēn qínkuài!) 그 사람은 손이 정말로 빠르다! ② 蔬菜呀, 他们可种了不少。(Shūcài ya, tāmen kě zhòng le bùshǎo.) 채소라면, 그들이 상당히 많이 심었다. ③ 他呀, 恐怕不行。(Tā ya, kǒngpà bùxíng.) 그 사람이라, 아마 안 될 걸.

> 설명 "呀(ya)"는 "啊(a)"의 음변(音变)이다. "啊"는 앞글자의 모음의 영향을 받아 혹자는 "呀"로 쓴다.

[沿] yán 개사

"…을 따라"의 의미로, 개사구조를 사용하여 지나온 노선이나 장소를 표시한다. 주로 "沿着"(yánzhe)의 형태로 많이 사용한다. ① 沿街栽着一排法国梧桐。(Yánjiē zāizhe yìpái Fǎguó wútóng.) 거리를 따라 불란서 오동이 한 줄로 심어져 있다. ② 他每天清晨沿西湖慢跑一圈。(Tā měitiān qīngchén yán Xīhú mànpǎo yìquān.) 그는 매일 새벽에 서호를 따라 한바퀴 조깅을 한다. ③ 沿着他指引的方向前进。(Yánzhe tā zhǐyǐn de fāngxiàng qiánjìn.) 그가 인도하는 방향을 따라 전진하다.

동의어 "沿着"(yánzhe)와 "沿"(yán)의 의미는 같다. "沿着"는 뒤에 오는 단어가 비교적 길거나 의미가 다소 추상적인 경우에 사용한다. ① 沿着热闹的南京路一直往东走, 就是黄浦江。(Yánzhe rènào de Nánjīnglù yìzhí wǎng dōng zǒu, jiùshì Huángpǔjiāng.) 번화한 남경로를 따라 계속 동쪽으로 가면 바로 황포강이다. ② 我们沿着从学校到车站的公路栽种了一千多棵水杉。(Wǒmen yánzhe cóng xuéxiào dào chēzhàn de gōnglù zāizhòngle yīqiān duō kē shuǐshān.) 우리는 학교에서 정류장에 이르는 국도를 따라 천여 그루의 삼나무를 심었다.

[沿着] yánzhe 개사 "沿(yán)"을 참고하라.

[要] yào 접속사와 부사 두 가지 용법이 있다.

(一) 접속사

"만약"의 의미로, 가정을 표시한다. 주로 구어체에 사용한다. ① 明天要下雨, 我就不去了。(Míngtiān yào xiàyǔ, wǒ jiù bú qùle.) 내일 비가 온다면 나는 가지 않겠다. ② 你要见到他, 请代我向他问好。(Nǐ yào jiàndào tā, qǐng dài wǒ xiàng tā wènhǎo.) 당신이 그를 만나게 되면 나 대신 그에게 안부를 물어주세요. ③ 要能找几本参考书核对一下, 就更放心。(Yào néng zhǎo jǐ běn cānkǎoshū héduì yíxià, jiù gèng fàngxīn.) 만약 참고서 몇 권을 찾아 대조를 하면 더 안심이 될 거야. ④ 要不是刮大风, 船早该到了。(Yào búshì guā dàfēng, chuán zǎo gāi dàole.) 만약 큰바람이 불지 않았다면 배는 벌써 이미 도착했을 것이다.

(二) 부사

(1) "곧 …할 것이다"의 의미로, "(就)要…了"의 형식으로 상황이 장차 발생할 것을 표시한다. ① 中秋节要到了。(Zhōngqiūjié yào dàole.) 추석이 곧 된다. ② 请大家注意, 火车要进站了。(Qǐng dàjiā zhùyì, huǒchē yào jìn zhànle.) 모두 조심하세요. 기차가 곧 역에 들어옵니다. ③ 天要黑了, 快走吧! (Tiān yào hēile, kuài zǒuba!) 하늘이 곧 어두워지려 하니 빨리 갑시다.

(2) "더욱"의 의미로, 비교를 표시한다. ① 这篇文章比前一篇要深些。(Zhè piān wénzhāng bǐ qián yì piān yào shēn xiē.) 이 문장은 이전에 비해 더욱 깊이가 있다. ② 坐飞机比坐火车要快得多。(Zuò fēijī bǐ zuò huǒchē yào kuài de duō.) 비행기를 타는 것이 기차를 타는 것보다 훨씬 더 빠르다. ③ 我认为第二方案要切实可行一些。(Wǒ rènwéi dì èr fāng'àn yào qièshí kěxíng yìxiē.) 나는 두 번째 방안이 더욱 확실하고 실행할 만하다고 생각한다.

(3) "응당·반드시"의 의미로, 희망 혹은 각성을 표시한다. ① 水要煮开了才能喝。(Shuǐ yào zhǔkāile cái néng hē.) 물은 반드시 끓여야만 마실 수 있다. ② 咱们要多学一点, 努力适应新形势的需要。(Zánmen yào duō xué yìdiǎn, nǔlì shìyìng xīn xíngshì de xūyào.) 우리는 많이 배워 새 형세의 수요에 잘 적응해야한다. ③ 该花的钱要舍得花, 该省的钱要尽量省。(Gāi huā de qián yào shěde huā, gāi shěng de qián yào jìnliàng shěng.) 응당 써야하는 돈은 과감히 쓰고 아껴야하는 돈은 반드시 최대한으로 아껴야한다.

> **실시** "我要这本书, 那本不要。"(Wǒ yào zhè běn shū, nà běn búyào.) (나는 이 책을 원하고 그 책은 필요 없다)에서 "要"는 동사다.

[要不] yàobù 접속사

(1) "그렇지 않으면"의 의미로, 만약 앞에서 언급한 상황과 반대가 되면 아래의 결과나 의문이 생기게 된다는 것을 표시한다. "要不然"이라고 말할 수 있고, 조사 "的话"와 함께 사용할 수 있다. 가정의

어감을 강조한다. ① 要不是你, 我怎么能明白过来。(Yàobù shì nǐ, wǒ zěnme néng míngbái guòlái.) 당신이 아니었다면, 내가 어찌 알 수 있었겠는가. ② 要不是他绊脚, 我早就成功了。(Yàobù shì tā bànjiǎo, wǒ zǎojiù chénggōng le.) 만일 그가 방해하지 않았더라면 나는 벌써 성공하였을 텐데. ③ 要不是他来, 我早就没命了。(Yàobù shì tā lái, wǒ zǎojiù méimìng le.) 만일 그가 오지 않았으면 나는 벌써 목숨을 잃었을 것이다. ④ 仙人球怕冷, 冬天得搬到室内, 要不的话, 准会冻死。(Xiānrénqiú pà lěng, dōngtiān děi bān dào shìnèi, yàobù dehuà, zhǔn huì dòngsǐ.) 선인장은 추위를 두려워한다. 겨울에 실내로 옮겨놓아야 한다. 그렇지 않으면 틀림없이 얼어죽게 될 것이다.

(2) "… 하든지 … 하든지"의 의미로, 두 가지 중 하나를 선택하는 것을 표시한다. 주로 부사 "就"와 함께 사용한다. ① 洗海水浴, 要不就晒日光浴。(Xǐ hǎishuǐyù, yàobù jiù shài rìguāngyù.) 해수욕을 하지 않으면, 일광욕을 한다. ② 看场电影怎么样, 要不就到公园走走。(Kàn chǎng diànyǐng zěnme yàng, yàobù jiù dào gōngyuán zǒu zǒu.) 영화를 보는 것이 어떻습니까? 혹은 공원에서 산보할까요. ③ 看他那个高兴劲, 准是得了满分, 要不就是受到了表扬。(Kàn tā nàge gāoxìng jìn, zhǔnshì déle mǎnfēn, yàobù jiùshì shòudàole biǎoyáng.) 그가 그렇게 기뻐하는 모습을 보니 확실히 만점을 받았거나 혹은 칭찬을 받았을 것이다. ④ 下雨了, 你把雨伞拿去吧, 要不, 就穿我的雨衣。(Xiàyǔ le, nǐ bǎ yǔsǎn ná qù ba, yàobù, jiù chuān wǒ de yǔyī.)비가 오는군. 우산을 들고 가든지, 내 비옷을 입고 가든지 하시오.

[要就] yàojiù 접속사

"…하든지, 혹…하든지(要么)"의 의미로, 주로 "就", "就是"와 함께 사용하여, 둘 중 하나를 선택하는 것을 표시한다. ① 要就参加, 要就不参加, 你快决定吧。(Yàojiù cānjiā, yàojiù bù cānjiā, nǐ kuài juédìng ba.) 참가할 것인지 참가하지 않을 것인지를 당신은 빨리 결정하세요. ② 要就去听戏, 要就去溜冰, 别再犹豫了。(Yàojiù qù tīng xì, yàojiù qù liūbīng, bié zài yóuyùle.) 연극을 보러 가든가, 혹은 스케이트를 타러 가든가, 더 이상 우물쭈물하지 마라 ③ 要就是工作, 要就是学习,

他从早到晚几乎没有休息。(Yàojiù shì gōngzuò, yàojiù shì xuéxí, tā cóngzǎo dàowǎn jīhū méiyǒu xiūxi.) 일을 하든 공부를 하든, 그는 아침부터 저녁까지 거의 휴식이 없다.

[要么] yàome 접속사

(1) "혹은"의 의미로, 앞에서 말한 희망이 실현될 수 없어서 어쩔 수 없이 다른 방법을 사용하는 것을 표시한다. 의논하는 어감을 갖는다. ① 船票没有买到, 要么就改坐火车吧。(Chuán piào méiyǒu mǎi dào, yàome jiù gǎi zuò huǒchē ba.) 배표를 사지 못했으면 혹 기차로 고쳐 타는 것은 어떻습니까! ② 电话里说不清楚, 要么你自己去跑一趟。(Diànhuà lǐ shuō bu qīngchu, yàome nǐ zìjǐ qù pǎo yí tàng.) 전화로 설명이 확실하지 않으면 혹 당신이 직접 한번 가보세요. ③ 这个问题今天来不及讨论了, 要么明后天抽点时间再谈。(Zhège wèntí jīntiān láibují tǎolùnle, yàome míng hòutiān chōu diǎn shíjiān zài tán.) 이 문제는 오늘 토론할 시간이 없다. 혹 내일이나 모래 시간을 내어 다시 이야기하자.

(2) "…하거나 …하거나"의 의미로, 사용할 수 있다. 예를 든 두 가지 사물 중에서 선택하는 것을 표현한다. ① 要么你去, 要么他来, 不过他最近一直很忙。(Yàome nǐ qù, yàome tā lái, búguò tā zuìjìn yìzhí hěn máng.) 당신이 가거나 그가 오거나, 그러나 그는 최근에 계속 매우 바쁘다. ② 排球比赛不象足球, 要么胜, 要么负, 没有和。(Páiqiú bǐsài bú xiàng zúqiú, yàome shèng, yàome fù, méiyǒu hé.) 배구시합은 축구시합과 같지 않다. 이기거나 지거나 하지 무승부는 없다. ③ 要么是你, 要么是他, 必须得去一个人。(Yàome shì nǐ, yàome shì tā, bìxū děi qù yíge rén.) 그 또는 너 둘 중 한 사람은 가야한다.

[要末] yàome 접속사 "要么(yàome)"를 참고하라.

[要是] yàoshi 접속사

"만약… 하면"의 의미로, 가정을 표시한다. 조사 "的话"와 함께 구어에서 사용한다. ① 要是他来了, 怎么办? (Yàoshi tā láile, zěnme bàn?) 그가 오게 되면 어떻게 하겠느냐? ② 要是见到老张, 请你代我问好。(Yàoshi jiàn dào Lǎo Zhāng, qǐng nǐ dài wǒ wènhǎo.) 만약 장형(老张)을 만나게 되면 나대신 안부를 전해주세요. ③ 要是你有兴趣的话, 咱们一起去。(Yàoshi nǐ yǒu xìngqù dehuà, zánmen yìqǐ qù.) 만약 당신이 흥미가 있다면 우리 함께 갑시다. ④ 坐船去也好, 要是车太挤的话。(Zuò chuán qù yě hǎo, yàoshi chē tài jǐ dehuà.) 배를 타고 가도 좋다. 만약 차가 너무 복잡하다면. ⑤ 您要是有意, 咱们可以合作。(Nín yàoshi yǒuyì, zánmen kěyǐ hézuò.) 당신만 뜻이 있으시다면 우리는 협력할 수 있습니다.

[也] yě 부사

(1) "…도"의 의미로, 앞에서 말한 것과 동일한 점이 있음을 표시한다. 부사 "既"와 함께 사용하여 강조의 작용을 한다. ① 你去, 我也去。(Nǐ qù, wǒ yě qù.) 네가 가면 나도 간다. ② 他做得到, 我也做得到。(Tā zuò de dào, wǒ yě zuò de dào.) 그가 할 수 있는 일이라면 나도 할 수 있다. ③ 他工作积极, 学习也认真。(Tā gōngzuò jījí, xuéxí yě rènzhēn.) 그는 일도 적극적이고 공부도 성실히 한다. ④ 水库既可以蓄水防洪, 也可以灌溉发电。(Shuǐkù jì kěyǐ xù shuǐ fánghóng, yě kěyǐ guàngài fādiàn.) 댐은 물을 저장하여 홍수를 예방할 수 있고 관개발전을 할 수도 있다.

(2) 두 번 이상 사용하여, "… 도 … 도(하다)"의 의미로 동시에 존재함을 표시한다. ① 风也停了, 雨也住了。(Fēng yě tíngle, yǔ yě zhùle.) 바람도 멈추고 비도 그쳤다. ② 也有好的, 也有坏的。(Yěyǒu hǎo de, yěyǒu huài de.) 좋은 것도 있고 나쁜 것도 있다. ③ 左思也不妥, 右想也不妥。(Zuǒsī yě bùtuǒ, yòuxiǎng yě bùtuǒ.) 이리 생각해 봐도 마땅치 못하고 저리 생각해 봐도 마땅치 못하다.

설명 두 번 이상 사용하면 가정의 조건이 어떻든지 간에 결과 혹은 결론이 모두 동일함을 표시한다. 예 刮风也好, 下雨也好, 我们每天准时到校。(Guāfēng yě hǎo, xiàyǔ yě hǎo, wǒmen měitiān zhǔnshí dào xiào.) 바람이 불어도 좋고 비가 내려도 좋다. 우리는 매일 정각에 학교에 도착한다.

Y

(3) "전부"의 의미로, 강조를 표시한다. 부사 "连"과 함께 사용하여 어감을 다소 강조한다. 주로 부정문에 사용한다. ① 这话一点也不错。(Zhè huà yìdiǎn yě búcuò.) 이 말은 조금도 틀림이 없다. ② 一个学期以来谁也没有迟到早退。(Yíge xuéqī yǐlái shéi yě méiyǒu chídào zǎotuì.) 한 학기 동안 누구도 지각이나 조퇴를 하지 않았다. ③ 没有风, 树头一动也不动。(Méiyǒu fēng, shù tóu yídòng yě bú dòng.) 바람이 없어 나무 끝이 조금도 움직이지 않는다. ④ 只要有决心, 什么困难也不怕。(Zhǐyào yǒu juéxīn, shénme kùnnán yě bú pà.) 단지 결심만 한다면 어떤 곤란도 두렵지 않다.

(4) "虽然", "即使", "既然", "宁可", "尽管" 등의 접속사와 같이 사용하여, "또한, 그래도, 그러나" 등의 의미로 전후 구문의 전환·양보·조건·취사선택 등의 관계를 표시한다. ① 这事你虽然不说, 我也能够猜到。(Zhè shì nǐ suīrán bù shuō, wǒ yě nénggòu cāi dào.) 이일을 당신은 비록 말하지 않았으나 나도 충분히 추측할 수 있다. ② 即使以前没学过游泳, 也不妨去试一试。(Jíshǐ yǐqián méi xuéguo yóuyǒng, yě bùfáng qù shìyishì.) 설령 이전에 수영을 배우지 않았더라도 한번 해보는 것도 무방하다. ③ 既然他已回去, 说也来不及了。(Jìrán tā yǐ huíqù, shuō yě láibují le.) 그가 이미 돌아가 버렸으므로 말해도 이미 늦었다. ④ 宁可自己辛苦一点, 也不去麻烦别人。(Nìngkě zìjǐ xīnkǔ yì diǎn, yě bú qù máfan biérén.) 차라리 자신이 다소 괴로울지언정 타인을 귀찮게 하지 말라.

(5) 부드러운 어감을 표시한다. ① 茶都不喝一口, 你也太客气了。(Chá dōu bù hē yìkǒu, nǐ yě tài kèqi le.) 차도 한 모금 마시지 않고 그는 너무 겸손하다. ② 丢了东西, 也难怪他心里着急。(Diūle dōngxi, yě nánguài tā xīnli zháojí.) 물건을 잃어버렸으니 그의 마음이 조급한 것도 당연하다. ③ 事情也只能如此了。(Shìqing yě zhǐ néng rúcǐ le.) 사건은 이와 같을 뿐이다.

설명 이러한 종류의 문장에서 "也"를 생략할 수 있다 ; "也"를 생략하면 어감이 비교적 직접적이다.

【也罢】 yěbà 조사

(1) "알았어", "좋아"의 의미로, 용인이나 체념 등을 표시한다. 부정문이나 긍정문의 마지막 부분에 사용한다. ① 你工作忙, 不去也罢。(Nǐ

gōngzuò máng, bú qù yěbà.) 당신은 일이 바쁘니 가지 않아도 좋다. ② 酒店不赊, 熬着也罢了。(Jiǔdiàn bù shē, áozhe yěbà le.) 술집에서 외상이 안 된다면, (술을) 참으면 그뿐이다. ③ 讲一讲也罢, 免得大家发生误会。(Jiǎng yi jiǎng yěbà, miǎndé dàjiā fāshēng wùhuì.) 말하는 것도 좋아, 모두의 오해를 사지 않을 수 있게. ④ 这种事情不知道也罢, 知道了反倒难为情。(Zhè zhǒng shìqing bù zhīdào yěbà, zhīdàole fǎndào nánwéiqíng.) 이런 일은 모르는 게 좋아, 알면 도리어 곤란해진다

(2) "…하든 …하든"의 의미로, 함께 사용하여 사용할 수 있으며 어떤 상황에서도 결론이나 결과가 동일함을 표시한다. 주로 앞에서 "不论", "无论"과 함께 사용하고, 뒤에 부사 "都", "总" 등을 함께 사용한다. ① 说也罢, 不说也罢, 反正你的想法大家都知道。(Shuō yěbà, bù shuō yěbà, fǎnzhèng nǐ de xiǎngfǎ dàjiā dōu zhīdào.) 말하든 말하지 않든 결국 모두 당신의 생각을 알고 있다. ② 你去也罢, 不去也罢, 反正是一样。(Nǐ qù yěbà, bú qù yěbà, fǎnzhèng shì yíyàng.) 네가 가나 안 가나 마찬가지다. ③ 无论是教书也罢, 当营业员也罢, 都是为社会服务。(Wúlùn shì jiāoshū yěbà, dāng yíngyèyuán yěbà, dōu shì wèi shèhuì fúwù.) 선생이든, 영업사원을 하든, 모두 사회를 위해 봉사한다. ④ 年轻也罢, 美貌也罢, 女人家还是女人家。(Niánqīng yěbà, měimào yěbà, nǚrénjiā háishi nǚrénjiā.) 아무리 젊고 예쁘다 해도 여자는 역시 여자다.

동의어 "也好"나 "也罢"의 의미는 같다. "也好"는 주로 구어체에서 사용하고 어감이 "也罢"에 비하여 다소 가볍다.

[也好] yěhǎo 조사 "也罢(yěbà)"를 참고하라.

[也许] yěxǔ 부사

(1) "혹시", "어쩌면"의 의미로, 상황에 대한 추측이나 부정을 표시한다. ① 天上有云, 也许会下雨吧。(Tiānshàng yǒu yún, yěxǔ huì xiàyǔ ba.) 하늘에 구름이 있다. 혹시 비가 올지 모른다. ② 外面门响, 也许老张回来了。(Wàimiàn mén xiǎng, yěxǔ Lǎo Zhāng huílai le.) 밖에 문에서 소리가 났다. 혹시 노장이 돌아왔나. ③ 我也许明天动

身, 还没最后确定。(Wǒ yěxǔ míngtiān dòngshēn, hái méi zuìhòu quèdìng.) 나는 어쩌면 내일 출발할 예정인데 아직 최후 확정을 하지는 않았다.

> **동의어** "或许", "兴许"와 "也许"의 의미는 같다. "或许"는 주로 서면어에서 사용하고, "兴许"는 구어체에서 사용한다. ① 会议或许下周举行, 还未最后确定。(Huìyì huòxǔ xià zhōu jǔxíng, hái wèi zuìhòu quèdìng.) 회의가 혹 다음주에 거행될지 아직 최후 결정은 되지 않았다. ② 托轮船运输, 运费或许可以低些。(Tuō lúnchuán yùnshū, yùnfèi huòxǔ kěyǐ dī xiē.) 배로 운송을 하면 운임이 아마도 다소 낮아질 수 있을 것이다. ③ 今天兴许他不来了。(Jīntiān xīngxǔ tā bù lái le.) 오늘 어쩌면 그가 안 올 지도 모른다.

(2) "아마도"의 의미로, "의논"을 표시하며 부드러운 분위기를 갖는다. ① 这样处理也许不很妥当吧。(Zhèyàng chǔlǐ yěxǔ bù hěn tuǒdang ba.) 이렇게 처리하면 아마도 그리 타당하지 않겠지! ② 他这也许是受人包围吧。(Tā zhè yěxǔ shì shòu rén bāowéi ba.) 그의 이 일은 아마도 주위의 압력에 못이겨 한 것일지도 모른다. ③ 长城也许称得上世界的奇观了。(Chángchéng yěxǔ chēngdeshàng shìjiè de qíguān le.) 만리장성은 아마도 세계적인 장관으로 불릴 것이다. ④ 你也许不能胜任这个工作。(Nǐ yěxǔ bùnéng shèngrèn zhège gōngzuò.) 너는 아마 이 일을 감당할 수 없을 것이다.

[一] yī 부사

(1) "…하자마자 곧 …하다"의 의미로, 부사 "就"와 함께 사용하고, 나중 동작이 앞의 동작에 이어서 거의 동시에 발생함을 표시한다. ① 他一有空就学习。(Tā yì yǒu kòng jiù xuéxí.) 그는 시간만 나면 공부를 한다. ② 他天一亮就起来。(Tā tiān yí liàng jiù qǐlai.) 그는 날이 밝자마자 일어난다. ③ 这部小说一开始就抓住了读者。(Zhè bù xiǎoshuō yì kāishǐ jiù zhuāzhù le dúzhě) 이 소설은 처음부터 독자들의 주의를 끌었다.

(2) "就"와 함께 사용하여, "… 하면 … 하다"의 의미로 나중의 상황이 앞의 동작에 따라오며 발생함을 표시한다. 전후 두 개의 동사가 중

복하여 출현한다. ① 他一开口就说个没完没了。(Tā yì kāikǒu jiù shuō gè méiwán méiliǎo.) 그가 입을 열면 말이 끝이 없다. ② 这孩子一出去就玩老半天。(Zhè háizi yì chūqù jiù wán lǎobàntiān.) 이 아이는 한번 나가면 반나절은 논다. ③ 我们在长春一耽就耽了十多天。(Wǒmen zài Chǎngchūn yì dān jiù dānle shí duō tiān.) 우리는 장춘에서 한번 지체했는데 10일이나 묵었다.

> **설명** 이러한 종류의 문장은 나중의 동사를 생략하거나 혹은 "是"로 바꿀 수 있다. 문장의 의미는 같다.

(3) "… 하면 (언제나)… 하다"의 의미로 앞 문장의 조건이 뒤의 문장의 결과나 내용이 발생함을 표시한다. ① 一到冬天, 这里满山遍野都是冰雪。(Yí dào dōngtiān, zhèlǐ mǎnshān biànyě dōu shì bīngxuě.) 겨울이 되면 이곳의 산과 들은 모두 빙설로 덮인다. ② 一听见音乐就高兴。(Yì tīngjiàn yīnyuè jiù gāoxìng.) 음악을 듣기만 하면 항상 즐겁다. ③ 计划一提, 大家都觉得第三方案好。(Jìhuà yì tí, dàjiā dōu juéde dì sān fāng'àn hǎo.) 계획을 제시하자마자 모두 세 번째 방안이 좋다고 느꼈다.

(4) 단독적인 단음절 동사 앞에 사용하여 강조를 표시한다. ① 这本小说内容很好, 值得一读。(Zhè běn xiǎoshuō nèiróng hěn hǎo, zhídé yì dú.) 이 소설의 내용이 매우 좋아 한번 읽을 가치가 있다. ② 帮助后进是我应该做的事, 不值得一提。(Bāngzhù hòujìn shì wǒ yīnggāi zuò de shì, bù zhídé yì tí.) 후진을 돕는 것은 내가 당연히 해야하는 일이다. 강조할 필요가 없다. ③ 机关经过整顿面目一新。(Jīguān jīngguò zhěngdùn, miànmù yìxīn.) 기관은 정돈을 거쳐 면목을 일신했다.

(5) "좀 약간"의 의미로 두 개의 동일한 단음절 동사 중간에 놓아 동작이나 행동을 가볍게 재촉하는 어감을 표시한다. ① 让我闻一闻。(Ràng wǒ wén yi wén.) 내가 냄새 좀 맡아 보자. ② 不认识的字查一查词典就知道。(Bú rènshi de zì chá yi chá cídiǎn jiù zhīdào.) 알지 못하는 글자는 사전을 찾기만 하면 곧 알게된다. ③ 这个问题等一等再回答你。(Zhège wèntí děng yi děng zài huídá nǐ.) 이 문제는 잠시 후에 당신에게 다시 대답하겠습니다. ④ 不会做的事不妨试一试。(Búhuì zuò de shì bùfáng shìyishì.) 할 줄 모르는 일도 시험 삼아 한번 해보는 것도 무방하다.

실사 "一本书"(yì běn shū)(책 한권), "看一遍"(kàn yíbiàn)(한번 보다), "这一办法好"(zhè yī bànfǎ hǎo)(이 방법이 좋다)에서 "一"는 수사다.

【一般】 yībān 조사

"… 처럼", "비슷한"의 의미로, 주로 "象", "好象"등과 함께, 단어나 구 뒤에 사용하고 뒤에 조사 "的"나 "地"를 사용한다. ① 你别和小孩子一般见识。(Nǐ bié hé xiǎoháizi yìbān jiànshi.) 어린애처럼 굴지 마시오. ② 买卖做得像荼火一般的火炽。(Mǎimài zuòdé xiàng túhuǒ yìbān de huǒchì.) 장사가 대단히 번창하다. ③ 一点没有风, 湖水象镜面一般地平静。(Yìdiǎn méiyǒu fēng, húshuǐ xiàng jìngmiàn yìbān de píngjìng.) 바람이 한 점도 없어 호수는 마치 거울처럼 고요하다. ④ 探照灯好象闪电一般地划过夜空。(Tànzhàodēng hǎoxiàng shǎndiàn yìbān de huàguò yèkōng.) 탐조등이 마치 섬전처럼 밤하늘을 가르고 지나간다.

비교 "一般" 앞에 만약 다음절의 단어나 구문이 있으면 "般"과 교환하여 사용할 수 있다. ① 他有钢铁般的信仰意志。(Tā yǒu gāngtiě bān de xìnyǎng yìzhì.) 그는 강철과 같은 신앙 의지가 있다. ② 掌声象暴风雨般地响起来。(Zhǎngshēng xiàng bàofēngyǔ bān di xiǎngqǐlai.) 박수소리가 마치 폭풍우처럼 울리기 시작한다.

실사 "他一般的知识很丰富。"(Tā yìbān de zhīshi hěn fēngfù.) (그는 일반적인 지식이 매우 풍부하다), "我一般早上六点锺起床。"(Wǒ yìbān zǎoshàng liù diǎn zhōng qǐchuáng.) (나는 일반적으로 아침 6시에 기상한다)에서 "一般"은 형용사다.

【一边】 yībiān 부사

(1) "한편으로 …하고, 한편으로 …한다". "…하면서 …한다"의 의미로, 두 가지 혹은 두 가지 이상의 동작이 동시에 진행함을 표시한다. 또 전후 관련 작용을 한다. ① 大家一边干, 一边学, 进步很快。(Dàjiā yìbiān gàn, yìbiān xué, jìnbù hěn kuài.) 모두 한편으로 일하고 한편으로 공부하며 진보가 매우 빠르다. ② 他们一边喝茶, 一边研究问题。(Tāmen yìbiān hē chá, yìbiān yánjiū wèntí.) 그들은

차를 마시면서 문제를 연구한다. ③ 他一边儿看报一边咕唧。(Tā yìbiānr kān bào yìbiān gūji.)그는 신문을 보면서 중얼중얼거린다. ④ 他们一边走, 一边谈, 一边欣赏展览品。(Tāmen yìbiān zǒu, yìbiān tán, yìbiān xīnshǎng zhǎnlǎnpǐn.)그들은 한편으로 걸으면서 이야기하며 한편으로 전람품을 감상한다.

> **설명** "一边"을 함께 사용할 때, 나중의 동사가 만약 다른 부사어를 갖고 있지 않으면 "边"만을 사용할 수도 있다. 예를 들어, "边喝茶, 边研究问题。"(Biān hē chá, biān yánjiū wèntí.) (차를 마시면서 문제를 연구한다), "边走边谈欣赏展览品。"(Biān zǒubiān tán xīnshǎng zhǎnlǎnpǐn.) (걸으면서 이야기하고 전람품을 감상한다) 등이 있다. 그러나 "一边听老师讲课, 一边不停地记录。"(Yìbiān tīng lǎoshī jiǎngkè, yìbiān bù tíng de jilù.) (한편으로 선생님의 강의를 들으면서 한편으로 끊임없이 기록한다)에서 동사 "记录"(jilù) 앞에 다른 부사어 "不停"(bù tíng)이 있으므로 "边不停地记录"(biān bù tíng de jilù)라고 말할 수 없다.

(2) 동사 뒤에 일반적으로 조사 "着"(zhe)를 사용하여 동작이 지속됨을 표시할 때는 앞의 구나 절에서 "一边"을 생략할 수도 있다. 후반 절에서 보통 "一边"을 사용한다. ① 小胖哼着歌, 一边往外跑。(Xiǎo Pàng hēngzhe gē, yìbiān wǎngwài pǎo.) 소팡(小胖)은 노래를 흥얼거리며 밖으로 뛰어나갔다. ② 他翻阅着资料, 一边随手摘录在笔记本上。(Tā fānyuèzhe zīliào, yìbian suíshǒu zhailù zài bǐjìběn shàng.) 그는 자료를 뒤져 읽으며 노트에 수시로 기록을 한다. ③ 他慢慢往前走, 一边唱着歌儿。(Tā mànman wǎng qián zǒu, yìbiān chàngzhe gēr.) 그는 노래 부르면서 천천히 앞으로 걸어간다.

> **동의어** "一面"과 "一边"의 의미는 같고 교체사용이 가능하다. 양자가 다른 점은 "一边"은 "一"를 생략할 수도 있지만, "一面"은 "一"를 생략할 수 없다는 것이다.

> **실사** "一边站着一个人。"(Yìbiān zhànzhe yíge rén.) (한쪽에 사람이 서있다), "他们坐到一边去了。"(Tāmen zuò dào yìbiān qùle.) (그들은 한편으로 가서 앉았다)에서"一边"은 방위사이다.

Y

[一并] yībìng 부사

"같이, 합해서" 등의 의미로, 두 가지 혹은 두 가지 이상의 사물을 동시에 처리함을 표시한다. 서면어에서 사용한다. ① 用电问题可以联系本单位情况一并办理。(Yòng diàn wèntí kěyǐ liánxì běn dānwèi qíngkuàng yībìng bànlǐ.) 전기사용 문제를 본 단위 상황과 연계하여 합쳐서 처리할 수 있다. ② 会议内容请你回信时一并呈报。(Huìyì nèiróng qǐng nǐ huíxìn shí yībìng chéngbào.) 회의 내용을 당신이 회신할 때 함께 보고하세요. ③ 你提出的几个疑问, 现在一并答复如下。(Nǐ tíchū de jǐ ge yíwèn, xiànzài yībìng dáfù rúxià.) 당신이 제기한 문제 몇 가지를 지금 다음과 같이 함께 대답한다.

주의 "一并"의 뒤에는 주로 쌍음절의 동사가 온다.

[一旦] yīdàn 부사

"언젠가(有一天)"의 의미로, 특정한 조건을 구비하여 상황이 수시로 출현함을 표시한다. 주로 부사 "就"와 함께 사용하고 서면어에서 사용한다. ① 相处三年, 一旦离别, 怎么能不想念呢? (Xiāngchǔ sān nián, yídàn líbié, zěnme néng bù xiǎngniàn ne?) 3년 동안 함께 지내다가 어느 날 아침 돌연히 헤어졌으니, 어찌 그리워하지 않을 수 있겠는가? ② 一旦误了大事, 你能担当得了吗? (Yídàn wùle dàshì, nǐ néng dāndāng de liǎo ma?) 한 번 큰일을 그르친다면 너는 책임을 질 수 있느냐? ③ 一旦核电站建成, 能源问题就可以大大地缓和。(Yídàn hédiànzhàn jiànchéng, néngyuán wèntí jiù kěyǐ dàdà de huǎnhé.) 일단 핵발전소가 완성되면 에너지 문제는 크게 완화될 수 있다.

설명 위의 예문 ①에서 사건이 이미 발생하였음을 가리키고 "갑자기 어느 날인가"의 의미로, 예전에는 생각하지 못하였음을 표시한다 ; 위의 예문 ②와 ③은 사건이 아직 발생하지 않았음을 가리키고 있으며 "만약 언젠가는"의 의미로, 이러한 가정이 곧 실현될 수 있음을 표시한다.

【一道】 yīdào 부사 "一起(yīqǐ)"를 참고하라.

【一定】 yīdìng 부사

⑴ "필히"의 의미로, 태도가 굳건함을 표시한다. 주로 "要"와 함께 사용한다. ① 我一定听老师的话, 把每天的功课做好。(Wǒ yídìng tīng lǎoshī dehuà, bǎ měitiān de gōngkè zuò hǎo.) 나는 선생님의 말씀에 따라 꼭 매일 숙제를 한다. ② 我们的目的一定要达到。(Wǒmen de mùdì yídìng yào dádào.) 우리의 목적은 필히 달성해야 한다. ③ 厂里已经辨取措施, 一定要提前一个月完成生产计划。(Chǎng lǐ yǐjīng biàn qǔ cuòshī, yídìng yào tíqián yíge yuè wánchéng shēngchǎn jìhuà.) 공장은 이미 조치를 취했다. 필히 한 달 앞당겨 생산계획을 완성해야만 한다.

⑵ "반드시"의 의미로, 확실하여 의심할 것이 없음을 표시한다. 주로 주관적이고 희망적인 추론을 가리킨다. ① 这种新产品消费者一定欢迎。(Zhè zhǒng xīn chǎnpǐn xiāofèi zhě yídìng huānyíng.) 이런 신상품을 소비자는 반드시 환영한다. ② 天这样闷热, 下午一定有雷雨。(Tiān zhèyàng mēnrè, xiàwǔ yídìng yǒu léiyǔ.) 날씨가 이렇게 무더우니 오후에 반드시 뇌우가 올 것이다. ③ 这其中一定有什么道理。(Zhè qízhōng yídìng yǒu shénme dàoli.) 이 속에는 틀림없이 무엇인가 이치가 있다.

> **실사** "前后有一定的关系。"(Qiánhòu yǒu yídìng de guānxi.) (전후 특정한 관계가 있다), "水平已经有一定的提高。"(Shuǐpíng yǐjīng yǒu yídìng de tígāo.) (수준이 이미 어느 정도 높아졌다)에서 "一定"은 형용사다.

【一度】 yīdù 부사

"한때"의 의미로, 모종의 상황이 과거 어떤 시대에 발생한 적이 있음을 표시한다. "曾", "曾经"과 함께 사용하고 주로 서면어에서 많이 사용한다. ① 奶粉一度脱销, 现已恢复供应。(Nǎifěn yídù tuōxiāo, xiàn yǐ huīfù gōngyìng.) 분유가 한 때 품절 되었으나 현재 이미 공급을 회복했다. ② 他因病一度休学。(Tā yīn bìng yídù xiūxué.) 그는 병 때문에

한 때 휴학한 적이 있다. ③ 在决赛中, 我队曾一度失利, 最后以三比二取胜。(Zài juésài zhōng, wǒ duì céng yídù shīlì, zuìhòu yǐ sān bǐ èr qǔshèng.) 결승전에서 우리 팀이 한때 불리했었으나 마지막에 3대 2로 승리했다. ④ 由于战争, 我厂生产一度出现了马鞍形。(Yóuyú zhànzhēng, wǒ chǎng shēngchǎn yídù chūxiàn le mǎ'ānxíng.) 전쟁으로 말미암아 우리 공장은 한때 생산이 U자형이 출현했다.

> **실사** "一年一度的春节又到了。"(Yì nián yídù de chūnjié yòu dàole.) (일년에 한번 오는 봄철이 또 되었다)에서 "一度"는 수량사이다.

【一概】 yígài 부사

⑴ "(예외 없이)전부"의 의미로, 사물이나 상황 전체에 적용함을 표시한다. ① 我们不是笼统地一概反对。(Wǒmen búshì lǒngtǒng de yígài fǎnduì.) 우리는 어느 것이나 전부 반대하자는 것은 아니다. ② 零售, 批发, 本店一概欢迎。(Língshòu, pīfā, běndiàn yígài huānyíng.) 소매·도매 본점은 모두 환영합니다. ③ 过期一概作废。(Guòqī yígài zuòfèi.) (유통)기한이 지나면 전부 폐기한다. ④ 邮费一概自付。(Yóufèi yígài zìfù.) 우편 요금은 일률적으로 자기 부담이다.

⑵ "일절, 전혀"의 의미로 뒤에 부정문이 주로 온다. ① 他的情况, 我一概不知。(Tā de qíng kuàng, wǒ yígài bùzhī.) 그의 사정은 나는 전혀 모른다. ② 贵重的书籍一概不外借。(Guìzhòng de shūjí yígài bú wài jiè.) 귀중한 책은 일체 대출해 주지 않는다. ③ 他要做什么事, 我一概不管了。(Tā yào zuò shénme shì, wǒ yígài bùguǎn le.) 그가 무슨 일을 하든 나는 전혀 관계하지 않겠다.

> **동의어** "概" 역시 "一概"의 의미로, 뒤에 단음절의 단어만 오고 서면어에서 사용한다. ① 食品售出, 概不退换。(Shípǐn shòu chū, gài bú tuìhuàn.) 식품은 매출 후 모두 교환 불가. ② 擅离职守, 概以旷工论处。(Gē lí zhíshǒu, gài yǐ kuànggōng lùnchǔ.) 직장을 이탈하면 모두 무단결근으로 처리함.

【一共】 yígòng 부사 "总共(zǒnggòng)"을 참고하라.

[一贯] yíguàn 부사

"일관되게", "언제든지"의 의미로, 계속 이와 같음을 표시하며, 처음부터 끝까지 변화가 없음을 강조한다. ① 老张对工作一贯积极负责。(Lǎo Zhāng duì gōngzuò yíguàn jījí fùzé.) 장형(老张)은 일에 대하여 일관되게 적극적으로 책임을 진다. ② 他劳动态度一贯很好。(Tā láodòng tàidù yíguàn hěn hǎo.) 그의 노동태도는 한결같이 매우 좋다. ③ 干起活来, 他是一贯打冲锋的。(Gànqǐhuólái, tā shì yíguàn dǎ chōngfēng de.) 일을 시작하면, 그는 언제나 선두에 선다. ④ 此人一贯爱表现, 好出风头。(Cǐrén yíguàn ài biǎoxiàn, hào chūfēngtou.) 이 사람은 언제나 자신을 과시하고, 내세우기를 좋아한다.

실사 "勤劳俭朴, 是他一贯的作风。"(Qínláo jiǎnpǔ, shì tā yíguàn de zuòfēng.) (근면하게 일하고 검소함은 그의 일관된 태도이다), "这篇文章前后思想一贯。"(Zhè piān wénzhāng qiánhòu sīxiǎng yíguàn.) (이 문장은 전후 사상이 일관된다)에서 "一贯"은 형용사다.

[一经] yìjīng 부사

"일단 …하면, …하자마자"의 의미로, 단지 모종의 과정이나 수속을 거치면 그 다음에 말하는 결과나 결론을 얻을 수 있음을 표시한다. 부사 "就"와 함께 사용하고 주로 서면어에서 사용한다. ① 一经你说明, 误会就消释。(Yìjīng nǐ shuōmíng, wùhuì jiù xiāoshì.) 네가 설명하자 오해가 풀렸다. ② 双方矛盾一经调解, 很快消除。(Shuāngfāng máodùn yìjīng tiáojiě, hěn kuài xiāochú.) 쌍방의 모순은 조절을 하자마자 매우 빠르게 소멸되었다. ③ 一经分析, 问题的性质就十分清楚。(Yìjīng fēnxī, wèntí de xìngzhì jiù shífēn qīngchu.) 일단 분석을 하면 문제의 성질이 매우 분명해진다. ④ 这影片一经上演, 观众动以万计。(Zhè yǐngpiàn yìjīng shàngyǎn, guānzhòng dòng yǐ wàn jì.) 이 영화는 한 번 상영하기만 하면, 관중들이 늘 수만 명이 된다.

[一块] yíkuài 부사 "一起"를 참고하라.

[一来] yīlái 접속사

"첫째는 …하고, 둘째는 …하다(一来 …二来)"를 사용하여 구나 절을 연결하고, 순서대로 원인이나 목적을 나열하는 것을 표시한다. ① 一来东西好, 二来价钱也便宜。(Yì lái dōngxi hǎo, èr lái jiàqián yě piányí.) 첫째 물건이 좋고, 둘째 값도 싸다. ② 我总没去看他, 一来道儿远, 二来没工夫。(Wǒ zǒng méi qù kàn tā, yìlái dàor yuǎn, èr lái méi gōngfū.) 내가 끝내 그를 만나러 가지 못한 것은 첫째로 길이 멀고 둘째로 여가가 없었기 때문이다.

동의어 "一则"와 "一来"는 의미가 같다. "一则"는 주로 서면어에서 사용하고 뒤에 "二则(再则)…三则…"를 연접할 수 있다.

주의 "你怎么一来就走。"(Nǐ zěnme yī lái jiù zǒu.) (당신은 왜 오자마자 떠나는가)에서 "一来"는 두 개의 단어이다. 부사 "一"가 동사 "来"를 수식한다.

[一连] yīlián 부사 "连"을 참고하라.

[一律] yīlǜ 부사

"일률적으로"의 의미로, 예외 없이 전체를 개괄함을 표시한다. 일반적으로 사람의 행위에 적용한다. ① 韩国国民在法律面前一律平等。(Hánguó guómín zài fǎlǜ miànqián yílǜ píngděng.) 대한민국 국민은 일률적으로 법률 앞에서 평등하다. ② 少年队员一律佩戴红领巾。(Shàonián duìyuán yílǜ pèidài hónglǐngjīn.) 소년대원은 예외 없이 붉은 마후라를 둘렀다. ③ 国家不分大小, 应该一律平等。(Guójiā bù fēn dàxiǎo, yīnggāi yílǜ píngděng.) 국가는 대소를 막론하고 예외 없이 평등해야 한다. ④ 他们要就撒手不管, 要就一律取缔。(Tāmen yàojiù sāshǒu bùguǎn, yào jiù yílǜ qǔdì.) 그들은 손을 떼고 모르는 체하거나 일률적으로 단속하거나 한다.

실사 "写日记不要千篇一律。"(Xiě rìjì búyào qiānpiān yílǜ.) (일기를 쓸 때 천편일률적으로 하지 말라), "花色齐全, 规格一律。"(Huāsè qíquán, guīgé yílǜ.) (무늬와 색깔이 모두 구비되어있고 규격도 통일되어 있다)에서 "一律"는 형용사다.

[一面] yīmiàn 부사 "一边(yībiān)"을 참고하라.

[一齐] yīqí 부사

"일제히, 다 같이"의 의미로, 동일한 시간에 행동이 일치되거나 동시에 발생하는 것을 표시한다. ① 大家一齐鼓掌表示欢迎。(Dàjiā yìqí gǔzhǎng biǎoshì huānyíng.) 모두들 일제히 박수를 치면서 환영의 뜻을 표시하였다. ② 奏国歌时, 孩子们一齐立正敬礼。(Zòu guógē shí, háizimen yìqí lìzhèng jìnglǐ.) 국가가 연주될 때 아이들이 일제히 차렷 경례를 했다. ③ 两方都准备好, 一齐出发。(Liǎng fāng dōu zhǔnbèi hǎo, yìqí chūfā.) 양쪽 모두 준비가 다 되었으니 함께 떠나자. ④ 人和行李一齐到了。(Rén hé xínglǐ yìqí dàole.) 사람과 짐이 다 같이 도착했다.

동의어 "齐"는 "一齐"의 의미로, 서면어로 사용한다. ① 百花齐放, 百家争鸣。(Bǎihuā qífàng, bǎijiā zhēngmíng.) 백화제방, 백가쟁명. (사상과 문화가 자유롭게 발전하는 것에 대한 비유) ② 敬老院里, 群众齐向老人祝寿。(Jìnglǎoyuàn lǐ, qúnzhòng qí xiàng lǎorén zhùshòu.) 경노당에서 군중들이 일제히 노인을 향해 장수를 축복한다.

심사 "队伍排得齐。"(Duìwǔ pái de qí.) (대열이 줄을 똑바로 섰다), "人已经到齐。"(Rén yǐjīng dàoqí.) (사람들이 이비 다 도착했다)에서 "齐"는 형용사다.
"潮水涨得齐了岸。"(Cháoshuǐ zhǎng de qíle àn.) (조수가 언덕까지 고르게 불어 올랐다), "稻子长得齐胸高。"(Dàozi zhǎng de qí xiōnggāo.) (벼가 가슴높이까지 고르게 자랐다)에서 "齐"는 동사다.

[一起] yīqǐ 부사

(1) "함께"의 의미로, 동일한 장소에서 하는 일치된 행동을 표시한다. ① 我领个头儿, 大家跟着一起唱吧! (Wǒ lǐng gè tóur, dàjiā gēnzhe yìqí chàng ba!) 내가 선창을 할테니, 여러분들은 따라서 함께 노래하십시오. ② 他们几个是一九四五年在大田一起参军的。(Tāmen

jǐ gè shì yījiǔsìwǔ nián zài Dàtián yìqǐ cānjūn de.) 그들 몇몇은 1945년에 대전에서 함께 종군했다. ③ 去年夏天我同老谈一起到白头山休养。(Qùnián xiàtiān wǒ tóng Lǎo Tán yìqǐ dào Báitóushān xiūyǎng.) 작년 여름에 나는 노담(老谈)과 같이 백두산에서 휴양했다. ④ 这几个问题有联系, 一起讨论一下吧。(Zhè jǐ ge wèntí yǒu liánxì, yìqǐ tǎolùn yíxià ba.) 이 문제 몇몇은 관련이 있으니 함께 토론을 합시다.

> **동의어** "一同", "一道", "一块"와 "一起"는 의미가 같다. "一同"은 주로 서면어로 사용하고, "一道", "一块"는 주로 구어체로 사용한다. "一起"는 서면어나 구어체에서 모두 사용한다.

(2) "모두(一共)"의 의미로, 수량의 총 합계를 표시한다. 주로 구어체에서 사용한다. ① 咱们这个班一起四十八个人。(Zánmen zhège bān yìqǐ sìshíbā ge rén.) 우리 이 반은 모두 48명이다. ② 请你算一算, 这五本书一起几个钱? (Qǐng nǐ suàn yi suàn, zhè wǔ běn shū yìqǐ jǐ ge qián?) 계산해 보세요. 이 책 5권은 모두 얼마입니까? ③ 这几件东西一起多少钱? (Zhè jǐ jiàn dōngxi yìqǐ duōshǎo qián?) 이 물건들은 모두 얼마입니까?

> **실사** "英雄同群众在一起。"(Yīngxióng tóng qúnzhòng zài yìqǐ.) (영웅은 군중과 함께 한다), "他们俩碰到一起就说个没完。" (Tāmen liǎ pèngdào yìqǐ jiù shuō ge méiwán.) (그들 둘은 만나기만 하면 말이 끝이 없다)에서 "一起"는 명사이다.

[一时] yīshí 부사

(1) "잠시", "당분간"의 의미로, 시간이 잠시 잠간임을 표시한다. 뒤에 주로 부정사가 온다. ① 他一时受蒙蔽, 不久终于明白过来了。(Tā yìshí shòu méngbì, bùjiǔ zhōngyú míngbái guòláile.) 그는 잠시 속았지만 오래지 않아 마침내 명확해졌다. ② 这事年代已久, 我一时想不起来了。(Zhè shì niándài yǐ jiǔ, wǒ yìshí xiǎng bu qǐláile.) 이 일은 연대가 이미 오래되어 나는 잠시 생각이 나지 않았다. ③ 校内事务一时无人总管。(Xiào nèi shìwù yìshí wúrén zǒngguǎn.) 교내 업무를 종합 관리하는 사람이 당분간 없게 되었다. ④ 这几本书我一时还不需要, 你先看吧。(Zhè jǐ běn shū wǒ yìshí hái bù

xūyào, nǐ xiān kàn ba.) 이 책 몇 권은 나는 당분간 필요하지 않으니 당신이 먼저 보세요.

⑵ "때로는 … , 태로는 … 하다"의 의미로 "一时"를 반복하여 사용한다. ① 他的病一时好, 一时坏。(Tā de bìng yìshí hǎo, yìshí huài.) 그의 병은 좋아졌다 나빠졌다 한다. ② 高原上气候变化大, 一时晴, 一时雨, 一时冷, 一时热。(Gāoyuán shàng qìhòu biànhuà dà, yìshí qíng, yìshí yǔ, yìshí lěng, yìshí rè.) 고원의 기후는 변화가 심해서 때로는 맑다가도 비가 내리고 때로는 춥다가도 더워진다.

⑶ "갑자기(忽而)"의 의미로, 함께 사용하여 상황이 항상 변화하거나 교체하여 출현함을 표시한다. ① 因穷困而一时心窄经常生气。(Yīn qióngkùn ér yìshí xīn zhǎi jīngcháng shēngqì.) 곤궁한 탓에 옹졸해서 항상 화를 낸다. ② 歌声一时高吭, 一时低沉, 非常动听。(Gēshēng yìshí gāo káng, yìshí dīchén, fēicháng dòngtīng.) 노랫소리가 갑자기 높게 울리고 갑자기 낮게 깔리고 하여 듣기에 매우 감동적이었다. ③ 他一时心头火起, 咕噔跺了一下脚。(Tā yìshí xīntóu huǒ qǐ, gūdēng duò le yíxià jiǎo.) 그는 갑자기 화가 나서 발을 쾅 굴렀다.

[一同] yìtóng 부사 "一起(yìqǐ)"를 참고하라.

[一味] yīwèi 부사

"오로지", "줄곧"의 의미로, 객관적인 조건에도 불구하고 모종의 행위 법칙을 변경하지 않음을 표시한다. 주로 부정적 의미로 사용한다. ① 他对那件事唯唯否否, 一味推诿。(Tā duì nà jiàn shì wéiwéi fǒufǒu, yíwèi tuīwěi.) 그는 그 일에 대해 남이 하자는 대로 하며 줄곧 책임을 미루고 있다. ② 为了完成生产指标, 一味追求数量, 结果出了废品。(Wèile wánchéng shēngchǎn zhǐbiāo, yíwèi zhuīqiú shùliàng, jiéguǒ chūle fèipǐn.) 생산목표를 완성하기 위하여 단순히 수량만을 추구하면 결과적으로 폐품이 나오게 된다. ③ 不知对他说了什么, 他只一味咧着嘴微笑。(Bùzhī duì tā shuō le shénme, tā zhǐ yíwèi liēzhe zuǐ wēixiào.) 그에게 무슨 말을 했는지 모르지만 줄곧 벙글거리고만 있다. ④ 一味地粉饰太平不去改良。(Yíwèi de fěnshì tàipíng bú qù gǎiliáng.) 외곬으로 사실을 은폐하며 고치려고 하지 않는다.

[一下] yīxià 부사

(1) "돌연히", "단번에" 등의 의미로 어떤 상황이 단시간 안에 발생하거나 돌발적으로 출현함을 표시한다. 주로 구어체에서 사용한다. ① 灯一下(子)又亮了。(Dēng yíxià(zi) yòu liàng le.) 전등이 갑자기 밝아졌다. ② 他渴极了，一下喝了三碗水。(Tā kě jíle, yíxià hēle sān wǎn shuǐ.) 그는 매우 목이 말라 단숨에 물을 세 공기나 마셨다. ③ 脸上的皱纹一下子舒展开了。(Liǎn shǎng de zhòuwén yíxiàzi shūzhǎn kāile.) 얼굴의 주름살이 갑자기 활짝 펴졌다.

(2) "一下"를 반복으로 사용하여 상황의 변화나 교체 출현을 표시할 수 있다. ① 他的病一下好，一下坏，不大稳定。(Tā de bìng yíxià hǎo, yíxià huài, bú dà wěndìng.) 그의 병이 갑자기 좋았다 갑자기 나빴다 매우 불안정하다. ② 这天气，一下(子)冷，一下(子)热。(Zhè tiānqì, yíxià(zi) lěng, yíxià(zi) rè.) 날씨가 갑자기 추웠다 더웠다 한다. ③ 一下要这个，一下要那个，你怎么一点没主意? (Yíxià yào zhège, yíxià yào nàgè, nǐ zěnme yìdiǎn méi zhǔyi?) 이걸 원하다 저걸 원하다 하니, 당신은 어떻게 아무 생각도 없는가?

실시 "锺打了一下。"(Zhōng dǎle yíxià.)(종을 한번 쳤다), "请你看一下表，现在几点?"(Qǐng nǐ kàn yíxià biǎo, xiànzài jǐ diǎn?)(시계를 한번 보세요. 지금 몇 시지요?)에서 "一下"는 수량사이다.

[一向] yīxiàng 부사

"줄곧", "원래 계속"의 의미로, 행위나 상황이 이전부터 지금까지 변함이 없음을 표시한다. ① 他一向善良，不会杀人的。(Tā yíxiàng shànliáng, búhuì shā rén de.) 그는 원래 선량하여 사람을 죽일 수 없다. ② 我一向没有迟起晚睡的习惯。(Wǒ yíxiàng méiyǒu chí qǐ wǎn shuì de xíguàn.) 나는 원래 늦게 자고 늦게 일어나는 습관이 없다. ③ 他一向很俭朴。(Tā yíxiàng hěn jiǎnpǔ.) 그는 원래 검소하고 소박하다. ④ 他一向很庄重，从来不要笑人。(Tā yíxiàng hěn zhuāngzhòng, cónglái bù shuǎxiào rén.) 그는 줄곧 근엄해서 이제껏 남을 희롱해 본

적이 없다.

[一样] yīyàng 조사

"비슷한"의 의미로, 주로 "象", "好象", "如同"등과 함께 사용하며, 비유나 혹은 상황에 대한 설명이 뒤의 경우와 유사함을 표시한다. ①火车飞一样地从铁道上驶过。(Huǒchē fēi yíyàng de cóng tiědào shàng shǐguò.) 기차가 나는 듯이 철도 위를 운행한다. ② 在日帝时代, 人民过着牛马一样的生活。(Zài rìdì shídài, rénmín guòzhe niúmǎ yíyàng de shēnghuó.) 일제시대에 인민은 소나 말과 같은 생활을 했다. ③ 乡里人对待这几位孤老象对待自己的亲人一样。(Xiānglǐ rén duìdài zhè jǐ wèi gūlǎo xiàng duìdài zìjǐ de qīnrén yíyàng.) 시골 사람들은 이 몇 사람의 외로운 노인을 대하는 것이 마치 자신의 친척을 대하는 것 같다. ④ 节日的灯把广场照耀得好象白昼一样地明亮。(Jiérì de dēng bǎ guǎngchǎng zhàoyào de hǎo xiàng báizhòu yíyàng de míngliàng.) 경축일의 등불이 광장을 낮과 같이 밝게 비추고 있다.

[비교] "一般"은 "一样"의 의미로, 교환 사용할 수 있다. "一般"은 주로 서면어에서 사용하고, "一样"은 주로 구어체에서 사용한다.

[실사] "他们俩性格一样。"(Tāmen liǎ xìnggé yíyàng.) (그들 두 사람의 성격은 같다), "衣服旧了一样可以穿。"(Yīfu jiùle yíyàng kěyǐ chuān.) (의복이 오래되었으나 마찬가지로 입을 수 있다)에서 "一样"은 형용사다.

[一一] yīyī 부사

"차례로", "하나하나"의 의미로, 전체를 표시하거나 동작이 순서대로 발생함을 표시한다. ① 情况大致如此, 不一一细说了。(Qíngkuàng dàzhì rúcǐ, bù yīyī xìshuō le.) 상황은 대략 이와 같다. 하나하나 자세히 설명하지 않는다. ② 稿内的引文已经一一查对, 没有错误。(Gǎo nèi de yǐnwén yǐjīng yīyī cháduì, méiyǒu cuòwù.) 원고 안의 인용문은 이미 일일이 대조하여 착오가 없다. ③ 收发文件, 传达室一一登记。(Shōufā wénjiàn, chuándáshì yīyī dēngjì.) 문건 수발은 전달실에서 차례로 등기를 한다. ④ 他掉过脸来向送行的人一一招呼。(Tā diào guò liǎn lái xiàng sòngxíng de rén yīyī zhāohu.) 그는 얼굴을 돌려

전송하는 사람들을 향해 일일이 인사했다.

【一再】 yīzài 부사

"여러 번", "거듭"의 의미로, 상황이 반복적으로 출현함을 표시한다. 강조의 어감을 갖는다. ① 一再相劝, 他总是不听。(Yízài xiāngquàn, tā zǒngshì bù tīng.) 재삼 권고해도 그는 전혀 듣지 않는다. ② 来电一再催促立即就道。(Lái diàn yízài cuīcù lìjí jiùdào.) 전보를 보내와 즉시 출발하라고 거듭 재촉하다. ③ 你一再犯错误可不行啊! (Nǐ yízài fàn cuòwù kě bùxíng a!) 당신은 다시 잘못을 범하면 안 된다. ④ 我一再敲打着, 她才干完了。(Wǒ yízài qiāodazhe, tā cái gàn wánle.) 내가 여러 번 정중히 재촉하고서야 그녀는 비로소 다 했다.

【一则】 yīzé 접속사 "一来(yīlái)"를 참고하라.

【一直】 yīzhí 부사

(1) "곧장"의 의미로, 방향이 변화가 없음을 표시한다. 주로 구체적인 노선이나 방위를 가리킨다. ① 过桥一直朝前走, 就是我们的学校。(Guò qiáo yìzhí cháo qián zǒu, jiùshì wǒmen de xuéxiào.) 다리를 건너 곧장 앞쪽으로 가면 바로 우리 학교다. ② 从南高峰可以一直望见钱塘江。(Cóng Nángāofēng kěyǐ yìzhí wàng jiàn Qiántángjiāng.) 남고봉에서 곧장 전당강을 볼 수 있다. ③ 扎裹停当, 一直前往。(Zāguǒ tíngdang, yìzhí qiánwǎng.) 여행 채비를 단단히 끝내고 곧장 앞으로 가다.

(2) "계속해서"의 의미로, 상황이 한가지로 유지됨을 표시한다. 주로 시간이나 범위를 가리킨다. ① 从前天晚上起, 雨一直下了整整两天。(Cóng qiántiān wǎnshang qǐ, yǔ yìzhí xiàle zhěngzhěng liǎng tiān.) 그저께 저녁에 시작하여 비가 이틀간 계속 내린다. ② 一直到晚年, 他仍然坚持每天写作。(Yìzhí dào wǎnnián, tā réngrán jiānchí měitiān xiězuò.) 계속해서 만년에 이르기까지 그는 여전히 매일 글쓰기를 견지한다. ③ 我们一直走到天亮。(Wǒmen yìzhí zǒu dào tiān liàng.) 우리는 먼동이 틀 때까지 계속 걸었다.

설명 "一直"는 "到"와 함께 사용하여 사용하면 "一"를 생략할 수 있다 ; 위의 ②③번 예문을 참고하라.

(3) "줄곧"의 의미로, 동작이나 상태가 변화가 없음을 표시한다. ① 整个混凝土队一直在窝工。(Zhěnggè hùnníngtǔ duì yìzhí zài wōgōng.) 전 콘크리트 작업반이 줄곧 태업 중이다. ② 这封信我一直替你保存着。(Zhè fēng xìn wǒ yìzhí tì nǐ bǎocún zhe.) 이 편지는 내가 줄곧 너를 위해 보관하고 있다. ③ 从那以后, 我一直没有再收到他的信。(Cóng nà yǐhòu, wǒ yìzhí méiyǒu zài shōu dào tā de xìn.) 그 이후 나는 줄곧 그의 편지를 다시 받지 못했다. ④ 我今天一直在家里等你。(Wǒ jīntiān yìzhí zài jiāli děng nǐ.) 나는 오늘 계속 집에서 당신을 기다렸다.

(4) "연이어 계속하여(끊임이 없이)"의 의미로, 동작이 끝나는 시간이나 도달하는 정도 혹은 장소를 표시한다. 뒤에 주로 수량사가 온다. ① 没歇过一班, 一直满勤。(Méi xiē guò yìbān, yìzhí mǎnqín.) 한 번도 쉬지 않고 쭉 개근한다. ② 摸摸小花猫, 它一直对我摆尾。(Mōmō xiǎohuāmāo, tā yìzhí duì wǒ bǎiwěi.) 얼룩 고양이를 쓰다듬어 줬더니 계속 나에게 꼬리를 흔든다. ③ 暑假里你可以在这里一直住到八月底。(Shǔjià lǐ nǐ kěyǐ zài zhèlǐ yìzhí zhù dào bā yuèdǐ.) 여름 방학동안 당신은 이곳에서 계속 8월말까지 살 수 있다.

[一准] yìzhǔn 부사 "准(zhǔn)"을 참고하라.

[依] yī 개사 "依照(yīzhào)"를 참고하라.

[依旧] yījiù 부사

"여전히"의 의미로, 상황이 원래 동일하고 변화가 없음을 표시한다. 주로 서면어에서 사용한다. ① 已经四五天了, 雨依旧下个不停。(Yǐjīng sìwǔ.tiānle, yǔ yījiù xià gè bù tíng.) 이미 4·5일간 비가 여전히 끊임없이 내리고 있다. ② 他身体好, 冬天依旧洗冷水澡。(Tā shēntǐ hǎo, dōngtiān yījiù xǐ lěngshuǐ zǎo.) 그는 몸이 건강하다. 겨울에도 여전히 냉수욕을 한다. ③ 他依旧是那个老样子。(Tā yījiù shì nàge lǎoyàngzi.) 그는 여전히 그 모습이다. ④ 别人都走了, 他依旧坐在那里看书。(Biérén dōu zǒu le, tā yījiù zuò zài nàli kànshū.) 다른 사람은 모두 갔는데 그는 여전히 그곳에 앉아 책을 보고 있다.

[비교] "仍旧(réngjiù)"와 "依旧(yījiù)"의 의미는 유사하지만, "仍旧"는 주로 구어체에서 사용하고, "依旧"는 주로 서면어에서 사용한다.

[동의어] "依然"과 "依旧"는 의미가 같고 교환하여 사용할 수 있다. "依然"을 사용하면 상황이 여전히 이와 같음을 강조하며 주로 서면어에서 사용한다. ① 门依然死死(的)关着。(Mén yīrán sǐsǐ(de) guānzhe.) 문은 여전히 꼭 닫혀 있다. ② 当时情景, 如今回忆起来, 依然如在眼前。(Dāngshí qíngjǐng, rújīn huíyìqǐlai, yīrán rúzài yǎnqián.) 당시의 광경은 지금 회상하여도, 여전히 눈앞에 선하다.

[실사] "这里风景依旧。"(Zhèlǐ fēngjǐng yījiù.) (이곳의 경치는 의구하다)에서 "依旧"는 형용사다.

【依然】 yīrán 부사 "依旧(yījiù)"를 참고하라.

【依照】 yīzhào 개사

"…에 따라"의 의미로, 모종의 표준에 따라서 일을 진행함을 표시한다. 완전히 원칙에 따라서 처리함을 강조한다. 주로 법률、 문건、 지시、 명령 등에 사용하며, 어느 정도 강제적인 의미를 띤다. ① 大韩民国国民有依照法律纳税的义务。(Dàhánmínguó guómín yǒu yīzhào fǎlù nàshuì de yìwù.) 대한민국 국민은 법률에 따라 납세의 의무가 있다. ② 依照国家公务员制度进行管理。(Yīzhào guójiā gōngwùyuán zhìdù jìnxíng guǎnlǐ.) 국가 공무원 제도에 따라 관리하다. ③ 对职工的奖惩, 一律依照职工条例执行。(Duì zhígōng de jiǎngchéng, yílù yīzhào zhígōng tiáolì zhíxíng.) 종업원에 대한 표창은 종업원조례에 따라 일률적으로 집행한다.

[비교] "按照(ànzhào)", "根据(gēnjù)"와 "依照(yīzhào)"의 의미는 비슷하지만, "按照", "根据"는 "依照"와는 달리 완전히 원칙에 따라 처리함을 강조하지 않으며 강제적인 의미도 없다. 예를 들어, "按照次序排队。"(Ànzhào cìxù páiduì.) (순서에 따라 줄을 서다), "根

据需要辨购。"(Gēnjù xūyào biàn gòu.) (수요에 근거하여 구매하다)등과 같이 사용한다.

동의어 "依"(yī) 역시 "依照"(yīzhào)의 의미로, 뒤에 단음절의 단어만 온다. 때로는 조사 "着"(zhe)와 함께 사용하여, 주로 구체적인 사물을 가리킨다. ① 触犯刑律, 必须依法惩处。(Chùfàn xínglù, bìxū yīfǎ chéngchǔ.) 범법행위는 반드시 의법 조처해야 한다. ② 这个队依时于今天飞来。(Zhège duì yīshí yújīn tiān fēi lái.) 이 팀은 예정대로 오늘 비행기로 온다. ③ 无主财产依法归国家或集体所有。(Wúzhǔ cáichǎn yīfǎ guī guójiā huò jítǐ suǒyǒu.) 주인 없는 재산은 법에 따라 국가 혹은 단체에 귀속된다.

실사 "职工上下班严格依照作息时间表。"(Zhígōng shàngxiàbān yángé yīzhào zuòxí shíjiānbiǎo.) (종업원의 출퇴근은 작업 휴식 시간표에 엄격히 의거한다), "孩子的要求合理, 你就依了他吧。" (Háizi de yāoqiú hélǐ, nǐ jiù yīle tā ba.) (아이의 요구가 합리적이면 당신이 그에 따라야한다)에서 "依照"와 "依"는 모두 동사다.

[已] yǐ 부사 "已经(yǐjīng)"을 참고하라.

[已经] yǐjīng 부사

(1) "이미·벌써"의 의미로, 동작의 변화가 모종의 시간 이전에 발생하거나 완성하는 것을 표시한다. 뒤에 만약 단독적인 단음절 단어가 오면 뒤에 반드시 조사 "了"를 사용하여야 한다. 문장 안에 보통 시간을 표시하는 단어가 있다. ① 我到北京已经整整三年了。(Wǒ dào Běijīng yǐjīng zhěngzhěng sānnián le.) 나는 베이징에 온 지 이미 만 3년이 되었다. ② 我去的时候, 他已经睡了。(Wǒ qù de shíhou, tā yǐjīng shuìle.) 내가 갔을 때 그는 이미 잠들었었다. ③ 不到六点锺天已经黑了。(Bú dào liùdiǎn zhōng tiān yǐjīng hēile.) 6시가 되지 못해서 하늘은 이미 어두워졌다. ④ 服了药, 胸口已经舒服得多。(Fúle yào, xiōngkǒu yǐjīng shūfú de duō.) 약을 먹자 가슴이 이미 매우 편해졌다.

설명 "已经" 앞에 만약 시간을 표시하는 단어가 없으면 일반적으로 말할 당시를 가리킨다. ① 已经有这么多了, 足够了。(Yǐjīng

yǒu zhème duō le, zúgòu le.) 이미 이렇게 많으니 충분하다.
② 会议已经结束了。(Huìyì yǐjīng jiéshùle.) 회의가 이미 끝났다. ③ 天已经亮了。(Tiān yǐjīng liàngle.) 날이 이미 밝았다. ④ 我已经完全明白, 不用再说了。(Wǒ yǐjīng wánquán míngbái, búyòng zài shuōle.) 나는 이미 완전히 알았다. 더 이상 말하지 말라.

(2) 수량사 앞에 표시하여 "이미" 보다 상당히 높은 정도를 표시한다. 주로 수량이 많거나 시간이 오래 걸리거나 혹은 늦은 것을 표시한다. ① 已经十一点锺了, 该睡了。(Yǐjīng shíyī diǎn zhōngle, gāi shuìle.) 벌써 11시다. 응당 잠을 자야한다. ② 他已经七十多岁, 身体还那么健康。(Tā yǐjīng qīshí duō suì, shēntǐ hái nàme jiànkāng.) 그는 이미 70여세인데 몸이 아직 그렇게 건강하다. ③ 已经四五年不见面, 你还是那个样子。(Yǐjīng sìwǔ nián bú jiànmiàn, nǐ háishi nàge yàngzi.) 벌써 4·5년간 만나지 못했는데 당신은 여전히 그 모습이군요.

(3) "快", "差不多" 등의 부사 앞에 사용하여, 거의 완성 단계에 이르거나 혹은 모종의 정도에 도달하였음을 강조한다. ① 船已经快开了, 还等什么? (Chuán yǐjīng kuài kāile, hái děng shénme?) 배가 이제 곧 출발한다. 아직 무엇을 기다리는가? ② 天已经快黑了, 他怎么还不回来了? (Tiān yǐjīng kuài hēile, tā zěnme hái bù huílaile?) 날도 벌써 곧 어두워 가는데 그는 아직도 왜 돌아오지 않는가? ③ 咱们已经差不多十年不见了。(Zánmen yǐjīng chàbuduō shí nián bújiànle.) 우리는 이미 거의 십년을 만나지 못했다.

동의어 "已"는 "已经"의 의미로, 명사 앞에서 사용될 때만 제외하고는 일반적으로 교환하여 사용할 수 있다. "已"는 주로 서면어에서 사용하고 뒤에 주로 단음절의 단어가 오며 마지막에 조사 "了"를 사용하지 않을 수 있다. ① 天色已晚, 街上行人稀少。(Tiānsè yǐ wǎn, jiē shàng xíngrén xīshǎo.) 날이 이미 저물어 거리에 행인이 드물다. ② 售票时间已过, 明日请早。(Shòupiào shíjiān yǐguò, míngrì qǐng zǎo.) 매표시간이 이미 지났으니 내일 일찍 오시오. ③ 已近中秋, 天气渐凉。(Yǐ jìn Zhōngqiū, tiānqì jiàn liáng.) 이미 추석이 가까워 날씨가 점차 싸늘해진다.

正误用例 天空已经飘着雨丝, 赶紧走吧。(Tiānkōng yǐjīng piāozhe yǔsī, gǎnjǐn zǒu ba.) 하늘에서 이미 비가 내린다. 빨리 가자. 여기서 "已经"(yǐjīng)은 동작의 완성을 표시한다. "飘"(piāo)는 일종의 동태(动态)를 표시하고, 뒤에 또 동작행위의 진행을 표시하는 "着"(zhe)을 사용했다. 그러므로 앞에 "已经"을 사용할 수 없다. 따라서 "天空在飘雨丝了, 赶紧走吧。(Tiānkōng zài piāo yǔsīle, gǎnjǐn zǒu ba.)"로 고치면 된다. 만약 "已经"을 굳이 사용하려면, "天空已经开始飘雨丝了, 赶紧走吧。(Tiānkōng yǐjīng kāishǐ piāo yǔsīle, gǎnjǐn zǒu ba.)"로 고칠 수 있다.

【以】 yǐ 개사와 접속사 두 가지 용법이 있다.

(一) 개사

(1) "…로써(用)", "… 을 근거로"의 의미로, 개사구조를 이루어 동작의 수단, 근거 혹은 방식을 표시한다. 주로 "来"와 함께 사용한다. ① 我以中国人民的名义, 向你们致敬。(Wǒ yǐ Zhōngguó rénmín de míngyì, xiàng nǐmen zhìjìng.) 나는 중국 인민의 이름으로, 여러분께 경의를 표합니다. ② 大家都以高标准严格要求自己。(Dàjiā dōu yǐ gāo biāozhǔn yángé yàoqiú zìjǐ.) 모두 다 높은 표준으로 자신에게 엄격히 요구한다. ③ 不要以小人之心臆测君子之腹。(Búyào yǐ xiǎorén zhī xīn yìcè jūnzǐ zhī fù.) 소인의 마음으로 군자의 마음을 억측하지 마라. ④ 老师个个以高度负责的精神来指导我们的学习。(Lǎoshī gè gè yǐ gāodù fùzé de jīngshén lái zhǐdǎo wǒmen de xuéxí.) 선생님은 높은 책임감으로 우리의 학습을 지도한다.

(2) "… 때문에", "… 으로 인하여"의 의미로 개사구조를 이루어, 행위의 원인을 표시한다. 주로 "而"과 함께 사용한다. ① 他以精通英国情况, 被任为驻英国大使。(Tā yǐ jīngtōng Yīngguó qíngkuàng, bèi rèn wéi zhù Yīngguó dàshǐ.) 그는 영국의 상황에 정통하기 때문에, 영국 주재 대사로 임명되었다. ② 杭州平原以物产丰富而被誉为 "鱼米之乡"。(Hángzhōu píngyuán yǐ wùchǎn fēngfù ér bèi yù wéi "yúmǐzhīxiāng".) 항주평야는 생산량이 풍부하기 때문에 영예롭게도 "곡창지대"라고 불린다. ③ 不以失则自馁, 不以成功自满。(Bù yǐ shī zé zì něi, bù yǐ chénggōng zìmǎn.) 실패했다고 낙심하지 않

고, 성공했다고 자만하지 않다.

(3) "给"와 함께 사용하여, "… 에게 … 을 주다"라는 의미를 표시한다. ① 他们给侵略者以致命的打击。(Tāmen gěi qīnlüèzhě yǐ zhìmìng de dǎjí.) 그들은 침략자에게 치명적인 타격을 주었다. ② 加强市场管理，决不给投机商人以可乘之机。(Jiāqiáng shìchǎng guǎnlǐ, jué bù gěi tóujī shāngrén yǐ kě chéng zhī jī.) 시장관리를 강화하여 결코 투기상인들에게 기회를 잡을 수 없게 한다. ③ 各地群众给灾区人民以热情的支援。(Gèdì qúnzhòng gěi zāiqū rénmín yǐ rèqíng de zhīyuán.) 각 지역의 군중들은 재난구역의 인민들에게 열정적인 지원을 했다.

(4) "为"와 함께 사용하여, 구문을 이루어 다양한 관계를 표시한다. ① 我们要以金九先生为榜样，全心全意地为人民服务。(Wǒmen yào yǐ Jīn Jiǔ xiānsheng wéi bǎngyàng, quánxīn quányì de wèi rénmín fúwù.) 우리는 김구 선생님을 모델로 삼아 최선을 다하여 인민들에게 봉사한다. ② 他品格高尚, 处处以助人为乐。(Tā pǐngé gāoshàng, chùchù yǐ zhùrén wéi lè.) 그는 품격이 고상하여 사방에서 사람을 돕는 것을 즐긴다. ③ 一年中以春秋两季气候为最好。(Yì nián zhōng yǐ chūnqiū liǎng jì qìhòu wéi zuì hǎo.) 일년 중에 봄과 가을이 기후가 가장 좋다. ④ 在这几个方案中，以辨用第三方案为宜。(Zài zhè jǐ ge fāng'àn zhōng, yǐ biàn yòng dìsān fāng'àn wéi yí.) 이 몇 가지 방안 중에 세 번째 방안을 채택하는 것이 좋다.

설명 위의 예문 ①②에서 "以…为…"는 "把…作为…"(…을 …하다)의 의미이다. 예문 ③④에서 "以…为…"는 비교를 표시한다. "以…为…"를 두 번 병렬하면 뒤의 "以"는 생략할 수 있다. **예** 我们提倡以讲卫生为荣, (以)不讲卫生为耻。(Wǒmen tíchàng yǐ jiǎng wèishēng wéi róng, (yǐ) bù jiǎng wèishēng wéi chǐ.) 우리는 위생을 강조하는 것을 영광으로 생각하고 위생을 말하지 않는 것을 수치로 여긴다.

(二) 접속사

"…을 하여", "… 함으로써"의 의미로, 목적을 표시한다. ① 内外勾结以盗窃公物, 这是罪犯的一种手法。(Nèiwài gōujié yǐ dàoqiè gōngwù, zhè shì zuìfàn de yì zhǒng shǒufǎ.) 안팎으로 결탁하여 공물을 도적질하는 것, 이것은 범죄 수법의 일종이다. ② 遵守安全制度, 以免发生

危险。(Zūnshǒu ānquán zhìdù, yǐmiǎn fāshēng wéixiǎn.) 안전 규칙을 준수함으로써 위험 발생을 방지하다. ③ 努力增加生产, 以支援国家经济建设。(Nǔlì zēngjiā shēngchǎn, yǐ zhīyuán guójiā jīngjì jiànshè.) 열심히 생산을 증가시켜 국가경제건설을 지원한다. ④ 他多买些书, 以便随时参看。(Tā duō mǎi xiē shū, yǐbiàn suíshí cānkàn.) 그는 수시로 참고하기 위하여 책을 좀 많이 산다.

[설명] "以"의 문언적 용법

접속사로 "… 하고"의 의미로 순접을 나타냄 : 城高以厚, 地广以深。(Chéng gāo yǐ hòu, dì guǎng yǐ shēn.) 성은 높고 두터우며, 땅은 (너비가) 넓고 길다.

[正误用例] (1) 以我厂的优越条件, 一个月印订完一万部精装本是不成问题的。(Yǐ wǒ chǎng de yōuyuè tiáojiàn, yíge yuè yìn dìng wán yī wàn bù jīngzhuāng běn shì bùchéng wèntí de.) 우리공장의 우수한 조건으로 일 개월에 일만권의 정장본을 인쇄하는 것은 문제도 아니다.

(2) 小组以当前的改革问题展开了热烈的讨论。(Xiǎozǔ yǐ dāngqián de gǎigé wèntí zhǎnkāile rèliè de tǎolùn.) 소그룹은 현재의 개혁문제로 열렬한 토론을 전개했다.

"以"를 개사로 사용하려면 반드시 뒤의 동사와 결합하여야 한다. 그러므로 위의 예문 (1)에서 "以"는 질못 사용되었다. 바르게 사용하려면 뒤에 "来说", "而论"등과 같은 동사를 추가하여야한다. 그렇지 않으면 "以"를 생략하여 "我厂条件优越(wǒ chǎng tiáojiàn yōuyuè)"라고 고쳐야 한다.

예문 (2)에서 "以"를 동사 "展开"와 같이 사용할 수 없다. 그러므로 "以"를 "就"로 바꾸어 "展开讨论"의 범위를 표시하는 것이 좋다. 만약 "以"를 생략하지 않으려면 "小组以当前的改革问题为中心, 展开了热烈的讨论。"(Xiǎozǔ yǐ dāngqián de gǎigé wèntí wéi zhōngxīn, zhǎnkāile rèliè de tǎolùn.)으로 고쳐야 한다.

[以便] yǐbiàn 접속사

"…(하기에 편리) 하도록", "…하기 위하여"의 의미로, 뒷 문자의 첫 부분에 사용하여, 앞에서 말한 바 있는 조건이나 상황이 다음에 말하려는 목적을 쉽게 실현하게 함을 표시한다. 주로 서면어에서 사용한다.
① 保护现场, 以便进行调查。(Bǎohù xiànchǎng, yǐbiàn jìnxíng diàochá.)
현장을 보존하여 조사하는 데 편리하게 하다. ② 必须有一笔账, 以
便检查, 两不含糊。(Bìxū yǒu yìbǐ zhàng, yǐbiàn jiǎnchá, liǎng bù
hánhu.) 반드시 장부를 두어 검사하기 편하게 해야만 양쪽 다 모호하
지 않을 것이다. ③ 候车室里备有不少画报, 以便旅客阅览消遣。
(Hòuchēshì lǐ bèi yǒu bù shǎo huàbào, yǐbiàn lǚkè yuèlǎn xiāoqiǎn.)
대합실에 많은 화보가 준비되어 있어 여객들이 소일거리로 열람하기
편하도록 되어있다. ④ 会议内容最好及早通知, 以便大家充分准
备。(Huìyì nèiróng zuì hǎo jízǎo tōngzhī, yǐbiàn dàjiā chōngfèn
zhǔnbèi.) 회의 내용을 가급적 빨리 통지하여 모두에게 충분히 준비하
도록 한다.

【以及】 yǐjí 접속사

(1) "그리고", " 및"의 의미로 병렬된 단어나 구문을 연결한다. "以及"
앞의 항목은 주로 중요한 것을 비교한다. ① 院子里种着大丽花、
杜鹃花、迎春花以及其他的花木。(Yuànzi lǐ zhòng zhe dàlìhuā、
dùjuānhuā、yíngchūnhuā yǐjí qítā de huāmù.) 정원에는 다알리아·
진달래·개나리 및 기타 꽃나무가 심어져 있다. ② 这本书在新华书店
总店以及各地分支店都可以买到。(Zhè běn shū zài Xīnhuá shūdiàn
zǒng diàn yǐjí gèdì fēn zhīdiàn dōu kěyǐ mǎi dào.) 이 책은 신화서점
본점 그리고 각 지역 지점에서 모두 구입할 수 있다. ③ 美国有韩
战、越战、海湾战争以及若干低烈度战争的经验。(Měiguó yǒu
Hán zhàn、Yuè zhàn、Hǎiwān zhànzhēng yǐjí ruògān dī liè dù
zhànzhēng de jīngyàn.) 미국은 한국전, 월남전, 걸프전 및 몇몇 국
지전 경험을 갖고 있다. ④ 我已经忘了怎么和他初次会面, 以及
他怎么来的北京。(Wǒ yǐjīng wàng le zěnme hé tā chūcì huìmiàn,
yǐjí tā zěnme láide Běijīng.) 나는 그와 어떻게 처음 만났는지, 그리
고 어떻게 그가 북경에 올 수 있었는지 벌써 잊어버렸다.

(2) "… 까지"의 의미로 범위가 점차 확대됨을 표시할 수 있다. 예를
들어, "由亚洲以及太平洋地区"(yóu Yàzhōu yǐjí Tàipíngyáng
dìqū)(아시아에서 태평양지역까지), "由近及远"(yóu jìn jí yuǎn) (가

까운 곳으로부터 먼 곳에 이르기까지.) 등과 같이 사용한다.

[비교] "及"와 "以及"의 의미는 같지만 용법이 다소 차이가 있다 ;

⑴ "及"는 단어나 구만을 연접할 수 있지만, "以及"는 절을
연접할 수 있다.

⑵ "及"는 "其"와 함께 사용할 수 있지만 "以及"는 불가능하다.

⑶ "以及"는 앞에 정지가 올 수 있지만 "及"는 올 수 없다.

[以来] yǐlái 조사

시간을 표시하는 단어 뒤에 사용하여, 과거 특정한 시간부터 지금까지의 시간을 표시한다. 주로 "从", "自", "自从" 등의 개사와 함께 사용한다. ① 自从开办以来已有六十年的历史。(Zìcóng kāibàn yǐlái yǐ yǒu liù shí nián de lìshǐ.) 창립 이래 60년의 역사를 가지고 있다. ② 今年入夏以来, 风调雨顺, 庄稼生长良好。(Jīnnián rù xià yǐlái, fēngtiáo yǔshùn, zhuāngjià shēngzhǎng liánghǎo.) 금년 여름이 시작된 이래 바람과 비가 순조로워 곡식의 성장이 양호하다. ③ 展览会从上星期二开幕以来, 观众已超过十万人次。(Zhǎnlǎnhuì cóng shàng xīngqī'èr kāimù yǐlái, guānzhòng yǐ chāoguò shíwàn réncì.) 전람회가 지난주 화요일에 개막한 이래로 관중이 이미 연인원 십만 명을 초과했다. ④ 自古以来, 独岛是韩国的领土。(Zì gǔ yǐlái, Dú dǎo shì Hánguó de lǐngtǔ.) 고대부터 독도는 한국의 영토이다.

[以免] yǐmiǎn 접속사

"…하지 않도록·하지 않기 위해서"의 의미로, 앞에서 말한 바에 따라서 행동하면 원하지 않는 상황이 발생하지 않음을 표시한다. 서면어에 사용한다. ① 仔细检查以免出错。(Zǐxì jiǎnchá yǐmiǎn chūcuò.) 잘못되지 않도록 자세히 검사하다. ② 天凉小心衣着, 以免得病。(Tiān liáng xiǎoxīn yīzhuó, yǐmiǎn débìng.) 날씨가 싸늘하니 병 걸리지 않도록 주의해서 옷을 입어라. ③ 饭后不宜剧烈运动, 以免影响身体健康。(Fàn hòu bùyí jùliè yùndòng, yǐmiǎn yǐngxiǎng shēntǐ jiànkāng.) 신체 건강에 영향을 주지 않기 위해서 식후에 심한 운동을 하는 것은 좋지 않다. ④ 事前做好准备, 以免临时忙乱。(Shìqián zuòhǎo zhǔnbèi, yǐmiǎn línshí mángluàn.) 일이 닥쳤을 때 허둥대지 않도록 사전에 충분

히 준비해라.

【以至】 yǐzhì 접속사

(1) "…에 이르기까지"의 의미로, 범위·수량·정도·시간 등 각 방면의 연장과 발전을 표시한다. 일반적으로 작은 것에서 큰 것으로 얕은 곳에서 깊은 곳으로 혹은 상반되는 상황을 가리키기도 한다. ① 与他互比长短, 以至不睦。(Yú tā hùbǐ chángduǎn, yǐzhì búmù.) 그와 서로 옥신각신하다가 나중에는 사이가 나빠지게까지 되었다. ② 要学会游泳, 必须一次、两次以至十次、百次地反复练习。(Yào xuéhuì yóuyǒng, bìxū yícì, liǎng cì yǐzhì shí cì, bǎi cì de fǎnfù liànxí.) 수영을 배워서 할 줄 알려면 반드시 한번·두 번·열번·백번까지 반복연습을 해야한다. ③ 他工作非常专心, 以至连饭都忘了吃了。(Tā gōngzuò fēicháng zhuānxīn, yǐzhì lián fàn dōu wàng le chī le.) 그는 일하는 데에 매우 열중해서 밥 먹는 것조차도 잊어버렸다. ④ 在政治上、思想上、业务上, 以至生活上, 大家都很关心他。(Zài zhèngzhì shàng, sīxiǎng shàng, yèwù shàng, yǐzhì shēnghuó shàng, dàjiā dōu hěn guānxīn tā.) 정치상·사상상·업무상·생활상에 이르기까지 모두 그에게 매우 관심이 있다.

(2) "…때문에"의 의미로, 뒷 문장의 첫 부분에 사용하여, 앞 문장의 상황 때문에 모종의 결과가 나왔음을 표시하며 앞 문장의 작용을 강조한다. ① 他专心致志地工作, 以至有人招呼他也没听到。(Tā zhuānxīn zhìzhì de gōngzuò, yǐzhì yǒurén zhāohu tā yě méi tīng dào.) 그는 열심히 일을 하기 때문에 다른 사람이 그를 불러도 듣지 못한다. ② 形势发展很快, 以至使很多人觉得需要重新学习。(Xíngshì fāzhǎn hěn kuài, yǐzhì shǐ hěnduō rén juéde xūyào chóngxīn xuéxí.) 상황 발전이 매우 빠르기 때문에 많은 사람들이 다시 배워야할 필요를 느낀다. ③ 她太入戏, 以至于拍摄结束之后还止不住流眼泪。(Tā tài rùxì, yǐzhìyú pāishè jiéshù zhīhòu hái zhǐ bu zhù liú yǎnlèi.) 그녀는 배역에 너무 몰입하다 보니 촬영이 끝난 뒤에도 눈물을 멈추지 못했다.

〖비교〗 "以至"를 "甚至(shènzhì ; 심지어)"의 용도로 사용할 때, "…을 초래하다(以致)"와 유사하고, 모두 인과관계를 표시하지만,

약간의 차이가 있다. 예를 들어, "他专心致志地工作, 以至有人招呼他也没听到。"(Tā zhuānxīn zhìzhì de gōngzuò, yǐzhì yǒurén zhāohu tā yě méi tīng dào.)에서는 "专心"의 정도를 강조한다. 만약 "以至"를 "以致(yǐzhì)"로 교체한다면, "专心" 한 결과 때문에 발생하기를 원하지 않는 결말을 얻게 되는 것이다. 또 "以至"는 단어나 구 절 등을 연결할 수 있지만 "以致"는 절만을 연결할 수 있다.

주의 "以至"는 "以至于"로도 쓴다.

[以至于] yǐzhìyú 접속사 "以至(yǐzhì)"를 참고하라.

[以致] yǐzhì 접속사

"…이 되다", "…을 초래하다"의 의미로, 앞에서 말한 원인 때문에 모종의 결과가 이루어진 것을 표시한다. 주로 나쁜 결과나 바라지 않는 결말을 가리킨다. ① 他不注意卫生以致糟踏了身子。(Tā bú zhùyì wèishēng yǐzhì zāotà le shēnzi.) 그는 위생에 주의하지 않아서 몸을 버리고 말았다. ② 事前没有充分调查研究, 以致作出了这样错误的结论。(Shìqián méiyǒu chōngfèn diàochá yánjiū, yǐzhì zuòchūle zhèyàng cuòwù de jiélùn.) 사전에 충분한 조사 연구를 하지 않았기 때문에 이러한 잘못된 결론을 얻게 되었다. ③ 他毫无准备, 以致老师提问一点也答不上。(Tā háo wú zhǔnbèi, yǐzhì lǎoshī tíwèn yìdiǎn yě dá bu shàng.) 그는 전혀 아무런 준비도 없었기 때문에 선생님의 질문에 조금도 대답을 하지 못했다. ④ 因拒绝支付以致退票。(Yīn jùjué zhīfù yǐzhì tuìpiào.) 지불 거절로 인하여 부도를 내다.

[亦] yì 부사

(1) "…도 역시(也)"의 의미로, 동일하거나 유사한 상황이 동시에 존재함을 표시한다. 일반적으로 뒤에 단음절의 단어가 오고 서면어에 사용한다. ① 此事虽小, 然亦不可忽视。(Cǐ shì suī xiǎo, rán yì bùkě hūshì.) 이 일은 비록 사소하지만, 역시 가볍게 볼 수는 없다. ② 打字工作虽较简单, 亦应认真对待。(Dǎzì gōngzuò suī jiào

jiǎndān, yì yīng rènzhēn duìdài.) 타자 작업은 비록 비교적 간단하지만 또한 성실하게 대처해야한다. ③ 水库既能蓄水防洪, 亦能灌溉发电。(Shuǐkù jì néng xù shuǐ fánghóng, yì néng guàngài fādiàn.) 땜은 저수와 홍수예방을 할 수 있고 또 관개발전도 할 수 있다. ④ 虽不能得道成仙, 亦可以消闲(儿)遣闷。(Suī bù néng dédào chéngxiān, yì kěyǐ xiāoxián(ér) qiǎnmèn.) 도를 터득하여 신선이 될 수는 없다 해도 울적한 마음을 풀고 한가로이 보낼 수는 있다.

⑵ 관용적인 용법으로 사용한다. "亦复如是"(yì fù rúshì)(역시 그러하다), "亦步亦趋"(yìbù yìqū)(남이 걸으면 걷고 남이 뛰면 뛰다 : 맹목적으로 남을 따라하다).

[异常] yìcháng 부사

"특별히", "대단히"의 의미로, 정도가 깊거나 일반과 다른 것을 표시한다. ① 屋里异常寂静, 只有钟摆滴答滴答地响着。(Wūli yìcháng jìjìng, zhǐyǒu zhōngbǎi dīdā dīdā de xiǎngzhe.) 방안이 몹시 조용해서 똑딱똑딱 시계추 소리만 나고 있다. ② 春节期间, 车辆运输异常繁忙。(Chūnjié qījiān, chēliàng yùnshū yìcháng fánmáng.) 구정 기간에 차량 운송이 매우 복잡하고 바쁘다. ③ 我用异常钦羡的眼光望着他。(Wǒ yòng yìcháng qīnxiàn de yǎnguāng wàng zhe tā.) 나는 매우 선망하는 눈초리로 그를 바라보고 있다. ④ 她对他的感情是异常深笃的。(Tā duì tā de gǎnqíng shì yìcháng shēndǔ de.) 그에 대한 그녀의 감정은 대단히 돈독하고 진실되다.

설명 "非常(fēicháng)"과 "异常(yìcháng)"은 의미가 유사하지만 용법이 다르다. "非常"은 뒤에 단음절의 단어가 올 수 있고, "异常"은 뒤에 일반적으로 쌍음절의 단어만 온다 ; "异常"은 보어로 사용할 수 있지만, "非常"은 보어로 사용할 경우가 거의 없다 ; "非常" 뒤에는 조사 "之"를 함께 사용할 수 있지만, "异常"은 그렇게 할 수 없다 ; "非常"의 어감은 "异常"에 비하여 다소 가볍다.

실사 "今年南涝北旱, 气候异常。"(Jīnnián nán lào běi hàn, qìhòu yìcháng.) (금년은 남쪽은 장마이고 북쪽은 가뭄이다. 기후가 비정상이다), "他的异常举动引起了大家的注意。"(Tā de yìcháng jǔdòng yǐnqǐle dàjiā de zhùyì.) (그의 이상한 거동이 모든 이의 주의를 불러일으켰다.) 에서 "异常"은 형용사다.

【因】 yīn 접속사 개사 "因为(yīnwèi)"를 참고하라.

【因此】 yīncǐ 접속사

"… 때문에 그러므로"의 의미로, 인과관계를 표시한다. 앞에서 말한 원인에 근거하여 나중의 결과나 결론을 얻게 됨을 표시한다. 주로 "由于"와 함께 사용한다. 주어 앞에 사용할 수 있고, 두 개의 절을 연결할 수 있다. ① 海水比淡水重, 因此压力也来得大。(Hǎishuǐ bǐ dànshuǐ zhòng, yīncǐ yālì yě lái de dà.) 바닷물은 민물보다 무겁기 때문에 압력도 훨씬 크다. ② 我思考, 因此存在。(Wǒ sīkǎo, yīncǐ cúnzài.) 나는 생각한다, 그러므로 존재한다. ③ 他天天晚归, 因此被父母臭骂了一顿。(Tā tiāntiān wǎn guī, yīncǐ bèi fùmǔ chòumà le yídùn.) 그는 매일 늦게 들어와서, 부모에게 한바탕 욕을 얻어먹었다. ④ 他从小就很努力学习, 因此后来成了一个有名的诗人。(Tā cóngxiǎo jiù hěn nǔlì xuéxí, yīncǐ hòulái chéngle yíge yǒumíng de shīrén.) 그는 어려서부터 열심히 공부했다. 그래서 나중에 유명한 시인이 되었다.

[正误用例] 功课越往下越深, 正因此, 所以我们要更加抓紧时间学。

(Gōngkè yuè wǎng xià yuè shēn, zhèng yīncǐ, suǒyǐ wǒmen yào gèngjiā zhuājǐn shíjiān xué.) 수업은 갈수록 더욱 깊어진다. 바로 이 때문에 그러므로 우리는 더욱 시간을 아껴서 공부해야만 한다.

여기서 "因此"는 "… 때문에 그러므로"의 의미로, "所以"와 중복된다. 그러므로 "因此我们要更加抓紧时间学"(yīncǐ wǒmen yào gèngjiā zhuājǐn shíjiān xué)으로 고치거나 "正因此"를 생략하여 "功课越往下越深"(gōngkè yuè wǎng xià yuè shēn)을 직접적인 원인으로 표시하는 것이 좋다.

【因而】 yīn'ér 접속사

"그러므로·그래서"의 의미로, 인과관계를 추론함을 표시한다. 앞에서 말한 원인과 조건에 근거하여 결과나 결론을 추출한다. 독립된 문장과 연결할 수 없다. ① 他生气, 因而始终如一不说话。(Tā shēngqì, yīn'ér shǐzhōng rú yī bù shuō huà.) 그는 화가 났다 그래서 시종일관 말이 없었다. ② 离医院很远, 因而误诊。(Lí yīyuàn hěn yuǎn, yīn'ér wùzhěn.) 병원과 너무 멀리 떨어졌기에 진찰과 치료가 지체되다. ③ 字写得大因而读起来方便。(Zì xiě de dà yīn'ér dúqǐlai fāngbiàn.) 글자를 크게 썼기 때문에 읽기가 편하다. ④ 因而有些儿童在校外沾染上一些不好的习惯。(Yīn'ér yǒuxiē értóng zài xiàowài zhānrǎn shàng yìxiē bù hǎo de xíguàn.) 때문에 일부 어린이는 학교 외부에서 나쁜 습관에 물들었다.

正误用例 各项工作, 正因为有了领袖的正确领导, 因而才能顺利完成。(Gè xiàng gōngzuò, zhèng yīnwèi yǒule lǐngxiù de zhèngquè lǐngdǎo, yīn'ér cáinéng shùnlì wánchéng.) 각종 일이 마침 지도자의 정확한 영도 때문에 비로소 순리적으로 완성할 수 있었다.

위의 문장에서 "因而"은 "… 때문에 이렇게 되었다"의 의미로, "因为"와 의미가 중복되었다. 그러므로 "各项工作因为有了领袖的正确领导, 才能顺利完成。"(Gè xiàng gōngzuò yīnwèi yǒule lǐngxiù de zhèngquè lǐngdǎo, cáinéng shùnlì wánchéng.)으로 고치거나, "正因为有了领袖的正确领导, 各项工作才能顺利完成。"(Zhèng yīnwèi yǒule lǐngxiù de zhèngquè lǐngdǎo, gè xiàng gōngzuò cáinéng shùnlì wánchéng.)으로 고쳐야 한다. 만약 "因而"을 생략하지 않으려면, "有了领袖的正确领导, 因而各项工作能够顺利完成。"(Yǒule lǐngxiù de zhèngquè lǐngdǎo, yīn'ér gè xiàng gōngzuò nénggòu shùnlì wánchéng.)으로 하여야 한다.

[因为] yīnwèi 접속사와 개사 두 가지 용법이 있다.

(一) 접속사

(1) "…때문에"의 의미로, 원인이나 이유를 먼저 표시한다. 문장의 첫부분에 사용할 수 있다. ① 因为工作忙, 我已经几个月没看电影了。(Yīnwèi gōngzuò máng, wǒ yǐjīng jǐ ge yuè méi kàn diànyǐngle.) 일이 바쁘기 때문에 우리는 이미 수개월간 영화를 보지 못했다. ② 他们因为学习能够理论联系实际, 进步很快。(Tāmen yīnwèi xuéxí nénggòu lǐlùn liánxì shíjì, jìnbù hěn kuài.) 그들은 학습이 이론을

실제와 충분히 연결시킬 수 있으므로 진보가 매우 빠르다. ③ 他因
为那点儿事, 所以做了三年黑人。(Tā yīnwéi nà diǎnr shì, suǒyǐ
zuò le sān nián hēirén.) 그는 그까짓 일로 인하여 3년간 숨어 살았
다. ④ 因为离得远, 估不出山崖的高低。(Yīnwèi lí de yuǎn, gū bu
chū shānyá de gāodī.) 거리가 멀어서 벼랑의 높이를 짐작할 수
없다.

(2) "왜냐하면"의 의미로 원인이나 이유를 나중에 설명한다. ① 我非常
高兴, 因为买到了这样一本好书。(Wǒ fēicháng gāoxìng, yīnwèi
mǎidàole zhèyàng yìběn hǎoshū.) 이렇게 좋은 책을 구입했기 때문
에 나는 매우 기쁘다. ② 我们要向他学习, 因为他有经验。(Wǒmen
yào xiàng tā xuéxí, yīnwèi tā yǒu jīngyàn.) 우리들은 그에게 배워
야 한다. 왜냐하면 그는 경험이 있기 때문이다. ③ 孩子们之所以喜
爱熊猫, 是因为它实在可爱。(Háizimen zhī suǒyǐ xǐ'ài xióngmāo,
shì yīnwèi tā shízài kě'ài.) 아이들이 팬더를 좋아하는 것은 팬더가
정말 사랑스럽기 때문이다. ④ 你把这些题都算错了, 因为你都忘
了写小数点。(Nǐ bǎ zhèxiē tí dōu suàn cuò le, yīnwèi nǐ dōu wàng
le xiě xiǎoshùdiǎn.) 너는 이 문제들을 모두 틀리게 계산했다. 그
원인은 네가 소수점을 모두 까먹고 쓰지 않았기 때문이다.

> **설명** 인과관계가 매우 분명하여 원인이나 결과를 강조할 필요가 없
> 는 문장에서, "因为"와 "所以"는 모두 생략될 수 있다. ① (因
> 为)小李有病, (所以)没参加演出。((Yīnwèi) xiǎo Lǐ yǒu bìng,
> (suǒyǐ) méi cānjiā yǎnchū.) 이군(小李)은 병 때문에 연출에
> 참가하지 않았다. ② (因为)她是先进生产者, (所以)大家应
> 当向她学习。((Yīnwèi) tā shì xiānjìn shēngchǎn zhě, (suǒyǐ)
> dàjiā yīngdāng xiàng tā xuéxí.) 그녀는 진보적 생산자이기 때
> 문에 모두 당연히 그녀에게 배우고자 한다.

(二) 개사

개사구조로, 주어의 뒤나 앞에 사용하여, 원인을 표시한다. ① 他因为
订货问题昨天就回南京了。(Tā yīnwèi dìnghuò wèntí zuótiān jiù huí
Nánjīngle.) 그는 물건을 주문하는 것 때문에 어제 남경으로 갔다. ②
因为工作关系, 我们在天津住了半个月。(Yīnwèi gōngzuò guānxi,
wǒmen zài Tiānjīn zhùle bàn ge yuè.) 일 관계로 우리는 천진에서 보
름간 묵었다.

[동의어] "因"은 "因为"의 의미로, 서면어에서 많이 사용한다. ① 他昨天因公去北京。(Tā zuótiān yīn gōng qù Běijīng.) 그는 어제 공무로 북경에 갔다. ② 会议因故延期举行。(Huìyì yīn gù yánqī jǔxíng.) 회의는 사고 때문에 거행이 연기되었다. ③ 他因一时疏忽造成了严重错误。(Tā yīn yìshí shūhū zàochéngle yánzhòng cuòwù.) 그는 일시적으로 소홀했기 때문에 엄중한 착오를 범했다. ④ 因剧场另有任务, 演出推迟一天。(Yīn jùchǎng lìng yǒu rènwù, yǎnchū tuīchí yì tiān.) 극장이 다른 임무가 있기 때문에 공연을 하루 연기했다. ⑤ 工厂因提前完成生产计划, 受到上级通报表扬。(Gōngchǎng yīn tíqián wánchéng shēngchǎn jìhuà, shòudào shàngjí tōngbào biǎoyáng.) 공장은 사전에 생산계획을 완성했기 때문에 상부의 표창을 받았다.

[설명] 예문 ① ② ③ 에서 "因"은 개사이고, 그중 예문 ① ②는 뒤에 단음절의 단어가 왔으므로, "因为"와 교환하여 사용할 수 없다 ; 예문 ③은 뒤에 쌍음절의 단어가 왔으므로, "因为"와 교환하여 사용할 수 있다. 예문 ④ ⑤에서 "因"은 접속사로 "因为"와 교환하여 사용할 수 있다.

[비교] "由于"와 "因为"는 의미가 유사하지만 용법이 다르다. 접속사로 사용할 때, "由于"는 "因此", "因而"과 함께 사용할 수 있지만, "因为"는 사용할 수 없다. "因为"는 후반 절에 사용할 수 있지만 "由于"는 사용할 수 없다. "由于"는 주로 서면어에서 사용하고, "因为"는 서면어나 구어에서 모두 사용할 수 있다.

[正误用例] 据说迟迟未聘的原因是因为他资历浅, 没有学历, 参加评议的同志意见统一不起来。(Jùshuō chí chí wèi pìn de yuányīn shì yīnwèi tā zī lì qiǎn, méiyǒu xuélì, cānjiā píngyì de tóngzhì yìjiàn tǒngyī bù qǐlái.) 전하는 말에 의하면 늦도록 초빙하지 않는 원인은 그의 자질과 이력이 미천하고 학력이 없어 평가에 참가한 동지들의 의견이 통일되지 않기 때문이다.

위의 문장에서 "因为"는 원인을 표시한다. 그러므로 "原因"과 의미가 중복되어 "原因"을 없애거나 "因为"를 생략하여야 한다.

[哟] yō 감탄사

문장의 처음에 사용하여, 놀라움이나 찬탄 혹은 의외임을 표시한다. 哎(āi)자와 함께 사용하여 감탄을 표시하기도 한다. ① 哟, 真行! (Yō, zhēnxíng.) 와! 정말 대단하다! ② 哟, 写得不错! (Yō, xiě de búcuò!) 아! 정말 잘 썼네! ③ 哟, 怎么下起雨来了?(Yō, zěnme xià qǐ yǔ laile?) 어! 왜 비가 내리지? ④ 哎哟! 辣椒真辣。(Āiyō! Làjiāo zhēn là.) 카! 고추가 정말 맵다.

주의 "哟(yō)"는 "唷(yō)"로도 쓸 수 있다.

[唷] yō 감탄사 "哟(yō)"를 참고하라.

[哟] yo 조사

경성으로 읽고, 문장의 마지막 부분에 사용하여, 감탄·책망 혹은 바람의 어감을 표시한다. ① 演出开始了, 快来哟! (Yǎnchū kāishǐle, kuài lái yo.) 연출이 시작되었다. 빨리 와라! ② 你瞧, 孩子们玩得多高兴哟。(Nǐ qiáo, háizimen wán de duō gāoxìng yo.) 아이들이 얼마나 즐겁게 노는지 한번 보세요! ③ 在这种场合, 你刚才说些什么哟?(Zài zhè zhǒng chǎnghé, nǐ gāngcái shuō xiē shénme yo?) 이런 상황에 당신은 방금 무엇이라고 말했지요?

[永] yǒng 부사 "永远(yǒngyuǎn)"을 참고하라.

[永远] yǒngyuǎn 부사

"늘, 항상"의 의미로 시간이 오래되어 상황이 연속되며 끊임이 없음을 표시하거나 "길이길이"의 의미로 지속불변임을 표시한다. ① 他的屁股沉, 永远讨厌而不自觉。(Tā de pìgu chén, yǒngyuǎn tǎoyàn ér bú zìjué.) 그는 궁둥이가 무거워 언제나 사람의 미움을 받지만 본인은 모른다. ② 政治家们永远是机会主义者。(Zhèngzhìjiāmen yǒngyuǎn shì jīhuì zhǔyì zhě.) 정치인들은 항상 기회주의자다. ③ 地球永远不会

停止转动。(Dìqiú yǒngyuǎn bú huì tíngzhǐ zhuǎndòng.) 지구는 항상 정지하지 않고 회전한다. ④ 学习永远没有止境。(Xuéxí yǒngyuǎn méiyǒu zhǐjìng.) 공부는 영원히 끝이 없다.

▌[用] yòng 개사

(1) "…로써(拿)"의 의미로, 개사구조를 이루어, 동작이 의거하는 도구, 방식 혹은 수단 등을 표시한다. ① 用手把这块木板扠一扠。(Yòng shǒu bà zhè kuài mùbǎn zhǎ yi zhǎ.) 손으로 이 널빤지를 한번 재보아라. ② 把口袋嘴儿用麻绳囆住了。(Bǎ kǒudaizuǐr yòng máshéng zēng zhù le.) 자루 입구를 삼끈으로 동여맸다. ③ 用石头压住地图的四角。(Yòng shítou yāzhù dìtú de sìjiǎo.) 돌로 지도의 네 귀퉁이를 눌러 놓다. ④ 我用胳膊肘捅了他一下。(Wǒ yòng gēbo zhǒu tǒng le tā yíxià.) 나는 팔꿈치로 그를 한 번 쿡 쳤다.

(2) "来", "以"를 함께 사용하여, "… 에 사용하여"의 의미로 동사 앞에 놓아 목적을 표시한다. ① 这个盆子用来种水仙最合适。(Zhège pénzi yòng lái zhòng shuǐxiān zuì héshì.) 이 화분은 수선화를 심기에 가장 적합하다. ② 决明子可以用来作清凉饮料。(Juémíngzǐ kěyǐ yòng lái zuò qīngliáng yǐnliào.) 결명자를 사용하여 청량음료를 만들 수 있다. ③ 中药里, 甘草可用来矫味。(Zhōngyào lǐ, gāncǎo kě yòng lái jiǎowèi.) 한약에서 감초는 나쁜 맛을 제거하는 데 쓴다. 실사 "买书用了十块钱。"(Mǎishū yòngle shí kuài qián.) (책을 사는데 10원을 사용했다), "脑子越用越灵。"(Nǎozi yuè yòng yuè líng.) (머리는 사용할수록 좋아진다), "业余时间用于学习。"(Yèyú shíjiān yòng yú xuéxí.) (남은 시간을 학습에 사용한다)에서 "用"은 동사다.

▌[由] yóu 개사

(1) "…이(가)"의 의미로, 동작의 주체를 표시한다. ① 会议由老李主持。(Huìyì yóu Lǎo Lǐ zhǔchí.) 회의는 이형이 주관한다. ② 院子里的清洁工作由我们几个人轮流负责。(Yuànzi lǐ de qīngjié gōngzuò yóu wǒmen jǐ ge rén lúnliú fùzé.) 정원의 청결은 우리 몇 사람이 돌아가면서 책임을 진다. ③ 这几家超市由总店统一配货。(Zhè jǐ

jiā chāoshì yóu zǒngdiàn tǒngyī pèihuò.) 여기 슈퍼 몇 곳은 본사가 일괄적으로 상품을 배분한다.

(2) "…으로부터"의 의미로, 내원·근거 혹은 기점을 표시한다. ① 句子是由词组成的。(Jùzi shì yóu cí zǔchéng de.) 문장은 단어로 구성된다. ② 天气由多云转晴了。(Tiānqì yóu duōyún zhuǎn jīngle.) 날씨는 흐림에서 맑음으로 전환되었다. ③ 观众由三号门进场。(Guānzhòng yóu sān hào mén jìn chǎng.) 관중은 삼번 문으로 입장한다. ④ 手里攥的泥由手缝儿滋出来。(Shǒuli zuàn de ní yóu shǒufèngr zī chūlái.) 손에 쥔 진흙이 손가락 틈으로 새 나왔다.

(3) 관용적인 용법으로 사용한다. 예 "由此及彼"(yóucǐ jí bǐ)(이쪽에서 저쪽으로 나아가다), "由表及里"(yóubiǎo jǐlǐ)(겉에서 속까지, 현상에서 본질까지) 등이 있다.

> 실사 "信不信由你。"(Xìn bu xìn yóu nǐ.) (믿고 안 믿고는 당신에게 달렸다), "腿脚有病, 行动不由自主。"(Tuǐjiǎo yǒu bìng, xíngdòng bù yóu zìzhǔ.) (다리가 병이 나서 행동이 부자유스럽다)에서 "由"는 동사다.

> 正误用例 (1) 支援秋收的队伍正在由目的地前进。(Zhīyuán qiūshōu de duìwǔ zhèngzài yóu mùdìdì qiánjìn.) 추수를 지원하는 대열이 마침 목적지로 전진중이다.
>
> (2) 这篇具有很高科学价值的学术著作, 在我国才第一次由英文译出。(Zhè piān jùyǒu hěn gāo kēxué jiàzhí de xuéshù zhùzuò, zài wǒguó cái dì yí cì yóu Yīngwén yì chū.)

고도의 과학적 가치가 있는 이 학술저서를 우리나라에서 처음으로 영어로 번역했다.

"由"는 기점, 시작, 내원 등을 표시하며 "从"의 의미가 있다. 위의 예문 (1)에서 "目的地"는 도착해야하는 장소이다. 그러므로 "由"를 "向"으로 고쳐야한다.

(2)에서 "英文"은 번역하는 문자를 가리킨다. "由"를 "用"이나 "以"로 고쳐야한다. 만약 "由"를 생략하지 않으려면, "英文"을 "原文"으로 고쳐 "译出"의 근거를 표시해야 한다.

【由于】 yóuyú 개사와 접속사 두 가지 용법이 있다.

(一) 개사

개사구조로, "… 때문에"의 의미로, 주어의 앞이나 뒤에 사용하여 원인 혹은 이유를 표시한다. ① 改建方案由于材料问题又作了一些修改。(Gǎijiàn fāng'àn yóuyú cáiliào wèntí yòu zuòle yìxiē xiūgǎi.) 건물수리 방안이 재료문제 때문에 또 다시 일부 수정을 했다. ② 他不接受大家的批评是由于他的错误思想作怪。(Tā bù jiēshòu dàjiā de pīpíng shì yóuyú tā de cuòwù sīxiǎng zuòguài.) 그가 여러 사람의 비평을 받아들이지 않는 것은 그의 잘못된 생각이 방해하고 있기 때문이다. ③ 由于经济的不断发展, 人民生活有了很大改善。(Yóuyú jīngjì de búduàn fāzhǎn, rénmín shēnghuó yǒule hěn dà gǎishàn.) 경제의 끊임없는 발전 때문에 인민생활이 매우 크게 개선되었다. ④ 由于时间关系, 暂时谈到这里为止。(Yóuyú shíjiān guānxi, zànshí tándào zhèlǐ wéizhǐ.) 시간 관계상 잠시 여기까지만 이야기하겠다.

(二) 접속사

"… 때문에, … 에 인하여"의 의미로 "所以", "因此", "因而"과 함께 사용하여 원인이나 이유를 표시한다. 원인구가 짧을 경우 뒤에오는 "所以"는 생략할 수 있다. ① 由于气温低, 引擎不容易发火。(Yóuyú qìwēn dī, yǐnqíng bù róngyì fāhuǒ.) 기온이 너무 내려가서 엔진 시동이 쉽지 않다. ② 对于这个问题, 由于我学习不够, 很难发表意见。(Duìyú zhège wèntí, yóuyú wǒ xuéxí búgòu, hěn nán fābiǎo yìjiàn.) 이 문제에 대하여 나는 공부한 것이 부족하기 때문에 의견을 발표하기가 매우 곤란하다. ③ 他们由于住的地方太远, 所以天天提早出门。(Tāmen yóuyú zhù de dìfāng tài yuǎn, suǒyǐ tiāntiān tízǎo chūmén.) 그들은 사는 곳이 너무 멀기 때문에 그러므로 매일 일찍 문을 나선다. ④ 由于水源断绝, (所以)这一片地丢荒了。(Yóuyú shuǐyuán duànjué, (suǒyǐ) zhè yì piān dì diū huāng le.) 수원이 단절되어 이 땅들은 황폐되었다.

설명 문장에서 "由于"가 개사인지 접속사인지를 구별하는 방법은 다음과 같다 ; 만약 "由于" 뒤에 오는 단어가 명사나 명사구 혹은 개사구조를 이루었으면 그것은 개사이다 ; 만약 "由于" 뒤에 오는 것이 절이면 접속사이다.

正误用例 (1) 由于长时期的锻炼, 使我的身体更好了。(Yóuyú cháng shíqī de duànliàn, shǐ wǒ de shēntǐ gèng hǎole.) 장기간의 단련으로 말미암아 내 몸이 더욱 좋아졌다.

(2) 由于学校的教育和培养, 提高了我的业务能力。(Yóuyú xuéxiào de jiàoyù hé péiyǎng, tígāole wǒ de yèwù nénglì.) 학교의 교육과 배양으로 우리의 업무능력이 높아졌다.

(3) 我们不能忘记, 今天的幸福生活是由于父母给我们的。(Wǒmen bùnéng wàngjì, jīntiān de xìngfú shēnghuó shì yóuyú fùmǔ gěi wǒmen de.) 우리들은 잊을 수 없다. 오늘의 행복한 생활은 부모님이 우리에게 준 것이다.

여기서 "由于"는 원인이나 이유를 표시한다. "由于"를 사용한 문장은 주어를 생략한 것에 유의해야 한다.

예문 (1)에서 무엇 때문에 "使我的身体"인지, (2)에서 누가 "提高了我的业务能力"인지 불명확하다. 그러므로 예문 (1)에서 당연히 "使"를 생략하여 "身体"를 주어로 삼아야 한다. 예문 (2)에서는 "由于"를 생략하거나 "提高了我的业务能力"를 "我的业务能力提高了"로 고쳐야 한다.

예문 (3)에서는 원인을 표시할 필요가 없으므로 "由于"를 생략해야 한다.

[尤] yóu 부사 "尤其(yóuqí)"를 참고하라.

[尤其] yóuqí 부사

(1) "특히"의 의미로, 비교를 통하여 뒤에 오는 단어의 의미가 더욱 강하고 깊이 있음을 표시한다. "是"와 함께 사용하여 강조를 표시한다. ① 他各门功课都很好, 语文尤其突出。(Tā gè mén gōngkè dōu hěn hǎo, yǔwén yóuqí tūchū.) 그는 각 과목이 모두 좋지만 어문이 특별히 뛰어나다. ② 他的功课都很好, 尤其是语文最好。(Tā de gōngkè dōu hěn hǎo, yóuqí shì yǔwén zuì hǎo.) 그의 성적은 다 좋다. 특히 어문학이 가장 좋다. ③ 我们班上的同学学习都很认真, 尤其是小李。(Wǒmen bān shàng de tóngxué xuéxí dōu hěn

rènzhēn, yóuqí shì Xiǎo Lǐ.) 우리반의 급우들은 모두 매우 성실하게 공부하는데 이군이 특히 그렇다.

⑵ "더욱"의 의미로 "固然(gùrán)"과 함께 사용하여, 우선 원래의 상황을 승인하고 다시 중요한 것을 확충함을 표시한다. ① 数量固然要紧, 质量尤其重要。(Shùliàng gùrán yàojǐn, zhìliàng yóuqí zhòngyào.) 수량이 확실히 요긴하지만 품질은 더욱 중요하다. ② 论风景, 黄山固然雄伟, 三峡尤其壮观。(Lùn fēngjǐng, Huángshān gùrán xióngwěi, Sānxiá yóuqí zhuàngguān.) 풍경을 논하자면 황산은 확실히 웅장하지만 삼협은 더욱 장관이다. ③ 我喜欢画画, 尤其喜欢画风景画。(Wǒ xǐhuan huàhuà, yóuqí xǐhuan huà fēngjǐng huà.) 나는 그림 그리기를 좋아한다. 더욱이 풍경화 그리기를 좋아한다.

▐동의어▌ "尤"는 "尤其"의 의미로, 뒤에 단음절의 단어만 사용한다 ; "为"와 함께 사용하여 사용하면, 뒤에 단독적인 쌍음절 형용사를 주로 사용한다. 주로 서면어에서 사용한다. ① 城市交通复杂, 儿童穿越马路尤须注意安全。(Chéng shì jiāotōng fù zá, értóng chuānyuè mǎlù yóu xū zhùyì ānquán.) 도시 교통이 복잡하여 아동이 도로를 건널 때 특히 안전에 반드시 주의해야만 한다. ② 他各门功课都好, 语文尤为突出。(Tā gè mén gōngkè dōu hǎo, yǔwén yóu wéi tūchū.) 그는 각 과목이 다 좋지만 어문이 특히 뛰어나다.

▐正误用例▌ 老李可真算得上是个集邮迷, 纪邮、特邮、航邮、普邮都集, 尤其是外国邮票, 因为来源少, 零星不成套, 他一概不集。(Lǎo Lǐ kě zhēn suànde shàng shìge jíyóumí, jì yóu, tè yóu, háng yóu, pǔ yóu dōu jí, yóuqí shì wàiguó yóupiào, yīnwèi láiyuán shǎo, língxīng bù chéngtào, tā yígài bù jí.) 이형(老李)는 정말로 우표수집가라고 할 수 있다. 여행우표·특수우표·항공우표·보통우표를 모두 수집한다. 특히 외국우표는 공급이 적기 때문에 소량으로 세트를 이루지 못하여 그는 일절 모으지 않는다.
여기서 "尤其"는 몇 가지 사물을 비교한 후, 그 중에서 특히 돌출적인 항목을 제시한다, 그러나 모든 비교한 항목이 반드시 일치하고 의미적 역행이 없어야만 한다. 여기서 말한 것은 모두 우표수집에 대한 것이다. 그런데 앞에서는

“都集”이라고 말하고 뒤에서는 “不集”라고 말했으므로 “尤其”를 사용할 수 없다. “尤其是”를 “只有”로 고쳐 “外国邮票”는 유일한 예외라는 것을 표시해야 한다. 만약 “尤其”를 생략하지 않으려면 “尤其是外国邮票, 他集得最多 (yóuqí shì wàiguó yóupiào, tā jí de zuìduō)”와 같이 말할 수 있을 뿐이다.

[又] yòu 부사

(1) “다시”, “또”의 의미로 반복·계속이나 보충을 표시한다. 이미 실현된 것을 말한다. ① 他想了又想, 终于想出了一个好办法。(Tā xiǎngle yòu xiǎng, zhōngyú xiǎng chūle yíge hǎo bànfǎ.) 그는 생각하고 또 생각하여 마침내 한가지 방법을 생각해내었다. ② 我国又一次发射人造地球卫星成功。(Wǒguó yòu yícì fāshè rénzào dìqiú wèixīng chénggōng.) 우리 나라는 또 한번 인공위성 발사에 성공했다. ③ 他拿着这封信看了又看。(Tā názhe zhè fēng xìn kànle yòu kàn.) 그는 이 편지를 보고 또 보았다.

(2) “동시에”, “또한”의 의미로 동시에 존재함을 표시할 수 있고 강조의 작용을 한다. ① 专业运动选手走又红又专的道路。(Zhuānyè yùndòng xuǎnshǒu zǒu yòu hóng yòu zhuān de dàolù.) 프로운동선수는 인기 있고 전문적인 길을 간다. ② 灿烂的晚霞预示明天又是好天气。(Cànlàn de wǎnxiá yùshì míngtiān yòu shì hǎo tiānqì.) 찬란한 서녁 노을은 동시에 내일도 날씨가 좋으리라는 것을 예고한다. ③ 三一运动是反帝国主义的运动, 又是民主化运动。(Sānyī yùndòng shì fǎn dìguó zhǔyì de yùndòng, yòu shì mínzhǔhuà yùndòng.) 3·1운동은 반제국주의 운동이자 동시에 민주화 운동이다.

(3) “又… 又… ”의 형식으로 병렬관계를 강조한다. ① 刚摘下来的苹果又鲜又甜。(Gāng zhāi xiàlái de píngguǒ yòu xiān yòu tián.) 지금 막 딴 사과는 신선하고 달다. ② 水库的作用大, 又能蓄水防洪, 又能灌溉发电。(Shuǐkù de zuòyòng dà, yòu néng xù shuǐ fánghóng, yòu néng guàngài fādiàn.) 땜의 용도가 매우 커 물을 저장하여 홍수를 방지할 수 있고 또 관개발전을 할 수도 있다. ③ 这个品种质量又好, 产量又高。(Zhège pǐnzhǒng zhìliàng yòu hǎo, chǎnliàng yòu gāo.) 이 품종은 질량이 매우 좋고 생산량도 또 많다.

⑷ 앞 문장에 대한 의미의 전환을 표시한다. 주로 "却", "可", "可是", "而" 등의 허사와 같이 사용한다. ① 她一直发低烧, 但是又查不出什么毛病。(Tā yìzhí fā dī shāo, dànshì yòu chá bu chū shénme máobìng.) 그녀는 계속 미열이 있지만 그러나 무슨 병인지 찾을 수 없다. ② 想说, 却又说不出口。(Xiǎng shuō, què yòu shuō bu chūkǒu.) 말하려고 했으나 오히려 말이 입 밖으로 나오지 않는다. ③ 他刚想开口, 但一转念, 又不说了。(Tā gāng xiǎng kāi kǒu, dàn yì zhuǎnniàn, yòu bù shuō le.) 그는 금방 말을 하려 하였으나, 생각을 바꾸어, 다시 말을 하지 않았다. ④ 料子买回来了, 可是心里又有点后悔。(Liàozi mǎi huíláile, kěshì xīnli yòu yǒu diǎn hòuhuǐ.) 재료를 구입해서 돌아왔으나 마음속으로는 또 후회도 약간 된다.

正误用例 ⑴ 家庭业余养花, 既能美化环境, 净化空气, 又不会妨碍工作和学习。(Jiātíng yèyú yǎng huā, jì néng měihuà huánjìng, jìnghuà kōngqì, yòu bú huì fáng'ài gōngzuò hé xuéxí.) 가정에서 여가 시간에 꽃을 재배하면 환경을 미화하고 공기를 정화하며 또 일과 학습에 방해가 되지 않는다.

⑵ 夏至下秧以后, 正是炎热天气, 秧苗生长得又迅又速。(Xiàzhì xià yāng yǐhòu, zhèng shì yánrè tiānqì, yāngmiáo shēngzhǎng de yòu xùn yòu sù.) 하지에 모른 낸 후, 마침 무더운 날씨라 모가 매우 빠르게 성장한다.

여기서 "又"는 동시에 병존하며, 몇 가지 면에서 일치하고 의미상으로도 역행함이 없음을 표시한다.

예문 ⑴에서 "既"와 함께 사용하였으나 후반절에 "又不会妨碍工作和学习(yòu bú huì fáng'ài gōngzuò hé xuéxí)"란 내용은 의미상으로 역행함으로 당연히 "又能调剂生活(yòu néng tiáojì shēnghuó)"와 같이 고쳐야 한다.

예문 ⑵에서 "迅速"란 단어를 임의로 분리할 수 없으므로 "非常迅速"로 고쳐야 한다.

【于】 yú 개사

⑴ "…에서(在)"의 의미로, 개사구조로 동사 뒤에 보어로 사용하여 장소, 시간이나 범위를 표시한다. ① 兹订于下星期一举行开学典

礼。(Zǐ dìng yú xià xīngqīyī jǔ xíng kāixué diǎnlǐ.) 이에 다음 주 월요일에 개학식을 거행하기로 했다. ② 景德镇瓷器驰名于全世界。(Jǐng dé zhèn cíqì chímíng yú quán shìjiè.) 경덕진(景德镇) 자기는 전세계에 유명하다. ③ 中国共产党成立了一九二一年七月。(Zhōngguó gòngchǎndǎng chénglìle yījiǔ'èryī nián qī yuè.) 중국공산당은 1921년 7월에 창립되었다. ④ 大轮船失踪于海上。(Dà lúnchuán shīzōng yú hǎishàng.) 기선이 해상에서 실종되었다.

(2) "… 에게", "… 에"의 의미로, 개사구조로 동사나 형용사 뒤에 사용하여 보어의 작용을 하고 방향·목표 혹은 대상을 표시한다. ① 仰不愧于天, 俯不怍于人。(Yǎng búkuì yú tiān, fǔ bú zuò yú rén.) 고개를 들어 하늘에 부끄러운 게 없고, 고개를 숙여 사람들에게 부끄러울 게 없다. ② 这孩子一直热中于集邮。(Zhè háizi yìzhí rè zhòng yú jíyóu.) 이 아이는 계속 우표수집에 열중이다. ③ 机构调整以后, 更加有利于生产。(Jīgòu tiáozhěng yǐhòu, gèngjiā yǒu lì yú shēngchǎn.) 기구조정 이후 더욱 생산에 유리하다. ④ 安重根一生忠于国家, 为独立国家作出了重大贡献。(Ān zhònggēn yìshēng zhōngyú guójiā, wèi dúlì guójiā zuòchūle zhòngdà gòngxiàn.) 안중근은 평생 국가에 충성하고 독립국가를 위해 중대한 공헌을 했다.

(3) "…로부터"의 의미로, 개사구조로 동사 뒤에 사용하여 보어가 되며, 행위의 기점과 유래를 표시한다. ① 黄河发源于青海省。(Huánghé fāyuán yú Qīnghǎi shěng.) 황하는 청해성으로부터 발원한다. ② 这幅国画出丁齐白石的手笔。(Zhè fú guó huà chū yú Qíbáishí de shǒubǐ.) 이 동양화는 제백석의 손에서 나온 것이다. ③ 天才来源于勤奋。(Tiāncái láiyuán yú qínfèn.) 천재는 근면함에서 비롯한다.

(4) "… 보다"의 의미로, 개사구조로 형용사 혹은 동사 뒤에 사용하여 보어가 되고 비교를 표시한다. ① 人民的利益高于一切。(Rénmín de lìyì gāo yú yíqiè.) 인민의 이익이 모든 것보다 중요하다. ② 霜叶红于二月花。(Shuāng yè hóng yú èr yuè huā.) 서리 맞은 단풍이 2월의 꽃보다 붉다. ③ 今年小麦产量相当于去年的一倍半。(Jīnnián xiǎomài chǎnliàng xiāngdāng yú qùnián de yí bèi bàn.) 금년 보리의 생산량은 작년의 1.5배에 해당한다.

(5) "… 에게 … 되다"의 의미로, 개사구조로 동사 뒤에 사용하여 보어가 되며 피동을 표시한다. ① 敌军在强大的攻势下终于溃灭了。(Díjūn zài qiángdà de gōngshì xià zhōngyú kuìmiè le.) 적군은 맹렬

한 공세를 받아 마침내 궤멸되었다. ② 这里原有一座古塔, 明代毁于地震。(Zhèlǐ yuán yǒu yí zuò gǔ tǎ, Míngdài huǐ yú dìzhèn.) 이곳은 원래 고탑이 하나 있었으나 명대에 지진으로 훼멸되었다. ③ 他的理论见笑于专家们。(Tā de lǐlùn jiànxiào yú zhuānjiāmen.) 그의 이론은 전문가들에게 웃음거리가 되었다.

[于是] yúshì 접속사

"그래서", "이리하여"의 의미로, 후반 절의 첫부분에 사용하여, 전후 두 사건의 긴밀한 관련성을 표시한다 ; 전반 절에서는 원인과 이유를 설명하고 후반 절에서는 결론이나 결과를 얻음을 표시한다. 만약 문장이 너무 길면, "于是" 뒤에 정지가 오고, 쉼표를 사용한다. 문두에 사용할 수도 있다. ① 几个问题都讨论完了, 于是大家就回家了。(Jǐ ge wèntí dōu tǎolùn wánle, yúshì dàjiā jiù huí jiā le.) 몇몇 문제에 대한 토의가 끝나자 모두들 집으로 돌아갔다. ② 于是重又掀起了一场新的大辩论。(Yúshì chóngyòu xiānqǐ le yìcháng xīn de dàbiànlùn.) 그리하여, 다시 새로운 대논쟁을 불러일으켰다. ③ 他满头大汗, 于是摘下草帽呼扇了一下。(Tā mǎn tóu dà hàn, yúshì zhāixià cǎomào hūshān le yíxià.) 그는 온 얼굴이 땀범벅이 되어, 밀짚모자를 벗어서 부채질을 했다. ④ 领导者决定大家学习外语, 附近学校又帮助解决了教师问题, 于是, 一个业余外语学习班就成立了。(Lǐngdǎozhě juédìng dàjiā xuéxí wàiyǔ, fùjìn xuéxiào yòu bāngzhù jiějuéle jiàoshī wèntí, yúshì, yíge yèyú wàiyǔ xuéxí bān jiù chénglìle.) 지도자가 모두 외국어를 배우도록 결정하였고 부근 학교도 또 교사문제를 도와 해결했다. 그래서 아마추어 외국어 학습반이 바로 만들어졌다.

[주의] "于是"는 "于是乎(yúshìhu)"로도 말할 수 있다.

[于是乎] yúshìhu 부사 "于是(yúshì)"를 참고하라.

[与] yǔ 접속사와 개사 두 가지 용법이 있다.

(一) 접속사

(1) "…과"의 의미로, 병렬된 단어나 구문을 연결한다. ① 祈祷与赞颂,

加强信仰。(Qídǎo yǔ zànsòng, jiāqiáng xìnyǎng.) 기도와 찬송은 신앙을 더욱 강화한다. ② 莫斯科与巴黎开辟直达空航。(Mòsīkē yǔ Bālí kāipì zhídá kōng háng.) 모스크바와 파리 간에 직통 항로를 개설하다. ③ 专心与恒心为读书之要件。(Zhuānxīn yǔ héngxīn wéi dúshū zhī yàojiàn.) 전념과 불변의 마음은 독서의 필요한 조건이다.

설명1 전후 문장에서 만약 "和"자가 있다면, 중복을 피하기 위하여, 일반적으로 접속사 "与"를 사용한다. 예 "战争与和平"(zhànzhēng yǔ hépíng)(전쟁과 평화), "调和与折中"(tiáohé yǔ zhézhōng)(조화와 절충)

설명2 주로 서면어에서 사용하고, 특히 서명、극명 혹은 문장의 편명 등에 사용한다. 예 《罪与罚(Zuì yǔ fá)(죄와 벌)》,《国家与革命(Guójiā yǔ gémìng)(국가와 혁명)》,《民主与法制(Mínzhǔ yǔ fǎzhì)(민주와 법제)》

(二) 개사

(1) "… 에게"의 의미로, 용법은 "同", "跟"과 같고, 비교 혹은 동작의 대상을 끌어들인다. ① 行车时切勿与司机交谈。(Xíngchē shí qièwù yǔ sījī jiāotán.) 운행 중 운전사에게 이야기를 걸지 마시오. ② 此事与你无关。(Cǐ shì yǔ nǐ wúguān.) 이일과 당신은 무관하다. ③ 理论必须与实际相联系。(Lǐlùn bìxū yǔ shíjì xiāng liánxì.) 이론은 반드시 실제와 서로 연계한다. ④ 他是个好好先生, 从不与人计较。(Tā shì ge hǎohǎo xiānsheng, cóng bù yǔ rén jìjiào.) 그는 호인이어서 지금까지 남과 논쟁한 적이 없다.

설명 관용적으로 사용한다. 예 "与人为善"(yǔrénwéishàn)(선의로 남을 돕다)

주의 다중 관계의 문장에서, 동일한 접속사나 개사를 사용함을 피하기 위하여, "与"로 고칠 필요가 있다. 예 详和略与长和短必须根据文章的内容决定。(Xiáng hé lüè yǔ cháng hé duǎn bìxū gēnjù wénzhāng de nèiróng juédìng.) 상세함과 간략함, 긴 것과 짧은 것은 반드시 문장의 내용에 근거하여 결정한다.

[与否] yǔfǒu 조사

"…여부"의 의미로, 쌍음절의 동사나 형용사 뒤에 사용하여, 정반 양방면의 상황을 비교함을 표시한다. 서면어에 사용한다. ① 这次报考, 录取与否, 现在还不得而知。(Zhè cì bàokǎo, lùqǔ yǔ fǒu, xiànzài hái bù dé ér zhī.) 이번 시험에서 합격 여부는 현재 아직 모른다. ② 设想正确与否, 有待实践检验。(Shèxiǎng zhèngquè yǔ fǒu, yǒudài shíjiàn jiǎnyàn.) 생각의 정확 여부는 실험검증을 기다리고 있다. ③ 他同意与否尚未可知。(Tā tóngyì yǔ fǒu shàngwèi kězhī.) 그의 동의 여부는 아직 알 수 없다.

설명 "与否"는 긍정과 부정이 상호 교체되는 상황을 표시한다. 예를 들어, "录取与否"는 "录取不录取"의 여부를, "正确与否"는 "正确不正确" 여부를, "同意与否"는 "同意不同意" 여부를 묻는 것이다. 구어체에서는 모두 긍정과 부정이 상호 교차하는 형식의 의문문이다.

[与其] yǔqí 접속사

"…하기 보다는" 의 의미로, 두 가지 사건 중에 한 가지를 선택하고 다른 한 가지를 선택하지 않는 것을 표시한다. 주로 "与其… 不如"의 형태로 사용한다. ① 与其忍辱而生, 宁可斗争而死。(Yǔqí rěnrǔ ér shēng, nìngkě dòuzhēng ér sǐ.) 굴욕을 참으며 사느니 차라리 싸우다 죽겠다. ② 与其读论语不如看小说。(Yǔqí dú Lún yǔ bùrú kān xiǎoshuō.) 논어를 읽기보다는 소설을 보는 것이 더 낫다. ③ 与其说是困难多, 毋宁说是努力不够。(Yǔqí shuō shì kùnnán duō, wúnìng shuō shì nǔlì búgòu.) 곤란이 많다고 말하기보다는 노력 부족이라고 말하는 것이 좋다. ④ 与其随随便便下结论, 宁可再仔细研究一下。(Yǔqí suí suí biàn biàn xià jiélùn, nìngkě zài zǐxì yánjiū yíxià.) 아무렇게 결론을 내리기보다는 더 세밀히 연구하는 것이 났다.

[愈] yù 부사 "越(yuè)"를 참고하라.

【愈加】 yùjiā 부사 "越发(yuèfā)"를 참고하라.

【原本】 yuánběn 부사 "原来(yuánlái)"을 참고하라.

【原来】 yuánlái 부사

⑴ "당초"의 의미로, 지적하는 이전 과거의 시기가 현재는 이미 그렇지 않음을 표시한다. 주어 앞에 사용할 수 있다(例④). ① 我们原来住在南郊, 一九五五年才搬到这里的。(Wǒmen yuánlái zhù zài nánjiāo, yījiǔwǔwǔ nián cái bān dào zhèlǐ de.) 우리는 원래 남쪽 교외에 살았고 1955년에 비로소 이곳으로 이사왔다. ② 他原来是个冶金工人, 去年才考上大学。(Tā yuánlái shì ge yějīn gōngrén, qùnián cái kǎo shàng dàxué.) 그는 원래 야금공이었고 작년에 간신히 대학에 합격했다. ③ 他原来不喝酒, 现在可喝了。(Tā yuánlái bù hējiǔ, xiànzài kě hēle.)그는 원래 술을 못 마셨는데, 지금은 마실 수 있다. ④ 原来认为办不到的事, 现在办到了。(Yuánlái rènwéi bàn bú dào de shì, xiànzài bàn dào le.) 원래 해낼 수 없다고 생각됐던 일이 지금은 해결됐다.

> 통의어 "原本(yuánběn)", "原先(yuánxiān)"과 "原来(yuánlái)"의 의미는 같다. "原本"은 본래의 상황을 주도 가리키고, "原先"은 시간이 먼저 임을 강조한다. "原本"과 "原先"은 주로 서면어에 사용한다.

⑵ "알고 보니"의 의미로, 이전에 모르던 상황을 알게 되어 황당한 느낌이 있음을 표시한다. 주어 앞에 사용할 수 있다(例③). ① 我以为是谁, 原来是你! (Wǒ yǐwéi shì shéi, yuánlái shì nǐ!) 나는 누군가 했더니 알고 보니 당신이군요! ② 事情初看很简单, 原来如此复杂。(Shìqing chū kàn hěn jiǎndān, yuánlái rúcǐ fù zá.) 일이 처음에 보기에는 매우 간단하더니 알고 보니 이렇게 복잡하구나. ③ 原来这是塑料花, 我还以为是鲜花呢!(Yuánlái zhè shì sùliào huā, wǒ hái yǐwéi shì xiānhuā ne.) 원래 이것은 플라스틱 꽃이다. 나는 생화인줄 알았다. ④ 我说夜里怎么这么冷, 原来是下雪了。(Wǒ shuō yèlǐ zěnme zhème lěng, yuánlái shì xià xuě le.) 밤에 어찌 이리

추운가 했는데, 알고 보니 눈이 왔구나.

실사 "事情同原来的想法有出入。"(Shìqing tóng yuánlái de xiǎngfǎ yǒu chūrù.) (사건이 원래의 방법과 차이가 있다), "他还是住在原来的地方。"(Tā háishi zhù zài yuánlái de dìfāng.) (그는 아직 원래의 장소에 산다)에서 "原来"는 명사다.

[原先] yuánxiān 부사 "原来(yuánlái)⑴"를 참고하라.

[远] yuǎn 부사

"…훨씬"의 의미로, 정도의 차이가 크고 발생시간이 빠르고, 공간거리가 긴 것을 표시한다. 중복하여 사용할 수 있고, 뒤에 조사 "地"를 사용한다. ① 事情远不如你想象的那么简单。(Shìqing yuǎn bùrú nǐ xiǎngxiàng de nàme jiǎndān.) 사건이 당신이 상상하듯 그렇게 쉬운 것과는 훨씬 차이가 난다. ② 这件事远比那件事严重。(Zhè jiàn shì yuǎn bǐ nà jiàn shì yánzhòng.) 이 일이 그 일보다 훨씬 중대하다. ③ 远在宋朝, 中国就有了活字版印刷。(Yuǎn zài Sòng cháo, Zhōngguó jiù yǒule huózìbǎn yìnshuā.) 먼 송나라 때에 중국에는 이미 활자판 인쇄가 생겼다. ④ 我的普通话远远没有你说得好。(Wǒ de pǔtōnghuà yuǎn yuǎn méiyǒu nǐ shuō de hǎo.) 나의 보통화는 당신이 말하는 것보다 훨씬 못하다.

실사 "上海离成都很远。"(Shànghǎi lí Chéngdū hěn yuǎn.) (상해는 성도에서 매우 멀다), "年代不远, 事情还能记得。"(Niándài bù yuǎn, shìqing hái néng jìdé.) (연대가 멀지 않아 사건을 아직 기억할 수 있다)"에서 "远"은 형용사다.

[约] yuē 부사 "大概(dàgài)"를 참고하라.

[约略] yuēlüè 부사

"대략", "어렴풋이"의 의미로, 모종의 감각이 드러나지 않아 불분명한 것을 표시한다. 주로 심리적 활동을 가리킨다. ① 她约略讲述了近几

个月发生的一些事情。(Tā yuēlüè jiǎng shù le jìn jǐ ge yuè fāshēng de yìxiē shìqing.) 그녀는 최근 수개월간 발생한 사건을 대략 설명했다. ② 这件事的经过我也约略知道一些。(Zhè jiàn shì de jīngguò wǒ yě yuēlüè zhīdào yìxiē.) 이 일의 경과를 나도 대략은 알고 있다. ③ 对于那篇文章的意见, 我已经约略听到过一些。(Duìyú nà piān wénzhāng de yìjiàn, wǒ yǐjīng yuēlüè tīng dàoguo yìxiē.) 그 문장에 대한 의견은 나는 이미 약간 들은 것이 있다. ④ 这篇报纸文章约略地提到了我们的关系。(Zhè piān bàozhǐ wénzhāng yuēlüè di tí dàole wǒmen de guānxi.) 이 신문의 기사가 우리들의 관계를 대략 언급하고 있다.

[约莫] yuēmo 부사 "大概(dàgài)"를 참고하라.

[越] yuè 부사

(1) "…하면 …할수록", "한층 더"의 의미로, 반복 사용하여 상황의 발전에 따라 정도가 더욱 깊어 감을 표시한다. ① 雨越下越大了。(Yǔ yuè xià yuè dà le.) 비가 내릴수록 더욱 커진다. ② 脑子越用越灵。(Nǎozi yuè yòng yuè líng.) 머리는 쓰면 쓸수록 잘 돌아간다. ③ 越是性急, 越发容易出差错。(Yuè shì xìngjí, yuè fā róngyì chū chācuò.) 조급해하면 할수록 더 잘못을 저지르기 쉽다. ④ 环境越是困难, 意志越要坚定。(Huánjìng yuè shì kùnnán, yìzhì yuè yào jiāndìng.) 환경이 어려울수록 의지가 더욱 강해진다.

(2) "(시간이) 갈수록 더욱 …해진다(越来越…)"는 시간의 진전에 따라 정도가 더욱 심해짐을 표시한다. ① 世界更加动乱, 形势越来越不好。(Shìjiè gèng jiā dòngluàn, xíngshì yuèláiyuè bù hǎo.) 세상은 더욱 어지러워지고 형세는 점점 좋지 않다. ② 风越来越大, 天也越来越冷了。(Fēng yuèláiyuè dà, tiān yě yuè lái yuè lěngle.) 바람이 갈수록 더욱 커지고 날씨도 갈수록 더욱 추워진다. ③ 叫喊的声音越来越近。(Jiàohǎn de shēngyīn yuèláiyuè jìn.) 고함 소리가 갈수록 가까워지다. ④ 往后的日子越来越好啦! (Wǎng hòu de rìzi yuè lái yuè hǎo la!) 앞으로의 생활은 더욱 좋아질 것이다!

 동의어 "愈"와 "越"는 의미가 같고 교환사용이 가능하다. "愈"는 서면어에서 많이 사용한다.

正误用例 (1) 到了夏季, 阳光照射越多, 地面就更热了。(Dàole xiàjì, yángguāng zhàoshè yuè duō, dìmiàn jiù gèng rèle.) 여름철이 되어 햇빛이 비추는 것이 많아질수록 지면은 더욱 뜨겁다.

(2) 越往地的深处温度更高。(Yuè wǎng dì de shēn chù wēndù gèng gāo.) 땅속으로 깊이 들어갈수록 온도가 더욱 높아진다.

(3) 对革命工作来说, 参加愈早, 经验就越丰富。(Duì gémìng gōngzuò lái shuō, cānjiā yù zǎo, jīngyàn jiù yuè fēngfù.) 혁명에 대해 말하자면, 일찍 참가할수록 경험이 더욱 풍부해진다.

위에서 부사 "越"는 일반적으로 함께 사용할 필요가 있고, 의미가 더욱 깊어짐을 표시한다. 예문 (1)(2)에서 "更"은 "越"와 함께 사용할 수 없다. "更"을 모두 "越"로 고쳐야 한다.

예문 (3)에서 "愈"와 "越"는 의미가 같아 당연히 하나로 통일하여 사용하는 것이 좋다.

[越发] yuèfā 부사

(1) "더욱"의 의미로, 동일한 사건이 정도가 더욱 깊어지고 강해짐을 표시한다. ① 过了中秋, 天气越发凉快了。(Guòle Zhōngqiū, tiānqì yuèfā liángkuaile.) 추석이 지나니, 날씨가 더욱 서늘해졌다. ② 想起来, 我越发觉得不对。(Xiǎngqǐlai, wǒ yuèfā juéde búduì.) 생각해보니 나는 잘못된 것을 깊이 깨달았다. ③ 地位一高就越发招风。(Dìwèi yì gāo jiù yuèfā zhāofēng.) 지위가 높아지면 비난도 많이 받게 된다. ④ 现在不及时补补课, 往后就越发没有时间了。(Xiànzài bù jíshí bǔ bǔkè, wǎng hòu jiù yuèfā méiyǒu shíjiānle.) 지금 제때 학업을 보충하지 않으면 후에 더 시간이 없다.

(2) 전반 절에서 "越"와 함께 사용하여, "越…越…"의 의미와 용법이 같다. ① 工作越忙, 我们越发要细心。(Gōngzuò yuè máng, wǒmen yuèfā yào xìxīn.) 일이 바쁠수록 우리는 좀 더 세밀해야한다. ② 越到月末, 商业部门就越发忙碌。(Yuè dào yuèmò, shāngyè bùmén jiù yuèfā mánglù.) 월말이 될수록 상업부문은 더욱 바빠진다. ③ 我这

个病近来越来越发凶了。(Wǒ zhège bìng jìnlái yuèlái yuèfā xiōng le.) 나의 이 병은 요즘 점점 더 심해졌다. ④ 观众越多, 他们演得越发卖力气。(Guānzhòng yuè duō, tāmen yǎn de yuèfā màil ìqi.) 관중이 많을수록 그들은 더욱 더 힘을 내 열연한다.

> 동의어 "愈加"(yùjiā)와 "越发"(yuèfā)는 의미가 같아 교환 사용이 가능하다. "愈加"는 서면어로 많이 사용한다. ① 变得愈加模糊。(Biàn de yùjiā móhu.) 더욱더 모호해지다. ② 球迷们愈加群情激奋。(Qiúmímen yùjiā qúnqíng jīfèn.) 축구팬들의 군중심리가 갈수록 격해지다.

【云】 yún 조사 "云云(yúnyún)"을 참고하라.

【云云】 yúnyún 조사

"여차여차"의 의미로, 인용문이나 전술된 단어 뒤에 사용하여, 생략 혹은 마무리를 표시한다. 서면어에서 사용한다. ① 他来信说读了不少新书, 很有心得云云。(Tā láixìn shuō dú le bùshǎo xīnshū, hěn yǒu xīndé yúnyún.) 그는 편지를 보내와 새로운 책들을 많이 읽어 느낀 점도 많다고 운운했다. ② 这部所谓的'不同凡响的小说'云云, 内容既枯燥、文笔又拙劣。(Zhè bù suǒwèi de 'bùtóng fánxiǎng de xiǎoshuō' yúnyún, nèiróng jì kūzào, wénbǐ yòu zhuōliè.) 이 소위 평범하지 않은 소설 운운한 것이 내용은 무미건조하고 문장 또한 졸열하다.

> 동의어 "云"과 "云云"은 의미가 같다. "云云"은 위의 두 예문처럼 타인을 폄하하는데 많이 사용한다.

[在] zài 개사와 부사 두 가지 용법이 있다.

(一) 개사

(1) "…에서"의 의미로, 장소나 방위 등의 단어와 함께 개사구조를 이루어 동작 행위가 진행되는 장소를 표시한다. ① 传统服装在北方很流行。(Chuántǒng fúzhuāng zài běifāng hěn liúxíng.) 전통복장은 북방에서 매우 유행이다. ② 基督教精神要在全世界实现。(Jīdūjiào jīngshén yào zài quán shìjiè shíxiàn.) 기독교 정신은 전세계에서 실현되어야한다. ③ 我住在三楼, 食堂设在底层。(Wǒ zhù zài sān lóu, shítáng shè zài dǐcéng.) 나는 3층에 살고, 식당은 1층에 있다.

(2) 시간 단어와 함께 개사구조를 이루어, 사건 혹은 동작행위가 발생한 시간을 표시한다. ① 火车在下午四点三十分准点到站。(Huǒchē zài xiàwǔ sì diǎn sānshí fēn zhǔndiǎn dào zhàn.) 기차는 오후 4시30분에 정각에 역에 도착했다. ② 赞美出生在一九九三年。(Zànměi chūshēng zài yījiǔjiǔsān nián.) 찬미는 1993년에 태어났다. ③ 在清晨, 在湖水公园里都有锻炼身体的人群。(Zài qīngchén, zài húshuǐ gōngyuán lǐ dōu yǒu duànliàn shēntǐ de rénqún.) 새벽에 호수공원에는 몸을 단련하는 많은 사람들이 있다. ④ 毕业典礼改在明天举行。(Bìyè diǎnlǐ gǎi zài míngtiān jǔxíng.) 졸업식은 내일로 바뀌어 거행된다.

(3) "上", "中", "下", "内", "里", "方面" 등의 방위사와 함께 사용하여 범위 조건 장소를 표시한다. ① 处理这件事, 在方法上还可以研究。(Chǔlǐ zhè jiàn shì, zài fāngfǎ shàng hái kěyǐ yánjiū.) 이 일을

처리하는 것은 방법상 더 연구할 수 있다. ② 学到的东西要在实际
工作中运用。(Xué dào de dōngxi yào zài shíjì gōngzuò zhōng
yùnyòng.) 배운 것을 실제 업무에서 운용해야 한다. ③ 你在学习
方面应该抓得更紧一些。(Nǐ zài xuéxí fāngmiàn yīnggāi zhuā de
gèng jǐn yìxiē.) 당신은 학습방면에 응당 더욱 긴장해야한다. ④ 他
在图书馆里找资料。(Tā zài túshūguǎn lǐ zhǎo zīliào.) 그는 도서관
에서 자료를 찾는다.

(二) 부사

"…하는 중(正在)"이란 의미로, 동작 행위의 진행이나 지속을 표시한
다. "正"자를 생략할 수도 있다. ① 这几天大家在准备总结工作。
(Zhè jǐ tiān dàjiā zài zhǔnbèi zǒngjié gōngzuò.) 요사이 며칠동안 모두
전체적인 마무리 작업을 준비하는 중이다. ② 河水在满起来。(Héshuǐ
zài mǎnqǐlai.) 강물이 차 오르고 있다. ③ 时代在变化, 社会在发展。
(Shídài zài biànhuà, shèhuì zài fāzhǎn.) 시대는 변화하고 있고, 사회는
발전하고 있다. ④ 风在吼, 马在叫, 黄河在咆哮。(Fēng zài hǒu, mǎ
zài jiào, Huánghé zài páoxiāo.) 바람은 윙윙거리고, 말은 울고, 황하는
포효한다.

실사 "书在架子上。"(Shū zài jiàzi shàng.) (책이 서가 위에 있다), "我
的家在农村。"(Wǒ de jiā zài nóngcūn.)(우리 집은 농촌이디)에서
"在"는 동사다.

정오용례 (1) 一家人围在一张铺有浅蓝色桌布的圆桌坐着。(Yìjiā
rén wéi zài yì zhāng pù yǒu qiǎn lán sè zhuōbù de
yuánzhuō zuòzhe.) 온 가족이 옅은 남색의 테이블보를 깐
원탁에 둘러앉아 있다.

(2) 烟头、茶叶、瓜皮、果壳, 请勿倒在水斗和抽水马桶。
(Yāntóu, cháyè, guā pí, guǒ ké, qǐng wù dào zài shuǐ dóu
hé chōushuǐ mǎtǒng.) 담배꽁초·차잎·호박씨 껍질·과
일 껍질들을 세면대나 변기 통에 버리지 마시오.

(3) 在技术革新的实践中, 使我进一步认识了学习科学的重
要性。(Zài jìshù géxīn de shíjiàn zhōng, shǐ wǒ jìnyíbù
rènshile xuéxí kēxué de zhòngyào xìng.) 기술혁신을 실행
하는 중, 나는 과학을 배우는 중요성을 더욱 깊이 있게 이
해하게 되었다.

위의 문장들은 "在"를 개사로 사용하여 개사구조를 이루어야 비로소 문장이 원만하게 된다. 예문 (1)에서 "在"는 "圆桌"와 함께 개사구조를 이루어 "坐"를 수식할 수 없다. 그러므로 "圆桌" 뒤에 "旁边"을 첨가하여 방위를 표시하거나 "围在"를 "围住"로 고쳐야한다.

예문 (2)에서 "倒"는 동작이 도달하는 장소를 표시한다. "抽水马桶"의 뒤에 방위사 "里"나 "内"를 첨가해야 한다. 그렇지 않으면 "在"를 "入"로 고치면 된다.

예문 (3)은 주어가 모호하다. 그러므로 "使"를 생략하여 "我"를 주어로 하거나 "在"나 "中"을 생략하여 "实践"을 주어로 고쳐야한다. "在"가 "上", "下", "中", "里" 등의 방위사와 함께 사용될 때, 이런 잘못을 피하도록 주의하여야 한다.

▎[再] zài 부사

(1) "다시"의 의미로, 동작의 중복 혹은 계속을 표시하며 장차 실현될 것을 의미한다. ① 这部小说很好, 我打算再看一遍。(Zhè bù xiǎoshuō hěn hǎo, wǒ dǎsuàn zài kàn yíbiàn.) 이 소설은 매우 좋다. 나는 다시 한번 볼 생각이다. ② 文章写好了应该再认真修改几次。(Wénzhāng xiě hǎole yīnggāi zài rènzhēn xiūgǎi jǐ cì.) 문장을 다 썼으면 응당 다시 성실하게 여러 번 수정해야한다. ③ 一次失败, 可以再试一次。(Yícì shībài, kěyǐ zài shì yícì.) 한번 실패해도 다시 한 번 시도할 수 있다. ④ 再过四五天, 小麦就要收割了。(Zàiguò sìwǔ tiān, xiǎomài jiù yào shōugēle.) 다시 4·5일이 지나면 소맥을 곧 수확하게 된다.

[비교] 이미 중복된 동작에는 "又"를 쓰고 장차 중복 혹은 계속될 동작에는 "再"를 사용한다. ① 这部小说很好, 我最近又看了一遍。(Zhè bù xiǎoshuō hěn hǎo, wǒ zuìjìn yòu kànle yíbiàn.) 이 소설은 매우 좋다. 나는 최근에 다시 한번 읽었다. ② 文章写好后又认真修改了几次。(Wénzhāng xiě hǎo hòu yòu rènzhēn xiūgǎile jǐ cì.) 문장을 다 쓴 후 다시 성실하게 여러 번 수정했다. ③ 一次失败, 又试了一次。(Yícì shībài, yòu shìle yícì.) 한번 실패하고 다시 한번 시도했다. ④ 又过了四五天, 小麦还是不能收割。(Yòuguòle sìwǔ tiān, xiǎomài háishi bùnéng shōugē.) 다시 4·5일이 지나서도 소맥을 여전히 수확할 수 없었다.

⑵ "…하고 나서"의 의미로, 뒤의 동작이 앞의 동작을 이어 받는 것을 표시한다. ① 你把材料整理好, 再动笔。(Nǐ bǎ cáiliào zhěnglǐ hǎo, zài dòngbǐ.) 자료를 다 정리하고 나서 쓰기 시작해라. ② 先到我家, 再到你家。(Xiān dào wǒjiā, zài dào nǐ jiā.) 먼저 우리 집에 갔다가 다시 너의 집에 가자. ③ 这个问题等你回来再研究。(Zhège wèntí děng nǐ huílai zài yánjiū.) 이 문제는 당신이 돌아오기를 기다려 다시 연구하자.

⑶ "더욱"의 의미로, 정도가 더욱 발전한 것을 표시하며 주로 "也", "都", "就" 등의 부사와 함께 사용한다. ① 春耕生产这样安排再合适也没有了。(Chūngēng shēngchǎn zhèyàng ānpái zài héshì yě méiyǒule.) 봄 농사를 이렇게 안배하면 가장 적합하다. ② 他眼睛好, 再小的字都看得清清楚楚。(Tā yǎnjīng hǎo, zài xiǎo de zì dōu kàn de qīngqīngchǔchǔ.) 그의 시력이 좋아 더욱 작은 글자도 분명히 볼 수 있다. ③ 质量再好一点, 产量再高一点, 就可以创新纪录了。(Zhìliàng zài hǎo yìdiǎn, chǎnliàng zài gāo yìdiǎn, jiù kěyǐ chuàngxīn jìlùle.) 품질을 조금 더 좋게 하고 생산량을 조금 더 높이면 신기록을 창조할 수 있다.

⑷ "그 밖에, 더"의 의미로, 추가 보충을 표시한다. ① 院子里种着迎春、牡丹、石榴, 再就是玫瑰和月季。(Yuànzi lǐ zhòngzhe yíngchūn, mǔdān, shíliú, zài jiùshì méiguī hé yuèjì.) 정원에는 개나리·모란·석류 외에 또 장미와 월계수를 심었다. ② 我们的重点课除了语文和数学, 再就是外语。(Wǒmen de zhòngdiǎn kè chúle yǔwén hé shùxué, zài jiùshì wàiyǔ.) 우리들의 중점과목은 어문과 수학을 제외하고 그 밖에 것은 외국어이다. ③ 老郑今年再一次当选先进工作者。(Lǎo Zhèng jīnnián zài yícì dāngxuǎn xiānjìn gōngzuò zhě.) 정형(老郑)은 올해 다시 한번 선진 작업자로 당선되었다.

⑸ "더 이상 … 한다면"의 의미로 주로 부정문 앞에서 사용하고 강조의 의미가 있고 문장 끝에 일반적으로 "了"를 사용한다. ① 再不好好学习可就不行了。(Zài bù hǎohǎo xuéxí kě jiù bù xíngle.) 더 열심히 공부하지 않으면 안 된다. ② 再过几年, 山村就要整个变样了。(Zàiguò jǐ nián, shāncūn jiù yào zhěngge biànyàngle.) 앞으로 몇 년만 더 지나면, 산촌은 완전히 변모할 것이다. ③ 吸取过去的教

训, 再也不能重犯错误了。(Xīqǔ guòqù de jiàoxùn, zài yě bùnéng chóngfàn cuòwùle.) 과거의 교훈을 흡수하면 더이상 잘못을 범하지 않을 수 있다.

[再三] zàisān 부사

"한차례 또 한차례(一次又一次)"의 의미로, 두세 번 반복을 표시하며 여러 번 중복함을 강조한다. ① 厂长再三强调, 必须节约用电。(Chǎng zhǎng zàisān qiángdiào, bìxū jiéyuē yòng diàn.) 공장장은 반복하여 강조한다. 반드시 전기를 절약하라고. ② 奶奶再三叮嘱小孙孙, 要好好学习。(Nǎinai zàisān dīngzhǔ xiǎo sūn sūn, yào hǎohǎo xuéxí.) 할머니는 어린 손자에게 반복하여 열심히 공부하라고 부탁한다. ③ 临别时, 客人再三道谢。(Línbié shí, kèrén zàisān dàoxiè.) 이별할 때 손님은 거듭 감사를 표시했다.

<u>비교</u> "再三"은 때로는 "一再"와 교환하여 사용할 수 있지만 차이가 있다 : "再三"은 일반적으로 적극적이거나 중성적인 단어 앞에서 사용하지만 "一再"는 제한을 받지 않는다. 예를 들어, "一再失败 (yízài shībài)"(거듭 실패하다), "不再犯错误"(búzài fàn cuòwù) (다시 잘못을 범하지 말라)라고 말할 수 있지만, "再三失败", "再 三犯错误"라고 말하지는 않는다.

[再说] zàishuō 접속사

"게다가", "하물며"의 의미로, 앞 문장과 연결하여, 원인이나 이유를 더욱 자세히 설명한다. ① 时间已经不早, 再说你身体又不好, 该休 息了。(Shíjiān yǐjīng bù zǎo, zàishuō nǐ shēntǐ yòu bù hǎo, gāi xiūxile.) 시간이 이미 이르지 않다. 게다가 당신은 건강도 좋지 않으니 응당 휴식을 해야한다. ② 戏票本来不多, 再说我工作很忙, 让别的 同志去看吧。(Xì piào běnlái bù duō, zàishuō wǒ gōngzuò hěn máng, ràng bié de tóngzhì qù kàn ba.) 극장표가 원래 많지 않고 더구나 나는 일이 매우 바쁘니 다른 동지들에게 보러가게 하자. ③ 学汉语拼音并 不难, 再说你是北方人, 学起来更方便。(Xué Hànyǔ pīnyīn bìng bù nán, zàishuō nǐ shì běifāng rén, xuéqǐlai gèng fāngbiàn.) 한어병음을 배우는 것은 별로 어렵지 않다. 더욱이 당신은 북방인이니 배우기에

더욱 편리할 것이다.

[주의] "这事先搁一下，以后再说。"(Zhè shìxiān gē yíxià, yǐhòu zài shuō.) (이 일은 우선 놓아두었다가 이후에 다시 말합시다)에서 "再说"는 동사다.

"请你再说一遍。"(Qǐng nǐ zài shuō yíbiàn.)(다시 한번 말해주세요)에서 "再"와 "说"는 두 개의 단어로 부사 "再"가 동사 "说"를 수식한다.

[再则] zàizé 접속사

"또한", "다음으로"의 의미로, 앞에서 들은 것을 제외하고 아직 말할 것이 있음을 표시한다. 주로 "一则"와 함께 사용한다. ① 我今天没空, 再则事情也不急, 改日谈吧。(Wǒ jīntiān méi kōng, zàizé shìqing yě bù jí, gǎi rì tán ba.) 나는 오늘 시간이 없다. 또한 일도 급하지 않으니 다음날 이야기합시다. ② 这是个学术性问题, 再则他不是学这一行的, 就不去麻烦他了。(Zhè shì ge xuéshù xìng wèntí, zàizé tā búshì xué zhè yì háng de, jiù bú qù máfan tāle.) 이것은 학술적인 문제이고 또한 그는 이 분야를 공부하지도 않는다. 그를 귀찮게 하지 말자. ③ 婚事简办, 一则可以节省开支, 再则可以免去许多麻烦。(Hūnshì jiǎn bàn, yī zé kěyǐ jiéshěng kāizhī, zàizé kěyǐ miǎn qù xǔduō máfan.) 혼사를 간략하게 치르면 첫째는 지출을 줄일 수 있고 다음으로 많은 귀찮은 것을 피할 수 있다.

[비교] "再则(zàizé)"는 주로 서면어에서 많이 사용한다. 단독으로 사용할 때는 "再说"와 교환하여 사용할 수 있지만 "一则"와 함께 사용할 때는 교환하여 사용할 수 없다.

[暂] zàn 부사 "暂时(zànshí)"를 참고하라.

[暂且] zànqiě 부사

"일시적으로 잠시"의 의미로, 이러한 상황이 발생하는 것이 일시적임을 표시한다. 양보의 의미를 다소 갖는다. ① 天气变冷, 孩子们的户外活动暂且停一下吧。(Tiānqì biàn lěng, háizimen de hùwài huódòng zànqiě tíng yíxià ba.) 날씨가 차게 변하였으니 아이들의 문밖활동을 잠시 일시 정지합시다. ② 组长不在, 让小丁暂且顶一下, 你看怎样? (Zǔ zhǎng búzài, ràng Xiǎo Dīng zànqiě dǐng yíxià, nǐ kàn zěnyàng?) 조장이 없으니 정군을 잠시 대표로 삼자 당신은 어떻게 생각하십니까? ③ 你身体不好, 暂且休息几天再说。(Nǐ shēntǐ bù hǎo, zànqiě xiūxi jǐ tiān zàishuō.) 당신의 건강이 좋지 않으니 일단 잠시 며칠 휴식하고 다시 말합시다.

[비교] "姑且"와 "暂且"의 의미는 유사하다. "姑且"는 양보를 중점적으로 표시하고, "暂且"는 시간을 중점적으로 표시한다.

[暂时] zànshí 부사

"잠시·잠깐"의 의미로, 동작 혹은 모종의 상황이 지속되는 시간이 짧음을 표시한다. ① 这问题不重要, 可以暂时搁一搁。(Zhè wèntí bù zhòng yào, kěyǐ zànshí gē yi gē.) 이 문제는 중요하지 않다. 잠시 미루어둘 수 있다. ② 李老师有病, 语文课请王老师暂时代理。(Lǐ lǎoshī yǒu bìng, yǔwén kè qǐng Wáng lǎoshī zànshí dàilǐ.) 이 선생님이 병이 나서 언어과목을 왕선생님이 잠시 대신한다. ③ 图书馆整理内部, 暂时停止开放。(Túshūguǎn zhěnglǐ nèibù, zànshí tíngzhǐ kāifàng.) 도서관은 내부정리로 잠시 휴관을 한다. ④ 时间不多, 我的话暂时说到这里。(Shíjiān bù duō, wǒ de huà zànshí shuō dào zhèlǐ.) 시간이 많지 않아 나의 말을 잠시 여기까지 하겠다.

[동의어] "暂" 역시 "暂时"의 의미로, 뒤에 단음절의 단어만 온다. 서면어에서 사용한다. ① 李老师有病, 语文课请王老师暂代。(Lǐ lǎoshī yǒu bìng, yǔwén kè qǐng Wáng lǎoshī zàn dài.) 이선생님이 병이 나서 언어과목을 왕선생이 잠시 대신한다. ② 图书馆整理内部, 暂停开放。(Túshūguǎn zhěnglǐ nèibù, zàntíng kāifàng.) 도서관이 내부정리로 잠시 휴관한다.

[실시] "业务不熟悉是暂时现象。"(Yèwù bù shúxī shì zànshí xiànxiàng.) (업무 미숙은 잠간 동안의 현상이다)에서 "暂时"는 형용사다.

[早] zǎo 부사

"일찍이, 오래 전에"의 의미로, 상황의 발생이 현재와 일단의 거리가 발생하였음을 표시한다. 주로 "已", "就" 등의 부사와 함께 사용하여 과거 오랜 기간 전에 동작이 이루어졌음을 강조한다. ① 这本书我早买了。(Zhè běn shū wǒ zǎo mǎile.) 이 책을 나는 오래 전에 샀다. ② 来信早已收到, 一切都知道了。(Lái xìn zǎo yǐ shōu dào, yíqiè dōu zhīdàole.) 보낸 편지는 이미 받았고 모든 것을 알았다. ③ 这件事我们早商量好了。(Zhè jiàn shì wǒmen zǎo shāngliáng hǎole.) 이 일은 우리가 이미 오래 전에 의논을 다 한 것이다

> **실시** "从早到晚忙个不停。"(Cóng zǎo dào wǎn máng ge bù tíng.) (아침부터 저녁까지 쉬지 않고 바쁘다)에서 "早"는 명사다.
> "起得早。"(Qǐ de zǎo.)(일찍 일어나다)에서 "早"는 형용사다.

[早晚] zǎowǎn 부사

"조만간, 언젠가"의 의미로, 미래이 시점 언젠가는 상황이 발생할 것을 표시한다. 주로 "要", "得", "会"등과 함께 사용하여 필연성을 강조한다. ① 这块地早晚要翻, 现在就动手吧。(Zhè kuài dì zǎowǎn yào fān, xiànzài jiù dòngshǒu ba.) 이 땅은 언젠가 뒤집을 것이다. 지금 바로 시작하자. ② 你早晚得去, 就趁今天有空去一次。(Nǐ zǎowǎn děi qù, jiù chèn jīntiān yǒu kòng qù yícì.) 당신은 조만간 가야만 한다. 오늘 시간이 있는 것을 이용해 한번 가라. ③ 急什么, 他早晚会回来的。(Jí shénme, tā zǎowǎn huì huílai de.) 뭐가 급한가? 그는 조만간 돌아올 것이다. ④ 骄傲自满的人早晚要失败。(Jiāo'ào zìmǎn de rén zǎowǎn yào shībài.) 교만하고 자만하는 사람은 조만간 실패한다.

> **실시** "这里早晚气候变化很大。"(Zhèlǐ zǎo wǎn qìhòu biànhuà hěn dà.) (이곳은 아침저녁의 기후변화가 매우 크다)에서 "早晚"은 두 개의 명사로 구성된 구절이다.

[早已] zǎoyǐ 부사

"이미 훨씬 전에"의 의미로, 동작 혹은 상황이 말하기 한 참 전에 발생하였음을 표시한다. 문장 끝에 조사 "了"를 사용하고 구어체에서 주로

사용한다. ① 会议早已结束了, 你怎么才来? (Huìyì zǎoyǐ jiéshùle, nǐ zěnme cái lái?) 회의는 훨씬 전에 이미 끝났는데 당신은 왜 이제야 오는가? ② 他早已搬到新大楼去了, 你还不知道? (Tā zǎoyǐ bān dào xīn dàlóu qùle, nǐ hái bù zhīdào?) 그는 훨씬 전에 큰 빌딩으로 이사를 갔다. 당신은 아직 모르십니까? ③ 你来得太迟, 戏票早已售完了。 (Nǐ láide tài chí, xì piào zǎoyǐ shòu wánle.) 당신이 너무 늦게 와서 극장표가 훨씬 전에 다 팔렸다. ④ 校舍还没动工, 建筑材料早已准备好了。(Xiàoshè hái méi dònggōng, jiànzhù cáiliào zǎoyǐ zhǔnbèi hǎole.) 학교 기숙사는 아직 공사 시작도 하지 않았지만 건축재료는 훨씬 전에 다 준비했다.

설명 "早已"를 "早"의 의미로 해석할 수도 있다. "早"와 "已", 두 개의 부사를 함께 사용하여 동작이 과거에 이루어졌음을 강조한다.

[早早] zǎozǎo 부사

(1) "일찌감치"의 의미로, 동작이 매우 빠르게 진행됨을 표시한다. 구어체에서 주로 사용된다. ① 这事该早早办完, 不能再拖了。(Zhè shì gāi zǎozǎo bàn wán, bùnéng zài tuōle.) 이 일은 일찌감치 끝냈어야 한다. 더 이상 연기할 수 없다. ② 要来, 明天早早来。(Yào lái, míngtiān zǎozǎo lái.) 오려면 내일 일찌감치 오너라.

(2) "일찍"의 의미로, 시간이 이미 오래되었음을 강조한다. ① 会议早早结束, 你怎么才来。(Huìyì zǎozǎo jiéshù, nǐ zěnme cái lái.) 회의는 이미 끝났다. 당신은 왜 지금 오는가? ② 这个戏我早早看过, 很有教育意义。(Zhège xì wǒ zǎozǎo kànguo, hěn yǒu jiàoyù yìyì.) 이 연극을 나는 훨씬 전에 본적이 있다. 매우 교육적 의의가 있다.

[则] zé 부사와 접속사 두 가지 용법이 있다.

(一) 부사

(1) "오히려", "그러나"의 의미로, 나중 사건이 앞의 사건을 계승하여 발생함을 표시한다. ① 学习如逆水行舟, 不进则退。(Xuéxí rú nìshuǐ xíngzhōu, bú jìn zé tuì.) 학습은 물을 거스르며 배를 진행하는 것과 같다. 진보하지 않으면 오히려 퇴보한다. ② 意见供你参

考, 有则改之, 无则加勉。(Yǐjiàn gōng nǐ cānkǎo, yǒu zé gǎi zhī, wú zé jiā miǎn.) 의견을 제공하여 당신에게 참고하게 한다. 잘못이 있으면 고치고 없으면 더욱 힘쓴다. ③ 他平时忙于工作, 假日则补习外语。(Tā píngshí mángyú gōngzuò, jiàrì zé bǔxí wàiyǔ.) 그는 평시에는 일에 바쁘고 휴일에는 외국어를 보충한다.

(2) "…는 …한데"의 의미로, 전후 대비를 표시하며 전환의 어감을 갖는다. ① 她平时沉默寡言, 小组讨论则往往滔滔不绝。(Tā píngshí chénmò guǎyán, xiǎozǔ tǎolùn zé wǎngwǎng tāotāo bù jué.) 그녀는 평시에 과묵하지만 소그룹 토론을 하면 왕왕 발언이 끝이 없다. ② 我们几个水平相仿, 小郭则比谁都强。(Wǒmen jǐ ge shuǐpíng xiāngfǎng, Xiǎo Guō zé bǐ shéi dōu qiáng.) 우리들 몇은 수준이 비슷하지만 곽군은 누구보다 강하다. ③ 本届毕业生大部分分配就业, 少数则继续深造。(Běn jiè bìyè shēng dà bú fèn fēnpèi jiùyè, shǎoshù zé jìxù shēnzào.) 이번 졸업생은 대부분 직업을 배당 받았고 소수만 진학했다.

(二) 접속사

(1) "…하자 …한다", "… 하면 … 한다"의 의미로, 앞에서 말한 조건에 근거하여 나중의 결과를 얻음을 표시한다. ① 主观不努力, 则客观条件再好也无用。(Zhǔguān bù nǔlì, zé kèguān tiáojiàn zài hǎo yě wúyòng.) 주관적이며 노력을 하지 않으면 객관조건이 아무리 좋아도 소용없다. ② 物体热则胀, 冷则缩。(Wùtǐ rè zé zhàng, lěng zé suō.) 물체는 더워지면 팽창하고, 식으면 줄어든다. ③ 雨少则防旱, 雨多则防涝。(Yǔ shǎo zé fáng hàn, yǔ duō zé fáng lào.) 비가 적으면 가뭄에 대비하고, 비가 많으면 홍수를 방비한다.

(2) "비록"의 의미로, 동일한 두 개의 단음절 동사 혹은 단음절 형용사 사이에 사용하여 양보관계를 표시한다. ① 文章写则写了, 但只是个初稿。(Wénzhāng xiě zé xiěle, dàn zhǐ shì ge chūgǎo.) 문장을 쓰기는 썼지만 그러나 단지 초고일 뿐이다. ② 你介绍的方法好则好, 可不容易学。(Nǐ jièshào de fāngfǎ hǎo zé hǎo, kě bù róngyì xué.) 당신이 소개하는 방법이 좋기는 하지만 그러나 쉽게 배울 수 없다.

　　설명 "则"는 문언으로 서면어에 사용한다. **예** 则不可, 因而刺杀之。(Zé bù kě, yīn'ér cì shā zhī.) 만일 불가하다면, 찔러 죽일

것이다.

실사 "他写了一则新闻报道。"(Tā xiěle yī zé xīnwén bàodào.) (그
는 뉴스보도를 썼다)에서 "则"는 양사다.

"组长处处以身作则。"(Zǔ zhǎng chùchù yǐshēn zuòzé.) (조
장은 곳곳에서 몸으로 원칙을 세운다)에서 "则"는 명사다.

[照] zhào 개사

(1) "…에 의하여", "…에 따라(按照)"의 의미로, 개사구조를 이루어,
행동의 근거를 표시한다. ① 请你照这份原稿重抄一遍。(Qǐng nǐ
zhào zhè fèn yuángǎo chóng chāo yíbiàn.) 당신은 이 원고대로 다
시 한번 쓰시오. ② 照着上回那样办。(Zhàozhe shàng huí nà yàng
bàn.) 지난 번대로 그렇게 처리하다. ③ 你的办法好, 我们就照你
的干。(Nǐ de bànfǎ hǎo, wǒmen jiù zhào nǐ de gàn.) 당신의 방법이
좋다. 우리는 바로 당신의 방법대로 한다.

(2) "… 에 의거하다"의 의미로, 주로 "说", "看", "分析" 등의 동사와
함께 어떤 의견의 근원을 표시한다. 직접 "说"와 함께 사용하여 일
반적인 것을 지칭할 수 있다. ① 照你说这事该怎么办? (Zhào nǐ
shuō zhè shì gāi zěnme bàn?) 당신이 보기에 이일을 어떻게 처리하
는 것이 좋겠습니까? ② 照大家分析, 小两口和老两口的思想倒
是一致的。(Zhào dàjiā fēnxī, xiǎo liǎngkǒu hé lǎo liǎngkǒu de
sīxiǎng dàoshì yízhì de.) 모든 사람들의 분석에 의하면 젊은 부부와
늙은 부부의 사상이 오히려 일치한다. ③ 照说我们早就应当通知
你的。(Zhào shuō wǒmen zǎo jiù yīngdāng tōngzhī nǐ de.) 이치대
로라면 우리는 응당 일찍이 너에게 알려야 했었다.

실사 "太阳照在湖上。"(Tàiyáng zhào zài hú shàng.)(태양이 호수 위
를 비춘다), "他对镜子照了一下。"(Tā duì jìngzi zhàole yíxià.)
(그는 거울에 한번 비춰본다)에서"照"는 동사다.

"我昨天拍了一张照。(Wǒ zuótiān pāile yì zhāng zhào.)(나는 어
제 사진을 한 장 찍었다)에서 "照"는 명사다.

[照常] zhàocháng 부사

동작이 과거 정상적인 상황에 따라 진행하고, 앞에서 말한 조건 때문에 변하지 않음을 표시한다. ① 星期天银行照常营业。(Xīngqītiān yínháng zhàocháng yíngyè.) 일요일에 은행은 평상시대로 영업을 한다. ② 节日期间, 车站照常发售月台票。(Jiérì qījiān, chēzhàn zhàocháng fāshòu yuè tái piào.) 기념일 기간에 역은 평시대로 입장권을 판매한다. ③ 小金比赛中受了伤, 照常上场拼搏。(Xiǎo Jīn bǐsài zhōng shòule shāng, zhàocháng shàngchǎng pīnbó.) 김군은 시합 중 부상을 당했으나 평소대로 시합에 나가 뛴다.

실사 "课程内容已经调整, 上课时间照常。"(Kèchéng nèiróng yǐjīng tiáozhěng, shàngkè shíjiān zhàocháng.) (수업내용이 이미 조정되었다 수업시간은 평소와 같다)에서 "照常"은 동사다.

[照旧] zhàojiù 부사

"예전과 같다"의 의미로, 상황이 과거와 마찬가지로 변동이 없음을 표시한다. 원래의 태도·습관이나 행동을 표시한다. ① 他嘴上说戒烟, 实际照旧吸。(Tā zuǐ shàng shuō jièyān, shíjì zhàojiù xī.) 그는 입으로는 금연한다고 말하지만 실제는 여전히 피운다. ② 今年人事没有异动, 一切照旧。(Jīnnián rénshì méiyǒu yìdòng, yíqiè zhàojiù.) 금년은 인사이동 없이 모두 예전 그대로다. ③ 情况改变了, 照旧守着老框框就不对了。(Qíngkuàng gǎibiànle, zhàojiù shǒuzhe lǎo kuāngkuāng jiù búduìle.) 상황이 변했다. 예전대로 낡은 관습을 지키면 잘못이다. ④ 我们休息了一下, 照旧往前走。(Wǒmen xiūxile yíxià, zhàojiù wǎng qián zǒu.) 우리 잠시 쉬고 나서, 계속해서 앞을 향해 나갑시다.

실사 "明天上午考语文, 下午考历史, 时间照旧。"(Míngtiān shàngwǔ kǎo yǔwén, xiàwǔ kǎo lìshǐ, shíjiān zhàojiù.")(내일 오전에 어문을 시험보고 오후에 역사를 시험본다. 시간은 예전대로 한다)에서 "照旧"는 동사다.

[照理] zhàolǐ 부사 "按理(ànlǐ)"를 참고하라.

[照例] zhàolì 부사

"관례에 따르다"의 의미로, 동작이 일반적인 규칙이나 습관에 따라 진행함을 표시한다. ① 春节照例休假三天。(Chūnjié zhàolì xiūjià sān tiān.) 춘절 휴가는 관례에 따라 3일간이다. ② 吃过午饭, 他照例打个吨儿。(Chīguo wǔfàn, tā zhàolì dǎ gè dūnr.) 점심을 먹고 그는 습관대로 낮잠을 잤다. ③ 那天早上, 他照例起得很早。(Nèitiān zǎoshang, tā zhàolì qǐ de hěn zǎo.) 그날 아침 그는 예전과 같이 매우 일찍 일어났다. ④ 孩子们照例一回家就做作业。(Háizimen zhàolì yì huí jiā jiù zuò zuòyè.) 아이들은 규칙대로 집에 돌아가자마자 숙제를 한다.

[照样] zhàoyàng 부사

"원래와 마찬가지로"의 의미로, 상황이 앞에서 말한 조건 때문에 영향을 받아 변경되지 않음을 표시한다. 주로 방식, 태도 등을 지적한다. ① 衣服旧了照样可以穿。(Yīfu jiùle zhàoyàng kěyǐ chuān.) 의복이 오래되었지만 원래와 마찬가지로 입을 수 있다. ② 工人节日照样坚持生产。(Gōngrén jiérì zhàoyàng jiānchí shēngchǎn.) 직원들은 명절에도 원래대로 생산을 지속한다. ③ 他记忆力好, 三四十年前的事照样记得清清楚楚。(Tā jìyìlì hǎo, sānsìshí nián qián de shì zhàoyàng jìde qīngqīngchǔchǔ.) 그는 기억력이 좋아 삼사십년 전의 일을 원래와 마찬가지로 분명히 기억한다.

주의 "这个图样很好, 请你照样画一张。"(Zhège túyàng hěn hǎo, qǐng nǐ zhàoyàng huà yì zhāng.) (이 도안이 매우 좋다. 그대로 한 장 그려라)에서 "照"와 "样"은 두 개의 단어이고, 개사 "照"는 명사 "样"과 같이 개사구조를 이루어, 동사 "画"를 수식하여, 모종의 양식에 의존함을 표시한다.

[着] zhe 부사

(1) "…(하는) 중이다"의 의미로, 동사 뒤에 사용하여, 동작의 변화가 진행중이거나 상태가 계속 지속됨을 표시한다. 부사 "正"(zhèng), "正在"(zhèngzài)와 함께 사용할 수 있다. ① 树下坐着两个孩子。(Shù xià zuòzhe liǎng ge háizi.) 나무 아래 아이 둘이 앉아 있다.

② 外面正下着雨呢。(Wàimiàn zhèng xiàzhe yǔ ne.) 밖에 마침 비가 오는 중이다. ③ 墙上挂着一张世界地图。(Qiáng shàng guàzhe yì zhāng shìjiè dìtú.) 담에 세계지도 한 장이 걸려있다.

(2) 형용사 뒤에 사용하여, 상태가 계속됨을 표시한다. ① 你为什么老低着头? (Nǐ wèi shéme lǎo dīzhe tóu?) 당신은 왜 항상 고개를 숙이고 있는가? ② 孩子红着脸, 一时说不出话来。(Háizi hóngzhe liǎn, yìshí shuō bu chū huà lái.) 아이가 얼굴이 붉어져서 일시에 말을 하지 못한다. ③ 比起他来, 我高着点儿。(Bǐ qǐ tā lái, wǒ gāozhe diǎr.) 그에 비하면 내 키가 약간 크다.

(3) 앞의 동작이 뒤의 동작의 방식이 될 때, 앞의 동사 뒤에 "着"(zhe)를 붙인다. 일반적으로 단음절의 동사에 한정한다. ① 躺着看书的习惯不好。(Tǎngzhe kànshū de xíguàn bù hǎo.) 누운 채 책을 보는 습관은 좋지 않다. ② 她抿着嘴笑个不停。(Tā mǐnzhe zuǐ xiào ge bù tíng.) 그녀는 입을 오무린 채 계속 웃고 있다.

[正误用例] (1) 我不能忘记曾经与我有着友好接触的美国的音乐家。(Wǒ bùnéng wàngjì céngjīng yǔ wǒ yǒuzhe yǒuhǎo jiēchù de Měiguó de yīnyuè jiā.) 나는 이전에 우리와 우호적인 접촉이 있었던 미국의 음악가를 잊을 수 없다.

(2) 展览会的丰富内容, 充分说明着技术革新十分必要。(Zhǎnlǎnhuì de fēngfù nèiróng, chōngfèn shuōmíngzhe jìshù géxīn shífēn bìyào.) 전람회의 풍부한 내용은 기술 혁신이 매우 필요함을 충분히 설명한다.

(3) 我们决不向着困难低头。(Wǒmen jué bú xiàngzhe kùnnán dītóu.) 우리들은 절대로 곤란에 지지 않는다.

"着"(zhe)는 동작의 변화가 진행중임을 표시한다. 예문 (1)에서 경험을 표시하는 "曾经"(céngjīng)이 있으므로 "有着"(yǒuzhe)를 "有过"(yǒuguò)로 고쳐야한다.

예문 (2)의 "说明"(shuōmíng)과 예문 (3)의 "向"(xiàng)은 모두 진행하는 상태를 유지할 수 없다. 그러므로 "着"(zhe)를 생략하여야 한다.

【真】 zhēn 부사

"실지로", "정말로"의 의미로, 정도가 깊음을 강조한다. 특별한 감정적 색채를 띠고 있다. ① 太湖风景真美! (Tàihú fēngjǐng zhēnměi!) 태호는 경치가 정말 아름답다. ② 西北风刮得真厉害。(Xīběi fēng guā de zhēn lìhài.) 서북풍이 부는 것이 실제로 매섭다. ③ 这几年他年年被选, 真不简单。(Zhè jǐ nián tā nián nián bèi xuǎn, zhēn bù jiǎndān.) 이 몇 년간 그는 해마다 피선되었으니 정말 간단하지 않다.

실시 "这篇小说是根据真人真事写的。"(Zhè piān xiǎoshuō shì gēnjù zhēnrén zhēn shì xiě de.) (이 소설은 사실에 근거하여 쓴 것이다), "我看得很准, 一点不错。"(Wǒ kàn de hěn zhǔn, yìdiǎn búcuò.) (내가 본 것은 매우 정확하다. 조금도 틀림이 없다)에서 "真"은 형용사다.

【正】 zhèng 부사

(1) "마침"의 의미로, 사건이 방금 발생하였음을 표시한다. ① 时钟正打十二点。(Shízhōng zhèng dǎ shí'èr diǎn.) 시계가 마침 12시를 치다. ② 今年国庆正逢中秋。(Jīnnián guóqìng zhèng féng Zhōngqiū.) 금년 국경일은 마침 중추절과 겹친다. ③ 这套衣服穿着正合身。(Zhè tào yīfu chuānzhuó zhèng héshēn.) 이런 옷은 입으면 몸에 딱 잘 맞는다.

(2) 동작이 진행중이거나 상황이 지속되는 중임을 표시한다. 시간에 중점을 둔다. ① 大家正到处找你呢! (Dàjiā zhèng dàochù zhǎo nǐ ne!) 모두 당신을 도처에서 찾는 중입니다! ② 爷爷正惦记着你呢。(Yéye zhèng diànjìzhe nǐ ne.) 할아버지가 당신을 확실히 기억하고 있다. ③ 他们正在图书馆找资料。(Tāmen zhèngzài túshūguǎn zhǎo zīliào.) 그들은 도서관에서 자료를 찾고 있는 중이다.

(3) 긍정적인 어감을 강조함을 표시한다. ① 新生活运动正是为了子孙后代。(Xīn shēnghuó yùndòng zhèng shì wèile zǐsūn hòudài.) 새마을 운동은 바로 자손만대를 위한 것이다. ② 正如鲁迅所说, 路是人走出来的。(Zhèng rú Lǔxùn suǒ shuō, lù shì rén zǒu chūlái de.) 노신이 말한 것처럼, 길은 사람이 걸어서 난 것이다. ③ 正当秧苗缺水的时刻, 下了一场大雨。(Zhèng dàng yāngmiáo quē shuǐ

de shíkè, xiàle yì chǎng dàyǔ.) 마침 모를 심으려 했으나 물이 모자랄 때 충분한 비가 한바탕 왔다.

실사 "正反两方面的意见都要听。"(Zhèng fǎn liǎng fāngmiàn de yìjiàn dōu yào tīng.) (찬반 양쪽의 의견을 모두 들어야 한다)에서 "正"은 명사이다.

"学习语言要注意正音、正字。"(Xuéxí yǔyán yào zhùyì zhèngyīn, zhèngzì.) (언어학습에는 정음과 정자를 주의해야 한다)에서 "正"은 형용사다.

【正好】 zhènghǎo 부사

"마침 잘 되었다"의 의미로, 시간이 늦지도 빠르지도 않고 수량이 적지도 많지도 않음을 표시한다. 주어 앞에 사용할 수 있다(例④). ① 这双鞋我穿正好。(Zhè shuāng xié wǒ chuān zhènghǎo.) 이 신발은 내가 신으니 꼭 맞는다. ② 看完戏回家, 正好十点锺。(Kàn wán xì huí jiā, zhènghǎo shí diǎn zhōng.) 연극을 보고 집에 돌아가니 정확히 10시였다. ③ 天气不冷不热, 正好出去旅行。(Tiānqì bù lěng bú rè, zhèng hào chūqù lǚxíng.) 날씨가 춥지도 덥지도 않아 여행가기에 꼭 알맞다. ④ 我去的时候, 正好老李从哈尔滨回来。(Wǒ qù de shíhou, zhènghǎo Lǎo Lǐ cóng Ha'ěrbīn huílai.) 내가 떠나려 할 때 마침 이형(老李)이 하얼빈으로부터 돌아왔다.

주의 "你来得正好。"(Nǐ láide zhèng hǎo.) (당신 마침 잘 왔다)에서 "正"(zhèng)과 "好"(hǎo)는 두 개의 단어이다. 부사 "正"이 형용사 "好"를 수식한다.

"老师来了, 正好向他请教。"(Lǎoshī láile, zhèng hǎo xiàng tā qǐngjiào.) (선생님이 오셨다, 그에게 가르침을 구하면 된다)에서 "正"(zhèng)과 "好"(hǎo)는 두 개의 단어이다. 부사 "正"이 다른 부사 "好"를 수식한다. "마침 …할 수 있다(恰好可以)"라는 의미로 사용되었다.

【正在】 zhèngzài 부사

"…하는 중이다"의 의미로, 동작이 진행중이거나 상태가 지속중임을 표시한다. ① 他正在做功课, 别去打扰。(Tā zhèngzài zuò gōngkè,

bié qù dǎrǎo.) 그는 지금 공부를 하는 중이니 귀찮게 하지 말라. ②
我们这几天正在学习汉语拼音。(Wǒmen zhè jǐ tiān zhèngzài xuéxí
Hànyǔ pīnyīn.) 우리는 요 며칠 중국어 병음을 배우는 중이다. ③ 他正
在吃饭呢。(Tā zhèngzài chīfàn ne.) 그는 마침 밥을 먹고 있는 중이다

[주의] "正在"(zhèngzài) 뒤에 나오는 단어가 만약 명사라면 예를 들어,
"他正在图书馆找资料。"(Tā zhèng zài túshūguǎn zhǎo zīliào.)
(그는 도서관에서 자료를 찾고 있는 중이다)에서 "正"과 "在"는
두 개의 단어이다. "正"은 부사이고, "在"는 개사이다. "在图书
馆"(zài túshūguǎn)은 개사구조로 동사 "找"(zhǎo)를 수식한다.

[正误用例] 门外道上正在站着几个青年男女等待购票。(Ménwài dào
shàng zhèngzài zhànzhe jǐ ge qīngnián nánnǚ děngdài gòu
piào.) 문밖 길에서 남녀청년 몇 명이 서서 표를 사려고 기다리
고 있다.

"正在"(zhèngzài)는 동작이 지속적으로 진행됨을 표시한다.
"站着"(zhànzhe)는 정태동사이므로 "正在"와 같이 사용할 수
없다. 그러므로 문법상 "正在"를 생략하여야 한다. 만약 "正
在"를 사용하려면, "正在"를 "男女"(nánnǚ)의 뒤로 옮기거나
"门外道上站着的几个青年男女正在等待购票。"(Ménwài
dào shàng zhànzhe de jǐ ge qīngnián nánnǚ zhèngzài děngdài
gòu piào.)로 고쳐야 한다.

【之】 zhī 조사

(1) "的"의 의미로, 명사 앞에서 사용하여, 그 앞의 형용사어가 일종의
설명임을 표시한다. 문장에서 시작과 마무리의 작용을 한다. 뒤에
단음절의 단어가 많이 온다. ① 太湖之滨风光好。(Tàihú zhī bīn
fēngguāng hǎo.) 태호 호숫가의 경치가 좋다. ② 君子之交淡如
水。(Jūnzǐ zhī jiāo dàn rú shuǐ.) 군자의 교제는 물과 같이 맑다.
③ 骆驼大家叫它"沙漠之舟。"(Luò tuo dàjiā jiào tā "shāmò zhī
zhōu".) 낙타를 모두 "사막의 배"라고 부른다.

(2) 주어와 술어 사이에 사용하여, 주술구조를 편정구조(偏正结构)로
만든다. ① 大道之行也, 天下为公。(Dàdào zhī xíng yě, tiānxià wéi
gōng.) 대도가 행해지면 천하가 공평무사하게 된다. ② 考试成绩

之好, 为历届所未见。(Kǎoshì chéngjì zhī hǎo, wéi lì jiè suǒ wèi jiàn.) 시험성적이 좋아 이제껏 보지 못한 것이다. ③ 皮之不存, 毛将焉附? (Pí zhī bù cún, máo jiāng yān fù?) 가죽이 없으면 털이 어디에 붙겠는가?

(3) 단음절 단어 앞에 사용하여, 강조·통괄 등을 표시한다. 가끔은 쌍음절의 단어 앞에서 사용하기도 한다. ① 考试成绩差, 完全是学习不抓紧之故。(Kǎoshì chéngjì chà, wánquán shì xuéxí bù zhuājǐn zhī gù.) 시험성적이 나쁜 것은 완전히 공부를 파악하지 못했기 때문이다. ② 补考不及格者, 不在录取之列。(Bǔkǎo bù jígé zhě, búzài lùqǔ zhī liè.) 보충시험에 불합격한 사람은 뽑지 않는다.

설명 "之"는 문언으로 서면어에서 많이 사용된다.

실사 "李老师与之谈判。(Lǐ lǎoshī yǔ zhī tánpàn.)그 사람과 담판하다"에서 "之"는 대명사이다.

[直] zhí 부사

(1) "계속"의 의미로, 상황이 지속적으로 계속됨을 표시한다. 주로 시간이나 범위 등을 가리킨다. 주로 "从"과 함께 사용한다. 뒤에 단음절의 단어만 오며 "到", "至"와 함께 사용한다. ① 会议直到十二点才结束。(Huìyì zhídào shí'èr diǎn cái jiéshù.) 회의는 12시까지 계속되다 비로소 끝났다. ② 直到现在我还没见过铁树开花。(Zhídào xiànzài wǒ hái méi jiànguo tiěshù kāihuā.) 계속해서 지금까지 나는 아직 소철에 꽃이 피는 것을 본적이 없다.

(2) "끊임없이"의 의미로, 동작이 연속적으로 계속됨을 표시한다. 뒤에 단음절의 단어만 온다. ① 他看着我直笑。(Tā kànzhe wǒ zhí xiào.) 그는 나를 보고 줄곧 웃고 있다. ② 我冷得直打哆嗦。(Wǒ lěng de zhí dǎ duōsuo.) 나는 추워서 계속 떨고 있다. ③ 近来股票的行市直跌。(Jìnlái gǔpiào de hángshi zhí diē.) 요새 주식 시세가 계속 떨어지고 있다.

(3) "완전히, 정말"의 의미로 사용한다. ① 痛得直像针扎一样难受。(Tòng de zhí xiàng zhēn zhā yíyàng nánshòu.) 정말 바늘로 찌르는 듯이 아파서 견디기 어렵다. ② 他的脾气直像孩子一样。(Tā de píqì zhí xiàng háizi yíyàng.) 그의 성질은 정말 어린애와 똑같다.

실사 "这条线画得很直。"(Zhè tiáo xiàn huà de hěn zhí.) (이 선은

아주 곧게 그렸다), "这个人干事直来直去, 一点不注意方式方法。"(Zhège rén gàn shì zhíláizhíqù, yìdiǎn bú zhùyì fāngshì fāngfǎ.) (이 사람은 일을 함에 가식 없이 행동한다. 방식이나 방법에 전혀 주의하지 않는다)에서 "直"는 형용사다.

[只] zhǐ 부사

(1) "오직 …밖에 없다", "오직 …만 한다."의 의미로, 특정한 범위를 한정하여 명사 앞에 놓여 사물의 수량을 제한한다. ① 他业余只爱好集邮。(Tā yèyú zhǐ àihào jíyóu.) 그는 시간이 있으면 오직 우표 수집만 한다. ② 一对夫妇只生一个孩子好。(Yí duì fūfù zhǐ shēng yíge háizi hǎo.) 한 쌍의 부부가 오직 한 명의 아이만 낳는 것이 좋다. ③ 只你一个人去行吗? (Zhǐ nǐ yíge rén qù xíng ma?) 너 혼자만 가도 되니?. ④ 白天只我老母亲一个人在家。(Báitiān zhǐ wǒ lǎo mǔqīn yíge rén zàijiā.) 낮에는 단지 저의 노모만 집에 계신다.

(2) "다만"의 의미로, 용법은 "只有", "只是", "只要"와 같다. ① 这东西好是好, 只贵了些。(Zhè dōngxi hǎo shì hǎo, zhǐ guìle xiē.) 이 물건은 좋기는 한데, 좀 비싸다. ② 实习只十天, 他已经掌握了操作方法。(Shíxí zhǐ shí tiān, tā yǐjīng zhǎngwòle cāozuò fāngfǎ.) 단 십일의 실습으로 그는 이미 조작방법을 장악했다. ③ 我看他也只说说罢了, 不会当真。(Wǒ kàn tā yě zhǐ shuō shuō bàle, bú huì dāngzhēn.) 내가 보기에 그는 단지 말뿐이니 사실로 여기지 말라.

[只得] zhǐdé 부사 "只好(zhǐhǎo)"를 참고하라.

[只顾] zhǐgù 부사

"오로지…에만 전념하다"의 의미로, 어떤 방면에서 생각하거나 행하는 것을 표시한다. ① 你只顾骗人, 一点不考虑实际情况。(Nǐ zhǐgù piàn rén, yìdiǎn bù kǎolù shíjì qíngkuàng.) 당신은 오로지 남을 속이는 것만 정신이 팔려, 실제상황은 전혀 고려하지 않는다. ② 我只顾说话, 忘了倒茶。(Wǒ zhǐgù shuōhuà, wàngle dào chá.) 나는 이야기하는 데 정신이 팔려, 차를 따르는 것을 잊어 버렸다. ③ 小李只顾朝前走, 别

人叫他也不理。(Xiǎo Lǐ zhǐgù cháo qián zǒu, biérén jiào tā yě bù lǐ.) 이군은 단지 앞을 향해서만 가느라 다른 사람이 그를 부르는 것도 상관하지 않는다.

> 주의 "只顾" 뒤에 나오는 단어가 만약 명사나 대명사인 경우 예를 들어, "只顾数量不顾质量就会出废品。"(Zhǐ gù shùliàng búgù zhìliàng jiù huì chū fèipǐn.) (단지 수량만을 생각하고 품질을 고려하지 않으면 곧 폐품이 나올 수 있다)에서 "只"나 "顾"는 두 개의 단어로 "只" 가 동사"顾"를 수식하고 있다.

[只管] zhǐguǎn 부사

"얼마든지", "마음대로"의 의미로, 행위가 조건의 제한을 받지 않음을 표시한다. 용법은 "尽管"과 같고 주로 구어체에서 사용한다. ① 你有困难只管说, 大家可以帮助你。(Nǐ yǒu kùnnán zhǐguǎn shuō, dàjiā kěyǐ bāngzhù nǐ.) 당신이 곤란한 것이 있으면 얼마든지 말하시오. 모두 당신을 도울 수 있습니다. ② 有意见只管提出来。(Yǒu yìjiàn zhǐguǎn tí chūlái.) 의견이 있으면 얼마든지 제기해라. ③ 孩子放在托儿所, 你只管放心。(Háizi fàng zài tuō'érsuǒ, nǐ zhǐguǎn fàngxīn.) 아이를 탁아소에 맡기면 당신은 얼마든지 안심할 수 있다.

> 주의 "我只管帐目, 不经手现金。"(Wǒ zhǐ guǎn zhàngmù, bù jīngshǒu xiànjīn.) (나는 단지 장부만을 관리하며 현금을 취급하지 않는다.)에서 "只"와 "管"은 두 개의 단어로 부사 "只"가 동사 "管"을 수식한다.

[只好] zhǐhǎo 부사

(1) "부득불"의 의미로, 단지 이럴 뿐 별다른 선택이 없음을 표시한다. 앞의 구문은 원인을 설명한다. 형용사를 수식할 때 형용사 뒤에 일반적으로 "一点", "一些", "点", "些"를 사용한다. ① 他没有钱还账, 只好拖磨着。(Tā méiyǒu qián huánzhàng, zhǐhǎo tuōmózhe.) 그는 갚을 돈이 없어 질질 끌 수밖에 없다. ② 这个字大家不识, 只好查字典。(Zhège zì dàjiā bù shí, zhǐhǎo chá zìdiǎn.) 이 글자를 모두 모르니 부득이 사전을 찾는 수밖에. ③ 你已经对他们说了, 只好就那么着吧。(Nǐ yǐjīng duì tāmen shuō le, zhǐhǎo jiù nàme

zhe ba.) 네가 벌써 그들에게 말하였다면 그렇게 할 수밖에 없다.

설명 주어 앞에서 사용할 경우 주어 뒤에 사용하는 것과 비교하여 앞의 구문에서 표시하는 원인이 다르다. 예 别人都有事, 只好我去。(Biérén dōu yǒushì, zhǐhǎo wǒ qù.) 다른 사람은 모두 일이 있어 부득이 내가 간다.

동의어 "只得"와 "只好"는 의미가 같다 ; "只得"를 사용하면 부득이함을 표시하며 어감이 더욱 강하다. 예 他们只得把会议延期了。(Tāmen zhǐdé bǎ huìyì yánqīle.) 그들은 회의를 연기할 수밖에 없었다.

【只是】 zhǐshì 부사와 접속사 두 가지 용법이 있다.

(一) 부사

"다만·오직"의 의미로, 모종의 동작을 한정하거나 동작의 범위를 한정하는 것을 표시한다. "只"를 생략할 수 있다. ① 他只是点点头表示同意。(Tā zhǐshì diǎndiǎn tóu biǎoshì tóngyì.) 그는 단지 고개를 끄덕여 동의를 표시했다. ② 大家问他是什么事, 他只是笑, 不回答。(Dàjiā wèn tā shì shénme shì, tā zhǐshì xiào, bù huídá.) 모두들 그에게 무슨 일이냐고 물었으나, 그는 다만 웃기만 할 뿐, 대답을 하지 않았다. ③ 我只是想打听一下他的地址, 没有别的事。(Wǒ zhǐshì xiǎng dǎtīng yíxià tā de dìzhǐ, méiyǒu bié de shì.) 나는 단지 그의 주소를 알아보려 할 뿐 다른 일은 없다.

(二) 접속사

"그러나"의 의미로, 전환의 어감이 비교적 가볍다. "只是" 구문 뒤에 사용하여, 앞 구문을 보충 설명한다. 때로는 애석한 의미를 띄기도 한다. ① 我很想看戏, 只是没时间不能去。(Wǒ hěn xiǎng kàn xì, zhǐshì méi shíjiān bùnéng qù.) 나는 정말 연극을 보고 싶으나, 시간이 없어 갈 수가 없다. ② 雪岳山景色壮丽, 只是交通不太方便。(Xuě yuèshān jǐngsè zhuànglì, zhǐshì jiāotōng bú tài fāngbiàn.) 설악산 경치는 웅장하고 아름답다. 그러나 교통이 별로 편리하지 않다. ③ 这条裙子很漂亮, 只是短了一点儿。(Zhè tiáo qúnzi hěn piàoliang, zhǐshì duǎnle yìdiǎnr.) 이 치마는 매우 예쁘지만 좀 짧다.

주의 "这只是个例子, 可以举一反三。"(Zhè zhǐ shì gè lìzi, kěyǐ jǔyī

fǎnsān.) (이것은 단지 예일 뿐이다. 하나를 보고 열을 알 수 있다), "这只是他个人的意见, 我并不完全同意。"(Zhè zhǐ shì tā gèrén de yìjiàn, wǒ bìng bù wánquán tóngyì.) (이것은 단지 개인적 의견으로 나는 완전히 동의하는 것은 아니다)에서 "只"나 "是"는 두 개의 단어다. 부사"只"가 동사 "是"를 수식한다.

[只要] zhǐyào 접속사

(1) "만약 … 라면"의 의미로 조건을 강조한다. 후반 구문은 이 조건에 근거하여 얻게 되는 결과를 말한다. 주로 "就", "便" 등의 부사와 함께 사용한다. ① 只要功夫深, 铁棒磨成针。(Zhǐyào gōngfū shēn, tiě bàng mó chéng zhēn.) 솜씨가 뛰어나다면 쇠몽둥이를 갈아서 바늘로 만들 수 있다. ② 只要虚心, 就会进步。(Zhǐyào xūxīn, jiù huì jìnbù.) 겸손하면 진보할 것이다. ③ 只要不下大雨, 我也去。(Zhǐyào bú xià dàyǔ, wǒ yě qù.) 큰 비만 오지 않는다면 나도 갈 것이다.

(2) 후반 구문에 사용할 수도 있다. 이때는 필요한 조건의 추가설명을 표시한다. ① 世上无难事, 只要肯登攀。(Shìshàng wú nánshì, zhǐyào kěn dēngpān.) 세상 일은 어려운 일이 없다. 모든 일은 마음먹기에 달렸다.(속담) ② 再难的事情也学得会, 只要你认真下苦功夫学。(Zài nán de shìqing yě xué de huì, zhǐyào nǐ rènzhēn xià kǔ gōngfū xué.) 아무리 어려운 일이라도도 배우면 할 수 있다. 당신이 성실히 참고 배울 마음만 있다면. ③ 人谁无过, 只要能醒悟就好。(Rén shéi wú guò, zhǐyào néng xǐngwù jiù hǎo.) 사람은 과오가 없을 수가 없으니, 깨닫기만 하면 된다.

> 주의 "我只要这一本, 不要那一本。"(Wǒ zhǐ yào zhè yì běn, búyào nà yìběn.) (나는 이 책만 필요하고 그 책은 필요 없다)에서 "只"와 "要"는 두 개의 단어이다. 부사 "只"는 동사 "要"를 수식한다.

[只有] zhǐyǒu 접속사

"…해야만"의 의미로, 특정한 조건을 포기하면 결과를 얻을 수 없음을 표시한다. 주로 "才", "否则" 등과 함께 사용한다. ① 只有你去请他,

他才会来。(Zhǐyǒu nǐ qù qǐng tā, tā cái huì lái.) 당신이 가서 그를 청해야만 그가 비로소 올 수 있다. ② 只有这样做才能解决问题。(Zhǐyǒu zhèyàng zuò cáinéng jiějué wèntí.) 이렇게 해야만이 문제를 해결할 수 있다. ③ 只有依靠专家, 才能把事情办好。(Zhǐyǒu yǐkào zhuānjiā, cáinéng bǎ shìqing bàn hǎo.) 전문가에 의뢰해야만 일을 처리할 수 있다.

> **설명** 후반 구문에 사용할 수 있다. 이때는 조건이나 상황에 대한 추가설명을 표시한다. ① 山顶四面陡壁, 只有两条通路。(Shāndǐng sìmiàn dǒubì, zhǐyǒu liǎng tiáo tōng lù.) 산꼭대기는 사면이 벼랑으로서 두 갈래의 통로 밖에 없다. ② 她没有姐妹, 只有一个哥哥.(Tā méiyǒu jiěmèi, zhǐyǒu yíge gēge.) 그녀는 자매가 없고 단지 오빠 한 명이 있다. ③ 要学会游泳, 只有自己下水。(Yào xuéhuì yóuyǒng, zhǐyǒu zìjǐ xiàshuǐ.) 수영을 배우려면 스스로 물에 들어가야만 한다.

> **비교** "只有"와 "只要"는 조건 관계를 표시하는 문장에서 의미가 다르다. "只有"는 유일한 조건을 표시하고, "只要"는 필요한 조건을 표시하며 다른 조건이 동일한 결과를 낳음을 부정하지 않는다. ① 只有下苦功夫学才能学好。(Zhǐyǒu xià kǔ gōngfū xué cáinéng xuéhǎo.) 힘든 노력을 투자해야만 비로소 잘 배울 수 있다. ② 只要打个电话去问一下就知道。(Zhǐyào dǎ ge diànhuà qù wèn yíxià jiù zhīdào.) 단지 전화를 걸어 묻기만 하면 곧 알 수 있다.

> **주의** "上山的路只有这一条。"(Shàngshān de lù zhǐ yǒu zhè yìtiáo.) (산을 오르는 길은 단지 이 길뿐이다)에서 "只"와 "有"는 두 개의 단어로 부사 "只"가 동사 "有"를 수식한다.

[至] zhì 부사

"제일", "지극히"의 의미로, 최고도에 도달한 것을 표시한다. ① 他的才华, 我拜服之至。(Tā de cáihuá, wǒ bàifú zhī zhì.) 그의 재능은 내가 지극히 탄복하는 바이다. ② 学习上多承指教, 至为感激。(Xuéxí shàng duō chéng zhǐjiào, zhì wéi gǎnjī.) 학습상 많은 가르침을 받아 매우 감사합니다. ③ 他是个老实人, 说话诚恳之至。(Tā shìge lǎoshí rén, shuōhuà chéngkěn zhī zhì.) 그는 성실한 사람이라 말이 지극히

순수하고 간절하다.

주의 "上海至北京每天有班机来往。"(Shànghǎi zhì Běijīng měitiān yǒu bānjī láiwǎng.) (상해에서 남경까지 매일 비행기가 왕래한다)에서 "至"는 동사다.

【至多】 zhìduō 부사

"많아야, 기껏해야"의 의미로 최대한도를 표시한다. 주로 수량이나 시간에 대하여 사용하고 상황에 대한 추측으로도 사용한다. ① 这位工程师至多四十岁。(Zhè wèi gōngchéngshī zhìduō sìshí suì.) 이 기술자는 많아야 40세를 넘지 않는다. ② 我春节回乡, 至多住三天。(Wǒ chūnjié huí xiāng, zhìduō zhù sān tiān.) 나는 구정에 고향에 가서 많아야 3일간 머문다. ③ 这两天的行市至多一两钱的上落。(Zhè liǎng tiān de hángshi zhìduō yì liǎng qián de shàngluo.) 요 이틀 사이의 가격 시세는 많아야 일이 전의 등락폭이다.

【至少】 zhìshǎo 부사

(1) "최소한"의 의미로 최저한도를 표시한다. 주로 시간이나 수량에 대하여 사용하고 때로는 상황에 대한 추측을 하기도 한다. ① 这个问题我至少已经学过三遍。(Zhège wèntí wǒ zhìshǎo yǐjīng xuéguo sān biàn.) 이 문제를 나는 최소한 이미 세 번 배웠다. ② 三个人不够, 至少要五个。(Sān ge rén búgòu, zhìshǎo yào wǔ gè.) 세 사람으로는 불충분하니, 적어도 다섯 사람은 필요하다 . ③ 今天到会的至少有三千人。(Jīntiān dàohuì de zhìshǎo yǒu sān qiān rén.) 오늘 회의에 온 사람은 최소한 삼천 명이다.

(2) 주어 앞에 사용할 수 있다. 때로는 뒤에 정지를 필요로 하며 쉼표를 사용한다. ① 拿到考卷, 至少你先得想一想。(Ná dào kǎojuàn, zhìshǎo nǐ xiān děi xiǎng yi xiǎng.) 시험지를 받으면 적어도 당신은 우선 생각을 먼저 해야만 한다. ② 不管意见对不对, 至少你应该耐心听他讲完。(Bùguǎn yìjiàn duì bu duì, zhìshǎo nǐ yīnggāi nàixīn tīng tā jiǎng wán.) 의견이 옳고 그른 지는 상관없이 최소한 당신은 인내심을 갖고 그의 말을 다 들어라.

[至于] zhìyú 개사와 부사 두 가지 용법이 있다.

(一) 개사

"…로 말하자면"의 의미로, 위의 문장과 관련하여 또 다른 사건이나 상황을 제시하거나 설명한다. 주로 부사 "就"와 함께 사용한다. ① 至于种花, 他是内行。(Zhìyú zhònghuā, tā shì nèiháng.) 화초 재배에 관해서는 그가 전문가다. ② 至于这种学问我是茫然得很。(Zhìyú zhè zhǒng xuéwèn wǒ shì mángrán de hěn.) 이런 학문에 대해서는 나는 아주 깜깜하다. ③ 至于那件事, 没个大提头儿。(Zhìyú nà jiàn shì, méi ge dà títóur.) 그 일에 대해서는 그다지 말할 가치가 없다.

(二) 부사

"…정도에 이르다"의 의미로, 상황이 특정한 정도로 발전하였음을 표시한다. ① 这本书很通俗, 他不至于看不懂吧。(Zhè běn shū hěn tōngsú, tā bú zhìyú kàn bu dǒng ba.) 이 책은 매우 통속적이라 그가 이해하지 못할 정도는 아니다. ② 这么点儿事, 还至于发脾气? (Zhème diǎnr shì, hái zhìyú fā píqi?) 이런 작은 일로 화낼 정도인가? ③ 他不至于连这一点道理也不明白。(Tā bú zhìyú lián zhè yì diǎn dàolǐ yě bù míngbái.)그가 요만한 도리도 모를 정도는 아니다 .

[终] zhōng 부사 "终于(zhōngyú)"를 참고하라.

[终归] zhōngguī 부사 "总归(zǒngguī)"를 참고하라.

[终竟] zhōngjìng 부사 "终究(zhōngjiū)"를 참고하라.

[终究] zhōngjiū 부사

"결국"의 의미로, 추측하거나 기대하는 상황이 최후에는 필연적으로 출현함을 표시한다. ① 一个人的力量终究有限。(Yíge rén de lìliang zhōngjiū yǒu xiàn.) 한 사람의 힘은 결국 한계가 있다. ② 唉算了, 回

去吧, 终究还是不来啊。(Āi suànle, huíqù bā, zhōngjiū háishi bù lái a.) 에이, 돌아가자 결국 오지 않는구나. ③ 春天终究是春天, 不再象冬天那样冷了。(Chūntiān zhōngjiū shì chūntiān, bú zài xiàng dōngtiān nàyàng lěngle.) 봄은 결국 봄이다. 더 이상 겨울처럼 그렇게 춥지 않다.

동의어 "终竟"과 "终究"의 의미는 같다 ; "终竟"을 사용하면 어감이 다소 강하다. 일반적으로 "终究"를 많이 사용한다. 예 终竟是行家, 一看就知道毛病出在哪里。(Zhōngjìng shì hángjiā, yí kàn jiù zhīdào máobìng chū zài nǎlǐ.) 결국은 전문가이다. 보기만 하면 곧 문제가 어디에 있는지 안다.

[终于] zhōngyú 부사

"마침내(到底)"의 의미로, 비교적 긴 과정을 거치면서 마지막으로 나타나는 모종의 결과를 표시한다. ① 实地调查了几次, 情况终于弄清楚了。(Shídì diàochále jǐ cì, qíngkuàng zhōngyú nòng qīngchule.) 실지 조사를 몇 차례 하여 상황이 마침내 분명해졌다. ② 警犬嗅来嗅去, 终于找到了踪迹。(Jǐngquǎn xiù lái xiù qù, zhōngyú zhǎo dào le zōngjì.) 경찰견이 왔다갔다 하며 냄새를 맡다가 마침내 흔적을 찾아냈다. ③ 他乱吃东西, 终于又泻肚子了。(Tā luàn chī dōngxi, zhōngyú yòu xièdùzi le.) 그는 음식을 마구 먹어대더니, 끝내 또 설사를 했다.

설명 주어 앞에 사용하여 주어를 강조하고, 은근히 기대하던 바램을 강조한다. 문장의 처음에 사용하면 뒤에 정지가 있고 쉼표를 사용한다. ① 终于他也迎来了好运。(Zhōngyú tā yě yíng lái le hǎoyùn.) 드디어 그에게도 좋은 운이 다가왔다. ② 终于, 繁忙而欢乐的丰收季节到来了。(Zhōngyú, fánmáng ér huānlè de fēngshōu jìjié dàoláile.) 드디어 바쁘고도 기쁜 풍성한 계절이 왔다.

동의어 "终" 역시 "终于"의 의미로, 뒤에 단음절의 단어만 오며 주로 서면어에 사용한다. 基督思想终将在全世界实现。(Jīdū sīxiǎng zhōng jiàng zài quán shìjiè shíxiàn.) 기독 사상은 결국 전세계에서 실현될 것이다.

[骤] zhòu 부사 "骤然(zhòurán)"을 참고하라.

[骤然] zhòurán 부사

"돌연히, 갑자기"의 의미로, 사건의 발생이 신속하여 의외임을 표시한다. 주로 자연현상이나 본능적 반응을 가리킨다. 서면어에서 많이 사용한다. ① 中东局势骤然恶化。(Zhōngdōng júshì zhòurán è huà.) 중동의 형세가 돌연히 악화되었다. ② 塞外天气多变, 骤然狂风四起, 大雪纷飞。(Sàiwài tiānqì duō biàn, zhòurán kuángfēng sìqǐ, dàxuě fēnfēi.) 변방의 날씨는 변화가 많아, 갑자기 사방에서 광풍이 불고 대설이 분분히 내린다. ③ 听了这句话, 他的脸骤然间变色。(Tīng le zhè jù huà, tā de liǎn zhòuránjiān biànsè.) 이 말을 듣지 그의 안색이 급변했다.

동의어 "骤" 역시 "骤然"의 의미로, 뒤에 단음절의 단어만 오며 주로 서면어에서 사용한다. 예를 들어, "天气骤变"(tiānqì zhòu biàn)(기후가 급변하다), "狂风骤起"(kuángfēng zhòu qǐ)(돌연 광풍이 일다), "水位骤涨"(shuǐwèi zhòu zhǎng)(수위가 급상승하다) 등이 있다.

[逐] zhú 개사

(1) "차례로", "하나하나"의 의미로, "一"나 단음절의 양사와 함께 사용하여, 행동의 순서나 방식을 표시한다. 주로 서면어에 사용한다. ① 回填的时候要逐层夯实。(Huítián de shíhou yào zhú céng bèn shí.) (구덩이를) 도로 메울 때는 한층한층 잘 다져야 한다. ② 直译也就是说是逐字逐句的翻译法。(Zhíyì yě jiùshì shuōshì zhúzì zhújù de fānyì fǎ.) 직역은 다시 말하면 한 글자씩, 한 문구씩 번역하는 방법이다. ③ 这些生词, 老师已逐个解释清楚。(Zhèxiē shēngcí, lǎoshī yǐ zhúgè jiěshì qīngchu.) 이 새 단어를 선생님이 이미 하나하나 명확하게 해석했다.

(2) "점점"의 의미로, "年", "月", "日"와 함께 사용하여, 계산의 근거를 표시하며, 상황이 시간의 변화에 따라서 발전 변화함을 가리킨다. ① 人民的生活水平逐年有所提高。(Rénmín de shēnghuó shuǐpíng zhúnián yǒu suǒ tígāo.) 인민의 생활수준이 매년 점점 높아간다. ② 营业额逐日上。(Yíngyè é zhúrì shàng.) 영업액이 매일 점점 증가한다.

실사 "把他逐出门外。"(Bǎ tā zhúchū ménwài.) (그를 문밖으로 내어 좇아라)에서 "逐(zhú)"는 동사다.

[逐步] zhúbù 부사

"차츰차츰"의 의미로, 동작이 순서대로 질서 있게 진행함을 표시한다. 주로 의식적인 행동을 지적하며 뒤에 조사 "地"를 사용할 수 있다. ① 由点到面逐步开铺。(Yóu diǎn dào miàn zhúbù kāipū.) 점에서 면으로 점차 넓혀 가다. ② 医疗工作的重点逐步移向农村。(Yīliáo gōngzuò de zhòngdiǎn zhúbù yíxiàng nóngcūn.) 의료 사업의 중점을 점차 농촌으로 옮기다. ③ 我们的目标是逐步地实现四个现代化。(Wǒmen de mùbiāo shì zhúbù di shíxiàn sì ge xiàndàihuà.) 우리의 목표는 점진적으로 4개 현대화를 실현하는 것이다.

[逐渐] zhújiàn 부사

"점점"의 의미로, 동작 혹은 상황의 변화를 표시한다. 주로 자연적이며 서서히 진행됨을 가리키고 뒤에 조사 "地"를 사용할 수 있다. ① 他的情绪逐渐平定下来。(Tā de qíngxù zhújiàn píngdìng xiàlái.) 그의 기분은 차차 안정되었다. ② 他的写作手法逐渐成风。(Tā de xiězuò shǒufǎ zhújiàn chéngfēng.) 그의 창작 수법이 점차로 널리 유행하게 되었다. ③ 夏天日子长, 四点锺天就逐渐亮了。(Xiàtiān rìzi cháng, sì diǎn zhōng tiān jiù zhújiàn liàngle.) 여름은 낮이 길어, 4시에 하늘이 점점 밝아온다. ④ 过了中秋, 树叶逐渐枯黄。(Guò le Zhōngqiū, shùyè zhújiàn kūhuáng.) 추석이 지나자 나뭇잎이 점점 시들어 누렇게 되었다. 비교 "逐步"나 "逐渐"의 뜻은 유사하다. 사람의 행위를 가리킬 때에는 교환하여 사용할 수 있다; "渐渐"과 "逐渐"의 의미는 같고 일반적으로 교환하여 사용할 수 있다.

[准] zhǔn 부사

"꼭, 반드시"의 의미로, 확실히 이와 같음을 표시한다. ① 看他垂头丧气的, 准是作瘪子了。(Kàn tā chuí tóu sàng qì de, zhǔn shì zuōbiězi le.) 그가 풀이 죽은 것을 보니 꾸중을 들은 것이 틀림없다. ② 他来信

说明天上午准到。(Tā láixìn shuō míngtiān shàngwǔ zhǔn dào.) 그는 편지를 보내어 내일 오전에 반드시 도착한다고 설명했다. ③ 我们明天准去你们工厂劳动。(Wǒmen míngtiān zhǔn qù nǐmen gōngchǎng láodòng.) 우리는 내일 반드시 당신 공장에 일하러 갈 것이다. ④ 他说话算数, 说来准会来。(Tā shuōhuà suànshù, shuō lái zhǔn huì lái.) 그는 말에 책임을 진다. 온다고 말했으면 반드시 온다.

[동의어] "一准(yīzhǔn)", "准保(zhǔnbǎo)" 역시 "准"의 의미로, 주로 서면어에서 사용한다. "准" 뒤에는 단음절의 단어만 온다. "一准", "准保" 뒤에는 쌍음절의 단어를 사용할 수 있다. ① 这个月的计划一准能够超额完成。(Zhège yuè de jìhuà yì zhǔn nénggòu chāo'é wánchéng.) 이 달의 계획을 반드시 초과 달성할 수 있다. ② 他的想法跟你一样, 准保同意你的意见。(Tā de xiǎngfǎ gēn nǐ yíyàng, zhǔnbǎo tóngyì nǐ de yìjiàn.) 그의 생각은 당신과 같다. 반드시 당신의 의견에 동의할 것이다.

[실사] "这表走得很准。"(Zhè biǎo zǒu de hěn zhǔn.) (이 시계는 매우 정확하다)에서 "准"은 형용사다. "不准随地吐痰。"(Bù zhǔn suídì tǔ tán.) (아무 곳에나 가래를 뱉지 말라)에서 "准"은 동사다. "以此为准。"(Yǐ cǐ wéi zhǔn.) (이것을 기준으로 한다)에서 "准"은 명사이다.

[准保] zhǔnbǎo 부사 "准(zhǔn)"을 참고하라.

[着实] zhuóshí 부사

"확실히"의 의미로 구어체에서 사용한다. ① 这孩子着实讨人喜欢。(Zhè háizi zhuóshí tǎo rén xǐhuan.) 이애는 정말 귀엽게 군다. ② 他小小的年纪, 几个字着实写得不错。(Tā xiǎo xiǎo de niánjì, jǐ ge zì zhuóshí xiě de búcuò.) 그는 어린 나이에 불구하고 몇 자는 확실히 잘 썼다. ③ 我看这个女子, 着实了得。(Wǒkàn zhège nǚzǐ, zhuóshí liǎode.) 내가 보기에 이 여자는 정말로 굉장하다.

[실사] "他的话句句很着实。"(Tāde huà jù jù hěn zhuóshí.) (그의 말은 구구절절 모두 확실하다)에서 "着实"(zhuóshí)는 형용사다.

[自] zì 부사와 개사 두 가지 용법이 있다.

(一) 부사

"당연히, 저절로"의 의미로, 상황의 발생이 이치에 맞는 것을 표시하고 뒤에 단음절의 단어만 온다. 주로 서면어에서 사용한다. ① 每天的课外作业自应在当天完成。(Měitiān de kèwài zuòyè zì yīng zài dàngtiān wánchéng.) 매일 과외작업은 당연히 그날 완성해야한다. ② 孩子已参加工作, 自当独立生活。(Háizi yǐ cānjiā gōngzuò, zì dāng dúlì shēnghuó.) 아이가 이미 일에 참가하여 당연히 독립적으로 생활한다. ③ 公道自在人心。(Gōngdào zìzài rénxīn.) 바른 도리는 당연히 사람의 마음속에 있다.

(二) 개사

(1) "…로부터"의 의미로, 개사구조를 이루어 동사 앞에 사용하여 시간 혹은 장소의 기점을 표시한다. "至", "到", "而"과 서면어에서 사용한다. ① 独岛自古就是韩国的领土。(Dú dǎo zìgǔ jiùshì Hánguó de lǐngtǔ.) 독도는 고대부터 한국의 영토이다. ② 新建的水电站自五月一日开始送电。(Xīnjiàn de shuǐdiànzhàn zì wǔ yuè yī rì kāishǐ sòng diàn.) 새로 건설한 수력발전소는 5월1일부터 송전을 시작한다. ③ 他自小在这儿长大。(Tā zì xiǎo zài zhèr zhǎng dà.) 그는 어려서부터 여기에서 자랐다.

(2) 개사구조로 동사 뒤에서 사용하여 사물의 근원이나 출처를 표시한다. ① 这是一封寄自外国的信。(Zhè shì yì fēng jì zì wàiguó de xìn.) 이것은 외국에서 붙여온 편지이다. ② 这批学生来自全国各地。(Zhè pī xuésheng lái zì quánguó gèdì.) 이 학생들은 전국각지에서 왔다.

[自从] zìcóng 개사

"…로부터(从)"의 의미로, 시간의 시작을 표시한다. 주로 "以来", "以后"와 함께 사용하고, 모종의 상황이 그때부터 시작함을 강조하거나 특정 사건의 시작을 강조한다. ① 自从上了小学, 这孩子懂事多了。(Zìcóng shàngle xiǎoxué, zhè háizi dǒngshì duōle.) 초등학교에 입학한 후 이 아이는 철이 많이 났다. ② 自从进市后, 彼此就疏远了。(Zìcóng jìn shì hòu, bǐcǐ jiù shūyuǎn le.) 도시로 간 후부터는 서로가 소원하게 되었다. ③ 他自从失恋以后简直像丢了魂似的。(Tā zìcóng shīliàn yǐhòu jiǎnzhí xiàng diū le hún shì de.) 그는 실연한 후부터 거의 넋을 잃은 것 같다.

주의 "自从"은 시간의 시작을 표시하지만 과거만을 가리킨다. 그러므로 "自从现在起"(zìcóng xiànzài qǐ)(지금부터 시작하여), "自从下个月开始"(zìcóng xià ge yuè kāishǐ)(다음달부터 시작하여)라고 말할 수 없고 "从现在起", "自下个月开始"라고 말해야 한다. 또 "自从"은 장소의 기점을 표시하지는 않는다. 그러므로 "自从上海开往北京"(zìcóng Shànghǎi kāi wǎng Běijīng)(상해에서 북경으로 출발하다)라고 말할 수 없고 "自上海开往北京"이라고 말해야 한다.

[自然] zìrán 부사

(1) "당연, 물론"의 의미로, 상황이 당연히 이와 같음을 표시한다. ① 他是教师，自然关心教育改革。(Tā shì jiàoshī, zìrán guānxīn jiàoyù gǎigé.) 그는 교사이므로 당연히 교육개혁에 관심이 있다. ② 吸烟过多，自然要影响身体健康。(Xīyān guò duō, zìrán yào yǐngxiǎng shēntǐ jiànkāng.) 흡연이 너무 심하면 신체 건강에 당연히 영향을 준다. ③ 只要认真学习，自然会取得好成绩。(Zhǐyào rènzhēn xuéxí, zìrán huì qǔdé hǎo chéngjì.) 착실하게 공부하기만 한다면, 당연히 좋은 성적을 얻을 수 있을 것이다. .

(2) "저절로, 자연히"의 의미로 상황이 순조롭고 자연스러운 것을 표현한다. ① 你先别问，到时候自然明白。(Nǐ xiān bié wèn, dào shíhou zìrán míngbái.) 우선 묻지 마라, 때가 되면 저절로 알게 된다. ② 这病不用吃药，休息一两天自然会好的。(Zhè bìng búyòng chī yào, xiūxi yì liǎng tiān zìrán huì hǎo de.) 이 병은 약을 먹을 필요 없이 하루 이틀 쉬면 저절로 나을 것이다. ③ 只要他一出马，这事自然了当。(Zhǐyào tā yì chūmǎ, zhè shì zìrán liǎodàng.) 그가 나서기만 한다면 이 일은 자연히 순조롭게 풀릴 것이다.

[总] zǒng 부사

(1) "계속", "항상"의 의미로, 이러한 상황은 일상적임을 표시한다. ① 交给他的工作, 他总按时完成。(Jiāo gěi tā de gōngzuò, tā zǒng ànshí wánchéng.) 그에게 준 일은 그는 항상 제때에 완성한다. ② 天总不放晴。(Tiān zǒng bú fàngqíng.) 날이 줄곧 개지 않다. ③ 晚饭後他总是到湖边散步。(Wǎnfàn hòu tā zǒng shì dào hú biān sànbù.) 저녁 식사 후에 그는 항상 산보를 한다.

(2) "반드시", "절대로"의 의미로, 모든 것에 상관없이 반드시 이렇게 될 것임을 표시한다. ① 只要肯学, 总学得会。(Zhǐyào kěn xué, zǒng xué de huì.) 배우려 하기만 하면 반드시 배울 수 있다. ② 无论遭遇多少失败, 总不灰心。(Wúlùn zāoyù duōshǎo shībài, zǒng bù huīxīn.) 몇 번을 실패하더라도 절대로 낙심하지 않다. ③ 弄到这种地步总是有因的。(Nòngdào zhèzhǒng dìbù zǒng shì yǒu yīn de.) 사태가 이 지경에 이르게 된 데에는 반드시 까닭이 있다.

(3) "필경·결국"의 의미로, 얻은 결론을 표시한다. ① 问题总是会解决的。(Wèntí zǒng shì huì jiějué de.) 문제는 결국 해결될 것이다. ② 这件事总得先向上级请示一下。(Zhè jiàn shì zǒng děi xiān xiàng shàngjí qǐngshì yíxià.) 이일은 아무래도 우선 상부에 보고해야만 한다. ③ 事实总是事实, 谁也否认不了。(Shìshí zǒng shì shìshí, shéi yě fǒurèn bu liǎo.) 사실은 결국 사실이다. 누구도 부인할 수 없다.

(4) "대개", "대체로"의 의미로, 수량에 대한 개략적 추측을 표시한다. 다소 긍정적인 어감을 갖는다. ① 你到这个学校教书, 总该有五六年了吧。(Nǐ dào zhège xuéxiào jiāoshū, zǒng gāi yǒu wǔliù niánle ba.) 당신이 이 학교에 와서 선생을 한지 대략 5·6년은 됐지요. ② 这房子盖了总有二十多年了。(Zhè fángzi gàile zǒng yǒu èrshí duō niánle.) 이 집은 지은 지 대략 20여 년쯤 된다. ③ 你每天总是什么时候在家? (Nǐ měitiān zǒng shì shénme shíhou zàijiā?) 너는 매일 대체로 언제쯤 집에 있느냐?

[비교] "一定", "毕竟"의 의미로 사용되는 "总"은 모두 "总归"와 교환 사용할 수 있다. "总归" 역시 "终归"로 쓸 수 있고 주로 구어체에서 사용한다.

[总而言之] zǒngéryánzhī 접속사 "总之(zǒngzhī)"를 참고하라.

[总共] zǒnggòng 부사

"모두 합쳐서"의 의미로, 여러 방면의 숫자를 하나로 합산한 것을 표시한다. ① 全校师生总共有一千三百多人。(Quánxiào shī shēng zǒnggòng yǒu yīqiān sānbǎi duō rén.) 전교의 선생과 학생은 모두 1300여명이다. ② 这本书总共十万字。(Zhè běn shū zǒnggòng shí wàn zì.) 이 책은 모두 합해서 10만자다. ③ 今年全厂总共生产灯泡二十万只。(Jīnnián quán chǎng zǒnggòng shēngchǎn dēngpào èrshí wàn zhǐ.) 금년 전체 공장에서 모두 20만개의 전구를 생산했다. ④ 我们场里总共养了两千多头奶牛。(Wǒmen cháng lǐ zǒnggòng yǎng le liǎng qiān duōtóu nǎiniú.) 우리 목장에는 모두 합해 2천여 마리의 젖소를 길렀다.

동의어 "一共", "共总"과 "总共"의 의미는 같고 교환하여 사용할 수 있다. "共总"은 주로 구어체에서 사용한다.

[总归] zǒngguī 부사

⑴ "결국", "어쨌든"의 의미로, 모든 것에 상관없이 반드시 이렇게 될 것이라는 것을 표시한다. ① 只要肯学, 总归学得会。(Zhǐyào kěn xué, zǒngguī xué de huì.) 배우려고만 한다면 결국에는 배울 수 있다. ② 你做了总归也要失败的。(Nǐ zuò le zǒngguī yě yào shībài de.) 당신이 해도 결국 실패하고 말 것이다. ③ 不是你做, 就是我做, 总归是这么一回事。(Búshì nǐ zuò, jiùshì wǒ zuò, zǒngguī shì zhème yì huí shì.) 네가 하든지 내가 하든지 어쨌든 마찬가지다.

⑵ 주어 앞에 사용할 수 있고 강조를 표시한다. 이때는 "总"과 교환하여 사용할 수 없다. ① 不管问题多么复杂, 总归我们是要解决的。(Bùguǎn wèntí duōme fù zá, zǒngguī wǒmen shì yào jiějué de.) 문제가 얼마나 복잡하건 간에 결국은 우리가 해결해야한다. ② 这队实力强, 最后总归他们得冠军。(Zhè duì shílì qiáng, zuìhòu zǒngguī tāmen dé guànjūn.) 이 팀은 실력이 막강하다. 최후에는 결국 우승을 했다.

주의 "总归" 역시 "终归"로 쓸 수 있다 ; "终归"로 쓰면 최후의 결과를 강조한다.

[总算] zǒngsuàn 부사

⑴ "마침내", "겨우"의 의미로, 끊임없는 노력을 하여 간신히 모종의 희망을 달성한 것을 표시한다. 주로 구어체에서 사용한다. ① 一连下了六七天的雨, 今天总算晴了。(Yìlián xiàle liù qī tiān de yǔ, jīntiān zǒngsuàn qíngle.) 잇달아 예니레 비가 오더니 오늘에서야 겨우 개었다. ② 报考了三次, 这次总算考上了。(Bàokǎole sāncì, zhè cì zǒngsuàn kǎo shàngle.) 세 번이나 시험을 보아 이번에 드디어 합격했다. ③ 他白天想, 夜里想, 最后总算想出一个好办法来了。(Tā báitiān xiǎng, yèlǐ xiǎng, zuìhòu zǒngsuàn xiǎng chū yíge hǎo bànfǎ láile.) 그는 밤낮으로 생각하고서야, 마침내 좋은 방법 한 가지를 생각해냈다. ④ 艰难的岁月总算过去了。(Jiānnán de suìyuè zǒngsuàn guòqùle.) 어려웠던 세월은 마침내 지나갔다.

⑵ "다행히"의 의미로, 우연한 행운을 만난 것을 표시한다. ① 今年春节总算没下雨, 大家过得更高兴。(Jīnnián chūnjié zǒngsuàn méi xià yǔ, dàjiā guò de gèng gāoxìng.) 금년 구정은 다행히 비가 오지 않아 모두 더욱 기쁘게 지냈다. ② 汽车一路上总算没碰上红灯, 及时到达了目的地。(Qìchē yí lùshàng zǒngsuàn méi pèng shàng hóng dēng, jíshí dàodále mùdìdì.) 자동차가 다행히 계속 홍등을 만나지 않아 제때 목석지에 노날했다. ③ 总算赶上这班车, 否则就要迟到了。(Zǒngsuàn gǎn shàng zhè bānchē, fǒuzé jiù yào chídàole.) 다행히 간신히 이번 차를 탔지 그렇지 않으면 지각을 했을 것이다.

⑶ "…한 셈이다"의 의미로, 대체적으로 원만한 것을 표시한다. ① 才学习一个多月, 有这点成绩总算不错了。(Cái xuéxí yíge duō yuè, yǒu zhè diǎn chéngjì zǒngsuàn búcuòle.) 겨우 한 달여를 배워 이 정도 성적이면 괜찮은 편이다. ② 这件事办得总算落了值过儿。(Zhè jiàn shì bàn de zǒngsuàn luò le zhíguòr.) 이 일은 대체로 무난히 처리된 셈이다. ③ 这案子总算有个线头(儿, 子)了。(Zhè ànzi zǒngsuàn yǒu ge xiàntóu(ér, zǐ) le.) 이 사건은 마침내 단서가 잡힌 셈이다.

<u>주의</u> "货款请你先记一记, 到月底总算。"(Huòkuǎn qǐng nǐ xiān jì

yi jì, dào yuèdǐ zǒng suàn.) (상품 대금을 당신이 먼저 기록해 주세요, 월말에 함께 계산합시다)에서 "总"과 "算"은 두 개의 단어로 부사 "总"이 동사 "算"을 수식한다.

[总之] zǒngzhī 접속사

(1) "총괄적으로 말해서"의 의미로, 전체적인 것을 표시한다. 다음에 오는 문장은 총괄적인 말이다. 문장의 첫 부분에 사용할 수 있다. 뒤에 항상 정지가 있고 쉼표를 사용한다. ① 总之, 是谁的错误呢? (Zǒngzhī, shì shéi de cuòwù ne?) 결론적으로 말해서, 누구의 잘못이냐? ② 大的、小的、方的、圆的, 总而言之, 各种形状都有。(Dàde、xiǎode、fāngde、yuánde, zǒngér yánzhī, gèzhǒng xíngzhuàng dōu yǒu.) 큰 것·작은 것·네모난 것·둥근 것, 총괄적으로 말해서, 여러 가지 모양이 다 있다.

(2) "어쨌든"의 의미로, 앞 문장에 근거하여 개괄적인 결론을 내리는 것을 말한다. ① 你不用多问, 总之这事同你无关。(Nǐ búyòng duō wèn, zǒngzhī zhè shì tóng nǐ wúguān.) 당신은 여러 번 질문할 필요 없다. 어쨌든 이 일은 당신과 무관하다. ② 地名我已经忘记了, 总之是北方的一个小城镇。(Dìmíng wǒ yǐjīng wàngjìle, zǒngzhī shì běifāng de yíge xiǎo chéngzhèn.) 지명은 내가 이미 잊었으나, 하여간 북쪽의 한 자그마한 고을이다.
[주의] "总之" 역시 "总而言之"로 말할 수 있다.

[纵] zòng 접속사 "纵然(zòngrán)"을 참고하라.

[纵令] zònglìng 접속사 "纵然(zòngrán)"을 참고하라.

[纵然] zòngrán 접속사

"설사…라 하더라도(即使)"의 의미로, 가정과 양보를 표시한다. 임시로 어떤 가설적인 상황을 인정하고 다시 정설로 진입한다. 주로 "也", "还", "仍然", "还是" 등의 부사와 함께 사용하여 어감을 강조한다. 주로 서면어에서 많이 사용한다. ① 纵然有千难万险, 也要夺取抗洪斗争的全胜。(Zòngrán yǒu qiān nán wàn xiǎn, yě yào duóqǔ kànghóng dòuzhēng de quán shèng.) 설사 천신만고의 어려움이 있다할지라도 홍수와 투쟁하여 승리를 쟁취해야만 한다. ② 今天纵然有雨, 也不会很大。(Jīntiān zòngrán yǒu yǔ, yě búhuì hěn dà.) 오늘은 설사 비가 온다 하더라도 많이는 오지 않을 것이다. ③ 充分利用水源, 挖掘生产潜力, 纵然天气干旱, 仍然可以夺取丰收。(Chōngfèn lìyòng shuǐyuán, wājué shēngchǎn qiánlì, zòngrán tiānqì gānhàn, réngrán kěyǐ duóqǔ fēngshōu.) 수자원을 충분히 이용해 생산 잠재력을 발굴하면 설사 기후가 가뭄이 들어도 여전히 많은 수확을 얻을 수 있다.

> 동의어 "纵使", "纵令"의 의미로 "纵然"과 같고 서면어에서 사용한다. "纵" 역시 "纵然"의 의미로, 뒤에 단음절의 단어만 오며 서면어로 사용한다. 예 纵遇困难, 也能设法克服。(Zòng yù kùnnán, yě néng shèfǎ kèfú.) 설령 곤란을 만난다 할지라도 방법을 찾아 극복할 수 있다.

[纵使] zòngshǐ 접속사 "纵然(zòngrán)"을 참고하라.

[足] zú 부사 "足以(zúyǐ)"를 참고하라.

[足以] zúyǐ 부사

"충분히… 할 수 있다"의 의미로, 정도가 충분함을 표시한다. 앞에 부정부사 "不"를 사용할 수 있고 주로 서면어로 사용한다. ① 这幅油画就足以证明他的艺术素养。(Zhè fú yóuhuà jiù zúyǐ zhèngmíng tā de yìshù sùyǎng.) 이 유화는 그의 예술적 소양을 충분히 증명한다. ② 这些事实足以说明问题。(Zhèxiē shìshí zúyǐ shuōmíng wèntí.) 이러한 사실들은 충분히 문제점을 설명할 수 있다. ③ 你的话不足以说服她。(Nǐ de huà bù zúyǐ shuōfú tā..) 네 말은 그녀를 설득시키기에 충분하지 못하다.

> 동의어 "足" 역시 "足以"의 의미로, 뒤에 단음절의 단어만 온다. 특정한 용어에 사용한다. 예 "不足为凭"(bùzú wéi píng) 증거로 하기에

부족하다.

[足足] zúzú 부사

⑴ "충분히"의 의미로, 동사 앞에서 사용하여, 모종의 숫자나 정도를 완전하게 충족함을 표시한다. 여유 있게 남아도는 의미를 갖는다. ① 这件行李足足有五十公斤。(Zhè jiàn xíngli zúzú yǒu wǔshí gōngjīn.) 이 물건은 족히 50kg은 된다. ② 这袋面粉咱们俩足足能够吃一个月。(Zhè dài miànfěn zánmen liǎ zúzú nénggòu chī yíge yuè.) 이 밀가루 부대면 우리 둘이 한 달은 충분히 먹을 수 있다. ③ 医疗支出就足足会拖垮一个强国。(Yīliáo zhīchū jiù zúzú huì tuōkuǎ yíge qiángguó.) 의료지출은 강대국을 충분히 망가뜨리게 할 수 있다.

> **설명** "足" 역시 "足足"의 의미로, 뒤에 단음절의 단어만 오고 서면 어로 사용한다. **예** 这件行李足有五十公斤。(Zhè jiàn xíngli zú yǒu wǔshí gōngjīn.) 이 짐은 족히 50kg은 된다.

⑵ "꼬박"의 의미로, 직접 수량사 앞에서 사용할 수 있고, 이 숫자를 완전히 긍정함을 표시한다. ① 我在上海已经住了足足三十年。(Wǒ zài Shànghǎi yǐjīng zhùle zúzú sānshí nián.) 나는 상해에서 이미 꼬박 30년을 살았다. ② 我们在车站等了足足一个小时。(Wǒmen zài chēzhàn děngle zúzú yíge xiǎoshí.) 우리들은 역에서 족히 한 시간을 기다렸다. ③ 他在路上足足花了一个钟头。(Tā zài lùshàng zúzú huā le yíge zhōngtou.) 그는 길에서 꼬박 한 시간을 허비했다.

[最] zuì 부사

"가장", "매우"의 의미로 정도가 최고도에 이르러 일반을 초과함을 표시한다. ① 他最嫌忌别人说这句话。(Tā zuì xiánjì biérén shuō zhè jù huà.) 그는 남이 이런 말을 하는 것을 가장 싫어한다. ② 这个计算方法最简便。(Zhège jìsuàn fāngfǎ zuì jiǎnbiàn.) 이 계산방법이 가장 간편하다. ③ 我们几个人中间, 小李最高。(Wǒmen jǐ ge rén zhōngjiān, Xiǎo Li zuì gāo.) 우리 몇 사람 가운데서 이 군이 제일 크다. ④ 他最喜欢打乒乓球。(Tā zuì xǐhuan dǎ pīngbīngqiú.) 그는 탁구 치는 것을

가장 좋아한다.

[비교] "顶"과 "最"는 의미가 같아 일반적으로 교환 사용이 가능하다. 그러나 "最高温度"(zuìgāo wēndù)(최고온도), "最佳营业员"(zuì jiā yíngyèyuán)(최우수영업원)과 같은 고정된 유형의 단어에서는 "最"를 "顶"으로 바꿀 수 없다. "顶"은 구어에서 사용하며 앞에 "不"를 사용하여 수식을 받으면 "最"와 교환 사용이 불가능하다. [예] 今天我身体不顶好, 咱们改日再谈吧。(Jīntiān wǒ shēntǐ bù dǐng hǎo, zánmen gǎi rì zài tán ba.) 오늘 나는 몸이 별로 좋지 않다. 다음 날에 우리 다시 이야기합시다.

[遵照] zūnzhào 개사

"…에 따라(按照)"의 의미로, 개사구조를 이루어, 행위의 근거를 표시한다. 정중한 색채를 띠며 주로 서면어에서 사용한다. ① 宗教的事务都应遵照教会法来处理。(Zōngjiào de shìwù dōu yīng zūnzhào jiāohuì fǎ lái chǔlǐ.) 종교에 관한 일은 모두 교회법에 따라 처리해야한다. ② 我必当遵照您的吩咐去办。(Wǒ bì dāng zūnzhào nín de fēnfu qù bàn.) 나는 반드시 당신의 분부에 따라 하겠습니다.

[실사] "文章这样修改, 我是遵照了作者的意见。"(Wénzhāng zhèyàng xiūgǎi, wǒ shì zūnzhàole zuòzhě de yìjiàn.) (문장을 이렇게 수정한 것은 나는 작가의 의견대로 한 것이다)에서 "遵照"는 동사다.

[左右] zuǒyòu 조사

"…정도"의 의미로, 수사나 수량사 뒤에 사용하여, 개략적인 숫자를 표시한다. ① 首尔市目前人口有一千万左右。(Shǒu'ěr shì mùqián rénkǒu yǒu yīqiān wàn zuǒyòu.) 서울시는 현재 인구가 일천만명 정도이다. ② 今年的生产比去年同时期增长百分之十左右。(Jīnnián de shēngchǎn bǐ qùnián tóngshíqī zēngzhǎng bǎi fēn zhī shí zuǒyòu.) 금년의 생산이 작년 동기에 비하여 10%정도 성장했다. ③ 看样子, 他有十岁左右。(Kàn yàngzi, tā yǒu shí suì zuǒyòu.) 보아하니 그는 열 살쯤 될 것 같다.

[주의] "左右" 앞의 숫자는 확정적인 것이다. 그러므로 "一千多万左右"(일천여만 정도), "百分之十一二左右"(백분의 십일·이 정

도), "三十来米左右"(삼십여 미터 정도), "四五十岁左右"(사오
십세 정도)등으로 말할 수 없다. 숫자나 수량사 앞에 일반적으로
"约", "大约" 등의 부사를 사용하지 않는다.

실사 "苏堤左右两边种满了柳树"(Sūdī zuǒyòu liǎngbiān zhòng mǎnle liǔshù.) (소동파 제방의 좌우 양편에는 버드나무를 가득 심었다. 注：苏堤는 당송팔대가의 하나인 苏轼이 귀양을 가서 살았던 방축을 말한다. 그래서 소식은 후에 자신의 호를 东坡라고 지었다.)에서 "左右"는 방위사이다.

正误用例 清明左右江南一带开始春耕育秧。(Qīngmíng zuǒyòu jiāngnán yídài kāishǐ chūngēng yùyāng.) 청명을 전후하여 강남 일대에는 봄 농사를 시작한다.
위의 문장에서 "左右"는 주로 수량과 시간의 개략적인 숫자를 가리킨다. 그러므로 절기에는 사용할 수 없다. 따라서 "左右"를 "前后"로 고쳐야 한다.

方〈副〉 ················· 110	姑且〈副〉 ················· 126
方才〈副〉 ················· 110	固然〈连〉 ················· 127
仿佛〈副〉 ················· 111	故〈连，副〉 ············· 128
非〈副〉 ················· 112	故意〈副〉 ················· 129
非常〈副〉 ················· 113	怪〈副〉 ················· 129
非但〈连〉 ················· 113	关于〈介〉 ················· 130
分别〈副〉 ················· 113	管〈连，介，副〉 ······ 130
分头〈副〉 ················· 115	光〈副〉 ················· 132
分外〈副〉 ················· 115	归〈介〉 ················· 133
否则〈连〉 ················· 116	果〈副〉 ················· 133

G

概〈副〉 ················· 117	果然〈副，连〉 ······ 133
干脆〈副〉 ················· 117	果真〈副，连〉 ······ 134
赶〈介〉 ················· 117	过〈副〉 ················· 134
赶紧〈副〉 ················· 118	过分〈副〉 ················· 135
赶快〈副〉 ················· 118	过于〈副〉 ················· 135
赶忙〈副〉 ················· 118	过〈助〉 ················· 135
刚〈副〉 ················· 119	
刚才〈副〉 ················· 119	
刚刚〈副〉 ················· 120	

H

刚好〈副〉 ················· 120	哈〈感〉 ················· 137
格外〈副〉 ················· 120	咳〈感〉 ················· 137
给〈介，助〉 ············· 121	还〈副〉 ················· 138
根本〈副〉 ················· 122	还是〈副，连〉 ······ 140
跟〈介，连〉 ············· 123	毫〈副〉 ················· 141
根据〈介〉 ················· 123	好〈副，感〉 ············· 142
更〈副〉 ················· 123	好不〈副〉 ················· 143
更加〈副〉 ················· 124	好歹〈副〉 ················· 144
更其〈副〉 ················· 124	好生〈副〉 ················· 145
公然〈副〉 ················· 124	好象〈副〉 ················· 145
共〈副〉 ················· 125	好在〈副〉 ················· 146
共同〈副〉 ················· 125	和〈连，介〉 ············· 146
共总〈副〉 ················· 125	何必〈副〉 ················· 148
够〈副〉 ················· 126	何不〈副〉 ················· 149
姑〈副〉 ················· 126	何曾〈副〉 ················· 149

何尝〈副〉 ················· 150	何苦〈副〉 ················· 151
何等〈副〉 ················· 150	何况〈连〉 ················· 152
何妨〈副〉 ················· 151	何其〈副〉 ················· 152

很〈副〉 ················· 153
横竖〈副〉 ················· 154
横直〈副〉 ················· 154
忽〈副〉 ················· 154
忽地〈副〉 ················· 154
忽而〈副〉 ················· 154
忽然〈副〉 ················· 155
互〈副〉 ················· 156
互相〈副〉 ················· 156
化〈词尾〉 ················· 157
活〈副〉 ················· 157
或〈连，副〉 ············· 158
或许〈副〉 ················· 158
或则〈连〉 ················· 158
或者〈连，副〉 ······ 158

J

几乎〈副〉 ················· 161
几几乎〈副〉 ················· 162
基本〈副〉 ················· 162
及〈连〉 ················· 163
及时〈副〉 ················· 164
及至〈连〉 ················· 164
极〈副〉 ················· 165
极度〈副〉 ················· 166
极端〈副〉 ················· 166
极力〈副〉 ················· 166
极其〈副〉 ················· 166
极为〈副〉 ················· 166
即〈副，连〉 ············· 166
即便〈连〉 ················· 167
即或〈连〉 ················· 167
即将〈副〉 ················· 167